U0906587

中国教育统计年鉴

EDUCATIONAL STATISTICS YEARBOOK OF CHINA

2014

中华人民共和国
教育部发展规划司

DEPARTMENT OF DEVELOPMENT & PLANNING
MINISTRY OF EDUCATION
THE PEOPLE'S REPUBLIC OF CHINA

图书在版编目（CIP）数据

中国教育统计年鉴.2014 / 中华人民共和国教育部发展规划司编.——北京：人民教育出版社,2015.11

ISBN 978-7-107-30891-8

Ⅰ.①中…　Ⅱ.①中…　Ⅲ.①教育统计—统计资料—中国—2014—年鉴　Ⅳ.①G526.6-54

中国版本图书馆 CIP 数据核字(2015)第 265086 号

人民教育出版社出版发行

网址：http://www.pep.com.cn

山东临沂新华印刷物流集团有限责任公司印装　全国新华书店经销

2015 年 11 月第 1 版　2015 年 11 月第 1 次印刷

开本：787 毫米×1 092 毫米　1/16　印张：45.75

字数：960 千字　印数：0 001~1 200 册

定价：128.00 元

如发现印、装质量问题，影响阅读，请与本社出版科联系调换。

（联系地址：北京市海淀区中关村南大街 17 号院 1 号楼　邮编：100081）

《中国教育统计年鉴》
编辑委员会名单

说　明

《中国教育统计年鉴》（2014）是一本全面反映中华人民共和国教育事业发展情况的资料性年鉴，是由教育部发展规划司根据全国各省、自治区、直辖市教育委员会、教育厅填报的学校基层报表数字整理汇编而成的。教育部教育管理信息中心承担了数据的计算机处理汇总工作。

本年鉴包括以下部分：综合部分、高等教育、中等教育、初等教育、幼儿教育、特殊教育、全国各级各类学校的分布情况、办学条件、科学研究等。

本年鉴是各有关部门研究教育改革和发展的必备资料工具书，是教育界各机关、学校指导部门制定教育计划、指导教育改革必不可少的依据。

本年鉴所列资料，未含台湾省、香港特别行政区和澳门特别行政区的数字；凡未注明年份的均为2014年的数字。

Notes from the Compiler

The Educational Statistics Yearbook of China for 2014 is an informational yearbook com- prehensively reflecting the development of the educational undertaking of the People's Republic of China, and it was compiled by the Department of Development and Planning of Ministry of Education, based on the synthetic statistical returns relating to schools of various types and levels completed by the Educational Commissions (or the Bureaus of Education) of the provincial governments and the goverments of various autonomous regions and municipalities directly under the State Council All data were processed and calculated using Computers by the Educational Management Information Center of Ministry of Education.

The yearbook is composed of the following parts: summary tables, higher education, secondary education, primary education, pre-primary education, special education, geographical distribution of schools by type and level, Physical Facilities, Scientific Research Activities.

The yearbook is a requisite reference for all departments concerned with the study of educational reform and development, and provides indispensable factual information to the educational community (circles), the state organs, and all supervisory bodies of education (schools) engaged in curricular development and the guidance of educational reform.

The yearbook lacks the data of Education Expenditure, Taiwan Province, Hong Kong Special Administrative Region and Macao Special Administrative Region. Data in tables are for 2014, unless otherwise notified.

备 注

自2011年起，我部对教育事业统计报表进行了全面改革，贯彻实施了国家统计局首次颁布的《统计用城乡划分代码》。新的城乡划分标准，将原来的城市、县镇、农村的三个分类调整为三大类七小类，即城区（含主城区、城乡结合区）、镇区（含镇中心区、镇乡结合区、特殊区域）、乡村（含乡中心区、村庄）。

2014年全国教育事业发展统计公报[1]

中华人民共和国教育部

2014年，教育系统坚定不移贯彻落实党中央、国务院的决策部署，牢牢把握全面深化综合改革的主题，紧抓促进公平和提高质量两大任务，在“破解”一些人民群众关切的重大热点难点问题、促进教育公平方面取得新成效，教育内涵发展迈上新台阶，在培养学生成长、服务经济社会发展等方面取得了新成绩。

一、学前教育

全国共有幼儿园20.99万所，比上年增加1.13万所，在园幼儿（包括附设班）4050.71万人，比上年增加156.02万人。幼儿园园长和教师共208.03万人，比上年增加19.52万人。学前教育毛入园率[2]达到70.5%，比上年提高3个百分点。

二、义务教育

全国共有义务教育阶段学校25.40万所，比上年减少1.23万所。全国义务教育阶段共招生3106.25万人；在校生1.38亿人；专任教师912.23万人；九年义务教育巩固率[3]92.6%。

1. 小学

全国共有小学20.14万所，比上年减少1.22万所；招生1658.42万人，比上年减少36.93万人；在校生9451.07万人，比上年增加90.52万人；毕业生1476.63万人，比上年减少104.43万人。小学学龄儿童净入学率[4]达到99.81%；其中，男女童净入学率分别为99.80%和99.83%，女童高于男童0.03个百分点。

小学教职工[5]548.89万人，比上年减少0.59万人；专任教师563.39万人，比上年增加4.93万人。专任教师学历合格率[6]99.88%，比上年提高0.05个百分点。生师比16.78:1，与上年基本持平。

普通小学（含教学点）校舍建筑面积64697.19万平方米，比上年增长2632.34万平方米。设施设备配备达标的学校比例[7]情况分别为：体育运动场（馆）面积达标学校比例56.82%，体育器械配备达标学校比例59.89%，音乐器械配备达标学校比例58.52%，美术器械配备达标学校比例58.42%，数学自然实验仪器达标学校比例61.06%。

2. 初中

全国共有初中学校5.26万所（其中职业初中26所），比上年减少181所。招生1447.82万人，比上年减少48.27万人；在校生4384.63万人，比上年减少55.50万人；毕业生1413.51万人，比上年减少148.03万人。初中阶段毛入学率103.5%，初中毕业生升学率95.1%。

初中教职工395.57万人，比上年增加2.70万人；专任教师348.84万人，比上年增加0.75万人。初中专任教师学历合格率99.53%，比上年提高0.25个百分点。生师比12.57:1，与上年基本持平。

初中校舍建筑面积52563.54万平方米，比上年增长2484.13万平方米。设施设备配备达标的学校比例情况分别为：体育运动场（馆）面积达标学校比例73.33%，体育器械配备达标学校比例77.72%，音乐器械配备达标学校比例76.06%，美术器械配备达标学校比例75.87%，理科实验仪器达标学校比例81.33%。

3. 进城务工人员随迁子女和农村留守儿童

全国义务教育阶段在校生中进城务工人员随迁子女[8]共1294.73万人。其中，在小学就读955.59万人，在初中就读339.14万人。

全国义务教育阶段在校生中农村留守儿童[9]共2075.42万人。其中，在小学就读1409.53万人，在初中就读665.89万人。

三、特殊教育

全国共有特殊教育学校2000所，比上年增加67所；特殊教育学校共有专任教师4.81万人。全国共招收特殊教育学生7.07万人，比上年增加0.47万人；在校生39.49万人，比上年增加2.68万人。其中，视力残疾学生3.41万人，听力残疾学生8.85万人，智力残疾学生20.57万人，其他残疾学生6.67万人。特殊教育毕业生4.90万人，比上年减少0.17万人。

普通小学、初中随班就读和附设特教班招收的学生3.80万人，在校生20.91万人，分别占特殊教育招生总数和在校生总数的53.78%和52.94%。

四、高中阶段教育

全国高中阶段教育[10]共有学校2.57万所，比上年减少548所；招生1416.36万人，比上年减少81.10万人；在校学生4170.65万人，比上年减少199.27万人。高中阶段毛入学率86.5%，比上年提高0.5个百分点。

1. 普通高中

全国普通高中1.33万所，比上年减少99所；招生796.60万人，比上年减少26.10万人，降低3.17%；在校生2400.47万人，比上年减少35.41万人，降低1.45%；毕业生799.62万人，比上年增加0.64万人，增长0.08%。

普通高中教职工250.94万人，比上年增加3.58万人；专任教师166.27万人，比上年增加3.37万人，生师比14.44:1，比上年的14.95:1有所改善；专任教师学历合格率97.25%，比上年提高0.44个百分点。

普通高中共有校舍建筑面积45346.02万平方米，比上年增长1785.89万平方米。普通高中设施设备配备达标的学校比例情况分别为：体育运动场（馆）面积达标学校比例 84.38 %，体育器械配备达标学校比例 86.25%，音乐器械配备达标学校比例 84.49%，美术器械配备达标学校比例 84.70%，理科实验仪器达标学校比例 87.63%。

2. 成人高中

全国成人高中 546 所，比上年减少 65 所；在校生 14.90 万人，比上年增加 3.83 万人；毕业生 12.36 万人，比上年增加 1.95 万人。成人高中教职工 9555 人，比上年增加 3494 人；专任教师 8020 人，比上年增加 3402 人。

3. 中等职业教育

全国中等职业教育[11]共有学校 1.19 万所，比上年减少 384 所。其中，普通中等专业学校 3536 所，比上年减少 41 所；职业高中 4067 所，比上年减少 200 所；技工学校 2818 所，比上年减少 64 所；成人中等专业学校 1457 所，比上年减少 79 所。

中等职业教育招生 619.76 万人，比上年减少 55.00 万人，占高中阶段教育招生总数的 43.76%。其中，普通中专招生 259.66 万人，比上年减少 11.81 万人；职业高中招生 161.54 万人，比上年减少 22.00 万人；技工学校招生 124.41 万人，比上年减少 9.09 万人；成人中专招生 74.16 万人，比上年减少 12.10 万人。

中等职业教育在校生 1755.28 万人，比上年减少 167.69 万人，占高中阶段教育在校生总数的 42.09%。其中，普通中专在校生 749.14 万人，比上年减少 23.05 万人；职业高中在校生 472.82 万人，比上年减少 61.40 万人；技工学校在校生 338.97 万人，比上年减少 47.62 万人；成人中专在校生 194.36 万人，比上年减少 35.62 万人。

中等职业教育毕业生 622.95 万人，比上年减少 51.49 万人。其中，普通中专毕业生 247.73 万人，比上年减少 17.48 万人；职业高中毕业生 178.37 万人，比上年减少 26.15 万人；技工学校毕业生 106.79 万人，比上年减少 10.09 万人；成人中专毕业生 90.05 万人，比上年增加 2.21 万人。

中等职业教育学校共有教职工 113.21 万人，比上年减少 2.13 万人。其中，普通中等专业学校教职工 41.81 万人，比上年减少 1195 人；职业高中教职工 36.09 万人，比上年减少 1.45 万人；技工学校教职工 26.52 万人，比上年减少 4240 人；成人中等专业学校教职工 7.34 万人，比上年增加 665 人。

中等职业教育学校共有专任教师 85.84 万人，比上年减少 9530 人，生师比[12]21.34:1，比上年的 22.97:1 有所改善。其中，普通中等专业学校专任教师 30.69 万人，比上年增加 3321 人；职业高中专任教师 29.33 万人，比上年减少 8117 人；技工学校专任教师 19.46 万人，比上年减少 4558 人；成人中等专业学校专任教师 5.31 万人，比上年增加 1113 人。

五、高等教育

全国各类高等教育在学总规模达到 3559 万人，高等教育毛入学率达到 37.5%。全国共有普通高等学校和成人高等学校 2824 所，比上年增加 36 所。其中，普通高等学校 2529 所（含独立学院 283 所），比上年增加 38 所；成人高等学校 295 所，比上年减少 2 所。普通高校中本科院校 1202 所，比上年增加 32 所；高职（专科）院校 1327 所，比上年增加 6 所。全国共有研究生培养机构788个，其中，普通高校571个，科研机构217个。

研究生招生62.13万人，比上年增加0.99万人，增长1.63%，其中，博士生招生7.26万人，硕士生招生54.87万人。在学研究生184.77万人，比上年增加5.37万人，增长3.00%，其中，在学博士生31.27万人，在学硕士生153.50万人。毕业研究生53.59万人，比上年增加2.22万人，增长4.33%，其中，毕业博士生5.37万人，毕业硕士生48.22万人。

普通高等教育本专科共招生721.40万人，比上年增加21.57万人，增长3.08%；在校生2547.70万人，比上年增加79.63万人，增长3.23%；毕业生659.37万人，比上年增加20.65万人，增长3.23%。

成人高等教育本专科共招生265.60万人，比上年增加9.11万人；在校生653.12万人，比上年增加26.71万人；毕业生221.23万人，比上年增加21.46万人。

全国高等教育自学考试学历教育报考703.37万人次，取得毕业证书77.38万人。

普通高等学校本科、高职（专科）全日制在校生平均规模9995人，其中，本科学校14342人，高职（专科）学校6057人。

普通高等学校教职工233.57万人，比上年增加3.95万人；专任教师153.45万人，比上年增加3.76万人。普通高校生师比为17.68:1。成人高等学校教职工5.29万人，比上年减少3496人；专任教师3.15万人，比上年减少2109人。

普通高等学校校舍总建筑面积[13]86310.71万平方米，比上年增加2155.76万平方米；教学科研仪器设备总值[14]3658.49亿元，比上年增加348.91亿元。

六、成人培训与扫盲教育

全国接受各种非学历高等教育的学生736.66万人次，当年已毕（结）业920.28万人次；接受各种非学历中等教育的学生达4613.67万人次，当年已毕（结）业5084.48万人次。

全国职业技术培训机构10.51万所，比上年减少0.72万所；教职工47.74万人；专任教师27.65万人。

全国有成人小学1.83万所，在校生116.43万人，教职工4.05万人，其中，专任教师2.17万人；成人初中1370所，在校生46.26万人，教职工8732人，其中，专任教师7559人。

全国共扫除文盲44.15万人，比上年减少6.43万人；另有45.55万人正在参加扫盲学习，比上年减少16.37万人。扫盲教育教职工2.61万人，比上年减少6517人；专任教师1.08万人，比上年减少4551人。

七、民办教育

全国共有各级各类民办学校（教育机构）15.52万所，比上年增加0.63万所；招生1563.84万人，比上年增加69.32万人；各类教育在校生达4301.91万人，比上年增加223.60万人。其中：

民办幼儿园13.93万所，比上年增加5831所；入园儿童953.66万人，比上年增加45.70万人；在园儿童2125.38万人，比上年增加135.12万人。

民办普通小学 5681 所，比上年增加 274 所；招生 114. 80 万人，比上年增加 3. 52 万人；在校生 674. 14 万人，比上年增加 45. 54 万人。

民办普通初中 4743 所，比上年增加 208 所；招生 167. 74 万人，比上年增加 5. 63 万人；在校生 487. 00 万人，比上年增加 24. 65 万人。

民办普通高中 2442 所，比上年增加 67 所；招生 82. 73 万人，比上年增加 2. 91 万人；在校生 238. 65 万人，与上年增加 7. 01 万人。

民办中等职业学校 2343 所，比上年减少 139 所；招生 71. 95 万人，比上年减少 1. 21 万人；在校生 189. 57 万人，比上年减少 18. 37 万人。另有非学历教育学生 29. 45 万人。

民办高校 728 所（含独立学院 283 所），比上年增加 10 所；招生 172. 96 万人，比上年增加 12. 77 万人；在校生 587. 15 万人，比上年增加 29. 63 万人。其中，硕士研究生在校生 408 人，本科在校生 374. 83 万人，高职（专科）在校生 212. 28 万人；另有自考助学班学生、预科生、进修及培训学生 31. 73 万人。民办的其他高等教育机构 799 所，各类注册学生 88. 30 万人。

另外，还有其他民办培训机构 2. 00 万所，867. 94 万人次接受了培训。

注释：

[1] 各项统计数据均未包括香港特别行政区、澳门特别行政区和台湾省。部分数据因四舍五入的原因，存在着与分项合计不等的情况。

[2] 毛入学率，是指某一级教育不分年龄的在校学生总数占该级教育国家规定年龄组人口数的百分比。含学前教育、初中阶段、高中阶段和高等教育。

[3] 九年义务教育巩固率，是指初中毕业班学生数占该年级入小学一年级时学生数的百分比。

[4] 小学学龄儿童净入学率，是指小学教育在校学龄人口数占小学教育国家规定年龄组人口总数的百分比，是按各地不同入学年龄和学制分别计算的。

[5] 因九年一贯制学校的教职工数计入初中阶段教育，十二年一贯制学校的教职工数计入高中阶段教育，而专任教师是按照教育层次进行归类，存在小学教职工数据小于专任教师数据的情况。

[6] 学历合格专任教师比例，是指某一级教育具有国家规定的最低学历要求的专任教师数占该级教育专任教师总数的百分比。各级教育教师的最低学历要求，参照《中华人民共和国教师法》中的相关规定。取得小学教师资格，应当具备中等师范学校毕业及其以上学历；取得初级中学教师、初级职业学校文化、专业课教师资格，应当具备高等师范专科学校或者其他大学专科毕业及其以上学历；取得高级中学教师资格和中等专业学校、技工学校、职业高中文化课、专业课教师资格，应当具备高等师范院校本科或者其他大学本科毕业及其以上学历。

[7] 设施设备配备达标的学校，是指体育运动场（馆）面积、体育器械配备达到《教育部卫生部财政部关于印发国家学校体育卫生条件试行基本标准的通知》（教体艺［2008］5 号）的相关标准；音乐器材配备、美术器材配备、数学自然实验仪器、理科实验仪器等达到各省、自治区、直辖市规定的仪器配备相关标准。含普通小学、初中和普通高中。

[8] 进城务工人员随迁子女，是指户籍登记在外省（区、市）、本省外县（区）的乡村，随务工父母到输入地的城区、镇区（同住）并接受义务教育的适龄儿童少年。

[9] 农村留守儿童，是指外出务工连续三个月以上的农民托留在户籍所在地家乡，由父、母单方或其他亲属监护接受义务教育的适龄儿童少年。

[10] 高中阶段包括普通高中、成人高中、中等职业学校。

[11] 中等职业教育包括普通中等专业学校、职业高中、技工学校和成人中等专业学校。

［12］中等职业教育生师比不含技工学校数据。

［13］［14］包括学校产权和非产权独立使用。

资料来源：本公报中技工学校数据来自人力资源和社会保障部；高等教育自学考试数据来自教育部考试中心；其他数据均来自教育部发展规划司。

目　　录

第一部分　教育事业发展

一、综合部分

二、高等教育

三、中等教育

(一)高中阶段教育

(二)初中阶段教育

四、初等教育(小学)

五、工读学校

六、特殊教育

七、学前教育

八、各级各类学校分布情况

第二部分 办学条件

一、教育经费

二、教育基本建设投资

第三部分 科学研究活动及其他

一、自然科学与技术

二、社会科学

附表:

CONTENTS

Part Ⅰ

THE DEVELOPMENT OF THE EDUCTIONAL UNDERTAKING

Summary Tables

Higher Education

Secondary Education

Senior Secondary Education

Junior Secondary Education

Primary Education (Primary Schools)

Correctional Work-Study Schools

Special Education

Pre-Primary Education

Geographical Distribution of Schools by Type and Level

Part Ⅱ

PHYSICAL FACILITIES

Public Expenditure on Education

Capital Construction Investment in the Educational Sector

Part Ⅲ

SCIENTIFIC RESEARCH ACTIVITES & OTHER

Natural Science and Technology

Social Science

Appendixes

第一部分
Part I

教育事业发展
THE DEVELOPMENT OF THE EDUCATIONAL UNDERTAKING

一、综合部分
Summary Tables

各级各类学校校数、教职工、专任教师情况
Number of Schools, Educational Personnel and Full-time Teachers by Type and Level

	学校数(所) Schools	教职工数(人) Educational Personnel	专任教师(人) Full-time Teachers
一、高等教育 Higher Education			
(一)研究生培养机构(不计校数) Institutions Providing Postgraduate Programs	(788)		
1. 普通高校 Regular HEIs	(571)		
2. 科研机构 Research Institutes	(217)		
(二)普通高等学校 Regular HEIs	2529	2335723	1534510
1. 本科院校 HEIs Offering Degree Programs	1202	1703121	1091654
其中:独立学院 of Which:Independent Institutions	283	183308	136303
2. 高职(专科)院校 Higher Vocational Colleges	1327	625017	438300
3. 其他普通高教机构(不计校数) Other Institutions	(31)	7585	4556
(三)成人高等学校 Adult HEIs	295	52921	31538
(四)民办的其他高等教育机构 Other Non-government HEIs	(799)	26290	12083
二、中等教育 Secondary Education	79670	7615512	6025122
(一)高中阶段教育 Senior Secondary Education	25677	3651059	2529133
1. 高中 Senior Secondary Schools	13799	2518951	1670720
普通高中 Regular Senior Secondary Schools	13253	2509396	1662700
完全中学 Combined Secondary Schools	5647	1046042	514675
高级中学 Regular High Schools	6619	1272557	1100768
十二年一贯制学校 12-year Schools	987	190797	47257
成人高中 Adult High Schools	546	9555	8020
2. 中等职业教育 Secondary Vocational Education	11878	1132108	858413
普通中专 Regular Specialized Secondary Schools	3536	418120	306906
成人中专 Adult Specialized Secondary Schools	1457	73380	53134
职业高中 Vocational High Schools	4067	360865	293323
技工学校 Skilled Workers Schools	2818	265203	194631
其他中职机构(不计校数) Other Institutions	(402)	14540	10419
(二)初中阶段教育 Junior Secondary Education	53993	3964453	3495989
1. 初中 Junior Secondary Schools	52623	3955721	3488430
初级中学 Regular Junior Secondary Schools	37958	2852397	2563537
九年一贯制学校 9-year Schools	14639	1102498	475624
十二年一贯制学校 12-year Schools			49637
完全中学 Combined Secondary Schools			398863
职业初中 Vocational Junior Secondary Schools	26	826	769
2. 成人初中 Adult Junior Secondary Schools	1370	8732	7559
三、初等教育 Primary Education	219632	5529436	5655561
(一)普通小学 Regular Primary Schools	201377	5488941	5633906
小学 Primary Schools	201377	5488941	5105281
九年一贯制学校 9-year Schools			483924
十二年一贯制学校 12-year Schools			44701
(二)成人小学 Adult Primary Schools	18255	40495	21655
其中:扫盲班 of Which: Literacy Classes	12861	26141	10848
四、工读学校 Correctional Work-Study Schools	79	2820	1900
五、特殊教育 Special Education Schools	2000	57360	48125
六、学前教育 Pre-school Education Institutions	209881	3142226	1844148

注:1. 完全中学的学校数和教职工数计入高中阶段教育,九年一贯制学校的校数和教职工数计入初中阶段教育,十二年一贯制学校的校数和教职工数计入高中阶段教育。专任教师是按照教育层次划分归类。

2. "()"内数据为不计校数。

Note: 1. The numbers of Complete Secondary Schools and their educational personnel are calculated into the number of Senior Secondary education, the numbers of Combined Primary and Lower Secondary Schools and their educational personnel are calculated into the Junior Secondary education, and the numbers of the Combined Primary and Secondary Schools and their educational personnel are calculated into Senior Secondary education. The fulltime teachers are classified by educational level.

2. The data within "( )" are not calculated as the number of schools.

各级各类学历教育学生情况

Number of Students of Formal Education by Type and Level

单位：人

unit: person

	毕业生数 Graduates	招生数 Entrants	在校生数 Enrolment
一、高等教育 Higher Education			
（一）研究生 Postgraduates	535863	621323	1847689
博　士 Doctor's Degree	53653	72634	312676
硕　士 Master's Degree	482210	548689	1535013
（二）普通本专科 Undergraduates in Regular HEIs	6593671	7213987	25476999
本　科 Normal Courses	3413787	3834152	15410653
专　科 Short-cycle Courses	3179884	3379835	10066346
（三）成人本专科 Undergraduates in Adult HEIs	2212329	2656040	6531212
本　科 Normal Courses	899050	1102409	2797917
专　科 Short-cycle Courses	1313279	1553631	3733295
（四）其他各类高等学历教育 Students Enrolled in Other Formal Programs			
1. 在职人员攻读硕士学位 Master's Degree Programs for On-the-job Personnel		162374	596086
2. 网络本专科生 Web-based Undergraduates	1661306	2061852	6314472
本　科 Normal Courses	586272	781445	2287010
专　科 Short-cycle Courses	1075034	1280407	4027462
二、中等教育 Secondary Education	28928894	28641793	86015438
（一）高中阶段教育 Senior Secondary Education	14349208	14163578	41706510
1. 高中 Senior Secondary Schools	8119745	7965960	24153687
普通高中 Regular Senior Secondary Schools	7996189	7965960	24004723
完全中学 Combined Secondary Schools	2514209	2530020	7576658
高级中学 Regular High Schools	5281303	5186359	15735711
十二年一贯制学校 12-year Schools	200677	249581	692354
成人高中 Adult High Schools	123556		148964
2. 中等职业教育 Secondary Vocational Education	6229463	6197618	17552823
普通中专 Regular Specialized Secondary Schools	2477321	2596594	7491366
成人中专 Adult Specialized Secondary Schools	900470	741601	1943596
职业高中 Vocational High Schools	1783728	1615358	4728165
技工学校 Skilled Workers Schools	1067944	1244065	3389696
（二）初中阶段教育 Junior Secondary Education	14579686	14478215	44308928
1. 初中 Junior Secondary Schools	14135127	14478215	43846297
初级中学 Regular Junior Secondary Schools	10296180	10452499	31720045
九年一贯制学校 9-year Schools	1681372	1877028	5524430
十二年一贯制学校 12-year Schools	219881	259380	755092
完全中学 Combined Secondary Schools	1934473	1886935	5839005
职业初中 Vocational Junior Secondary Schools	3221	2373	7725
2. 成人初中 Adult Junior Secondary Schools	444559		462631
三、初等教育 Primary Education	15882235	16584245	95674926
（一）普通小学 Regular Primary Schools	14766280	16584245	94510651
小学 Primary Schools	13265761	14993164	85260959
九年一贯制学校 9-year Schools	1376765	1454522	8485902
十二年一贯制学校 12-year Schools	123754	136559	763790
（二）成人小学 Adult Primary Schools	1115955		1164275
其中：扫盲班 of Which: Literacy Classes	441537		455524
四、工读学校 Correctional Work-Study Schools	3000	3528	8494
五、特殊教育 Special Education Schools	49032	70713	394870
六、学前教育 Pre-school Education Institutions	15271571	19877752	40507145

注：1. 完全中学、九年一贯制学校和十二年一贯制学校的学生数按教育层次分别计入对应教育阶段的学生数中。

2. 特殊教育学生数中包括义务教育阶段随班就读的学生、其他学校附设特教班。

Note: 1. Number of the students in Combined Secondary Schools, 9 - year Schools, 12 - year Schools are classified by educational level.

2. Number of the Students Followed in the Regular Primary and Middle School in the Special Education.

各级各类非学历教育学生情况
Number of Students of Non-formal Education by Type and Level

单位：人次
unit：person-time

	结业生数 Completers	注册学生数 Enrolment
总　计 Total	**60047595**	**53503280**
一、高等教育 Higher Education	9202798	7366574
（一）研究生课程进修班 Postgraduate Courses	34836	56427
（二）自考助学班 Classes run by Non-government HEIs for Students Preparing for Self-directed State-administered Examinations	149228	376213
（三）普通预科生 College-preparatory Classes		44451
（四）进修及培训 In-service Training	9018734	6889483
其中：资格证书培训 of Which：For Certificates of Vocational Qualifications	2233496	2078655
岗位证书培训 For Certificates of Job-related Qualifications	2517423	2116553
二、中等职业教育 Secondary Vocational Education	50844797	46136706
其中：资格证书培训 of Which：For Certificates of Vocational Qualifications	8283003	7356309
岗位证书培训 For Certificates of Job-related Qualifications	11821244	10704491
（一）中等职业学校 Secondary Vocational Schools	6049504	3759486
其中：资格证书培训 of Which：For Certificates of Vocational Qualifications	2490008	1617346
岗位证书培训 For Certificates of Job-related Qualifications	1858154	1125192
（二）职业技术培训机构 Other Vocational-technical Training Institutions	44795293	42377220
其中：资格证书培训 of Which：For Certificates of Vocational Qualifications	5792995	5738963
岗位证书培训 For Certificates of Job-related Qualifications	9963090	9579299

各级各类民办教育基本情况
Number of Non-government Schools by Type and Level

单位：人
unit：person

	学校数（所） Schools	毕业生数 Graduates	招生数 Entrants	在校生数 Enrolment	教职工数 Educational Personnel	专任教师 Full-time Teachers	另有其他学生数 Other Students
一、民办高等教育 Non-government Higher Education							
（一）民办高校 Non-government HEIs	728	1419645	1729617	5871547	412824	293954	317345
硕　士 Master's Degree		106	170	408			
本科学生 Normal Courses		808097	927750	3748336			
专科学生 Short-cycle Courses		611442	801697	2122803			
其中：独立学院 of Which：Independent Institutions	283	625703	651237	2690625	183308	136303	29095
本科学生 Normal Courses		581894	605654	2554396			
专科学生 Short-cycle Courses		43809	45583	136229			
（二）民办其他高等教育机构 Other Non-government HEIs	（799）				26290	12083	883009
二、民办中等教育 Non-government Secondary Education							
（一）高中阶段教育 Senior Secondary Education	4785	1483909	1546821	4282286	466438	336912	
1. 民办普通高中 Regular Senior Secondary Schools	2442	744437	827299	2386542	355368	262622	
2. 民办中等职业教育 Secondary Vocational Education	2343	739472	719522	1895744	111070	74290	294471
（二）初中阶段教育 Junior Secondary Education	4744	1421784	1677377	4870018	376317	286825	
1. 民办普通初中 Regular Junior Secondary Schools	4743	1421774	1677353	4869950	376312	286821	
2. 民办职业初中 Vocational JSSs	1	10	24	68	5	4	
三、民办普通小学 Non-government Regular Primary Schools	5681	1045563	1148019	6741425	225892	168023	
四、民办幼儿园 Non-government Pre-school Education	139282	6737691	9536605	21253781	2056325	1131802	
另有：民办培训机构（不计校数）Other Vocational-technical Training Institutions	（20001）				234896	135365	8679377

注：1. "另有其他学生数"包括：自考助学班学生、预科生、进修及培训学生数。
2. 民办中等职业教育数据中未含技工学校数据。
3. "（）"内数据为不计校数。

Note：1. Number of the other Students Followed in the Classes runby Non-government HEIs for Students Preparing for State-administered Examinatims for Self-directed Leamers，College-preparatory Classes，In-service Traning.
2. Data on non-government secondary vocational education does not include those of skilled workers schools.
3. The numbers within "（）" are not included.

各级各类学校女学生数

Number of Female Students of Schools by Type and Level

单位：人
unit: person

	总计 Total	男 Male	女学生 Female Students	
			人数 Number	占学生总数的比重(%) Percentage
一、高等教育 Higher Education				
(一)研究生 Postgraduates	1847689	939402	908287	49.16
博　士 Doctor's Degree	312676	197217	115459	36.93
硕　士 Master's Degree	1535013	742185	792828	51.65
(二)普通本专科 Undergraduate in Regular HEIs	25476999	12199546	13277453	52.12
本　科 Normal Courses	15410653	7325925	8084728	52.46
专　科 Short-cycle Courses	10066346	4873621	5192725	51.59
(三)成人本专科 Undergraduate in Adult HEIs	6531212	2866346	3664866	56.11
本　科 Normal Courses	2797917	1197315	1600602	57.21
专　科 Short-cycle Courses	3733295	1669031	2064264	55.29
(四)其他各类高等学历教育 Students Enrolled in Other Formal Programs				
1. 在职人员攻读硕士学位 Master's Degree Programs for On-the-job Personnel	596086	381751	214335	35.96
2. 网络本专科生 Web-based Undergraduates	6314472	3233654	3080818	48.79
本　科 Normal Courses	2287010	1089228	1197782	52.37
专　科 Short-cycle Courses	4027462	2144426	1883036	46.75
二、中等教育 Secondary Education	86015438	45282899	40732539	47.35
(一)高中阶段教育 Senior Secondary Education	41706510	21661714	20044796	48.06
1. 高中 Senior Secondary Schools	24153687	12081954	12071733	49.98
普通高中 Regular Senior Secondary Schools	24004723	12009277	11995446	49.97
完全中学 Combined Secondary Schools	7576658	3820158	3756500	49.58
高级中学 Regular High Schools	15735711	7804341	7931370	50.40
十二年一贯制学校 12-Year Schools	692354	384778	307576	44.42
成人高中 Adult High Schools	148964	72677	76287	51.21
2. 中等职业教育 Secondary Vocational Education	17552823	9579760	7973063	45.42
普通中专 Regular Specialized Secondary Schools	7491366	3521849	3969517	52.99
成人中专 Adult Specialized Secondary Schools	1943596	1095766	847830	43.62
职业高中 Vocational High Schools	4728165	2573466	2154699	45.57
技工学校 Skilled Workers Schools	3389696	2388679	1001017	29.53
(二)初中阶段教育 Junior Secondary Education	44308928	23621185	20687743	46.69
1. 初中 Junior Secondary Schools	43846297	23383719	20462578	46.67
初级中学 Regular Junior Secondary Schools	31720045	16771884	14948161	47.13
九年一贯制学校 9-Year Schools	5524430	3047922	2476508	44.83
十二年一贯制学校 12-Year Schools	755092	443558	311534	41.26
完全中学 Combined Secondary Schools	5839005	3116298	2722707	46.63
职业初中 Vocational Junior Secondary Schools	7725	4057	3668	47.48
2. 成人初中 Adult Junior Secondary Schools	462631	237466	225165	48.67
三、初等教育 Primary Education	95674926	51327662	44347264	46.35
(一)普通小学 Regular Primary Schools	94510651	50791085	43719566	46.26
小学 Primary Schools	85260959	45666358	39594601	46.44
九年一贯制学校 9-Year Schools	8485902	4675910	3809992	44.90
十二年一贯制学校 12-Year Schools	763790	448817	314973	41.24
(二)成人小学 Adult Primary Schools	1164275	536577	627698	53.91
其中：扫盲班 of Which: Literacy Classes	455524	188841	266683	58.54
四、工读学校 Correctional Work-Study Schools	8494	7293	1201	14.14
五、特殊教育 Special Education Schools	394870	254462	140408	35.56
六、学前教育 Pre-school Education Institutions	40507145	21746247	18760898	46.32

各级各类学校女教师、女教职工数

Number of Female Educational Personnel and Full-time Teachers of Schools by Type and Level

单位：人

unit：person

	教职工 Educational Personnel	其中：女教职工 of Which Female Educational Personnel		专任教师 Full-time Teachers	其中：女专任教师 of Which Female Full-time Teachers	
		人数 Number	占教职工总数的比重（%） Percentage		人数 Number	占专任教师总数的比重（%） Percentage
一、高等教育 Higher Education						
（一）研究生培养机构（不计校数） Institutions Providing Postgraduate Programs						
1. 普通高校 Regular HEIs						
2. 科研机构 Research Institutes						
（二）普通高等学校 Regular HEIs	2335723	1098886	47. 05	1534510	738695	48. 14
1. 本科院校 HEIs Offering Degree Programs	1703121	785279	46. 11	1091654	509163	46. 64
其中：独立学院 of Which：Independent Institutions	183308	93126	50. 80	136303	68945	50. 58
2. 高职（专科）院校 Higher Vocational Colleges	625017	310432	49. 67	438300	227608	51. 93
3. 其他普通高教机构（不计校数） Other Institutions	7585	3175	41. 86	4556	1924	42. 23
（三）成人高等学校 Adult HEIs	52921	25817	48. 78	31538	16728	53. 04
（四）民办的其他高等教育机构 Other Non-government HEIs	26290	13913	52. 92	12083	6204	51. 34
二、中等教育 Secondary Education	7615512	3867556	50. 79	6025122		
（一）高中阶段教育 Senior Secondary Education	3651059	1824835	49. 98	2529133		
1. 高中 Senior Secondary Schools	2518951	1292619	51. 32	1670720	844491	50. 55
普通高中 Regular Senior Secondary Schools	2509396	1288994	51. 37	1662700	841510	50. 61
完全中学 Combined Secondary Schools	1046042	545544	52. 15	514675	256457	49. 83
高级中学 Regular High Schools	1272557	625704	49. 17	1100768	561905	51. 05
十二年一贯制学校 12-Year Schools	190797	117746	61. 71	47257	23148	48. 98
成人高中 Adult High Schools	9555	3625	37. 94	8020	2981	37. 17
2. 中等职业教育 Secondary Vocational Education	1132108	532216	47. 01	858413		
普通中专 Regular Specialized Secondary Schools	418120	201850	48. 28	306906	158440	51. 62
成人中专 Adult Specialized Secondary Schools	73380	34526	47. 05	53134	27001	50. 82
职业高中 Vocational High Schools	360865	175020	48. 50	293323	150221	51. 21
技工学校 Skilled Workers Schools	265203	114236	43. 07	194631		
其他中职机构（不计校数） Other Institutions	14540	6584	45. 28	10419	5206	49. 97
（二）初中阶段教育 Junior Secondary Education	3964453	2042721	51. 53	3495989	1837559	52. 56
1. 初中 Junior Secondary Schools	3955721	2039037	51. 55	3488430	1834243	52. 58
初级中学 Regular Junior Secondary Schools	2852397	1413380	49. 55	2563537	1325855	51. 72
九年一贯制学校 9-Year Schools	1102498	625300	56. 72	475624	244555	51. 42
十二年一贯制学校 12-Year Schools				49637	30282	61. 01
完全中学 Combined Secondary Schools				398863	233206	58. 47
职业初中 Vocational Junior Secondary Schools	826	357	43. 22	769	345	44. 86
2. 成人初中 Adult Junior Secondary Schools	8732	3684	42. 19	7559	3316	43. 87
三、初等教育 Primary Education	5529436	3306249	59. 79	5655561	3511792	62. 09
（一）普通小学 Regular Primary Schools	5488941	3287068	59. 89	5633906	3500101	62. 13
小学 Primary Schools	5488941	3287068	59. 89	5105281	3145581	61. 61
九年一贯制学校 9-Year Schools				483924	319129	65. 95
十二年一贯制学校 12-Year Schools				44701	35391	79. 17
（二）成人小学 Adult Primary Schools	40495	19181	47. 37	21655	11691	53. 99
其中：扫盲班 of Which：Literacy Classes	26141	11727	44. 86	10848	5520	50. 88
四、工读学校 Correctional Work-Study Schools	2820	1010	35. 82	1900	736	38. 74
五、特殊教育 Special Education Schools	57360	39452	68. 78	48125	34988	72. 70
六、学前教育 Pre-school Education Institutions	3142226	2881166	91. 69	1844148	1806076	97. 94

注：完全中学的学校数和教职工数计入高中阶段教育，九年一贯制学校的校数和教职工数计入初中阶段教育，十二年一贯制学校的校数和教职工数计入高中阶段教育。专任教师是按照教育层次划分归类。

Note：The numbers of Complete Secondary Schools and their educational personnel are calculated into the number of Senior Secondary education，the numbers of Combined Primary and Lower Secondary Schools and their educational personnel are calculated into the Junior Secondary education，and the numbers of the Combined Primary and Secondary Schools and their educational personnel are calculated into Senior Secondary education. The fulltime teachers are classified by educational level.

各级各类学校少数民族学生数

Number of Minority Students of Schools by Type and Level

单位：人
unit:person

	总计 Total	少数民族学生 Minority Students	
		人数 Number	占学生总数的比重(%) Percentage
一、高等教育 Higher Education			
(一)研究生 Postgraduates	1847689	104674	5.67
博　士 Doctor's Degree	312676	17089	5.47
硕　士 Master's Degree	1535013	87585	5.71
(二)普通本专科 Undergraduate in Regular HEIs	25476999	1992383	7.82
本　科 Normal Courses	15410653	1263936	8.20
专　科 Short-cycle Courses	10066346	728447	7.24
(三)成人本专科 Undergraduate in Adult HEIs	6531212	529467	8.11
本　科 Normal Courses	2797917	230504	8.24
专　科 Short-cycle Courses	3733295	298963	8.01
(四)其他各类高等学历教育 Students Enrolled in Other Formal Programs			
1. 在职人员攻读硕士学位 Master's Degree Programs for On-the-job Personnel	596086		
2. 网络本专科生 Web-based Undergraduates	6314472	383271	6.07
本　科 Normal Courses	2287010	136100	5.95
专　科 Short-cycle Courses	4027462	247171	6.14
二、中等教育 Secondary Education			
(一)高中阶段教育 Senior Secondary Education			
1. 高中 Senior Secondary Schools			
普通高中 Regular Senior Secondary Schools	24004723	2195882	9.15
完全中学 Combined Secondary Schools	7576658	659474	8.70
高中级学 Regular High Schools	15735711	1501833	9.54
十二年一贯制学校 12-year Schools	692354	34575	4.99
成人高中 Adult High Schools	611595	49363	8.07
2. 中等职业教育 Secondary Vocational Education			
普通中专 Regular Specialized Secondary Schools	7491366	664664	8.87
成人中专 Adult Specialized Secondary Schools	1943596	175866	9.05
职业高中 Vocational High Schools	4728165	367979	7.78
技工学校 Skilled Workers Schools			
(二)初中阶段教育 Junior Secondary Education			
1. 初中 Junior Secondary Schools	43846297	4773555	10.89
初级中学 Regular Junior Secondary Schools	31720045	3629901	11.44
九年一贯制学校 9-year Schools	5524430	532799	9.64
十二年一贯制学校 12-year Schools	755092	38618	5.11
完全中学 Combined Secondary Schools	5839005	569393	9.75
职业初中 Vocational Junior Secondary Schools	7725	2844	36.82
2. 成人初中 Adult Junior Secondary Schools			
三、初等教育 Primary Education			
(一)普通小学 Regular Primary Schools	94510651	10589734	11.20
小学 Primary Schools	85260959	9709330	11.39
九年一贯制学校 9-year Schools	8485902	837629	9.87
十二年一贯制学校 12-year Schools	763790	42775	5.60
(二)成人小学 Adult Primary Schools	1164275	67509	5.80
其中:扫盲班 of Which: Literacy Classes			
四、工读学校 Correctional Work-Study Schools			
五、特殊教育 Special Education Schools	394870	31521	7.98
六、学前教育 Pre-school Education Institutions	40507145	3469144	8.56

注：成人高中数据包括成人初中数据。
Note: Data on Minority Students of Adult Junior Secondary Schools are included in the data of Adult High Schools.

各级各类学校少数民族教师、教职工数

Number of Minority Educational Personnel and Full-time Teachers of Schools by Type and Level

单位：人

unit：person

	教职工 Educational Personnel	少数民族教职工 Minority Educational Personnel		专任教师 Full-time Teachers	少数民族专任教师 Minority Full-time Teachers	
		人数 Number	占教职工总数的比重(%) Percentage		人数 Number	占专任教师总数的比重(%) Percentage
一、高等教育 Higher Education						
(一)研究生培养机构(不计校数) Institutions Providing Postgraduate Programs						
1. 普通高校 Regular HEIs						
2. 科研机构 Research Institutes						
(二)普通高等学校 Regular HEIs	2335723	125741	5. 38	1534510	82341	5. 37
1. 本科院校 HEIs Offering Degree Programs	1703121	92952	5. 46	1091654	59588	5. 46
其中：独立学院 of Which：Independent Institutions	183308	7341	4	136303	4916	3. 61
2. 高职(专科)院校 Higher Vocational Colleges	625017	32352	5. 18	438300	22503	5. 13
3. 其他普通高教机构(不计校数) Other Institutions	7585	437	5. 76	4556	250	5. 49
(三)成人高等学校 Adult HEIs	52921	3117	5. 89	31538	1886	5. 98
(四)民办的其他高等教育机构 Other Non-government HEIs	26290	231	0. 88	12083	113	0. 94
二、中等教育 Secondary Education						
(一)高中阶段教育 Senior Secondary Education						
1. 高中 Senior Secondary Schools	2527683	190668	7. 54	1678279	128911	7. 68
普通高中 Regular Senior Secondary Schools	2509396	190287	7. 58	1662700	128662	7. 74
完全中学 Combined Secondary Schools	1046042	81709	7. 81	514675	38737	7. 53
高级中学 Regular High Schools	1272557	99196	7. 8	1100768	87373	7. 94
十二年一贯制学校 12-year Schools	190797	9382	4. 92	47257	2552	5. 40
成人高中 Adult High Schools	18287	381	2. 08	15579	249	1. 60
2. 中等职业教育 Secondary Vocational Education						
普通中专 Regular Specialized Secondary Schools	418120	25332	6. 06	306906	18821	6. 13
成人中专 Adult Specialized Secondary Schools	73380	3672	5	53134	2761	5. 20
职业高中 Vocational High Schools	360865	18572	5. 15	293323	14749	5. 03
技工学校 Skilled Workers Schools						
其他中职机构(不计校数) Other Institutions	14540	432	2. 97	10419	296	2. 84
(二)初中阶段教育 Junior Secondary Education						
1. 初中 Junior Secondary Schools	3955721	359572	9. 09	3488430	316360	9. 07
初级中学 Regular Junior Secondary Schools	2852397	262795	9. 21	2563537	238188	9. 29
九年一贯制学校 9-year Schools	1102498	96529	8. 76	475624	41561	8. 74
十二年一贯制学校 12-year Schools				49637	2674	5. 39
完全中学 Combined Secondary Schools				398863	33700	8. 45
职业初中 Vocational Junior Secondary Schools	826	248	30. 02	769	237	30. 82
2. 成人初中 Adult Junior Secondary Schools						
三、初等教育 Primary Education						
(一)普通小学 Regular Primary Schools	5488941	591996	10. 79	5633906	595635	10. 57
小学 Primary Schools	5488941	591996	10. 79	5105281	547648	10. 73
九年一贯制学校 9-year Schools				483924	45264	9. 35
十二年一贯制学校 12-year Schools				44701	2723	6. 09
(二)成人小学 Adult Primary Schools	40495	3684	9. 1	21655	1183	5. 46
其中：扫盲班 of Which：Literacy Classes						
四、工读学校 Correctional Work-study Schools						
五、特殊教育 Special Education Schools	57360	4369	7. 62	48125	3715	7. 72
六、学前教育 Pre-school Education Institutions	3142226	188406	6	1844148	122912	6. 66

注：1. 完全中学的学校数和教职工数计入高中阶段教育，九年一贯制学校的校数和教职工数计入初中阶段教育，十二年一贯制学校的校数和教职工数计入高中阶段教育。专任教师是按照教育层次划分归类。

2. 成人高中少数民族教职工数和专任教师数包括成人初中少数民族教职工数和专任教师数。

Note：1. The numbers of Complete Secondary Schools and their educational personnel are calculated into the number of Senior Secondary education, the numbers of Combined Primary and Lower Secondary Schools and their educational personnel are calculated into the Junior Secondary education, and the numbers of the Combined Primary and Secondary Schools and their educational personnel are calculated into Senior Secondary education. The fulltime teachers are classified by educational level.

2. The number of Minority Educational Personnel and Full-time teachers employed by Adult Junior High Schools is included in that employed by Adult High Schools.

各级各类学校校数

Number of Schools by Type and Level

单位：所

unit: institution

	1949	1965	1978	1980	1985	2000	2005	2010	2012	2013
一、高等教育 Higher Education										
（一）研究生培养机构（不计校数）Institutions Providing Postgraduate Programs						(738)	(766)	(797)	(830)	(788)
1. 普通高校 Regular HEIs						(415)	(450)	(481)	(548)	(571)
2. 科研机构 Research Institutes						(323)	(316)	(316)	(282)	(217)
（二）普通高等学校 Regular HEIs	205	434	598	675	1016	1041	1792	2358	2491	2529
1. 本科院校 HEIs Offering Degree Programs						599	701	1112	1170	1202
2. 高职（专科）院校 Higher Vocational Colleges						442	1091	1246	1321	1327
3. 其他普通高教机构（不计校数）Other Institutions							(428)	(56)	(33)	(31)
（三）成人高等学校 Adult HEIs	1	964	10395	2775	1216	772	481	365	297	295
（四）民办的其他高等教育机构 Other Non-government HEIs							1077	836	802	799
二、中等教育 Secondary Education							96082	85063	80797	79670
（一）高中阶段教育 Senior Secondary Education							31532	28584	26225	25677
1. 高中 Senior Secondary Schools							17066	14712	13963	13799
普通高中 Regular Senior Secondary Schools	1597	4112	49215	31300	17318	14564	16092	14058	13352	13253
成人高中 Adult High Schools						1939	974	654	611	546
2. 中等职业教育 Secondary Vocational Education							14466	13872	12262	11878
普通中专 Regular Specialized Secondary Schools	1171	1265	2760	3069	3557	3646	3207	3938	3577	3536
成人中专 Adult Specialized Secondary Schools						4634	2582	1720	1536	1457
职业高中 Vocational High Schools						7655	5822	5206	4267	4067
技工学校 Skilled Workers Schools	3	281	2013	3305	3548	3792	2855	3008	2882	2818
其他中职机构（不计校数）Other Institutions							(2386)	(2012)	(451)	(402)
（二）初中阶段教育 Junior Secondary Education							64550	56479	54572	53993
1. 普通初中 Regular Junior Secondary Schools	2448	13990	113130	87077	75903	62704	61885	54823	52764	52597
2. 职业初中 Vocational Junior Secondary Schools						1194	601	67	40	26
3. 成人初中 Adult Junior Secondary Schools						2001	2064	1589	1768	1370
三、初等教育 Primary Education							427697	290597	235369	219632
（一）普通小学 Regular Primary Schools	346769	1681939	949323	917316	832309	553622	366213	257410	213529	201377
（二）成人小学 Adult Primary Schools					100337	156839	61484	33187	21840	18255
其中：扫盲班 of Which: Literacy Classes					176076	104863	43572	22227	15104	12861
四、工读学校 Correctional Work-Study Schools					98	74	77	77	78	79
五、特殊教育 Special Education Schools		266	292	292	375	1539	1593	1706	1933	2000
六、学前教育 Pre-school Education Institutions		19226	163952	170419	172262	175836	124402	150420	198553	209881

各级各类学历教育学生数

Number of Students of Formal Education by Type and Level

单位：万人

unit：10 thousand persons

	1949	1965	1978	1980	1985	2000	2005	2010	2012	2013
一、高等教育 Higher Education										
（一）研究生（人） Postgraduates (person)	629	4546	10934	21604	87331	301239	978610	1538416	1793953	1847689
（二）普通本专科 Undergraduates in Regular HEIs	11. 65	67. 44	85. 63	114. 37	170. 31	556. 09	1561. 78	2231. 79	2468. 07	2547. 70
（三）成人本专科 Undergraduates in Adult HEIs	0. 01	41. 30	140. 80	155. 40	172. 50	353. 64	436. 07	536. 04	626. 41	653. 12
（四）其他各类高等学历教育 Students Enrolled in Other Formal Programs										
1. 在职人员攻读硕士学位 Master's Degree Programs for On-the-job Personnel							25. 47	42. 03	55. 87	59. 61
2. 网络本专科生 Web-based Undergraduates							265. 27	453. 14	614. 64	631. 45
二、中等教育 Secondary Education							10297. 15	10019. 66	8858. 28	8601. 54
（一）高中阶段教育 Senior Secondary Education							4030. 94	4677. 33	4369. 92	4170. 65
1. 高中 Senior Secondary Schools							2430. 90	2438. 83	2446. 95	2415. 37
普通高中 Regular Senior Secondary Schools	20. 72	130. 82	1553. 08	969. 79	741. 13	1201. 26	2409. 09	2427. 34	2435. 88	2400. 47
成人高中 Adult High Schools				75. 12	138. 98	32. 40	21. 81	11. 50	11. 07	14. 90
2. 中等职业教育 Secondary Vocational Education							1600. 04	2238. 50	1922. 97	1755. 28
普通中专 Regular Specialized Secondary Schools	22. 88	54. 74	88. 92	124. 34	157. 11	489. 52	629. 77	877. 71	772. 18	749. 14
成人中专 Adult Specialized Secondary Schools	0. 01	351. 80	123. 90	449. 40		169. 26	112. 55	212. 40	229. 98	194. 36
职业高中 Vocational High Schools		77. 50		31. 92	184. 34	414. 56	582. 43	726. 33	534. 22	472. 82
技工学校 Skilled Workers Schools	0. 27	10. 10	38. 20	70. 04	74. 17	140. 10	275. 30	422. 05	386. 59	338. 97
（二）初中阶段教育 Junior Secondary Education							6266. 21	5342. 33	4488. 35	4430. 89
1. 普通初中 Regular Junior Secondary Schools	83. 18	802. 97	4995. 17	4538. 29	3964. 83	6167. 65	6171. 81	5275. 91	4439. 07	4383. 86
2. 职业初中 Vocational Junior Secondary Schools		365. 84		13. 45	45. 23	88. 64	43. 14	3. 42	1. 05	0. 77
3. 成人初中 Adult Junior Secondary Schools				302. 57	273. 30	18. 77	51. 27	63. 00	48. 23	46. 26
三、初等教育 Primary Education							11171. 83	10135. 36	9484. 81	9567. 49
（一）普通小学 Regular Primary Schools	2439. 10	11620. 90	14624. 00	14627. 00	13370. 20	13013. 25	10864. 07	9940. 70	9360. 55	9451. 07
（二）成人小学 Adult Primary Schools	1326. 80	823. 70	6467. 20	1646. 10	303. 23	480. 88	307. 76	194. 66	124. 26	116. 43
其中：扫盲班 of Which：Literacy Classes	1326. 80		1806. 70	1220. 90	518. 98	249. 32	192. 44	108. 08	61. 92	45. 55
四、工读学校 Correctional Work-Study Schools					0. 65	0. 77	0. 84	1. 07	0. 93	0. 85
五、特殊教育 Special Education Schools		2. 29	3. 09	3. 31	4. 17	37. 76	36. 44	42. 56	36. 81	39. 49
六、学前教育 Pre-school Education Institutions		171. 30	787. 70	1150. 80	1479. 70	2244. 18	2179. 03	2976. 67	3894. 69	4050. 71

各级各类学历教育招生数

Number of Entrants of Formal Education by Type and Level

单位：万人

unit：10 thousand persons

	1949	1965	1978	1980	1985	2000	2005	2010	2012	2013
一、高等教育 Higher Education										
（一）研究生（人） Postgraduates（person）	242	1456	10708	3616	46871	128484	364831	538177	611381	621323
（二）普通本专科 Undergraduates in Regular HEIs	3.06	16.42	40.15	28.12	61.92	220.61	504.46	661.76	699.83	721.40
（三）成人本专科 Undergraduates in Adult HEIs					78.78	156.15	193.03	208.43	256.49	265.60
（四）其他各类高等学历教育 Students Enrolled in Other Formal Programs										
1. 在职人员攻读硕士学位 Master's Degree Programs for On-the-job Personnel							10.17	12.49	16.76	16.24
2. 网络本专科生 Web-based Undergraduates							89.10	166.37	220.07	206.19
二、中等教育 Secondary Education							3520.98	3423.24	2993.54	2864.18
（一）高中阶段教育 Senior Secondary Education							1533.39	1706.66	1497.45	1416.36
1. 高中 Senior Secondary Schools							877.73	836.24	822.70	796.60
普通高中 Regular Senior Secondary Schools	7.11	45.89	692.91	383.40	257.51	472.69	877.73	836.24	822.70	796.60
成人高中 Adult High Schools				50.05	107.61	30.47				
2. 中等职业教育 Secondary Vocational Education							655.66	870.42	674.76	619.76
普通中专 Regular Specialized Secondary Schools	9.74	20.85	44.70	46.76	66.83	132.59	241.13	316.61	271.47	259.66
成人中专 Adult Specialized Secondary Schools				152.22		53.39	47.95	116.11	86.26	74.16
职业高中 Vocational High Schools		55.67		24.06	98.49	150.39	248.21	278.67	183.53	161.54
技工学校 Skilled Workers Schools			25.70	33.13	35.54	50.38	118.37	159.02	133.50	124.41
（二）初中阶段教育 Junior Secondary Education							1987.58	1716.58	1496.09	1447.82
1. 普通初中 Regular Junior Secondary Schools	34.12	299.89	2005.98	1550.91	1349.40	2263.30	1976.52	1715.49	1495.73	1447.58
2. 职业初中 Vocational Junior Secondary Schools		250.81		6.66	17.61	32.27	11.06	1.09	0.35	0.24
3. 成人初中 Adult Junior Secondary Schools				194.81	237.02	14.67				
三、初等教育 Primary Education							1671.74	1691.70	1695.36	1658.42
（一）普通小学 Regular Primary Schools	680.00	3296.02	3315.36	2942.34	2298.17	1946.47	1671.74	1691.70	1695.36	1658.42
（二）成人小学 Adult Primary Schools				248.29	194.95	452.52				
其中:扫盲班 of Which: Literacy Classes				720.48	326.14	210.61				
四、工读学校 Correctional Work-Study Schools					0.32	0.44	0.35	0.40	0.39	0.35
五、特殊教育 Special Education Schools			0.59	0.59	0.92	5.29	4.93	6.49	6.60	7.07
六、学前教育 Pre-school Education Institutions						1531.11	1356.24	1700.39	1970.03	1987.78

各级各类学校教职工数

Number of Educational Personnel of Schools by Type and Level

单位：万人

unit:10 thousand persons

	1949	1965	1978	1980	1985	2000	2005	2010	2012	2013
一、高等教育 Higher Education										
(一)研究生培养机构(不计校数) Institutions Providing Postgraduate Programs										
1. 普通高校 Regular HEIs										
2. 科研机构 Research Institutes										
(二)普通高等学校 Regular HEIs	4.60	33.30	51.80	63.20	87.06	111.28	174.21	215.66	229.63	233.57
1. 本科院校 HEIs Offering Degree Programs						92.69	119.78	154.80	165.75	170.31
2. 高职(专科)院校 Higher Vocational Colleges						17.50	44.00	60.32	63.00	62.50
3. 其他普通高教机构(不计校数) Other Institutions						1.08	10.43	0.54	0.87	0.76
(三)成人高等学校 Adult HEIs				6.45	14.34	18.70	14.89	7.71	5.64	5.29
(四)民办的其他高等教育机构 Other Non-government HEIs							4.81	3.81	2.84	2.63
二、中等教育 Secondary Education							685.77	709.63	756.91	761.55
(一)高中阶段教育 Senior Secondary Education							682.48	708.68	363.31	365.11
1. 高中 Senior Secondary Schools							573.16	586.39	247.97	251.90
普通高中 Regular Senior Secondary Schools	10.40	67.70	391.70	389.70	355.69	491.10	572.02	585.93	247.36	250.94
成人高中 Adult High Schools					5.65	2.17	1.13	0.47	0.61	0.96
2. 中等职业教育 Secondary Vocational Education							109.32	122.29	115.34	113.21
普通中专 Regular Specialized Secondary Schools	2.40	12.20	23.70	29.80	40.32	48.81	33.48	43.50	41.93	41.81
成人中专 Adult Specialized Secondary Schools				3.19		20.84	12.13	8.53	7.27	7.34
职业高中 Vocational High Schools		30.60		4.10	21.59	44.69	38.93	40.32	37.54	36.09
技工学校 Skilled Workers Schools			6.66	13.61	21.53	23.96	20.40	26.63	26.94	26.52
其他中职机构(不计校数) Other Institutions							4.38	3.30	1.66	1.45
(二)初中阶段教育 Junior Secondary Education							3.29	0.94	393.60	396.45
1. 普通初中 Regular Junior Secondary Schools									392.77	395.49
2. 职业初中 Vocational Junior Secondary Schools							2.40	0.22	0.11	0.08
3. 成人初中 Adult Junior Secondary Schools					7.29	0.79	0.89	0.73	0.73	0.87
三、初等教育 Primary Education							624.82	617.56	553.85	552.94
(一)普通小学 Regular Primary Schools	84.90	407.50	562.00	605.40	602.10	645.49	613.22	610.98	549.49	548.89
(二)成人小学 Adult Primary Schools				2.02		16.24	11.61	6.58	4.36	4.05
其中:扫盲班 of Which: Literacy Classes				7.40		11.01	8.94	5.04	3.27	2.61
四、工读学校 Correctional Work-Study Schools					0.32	0.27	0.26	0.26	0.27	0.28
五、特殊教育 Special Education Schools		0.37	0.69	0.80	1.15	4.37	4.23	4.92	5.51	5.74
六、学前教育 Pre-school Education Institutions		16.20	46.90	61.00	79.80	114.43	115.20	184.93	282.68	314.22

各级各类学校专任教师数

Number of Full-time Teachers of Schools by Type and Level

单位：万人

unit：10 thousand persons

	1949	1965	1978	1980	1985	2000	2005	2010	2013	2014
一、高等教育 Higher Education										
（一）研究生培养机构（不计校数） Institutions Providing Postgraduate Programs										
1. 普通高校 Regular HEIs										
2. 科研机构 Research Institutes										
（二）普通高等学校 Regular HEIs	1.61	13.81	20.63	24.69	34.43	46.28	96.58	134.31	149.69	153.45
1. 本科院校 HEIs Offering Degree Programs						37.08	63.00	93.55	105.50	109.17
2. 高职（专科）院校 Higher Vocational Colleges						8.66	26.79	40.41	43.66	43.83
3. 其他普通高教机构（不计校数） Other Institutions						0.53	6.80	0.35	0.53	0.46
（三）成人高等学校 Adult HEIs				3.32	6.93	9.34	8.43	4.59	3.36	3.15
（四）民办的其他高等教育机构 Other Non-government HEIs							2.25	1.78	1.34	1.21
二、中等教育 Secondary Education							555.36	592.30	598.84	602.51
（一）高中阶段教育 Senior Secondary Education							205.64	239.32	250.16	252.91
1. 高中 Senior Secondary Schools							130.66	152.17	163.36	167.07
普通高中 Regular Senior Secondary Schools	1.40	7.79	74.13	57.07	49.17	75.69	129.95	151.82	162.90	166.27
成人高中 Adult High Schools					3.23	1.35	0.71	0.35	0.46	0.80
2. 中等职业教育 Secondary Vocational Education							74.98	87.15	86.79	85.84
普通中专 Regular Specialized Secondary Schools	1.56	5.51	9.96	12.87	17.40	25.64	20.30	29.50	30.36	30.69
成人中专 Adult Specialized Secondary Schools				1.78		11.83	7.50	5.70	5.20	5.31
职业高中 Vocational High Schools		5.29		1.65	11.58	28.18	28.25	30.70	30.14	29.33
技工学校 Skilled Workers Schools			2.80	6.14	8.89	14.00	16.11	19.05	19.92	19.46
其他中职机构（不计校数） Other Institutions							2.82	2.20	1.17	1.04
（二）初中阶段教育 Junior Secondary Education							349.72	352.97	348.68	349.60
1. 普通初中 Regular Junior Secondary Schools	5.26	37.92	244.07	244.90	215.99	324.86	347.18	352.34	348.00	348.77
2. 职业初中 Vocational Junior Secondary Schools		14.42		0.67	2.49	3.83	2.02	0.20	0.10	0.08
3. 成人初中 Adult Junior Secondary Schools					5.00	0.43	0.51	0.44	0.58	0.76
三、初等教育 Primary Education							563.71	564.58	560.73	565.56
（一）普通小学 Regular Primary Schools	83.60	385.71	522.55	549.94	537.68	586.03	559.25	561.71	558.46	563.39
（二）成人小学 Adult Primary Schools				1.65	2.87	4.76	4.47	2.87	2.26	2.17
其中：扫盲班 of Which：Literacy Classes				4.83	4.26	2.93	3.17	1.95	1.54	1.08
四、工读学校 Correctional Work-Study Schools					0.13	0.15	0.17	0.17	0.19	0.19
五、特殊教育 Special Education Schools		0.26	0.42	0.48	0.73	3.20	3.19	3.97	4.57	4.81
六、学前教育 Pre-school Education Institutions		6.18	27.75	41.07	54.99	85.65	72.16	114.42	166.35	184.41

高中阶段学生数的构成
Composition of Students in Senior Secondary Education

	合计 Total	普通高中 Regular Senior Secondary Schools	成人高中 Adult High Schools	中等职业教育 Secondary Vocational Education				
				小计 Subtotal	中等专业学校 Regular Specialized Secondary Schools	成人中专 Adult Specialized Secondary Schools	职业高中 Vocational High Schools	技工学校 Skilled Workers Schools
学生数(万人) No. of Students (10 thousand persons)								
1985	1295.7	741.1	139.0	415.6	157.1		184.3	74.2
1990	1528.6	717.3	47.8	763.5	224.4	158.8	247.1	133.2
2000	2463.2	1201.3	32.4	1229.5	489.5	169.3	414.6	156.1
2005	4030.9	2409.1	21.8	1600.0	629.8	112.5	582.4	275.3
2006	4341.9	2514.5	17.5	1809.9	725.8	107.6	655.6	320.8
2007	4527.5	2522.4	18.1	1987.0	781.6	113.0	725.2	367.1
2008	4545.7	2476.3	12.7	2056.7	817.3	120.6	750.3	368.5
2009	4624.4	2434.3	11.5	2178.7	840.4	161.0	778.4	398.8
2010	4677.3	2427.3	11.5	2238.5	877.7	212.4	726.3	422.1
2011	4686.6	2454.8	26.5	2205.3	855.2	238.7	681.0	430.4
2012	4595.3	2467.2	14.4	2113.7	812.6	254.3	623.0	423.8
2013	4369.9	2435.9	11.1	1923.0	772.2	230.0	534.2	386.6
2014	4170.7	2400.5	14.9	1755.3	749.1	194.4	472.8	339.0
比重(%)Percentage								
1985	100	57.20	10.73	32.08	12.12		14.22	5.73
1990	100	46.93	3.13	49.95	14.68	10.39	16.17	8.71
2000	100	48.77	1.32	49.91	19.87	6.87	16.83	6.34
2005	100	59.80	0.54	39.69	15.60	2.79	14.40	6.83
2006	100	57.91	0.40	41.68	16.72	2.48	15.10	7.39
2007	100	55.71	0.40	43.89	17.26	2.50	16.02	8.11
2008	100	54.48	0.28	45.25	17.98	2.65	16.51	8.11
2009	100	52.64	0.25	47.11	18.17	3.48	16.83	8.62
2010	100	52.64	0.25	47.11	18.17	3.48	16.83	8.62
2011	100	52.38	0.56	47.06	18.25	5.09	14.53	9.18
2012	100	53.69	0.31	46.00	17.68	5.53	13.56	9.22
2013	100	55.74	0.25	44.00	17.67	5.26	12.22	8.85
2014	100	57.56	0.36	42.09	17.96	4.66	11.34	8.13

教育规模
Size of Education

单位：万人

unit:10 thousand persons

年　份 Year	学校数(万所) Schools (10 thousand)	在校生数 Enrolment	教职工数 Educational Personnel	教育人口 Educational Population	教育人口比重(%) Proportion of Education Population
1985	144.0	21753.0	1261.0	23014.0	22.0
1990	136.0	23654.0	1432.0	25086.0	22.2
1995	153.0	29351.2	1526.2	30877.4	25.6
1996	155.0	30401.0	1549.0	31950.0	26.2
1997	157.0	31076.0	1577.0	32653.0	26.7
1998	155.0	31809.0	1580.0	33389.0	27.0
1999	159.0	32672.0	1596.0	34268.0	27.5
2000	149.0	32093.0	1592.0	33685.0	26.8
2001	135.0	32135.0	1574.0	33709.0	26.6
2002	117.0	31873.0	1579.0	33452.0	26.2
2003	96.0	31989.0	1610.0	33599.0	26.2
2004	68.0	32557.7	1597.0	34154.7	26.4
2005	65.3	36904.1	1624.2	38528.3	29.6
2006	62.5	31859.5	1652.3	33511.8	25.6
2007	65.5	32187.2	1675.3	33862.5	25.8
2008	57.7	32098.6	1692.3	33790.9	25.6
2009	55.2	32098.4	1715.6	33814.0	25.5
2010	53.1	32217.0	1740.7	33957.7	25.4
2011	52.7	32756.4	1781.6	34538.1	25.9
2012	52.3	32143.4	1810.0	33953.4	25.3
2013	52.0	31813.1	1837.3	33650.4	25.1
2014	51.4	31734.7	1874.0	33608.7	24.7

小学学龄儿童净入学率

Net Enrolment Ratio of School-age Children in Primary Schools

单位：万人

unit:10 thousand persons

年 份 Year	学龄儿童净入学率 Net Enrolment Ratio of School-age Children		
	全国学龄儿童数 No. of School-age Children	已入学学龄儿童数 No. of School-age Childen Enrolled	净入学率(%) Net Enrolment Ratio
1985	10362.3	9942.8	95.9
1990	9740.7	9529.7	97.8
1995	12375.4	12192.5	98.5
2000	12445.3	12333.9	99.1
2001	11766.4	11561.2	99.1
2002	11310.4	11150.0	98.6
2003	10908.3	10761.6	98.7
2004	10548.1	10437.1	98.9
2005	10207.0	10120.3	99.2
2006	10075.5	10001.5	99.3
2007	9947.9	9896.8	99.5
2008	9772.0	9727.1	99.5
2009	9606.6	9548.6	99.4
2010	9501.5	9473.3	99.7
2011	9522.4	9502.5	99.8
2012	9296.8	9282.7	99.9
2013	8962.1	8935.7	99.7
2014	9107.1	9090.1	99.8

注:1991 年以前的净入学率是按 7 - 11 周岁统一计算的;从 1991 年起净入学率是按各地不同入学年龄和学制分别计算的。

Note:Net Enrolment Ratio of school-age children before 1991 was calculated on the basis of primary school pupils aged 7 - 11 enroled. From 1991 onwards its calculation has taken account of the age of entry and the lenth of schooling prevailing.

各级教育毛入学率

Gross Enrolment Ratio of Education by Level

单位：%

unit:%

年 份 Year	学前教育 Pre-school Education 3 - 5 周岁 the Age of 3 - 5	小学 Primary Education 按各地相应学龄计算 According to Provincial Entrant Age Primary Schools Years	初中阶段 Junior Secondary Education 12 - 14 周岁 the Age of 12 - 14	高中阶段 Senior Secondary Education 15 - 17 周岁 the Age of 15 - 17		高等教育 Higher Education 18 - 22 周岁 the Age of 18 - 22
				职前 Pre. Job	全口径 Full Aperture	
1990		111.0	66.7	21.9		3.4
1995		106.6	78.4	28.8	33.6	7.2
2000		104.6	88.6	38.2	42.8	12.5
2001	35.9	104.5	88.7	38.6	42.8	13.3
2002	36.8	107.5	90.0	38.4	42.8	15.0
2003	37.4	107.2	92.7	42.1	43.8	17.0
2004	40.8	106.6	94.1	46.5	48.1	19.0
2005	41.4	106.4	95.0	50.9	52.7	21.0
2006	42.5	106.3	97.0	57.7	59.8	22.0
2007	44.6	106.2	98.0		66.0	23.0
2008	47.3	105.7	98.5		74.0	23.3
2009	50.9	104.8	99.0		79.2	24.2
2010	56.6	104.6	100.1		82.5	26.5
2011	62.3	104.2	100.1		84.0	26.9
2012	64.5	104.3	102.1		85.0	30.0
2013	67.5	104.4	104.1		86.0	34.5
2014	70.5	103.8	103.5		86.5	37.5

各级普通学校毕业生升学率

Promotion Rate of Graduates of Regular Schools by Level

单位：%

unit：%

年　份 Year	小学升初中 Promotion Rate of Primary Schools Graduates	初中升高级中学 Promotion Rate of Junior Secondary Schools Graduates	高中升高等教育 Promotion Rate of Senior Secondary Schools Graduates
1990	74. 6	40. 6	27. 3
1995	90. 8	50. 3	49. 9
2000	94. 9	51. 2	73. 2
2001	95. 5	52. 9	78. 8
2002	97. 0	58. 3	83. 5
2003	97. 9	59. 6	83. 4
2004	98. 1	63. 8	82. 5
2005	98. 4	69. 7	76. 3
2006	100. 0	75. 7	75. 1
2007	99. 9	80. 5	70. 3
2008	99. 7	82. 1	72. 7
2009	99. 1	85. 6	77. 6
2010	98. 7	87. 5	83. 3
2011	98. 3	88. 9	86. 5
2012	98. 3	88. 4	87. 0
2013	98. 3	91. 2	87. 6
2014	98. 0	94. 5	90. 2

注：高中升学率为普通高校招生数与普通高中毕业生数之比。

Note：Promotion Rate of Senior Secondary Schools Graduates is the Ratio of Total Number of New Entrants Admitted to HEIs to the Total Number of Graduates of Regular Senior Secondary Schools of the Current Year.

每十万人口各级学校平均在校生数

Number of Enrolment of Per 100，000 Inhabitants by Level

单位：人

unit：person

年　份 Year	高等教育 Higher Education	高中阶段 Senior Secondary Education	初中阶段 Junior Secondary Education	小学 Primary Education	学前教育 Pre-school Education
1990	326	1337	3426	10707	1725
1995	457	1610	3945	11010	2262
2000	723	2000	4969	10335	1782
2001	931	2021	5161	9937	1602
2002	1146	2283	5240	9525	1595
2003	1298	2523	5209	9100	1560
2004	1420	2824	5058	8725	1617
2005	1613	3070	4781	8358	1676
2006	1816	3321	4557	8192	1731
2007	1924	3409	4364	8037	1787
2008	2042	3463	4227	7819	1873
2009	2128	3495	4097	7584	2001
2010	2189	3504	3955	7448	2230
2011	2253	3495	3779	7403	2554
2012	2335	3411	3535	7196	2736
2013	2418	3227	3279	6913	2876
2014	2488	3100	3222	6946	2977

各级普通学校生师比

Pupil-Teacher Ratio of Regular Schools by Level

年　份 Year	普通小学 Regular Primary Schools	初中 Junior Secondary Schools	普通高中 Regular Senior Secondary Schools	中等职业学校 Secondary Vocational Schools	普通高校 Regular HEIs		
					全国 Total	本科院校 HEIs Offering Degree Programs	高职(专科)院校 Higher Vocational Colleges
1993	22. 37	15. 65	14. 96	13. 42	8. 00	7. 82	8. 61
1994	22. 85	16. 07	12. 16	14. 26	9. 25	9. 00	10. 10
1995	23. 30	16. 73	12. 95	15. 98	9. 83	9. 71	10. 16
1996	23. 73	17. 18	13. 45	16. 42	10. 36	10. 32	10. 20
1997	24. 16	17. 33	14. 05	16. 92	10. 87	10. 80	10. 85
1998	23. 98	17. 56	14. 60	16. 36	11. 62	11. 63	11. 09
1999	23. 12	18. 17	15. 16	15. 68	13. 37	13. 67	12. 23
2000	22. 21	19. 03	15. 87	15. 24	16. 30	16. 04	17. 65
2001	21. 64	19. 24	16. 73	15. 04	18. 22	18. 47	17. 15
2002	21. 04	19. 25	17. 80	16. 58	19. 00	20. 60	14. 20
2003	20. 50	19. 13	18. 35	17. 63	17. 00	21. 07	14. 75
2004	19. 98	18. 65	18. 65	19. 15	16. 22	17. 44	13. 15
2005	19. 43	17. 80	18. 54	21. 34	16. 85	17. 75	14. 78
2006	19. 17	17. 15	18. 13	22. 65	17. 93	17. 77	18. 26
2007	18. 82	16. 52	17. 48	23. 13	17. 28	17. 31	17. 20
2008	18. 38	16. 07	16. 78	23. 32	17. 23	17. 21	17. 27
2009	17. 88	15. 47	16. 30	25. 27	17. 27	17. 23	17. 35
2010	17. 70	14. 98	15. 99	25. 69	17. 33	17. 38	17. 21
2011	17. 71	14. 38	15. 77	24. 97	17. 42	17. 48	17. 28
2012	17. 36	13. 59	15. 47	24. 19	17. 52	17. 65	17. 23
2013	16. 76	12. 76	14. 95	22. 64	17. 53	17. 71	17. 11
2014	16. 78	12. 57	14. 44	20. 45	17. 68	17. 73	17. 57

普通高等学校校均规模

Average Size of Regular Higher Educational Institutions

单位:人

unit: person

	1994	1995	1996	1997	1998	1999	2000	2001	2002	2003	2004	2005	2006	2007	2008	2009	2010	2011	2012	2013	2014
全　国 Total	2591	2758	2927	3112	3335	3815	5289	5870	6471	7143	7704	7666	8148	8571	8679	9086	9298	9446	9675	9814	9995
本科院校 HEIs Offering Degree Programs	3418	3632	3857	4062	4418	5275	6916	8730	10454	11662	13561	13514	13937	14057	12097	12634	13100	13564	13999	14261	14342
高职(专科)院校 Higher Vocational Colleges	1338	1405	1466	1594	1701	1975	2282	2337	2523	2893	3209	3909	4515	5095	5564	5903	5904	5813	5858	5876	6057

各级自学考试基本情况

Basic Statistics of State-administered Examination for Self-learners by Level

单位:人,人次

unit: person

	2010		2011		2012		2013		2014	
	上半年 First half year	下半年 Second half year	上半年 First half year	下半年 Second half year	上半年 First half year	下半年 Second half year	上半年 First half year	下半年 Second half year	上半年 First half year	下半年 Second half year
毕业生人数 Graduates	345668	341650	370579	372220	373793	357395	403213	331020	382717	391077
本科 Normal Courses	230802	230103	245765	265090	272829	263114	300028	244401	283415	286031
专科 Short-cycle Courses	114866	111547	124814	107130	100964	94281	103185	86619	99302	105046
单科合格科次数 Passed Main-Courses	4980013	4476856	4939058	4248183	4717831	4020534	4504154	3791344	4222633	3587751
本科 Normal Courses	3428805	2977456	3662985	3246036	3633315	3162536	3575846	3048174	3432370	2914833
专科 Short-cycle Courses	1551208	1499400	1276073	1002147	1084516	857998	928308	743170	790263	672918
报考人数 Applicants	5160123	4489937	4955069	4271640	4507361	4031649	4025917	3637105	3751231	3282469
本科 Normal Courses	3325005	2784408	3407382	3008956	3244057	2945818	3015420	2746375	2857969	2517747
专科 Short-cycle Courses	1835118	1705529	1547687	1262684	1263304	1085831	1010497	890730	893262	764722
首次报考人数 First Time	983545	600171	916300	553999	895881	551496	808792	524943	770737	399823
本科 Normal Courses	664099	388448	667822	395108	668477	386221	617437	385927	622598	320900
专科 Short-cycle Courses	319446	211723	248478	158891	227404	165275	191355	139016	148139	78923
报考科次 Main-Courses be Examined	12144181	10883416	11588813	10015717	10581826	9398641	9318675	8644834	9018778	8048621
本科 Normal Courses	7813197	6892876	8021397	7187670	7739886	7020328	7114731	6645457	6960539	6233502
专科 Short-cycle Courses	4330984	3990540	3567416	2828047	2841940	2378313	2203944	1999377	2058239	1815119
实考人数 Actual Examined	4026556	3460358	4218387	3695715	3576943	3122577	3328968	2840782	2951095	2571533
本科 Normal Courses	2640442	2180587	2941630	2650905	2630548	2333736	2524541	2196518	2309472	2027343
专科 Short-cycle Courses	1386114	1279771	1276757	1044810	946395	788841	804427	644264	641623	544190
实考科次 Actual Main-Courses Examined	9122514	8074603	8850467	7455512	8012441	6881607	7356184	6331928	6702844	5916683
本科 Normal Courses	5958059	5182160	6267730	5489553	6007967	5282901	5706255	5008220	5344923	4747604
专科 Short-cycle Courses	3164455	2892443	2582737	1965959	2004474	1598706	1649929	1323708	1357921	1169079
在档考生人数 Exmainees with Study Record	32714917	32973438	33519159	33700938	34223026	34417127	34822706	35016629	35404649	35413395
本科 Normal Courses	12440707	12599052	13021109	13151127	13546775	13669882	13987291	14128817	14468000	14502869
专科 Short-cycle Courses	20136081	20236257	20359921	20411682	20538122	20609116	20697286	20749683	20798520	20772397
其中:新生数 of Which: Current Session	983545	600171	916300	553999	895881	551496	808792	524943	770737	399823
本科 Normal Courses	664099	388448	667822	395108	668477	386221	617437	385927	622598	320900
专科 Short-cycle Courses	319446	211723	248478	158891	227404	165275	191355	139016	148139	78923

二、高等教育
Higher Education

高等教育学校(机构)数
Number of Higher Education Institutions

单位：所
unit：institution

	合计 Total	中央部门 HEIs under Central Ministries & Agencies			地方 HEIs under Local Auth.				民办 Non-government
		小计 Subtotal	教育部 HEIs under MOE	其他部门 HEIs under Other Central Agencies	小计 Subtotal	教育部门 HEIs under MOE	其他部门 Run by Non-ed. Dept.	地方企业 Local Enterprises	
(一)研究生培养机构(不计校数) Institutions Providing Postgraduate Programs	788	284	73	211	499	433	65	1	5
1. 普通高校 Regular HEIs	571	107	73	34	459	432	27		5
2. 科研机构 Research Institutes	217	177		177	40	1	38	1	
(二)普通高等学校 Regular HEIs	2529	113	73	40	1689	1053	592	44	727
1. 本科院校 HEIs Offering Degree Programs	1202	110	73	37	672	604	68		420
其中:独立学院 of Which:Independent Institutions	283								283
2. 高职(专科)院校 Higher Vocational Colleges	1327	3		3	1017	449	524	44	307
(三)成人高等学校 Adult HEIs	295	13	1	12	281	94	146	41	1
(四)民办的其他高等教育机构 Other Non-government HEIs	799								799

普通高等学校校数
Number of Regular Higher Educational Institutions

单位:所
unit：institution

	合　计 Total	本科院校 HEIs Offering Degree Programs	高职(专科)院校 Higher Vocational Colleges	其中:高等职业技术学院 of Which: Tertiary Vocational-technical Colleges
总计 Total	**2529**	**1202**	**1327**	**1186**
综合大学 Comprehensive University	603	291	312	310
理工院校 Natural Sciences & Technology	895	352	543	529
农业院校 Agriculture	82	42	40	40
林业院校 Forestry	19	6	13	13
医药院校 Medicine & Pharmacy	188	103	85	40
师范院校 Teacher Training	218	151	67	5
语文院校 Language & Literature	54	30	24	23
财经院校 Finance & Economics	258	122	136	125
政法院校 Political Science & Law	71	33	38	33
体育院校 Physical Culture	32	16	16	15
艺术院校 Art	91	42	49	49
民族院校 Ethnic Nationality	18	14	4	4
总计中:民办高校 of the Total:Non-government HEIs	727	420	307	300

普通高等学校在校生规模
Size of Enrolment of Regular Higher Educational Institutions

单位:所

unit: institution

	学校数 Institutions	300 人及以下 300 and Under	301－500 人 301 to 500	501－1000 人 501 to 1000	1001－1500 人 1001 to 1500	1501－2000 人 1501 to 2000	2001－3000 人 2001 to 3000	3001－4000 人 3001 to 4000	4001－5000 人 4001 to 5000	5001－10000 人 5001 to 10000	10001－20000 人 10001 to 20000	20001－30000 人 20001 to 30000	30001 人及以上 30001 and Over
总　计 Total	**2529**	**42**	**26**	**70**	**77**	**62**	**121**	**145**	**159**	**811**	**752**	**211**	**53**
综合大学 Comprehensive University	603	10	6	17	4	10	26	29	38	190	179	71	23
理工院校 Natural Sciences & Technology	895	16	6	21	35	23	47	41	54	290	273	72	17
农业院校 Agriculture	82	1	1	1	1	3	3	3	3	25	29	7	5
林业院校 Forestry	19			2				1	1	9	5	1	
医药院校 Medicine & Pharmacy	188		1	4	4	2	6	12	13	81	59	6	
师范院校 Teacher Training	218	3	1	5	4	1	10	12	8	47	91	29	7
语文院校 Language & Literature	54	1	1	1	4	1	1	6	5	20	12	2	
财经院校 Finance & Economics	258	3	2	4	8	8	8	14	13	94	84	19	1
政法院校 Political Science & Law	71	2		6	3	3	6	12	14	19	6		
体育院校 Physical Culture	32	4	2	1	5	2	2	1	2	12	1		
艺术院校 Art	91	2	6	8	9	9	11	12	8	19	7		
民族院校 Ethnic Nationality	18						1	2		5	6	4	

普通高等学校设置(研究生、本科)专业数
Number of Specialities and Educational Programs Offered by Regular Higher Educational Institutions

	合计 Total	哲学 Philosophy	经济 Economics	法学 Law	教育 Education	文学 Literature	历史 History	理学 Science	工学 Engineering	农学 Agriculture	医学 Medicine	管理学 Administration	其他 other
博士 Doctor's Degree													
种数 No. of Sp.	464	9	18	38	20	24	9	63	149	35	64	19	3
点数 No. of Ed. Prog.	9487	209	495	658	238	515	228	1647	3193	549		496	4
硕士 Master's Degree													
种数 No. of Sp.	472	9	18	38	20	24	9	63	150	35	64	19	10
点数 No. of Ed. Prog.	28668	643	1703	2795	1152	1823	531	4215	8748	1055	3191	2044	15
普通本科 General Bachelor's Degree													
种数 No. of Sp.	583	5	21	37	19	66	7	47	197	35	55		
点数 No. of Ed. Prog.	48730	97	2386	1705	1799	4992	329	4801	15718	1059	1885		
成人本科 Adult Bachelor's Degree													
种数 No. of Sp.	363	2	16	20	15	29	4	27	124	20	33		
点数 No. of Ed. Prog.	13430	3	665	716	885	1086	138	1051	3673	351	905		

普通高等学校设置(高职(专科))专业数

Number of Specialities and Number of Educational Programs Offered by Regular Higher Educational Institutions

	普通专科 General Associate Bachelor's Degrees		成人专科 Adult Associate Bachelor's Degrees	
	种数 No. of Sp.	点数 No. of Ed. Prog.	种数 No. of Sp.	点数 No. of Ed. Prog.
总　计 Total	**1115**	**47951**	**707**	**23606**
农林牧渔大类 Agriculture, Forestry, Husbandry and Fishing	87	1265	49	620
交通运输大类 Transportation and Communication	101	2026	57	663
生化与药品大类 Biochemistry and Medicine	38	1443	30	521
资源开发与测绘大类 Resources Development and Survey	62	877	54	557
材料与能源大类 Material and Energy	62	856	32	391
土建大类 Civil Engineering	55	4446	35	1761
水利大类 Water Resources	26	192	16	133
制造大类 Manufacturing	96	6217	54	2828
电子信息大类 Electronic Information	92	6453	56	2490
环保、气象与安全大类 Environment Protection, Meteorology and Safety	25	367	12	138
轻纺食品大类 Light, Textile and Food	70	1230	45	344
财经大类 Finance	66	7797	43	5342
医药卫生大类 Medical and Health	45	2055	33	1314
旅游大类 Tourism	22	2256	14	862
公共事业大类 Public Service	42	856	23	875
文化教育大类 Culture and Education	86	5176	70	3044
艺术设计传媒大类 Artistic Design and Mass Media	92	3800	58	1213
公安大类 Public Security	21	142	16	33
法律大类 Law	27	497	10	477

高等教育学校(机构)学生数

Number of Students in Higher Education Institutions

单位:人

unit:person

	毕(结)业生数 Graduates	授予学位数 Degree Awarded	招生数 Entrants				在校生数 Enrolment	预计毕业生数 Estimated Graduates for Next Year
			合计 Total	其中 of Which				
				应届生 Autumn Session	春季招生 Spring Session	预科生转入 Preparatory Students Enrolled		
研究生 Postgraduates	535863	531478	621323	418010			1847689	693629
博　士 Doctor's Degree	53653	52352	72634	33054			312676	149190
硕　士 Master's Degree	482210	479126	548689	384956			1535013	544439
普通本专科 Undergraduates in Regular HEIs	6593671	3338323	7213987	6712934	5577	39751	25476999	6998928
本　科 Normal Courses	3413787	3338323	3834152	3468839	563	38461	15410653	3701175
专　科 Short-cycle Courses	3179884		3379835	3244095	5014	1290	10066346	3297753
成人本专科 Undergraduates in Adult HEIs	2212329	141420	2656040				6531212	2518984
本　科 Normal Courses	899050	141420	1102409				2797917	1004011
专　科 Short-cycle Courses	1313279		1553631				3733295	1514973
网络本专科生 Web-based Undergraduates	1661306	46816	2061852		1067680		6314472	
本　科 Normal Courses	586272	46816	781445		401687		2287010	
专　科 Short-cycle Courses	1075034		1280407		665993		4027462	
在职人员攻读硕士学位 Master's Degree Programs for On-the-job Personnel		108176	162374				596086	
自考助学班 Class run by Non-govemment HEIs for Students Preparing for Self-directed State-administered Examination	88047						223404	
普通预科生 College-preparatory Classes							44451	
研究生课程进修班 Postgraduate Courses	34836						56427	
进修及培训 In-service Training	8296717						6159283	
留学生 Foreign Students	95117	19386	111396		34184		192358	

分部门、分计划
Number of Postgraduate Students

	学校(机构)数(所)(Schools)	毕业生数 Graduates			招生数 Entrants		
		合计 Total	博 士 Doctor's Degree	硕 士 Master's Degree	合计 Total	博 士 Doctor's Degree	硕 士 Master's Degree
总 计 Total	**788**	**535863**	**53653**	**482210**	**621323**	**72634**	**548689**
国家任务 State-planned Programs		393448	42061	351387	601435	66927	534508
委托培养 Contractual Programs		26688	8913	17775	19888	5707	14181
自筹经费 Self-financed Programs		115727	2679	113048			
一、中央部门所属 Under Central Ministries& Agencies	**284**	**274327**	**43198**	**231129**	**322582**	**57750**	**264832**
1. 教育部 Under MOE	73	220950	31955	188995	257664	42951	214713
2. 其他部门 Under Other Central Agencies	211	53377	11243	42134	64918	14799	50119
二、地方所属 Under Local Auth.	**504**	**261536**	**10455**	**251081**	**298741**	**14884**	**283857**
1. 教育部门 Run by Edu. Dept.	433	253805	10267	243538	289365	14601	274764
2. 其他部门 Run by Non-ed. Dept.	65	7625	188	7437	9203	283	8920
3. 地方企业 Run by Local Enterprises	1				3		3
4. 民办 Non-government	5	106		106	170		170

分部门、分计划
Number of Postgraduate Students

	学校(机构)数(所)(Schools)	毕业生数 Graduates			招生数 Entrants		
		合计 Total	博 士 Doctor's Degree	硕 士 Master's Degree	合计 Total	博 士 Doctor's Degree	硕 士 Master's Degree
总 计 Total	**571**	**528797**	**52290**	**476507**	**613152**	**70713**	**542439**
国家任务 State-planned Programs		386964	40810	346154	593746	65199	528547
委托培养 Contractual Programs		26503	8811	17692	19406	5514	13892
自筹经费 Self-financed Programs		115330	2669	112661			
一、中央部门所属 Under Central Ministries& Agencies	**107**	**268198**	**41884**	**226314**	**315468**	**55885**	**259583**
1. 教育部 Under MOE	73	220950	31955	188995	257664	42951	214713
2. 其他部门 Under Other Central Agencies	34	47248	9929	37319	57804	12934	44870
二、地方所属 Under Local Auth.	**464**	**260599**	**10406**	**250193**	**297684**	**14828**	**282856**
1. 教育部门 Run by Edu. Dept.	432	253789	10267	243522	289349	14601	274748
2. 其他部门 Run by Non-ed. Dept.	27	6704	139	6565	8165	227	7938
3. 地方企业 Run by Local Enterprises							
4. 民办 Non-government	5	106		106	170		170

研究生数(总计)
by Sector and Program (Total)

单位：人
unit:person

在校生数 Enrolment			预计毕业生数 Estimated Graduates for Next Year		
合计 Total	博　士 Doctor's Degree	硕　士 Master's Degree	合计 Total	博　士 Doctor's Degree	硕　士 Master's Degree
1847689	**312676**	**1535013**	**693629**	**149190**	**544439**
1524461	245626	1278835	501579	104067	397512
110980	54462	56518	61862	36268	25594
212248	12588	199660	130188	8855	121333
982984	**250945**	**732039**	**380976**	**117988**	**262988**
789183	193477	595706	311969	95058	216911
193801	57468	136333	69007	22930	46077
864705	**61731**	**802974**	**312653**	**31202**	**281451**
838610	60761	777849	303679	30789	272890
25684	970	24714	8799	413	8386
3		3			
408		408	175		175

研究生数(普通高校)
by Sector and Program (Regular HEIs)

单位：人
unit:person

在校生数 Enrolment			预计毕业生数 Estimated Graduates for Next Year		
合计 Total	博　士 Doctor's Degree	硕　士 Master's Degree	合计 Total	博　士 Doctor's Degree	硕　士 Master's Degree
1822821	**305833**	**1516988**	**684481**	**146178**	**538303**
1501760	239602	1262158	493465	101475	391990
109450	53651	55799	61235	35855	25380
211611	12580	199031	129781	8848	120933
961353	**244353**	**717000**	**372936**	**115110**	**257826**
789183	193477	595706	311969	95058	216911
172170	50876	121294	60967	20052	40915
861468	**61480**	**799988**	**311545**	**31068**	**280477**
838563	60761	777802	303663	30789	272874
22497	719	21778	7707	279	7428
408		408	175		175

分部门、分计划

Number of Postgraduate Students

	学校(机构)数(所) Institutions	毕业生数 Graduates			招生数 Entrants		
		合计 Total	博士 Doctor's Degree	硕士 Master's Degree	合计 Total	博士 Doctor's Degree	硕士 Master's Degree
总计 Total	**217**	**7066**	**1363**	**5703**	**8171**	**1921**	**6250**
国家任务 State-planned Programs		6484	1251	5233	7689	1728	5961
委托培养 Contractual Programs		185	102	83	482	193	289
自筹经费 Self-financed Programs		397	10	387			
一、中央部门所属 Under Central Ministries& Agencies	**177**	**6129**	**1314**	**4815**	**7114**	**1865**	**5249**
1. 教育部 Under MOE							
2. 其他部门 Under Other Central Agencies	177	6129	1314	4815	7114	1865	5249
二、地方所属 Under Local Auth.	**40**	**937**	**49**	**888**	**1057**	**56**	**1001**
1. 教育部门 Run by Edu. Dept.	1	16		16	16		16
2. 其他部门 Run by Non-ed. Dept.	38	921	49	872	1038	56	982
3. 地方企业 Run by Local Enterprises	1				3		3
4. 民办 Non-government							

分学科研

Number of Postgraduate

	毕业生数 Graduates			招生数 Entrants		
	合计 Total	博士 Doctor's Degree	硕士 Master's Degree	合计 Total	博士 Doctor's Degree	硕士 Master's Degree
总计 Total	**535863**	**53653**	**482210**	**621323**	**72634**	**548689**
其中:女 of Which: Female	272956	20588	252368	316438	28380	288058
学术型学位 Academic Degree	362950	51675	311275	380561	70619	309942
专业学位 Professional Degree	172913	1978	170935	240762	2015	238747
哲学 Philosophy	4354	680	3674	4415	860	3555
经济学 Economics	26283	2262	24021	28064	2917	25147
法学 Law	39390	2803	36587	41907	3702	38205
教育学 Education	29063	971	28092	34694	1364	33330
文学 Literature	31741	1887	29854	31967	2438	29529
历史学 History	5339	799	4540	5765	984	4781
理学 Science	49002	10922	38080	62014	14855	47159
工学 Engineering	184647	18537	166110	217500	27605	189895
农学 Agriculture	19443	2382	17061	23383	3181	20202
医学 Medicine	61192	8457	52735	70466	9575	60891
军事学 Military Science	229	23	206	209	26	183
管理学 Administrators	69672	3466	66206	81641	4489	77152
艺术学 Art	15508	464	15044	19298	638	18660

研究生数(科研机构)
by Sector and Program (Research Institutes)

单位: 人
unit: person

在校生数 Enrolment			预计毕业生数 Estimated Graduates for Next Year		
合计 Total	博 士 Doctor's Degree	硕 士 Master's Degree	合计 Total	博 士 Doctor's Degree	硕 士 Master's Degree
24868	**6843**	**18025**	**9148**	**3012**	**6136**
22701	6024	16677	8114	2592	5522
1530	811	719	627	413	214
637	8	629	407	7	400
21631	**6592**	**15039**	**8040**	**2878**	**5162**
21631	6592	15039	8040	2878	5162
3237	**251**	**2986**	**1108**	**134**	**974**
47		47	16		16
3187	251	2936	1092	134	958
3		3			

究生数(总计)
Students by Academic Field (Total)

单位: 人
unit: person

在校生数 Enrolment			预计毕业生数 Estimated Graduates for Next Year		
合计 Total	博 士 Doctor's Degree	硕 士 Master's Degree	合计 Total	博 士 Doctor's Degree	硕 士 Master's Degree
1847689	**312676**	**1535013**	**693629**	**149190**	**544439**
908287	115459	792828	325964	52492	273472
1234835	304963	929872	468146	146046	322100
612854	7713	605141	225483	3144	222339
14604	3952	10652	5815	2040	3775
78909	13009	65900	30686	6503	24183
122541	16076	106465	46058	7947	38111
88615	5870	82745	35057	2872	32185
92627	10614	82013	35859	5415	30444
17999	4451	13548	6821	2297	4524
189830	56412	133418	65964	24128	41836
669703	129161	540542	249669	63429	186240
66068	13013	53055	26292	6182	20110
204148	33474	170674	69300	13542	55758
717	164	553	297	105	192
246846	23976	222870	103366	13623	89743
55082	2504	52578	18445	1107	17338

分学科研

Number of Postgraduate Students

	毕业生数 Graduates			招生数 Entrants		
	合计 Total	博士 Doctor's Degree	硕士 Master's Degree	合计 Total	博士 Doctor's Degree	硕士 Master's Degree
总计 Total	**528797**	**52290**	**476507**	**613152**	**70713**	**542439**
其中:女 of Which: Female	270071	20108	249963	313167	27679	285488
学术型学位 Academic Degree	357129	50312	306817	374007	68700	305307
专业学位 Professional Degree	171668	1978	169690	239145	2013	237132
哲学 Philosophy	4234	647	3587	4261	795	3466
经济学 Economics	25606	2054	23552	27341	2663	24678
法学 Law	38596	2678	35918	40945	3488	37457
教育学 Education	29063	971	28092	34694	1364	33330
文学 Literature	31651	1857	29794	31870	2396	29474
历史学 History	5206	775	4431	5622	946	4676
理学 Science	48465	10780	37685	61347	14646	46701
工学 Engineering	182088	18151	163937	214709	27051	187658
农学 Agriculture	18671	2202	16469	22478	2938	19540
医学 Medicine	60563	8326	52237	69792	9425	60367
军事学 Military Science	228	23	205	209	26	183
管理学 Administrators	69083	3415	65668	80752	4393	76359
艺术学 Art	15343	411	14932	19132	582	18550

分学科研

Number of Postgraduate Students

	毕业生数 Graduates			招生数 Entrants		
	合计 Total	博士 Doctor's Degree	硕士 Master's Degree	合计 Total	博士 Doctor's Degree	硕士 Master's Degree
总计 Total	**7066**	**1363**	**5703**	**8171**	**1921**	**6250**
其中:女 of Which: Female	2885	480	2405	3271	701	2570
学术型学位 Academic Degree	5821	1363	4458	6554	1919	4635
专业学位 Professional Degree	1245		1245	1617	2	1615
哲学 Philosophy	120	33	87	154	65	89
经济学 Economics	677	208	469	723	254	469
法学 Law	794	125	669	962	214	748
教育学 Education						
文学 Literature	90	30	60	97	42	55
历史学 History	133	24	109	143	38	105
理学 Science	537	142	395	667	209	458
工学 Engineering	2559	386	2173	2791	554	2237
农学 Agriculture	772	180	592	905	243	662
医学 Medicine	629	131	498	674	150	524
军事学 Military Science	1		1			
管理学 Administrators	589	51	538	889	96	793
艺术学 Art	165	53	112	166	56	110

究生数(普通高校)
by Academic Field (Regular HEIs)

单位：人
unit: person

在校生数 Enrolment			预计毕业生数 Estimated Graduates for Next Year		
合计 Total	博士 Doctor's Degree	硕士 Master's Degree	合计 Total	博士 Doctor's Degree	硕士 Master's Degree
1822821	**305833**	**1516988**	**684481**	**146178**	**538303**
898591	113246	785345	322733	51678	271055
1213969	298126	915843	460527	143034	317493
608852	7707	601145	223954	3144	220810
14166	3788	10378	5665	1981	3684
76788	12120	64668	29806	6107	23699
119840	15481	104359	45179	7723	37456
88615	5870	82745	35057	2872	32185
92321	10476	81845	35735	5352	30383
17623	4346	13277	6675	2260	4415
187720	55643	132077	65192	23778	41414
660448	126799	533649	246245	62293	183952
63385	12189	51196	25316	5822	19494
202124	33001	169123	68622	13376	55246
715	164	551	296	105	191
244537	23642	220895	102449	13480	88969
54539	2314	52225	18244	1029	17215

究生数(科研机构)
by Academic Field (Research Institutes)

单位：人
unit: persons

在校生数 Enrolment			预计毕业生数 Estimated Graduates for Next Year		
合计 Total	博士 Doctor's Degree	硕士 Master's Degree	合计 Total	博士 Doctor's Degree	硕士 Master's Degree
24868	**6843**	**18025**	**9148**	**3012**	**6136**
9696	2213	7483	3231	814	2417
20866	6837	14029	7619	3012	4607
4002	6	3996	1529		1529
438	164	274	150	59	91
2121	889	1232	880	396	484
2701	595	2106	879	224	655
306	138	168	124	63	61
376	105	271	146	37	109
2110	769	1341	772	350	422
9255	2362	6893	3424	1136	2288
2683	824	1859	976	360	616
2024	473	1551	678	166	512
2		2	1		1
2309	334	1975	917	143	774
543	190	353	201	78	123

在职人员攻读硕士学位分学科学生数

Number of On-the-job Students Studying for Master's Degree by Discipline

单位：人
unit：person

	授予学位数 Degree Awarded	招生数 Entrants	在校生数 Enrolment
总　计 Total	**108176**	**162374**	**596086**
其中:女 of Which：Female	40303	60477	214335
学术型学位 Academic Degree	5654	4700	26812
专业学位 Professional Degree	102522	157674	569274
哲学 Philosophy	19	6	324
经济学 Economics	476	242	808
法学 Law	5189	6614	22634
教育学 Education	9917	20704	69339
文学 Literature	421	195	1494
历史学 History	5	2	32
理学 Science	193	107	716
工学 Engineering	60789	97437	362202
农学 Agriculture	8899	12775	44565
医学 Medicine	3474	3487	17996
军事学 Military Science			
管理学 Administrators	17322	18553	70236
艺术学 Art	1472	2252	5740

普通高等学校工科分大类本科学生数

Number of Engineering Students for Normal Courses by Subfield of Regular HEIs

单位：人
unit: person

	毕业生数 Graduates	招生数 Entrants	在校生数 Enrolment
总　计 Total	**1132226**	**1299865**	**5119977**
工程力学类 Engineering Mechanics	4401	5686	20610
机械类 Mechanical Engineering	176533	196330	788931
仪器类 Instrument	18950	19255	78797
材料类 Materials Science	58416	68114	262154
能源动力类 Thermal & Nuclear Energy	20277	24761	94983
电气类 Electric	74212	80993	331428
电子信息类 Electronic Information	156527	173082	681154
自动化类 Automation	44971	47557	189117
计算机类 Computer	174401	224561	828965
土木类 Civil Engineering	118056	125645	530804
水利类 Hydraulics	11528	13500	54314
测绘类 Sruvey & Measure	9071	11715	42374
化工与制药类 Chemical Engineering &Pharmaceutics	46300	53183	205719
地质类 Geology	12602	13200	53470
矿业类 Mining Industry	16931	14731	67212
纺织类 Textile	11025	10204	47428
轻工类 Light Industry	8662	9111	35667
交通运输类 Transportation	25762	32616	124405
海洋工程类 Oceanic	3052	3118	12743
航空航天类 Aeronautics & Astronautics	5131	6529	25860
兵器类 Weaponry	3047	3233	13412
核工程类 Nuclear Engineering	2720	2538	10322
农业工程类 Agriculture Engineering	6105	6973	27668
林业工程类 Forestry Engineering	2763	2914	11161
环境科学与工程类 Environmental Science & Engineering	30200	35911	133136
生物医学工程类 Biomedical Engineering	4532	5542	21347
食品科学与工程类 Food Science & Engineering	28903	37886	137982
建筑类 Architectural	27037	33650	153956
安全科学与工程类 Safety Science & Engineering	8928	10480	39143
生物工程类 Biotechnology	17117	19637	73176
公安技术类 Public SecurityTechnology	4066	7210	22539

普通、成人本、专科
Number of Students for Regular and Adult

	毕业生数 Graduates			招生数 Entrants	
	合计 Total	本科 Normal Courses	专科 Short-cycle Courses	合计 Total	本科 Normal Courses
一、普通本、专科总计 Undergraduate in Regular HEIs Total	**6593671**	**3413787**	**3179884**	**7213987**	**3834152**
1. 中央部门所属院校 Under Central Ministries & Agencies	429725	412490	17235	459359	441558
其中:教育部所属院校 of Which: Under MOE	322717	318306	4411	335834	332558
2. 地方所属学校 Under Local Auth.	4777281	2195577	2581704	5081124	2469612
其中:民办 of Which: Non-government	1386665	805720	580945	1673504	922982
二、成人本、专科总计 Undergraduate in Adult HEIs Total	**2212329**	**899050**	**1313279**	**2656040**	**1102409**
1. 中央部门所属院校 Inst. Under SEDC	280101	160824	119277	294223	169740
其中:教育部所属院校 of Which: Under MOE	231819	134873	96946	242493	144375
2. 地方所属学校 Under Local Auth.	1899354	735849	1163505	2305874	927901
其中:民办 of Which: Non-government	32874	2377	30497	55943	4768

普通本、专科分
Number of Students for Regular

	毕业生数 Graduates			招生数 Entrants	
	合计 Total	本科 Normal Courses	专科 Short-cycle Courses	合计 Total	本科 Normal Courses
总　计 Total	**6593671**	**3413787**	**3179884**	**7213987**	**3834152**
其中:女 of Which:Female	3412871	1751501	1661370	3993254	2117046
一、普通高等学校 Regular HEIs	**6559505**	**3413787**	**3145718**	**7185518**	**3834152**
本科院校 HEIs Offering Degree Programs	4122398	3382200	740198	4398619	3819820
其中:独立学院 of Which: Independent Institutions	624171	581549	42622	649625	605311
高职(专科)院校 Higher Vocational Colleges	2396615	113	2396502	2770065	
其他机构(点)(不计校数) Other Institutions	40492	31474	9018	16834	14332
综合大学 Comprehensive Universities	1773424	955119	818305	1949830	1048929
理工院校 Natural Sciences & Tech.	2413116	1075426	1337690	2643219	1208324
农业院校 Agriculture	258312	154288	104024	280497	173629
林业院校 Forestry	48511	26418	22093	54134	28240
医药院校 Medicine & Pharmacy	379931	187643	192288	420599	215707
师范院校 Teacher Training	690351	495195	195156	704481	538993
语文院校 Language & Literature	103101	51355	51746	121281	67778
财经院校 Finance & Economics	627185	306501	320684	708136	361497
政法院校 Political Science & Law	94777	41344	53433	99207	49870
体育院校 Physical Culture	28876	22544	6332	31631	26007
艺术院校 Art	86830	49164	37666	110698	59403
民族院校 Ethnic Minorities	55091	48790	6301	61805	55775
二、成人高等学校 Adult HEIs	**34166**		**34166**	**28469**	

分举办者学生数
Programs by Providers in HEIs

单位:人
unit: person

	在校生数 Enrolment			预计毕业生数 Estimated Graduates for Next Year		
专科 Short-cycle Courses	合计 Total	本科 Normal Courses	专科 Short-cycle Courses	合计 Total	本科 Normal Courses	专科 Short-cycle Courses
3379835	**25476999**	**15410653**	**10066346**	**6998928**	**3701175**	**3297753**
17801	1823234	1771524	51710	452945	435015	17930
3276	1358254	1347527	10727	336054	331943	4111
2611512	17908279	9900825	8007454	5029120	2363842	2665278
750522	5745486	3738304	2007182	1516863	902318	614545
1553631	6531212	2797917	3733295	2518984	1004011	1514973
124483	766630	463749	302881	321010	182685	138325
98118	635504	392457	243047	265253	152372	112881
1377973	5638929	2324136	3314793	2158785	818125	1340660
51175	125653	10032	115621	39189	3201	35988

性质类别学生数
Programs by Type of Schools in HEIs

单位: 人
unit: person

	在校生数 Enrolment			预计毕业生数 Estimated Graduates for Next Year		
专科 Short-cycle Courses	合计 Total	本科 Normal Courses	专科 Short-cycle Courses	合计 Total	本科 Normal Courses	专科 Short-cycle Courses
3379835	**25476999**	**15410653**	**10066346**	**6998928**	**3701175**	**3297753**
1876208	13277453	8084728	5192725	3489537	1867805	1621732
3351366	**25383584**	**15410653**	**9972931**	**6966146**	**3701175**	**3264971**
578799	17239150	15324702	1914448	4371496	3671488	700008
44314	2685793	2553333	132460	681733	636443	45290
2770065	8038190	54	8038136	2556135	54	2556081
2502	106244	85897	20347	38515	29633	8882
900901	6921922	4261823	2660099	1913781	1042828	870953
1434895	9019127	4799710	4219417	2536143	1164635	1371508
106868	1004628	682057	322571	270392	163147	107245
25894	186565	112638	73927	50157	27541	22616
204892	1594929	966080	628849	405563	200510	205053
165488	2723895	2163329	560566	717476	524045	193431
53503	412082	259164	152918	107383	58734	48649
346639	2445399	1427247	1018152	676630	343991	332639
49337	343885	191300	152585	99994	46207	53787
5624	122528	101750	20778	32639	24829	7810
51295	369469	227758	141711	97666	54006	43660
6030	239155	217797	21358	58322	50702	7620
28469	**93415**		**93415**	**32782**		**32782**

成人本、专科分

Number of Students for Adult

	毕业生数 Graduates			招生数 Entrants	
	合计 Total	本科 Normal Courses	专科 Short-cycle Courses	合计 Total	本科 Normal Courses
总　计 Total	**2212329**	**899050**	**1313279**	**2656040**	**1102409**
其中:女 of Which:Female	1215106	508009	707097	1507140	642039
一、成人高等学校 Adult HEIs	**170770**	**15781**	**154989**	**186094**	**14225**
其中:全脱产 of Which:Full-time	94241	7077	87164	111161	6170
职工高等学校 Workers' Colleges	62131	4108	58023	62664	2212
农民高等学校 Peasants' Colleges	491		491	641	
管理干部学院 Institutes for Administration	17495	2477	15018	12343	1427
教育学院 Educational Colleges	29774	7775	21999	36698	7645
独立函授学院 Independent Correspondence Colleges					
广播电视大学 Radio/TV Universities	60688	1421	59267	73745	2941
其他机构 Other Institutions	191		191	3	
二、普通高等学校 Regular HEIs	**2041559**	**883269**	**1158290**	**2469946**	**1088184**
函授 Correspondence	1233937	540618	693319	1498443	666943
业余 Spare time Schools	798285	339548	458737	968408	420333
脱产 Full-time Courses for Adults	9337	3103	6234	3095	908

普通本科分学科学生数

Number of Regular Students for Normal Courses in HEIs by Discipline

单位:人

unit: person

	毕业生数 Graduates	招生数 Entrants	在校生数 Enrolment	预计毕业生数 Estimated Graduates for Next Year
总　计 Total	**3413787**	**3834152**	**15410653**	**3701175**
其中:女 of Which: Female	1751501	2117046	8084728	1867805
哲学 Philosophy	1943	2659	9249	2133
经济学 Economics	206239	222989	908196	225150
法学 Law	129800	137558	543271	134149
教育学 Education	112424	140969	544314	127548
文学 Literature	362972	354778	1476075	374292
其中:外语 of Which:Foreign Language	200266	187566	801342	206159
历史学 History	16866	18201	72078	17596
理学 Science	255304	273910	1073015	264477
工学 Engineering	1132226	1299865	5119977	1236046
农学 Agriculture	59796	70675	269252	62390
医学 Medicine	209748	240758	1111699	226503
管理学 Administrators	633878	699494	2858602	701561
艺术学 Art	292591	372296	1424925	329330
总计中:师范生 of the Total:Students Enrolled in Teacher Training Institutions	364225	350128	1491135	375650

专科 Short-cycle Courses	在校生数 Enrolment 合计 Total	本科 Normal Courses	专科 Short-cycle Courses	预计毕业生数 Estimated Graduates for Next Year 合计 Total	本科 Normal Courses	专科 Short-cycle Courses
1553631	**6531212**	**2797917**	**3733295**	**2518984**	**1004011**	**1514973**
865101	3664866	1600602	2064264	1308634	514784	793850
171869	**452165**	**35141**	**417024**	**200982**	**13600**	**187382**
104991	247509	14742	232767	112697	5847	106850
60452	151279	4928	146351	70888	1970	68918
641	1298		1298	657		657
10916	39607	6641	32966	19184	2964	16220
29053	84973	18221	66752	34942	7152	27790
70804	174995	5351	169644	75307	1514	73793
3	13		13	4		4
1381762	**6079047**	**2762776**	**3316271**	**2318002**	**990411**	**1327591**
831500	3572783	1634163	1938620	1395180	604654	790526
548075	2487590	1121595	1365995	909375	381348	528027
2187	18674	7018	11656	13447	4409	9038

普通专科分专业大类学生数

Number of Regular Students for Short-cycle Courses in HEIs by Discipline

单位：人

unit: person

	毕业生数 Graduates	招生数 Entrants	在校生数 Enrolment	预计毕业生数 Estimated Graduates for Next Year
总　计 Total	**3179884**	**3379835**	**10066346**	**3297753**
其中：女 of Which: Female	1661370	1876208	5192725	1621732
农林牧渔大类 Agriculture, Forestry, Husbandry and Fishing	55541	55299	170247	57051
交通运输大类 Transportation and Communication	144556	178228	507136	158938
生化与药品大类 Biochemistry and Medicine	75017	68220	211106	71878
资源开发与测绘大类 Resources Development and Survey	49103	41343	138748	50556
材料与能源大类 Material and Energy	43188	40111	120998	40830
土建大类 Civil Engineering	358518	411078	1200394	374934
水利大类 Water Resources	13695	14870	44497	14348
制造大类 Manufacturing	407139	445265	1291512	418178
电子信息大类 Electronic Information	294869	312589	906667	300577
环保、气象与安全大类 Environment Protection, Meteorology and Safety	15250	15096	44671	14560
轻纺食品大类 Light, Textile and Food	54313	51546	155289	51774
财经大类 Finance	674602	729039	2138322	707087
医药卫生大类 Medical and Health	317784	365417	1085522	346285
旅游大类 Tourism	102073	111067	325576	108819
公共事业大类 Public Service	30804	35748	100812	32123
文化教育大类 Culture and Education	344016	300436	1012786	347499
艺术设计传媒大类 Artistic Design and Mass Media	147302	158993	467176	149513
公安大类 Public Security	12684	11423	33930	12499
法律大类 Law	39430	34067	110957	40304
总计中：师范生 of the Total: Students Enrolled in Teacher Training Institutions	171317	147331	525662	179389

成人本科分学科学生数

Number of Adult Students for Normal Courses in HEIs by Discipline

单位:人
unit:person

	毕业生数 Graduates	招生数 Entrants	在校学生数 Enrolment	预计毕业生数 Estimated Graduates for Next Year
总 计 Total	**899050**	**1102409**	**2797917**	**1004011**
其中:女 of Which: Female	508009	642039	1600602	514784
哲学 Philosophy		21	121	1
经济学 Economics	29430	27395	80459	30366
法学 Law	48075	46347	120714	50071
教育学 Education	53105	68352	156432	61116
文学 Literature	93542	83296	221320	91371
其中:外语 of Which:Foreign Language	27455	22525	65319	27691
历史学 History	1722	1544	4148	1919
理学 Science	22818	21287	53078	22249
工学 Engineering	216776	265285	695893	254933
农学 Agriculture	13729	19177	44553	16662
医学 Medicine	172323	264594	628798	192705
管理学 Administrators	231711	288851	739279	263893
艺术学 Art	15819	16260	53122	18725
总计中:师范生 of the Total:Students Enrolled in Teacher Training Institutions	98217	106189	255046	104097

成人专科分学科学生数

Number of Adult Students for Short-cycle Courses in HEIs by Discipline

单位:人

unit:person

	毕业生数 Graduates	招生数 Entrants	在校学生数 Enrolment	预计毕业生数 Estimated Graduates for Next Year
总　计 Total	**1313279**	**1553631**	**3733295**	**1514973**
其中:女 of Which: Female	707097	865101	2064264	793850
农林牧渔大类 Agriculture, Forestry, Husbandry and Fishing	23175	30026	66113	27058
交通运输大类 Transportation and Communication	44038	50631	125188	51121
生化与药品大类 Biochemistry and Medicine	14496	12128	31828	13339
资源开发与测绘大类 Resources Development and Survey	35959	29583	101502	42576
材料与能源大类 Material and Energy	14786	9277	28021	13009
土建大类 Civil Engineering	98510	134193	301649	117647
水利大类 Water Resources	5920	5885	13878	6352
制造大类 Manufacturing	158416	175257	421493	178819
电子信息大类 Electronic Information	87868	92091	222785	97437
环保、气象与安全大类 Environment Protection, Meteorology and Safety	2053	2801	6333	2789
轻纺食品大类 Light, Textile and Food	6895	8238	19353	8180
财经大类 Finance	344536	391820	914388	388209
医药卫生大类 Medical and Health	182846	240639	643238	213538
旅游大类 Tourism	20585	26284	60226	24892
公共事业大类 Public Service	41045	59438	131973	54040
文化教育大类 Culture and Education	179838	228064	513220	218649
艺术设计传媒大类 Artistic Design and Mass Media	35098	37175	86246	38917
公安大类 Public Security	1827	3713	7273	2049
法律大类 Law	15388	16388	38588	16352
总计中:师范生 of the Total: Students Enrolled in Teacher Training Institutions	104257	138046	302937	131037

网络本科分学科学生数

Number of Web-based Students for Normal Courses in HEIs by Discipline

单位:人

unit:person

	毕业生数 Graduates	招生数 Entrants	在校生数 Enrolment
总　计 Total	**586272**	**781445**	**2287010**
其中：女 of Which：Female	318390	411779	1197782
哲学 Philosophy			
经济学 Economics	29634	30862	105471
法学 Law	57820	57956	215298
教育学 Education	22691	33140	80779
文学 Literature	41156	39435	140588
其中:外语 of Which:Foreign Language	8247	6789	32335
历史学 History	456	428	1065
理学 Science	6249	7010	17312
工学 Engineering	117665	194852	479028
农学 Agriculture	4537	7300	16153
医学 Medicine	47070	74184	184861
管理学 Administrators	256880	332659	1034553
艺术学 Art	2114	3619	11902
总计中:师范生 of the Total:Students Enrolled in Teacher Training Institutions	14487	14390	32639

高等教育学生

Changes in Enrolment of

	上学年初报表在校生数 Enrolment at Beginning of Previous Academic Year	增加学生数 Factors of Increase					
		合计 Total	招生 No. of Students Admitted	复学 Students Resuming Studies	转入 Transfers from Other Inst.	其他 Others	合计 Total
博士生 Doctor's Degrees	289515	86576	72634	1532	96	12314	63415
硕士生 Master's Degrees	1486568	568090	548689	3923	1435	14043	519645
普通本科生 Normal Courses	14944353	4039640	3986437	33403	6178	13622	3573340
普通专科生 Short-cycle Courses	9739279	3695252	3643742	17485	16646	17379	3368185
成人本科生 Normal Courses Provided by Adult HEIs	2654596	1120636	1102409	7152	2162	8913	977315
成人专科生 Short-cycle Courses Provided by Adult HEIs	3609883	1581645	1553631	8483	3224	16307	1458233
网络本科生 Normal Courses Provided by Web-based Programs	2175100	789102	781445	3785	1878	1994	677192
网络专科生 Short-cycle Courses Provided by Web-based Programs	3971306	1289678	1280407	4217	3120	1934	1233522

网络专科分专业大类学生数

Number of Web-based Students for Short-cycle Courses in HEIs by Discipline

单位:人

unit:person

	毕业生数 Graduates	招生数 Entrants	在校生数 Enrolment
总　计 Total	**1075034**	**1280407**	**4027462**
其中:女 of Which: Female	519552	591307	1883036
农林牧渔大类 Agriculture, Forestry, Husbandry and Fishing	57479	47563	198903
交通运输大类 Transportation and Communication	25638	32974	88024
生化与药品大类 Biochemistry and Medicine	3444	4481	12351
资源开发与测绘大类 Resources Development and Survey	13460	15041	40927
材料与能源大类 Material and Energy	4443	5548	10792
土建大类 Civil Engineering	101674	153082	396924
水利大类 Water Resources	5217	6175	20548
制造大类 Manufacturing	51429	83760	215971
电子信息大类 Electronic Information	39947	50035	170688
环保、气象与安全大类 Environment Protection, Meteorology and Safety	2845	3080	7887
轻纺食品大类 Light, Textile and Food	765	1029	2827
财经大类 Finance	319835	377713	1215380
医药卫生大类 Medical and Health	43871	60411	177215
旅游大类 Tourism	3935	5791	22595
公共事业大类 Public Service	216717	245580	793387
文化教育大类 Culture and Education	107899	115293	382987
艺术设计传媒大类 Artistic Design and Mass Media	5333	7111	30948
公安大类 Public Security	880	1189	2121
法律大类 Law	70223	64551	236987
总计中:师范生 of the Total: Students Enrolled in Teacher Training Institutions	11471	12540	26600

数变动情况

Higher Educations

单位：人

unit：person

减少学生数 Factors of Decrease								本学年初报表在校学生数 Enrolment at Beginning of Current Academic Year
毕业 Graduates	结业 Completers of Courses without Formal Diplomas	休学 Suspended	退学 Quitting	开除 Expelled	死亡 Death	转出 Transfers to Other Inst.	其他 Others	
53653	1650	1420	2449	219	45	1186	2793	312676
482210	1053	4104	6202	143	136	5243	20554	1535013
3413787	42233	52479	40761	1757	1113	6432	14778	15410653
3179884	33045	40604	65851	2768	568	12633	32832	10066346
899050	6738	10602	30474	180	24	1860	28387	2797917
1313279	13813	17847	50461	414	40	4851	57528	3733295
586272	3153	8560	31108	4	16	1901	46178	2287010
1075034	5343	26702	39856		41	1982	84564	4027462

高等教育非学历教育学生情况

Number of Students of Non-formal Education of Higher Education

单位：人/人次

unit：person/person-time

	结业生数 Graduates		注册学生数 Enrolment	
	合计 Total	其中:女 of Which:Female	合计 Total	其中:女 of Which:Female
研究生课程进修班 Postgraduate Courses	34836	18972	56427	29588
自考助学班 Classes run by Non – government HEIs for Students Preparing for Self-directed State – administered Examinations	88047	49475	223404	126801
普通预科生 College – preparatory Classes			44451	24399
进修及培训 In – service Training	8296717	3873724	6159283	2891047
一个月以内 1 Month Under	5282985	2238652	3686532	1548924
一个月至三个月以内 1 Month to 3 Months Under	1994990	1128120	1358874	772688
三个月至半年以内 3 Months to 6 Months Under	470369	250133	484762	255484
半年至一年以内 6 Months to 1 Year Under	465552	218406	531182	267096
一年及以上 1 Year and over	82821	38413	97933	46855
总计中:资格证书培训 of the Total: For Certificates of Vocational Qualifications	2115740	949935	1971940	910910
岗位证书培训 For Certificates of Job – related Qualifications	2417623	1135176	2025283	938927
第一产业类培训 Training for first industry	365422	127032	323169	118752
第二产业类培训 Training for Second Industry	1086759	327858	949874	293801
第三产业类培训 Training for Third Industry	6844536	3418834	4886240	2478494

高等教育学生中其他情况
Other Circumstances of Students in Higher Education

单位:人
unit: person

	共产党员 Member of C. P. A	共青团员 Member of C. Y. L	华　侨 Overseas Chinese	港澳台 From HK, Macao and Taiwan	少数民族 Minorities	残疾人 Disabled
总　计 Total	3118097	27375378	5058	33825	3009795	24614
研究生 Postgraduates	794423	780786	191	7390	104674	269
博　士 Doctor's Degree	148749	63750	59	3223	17089	38
硕　士 Master's Degree	645674	717036	132	4167	87585	231
普通本专科 Undergraduates in Regular HEIs	1301760	22078685	2052	21842	1992383	18845
本　科 Normal Courses	1082852	13374218	1515	21678	1263936	9258
专　科 Short-cycle Courses	218908	8704467	537	164	728447	9587
成人本专科 Undergraduates in Adult HEIs	479727	2550693	2801	3296	529467	1179
本　科 Normal Courses	309102	979110	1396	1571	230504	422
专　科 Short-cycle Courses	170625	1571583	1405	1725	298963	757
网络本专科生 Web-based Undergraduates	542187	1965214	14	1297	383271	4321
本　科 Normal Courses	275087	652898	6	342	136100	1336
专　科 Short-cycle Courses	267100	1312316	8	955	247171	2985

外 国 留 学

Information on

	毕(结)业生数 Graduates	授予学位数 Degrees Awarded	招生数 Entrants	
			合计 Total	其中:春季招生 of Which: Spring Term
总 计 Total	**95117**	**19386**	**111396**	**34184**
其中:女 of Which:Female	45207	7823	52053	17631
按层次分 by Level of Training	22924	19386	38420	4001
博士研究生 Doctor's Degrees	1238	1134	3261	177
硕士研究生 Master's Degrees	7094	6417	10479	527
本科 Normal Courses	14022	11835	23798	3052
专科 Short-cycle Courses	570		882	245
培训 In-service Training	72193		72976	30183
分大洲 by Continent				
亚洲 Asia	54518	13999	63214	19017
非洲 Africa	8593	2556	12568	2620
欧洲 Europe	19741	1815	22531	7307
北美洲 North America	9087	639	9377	4130
南美洲 South America	1527	192	2076	561
大洋洲 Australia	1651	185	1630	549
分经费来源 by Sources of Support				
国际组织资助 Aided by IGOs	636	25	787	215
中国政府资助 Aided by Chinese Government	14862	5926	21681	2091
本国政府资助 Aided by Home Government	1622	463	1341	332
学校间交换 Aided by Inter-institutional Exchanges	12418	486	13364	4690
自费 Self-supporting	65579	12486	74223	26856

生 情 况

International Students

单位：人

unit：person

在校生数 Enrolment					
合计 Total	第一年 1st Year	第二年 2nd Year	第三年 3rd Year	第四年 4th Year	第五年及以上 5th Year and Over
192358	**98926**	**40069**	**25791**	**16928**	**10644**
80690	44778	15858	9859	6669	3526
123127	37411	34228	24565	16551	10372
9972	3181	2444	2228	1099	1020
26279	10511	8663	4873	1495	737
84869	22734	22460	17123	13940	8612
2007	985	661	341	17	3
69231	61515	5841	1226	377	272
121595	56434	26564	17773	12644	8180
26962	11949	6691	4436	2384	1502
27853	19695	4511	2197	1081	369
10888	7487	1459	943	562	437
2944	1955	515	261	145	68
2116	1406	329	181	112	88
1019	876	133	5	4	1
41149	20518	9842	6312	3184	1293
2879	1164	604	611	295	205
13857	11327	1615	619	166	130
133454	65041	27875	18244	13279	9015

高等教育学校(机构)
Number of Educational

	合计 Total	校本部 Educational Personnel			
		小计 Subtotal	专任教师		
			小计 Subtotal	正高级 Senior	副高级 Sub-senior
总　计 Total	**2388644**	**2271084**	**1566048**	**190528**	**458388**
其中:女 of Which: Female	1124703	1073900	755423	56219	203953
普通高校 Regular HEIs	2335723	2218556	1534510	189136	448625
成人高校 Adult HEIs	52921	52528	31538	1392	9763

高等教育学校(机构)
Number of Educational

	合计 Total	校本部 Educational Personnel			
		小计 Subtotal	专任教师		
			小计 Subtotal	正高级 Senior	副高级 Sub-senior
总　计 Total	**2335723**	**2218556**	**1534510**	**189136**	**448625**
其中:女 of Which: Female	1098886	1048261	738695	55627	199112
分类型:本科院校 by Type: HEIs Offering Degree Programs	1703121	1600429	1091654	169730	337105
其中:独立学院 of Which: Independent Institutions	183308	182389	136303	14878	35944
高职(专科)院校 Higher Vocational Colleges	625017	611502	438300	18638	110050
其他机构 Other Institutions	7585	6625	4556	768	1470
分举办者:1. 中央部门所属 by Providers: Central Ministries & Agencies	382780	327293	194089	52274	70621
教育部 Under MOE	294430	252654	148722	40206	54754
其他部门 Other Central Agencies	88350	74639	45367	12068	15867
2. 地方所属 Local Authorities	1540119	1481319	1046467	108959	308508
教育部门 Ed. Dept.	1210764	1157839	818181	97192	246739
其他部门 Non-Ed. Dept.	311344	305739	216856	11531	58043
地方企业 Local Enterprises	18011	17741	11430	236	3726
3. 民办 Non-government	412824	409944	293954	27903	69496

教职工情况(总计)
Personnel in HEIs (Total)

单位：人
unit：person

教职工数 Educational Personnel								
教职工 in Main Campus						科研机构人员 Personnel in Affiliated Research Org.	校办企业职工 Employees in School-run Factories & Farms	其他附设机构人员 Personnel in Others Subsidiary Units
Full-time Teachers			行政人员 Adm. Personnel	教辅人员 Supporting Staff	工勤人员 Workers			
中级 Middle	初级 Junior	未定职级 No-ranking						
627233	**201440**	**88459**	**328409**	**213070**	**163557**	**29933**	**30193**	**57434**
333144	114475	47632	153385	117175	47917	11334	9019	30450
613729	195763	87257	318508	206321	159217	29812	30030	57325
13504	5677	1202	9901	6749	4340	121	163	109

教职工情况(普通高校)
Personnel in HEIs (Regular HEIs)

单位：人
unit：person

教职工数 Educational Personnel								
教职工 in Main Campus						科研机构人员 Personnel in Affiliated Research Org.	校办企业职工 Employees in School-run Factories & Farms	其他附设机构人员 Personnel in Others Subsidiary Units
Full-time Teachers			行政人员 Adm. Personnel	教辅人员 Supporting Staff	工勤人员 Workers			
中级 Middle	初级 Junior	未定职级 No-ranking						
613729	**195763**	**87257**	**318508**	**206321**	**159217**	**29812**	**30030**	**57325**
325683	111300	46973	149065	113700	46801	11263	8951	30411
432525	103094	49200	234654	157920	116201	28351	25087	49254
54036	21942	9503	23074	11310	11702	54	425	440
179358	92325	37929	82847	47764	42591	1169	4465	7881
1846	344	128	1007	637	425	292	478	190
61081	5807	4306	58443	46016	28745	20384	11398	23705
46723	3832	3207	46292	34671	22969	15948	10383	15445
14358	1975	1099	12151	11345	5776	4436	1015	8260
441417	133986	53597	204200	131083	99569	8941	17110	32749
345970	89405	38875	158257	104040	77361	8091	15298	29536
90507	42623	14152	43201	25418	20264	787	1680	3138
4940	1958	570	2742	1625	1944	63	132	75
111231	55970	29354	55865	29222	30903	487	1522	871

高等教育学校(机构)
Number of Educational

	合计 Total	校本部 Educational Personnel			
		小计 Subtotal	专任教师		
			小计 Subtotal	正高级 Senior	副高级 Sub-senior
总　计 Total	**52921**	**52528**	**31538**	**1392**	**9763**
其中:女 of Which: Female	25817	25639	16728	592	4841
分类型:职工高等学校 by Type:Workers' Colleges	19251	19097	11842	264	3670
农民高等学校 Peasants' College	130	130	89		14
管理干部学院 Institutes for Administration	7775	7697	4556	450	1568
教育学院 Educational College	7006	6966	4943	254	1754
独立函授学院 Independent Correspondence Colleges					
广播电视大学 Radio/TV Universities	18020	17899	9671	422	2645
其他机构 Other Institutions	739	739	437	2	112
分举办者:1. 中央部门所属 by Provider:Under Central Ministries & Agencies	1170	1157	517	50	235
教育部 Under MOE	509	496	160	15	81
其他部门 Other Central Agencies	661	661	357	35	154
2. 地方所属 Local Auth.	51751	51371	31021	1342	9528
教育部门 Ed. Dept.	26375	26223	15707	697	4675
其他部门 Non－ed. Dept.	21526	21328	13024	612	4063
地方企业 Local Enterprises	3850	3820	2290	33	790
3. 民办 Non－government					

教职工情况(成人高校)
Personnel in HEIs (Adult HEIs)

单位：人
unit：person

教职工数 Educational Personnel								
教职工 in Main Campus						科研机构人员 Personnel in Affiliated Research Org.	校办企业职工 Employees in School-run	其他附设机构人员 Personnel in Others Subsidiary Units
Full-time Teachers			行政人员 Adm. Personnel	教辅人员 Supporting Staff	工勤人员 Workers			
中级 Middle	初级 Junior	未定职级 No-ranking						
13504	**5677**	**1202**	**9901**	**6749**	**4340**	**121**	**163**	**109**
7461	3175	659	4320	3475	1116	71	68	39
5381	2136	391	3299	2096	1860	15	100	39
40	35		20	14	7			
1776	608	154	1471	934	736	42	4	32
1991	788	156	1002	610	411	20		20
4114	1990	500	3933	3019	1276	44	59	18
202	120	1	176	76	50			
204	25	3	269	276	95	13		
57	4	3	103	202	31	13		
147	21		166	74	64			
13300	5652	1199	9632	6473	4245	108	163	109
6846	2833	656	5226	3524	1766	47	62	43
5456	2424	469	3757	2481	2066	61	71	66
998	395	74	649	468	413		30	

研究生指导

Number of Supervisors

	合计 Total	29岁及以下 29 and Under	30—34岁 30 to 34	35—39岁 35 to 39
总　计 Total	**337139**	**1149**	**24112**	**55499**
其中：女 of Which：Female	98067	376	7657	18887
分职称：正高级 by Rank：Senior	165460	34	1611	8838
副高级 Sub-senior	154982	394	15210	41179
中级 Middle	16697	721	7291	5482
分指导关系：博士导师	16028	5	209	910
by Level of Programs Supervised：Supervisors of Doctoral Programs				
其中：女 of Which：Female	2365	1	31	131
硕士导师 Supervisors of Master's Degree Programs	256790	1123	22265	49056
其中：女 of Which：Female	84468	372	7355	17681
博士、硕士导师	64321	21	1638	5533
Supervisors of Doc. & Mas. Degree Programs				
其中：女 of Which：Female	11234	3	271	1075

研究生指导教

Number of Supervisors of

	合计 Total	29岁及以下 29 and Under	30—34岁 30 to 34	35—39岁 35 to 39
总　计 Total	**322173**	**1093**	**23590**	**53776**
其中：女 of Which：Female	95153	364	7534	18464
分职称：正高级 by Rank：Senior	154808	24	1558	8331
副高级 Sub-senior	150854	390	14793	40008
中级 Middle	16511	679	7239	5437
分指导关系：博士导师	13779	5	204	844
by Level of Programs Supervised：Supervisors of Doctoral Programs				
其中：女 of Which：Female	2074	1	31	124
硕士导师 Supervisors of Master's Degree Programs	246721	1067	21845	47741
其中：女 of Which：Female	82371	360	7259	17364
博士、硕士导师	61673	21	1541	5191
Supervisors of Doc. & Mas. Degree Programs				
其中：女 of Which：Female	10708	3	244	976

教师情况(总计)

of Postgraduate Programs (Total)

单位：人

unit：person

40—44 岁 40 to 44	45—49 岁 44 to 49	50—59 岁 50 to 54	55—59 岁 55 to 59	60—64 岁 60 to 64	65 岁及以上 65 and Over
69115	**73270**	**66960**	**31473**	**9098**	**6463**
24008	21941	16534	6363	1569	732
23890	43148	48746	25310	7976	5907
43122	29528	17881	6059	1078	531
2103	594	333	104	44	25
1807	3222	4016	2440	1318	2101
397	551	562	320	173	199
57670	55023	45631	19865	4513	1644
21465	18453	13192	4735	933	282
9638	15025	17313	9168	3267	2718
2146	2937	2780	1308	463	251

师情况(普通高校)

Postgraduate Programs (Regular HEIs)

单位：人

unit：person

40—44 岁 40 to 44	45—49 岁 45 to 49	50—54 岁 50 to 54	55—59 岁 55 to 59	60—64 岁 60 to 64	65 岁及以上 66 and Over
66089	**69557**	**63557**	**29781**	**8652**	**6078**
23297	21236	15944	6103	1502	709
22116	40136	45771	23779	7559	5534
41894	28834	17464	5901	1051	519
2079	587	322	101	42	25
1603	2689	3417	2023	1124	1870
361	478	482	265	149	183
55354	52429	43515	18870	4332	1568
20929	17926	12797	4562	896	278
9132	14439	16625	8888	3196	2640
2007	2832	2665	1276	457	248

分学科专任教师数(总计)

Number of Full-time Teachers by Field of Study(Total)

单位：人

unit：person

	合计 Total	正高级 Senior	副高级 Sub-Senior	中级 Middle	初级 Junior	未定职级 No-ranking
总　计 Total	**1566048**	**190528**	**458388**	**627233**	**201440**	**88459**
其中：女 of Which：Female	755423	56219	203953	333144	114475	47632
哲学 Philosophy	41931	5480	12689	16168	5200	2394
经济学 Economics	90084	10620	26879	35601	11379	5605
法学 Law	73679	8373	20609	30563	9778	4356
教育学 Education	132501	10248	37446	54166	21786	8855
其中：体育 of Which：Sport	62971	4530	19251	26166	9846	3178
文学 Literature	227436	17686	58994	105075	33294	12387
其中：外语 of Which：Foreign Language	130601	7253	31078	66422	19230	6618
历史学 History	17650	3121	5609	6533	1636	751
理学 Science	178545	29830	59459	65357	16005	7894
工学 Engineering	425196	55891	131425	168261	47573	22046
其中：计算机 of Which：Computer	97575	7911	26787	45785	13001	4091
农学 Agriculture	39060	7097	12622	13798	3621	1922
其中：林学 of Which：Forestry	6836	1073	2160	2494	783	326
医学 Medicine	113646	20539	35541	38042	13919	5605
管理学 Administrators	126357	13592	35497	51164	17485	8619
艺术学 Art	99963	8051	21618	42505	19764	8025

分学科专任教师数(普通高校)

Number of Full-time Teachers by Field of Study (Regular HEIs)

单位：人

unit: person

	合计 Total	正高级 Senior	副高级 Sub-Senior	中级 Middle	初级 Junior	未定职级 No-ranking
总 计 Total	**1534510**	**189136**	**448625**	**613729**	**195763**	**87257**
其中:女 of Which: Female	738695	55627	199112	325683	111300	46973
哲学 Philosophy	40652	5393	12250	15644	5019	2346
经济学 Economics	87200	10400	25912	34395	10973	5520
法学 Law	71519	8225	19963	29658	9415	4258
教育学 Education	129238	10110	36464	52863	21105	8696
其中:体育 of Which:Sport	61918	4513	18978	25729	9576	3122
文学 Literature	222282	17489	57467	102771	32327	12228
其中:外语 of Which:Foreign Language	128434	7188	30479	65375	18828	6564
历史学 History	17107	3082	5386	6333	1572	734
理学 Science	175307	29693	58318	63969	15514	7813
工学 Engineering	417211	55702	129051	164776	45964	21718
其中:计算机 of Which:Computer	94717	7831	26045	44418	12406	4017
农学 Agriculture	38504	7088	12480	13563	3483	1890
其中:林学 of Which:Forestry	6777	1071	2143	2472	766	325
医学 Medicine	112817	20486	35236	37703	13820	5572
管理学 Administrators	123697	13444	34689	49993	17041	8530
艺术学 Art	98976	8024	21409	42061	19530	7952

分学科专任教师数(成人高校)

Number of Full-time Teachers by Field of Study(Adult HEIs)

单位：人

unit：person

	合计 Total	正高级 Senior	副高级 Sub-Senior	中　级 Middle	初　级 Junior	未定职级 No-ranking
总　计 Total	**31538**	**1392**	**9763**	**13504**	**5677**	**1202**
其中:女 of Which: Female	16728	592	4841	7461	3175	659
哲学 Philosophy	1279	87	439	524	181	48
经济学 Economics	2884	220	967	1206	406	85
法学 Law	2160	148	646	905	363	98
教育学 Education	3263	138	982	1303	681	159
其中:体育 of Which:Sport	1053	17	273	437	270	56
文学 Literature	5154	197	1527	2304	967	159
其中:外语 of Which:Foreign Language	2167	65	599	1047	402	54
历史学 History	543	39	223	200	64	17
理学 Science	3238	137	1141	1388	491	81
工学 Engineering	7985	189	2374	3485	1609	328
其中:计算机 of Which:Computer	2858	80	742	1367	595	74
农学 Agriculture	556	9	142	235	138	32
其中:林学 of Which:Forestry	59	2	17	22	17	1
医学 Medicine	829	53	305	339	99	33
管理学 Administrators	2660	148	808	1171	444	89
艺术学 Art	987	27	209	444	234	73

分学科专任教师数(民办的其他高等教育机构)
Number of Full-time Teachers by Field of Study (Other Non-government HEIs)

单位：人
unit：person

	合计 Total	正高级 Senior	副高级 Sub-Senior	中级 Middle	初级 Junior	未定职级 No-ranking
总计 Total	**12083**	**950**	**2202**	**3865**	**1892**	**3174**
其中:女 of Which：Female	6204	301	996	1987	1088	1832
哲学 Philosophy	353	59	94	117	53	30
经济学 Economics	954	96	287	335	119	117
法学 Law	443	46	132	141	73	51
教育学 Education	1041	62	178	326	230	245
其中:体育 of Which:Sport	336	4	29	97	89	117
文学 Literature	3549	177	452	1092	445	1383
其中:外语 of Which:Foreign Language	1762	53	191	620	284	614
历史学 History	147	13	33	40	39	22
理学 Science	651	59	153	208	104	127
工学 Engineering	2379	173	418	950	390	448
其中:计算机 of Which:Computer	1275	51	205	523	180	316
农学 Agriculture	117	10	26	28	41	12
其中:林学 of Which:Forestry	15	2	5	3	3	2
医学 Medicine	433	77	98	114	42	102
管理学 Administrators	996	107	199	319	178	193
艺术学 Art	1020	71	132	195	178	444

专任教师、聘请校外教师学历情况（总计）

Number of Academic Qualifications of Full-time and Part-time Teachers in HEIs（Total）

单位：人
unit：person

	合计 Total	博士 Doctor's Degrees	硕士 Master's Degrees	本科 Normal Courses	专科及以下 Short-cycle Courses and Under
1. 专任教师 Full-time Teachers	1566048	313943	559720	670504	21881
其中：女 of Which：Female	755423	108281	310443	328970	7729
正高级 Senior	190528	92569	35044	61487	1428
副高级 Sub-senior	458388	119969	111981	221223	5215
中　级 Middle	627233	88920	277850	252374	8089
初　级 Junior	201440	1624	91760	103944	4112
未定职级 No-ranking	88459	10861	43085	31476	3037
2. 聘请校外教师 Part-time Teachers	462390	65091	149810	222476	25013
其中：女 of Which：Female	178615	16537	63488	90482	8108
外籍教师 Foreign Teachers	15521	6269	4532	4663	57
其他高校教师 Other HEI Teachers	126424	26520	50722	47161	2021
正高级 Senior	81225	33652	22837	23588	1148
副高级 Sub-senior	140717	19247	43998	72590	4882
中　级 Middle	147497	8650	52004	77592	9251
初　级 Junior	41930	599	14948	23265	3118
未定职级 No-ranking	51021	2943	16023	25441	6614

注：不包含民办的其他高等教育机构数据。
Note：Data of Non-government HEIs are not included.

专任教师、聘请校外教师学历情况（普通高校）

Number of Academic Qualifications of Full-time and Part-time Teachers in HEIs（Regular HEIs）

单位：人
unit：person

	合计 Total	博士 Doctor's Degrees	硕士 Master's Degrees	本科 Normal Courses	专科及以下 Short-cycle Courses and Under
1. 专任教师 Full-time Teachers	1534510	313136	552854	648230	20290
其中：女 of Which：Female	738695	107892	306501	317104	7198
正高级 Senior	189136	92384	34636	60695	1421
副高级 Sub-senior	448625	119615	110102	213896	5012
中　级 Middle	613729	88700	274713	242980	7336
初　级 Junior	195763	1611	90671	99860	3621
未定职级 No-ranking	87257	10826	42732	30799	2900
2. 聘请校外教师 Part-time Teachers	424011	64434	142618	193277	23682
其中：女 of Which：Female	161057	16327	60158	77014	7558
外籍教师 Foreign Teachers	15432	6269	4510	4596	57
其他高校教师 Other HEI Teachers	119330	26261	48612	42608	1849
正高级 Senior	79842	33469	22345	22893	1135
副高级 Sub-senior	128724	18969	41604	63442	4709
中　级 Middle	129631	8501	48987	63513	8630
初　级 Junior	36427	576	14086	18985	2780
未定职级 No-ranking	49387	2919	15596	24444	6428

专任教师、聘请校外教师学历情况(成人高校)
Number of Academic Qualifications of Full-time and Part-time Teachers in HEIs (Adult HEIs)

单位:人
unit: person

	合计 Total	博士 Doctor's Degrees	硕士 Master's Degrees	本科 Normal Courses	专科及以下 Short-cycle Courses and Under
1. 专任教师 Full-time Teachers	31538	807	6866	22274	1591
其中:女 of Which: Female	16728	389	3942	11866	531
正高级 Senior	1392	185	408	792	7
副高级 Sub-senior	9763	354	1879	7327	203
中　级 Middle	13504	220	3137	9394	753
初　级 Junior	5677	13	1089	4084	491
未定职级 No-ranking	1202	35	353	677	137
2. 聘请校外教师 Part-time Teachers	38379	657	7192	29199	1331
其中:女 of Which: Female	17558	210	3330	13468	550
外籍教师 Foreign Teachers	89		22	67	
其他高校教师 Other HEI Teachers	7094	259	2110	4553	172
正高级 Senior	1383	183	492	695	13
副高级 Sub-senior	11993	278	2394	9148	173
中　级 Middle	17866	149	3017	14079	621
初　级 Junior	5503	23	862	4280	338
未定职级 No-ranking	1634	24	427	997	186

专任教师、聘请校外教师学历情况(民办的其他高等教育机构)
Number of Academic Qualifications of Full-time and Part-time Teachers in HEIs (Other Non-government HEIs)

单位:人
unit: person

	合计 Total	博士 Doctor's Degrees	硕士 Master's Degrees	本科 Normal Courses	专科及以下 Short-cycle Courses and Under
1. 专任教师 Full-time Teachers	12083	387	2299	8478	919
其中:女 of Which: Female	6204	105	1236	4449	414
正高级 Senior	950	141	235	552	22
副高级 Sub-senior	2202	124	497	1468	113
中　级 Middle	3865	70	818	2763	214
初　级 Junior	1892	7	285	1413	187
未定职级 No-ranking	3174	45	464	2282	383
2. 聘请校外教师 Part-time Teachers	11481	1177	3551	6272	481
其中:女 of Which: Female	4783	355	1468	2789	171
外籍教师 Foreign Teachers	44		17	27	
其他高校教师 Other HEI Teachers	2750	400	1106	1212	32
正高级 Senior	1614	435	527	610	42
副高级 Sub-senior	3365	499	1221	1589	56
中　级 Middle	4169	172	1272	2530	195
初　级 Junior	1147	29	238	783	97
未定职级 No-ranking	1186	42	293	760	91

专任教师年龄情况(总计)
Number of Full-time Teachers by Age (Total)

单位：人
unit: person

	合计 Total	29岁及以下 29 and Under	30—34岁 30 to 34	35—39岁 35 to 39	40—44岁 40 to 44	45—49岁 45 to 49	50—54岁 50 to 54	55—59岁 55 to 59	60—64岁 60 to 64	65岁及以上 65 and Over
总　计 Total	**1566048**	**226537**	**364364**	**298287**	**232049**	**191324**	**153438**	**71222**	**18368**	**10459**
其中:女 of Which: Female	755423	135317	202882	150782	106272	81410	56129	16638	4385	1608
正高级 Senior	190528	36	1389	8578	27268	50068	55329	31931	10126	5803
副高级 Sub-senior	458388	957	30079	95421	116801	100108	73596	30307	6882	4237
中　级 Middle	627233	56665	249211	173399	79535	37193	22001	7658	1213	358
初　级 Junior	201440	108334	65104	16304	6307	2831	1723	764	68	5
未定职级 No-ranking	88459	60545	18581	4585	2138	1124	789	562	79	56

注:不含民办的其他高等教育机构数据。

Note: Data of Non-government HEIs are not included.

专任教师年龄情况(普通高校)
Number of Full-time Teachers by Age (Regular HEIs)

单位：人
unit: person

	合计 Total	29岁及以下 29 and Under	30—34岁 30 to 34	35—39岁 35 to 39	40—44岁 40 to 44	45—49岁 45 to 49	50—54岁 50 to 54	55—59岁 55 to 59	60—64岁 60 to 64	65岁及以上 65 and Over
总　计 Total	**1534510**	**221992**	**357844**	**292771**	**226865**	**186599**	**149982**	**69700**	**18309**	**10448**
其中:女 of Which: Female	738695	132450	199026	147806	103483	78986	54563	16396	4377	1608
正高级 Senior	189136	36	1388	8546	27046	49651	54894	31673	10103	5799
副高级 Sub-senior	448625	946	29731	93920	114329	97432	71694	29489	6854	4230
中　级 Middle	613729	55605	245018	170126	77349	35753	21037	7278	1205	358
初　级 Junior	195763	105697	63307	15663	6051	2670	1597	705	68	5
未定职级 No-ranking	87257	59708	18400	4516	2090	1093	760	555	79	56

专任教师年龄情况（成人高校）

Number of Full-time Teachers by Age (Adult HEIs)

单位：人

unit: person

	合计 Total	29 岁及以下 29 and Under	30—34 岁 30 to 34	35—39 岁 35 to 39	40—44 岁 40 to 44	45—49 岁 45 to 49	50—54 岁 50 to 54	55—59 岁 55 to 59	60—64 岁 60 to 64	65 岁及以上 65 and Over
总　计 Total	**31538**	**4545**	**6520**	**5516**	**5184**	**4725**	**3456**	**1522**	**59**	**11**
其中:女 of Which: Female	16728	2867	3856	2976	2789	2424	1566	242	8	
正高级 Senior	1392		1	32	222	417	435	258	23	4
副高级 Sub-senior	9763	11	348	1501	2472	2676	1902	818	28	7
中　级 Middle	13504	1060	4193	3273	2186	1440	964	380	8	
初　级 Junior	5677	2637	1797	641	256	161	126	59		
未定职级 No-ranking	1202	837	181	69	48	31	29	7		

专任教师年龄情况（民办的其他高等教育机构）

Number of Full-time Teachers by Age (Other Non-government HEIs)

单位：人

unit: person

	合计 Total	29 岁及以下 29 and Under	30—34 岁 30 to 34	35—39 岁 35 to 39	40—44 岁 40 to 44	45—49 岁 45 to 49	50—54 岁 50 to 54	55—59 岁 55 to 59	60—64 岁 60 to 64	65 岁及以上 65 and Over
总　计 Total	**12083**	**3055**	**2751**	**1842**	**1519**	**963**	**721**	**540**	**348**	**344**
其中:女 of Which: Female	6204	1955	1457	939	741	456	278	180	121	77
正高级 Senior	950	3	22	41	111	146	172	169	118	168
副高级 Sub-senior	2202	7	118	331	411	444	356	265	142	128
中　级 Middle	3865	555	1034	907	780	278	136	67	69	39
初　级 Junior	1892	858	614	239	114	35	19	9	2	2
未定职级 No-ranking	3174	1632	963	324	103	60	38	30	17	7

专任教师、聘请校外教

Number of Full-time and Part-time Teachers

	专任教师中按授课内容分 Full-time Teachers Classified by Teaching Content			
	合计 Total	公共课基础课 Common Required Course	专业课 Special Subjects 小计 Subtotal	专业课 Special Subjects 其中：双师型 of Which: Double-teacher Type
总　计 Total	**1510861**	**395764**	**1115097**	**239987**
其中：女 of Which: Female	731046	209371	521675	118700
正高级 Senior	184234	32858	151376	22277
副高级 Sub-senior	443185	109480	333705	90789
中级 Middle	605228	168958	436270	126921
初级 Junior	194337	59703	134634	
未定职级 No-ranking	83877	24765	59112	
普通高校 Regular HEIs	**1480307**	**387024**	**1093283**	**234433**
其中：女 of Which: Female	714815	204512	510303	115859
正高级 Senior	182901	32545	150356	21935
副高级 Sub-senior	433736	106862	326874	88466
中级 Middle	592147	165145	427002	124032
初级 Junior	188823	58016	130807	
未定职级 No-ranking	82700	24456	58244	
成人高校 Adult HEIs	**30554**	**8740**	**21814**	**5554**
其中：女 of Which: Female	16231	4859	11372	2841
正高级 Senior	1333	313	1020	342
副高级 Sub-senior	9449	2618	6831	2323
中级 Middle	13081	3813	9268	2889
初级 Junior	5514	1687	3827	
未定职级 No-ranking	1177	309	868	

注：不含民办的其他高等教育机构数据。

Note: Data of Non-government HEIs are not included.

专任教师、聘请校外教

Number of Full-time and Part-time Teachers

	专任教师中按授课内容分 Full-time Teachers Classified by Teaching Content			
	合计 Total	公共课基础课 Common Required Course	专业课 Special Subjects 小计 Subtotal	专业课 Special Subjects 其中：双师型 of Which: Double-teacher Type
总　计 Total	**11697**	**3725**	**7972**	**1215**
其中：女 of Which: Female	6046	1891	4155	564
正高级 Senior	910	305	605	152
副高级 Sub-senior	2148	698	1450	416
中级 Middle	3774	1413	2361	647
初级 Junior	1820	658	1162	
未定职级 No-ranking	3045	651	2394	

师岗位分类情况(总计)
Classified by Teaching Content in HEIs (Total)

单位：人
unit：person

聘请校外教师按授课内容分 Part-time Teachers Classfied by Teaching Content				专任教师中不任课人数 Full-time Teachers by Non-teaching				
合计 Total	公共课基础课 Common Required Course	专业课 Special Subjects		合计 Total	进修 In-service	科研 Research	病休 Sick Leave	其他 Others
		小计 Subtotal	其中：双师型 of Which: Double-teacher Type					
462390	**90871**	**371519**	**74820**	**55187**	**24220**	**9999**	**1905**	**19063**
178615	40139	138476	28244	24377	11141	3465	1140	8631
81225	12123	69102	10310	6294	1875	2396	158	1865
140717	26871	113846	30673	15203	7623	3268	423	3889
147497	30220	117277	33837	22005	11373	3137	839	6656
41930	10267	31663		7103	2564	495	416	3628
51021	11390	39631		4582	785	703	69	3025
424011	**79222**	**344789**	**70663**	**54203**	**24186**	**9654**	**1877**	**18486**
161057	34641	126416	26433	23880	11121	3277	1123	8359
79842	11743	68099	10056	6235	1874	2356	156	1849
128724	23385	105339	28992	14889	7611	3140	419	3719
129631	24887	104744	31615	21582	11358	2987	822	6415
36427	8285	28142		6940	2558	469	411	3502
49387	10922	38465		4557	785	702	69	3001
38379	**11649**	**26730**	**4157**	**984**	**34**	**345**	**28**	**577**
17558	5498	12060	1811	497	20	188	17	272
1383	380	1003	254	59	1	40	2	16
11993	3486	8507	1681	314	12	128	4	170
17866	5333	12533	2222	423	15	150	17	241
5503	1982	3521		163	6	26	5	126
1634	468	1166		25		1		24

师岗位分类情况(民办的其他高等教育机构)
Classified by Teaching Content in HEIs (Other Non-government HEIs)

单位：人
unit：person

聘请校外教师按授课内容分 Part-time Teachers Classfied by Teaching Content				专任教师中不任课人数 Full-time Teachers by Non-teaching				
合计 Total	公共课基础课 Common Required Course	专业课 Special Subjects		合计 Total	进修 In-service	科研 Research	病休 Sick Leave	其他 Others
		小计 Subtotal	其中：双师型 of Which: Double-teacher Type					
11481	**3614**	**7867**	**954**	**386**	**58**	**34**	**7**	**287**
4783	1700	3083	359	158	31	7	3	117
1614	525	1089	171	40	4			36
3365	1049	2316	372	54	10			44
4169	1327	2842	411	91	10	10	3	68
1147	377	770		72	3	18	4	47
1186	336	850		129	31	6		92

专任教师

Changes of Full-time

	上学年初报表专任教师数 Number of Full-time Teachers at Beginning of Previous Academic Year	增加专任 Factors of			
		合计 Total	录用毕业生 New Recruits from Current Year Graduates		
			小计 Subtotal	其中 of Which:	
				研究生 Completing Doc. & Mas. Deg.	本科 Completing Normal Courses
总　计 Total	**1531230**	**104145**	**54270**	**45406**	**4519**
其中:女 of Which: Female	732595	54019	29739	24985	1959
普通高校 Regular HEIs	**1497583**	**103162**	**53843**	**45115**	**4519**
其中:女 of Which: Female	714826	53472	29487	24803	1959
成人高校 Adult HEIs	**33647**	**983**	**427**	**291**	
其中:女 of Which: Female	17769	547	252	182	

注:不含民办的其他高等教育机构数据。

Note: Data of Non-government HEIs are not included.

专任教师

Changes of Full-time Teachers in HEIs

	上学年初报表专任教师数 Number of Full-time Teachers at Beginning of Previous Academic Year	增加专任 Factors of			
		合计 Total	录用毕业生 New Recruits from Current Year Graduates		
			小计 Subtotal	其中 of Which:	
				研究生 Completing Doc. & Mas. Deg.	本科 Completing Normal Courses
总　计 Total	**13414**	**1342**	**284**	**68**	**2**
其中:女 of Which: Female	6790	724	154	35	

变动情况(总计)
Teachers in HEIs (Total)

单位:人
unit: person

教师数 Increase				减少专任教师数 Factors of Decrease				本学年初报表专任教师数 Number of Full-time Teachers at Beginning of Current Academic Year
外单位教师调入 Teachers Recruited from Other Units		校内、外非教师调入 Non-teaching Personnel Changed into Teachers		合计 Total	自然减员 Retired from their Posts during Previous Academic Year	调离教师岗位 Transferred from Teaching to Non-teaching Posts	其他 Others	
小计 Subtotal	其中:高校调入 of Which: from Reg. HEIs	小计 Subtotal	其中:本校调整 of Which: with Change of Status in Their Own Institutions					
25957	**14043**	**23918**	**12139**	**69327**	**23200**	**13408**	**32719**	**1566048**
12611	6633	11669	6119	31191	10055	5691	15445	755423
25714	**13977**	**23605**	**11934**	**66235**	**22645**	**12994**	**30596**	**1534510**
12478	6598	11507	6023	29603	9774	5469	14360	738695
243	**66**	**313**	**205**	**3092**	**555**	**414**	**2123**	**31538**
133	35	162	96	1588	281	222	1085	16728

变动情况(民办的其他高等教育机构)
(Other Non-government HEIs)

单位:人
unit: person

教师数 Increase				减少专任教师数 Factors of Decrease				本学年初报表专任教师数 Number of Full-time Teachers at Beginning of Current Academic Year
外单位教师调入 Teachers Recruited from Other Units		校内、外非教师调入 Non-teaching Personnel Changed into Teachers		合计 Total	自然减员 Retired from their Posts during Previous Academic Year	调离教师岗位 Transferred from Teaching to Non-teaching Posts	其他 Others	
小计 Subtotal	其中:高校调入 of Which: from Reg. HEIs	小计 Subtotal	其中:本校调整 of Which: with Change of Status in Their Own Institutions					
605	**41**	**453**	**198**	**2673**	**935**	**297**	**1441**	**12083**
340	23	230	99	1310	522	126	662	6204

资产
Condition of Fixed Assets

	占地面积(平方米) Area of School sites (m^2)			图书音像资料情况 Audio-visual ed. Resources	
				图书(万册) Books & Magazines in Libraries (10,000 volume)	
	合计 Total	其中:绿化用地面积 of Which: Green Areas	其中:运动场地面积 of Which: Sports Areas	合计 Total	当年新增 New Added in Current Year
学校产权 Owned by HEIs	**1720365904**	**534223130**	**129736228**	**234848.42**	**12048.30**
非学校产权中独立使用 Not Owned by HEIs	236578501	49343833	13947737	5750.64	227.57
普通高校 Regular HEIs					
学校产权 Owned by HEIs	**1694485815**	**528366403**	**127132327**	**230963.90**	**11953.15**
非学校产权中独立使用 Not Owned by HEIs	211600216	43236414	10605333	1861.07	101.35
成人高校 Adult HEIs					
学校产权 Owned by HEIs	**25880089**	**5856727**	**2603901**	**3884.53**	**95.15**
非学校产权中独立使用 Not Owned by HEIs	24978285	6107419	3342404	3889.57	126.22

注:不含民办的其他高等教育机构数据。

Note: Data of Non-government HEIs are not included.

资产情况
Condition of Fixed Assets

	占地面积(平方米) Area of School sites (m^2)			图书音像资料情况 Audio-visual ed. Resources	
				图书(万册) Books & Magazines in Libraries (10,000 volume)	
	合计 Total	其中:绿化用地面积 of Which: Green Areas	其中:运动场地面积 of Which: Sports Areas	合计 Total	当年新增 New Added in Current Year
学校产权 Owned by HEIs	**6166276**	**1230069**	**592282**	**1142.54**	**47.79**
非学校产权中独立使用 Not Owned by HEIs	6784136	1422900	920248	47196.85	5005.6

情况(总计)
and Teaching Resources (Total)

计算机数(台) No. of Computers			教室(间) Classroom(room)		固定资产值(万元) Fixed Assets (10,000 yuan)				
合计 Total	其中:教学用计算机 No. of Computers Used for Instruction		合计 Total	其中:网络多媒体教室 of Which: Network Multimedia Classroom	合计 Total	其中:教学、科研仪器设备资产 of Which: Teaching Equipment & Instruments		其中:信息化设备资产值 of Which: Assets of Information Facilities	
	小计 Subtotal	其中:平板电脑 of Which: Tablet PC				小计 Subtotal	当年新增 New Added in Current Year	小计 Subtotal	其中:软件 of Which: Software
10410006	**7904544**	**76534**	**572749**	**280666**	**164141267.12**	**36494627.17**	**4516064.48**	**10355386.30**	**1586823.37**
316185	209575	4918	97024	44032	9280614.47	859930.41	58282.86		
10200292	**7748522**	**73719**	**551260**	**273160**	**162098416.01**	**36072904.55**	**4486993.75**	**10179579.93**	**1569831.18**
53123	43217	533	68162	30914	7849061.74	512010.21	39844.85		
209714	**156022**	**2815**	**21489**	**7506**	**2042851.11**	**421722.62**	**29070.73**	**175806.37**	**16992.19**
263062	166358	4385	28862	13118	1431552.73	347920.20	18438.01		

(民办的其他高等教育机构)
and Teaching Resources (Other Non-government HEIs)

计算机数(台) No. of Computers			教室(间) Classroom(room)		固定资产值(万元) Fixed Assets (10,000 yuan)				
合计 Total	其中:教学用计算机 No. of Computers Used for Instruction		合计 Total	其中:网络多媒体教室 of Which: Network Multimedia Classroom	合计 Total	其中:教学、科研仪器设备资产 of Which: Teaching Equipment & Instruments		其中:信息化设备资产值 of Which: Assets of Information Facilities	
	小计 Subtotal	其中:平板电脑 of Which: Tablet PC				小计 Subtotal	当年新增 New Added in Current Year	小计 Subtotal	其中:软件 of Which: Software
75737	**61983**	**3808**	**5812**	**2995**	**473216.90**	**88935.72**	**4909.23**	**28478.10**	**5834.94**
14666	11043	686	7362	2889	288426.04	26732.65	4274.31		

校舍情况(总计)

Condition of School Buildings (Total)

单位:平方米

unit: m^2

	学校产权建筑面积 Floor Area of School Building Owned by HEIs				正在施工面积 Floor Area Under Construction	独立使用非学校产权建筑面积 Floor Area of School Building Not Owned by HEIs
	合计 Total	其中:危房 of Which: Dilapidated Buildings	其中:当年新增校舍 of Which: New Added in Current Year	其中:被外单位借用 of Which: Floor Space Hired by Other Schools or Units		
总　计 Total	**788190999**	**1254628**	**27215916**	**898439**	**58981442**	**102018404**
一、教学及辅助用房 Buildings for Instraction and Ancillary Uses	**352186102**	**369448**	**12696954**	**276249**	**30122924**	**45180394**
教室 Classroom	136026238	143766	4219959	138340	8161209	20981352
图书馆 Library	42655712	29922	1478453	19639	4804022	4654045
实验室、实习场所 Lab. And Practice Facilities	128207845	156693	5403447	65468	10516853	14926273
专用科研用房 Office Special for Research	15348144	14688	688170	28385	3394596	764401
体育馆 Gymnasium	22546063	4344	685319	16466	2230305	2658820
会堂 Hall	7402100	20035	221606	7951	1015939	1195503
二、行政办公用房 Administrative	**46443361**	**90287**	**1440241**	**32081**	**2849172**	**5769146**
三、生活用房 Residential Buildings	**289341923**	**391824**	**10342204**	**393365**	**17441974**	**49295491**
学生宿舍(公寓)Students'Dormitories	217078594	221426	7732043	310002	11335134	39268154
学生食堂 Students'Dining Halls	31398480	21147	1018997	26511	1732994	4839226
教工宿舍(公寓) Apartments for Single	13629859	93248	947298	2186	2852157	2688530
教工食堂 Dining Halls for Teachers, Staff and Workers	1775696	834	92321	1438	88973	244141
生活福利及附属用房 Residential, Welfare and Anxiliary Buildings	25459294	55169	551545	53228	1432716	2255440
四、教工住宅 Residential Quarters for Teachers &Workers	**85983791**	**365284**	**1919339**	**34338**	**6391853**	
五、其他用房 Other	**14235822**	**37785**	**817178**	**162406**	**2175519**	**1773373**

注:不包含民办的其他高等教育机构数据。

Note: Data of Non-government HEIs are not included.

校舍情况(普通高校)
Condition of School Buildings (Regular HEIs)

单位：平方米
unit：m^2

	学校产权建筑面积 Floor Area of School Building Owned by HEIs				正在施工面积 Floor Area Under Construction	独立使用非学校产权建筑面积 Floor Area of School Building Not Owned by HEIs
	合计 Total	其中:危房 of Which: Dilapidated Buildings	其中:当年新增校舍 of Which: New Added in Current Year	其中:被外单位借用 of Which: Floor Space Hired by Other Schools or Units		
总 计 Total	**773895819**	**1221296**	**26959919**	**872163**	**58119544**	**89211320**
一、教学及辅助用房 Buildings for Instraction and Ancillary Uses	**345744838**	**362803**	**12593821**	**267824**	**29855356**	**38144625**
教室 Classroom	132526039	140308	4154700	135275	8000747	17102395
图书馆 Library	42064567	28195	1465815	19219	4792644	4133433
实验室、实习场所 Lab. And Practice Facilities	126624061	155233	5384297	64828	10455183	12872221
专用科研用房 Office Special for Research	15321695	14688	685170	28385	3374115	748366
体育馆 Gymnasium	22045146	4344	684319	12966	2219767	2381987
会堂 Hall	7163330	20035	219520	7151	1012900	906223
二、行政办公用房 Administrative	**44960190**	**87916**	**1430847**	**31931**	**2525899**	**4550460**
三、生活用房 Residential Buildings	**284647356**	**369005**	**10218410**	**378561**	**17181417**	**44885785**
学生宿舍(公寓)Students' Dormitories	213895820	199007	7658001	302562	11156709	36167082
学生食堂 Students' Dining Halls	30758835	21147	1002459	25011	1703156	4211088
教工宿舍(公寓) Apartments for Single	13474142	93248	914192	2186	2818006	2492251
教工食堂 Dining Halls for Teachers, Staff and Workers	1691537	834	92321	1138	78372	162930
生活福利及附属用房 Residential, Welfare and Anxiliary Buildings	24827022	54769	551437	47664	1425174	1852434
四、教工住宅 Residential Quarters for Teachers &Workers	**84493937**	**363787**	**1907718**	**34338**	**6391853**	
五、其他用房 Other	**14049498**	**37785**	**809123**	**159509**	**2165019**	**1630450**

校舍情况（成人高校）

Condition of School Buildings（Adult HEIs）

单位：平方米

unit：m^2

	学校产权建筑面积 Floor Area of School Building Owned by HEIs				正在施工面积 Floor Area Under Construction	独立使用非学校产权建筑面积 Floor Area of School Building Not Owned by HEIs
	合计 Total	其中:危房 of Which: Dilapidated Buildings	其中:当年新增校舍 of Which: New Added in Current Year	其中:被外单位借用 of Which: Floor Space Hired by Other Schools or Units		
总　计 Total	**14295180**	**33332**	**255997**	**26276**	**861898**	**12807084**
一、教学及辅助用房 Buildings for Instraction and Ancillary Uses	**6441264**	**6645**	**103133**	**8425**	**267568**	**7035769**
教室 Classroom	3500199	3458	65259	3065	160462	3878957
图书馆 Library	591145	1727	12638	420	11378	520612
实验室、实习场所 Lab. And Practice Facilities	1583784	1460	19150	640	61670	2054052
专用科研用房 Office Special for Research	26449		3000		20481	16035
体育馆 Gymnasium	500917		1000	3500	10538	276833
会堂 Hall	238770		2086	800	3039	289280
二、行政办公用房 Administrative	**1483171**	**2371**	**9394**	**150**	**323273**	**1218686**
三、生活用房 Residential Buildings	**4694567**	**22819**	**123794**	**14804**	**260557**	**4409706**
学生宿舍（公寓）Students'Dormitories	3182774	22419	74042	7440	178425	3101072
学生食堂 Students'Dining Halls	639645		16538	1500	29838	628138
教工宿舍（公寓） Apartments for Single	155717		33106		34151	196279
教工食堂 Dining Halls for Teachers, Staff and Workers	84159			300	10601	81211
生活福利及附属用房 Residential, Welfare and Anxiliary Buildings	632272	400	108	5564	7542	403006
四、教工住宅 Residential Quarters for Teachers &Workers	**1489854**	**1497**	**11621**			
五、其他用房 Other	**186324**		**8055**	**2897**	**10500**	**142923**

校舍情况(民办的其他高等教育机构)

Condition of School Buildings (Other Non-government HEIs)

单位：平方米

unit：m²

	学校产权建筑面积 Floor Area of School Building Owned by HEIs				正在施工面积 Floor Area Under Construction	独立使用非学校产权建筑面积 Floor Area of School Building Not Owned by HEIs
	合计 Total	其中:危房 of Which: Dilapidated Buildings	其中:当年新增校舍 of Which: New Added in Current Year	其中:被外单位借用 of Which: Floor Space Hired by Other Schools or Units		
总　计 Total	**3198080**		**7650**	**2665**	**272407**	**4441290**
一、教学及辅助用房 Buildings for Instraction and Ancillary Uses	**1581041**		**4800**	**1140**	**202922**	**2119873**
教室 Classroom	1044882		2200	1140	164599	1286760
图书馆 Library	104028		1200		21656	244126
实验室、实习场所 Lab. And Practice Facilities	258248		400			337372
专用科研用房 Office Special for Research	6150		1000			20981
体育馆 Gymnasium	103026					158402
会堂 Hall	64707				16667	72232
二、行政办公用房 Administrative	**217243**		**350**	**35**	**17813**	**320611**
三、生活用房 Residential Buildings	**1216827**		**2475**	**1490**	**51672**	**1971288**
学生宿舍(公寓)Students'Dormitories	797013		1000		41262	1548912
学生食堂 Students'Dining Halls	196386		975		10410	227526
教工宿舍(公寓) Apartments for Single	93815		500	1490		111105
教工食堂 Dining Halls for Teachers, Staff and Workers	19941					17554
生活福利及附属用房 Residential, Welfare and Anxiliary Buildings	109672					66191
四、教工住宅 Residential Quarters for Teachers &Workers	**124763**					
五、其他用房 Other	**58206**		**25**			**29518**

三、中等教育
Secondary Education

(一)高中阶段教育
Senior Secondary Education

普通高中校数、班数

Number of Regular Senior Secondary Schools and Classes

	学校数(所) Schools				班数(个) Classes
	合计 Total	完全中学 Combined Secondary Schools	高级中学 Regular High Schools	十二年一贯制学校 12 – year Schools	
总　计 Total	**13253**	**5647**	**6619**	**987**	**445581**
教育部门办 Run by Ed. Dept.	10624	4630	5765	229	395283
其他部门办 Run by Non-ed. Dept.	177	64	70	43	3389
地方企业办 Run by Local Enterprises	10	3	3	4	149
民办 Non-government	2442	950	781	711	46760
城区 Urban Area	6422	2736	3080	606	215090
教育部门办 Run by Ed. Dept.	4856	2134	2570	152	187445
其他部门办 Run by Non-ed. Dept.	85	31	32	22	1600
地方企业办 Run by Local Enterprises	8	3	3	2	99
民办 Non-government	1473	568	475	430	25946
其中:城乡结合区 of Which: Urban-rural Transitional Area	955	342	475	138	33999
教育部门办 Run by Ed. Dept.	632	238	380	14	28139
其他部门办 Run by Non-ed. Dept.	9	1	4	4	97
地方企业办 Run by Local Enterprises	2	1	1		21
民办 Non-government	312	102	90	120	5742
镇区 Counties & Towns Area	6164	2580	3286	298	215485
教育部门办 Run by Ed. Dept.	5269	2233	2980	56	195772
其他部门办 Run by Non-ed. Dept.	86	29	38	19	1648
地方企业办 Run by Local Enterprises	2			2	50
民办 Non-government	807	318	268	221	18015
其中:镇乡结合区 of Which: County-town Transitional Area	1538	571	872	95	54409
教育部门办 Run by Ed. Dept.	1246	455	778	13	47773
其他部门办 Run by Non-ed. Dept.	3		1	2	47
地方企业办 Run by Local Enterprises	1			1	8
民办 Non-government	288	116	93	79	6581
乡村 Rural Area	667	331	253	83	15006
教育部门办 Run by Ed. Dept.	499	263	215	21	12066
其他部门办 Run by Non-ed. Dept.	6	4		2	141
地方企业办 Run by Local Enterprises					
民办 Non-government	162	64	38	60	2799
总计中:其他学校附设班 of the Total: Classes Attached to Other Schools					1830
独立设置少数民族学校 Inde. Sec. Schools for Minorities	463	267	161	35	11477

普通高中班额情况

Size of Class in Regular Senior Secondary Schools

单位：个

unit:class

	合计 Total	一年级 Grade 1	二年级 Grade 2	三年级 Grade 3
总　计 Total	**445581**	**147739**	**148257**	**149585**
城区 Urban Area				
25 人及以下 Under 25 Persons	4377	1163	1495	1719
26－35 人 Between 26－35	12860	3798	4353	4709
36－45 人 Between 36－45	38034	12946	12595	12493
46－55 人 Between 46－55	87755	30881	28689	28185
56－65 人 Between 56－65	50422	15399	17453	17570
66 人及以上 Over 66 Persons	21642	6692	7396	7554
其中:城乡结合区 of Which:Urban-rural Transitional Area				
25 人及以下 Under 25 Persons	505	168	162	175
26－35 人 Between 26－35	1210	362	401	447
36－45 人 Between 36－45	4719	1636	1539	1544
46－55 人 Between 46－55	16059	5493	5348	5218
56－65 人 Between 56－65	7815	2463	2683	2669
66 人及以上 Over 66 Persons	3691	1247	1206	1238
镇区 Counties & Towns Area				
25 人及以下 Under 25 Persons	2192	565	744	883
26－35 人 Between 26－35	5427	1529	1768	2130
36－45 人 Between 36－45	25416	7937	8285	9194
46－55 人 Between 46－55	82140	27529	26814	27797
56－65 人 Between 56－65	63255	20941	20982	21332
66 人及以上 Over 66 Persons	37055	13248	12740	11067
其中:镇乡结合区 of Which: County-town Transitional Area				
25 人及以下 Under 25 Persons	692	194	253	245
26－35 人 Between 26－35	1340	389	447	504
36－45 人 Between 36－45	6563	2093	2143	2327
46－55 人 Between 46－55	22007	7512	7012	7483
56－65 人 Between 56－65	15758	5099	5392	5267
66 人及以上 Over 66 Persons	8049	3025	2820	2204
乡村 Rural Area				
25 人及以下 Under 25 Persons	325	81	108	136
26－35 人 Between 26－35	682	171	269	242
36－45 人 Between 36－45	2418	788	820	810
46－55 人 Between 46－55	6369	2201	2052	2116
56－65 人 Between 56－65	3739	1299	1241	1199
66 人及以上 Over 66 Persons	1473	571	453	449

普通高中学生数
Number of Students in Regular Senior Secondary Schools

单位：人
unit：person

	毕业生数 Graduates	招生数 Entrants	在校生数 Enrolment 合计 Total	其中：女 of Which：Female	一年级 Grade 1	二年级 Grade 2	三年级 Grade 3	预计毕业生数 Estimated Graduates for Next Year
总　计 Total	**7996189**	**7965960**	**24004723**	**11995446**	**7971119**	**8018698**	**8014906**	**8014906**
其中：女 of Which：Female	3981797	3983202	11995446		3985494	4002330	4007622	4007622
少数民族学生 Minority Students	645923	783627	2195882	1130472	785253	724496	686133	686133
十二年一贯制学校 12-year Schools	200677	249581	692354	307576	249973	226937	215444	215444
完全中学 Complete Schools	2514209	2530020	7576658	3756500	2531063	2521904	2523691	2523691
附设普通高中班 Regular Senior School Classes Attached	33075	27278	84727	41164	27285	26764	30678	30678
独立设置少数民族学校 Independent Schools for Minority	171864	225664	602804	316342	226721	195989	180094	180094
残疾人 Schools for Handicapped	5093	4444	13812	5134	4470	4707	4635	4635
随迁子女 Migrant Children	150949	300152	831823	372595	305883	278647	247293	240440
其中：外省迁入 of Which：from Other Province	29767	84139	209637	93800	86185	72485	50967	49711
本省外县迁入 From Other County	121182	216013	622186	278795	219698	206162	196326	190729
教育部门 Run by Ed. Dept.	7191710	7078044	21439620	10834358	7082240	7166848	7190532	7190532
其他部门 Run by Non – ed. Dept.	58004	58526	172301	88517	58527	57169	56605	56605
地方企业办 Run by Local Enterprises	2038	2091	6260	3005	2093	1955	2212	2212
民办 Non – government	744437	827299	2386542	1069566	828259	792726	765557	765557
城区 Urban Area	3728799	3648727	11139584	5617120	3651712	3741199	3746673	3746673
教育部门办 Run by Ed. Dept.	3316247	3184449	9788649	5003329	3187243	3292304	3309102	3309102
其他部门办 Run by Non-ed. Dept.	27895	27236	82856	41835	27237	27580	28039	28039
地方企业办 Run by Local Enterprises	1230	1364	3987	1925	1366	1222	1399	1399
民办 Non-government	383427	435678	1264092	570031	435866	420093	408133	408133
其中：城乡结合区 of Which：Urban-rural Transitional Area	583748	601227	1807763	893302	601515	605139	601109	601109
教育部门办 Run by Ed. Dept.	503632	500057	1522492	768410	500339	511534	510619	510619
其他部门办 Run by Non-ed. Dept.	1468	1360	4439	1926	1360	1386	1693	1693
地方企业办 Run by Local Enterprises	474	253	949	454	253	329	367	367
民办 Non – government	78174	99557	279883	122512	99563	91890	88430	88430
镇区 Counties & Towns Area	4015534	4046834	12079068	5992715	4048929	4018475	4011664	4011664
教育部门办 Run by Ed. Dept.	3666670	3678217	11013263	5508431	3679540	3663159	3670564	3670564
其他部门办 Run by Non-ed. Dept.	27613	29019	82236	42879	29019	27196	26021	26021
地方企业办 Run by Local Enterprises	808	727	2273	1080	727	733	813	813
民办 Non – government	320443	338871	981296	440325	339643	327387	314266	314266
其中：镇乡结合区 of Which：County-town Transitional Area	993318	1016082	3005029	1492021	1017176	1003562	984291	984291
教育部门办 Run by Ed. Dept.	877814	895558	2656564	1337120	895904	887323	873337	873337
其他部门办 Run by Non-ed. Dept.	1238	1246	3720	1842	1246	1247	1227	1227
地方企业办 Run by Local Enterprises	105	67	252	115	67	86	99	99
民办 Non-government	114161	119211	344493	152944	119959	114906	109628	109628
乡村 Rural Area	251856	270399	786071	385611	270478	259024	256569	256569
教育部门办 Run by Ed. Dept.	208793	215378	637708	322598	215457	211385	210866	210866
其他部门办 Run by Non-ed. Dept.	2496	2271	7209	3803	2271	2393	2545	2545
地方企业办 Run by Local Enterprises								
民办 Non-government	40567	52750	141154	59210	52750	45246	43158	43158

中学学校教职工数(初级中学、九年一贯制学校、

Number of Educational Personnel in

	教职工数 Educational Personnel			
	合计 Total	专任教师 Full-time Teachers	行政人员 Adm. Personnel	教辅人员 Supporting Staff
总　计 Total	**6465117**	**5679755**	**219703**	**270426**
其中:女 of Which: Female	3328031	3030273	54848	129250
少数民族 Minority	549859	493009	15590	20146
教育部门 Run by Ed. Dept.	5663894	5073935	178779	233036
其他部门 Run by Non-ed. Dept.	66848	54146	3765	2732
地方企业办 Run by Local Enterprises	2690	2227	158	111
民办 Non-government	731685	549447	37001	34547
城区 Urban Area	2426760	2094419	101257	115228
教育部门办 Run by Ed. Dept.	1997595	1766548	77611	94050
其他部门办 Run by Non-ed. Dept.	19479	16089	1201	1159
地方企业办 Run by Local Enterprises	1634	1279	129	77
民办 Non-government	408052	310503	22316	19942
其中:城乡结合区 of Which: Urban-rural Transitional Area	422814	365097	14985	17832
教育部门办 Run by Ed. Dept.	313763	282381	9403	13180
其他部门办 Run by Non-ed. Dept.	2314	1898	106	127
地方企业办 Run by Local Enterprises	203	163	8	14
民办 Non-government	106534	80655	5468	4511
镇区 Counties & Towns Area	3063542	2703924	88517	129197
教育部门办 Run by Ed. Dept.	2758990	2474081	74770	115964
其他部门办 Run by Non-ed. Dept.	42200	33692	2339	1443
地方企业办 Run by Local Enterprises	904	820	18	32
民办 Non-government	261448	195331	11390	11758
其中:镇乡结合区 of Which: County-town Transitional Area	781571	688192	22730	32375
教育部门办 Run by Ed. Dept.	681596	613327	18071	27925
其他部门办 Run by Non-ed. Dept.	1110	894	36	102
地方企业办 Run by Local Enterprises	181	170		
民办 Non-government	98684	73801	4623	4348
乡村 Rural Area	974815	881412	29929	26001
教育部门办 Run by Ed. Dept.	907309	833306	26398	23022
其他部门办 Run by Non-ed. Dept.	5169	4365	225	130
地方企业办 Run by Local Enterprises	152	128	11	2
民办 Non-government	62185	43613	3295	2847

职业初中、完全中学、高级中学、十二年一贯制学校）

General Secondary Schools

单位：人

unit: person

工勤人员 Workers	校办企业职工 Employees in School-run Factories & Farms	代课教师 Substitute Teachers	兼任教师 Part-time Teachers
292429	**2804**	**67087**	**20687**
112506	1154	42257	10823
21064	50	3747	3984
176715	1429	46181	13083
6181	24	780	275
194		25	
109339	1351	20101	7329
114330	1526	28414	7895
58568	818	21809	3903
1026	4	206	210
149			
54587	704	6399	3782
24620	280	4111	1254
8737	62	2841	219
183		23	
18			
15682	218	1247	1035
140886	1018	28432	8582
93612	563	16582	5536
4716	10	557	37
34		7	
42524	445	11286	3009
38007	267	8061	2365
22121	152	4754	1176
78		20	5
11			
15797	115	3287	1184
37213	260	10241	4210
24535	48	7790	3644
439	10	17	28
11		18	
12228	202	2416	538

普通高中分课程专
Number of Full-time Teachers in Regular Senior Secondary Schools

	合计 Total	其中:女 of Which: Female	思想品德(政治) Rirtue Education	语文 Language & Literature	数学 Mathematics	外语 Foreign Language				物理 Physics
						小计 Subtotal	英语 English	日语 Japanese	俄语 Russian	
总　计 Total	**1662700**	**841510**	**103046**	**258866**	**256596**	**249237**	**247352**	**544**	**464**	**145594**
其中:女 of Which: Female	841510		53954	151855	106718	182319	180944	434	353	45805
少数民族 Minorities	128662	66865	8682	20650	18451	16746	16425	160	28	10850
研究生毕业 Graduate	105740	65756	7747	16863	15574	16464	16259	81	25	8281
本科毕业 Under-graduate	1511153	760433	92837	236181	235348	227324	225703	441	430	133777
专科毕业 Associate Bachelor	44840	15054	2413	5742	5630	5401	5342	22	9	3505
高中阶段毕业 High School Graduate	913	252	49	75	42	42	42			29
高中阶段以下毕业 Below High School Graduate	54	15		5	2	6	6			2
城区 Urban Area	802471	440732	48794	123372	123621	121309	120176	411	188	70790
其中:城乡结合区 of Which: Urban-rural Transitional Area	126299	66142	7944	19421	19225	18963	18830	47	16	10961
镇区 Counties & Towns Area	805347	375117	50753	126884	124602	119957	119233	127	269	70249
其中:镇乡结合区 of Which: County-town Transitional Area	205339	97658	13128	32155	31190	30285	30106	22	63	17745
乡村 Rural Area	54882	25661	3499	8610	8373	7971	7943	6	7	4555

普通高中专任教师专业技术
Number of Full-time Teachers in Regular

	合计 Total	其中:女 of Which: Female	24岁及以下 24 Years and Under	25－29 25 to 29	30－34 30 to 34
总　计 Total	**1662700**	**841510**	**66791**	**261512**	**384357**
其中:女 of Which: Female	841510		44406	169919	224528
少数民族 Minorities	128662	66865	7053	24390	27104
中学高级 Senior	447196	173650	2	134	4035
中学一级 1st Grade	606313	300831	279	19273	169911
中学二级 2nd Grade	480323	285615	21341	179983	195878
中学三级 3rd Grade	12141	6497	2466	5423	2645
未定职级 No-ranking	116727	74917	42703	56699	11888
城区 Urban Area	802471	440732	28344	115607	183046
其中:城乡结合区 of Which: Urban-rural Transitional Area	126299	66142	5391	21977	30689
镇区 Counties & Towns Area	805347	375117	35426	135459	188002
其中:镇乡结合区 of Which: County-town Transitional Area	205339	97658	9609	36361	49198
乡村 Rural Area	54882	25661	3021	10446	13309

任教师学历情况

by Subject Taught & Academic Qualifications

单位：人

unit：person

化学 Chem-istry	生物 Biology	地理 Geogr-aphy	历史 History	信息技术 Infor Techn-ology	通用技术 General Techn-ology	体育与健康 Physical Training and Healthy	艺术 Art	音乐 Music	美术 Fine Arts	综合实践活动 Composite Practice	其他 Others	当年不任课 No Teaching Load in Current Year
140126	**101897**	**88673**	**95284**	**39814**	**12073**	**79892**	**2720**	**29146**	**31078**	**3221**	**11658**	**13779**
66771	56122	42735	47653	17602	3802	16014	1489	19892	14460	1246	6817	6256
10505	7849	7062	7506	3232	857	6265	235	2476	2217	152	3540	1387
9464	9252	5336	8292	1805	381	2535	95	858	1284	96	871	542
127405	90464	80955	84773	36707	10953	73107	2418	26944	28391	2864	9355	11350
3228	2155	2351	2183	1279	713	4094	196	1316	1379	244	1283	1728
25	24	30	33	23	26	152	10	28	24	15	141	145
4	2	1	3			4	1			2	8	14
68030	49237	42755	45704	19213	6057	39335	1066	14158	15140	1405	5368	7117
10524	7861	6935	7376	3047	947	6053	206	2376	2558	271	660	971
67659	49286	42922	46424	19298	5562	37901	1539	13999	14896	1676	5633	6107
17015	12741	11187	12114	5056	1437	9693	424	3789	4168	457	1277	1478
4437	3374	2996	3156	1303	454	2656	115	989	1042	140	657	555

职称、年龄结构情况

Senior Secondary Schools by Rank and Age

单位：人

unit：person

35－39 35 to 39	40－44 40 to 44	45－49 45 to 49	50－54 50 to 54	55－59 55 to 59	60 岁及以上 60 Years and Over
316561	**258839**	**227869**	**111792**	**33174**	**1805**
161821	116626	88745	34213	880	372
22745	20060	17614	7728	1898	70
43379	116970	163935	90871	26412	1458
208622	126026	58036	18346	5601	219
60737	14330	5022	2063	933	36
1019	300	145	100	38	5
2804	1213	731	412	190	87
151609	126503	116528	62643	16974	1217
24285	18311	15689	7509	2189	259
154056	124596	105442	46553	15301	512
40610	31086	24463	10383	3453	176
10896	7740	5899	2596	899	76

普通高中专任

Changes of Full-time Teachers in

	上学年初报表专任教师数 Total Number of Full-time Teachers at Beginning of Previous Academic Year	增加教师 Factors of Increase				
		合计 Total	录用毕业生 New Recruits from Current Year Graduates		调入 Teachers Recruited from Other Units	校内调整 of Which: with Change of Status in Their Own Institutions
			小计 Subtotal	其中:师范生 of Which:Students Enrolled in Teacher Training Institutions		
总　计 Total	**1629008**	**136708**	**49939**	**40496**	**56486**	**23434**
其中:女 of Which: Female	811941	77035	33811	27619	29208	10687
城区 Urban Area	784643	64068	22404	18294	25236	12068
其中:女 of Which: Female	425999	37668	15625	12824	13791	5983
其中:城乡结合区 of Which: Urban-rural Transitional Area	121391	13588	4327	3623	5597	2678
其中:女 of Which: Female	62637	7733	2975	2508	2990	1282
镇区 Counties & Towns Area	792098	65286	24928	20132	27808	10393
其中:女 of Which: Female	362019	35488	16490	13423	13751	4339
其中:镇乡结合区 of Which: County-town Transitional Area	201845	18636	6720	5700	8728	2602
其中:女 of Which: Female	94327	10051	4369	3708	4319	1099
乡村 Rural Area	52267	7354	2607	2070	3442	973
其中:女 of Which: Female	23923	3879	1696	1372	1666	365

普通高中学生、专任

Supplementary Information on Students and Full-time

	在校学生中 of Total Students			
	共产党员 Member of C. P. C.	共青团员 Member of C. Y. L.	华侨 Overseas Chinese	港澳台 From H. K, Macao and Taiwan
总　计 Total	**10347**	**18220254**	**978**	**6184**
其中:女 of Which: Female	4763	9352640	484	2894
城区 Urban Area	2842	8560621	775	5474
其中:女 of Which: Female	1339	4460423	372	2563
其中:城乡结合区 of Which: Urban-rural Transitional Area	474	1373587	115	1257
其中:女 of Which: Female	220	699648	53	562
镇区 Counties & Towns Area	7401	9095844	161	415
其中:女 of Which: Female	3381	4604977	92	174
其中:镇乡结合区 of Which: County-town Transitional Area	2340	2300039	25	77
其中:女 of Which: Female	1086	1167750	16	31
乡村 Rural Area	104	563789	42	295
其中:女 of Which: Female	43	287240	20	157

教师变动情况
Regular Senior Secondary Schools

单位：人
unit: person

其他 Others	减少教师 Factors of Decrease 合计 Total	自然减员 Retired from Their Posts during Previcus Academic Year	调出 Transferred from Teaching to Non-Teaching Posts	校内调整 with Change of Status in Their Own Institutions	其他 Others	本学年初报表专任教师数 Total Number of Full-time Teachers at Beginning of Current Academic Year
6849	**103016**	**12776**	**52510**	**27549**	**10181**	**1662700**
3329	47466	4902	24988	12401	5175	841510
4360	46240	7201	20184	13375	5480	802471
2269	22935	3073	10289	6612	2961	440732
986	8680	1027	3889	2512	1252	126299
486	4228	468	1915	1184	661	66142
2157	52037	5144	29498	13006	4389	805347
908	22390	1651	13400	5278	2061	375117
586	15142	1234	9469	3372	1067	205339
264	6720	347	4416	1441	516	97658
332	4739	431	2828	1168	312	54882
152	2141	178	1299	511	153	25661

教师政治面貌及其他
Teachers of Regular Senior Secondary Schools

单位：人
unit: person

专任教师中 of Total Full-time Teachers 共产党员 Member of C. P. C.	共青团员 Member of C. Y. L.	民主党派 Member of Non-Communist Part	华侨 Overseas Chinese
551061	**101439**	**29382**	**79**
239302	62870	13279	40
298555	47583	24322	68
146734	30652	11524	33
42091	7164	1891	12
19115	4500	739	7
236092	49213	4610	11
86155	29495	1601	7
58295	12799	884	3
21398	7571	316	3
16414	4643	450	
6413	2723	154	

普通高中

Condition of School Buildings in

	合计 Total	城区 Urban Area	其中:城乡结合区 of Which: Urban-rural Transitional Area
总　计 Total	**453460220**	**230000544**	**41378414**
其中: 危房 of Which: Floor Space of Dilapidated Buildings	6558565	2166389	188022
当年新增校舍 New Floor Space Added in Current Year	18003707	8038946	1257233
一、教学及辅助用房 Teaching & Assistant Buildings	176451121	92818061	15383877
教室 Classroom	109738313	54955957	9347528
实验室 Laboratory	28345308	14948609	2388492
图书室 Library	14447931	8044473	1294137
微机室 PC-room	6815329	3647006	573668
语音室 Linguistic	2780894	1419832	249350
体育馆 Gymnasium	14323346	9802184	1530702
二、行政办公用房 Administrative	37409296	20888622	3250201
其中:教师办公室 of Which: for Teachers	22481859	12136818	1896349
三、生活用房 Residential and Welfare	209044067	96428092	19792505
教工宿舍 Apartments for Single	39904647	15149234	3241794
其中:教师周转宿舍 Accommodation for Circulation of Teachers	7538609	2797543	668956
学生宿舍 Students' Dormitories	112400499	51752404	10841469
食堂 Dining Halls	35710354	17356483	3604299
厕所 Toilet	10535707	5936560	1052736
其他 Others	10492860	6233411	1052207
四、其他用房 Rooms for Other Purposes	30555736	19865769	2951831

普通高中

Condition of School Buildings in

	占地面积(平方米) Areas of School Sites (m^2)			图书(册) Books & Magazines in Libraries (volume)	计算机数(台) No. of Computers		
	合计 Total	其中 of Which			合计 Total	其中:教学用计算机 No. of Computers Used for Instruction	
		绿化用地面积 Green Areas	运动场地面积 Sports Areas			小计 Subtotal	其中:平板电脑 of Which: Tablet PC
总　计 Total	**953479693**	**244891324**	**217171244**	**787420421**	**4270522**	**3456926**	**154541**
城区 Urban Area	434739010	120311774	104257657	415457913	2482303	1997314	93211
其中:城乡结合区 of Which: Urban-rural Transitional Area	84908827	25239841	18461770	64615807	345869	278951	11132
镇区 Counties & Towns Area	468599420	111674605	102708955	343011785	1636832	1335232	55618
其中:镇乡结合区 of Which: County-town Transitional Area	124639551	30921441	26798719	87330220	422914	349790	14144
乡村 Rural Area	50141263	12904945	10204632	28950723	151387	124380	5712

办学条件(一)
Regular Senior Secondary Schools (1)

单位：平方米

unit：m^2

镇区 Counties & Towns Area	其中:镇乡结合区 of Which：County-town Transitional Area	乡村 Rural Area
203657879	**53733578**	**19801797**
4051639	936632	340537
8243893	2178160	1720868
76705987	19868112	6927073
50225020	12938340	4557336
12383670	3203823	1013029
5880988	1529203	522470
2918877	732082	249446
1261923	316440	99139
4035509	1148224	485653
15232667	3912568	1288007
9586153	2494836	758888
102474403	27442323	10141572
22121253	5575621	2634160
4184426	1095298	556640
55525391	15147765	5122704
16789650	4627348	1564221
4191162	1128665	407985
3846947	962924	412502
9244822	2510575	1445145

办学条件(二)
Regular Senior Secondary Schools (2)

教室中：Classroom		教室中:普通教室(间) of Which：General Classroom		固定资产总值(万元) Total Value of Fixed Asset (10,000 yuan)		
					其中:教学仪器设备资产值 of Which：Total Value of Equip & Instru.	
合计 Total	其中:网络多媒体教室 of Which：Network Multimedia Classroom	合计 Total	其中:网络多媒体教室 of Which：Network Multimedia Classroom	合计 Total	小计 Subtotal	其中:实验设备 for Profession
914111	**532071**	**721394**	**468119**	**62778125. 21**	**6564162. 05**	**2258027. 42**
458075	300410	355151	259525	34830318. 07	4090699. 08	1234242. 25
74745	47549	57011	41149	5987310. 95	546677. 66	194552. 44
419455	214104	337525	193282	25299388. 98	2242450. 18	940406. 99
105569	56043	85381	50553	7021125. 68	570800. 40	245645. 58
36581	17557	28718	15312	2648418. 16	231012. 79	83378. 18

普通高中办学条件(三)

Condition of School Buildings in Regular Senior Secondary Schools (3)

单位：所

unit：school

	体育运动场(馆)面积达标校数 Schools No.: Sprots Areas Reached Standard	体育器械配备达标校数 Schools No.: Sports Equip. Reached Standard	音乐器械配备达标校数 Schools No.: Musical Instru. Reached Standard	美术器械配备达标校数 Schools No.: Fine Arts Instru. Reached Standard	理科实验仪器达标校数 Schools No.: Equip. of Natural Sci. Reached Standard	建立校园网校数 Schools No.: Campus Networks Set	接入互联网校数 School No.: Campus Networks Set
总计 Total	**11183**	**11431**	**11198**	**11225**	**11613**	**11404**	**12966**
城区 Urban Area	5593	5770	5673	5690	5800	5827	6298
其中:城乡结合区 of Which: Urban-rural Transitional Area	853	859	839	834	846	844	930
镇区 Counties & Towns Area	5039	5103	4984	4988	5248	5054	6028
其中:镇乡结合区 of Which: County-town Transitional Area	1275	1287	1259	1265	1307	1290	1498
乡村 Rural Area	551	558	541	547	565	523	640

成人高中

Basic Statistics of

	学校数(所) Schools	教学班(点)(个) External Teaching Sites	毕(结)业生数 Graduates	
			合计 Total	其中:女 of Which: Female
总　计 Total	**546**	**2134**	**123556**	**62174**
职工高中 Senior Sec. Schools for Staff &workers	158	634	58939	29888
农民高中 Senior Sec. Shools for Peasants	388	1500	64617	32286

中等职业学校(机构)数
Number of Secondary Vocational Schools (Institutions)

单位：所
unit：institution

	合 计 Total	中央部门 under Central Ministries & Agencies	地方 Under Local Authorities				民办 Non-government
			小计 Subtotal	教育部门 Run by Ed. Dept.	其他部门 Run by other Dept.	地方企业 Run by Local Enterprises	
中等职业学校 Secondary Vocational Schools	9060	23	6694	5267	1348	79	2343
其中:普通中等专业学校 of Which：Reg. Specialized Sec. chools	3536	18	2651	1658	962	31	867
成人中等专业学校 Adults Specialized Sec. Schools	1457	2	1322	1092	208	22	133
职业高中学校 Vocational High Schools	4067	3	2721	2517	178	26	1343
其他中职机构(不计校数) Other Institutions	402	2	347	239	103	5	53
附设中职班(不计校数) Secondary Vocational Classes Attached	1246	3	984	628	340	16	259

注:未含技工学校数据(下同)。
Note：Data on Skilled Workers are not included(Same as the Followings).

基本情况
Adult High Schools

单位：人
unit：person

注册学生数 Enrolment		教职工数 Educational Personnel		专任教师 Full-time Teacher		聘请校外教师 Part-time Teachers
合计 Total	其中:女 of Which：Female	合计 Total	其中:女 of Which：Female	合计 Total	其中:女 of Which：Female	
148964	**76287**	**9555**	**3625**	**8020**	**2981**	**4073**
75990	36477	4694	1531	4222	1299	1279
72974	39810	4861	2094	3798	1682	2794

中等职业学校分办学类型及

Number of Students and Educational Personnel of Secondary

	合计 Total			中职全日制学生 Full-time Students of SVSs		
	毕业生数 Graduates	招生数 Entrants	在校学生数 Enrolment	毕业生数 Graduates	招生数 Entrants	在校学生数 Enrolment
总　计 Total	**5161519**	**4953553**	**14163127**	**4415105**	**4323588**	**12563387**
其中:女 of Which: Female	2579642	2360733	6972046	2238061	2096942	6287740
分办学类型:普通中专学校 by Type: Reg. Specialized Sec. Schools	2498438	2378649	7019424	2101647	2079772	6128111
成人中等专业学校 Adults Specialized Sec. Schools	240882	179634	483342	114914	97364	285011
职业高中学校 Vocational High Schools	1963258	1875243	5212089	1765273	1654328	4793614
其他机构 Other Institutions	102051	75162	234648	83362	58097	184615
附设中职班 Secondary Vocational Classes Attached	356890	444865	1213624	349909	434027	1172036
分举办者:1. 中央部门 by Providers: Under Central Ministries & Agencies	5836	5663	15495	5836	5663	15495
2. 地方 Under Local Authorities	4416211	4228368	12251888	3792305	3685600	10816655
教育部门 Under Ed. Dept	3419240	3330424	9547774	2928318	2878000	8366833
其他部门 Run by Non-ed. Dept	971088	869602	2630492	838786	780452	2377541
地方企业 Run by Local Enterprises	25883	28342	73622	25201	27148	72281
3. 民办 Non-government	739472	719522	1895744	616964	632325	1731237

举办者的中职学生及教职工情况
Vocational Schools by Types and Providers

单位：人
unit：person

中职非全日制学生 Part-time Students of SVSs			教职工数 Educational Personnel							聘请校外教师 Part-time Teachers
				其中:专任教师 of Which：Full-time Teachers						
毕业生数 Graduates	招生数 Entrants	在校学生数 Enrolment	合计 Total	小计 Subtotal	正高级 Senior	副高级 Sub-senior	中级 Middle	初级 Junior	未定职级 No-ranking	
746414	**629965**	**1599740**	**866905**	**663782**	**3179**	**158175**	**266321**	**176856**	**59251**	**99662**
341581	263791	684306	417980	340868	1258	71927	138125	97451	32107	42199
396791	298877	891313	418120	306906	1888	75878	120427	79277	29436	44147
125968	82270	198331	73380	53134	351	15386	23450	10879	3068	25112
197985	220915	418475	360865	293323	870	64249	117966	84324	25914	28782
18689	17065	50033	14540	10419	70	2662	4478	2376	833	1621
6981	10838	41588								
			2261	1274	9	364	548	280	73	111
623906	542768	1435233	753574	588218	1509	149629	241800	158049	37231	87584
490922	452424	1180941	592841	482470	819	121400	201036	130249	28966	51390
132302	89150	252951	153784	101471	635	27073	39248	26654	7861	35445
682	1194	1341	6949	4277	55	1156	1516	1146	404	749
122508	87197	164507	111070	74290	1661	8182	23973	18527	21947	11967

中等职业学校

Number of students in Secondary

	毕业生数 Graduates		招生数 Entrants		
	合计 Total	其中：获得职业资格证书 of Which: Recitpents of Vocational Qualifications	合计 Total	其中：应届毕业 of Which: Graduates of Current Year 小计 Subtotal	其中：初中毕业生 of Which: Junior Secondary School Graduates
一、中职学生总计 Students of SVSs Total	5161519	4032975	4953553	4337617	4145422
其中：中职全日制学生 of Which: Full-time Students of SVSs	4415105	3541556	4323588	4058698	3919684
中职非全日制学生 Part-time Students of SVSs	746414	491419	629965	278919	225738
1. 普通中专学生 Students of Regular SSSs	2477321	1875734	2596594	2423441	2319049
2. 成人中专学生 Students of Adult SSSs	900470	597123	741601	372267	315382
3. 职业高中学生 Students of Vocational High Schools	1783728	1560118	1615358	1541909	1510991
二、培训学生 Trainees	6049504				
三、外国留学生 Foreign Students	1630				

注：SSSs = 中等专业学校

Note: SSSs = Specialized Secondary Schools

中等职业学校

Number of Female students in Secondary

	毕业生数 Graduates		招生数 Entrants		
	合计 Total	其中：获得职业资格证书 of Which: Recitpents of Vocational Qualifications	合计 Total	其中：应届毕业 of Which: Graduates of Current Year 小计 Subtotal	其中：初中毕业生 of Which: Junior Secondary School Graduates
一、中职学生总计 Students of SVSs Total	2579642	1974003	2360733	2095836	2010384
其中：中职全日制学生 of Which: Full-time Students of SVSs	2238061	1757295	2096942	1977607	1914536
中职非全日制学生 Part-time Students of SVSs	341581	216708	263791	118229	95848
1. 普通中专学生 Students of Regular SSSs	1333526	982279	1327708	1244622	1195414
2. 成人中专学生 Students of Adult SSSs	413154	267121	312446	160621	136553
3. 职业高中学生 Students of Vocational High Schools	832962	724603	720579	690593	678417
二、培训学生 Trainees	2677351				
三、外国留学生 Foreign Students	920				

注：SSSs = 中等专业学校

Note: SSSs = Specialized Secondary Schools

(机构)各类学生数
Vocational Schools (Institutions)

单位：人
unit：person

	在校学生数 Enrolment					预计毕业生数 Estimated Graduates for Next Year	
其中:五年制高职中职段 of Which：5-year Secondary Vocational Education	合计 Total	一年级 Grade 1	二年级 Grade 2	三年级 Grade 3	四年级及以上 Over Grade 4	合计 Total	其中:五年制高职中职段 of Which：5-year Secondary Vocational Education
406433	14163127	4957393	4661211	4446487	98036	4902884	302716
406218	12563387	4327533	4162894	3995548	77412	4151721	301835
215	1599740	629860	498317	450939	20624	751163	881
367236	7491366	2598702	2489969	2335375	67320	2426246	280883
3736	1943596	741714	616612	563707	21563	882085	3011
35461	4728165	1616977	1554630	1547405	9153	1594553	18822
	3759486						
	1860						

(机构)各类女学生数
Vocational Schools (Institutions)

单位：人
unit：person

	在校学生数 Enrolment					预计毕业生数 Estimated Graduates for Next Year	
其中:五年制高职中职段 of Which：5-year Secondary Vocational Education	合计 Total	一年级 Grade 1	二年级 Grade 2	三年级 Grade 3	四年级及以上 Over Grade 4	合计 Total	其中:五年制高职中职段 of Which：5-year Secondary Vocational Education
213223	6972046	2358161	2310392	2246834	56659	2355613	171826
213124	6287740	2094467	2095397	2049837	48039	2039166	171016
99	684306	263694	214995	196997	8620	316447	810
195560	3969517	1325890	1330407	1270062	43158	1255447	161196
1730	847830	312426	273655	252557	9192	377289	2016
15933	2154699	719845	706330	724215	4309	722877	8614
	1786018						
	1152						

中等职业学校(机构)学生分科类情况(总计)
Number of Students by Field of Education in Secondary Vocational Schools (Institutions) (Total)

单位：人
unit: person

	毕业生数 Graduates		招生数 Entrants			在校学生数 Enrolment	预计毕业生数 Estimated Graduates for Next Year
				其中:应届毕业 of Which: Graduates of Current Year			
	合计 Total	其中:获得职业资格证书 of Which: Reciptents of Vocational Qualifications	合计 Total	小计 Subtotal	其中:初中毕业生 of Which: Junior Secondary School Graduates		
总　计 Total	**5161519**	**4032975**	**4953553**	**4337617**	**4145422**	**14163127**	**4902884**
其中:女 of Which: Female	2579642	1974003	2360733	2095836	2010384	6972046	2355613
农林牧渔类 Agriculture, Forestry, Husbandry & Fisheries	643914	449566	394930	249581	235266	1323974	584129
资源环境类 Resources & Environment	36805	27962	21188	16100	15123	68286	31483
能源与新能源类 Energy Resources & New ER	23992	20262	18613	17024	15216	57011	21814
土木水利类 Civil Engineering & Water Conservancy	210472	167524	228806	201849	191304	613386	200430
加工制造类 Manufacturing	802368	697743	701260	625208	602002	2041623	712189
石油化工 Petroleum & Chemical Industries	38705	30928	27465	24102	21494	90018	33304
轻纺食品 Light, Textile & Food Industries	57266	47973	48461	41676	40344	126192	45336
交通运输类 Communication & Transport	330196	276981	494849	448181	431160	1230956	356672
信息技术类 Information Technology	907595	742863	811143	721467	687814	2291937	826250
医药卫生类 Medicine, Pharmaceuticals & Health Care	452132	284019	488066	444903	421792	1465838	470655
休闲保健类 Recreations Services & Make-up Artists	24171	18905	30829	27616	26146	81890	24374
财经商贸类 Finance, Economics, Commerce & Trade	568646	427803	555208	506390	486550	1570698	524742
旅游服务类 Tourist Services	209832	173236	243852	215246	207906	673944	227988
文化艺术类 Culture & Arts	233776	180086	236955	211000	200950	696562	225690
体育与健身 Sports & Body-building	38738	21961	43591	40223	38928	118798	37933
教育类 Educational Services	449815	370190	476544	434526	416606	1367044	466626
司法服务类 Legal Services	24692	15854	19886	16866	15605	53771	19379
公共管理与服务类 Public Administration & Services	64684	44528	55703	43449	40962	146339	53057
其他 Others	43720	34591	56204	52210	50254	144860	40833

中等职业学校(机构)学生分科类情况(全日制学生)

Number of Students by Field of Education in Secondary Vocational Schools (Institutions) (Full-time Students)

单位：人

unit：person

	毕业生数 Graduates		招生数 Entrants			在校学生数 Enrolment	预计毕业生数 Estimated Graduates for Next Year
				其中:应届毕业 of Which：Graduates of Current Year			
	合计 Total	其中:获得职业资格证书 of Which：Recipients of Vocational Qualifications	合计 Total	小计 Subtotal	其中:初中毕业生 of Which：Junior Secondary School Graduates		
总　计 Total	**4415105**	**3541556**	**4323588**	**4058698**	**3919684**	**12563387**	**4151721**
其中:女 of Which：Female	2238061	1757295	2096942	1977607	1914536	6287740	2039166
农林牧渔类 Agriculture, Forestry, Husbandry & Fisheries	478677	352125	244119	199276	191554	904454	395399
资源环境类 Resources & Environment	31864	24413	15322	12955	12202	57320	26122
能源与新能源类 Energy Resources & New ER	23338	19758	17231	16104	14785	52955	19530
土木水利类 Civil Engineering & WaterConservancy	193435	154047	207783	194236	185578	573903	181875
加工制造类 Manufacturing	692191	614052	602547	578666	563191	1793044	606432
石油化工 Petroleum & Chemical Industries	35274	28472	26106	23678	21279	84249	31142
轻纺食品 Light, Textile & Food Industries	45478	38390	38768	36100	35116	104465	34413
交通运输类 Communication & Transport	287324	246894	452772	432948	418532	1119190	305248
信息技术类 Information Technology	737976	619770	673291	641745	625170	1960421	661362
医药卫生类 Medicine, Pharmaceuticals & Health Care	440572	279996	481465	442664	419768	1440939	456152
休闲保健类 Recreations Services & Make-up Artists	22077	17166	28316	26432	25572	75987	21742
财经商贸类 Finance, Economics, Commerce & Trade	486528	388102	516924	490175	472398	1458525	475145
旅游服务类 Tourist Services	181893	155328	215604	203475	199135	596975	189909
文化艺术类 Culture & Arts	206205	159846	215045	202721	194583	639639	200572
体育与健身 Sports & Body-building	37805	21198	40822	37980	36685	115779	35140
教育类 Educational Services	415086	347156	442478	420263	408705	1297766	423943
司法服务类 Legal Services	18917	10535	17679	16567	15320	49011	16531
公共管理与服务类 Public Administration & Services	41547	33755	38625	35349	34503	111148	37506
其他 Others	38918	30553	48691	47364	45608	127617	33558

中等职业学校(机构)学生分科类情况(普通中专)

Number of Students by Field of Education in Secondary Vocational Schools (Institutions) (Regular SSSs)

单位:人
unit: person

	毕业生数 Graduates		招生数 Entrants			在校学生数 Enrolment	预计毕业生数 Estimated Graduates for Next Year
				其中:应届毕业 of Which: Graduates of Current Year			
	合计 Total	其中:获得职业资格证书 of Which: Recipients of Vocational Qualifications	合计 Total	小计 Subtotal	其中:初中毕业生 of Which: Junior Secondary School Graduates		
总　计 Total	**2477321**	**1875734**	**2596594**	**2423441**	**2319049**	**7491366**	**2426246**
其中:女 of Which: Female	1333526	982279	1327708	1244622	1195414	3969517	1255447
农林牧渔类 Agriculture, Forestry, Husbandry & Fisheries	206066	144230	101551	84192	80172	380218	172105
资源环境类 Resources & Environment	19729	14662	9014	7535	6980	34020	15139
能源与新能源类 Energy Resources & New ER	18401	15641	13225	12760	11682	41834	16276
土木水利类 Civil Engineering & Water Conservancy	134596	103538	150959	140355	132474	412307	130068
加工制造类 Manufacturing	333598	287525	321996	307849	297874	935778	305401
石油化工 Petroleum & Chemical Industries	25343	20426	18835	17145	15173	61700	21550
轻纺食品 Light, Textile & Food Industries	19155	15174	17077	15867	15162	46549	15157
交通运输类 Communication & Transport	164187	136787	266821	253917	243830	655116	176604
信息技术类 Information Technology	323401	260191	320156	301717	291526	930561	308178
医药卫生类 Medicine, Pharmaceuticals & Health Care	395484	241884	417563	382683	360910	1271003	407552
休闲保健类 Recreations Services & Make-up Artists	9441	6695	14832	13913	13329	38672	10103
财经商贸类 Finance, Economics, Commerce & Trade	301185	227856	343641	323730	308809	954184	304161
旅游服务类 Tourist Services	80010	63324	104708	97433	94935	282044	86994
文化艺术类 Culture & Arts	98697	69285	117626	108703	102493	344065	101158
体育与健身 Sports & Body-building	25232	12785	27082	25002	24324	79083	23643
教育类 Educational Services	278605	227103	304235	288019	278886	895909	291655
司法服务类 Legal Services	10601	4637	10247	9287	8197	28820	10143
公共管理与服务类 Public Administration & Services	18983	13657	18064	15355	14728	51644	16909
其他 Others	14607	10334	18962	17979	17565	47859	13450

中等职业学校(机构)学生分科类情况(成人中专)
Number of Students by Field of Education in Secondary Vocational Schools (Institutions) (Adult SSSs)

单位:人
unit: person

	毕业生数 Graduates		招生数 Entrants			在校学生数 Enrolment	预计毕业生数 Estimated Graduates for Next Year
				其中:应届毕业 of Which: Graduates of Current Year			
	合计 Total	其中:获得职业资格证书 of Which: Reciptents of Vocational Qualifications	合计 Total	小计 Subtotal	其中:初中毕业生 of Which: Junior Secondary School Graduates		
总　计 Total	**900470**	**597123**	**741601**	**372267**	**315382**	**1943596**	**882085**
其中:女 of Which: Female	413154	267121	312446	160621	136553	847830	377289
农林牧渔类 Agriculture, Forestry, Husbandry & Fisheries	212270	122601	165049	57002	50212	483782	222542
资源环境类 Resources & Environment	8426	4949	6676	3687	3463	13620	6634
能源与新能源类 Energy Resources & New ER	828	644	1454	992	503	4248	2358
土木水利类 Civil Engineering & Water Conservancy	24678	19128	28167	13657	11717	56972	25323
加工制造类 Manufacturing	128661	98455	109956	56506	48394	286347	120672
石油化工 Petroleum & Chemical Industries	3822	2498	1527	472	263	6146	2236
轻纺食品 Light, Textile & Food Industries	12865	10196	10123	5983	5635	22813	11339
交通运输类 Communication & Transport	52443	38689	59220	30677	27511	153516	64234
信息技术类 Information Technology	193421	140759	153771	94419	76436	379029	183056
医药卫生类 Medicine, Pharmaceuticals & Health Care	17699	8763	15537	10568	10028	51124	22913
休闲保健类 Recreations Services & Make-up Artists	2291	1881	3023	1669	1059	6980	2706
财经商贸类 Finance, Economics, Commerce & Trade	94731	48037	50194	25778	23348	145687	62053
旅游服务类 Tourist Services	31364	20899	32096	15346	12185	88606	41309
文化艺术类 Culture & Arts	30098	21811	25088	10954	8911	66881	28676
体育与健身 Sports & Body-building	3212	2348	8142	7358	7053	14480	5154
教育类 Educational Services	45356	31651	41178	20395	13920	95737	51707
司法服务类 Legal Services	7576	6764	3239	1331	1299	8068	3943
公共管理与服务类 Public Administration & Services	24858	11988	18753	9749	8021	40147	17549
其他 Others	5871	5062	8408	5724	5424	19413	7681

中等职业学校(机构)学生分科类情况(职业高中)

Number of Students by Field of Education in Secondary Vocational Schools (Institutions) (Vocational High Schools)

单位：人

unit: person

	毕业生数 Graduates		招生数 Entrants			在校学生数 Enrolment	预计毕业生数 Estimated Graduates for Next Year
				其中:应届毕业 of Which: Graduates of Current Year			
	合计 Total	其中:获得职业资格证书 of Which: Reciptents of Vocational Qualifications	合计 Total	小计 Subtotal	其中:初中毕业生 of Which: Junior Secondary School Graduates		
总　计 Total	**1783728**	**1560118**	**1615358**	**1541909**	**1510991**	**4728165**	**1594553**
其中:女 of Which: Female	832962	724603	720579	690593	678417	2154699	722877
农林牧渔类 Agriculture, Forestry, Husbandry & Fisheries	225578	182735	128330	108387	104882	459974	189482
资源环境类 Resources & Environment	8650	8351	5498	4878	4680	20646	9710
能源与新能源类 Energy Resources & New ER	4763	3977	3934	3272	3031	10929	3180
土木水利类 Civil Engineering & Water Conservancy	51198	44858	49680	47837	47113	144107	45039
加工制造类 Manufacturing	340109	311763	269308	260853	255734	819498	286116
石油化工 Petroleum & Chemical Industries	9540	8004	7103	6485	6058	22172	9518
轻纺食品 Light, Textile & Food Industries	25246	22603	21261	19826	19547	56830	18840
交通运输类 Communication & Transport	113566	101505	168808	163587	159819	422324	115834
信息技术类 Information Technology	390773	341913	337216	325331	319852	982347	335016
医药卫生类 Medicine, Pharmaceuticals & Health Care	38949	33372	54966	51652	50854	143711	40190
休闲保健类 Recreations Services & Make-up Artists	12439	10329	12974	12034	11758	36238	11565
财经商贸类 Finance, Economics, Commerce & Trade	172730	151910	161373	156882	154393	470827	158528
旅游服务类 Tourist Services	98458	89013	107048	102467	100786	303294	99685
文化艺术类 Culture & Arts	104981	88990	94241	91343	89546	285616	95856
体育与健身 Sports & Body-building	10294	6828	8367	7863	7551	25235	9136
教育类 Educational Services	125854	111436	131131	126112	123800	375398	123264
司法服务类 Legal Services	6515	4453	6400	6248	6109	16883	5293
公共管理与服务类 Public Administration & Services	20843	18883	18886	18345	18213	54548	18599
其他 Others	23242	19195	28834	28507	27265	77588	19702

中等职业学校(机构)分年龄学生数
Number of Students by Age in Secondary Vocational Schools (Institutions)

单位：人
unit：person

	合计 Total	14岁及以下 14 Years and Under	15岁 15 Years	16岁 16 Years	17岁 17 Years	18岁 18 Years	19岁 19 Years	20岁 20 Years	21岁 21 Years	22岁及以上 22 Years and Over
总 计 Total	**14163127**	**189130**	**1916227**	**3418303**	**3469822**	**2250393**	**963020**	**426311**	**269797**	**1260124**
其中:中职全日制学生 of Which: Full-time Students of SVSs	12563387	186786	1850857	3311539	3346445	2114407	839433	311142	158156	444622
中职非全日制学生 Part-time Students of SVSs	1599740	2344	65370	106764	123377	135986	123587	115169	111641	815502
1. 普通中专学生 Students of Regular SSSs	7491366	127815	1058593	1955472	1979751	1282830	549568	211944	106298	219095
2. 成人中专学生 Students of Adult SSSs	1943596	6511	109705	176087	199577	189255	147872	126800	121389	866400
3. 职业高中学生 Students of Vocational High Schools	4728165	54804	747929	1286744	1290494	778308	265580	87567	42110	174629

中等职业学校(机构)分年龄女学生数
Number of Female Students by Age in Secondary Vocational Schools (Institutions)

单位：人
unit：person

	合计 Total	14岁及以下 14 Years and Under	15岁 15 Years	16岁 16 Years	17岁 17 Years	18岁 18 Years	19岁 19 Years	20岁 20 Years	21岁 21 Years	22岁及以上 22 Years and Over
总 计 Total	**6972046**	**100412**	**947338**	**1704720**	**1741541**	**1111469**	**472898**	**206777**	**127115**	**559776**
其中:中职全日制学生 of Which: Full-time Students of SVSs	6287740	99222	918777	1658249	1688769	1054179	420170	154588	76910	216876
中职非全日制学生 Part-time Students of SVSs	684306	1190	28561	46471	52772	57290	52728	52189	50205	342900
1. 普通中专学生 Students of Regular SSSs	3969517	70394	557394	1037181	1061520	677042	289409	111434	53679	111464
2. 成人中专学生 Students of Adult SSSs	847830	3298	49581	81123	89762	82200	64159	57198	54403	366106
3. 职业高中学生 Students of Vocational High Schools	2154699	26720	340363	586416	590259	352227	119330	38145	19033	82206

中等职业学校(机构)
Changes in Enrolment of Secondary

	上学年初报表在校学生数 Enrolment at Beginning of Previous Academic Year	增加学生数 Factors of Increase				
		合计 Total	招生 No. of Students Admitted	复学 Students Resuming Studies	转入 Transfers from Other Inst.	其他 Others
总　计 Total	**15364351**	**5496408**	**4953553**	**11616**	**441287**	**89952**
其中:中职全日制学生 of Which: Full-time Students of SVSs	13466950	4789529	4323588	10348	384681	70912
中职非全日制学生 Part-time Students of SVSs	1897401	706879	629965	1268	56606	19040
1. 普通中专学生 Students of Regular SSSs	7741352	2896054	2596594	5400	249451	44609
2. 成人中专学生 Students of Adult SSSs	2294513	851078	741601	1435	85794	22248
3. 职业高中学生 Students of Vocational High Schools	5328486	1749276	1615358	4781	106042	23095

中等职业学校(机构)
Changes in Female Enrolment of

	上学年初报表在校学生数 Enrolment at Beginning of Previous Academic Year	增加学生数 Factors of Increase				
		合计 Total	招生 No. of Students Admitted	复学 Students Resuming Studies	转入 Transfers from Other Inst.	其他 Others
总　计 Total	**7646474**	**2625210**	**2360733**	**4551**	**221232**	**38694**
其中:中职全日制学生 of Which: Full-time Students of SVSs	6802329	2327735	2096942	4003	196188	30602
中职非全日制学生 Part-time Students of SVSs	844145	297475	263791	548	25044	8092
1. 普通中专学生 Students of Regular SSSs	4144466	1488018	1327708	2096	137397	20817
2. 成人中专学生 Students of Adult SSSs	1034108	361624	312446	593	39041	9544
3. 职业高中学生 Students of Vocational High Schools	2467900	775568	720579	1862	44794	8333

学生变动情况

Vocational Schools（Institutions）

单位：人
unit：person

减少学生数 Factors of Decrease									本学年初报表在校学生数 Total Enrolment at Beginning of Current Academic Year
合计 Total	毕业 Graduates	结业 Completers of Courses without Formal Awards	休学 Suspended	退学 Quitting	开除 Expelled	死亡 Dead	转出 Transfers to Other Inst.	其他 Others	
6697632	**5161519**	**164259**	**32336**	**445632**	**9460**	**336**	**639029**	**245061**	**14163127**
5693092	4415105	74913	30389	396495	9221	335	588255	178379	12563387
1004540	746414	89346	1947	49137	239	1	50774	66682	1599740
3146040	2477321	31490	17881	230780	6034	201	286427	95906	7491366
1201995	900470	92902	2559	57634	286	6	77431	70707	1943596
2349597	1783728	39867	11896	157218	3140	129	275171	78448	4728165

女学生变动情况

Secondary Vocational Schools（Institutions）

单位：人
unit：person

减少学生数 Factors of Decrease									本学年初报表在校学生数 Total Enrolment at Beginning of Current Academic Year
合计 Total	毕业 Graduates	结业 Completers of Courses Without Formal Awards	休学 Suspended	退学 Quitting	开除 Expelled	死亡 Dead	转出 Transfers to Other Inst.	其他 Others	
3299638	**2579642**	**75349**	**14479**	**201934**	**2911**	**94**	**314987**	**110242**	**6972046**
2842324	2238061	34233	13764	180473	2814	93	292942	79944	6287740
457314	341581	41116	715	21461	97	1	22045	30298	684306
1662967	1333526	13794	7749	108388	1902	62	154056	43490	3969517
547902	413154	42534	967	25165	122	3	33863	32094	847830
1088769	832962	19021	5763	68381	887	29	127068	34658	2154699

中等职业学校(机构)学生其他情况

Supplementary Information on Students in Secondary Vocational Schools (Institutions)

单位：人
unit:person

	共产党员 Member of C. P. A	共青团员 Member of C. Y. L	华侨 Overseas Chinese	港澳台 From H. K, Macao and Taiwan	少数民族 Minorities	残疾人 Disabled
总计 Total	**42290**	**8361018**	**110**	**1582**	**1208509**	**17046**
其中:女 of Which: Female	13717	4302882	45	569	579998	5939
中职全日制学生 Full-time Students of SVSs	20140	7993661	105	1321	1053978	16471
中职非全日制学生 Part-time Students of SVSs	22150	367357	5	261	154531	575
1. 普通中专学生 Students of Regular SSSs	11198	4633668	74	1029	664664	10062
2. 成人中专学生 Students of Adult SSSs	23999	528723	6	288	175866	991
3. 职业高中学生 Students of Vocational High Schools	7093	3198627	30	265	367979	5993

中等职业学校(机构)培训学生情况

Number of Trainees in Secondary Vocational Schools (Institutions)

单位：人次
unit:person-time

	结业生数 Graduates		注册学生数 Enrolment	
	合计 Total	其中:女 of Which: Female	合计 Total	其中:女 of Which: Female
总计 Total	**6049504**	**2677351**	**3759486**	**1786018**
其中:少数民族 of Which:Minority	437728	186375	246681	101085
资格证书培训 for Certificates of Vocational Qualifications	2490008	1053920	1617346	734625
岗位证书培训 for Certificates of Job-related Qualifications	1858154	836573	1125192	521179
按产业结构分:第一产业类培训 by Industry: Training for First Industry	1338635	606638	833831	387503
第二产业类培训 Training for Second Industry	1206813	392400	842316	275326
第三产业类培训 Training for Third Industry	3504056	1678313	2083339	1123189
按培训时间分:一个月以内 by Length of Training:1 Month Under	3647458	1588853	2023694	950583
一个月至三个月以内 1 Month to 3 Months Under	1117115	484258	728615	338716
三个月至半年以内 3 Months to 6 Months	484743	240614	331024	164736
半年至一年以内 6 Months to 1 Year	499976	221652	295237	146412
一年及以上 1 Year and Over	300212	141974	380916	185571

中等职业学校(机构)外国留学生情况

Number of Foreign Students in Secondary Vocational Schools (Institutions)

单位：人

unit：person

	结业生数 Graduates		注册学生数 Enrolment	
	合计 Total	其中:女 of Which: Female	合计 Total	其中:女 of Which: Female
总　计 Total	**1630**	**920**	**1860**	**1152**
按时间分 by Time				
一个月以内 1 Month Under	1049	577	643	424
一个月至三个月以内 1 Month to 3 Months	34	31	35	32
三个月至半年以内 3 Months to 6 Months	17	8	24	13
半年至一年以内 6 Months to 1 Year	98	78	181	126
一年及以上 1 Year and Over	432	226	977	557
按大洲分 by Continent				
亚洲 Asia	1337	804	1682	1056
非洲 Africa	27	3	24	5
欧洲 Europe	174	87	136	81
北美洲 North America	54	11	6	6
南美洲 South America	9	7	5	1
大洋洲 Oceania	29	8	7	3

中等职业学校
Number of Educational Personnel in

	教职工数 Educational		
	合计 Total	校本部 Educational Personnel	
		小计 Subtotal	专任教师 Full-time Teachers
总　计	**866905**	**857831**	**663782**
其中:女 of Which: Female	417980	413683	340868
正高级 Senior	4598	4577	3179
副高级 Sub-senior	184580	184326	158175
中　级 Middle	308877	307842	266321
初　级 Junior	210306	209160	176856
未定职级 No-ranking	158544	151926	59251
总计中:聘任制 of the Total: Part-time	178871	176790	137525
其中:女 of Which: Female	86634	85506	69159
正高级 Senior	1406	1403	1029
副高级 Sub-senior	30767	30763	27151
中　级 Middle	59373	59225	52315
初　级 Junior	45510	45044	38573
未定职级 No-ranking	41815	40355	18457

中等职业学校(机构)
Number of Educational Personnel in

	教职工数 Educational		
	合计 Total	校本部 Educational Personnel	
		小计 Subtotal	专任教师 Full-time Teachers
总　计	**418120**	**412739**	**306906**
其中:女 of Which: Female	201850	199341	158440
正高级 Senior	2647	2626	1888
副高级 Sub-senior	87687	87573	75878
中　级 Middle	142349	141870	120427
初　级 Junior	98381	97650	79277
未定职级 No-ranking	87056	83020	29436
总计中:聘任制 of the Total: Part-time	84609	83287	62217
其中:女 of Which: Female	41144	40378	31339
正高级 Senior	794	791	591
副高级 Sub-senior	13617	13613	12107
中　级 Middle	26682	26599	23194
初　级 Junior	21432	21045	17291
未定职级 No-ranking	22084	21239	9034

（机构）教职工数（总计）

Secondary Vocational Schools（Total）

单位：人
unit：person

Personnel					
教 职 工 in Main Campus			校办企业职工 Employees in School-run Factories & Farms	其他附设机构人员 Personnel in Other Subsidiary Units	聘请校外教师 Part-time Teachers
行政人员 Adm. Personnel	教辅人员 Supporting Staff	工勤人员 Workers			
78041	**55703**	**60305**	**4615**	**4459**	**99662**
27728	26519	18568	1943	2354	42199
1193	170	35	9	12	3546
19781	5812	558	29	225	21717
21303	18662	1556	169	866	37284
13366	17241	1697	244	902	16576
22398	13818	56459	4164	2454	20539
15059	11044	13162	740	1341	
5889	5500	4958	293	835	
323	50	1	3		
2805	735	72		4	
3702	2949	259	47	101	
2837	3341	293	69	397	
5392	3969	12537	621	839	

教职工数（普通中专）

Secondary Vocational Schools（Institutions）（Regular SSSs）

单位：人
unit：person

Personnel					
教 职 工 in Main Campus			校办企业职工 Employees in School-run Factories & Farms	其他附设机构人员 Personnel in Others Subsidiary Units	聘请校外教师 Part-time Teachers
行政人员 Adm. Personnel	教辅人员 Supporting Staff	工勤人员 Workers			
44617	**27860**	**33356**	**2488**	**2893**	**44147**
16933	13907	10061	903	1606	20526
596	116	26	9	12	1594
8958	2347	390	27	87	9250
11627	8887	929	51	428	15673
8629	8708	1036	96	635	7572
14807	7802	30975	2305	1731	10058
8297	5705	7068	266	1056	
3457	2898	2684	68	698	
154	45	1	3		
1200	260	46		4	
1923	1318	164	6	77	
1811	1779	164	11	376	
3209	2303	6693	246	599	

中等职业学校(机构)
Number of Educational Personnel in Secondary

	教职工数 Educational		
	合计 Total	校本部 Educational Personnel	
		小计 Subtotal	专任教师 Full-time Teachers
总 计	**73380**	**72381**	**53134**
其中:女 of Which: Female	34526	34041	27001
正高级 Senior	498	498	351
副高级 Sub-senior	18474	18428	15386
中 级 Middle	28731	28643	23450
初 级 Junior	14000	13967	10879
未定职级 No-ranking	11677	10845	3068
总计中:聘任制 of the Total: Part-time	12913	12888	9693
其中:女 of Which: Female	5898	5891	4582
正高级 Senior	86	86	68
副高级 Sub-senior	2788	2788	2451
中 级 Middle	4998	4998	4154
初 级 Junior	2750	2750	2188
未定职级 No-ranking	2291	2266	832

中等职业学校(机构)
Number of Educational Personnel in Secondary

	教职工数 Educational		
	合计 Total	校本部 Educational Personnel	
		小计 Subtotal	专任教师 Full-time Teachers
总 计	**360865**	**358197**	**293323**
其中:女 of Which: Female	175020	173723	150221
正高级 Senior	1350	1350	870
副高级 Sub-senior	75051	74959	64249
中 级 Middle	132308	131842	117966
初 级 Junior	94878	94496	84324
未定职级 No-ranking	57278	55550	25914
总计中:聘任制 of the Total: Part-time	78737	78007	63613
其中:女 of Which: Female	38304	37952	32206
正高级 Senior	517	517	364
副高级 Sub-senior	14073	14073	12351
中 级 Middle	26765	26700	24142
初 级 Junior	20672	20593	18548
未定职级 No-ranking	16710	16124	8208

教职工数(成人中专学校)

Vocational Schools (Institutions) (Adult SSSs)

单位：人

unit: person

Personnel					聘请校外教师 Part-time Teachers
教职工 in Main Campus			校办企业职工 Employees in School-run Factories & Farms	其他附设机构人员 Personnel in Others Subsidiary Units	
行政人员 Adm. Personnel	教辅人员 Supporting Staff	工勤人员 Workers			
8275	**5963**	**5009**	**675**	**324**	**25112**
2731	2726	1583	343	142	8855
140	2	5			1282
2289	711	42		46	7572
2602	2450	141		88	12368
1333	1624	131		33	3219
1911	1176	4690	675	157	671
1176	1231	788	17	8	
374	632	303	3	4	
18					
207	125	5			
335	498	11			
214	317	31			
402	291	741	17	8	

教职工数(职业高中学校)

Vocational Schools (Institutions) (Vocational High Schools)

单位：人

unit: person

Personnel					聘请校外教师 Part-time Teachers
教职工 in Main Campus			校办企业职工 Employees in School-run Factories & Farms	其他附设机构人员 Personnel in Others Subsidiary Units	
行政人员 Adm. Personnel	教辅人员 Supporting Staff	工勤人员 Workers			
23502	**20466**	**20906**	**1447**	**1221**	**28782**
7575	9284	6643	694	603	12186
429	47	4			652
8041	2554	115	2	90	4434
6594	6840	442	117	349	8595
3133	6529	510	148	234	5541
5305	4496	19835	1180	548	9560
5346	3923	5125	457	273	
1970	1875	1901	222	130	
148	5				
1362	339	21			
1378	1096	84	41	24	
757	1191	97	58	21	
1701	1292	4923	358	228	

中等职业学校(机构)

Number of Educational Personnel in Secondary

	教职工数 Educational		
	合计 Total	校本部 Educational Personnel	
		小计 Subtotal	专任教师 Full-time Teachers
总　计	**14540**	**14514**	**10419**
其中:女 of Which: Female	6584	6578	5206
正高级 Senior	103	103	70
副高级 Sub-senior	3368	3366	2662
中　级 Middle	5489	5487	4478
初　级 Junior	3047	3047	2376
未定职级 No-ranking	2533	2511	833
总计中:聘任制 of the Total: Part-time	2612	2608	2002
其中:女 of Which: Female	1288	1285	1032
正高级 Senior	9	9	6
副高级 Sub-senior	289	289	242
中　级 Middle	928	928	825
初　级 Junior	656	656	546
未定职级 No-ranking	730	726	383

教职工数(其他机构)

Vocational Schools (Institutions) (Other Institutions)

单位：人

unit：person

Personnel					聘请校外教师 Part-time Teachers
教 职 工 in Main Campus			校办企业职工 Employees in School-run Factories & Farms	其他附设机构人员 Personnel in Others Subsidiary Units	
行政人员 Adm. Personnel	教辅人员 Supporting Staff	工勤人员 Workers			
1647	**1414**	**1034**	**5**	**21**	**1621**
489	602	281	3	3	632
28	5				18
493	200	11		2	461
480	485	44	1	1	648
271	380	20			244
375	344	959	4	18	250
240	185	181		4	
88	95	70		3	
3					
36	11				
66	37				
55	54	1			
80	83	180		4	

中等职业学校(机构)分科专任教师数(总计)

Number of Full-time Teachers by Field of Education in Secondary Vocational Schools (Institutions) (Total)

单位：人
unit：person

	合计 Total	其中:女 of Which: Female	正高级 Senior	副高级 Sub-Senior	中级 Middle	初级 Junior	未定职级 No-ranking
总　计 Total	**663782**	**340868**	**3179**	**158175**	**266321**	**176856**	**59251**
其中:女 of Which: Female	340868		1258	71927	138125	97451	32107
文化基础课 Common Required Subject	278094	152548	886	74805	116148	67593	18662
专业课 Specialized Subjects	360781	180086	2200	79557	140253	101607	37164
农林牧渔类 Agriculture, Forestry, Animal Husbandry & Fisheries	23022	9724	184	6450	9714	5384	1290
资源环境类 Resources & Environment09	1840	718	13	495	677	502	153
能源与新能源类 Energy Resources & New ER	2946	1169	36	826	1010	762	312
土木水利类 Civil Engineering & Water Conservancy	11654	5028	58	2767	4179	3070	1580
加工制造类 Manufacturing	49058	17874	239	11439	18703	13687	4990
石油化工类 Petroleum & Chemical Industries	2890	1317	18	862	1100	682	228
轻纺食品类 Light, Textile & Food Industries	4256	2396	16	882	1512	1299	547
交通运输类 Communication & Transport	18823	5969	160	3341	6808	5583	2931
信息技术类 Information Technology	62082	30172	228	11855	26581	17952	5466
医药卫生类 Medicine, Pharmacy & Health Care	25286	16039	460	6603	9251	6532	2440
休闲保健类 Recreation Services & Make-up Artists	1432	800	8	239	610	408	167
财经商贸类 Finance, Economics, Commerce & Trade	36229	23104	141	8786	13922	9877	3503
旅游服务类 Tourist Services	17040	10883	55	3206	6416	5178	2185
文化艺术类 Culture & Arts	33249	20433	305	5298	12150	11145	4351
体育与健身 Sports & Body-building	14054	4021	56	2907	5583	4300	1208
教育类 Educational Services	36060	20528	135	9275	14014	9629	3007
司法服务类 Legal Services	1613	713	8	282	599	443	281
公共管理与服务类 Public Administration & Services	5719	2943	31	1102	2255	1610	721
其他 Others	13528	6255	49	2942	5169	3564	1804
实习指导课 Practice Guidance Lessons	24907	8234	93	3813	9920	7656	3425

中等职业学校（机构）分科专任教师数（普通中专学校）

Number of Full-time Teachers by Field of Education in Secondary Vocational Schools (Institutions) (Regular SSSs)

单位：人

unit: person

	合计 Total	其中：女 of Which: Female	正高级 Senior	副高级 Sub-Senior	中级 Middle	初级 Junior	未定职级 No-ranking
总　计 Total	**306906**	**158440**	**1888**	**75878**	**120427**	**79277**	**29436**
其中：女 of Which: Female	158440		778	35466	62467	43726	16003
文化基础课 Common Required Subject	110799	61265	469	30883	45440	25865	8142
专业课 Specialized Subjects	182670	92658	1368	42963	69785	49157	19397
农林牧渔类 Agriculture, Forestry, Animal Husbandry & Fisheries	7902	3177	74	2658	3034	1603	533
资源环境类 Resources & Environment09	1058	440	1	313	395	256	93
能源与新能源类 Energy Resources & New ER	1932	757	32	606	632	423	239
土木水利类 Civil Engineering & Water Conservancy	6949	3172	42	1816	2447	1688	956
加工制造类 Manufacturing	25468	9536	153	6269	9635	6897	2514
石油化工类 Petroleum & Chemical Industries	1731	801	9	580	648	362	132
轻纺食品类 Light, Textile & Food Industries	1937	1110	8	439	685	511	294
交通运输类 Communication & Transport	9569	3053	86	1766	3343	2686	1688
信息技术类 Information Technology	28166	13577	119	5690	12363	7554	2440
医药卫生类 Medicine, Pharmacy & Health Care	19788	12890	363	5561	7071	4989	1804
休闲保健类 Recreation Services & Make-up Artists	576	319	6	94	260	130	86
财经商贸类 Finance, Economics, Commerce & Trade	20605	13127	82	5332	7900	5330	1961
旅游服务类 Tourist Services	7315	4545	28	1412	2791	2085	999
文化艺术类 Culture & Arts	17484	10763	225	2920	6380	5718	2241
体育与健身 Sports & Body-building	8210	2318	48	1946	3225	2400	591
教育类 Educational Services	14824	8568	64	3551	5477	4198	1534
司法服务类 Legal Services	834	388	3	181	299	221	130
公共管理与服务类 Public Administration & Services	2438	1271	8	461	955	717	297
其他 Others	5884	2846	17	1368	2245	1389	865
实习指导课 Practice Guidance Lessons	13437	4517	51	2032	5202	4255	1897

中等职业学校(机构)分科专任教师数(成人中专学校)
Number of Full-time Teachers by Field of Education in Secondary Vocational Schools (Institutions) (Adult SSSs)

单位:人
unit: person

	合计 Total	其中:女 of Which: Female	正高级 Senior	副高级 Sub-Senior	中级 Middle	初级 Junior	未定职级 No-ranking
总　计 Total	**53134**	**27001**	**351**	**15386**	**23450**	**10879**	**3068**
其中:女 of Which: Female	27001		142	7004	12633	5844	1378
文化基础课 Common Required Subject	28946	15647	106	9175	12900	5241	1524
专业课 Specialized Subjects	22635	10757	232	5920	9795	5311	1377
农林牧渔类 Agriculture, Forestry, Animal Husbandry & Fisheries	5212	2204	85	1147	2414	1361	205
资源环境类 Resources & Environment09	207	80	1	70	71	56	9
能源与新能源类 Energy Resources & New ER	149	41		45	71	32	1
土木水利类 Civil Engineering & Water Conservancy	551	240	1	127	245	113	65
加工制造类 Manufacturing	1209	404	14	327	408	340	120
石油化工类 Petroleum & Chemical Industries	25	10		3	16	6	
轻纺食品类 Light, Textile & Food Industries	183	49	2	28	66	80	7
交通运输类 Communication & Transport	917	378	19	172	307	274	145
信息技术类 Information Technology	2054	865	17	409	935	516	177
医药卫生类 Medicine, Pharmacy & Health Care	940	532	25	242	394	248	31
休闲保健类 Recreation Services & Make-up Artists	73	45		21	31	16	5
财经商贸类 Finance, Economics, Commerce & Trade	1077	623	19	313	429	240	76
旅游服务类 Tourist Services	282	171	1	39	105	84	53
文化艺术类 Culture & Arts	752	438	6	145	311	233	57
体育与健身 Sports & Body-building	327	83		38	168	67	54
教育类 Educational Services	7051	3921	23	2455	3140	1230	203
司法服务类 Legal Services	63	24	2	10	25	20	6
公共管理与服务类 Public Administration & Services	397	191	12	104	146	80	55
其他 Others	1166	458	5	225	513	315	108
实习指导课 Practice Guidance Lessons	1553	597	13	291	755	327	167

中等职业学校（机构）分科专任教师数（职业高中学校）

Number of Full-time Teachers by Field of Education in Secondary Vocational Schools（Institutions）（Vocational High Schools）

单位：人
unit：person

	合计 Total	其中：女 of Which：Female	正高级 Senior	副高级 Sub-Senior	中级 Middle	初级 Junior	未定职级 No-ranking
总　计 Total	**293323**	**150221**	**870**	**64249**	**117966**	**84324**	**25914**
其中：女 of Which：Female	150221		301	28294	60831	46606	14189
文化基础课 Common Required Subject	133673	73113	280	33444	55900	35436	8613
专业课 Specialized Subjects	150112	74080	562	29384	58304	45907	15955
农林牧渔类 Agriculture，Forestry，Animal Husbandry & Fisheries	9668	4260	18	2569	4162	2378	541
资源环境类 Resources & Environment09	546	191	11	103	201	180	51
能源与新能源类 Energy Resources & New ER	843	364	4	169	297	303	70
土木水利类 Civil Engineering & Water Conservancy	4058	1583	14	797	1458	1241	548
加工制造类 Manufacturing	21789	7713	72	4713	8386	6285	2333
石油化工类 Petroleum & Chemical Industries	1103	499	9	277	423	303	91
轻纺食品类 Light，Textile & Food Industries	2109	1225	5	407	747	705	245
交通运输类 Communication & Transport	8191	2484	55	1390	3103	2576	1067
信息技术类 Information Technology	31149	15396	87	5649	12942	9680	2791
医药卫生类 Medicine，Pharmacy & Health Care	4169	2465	69	717	1575	1231	577
休闲保健类 Recreation Services & Make-up Artists	783	436	2	124	319	262	76
财经商贸类 Finance，Economics，Commerce & Trade	14041	9047	38	3064	5370	4181	1388
旅游服务类 Tourist Services	9315	6085	26	1742	3468	2961	1118
文化艺术类 Culture & Arts	14595	8979	73	2166	5282	5085	1989
体育与健身 Sports & Body-building	5165	1501	8	836	2056	1735	530
教育类 Educational Services	12873	7277	35	2807	4806	3993	1232
司法服务类 Legal Services	695	291	3	86	268	197	141
公共管理与服务类 Public Administration & Services	2800	1439	10	519	1123	795	353
其他 Others	6220	2845	23	1249	2318	1816	814
实习指导课 Practice Guidance Lessons	9538	3028	28	1421	3762	2981	1346

中等职业学校(机构)分科专任教师数(其他机构)

Number of Full-time Teachers by Field of Education in Secondary Vocational Schools (Institutions) (Other Institutions)

单位：人

unit：person

	合计 Total	其中：女 of Which：Female	正高级 Senior	副高级 Sub-Senior	中级 Middle	初级 Junior	未定职级 No-ranking
总　计 Total	**10419**	**5206**	**70**	**2662**	**4478**	**2376**	**833**
其中：女 of Which：Female	5206		37	1163	2194	1275	537
文化基础课 Common Required Subject	4676	2523	31	1303	1908	1051	383
专业课 Specialized Subjects	5364	2591	38	1290	2369	1232	435
农林牧渔类 Agriculture，Forestry，Animal Husbandry & Fisheries	240	83	7	76	104	42	11
资源环境类 Resources & Environment09	29	7		9	10	10	
能源与新能源类 Energy Resources & New ER	22	7		6	10	4	2
土木水利类 Civil Engineering & Water Conservancy	96	33	1	27	29	28	11
加工制造类 Manufacturing	592	221		130	274	165	23
石油化工类 Petroleum & Chemical Industries	31	7		2	13	11	5
轻纺食品类 Light，Textile & Food Industries	27	12	1	8	14	3	1
交通运输类 Communication & Transport	146	54		13	55	47	31
信息技术类 Information Technology	713	334	5	107	341	202	58
医药卫生类 Medicine，Pharmacy & Health Care	389	152	3	83	211	64	28
休闲保健类 Recreation Services & Make-up Artists							
财经商贸类 Finance，Economics，Commerce & Trade	506	307	2	77	223	126	78
旅游服务类 Tourist Services	128	82		13	52	48	15
文化艺术类 Culture & Arts	418	253	1	67	177	109	64
体育与健身 Sports & Body-building	352	119		87	134	98	33
教育类 Educational Services	1312	762	13	462	591	208	38
司法服务类 Legal Services	21	10		5	7	5	4
公共管理与服务类 Public Administration & Services	84	42	1	18	31	18	16
其他 Others	258	106	4	100	93	44	17
实习指导课 Practice Guidance Lessons	379	92	1	69	201	93	15

中等职业学校(机构)专任教师、聘请校外教师学历情况(合计)

Number of Full-time and Part-time Teachers by Academic Qualifications in Secondary Vocational Schools (Institutions) (Total)

单位：人
unit: person

	合计 Total	博士研究生 Doctors	硕士研究生 Masters	本科 Normal Courses	专科 Short-cycle Courses	高中阶段及以下 Below High School Graduate
1. 专任教师 Full-time Teacher	**663782**	**736**	**40666**	**551305**	**67982**	**3093**
其中:女 of Which: Female	340868	370	24577	287603	27447	871
实习指导课教师 Practice Course Teacher	24907	5	660	17661	6047	534
正高级 Senior	3179	106	551	2172	339	11
副高级 Sub-senior	158175	267	11162	138511	8051	184
中　级 Middle	266321	229	16546	222767	25795	984
初　级 Junior	176856	44	7652	146764	21324	1072
未定职级 No-ranking	59251	90	4755	41091	12473	842
2. 聘请校外教师 Part-time Teacher	**99662**	**693**	**7873**	**71328**	**18314**	**1454**
其中:女 of Which: Female	42199	220	3419	31451	6756	353
实习指导课教师 Practice Course Teacher	9440	60	431	6252	2443	254
外籍教师 Foreign Teachers Among Part-time Teachers	311	9	38	253	10	1
正高级 Senior	3546	212	915	2209	168	42
副高级 Sub-senior	21717	212	2738	16787	1853	127
中　级 Middle	37284	220	2287	27627	6749	401
初　级 Junior	16576	20	781	11748	3841	186
未定职级 No-ranking	20539	29	1152	12957	5703	698

中等职业学校(机构)专任教师、聘请校外教师学历情况(普通中专学校)

Number of Full-time and Part-time Teachers by Academic Qualifications in Secondary Vocational Schools (Institutions) (Regular SSSs)

单位：人

unit：person

	合计 Total	博士研究生 Doctors	硕士研究生 Masters	本科 Normal Courses	专科 Short-cycle Courses	高中阶段及以下 Below High School Graduate
1. 专任教师 Full-time Teacher	**306906**	**446**	**27122**	**251412**	**26197**	**1729**
其中:女 of Which: Female	158440	217	16511	130972	10277	463
实习指导课教师 Practice Course Teacher	13437	4	435	9336	3282	380
正高级 Senior	1888	66	324	1271	216	11
副高级 Sub-senior	75878	164	7551	65237	2793	133
中　级 Middle	120427	118	11249	98993	9547	520
初　级 Junior	79277	23	4961	65624	8110	559
未定职级 No-ranking	29436	75	3037	20287	5531	506
2. 聘请校外教师 Part-time Teacher	**44147**	**490**	**4412**	**33038**	**5578**	**629**
其中:女 of Which: Female	20526	158	2183	15853	2141	191
实习指导课教师 Practice Course Teacher	4389	56	224	3082	908	119
外籍教师 Foreign Teachers Among Part-time Teachers	233	8	24	193	7	1
正高级 Senior	1594	112	316	1040	91	35
副高级 Sub-senior	9250	150	1239	7218	582	61
中　级 Middle	15673	189	1485	12163	1685	151
初　级 Junior	7572	16	517	5859	1128	52
未定职级 No-ranking	10058	23	855	6758	2092	330

中等职业学校(机构)专任教师、聘请校外教师学历情况(成人中专学校)

Number of Full-time and Part-time Teachers by Academic Qualifications in Secondary Vocational Schools (Institutions) (Adult SSSs)

单位：人
unit：person

	合计 Total	博士研究生 Doctors	硕士研究生 Masters	本科 Normal Courses	专科 Short-cycle Courses	高中阶段及以下 Below High School Graduate
1. 专任教师 Full-time Teacher	**53134**	**143**	**2098**	**40868**	**9658**	**367**
其中:女 of Which：Female	27001	92	1162	21129	4481	137
实习指导课教师 Practice Course Teacher	1553		40	1122	366	25
正高级 Senior	351	11	61	257	22	
副高级 Sub-senior	15386	50	738	13164	1417	17
中　级 Middle	23450	65	811	17908	4484	182
初　级 Junior	10879	13	298	7682	2773	113
未定职级 No-ranking	3068	4	190	1857	962	55
2. 聘请校外教师 Part-time Teacher	**25112**	**112**	**1830**	**16968**	**5912**	**290**
其中:女 of Which：Female	8855	25	503	6177	2075	75
实习指导课教师 Practice Course Teacher	1944		97	1274	515	58
外籍教师 Foreign Teachers Among Part-time Teachers	33		9	23	1	
正高级 Senior	1282	62	440	744	35	1
副高级 Sub-senior	7572	33	1018	5605	875	41
中　级 Middle	12368	17	259	8383	3523	186
初　级 Junior	3219		72	1853	1241	53
未定职级 No-ranking	671		41	383	238	9

中等职业学校(机构)专任教师、聘请校外教师学历情况(职业高中学校)

Number of Full-time and Part-time Teachers by Academic Qualifications in Secondary Vocational Schools (Institutions) (Vocational High Schools)

单位：人

unit: person

	合计 Total	博士研究生 Doctors	硕士研究生 Masters	本科 Normal Courses	专科 Short-cycle Courses	高中阶段及以下 Below High School Graduate
1. 专任教师 Full-time Teacher	**293323**	**117**	**10301**	**250763**	**31167**	**975**
其中:女 of Which: Female	150221	49	6243	131410	12253	266
实习指导课教师 Practice Course Teacher	9538	1	155	6933	2321	128
正高级 Senior	870	27	151	595	97	
副高级 Sub-senior	64249	38	2582	57837	3758	34
中　级 Middle	117966	34	3960	102359	11339	274
初　级 Junior	84324	8	2197	71581	10146	392
未定职级 No-ranking	25914	10	1411	18391	5827	275
2. 聘请校外教师 Part-time Teacher	**28782**	**74**	**1312**	**20217**	**6648**	**531**
其中:女 of Which: Female	12186	34	596	9016	2454	86
实习指导课教师 Practice Course Teacher	3016	4	103	1830	1003	76
外籍教师 Foreign Teachers Among Part-time Teachers	45	1	5	37	2	
正高级 Senior	652	36	152	419	40	5
副高级 Sub-senior	4434	25	396	3610	381	22
中　级 Middle	8595	8	425	6630	1468	64
初　级 Junior	5541	4	127	3904	1425	81
未定职级 No-ranking	9560	1	212	5654	3334	359

中等职业学校(机构)专任教师、聘请校外教师学历情况(其他机构)

Number of Full-time and Part-time Teachers by Academic Qualifications in Secondary Vocational Schools (Institutions) (Other Institutions)

单位：人

unit：person

	合计 Total	博士研究生 Doctors	硕士研究生 Masters	本科 Normal Courses	专科 Short-cycle Courses	高中阶段及以下 Below High School Graduate
1. 专任教师 Full-time Teacher	**10419**	**30**	**1145**	**8262**	**960**	**22**
其中:女 of Which: Female	5206	12	661	4092	436	5
实习指导课教师 Practice Course Teacher	379		30	270	78	1
正高级 Senior	70	2	15	49	4	
副高级 Sub-senior	2662	15	291	2273	83	
中　级 Middle	4478	12	526	3507	425	8
初　级 Junior	2376		196	1877	295	8
未定职级 No-ranking	833	1	117	556	153	6
2. 聘请校外教师 Part-time Teacher	**1621**	**17**	**319**	**1105**	**176**	**4**
其中:女 of Which: Female	632	3	137	405	86	1
实习指导课教师 Practice Course Teacher	91		7	66	17	1
外籍教师 Foreign Teachers Among Part-time Teachers						
正高级 Senior	18	2	7	6	2	1
副高级 Sub-senior	461	4	85	354	15	3
中　级 Middle	648	6	118	451	73	
初　级 Junior	244		65	132	47	
未定职级 No-ranking	250	5	44	162	39	

中等职业学校(机构)

Number of Full-time Teachers by Age in

	合计 Total	29 岁及以下 29 and Under	30－34 岁 30 to 34	35－39 岁 35 to 39
总　计 Total	**663782**	**122003**	**129092**	**119552**
其中:女 of Which: Female	340868	73842	74937	64783
正高级 Senior	3179	14	9	192
副高级 Sub-senior	158175	14	1907	15552
中　级 Middle	266321	11427	57500	72374
初　级 Junior	176856	67521	60381	28073
未定职级 No-ranking	59251	43027	9295	3361
普通中专学校 Regular SSSs	306906	61257	61986	51177
其中:女 of Which: Female	158440	37177	36101	27464
正高级 Senior	1888	9	3	105
副高级 Sub-senior	75878	9	970	7596
中　级 Middle	120427	6089	30228	31212
初　级 Junior	79277	33734	26119	10668
未定职级 No-ranking	29436	21416	4666	1596
成人中专学校 Adult SSSs	53134	5922	7415	9273
其中:女 of Which: Female	27001	3236	4108	5175
正高级 Senior	351		3	23
副高级 Sub-senior	15386		168	1065
中　级 Middle	23450	951	3292	5606
初　级 Junior	10879	2930	3460	2301
未定职级 No-ranking	3068	2041	492	278
职业高中学校 Vocational High Schools	293323	53051	57652	57413
其中:女 of Which: Female	150221	32343	33499	31244
正高级 Senior	870	5	3	61
副高级 Sub-senior	64249	5	741	6657
中　级 Middle	117966	4152	22972	34449
初　级 Junior	84324	29890	29966	14784
未定职级 No-ranking	25914	18999	3970	1462
其他机构 Other Institutions	10419	1773	2039	1689
其中:女 of Which: Female	5206	1086	1229	900
正高级 Senior	70			3
副高级 Sub-senior	2662		28	234
中　级 Middle	4478	235	1008	1107
初　级 Junior	2376	967	836	320
未定职级 No-ranking	833	571	167	25

专任教师分年龄情况

Secondary Vocational Schools (Institutions)

单位：人

unit: person

40－44岁 40 to 44	45－49岁 45 to 49	50－54岁 50 to 54	55－59岁 55 to 59	60岁及以上 60 and over
116275	**98402**	**55487**	**21729**	**1242**
58956	44876	22274	932	268
417	717	977	598	255
40351	52535	34195	13014	607
61837	37373	18369	7171	270
11863	6645	1631	716	26
1807	1132	315	230	84
50879	44532	26507	9934	634
25437	20503	11116	505	137
230	446	600	366	129
19367	24980	16658	5970	328
25520	15871	8284	3118	105
4914	2712	770	342	18
848	523	195	138	54
10195	10274	7090	2883	82
5728	5408	3214	119	13
39	65	139	70	12
2973	5056	4267	1810	47
5940	4249	2474	921	17
1116	814	186	72	
127	90	24	10	6
53446	41859	20904	8478	520
26899	18241	7581	296	118
136	186	214	152	113
17379	21621	12651	4965	230
29445	16522	7295	2986	145
5692	3038	652	294	8
794	492	92	81	24
1755	1737	986	434	6
892	724	363	12	
12	20	24	10	1
632	878	619	269	2
932	731	316	146	3
141	81	23	8	
38	27	4	1	

中等职业学校(机构)专任教师、
Number of Full-time and Part-time Teachers

	本学年授课专任教师 Full-time Teacher by Teaching Content			
	合计 Total	文化基础课 Common Required Subject	专业课、实习指导课 Special Subject and Practice Course	
			小计 Subtotal	其中:双师型 of Which: Double-teacher Type
总　计 Total	**656834**	**274968**	**381866**	**183454**
其中:女 of Which: Female	337825	151133	186692	83669
正高级 Senior	3143	874	2269	1036
副高级 Sub-senior	156301	73905	82396	47567
中　级 Middle	263635	114899	148736	81735
初　级 Junior	174971	66783	108188	45338
未定职级 No-ranking	58784	18507	40277	7778
普通中专学校 Regular SSSs	304009	109719	194290	98552
其中:女 of Which: Female	157224	60784	96440	45822
正高级 Senior	1868	463	1405	709
副高级 Sub-senior	75044	30513	44531	27592
中　级 Middle	119415	45059	74356	44100
初　级 Junior	78551	25639	52912	22241
未定职级 No-ranking	29131	8045	21086	3910
成人中专学校 Adult SSSs	51913	28354	23559	5768
其中:女 of Which: Female	26390	15309	11081	2365
正高级 Senior	348	106	242	68
副高级 Sub-senior	15086	9049	6037	1530
中　级 Middle	22918	12641	10277	2808
初　级 Junior	10540	5063	5477	1200
未定职级 No-ranking	3021	1495	1526	162
职业高中学校 Vocational High Schools	290583	132284	158299	77164
其中:女 of Which: Female	149048	72548	76500	34680
正高级 Senior	857	274	583	245
副高级 Sub-senior	63524	33048	30476	17976
中　级 Middle	116864	55321	61543	33839
初　级 Junior	83538	35057	48481	21480
未定职级 No-ranking	25800	8584	17216	3624
其他机构 Other Institutions	10329	4611	5718	1970
其中:女 of Which: Female	5163	2492	2671	802
正高级 Senior	70	31	39	14
副高级 Sub-senior	2647	1295	1352	469
中　级 Middle	4438	1878	2560	988
初　级 Junior	2342	1024	1318	417
未定职级 No-ranking	832	383	449	82

聘请校外教师岗位分类情况
by Teaching Course in Secondary Vocational Schools (Institutions)

单位：人
unit: person

本学年授课聘请校外教师 Part-time Teacher by Teaching Content				本学年授课专任教师 Full-time Teacher by Non – teaching			
合计 Total	文化基础课 Common Required Subject	专业课、实习指导课 Special Subject and Practice Course		合计 Total	进修 In-service	病休 Sick-Leave	其他 Others
		小计 Subtotal	其中：双师型 of Which: Double-teacher Type				
99662	**22644**	**77018**	**25217**	**6948**	**760**	**800**	**5388**
42199	11771	30428	9575	3043	383	409	2251
3546	567	2979	1083	36	3	1	32
21717	4251	17466	7190	1874	159	165	1550
37284	7973	29311	10940	2686	306	324	2056
16576	4482	12094	3355	1885	199	275	1411
20539	5371	15168	2649	467	93	35	339
44147	10116	34031	11923	2897	380	370	2147
20526	5540	14986	5100	1216	187	197	832
1594	233	1361	641	20	3	1	16
9250	1660	7590	3545	834	48	97	689
15673	3398	12275	4699	1012	144	151	717
7572	1954	5618	1675	726	123	100	503
10058	2871	7187	1363	305	62	21	222
25112	5216	19896	5539	1221	101	22	1098
8855	2411	6444	1819	611	39	11	561
1282	155	1127	183	3			3
7572	1465	6107	1787	300	30	2	268
12368	2481	9887	3041	532	44	12	476
3219	848	2371	503	339	23	7	309
671	267	404	25	47	4	1	42
28782	6776	22006	7529	2740	279	405	2056
12186	3587	8599	2596	1173	157	198	818
652	172	480	255	13			13
4434	906	3528	1782	725	81	65	579
8595	1907	6688	3082	1102	118	160	824
5541	1587	3954	1154	786	53	167	566
9560	2204	7356	1256	114	27	13	74
1621	536	1085	226	90		3	87
632	233	399	60	43		3	40
18	7	11	4				
461	220	241	76	15		1	14
648	187	461	118	40		1	39
244	93	151	23	34		1	33
250	29	221	5	1			1

中等职业学校(机构)

Changes of Full－time Teachers in Secondary

	上学年初报表专任教师数 Number of Full-time Teachers at Beginning of Previous Academic Year	合计 Total	录用毕业生 New Recruits from Current Year Graduates			增加专任 Factors of 外单位 Teachers Recruited
			小计 Subtotal	研究生 Completing Doc, & Mas. Deg. Prog.	本科生 Completing 1st Degree Courses	小计 Subtotal
总　计 Total	**668754**	**55157**	**16643**	**2222**	**13215**	**21739**
其中:女 of Which: Female	339174	29211	10102	1628	7886	10892
普通中专学校 Regular SSSs	307381	24891	8568	1521	6659	7896
其中:女 of Which: Female	156558	13646	5312	1108	4031	3984
成人中专学校 Adult SSSs	51530	6356	681	83	490	3318
其中:女 of Which: Female	25987	3220	383	58	245	1748
职业高中学校 Vocational High Schools	297989	22826	7208	569	5946	10027
其中:女 of Which: Female	150680	11826	4280	422	3537	4970
其他机构 Other Institutions	11854	1084	186	49	120	498
其中:女 of Which: Female	5949	519	127	40	73	190

专任教师变动情况
Vocational Schools (Institutions)

单位：人
unit: person

教师数 Increase				减少专任教师数 Factors of Decrease				本学年初报表专任教师数 Number of Full-time Teachers at Beginning of Current Academic Year
教师调入 from Other Units	非教师调入 Non-teaching Personnel Changed into Teachers							
其中:中职学校调入 of Which: from Other SVSs	小计 Subtotal	其中:本校调整 of Which: with Change of Status in Their Own Institutions	其他 Others	合计 Total	自然减员 Retired from Their Posts during Previcus Academic Year	调离教师岗位 Transferred from Teaching to Non-teaching Posts	其他 Others	
7405	**7891**	**5135**	**8884**	**60129**	**13217**	**18426**	**28486**	**663782**
3912	3727	2441	4490	27517	5727	7962	13828	340868
3507	3324	2125	5103	25366	6284	5701	13381	306906
1826	1682	1067	2668	11764	2796	2542	6426	158440
332	1156	637	1201	4752	1365	1653	1734	53134
168	538	341	551	2206	624	681	901	27001
3469	3107	2192	2484	27492	5274	10133	12085	293323
1868	1370	935	1206	12285	2178	4291	5816	150221
97	304	181	96	2519	294	939	1286	10419
50	137	98	65	1262	129	448	685	5206

中等职业学校

Condition of Fixed Assets and Teaching Resources in

	学校占地面积(平方米) Area of School sites (m^2)			图书(册) Books (volume)	
	合计 Total	其中:绿化用地面积 of Which: Green Areas	其中:运动场地面积 of Which: Sports Areas	合计 Total	当年新增 New Added in Current Year
总 计 Total					
学校产权 Owned by SVSs	488218499	113321122	76568193	340908776	15687034
非学校产权中独立使用 Not Owned by SVSs	44347268	8766479	7375595	11993368	667479
普通中专学校 Regular SSSs					
学校产权 Owned by SSSs	254935191	64292763	37672613	184836686	7213914
非学校产权中独立使用 Not Owned by SSSs	21551886	4725523	3723498	6091386	311921
成人中专学校 Adult SSSs					
学校产权 Owned by Adult SSSs	23956534	4375678	3366470	22969671	1164559
非学校产权中独立使用 Not Owned by Adult SSSs	3030509	390485	456538	1874064	254325
职业高中学校 Vocational High Schools					
学校产权 Owned by VHSs	199085725	42639644	34042897	127127726	7098618
非学校产权中独立使用 Not Owned by VHSs	18359207	3385925	3004445	3367865	96533
其他机构 Other Institutions					
学校产权 Owned by SVSs	10241049	2013037	1486213	5974693	209943
非学校产权中独立使用 Not Owned by SVSs	1405666	264546	191114	660053	4700

(机构)资产情况

Secondary Vocational Schools (Institutions)

计算机数(台) No. of Computers			教室中:普通教室(间) of Which: General Classroom		固定资产总值(万元) Total Volue of Fixed Asset (10,000 yuan)		
合计 Total	其中:教学用计算机 of Which:No. of Computers Used for Instruction		合计 Total	其中:网络多媒体教室 of Which: Network Multimedia Classroom	合计 Total	其中:教学、实习仪器设备资产值 of Which: Teaching Equipment & Instruments	
	小计 Subtotal	其中:平板电脑 of Which: Tablet PC				小计 Subtotal	当年新增 New Added in Current Year
3098189	2581291	119015	417622	166900	27789926.76	6074550.07	738579.65
107918	90075	8335	36393	11335	5622813.31	526833.54	19774.25
1649784	1373718	52164	208584	83450	15460114.75	3394590.26	397124.01
51685	43698	3048	16886	5105	4834723.48	429916.25	9542.62
167499	135381	8657	29999	9855	1076868.11	216554.14	24116.69
13528	11096	989	3751	1020	103771.13	18522.46	3046.70
1230999	1033375	56519	172029	70819	10749406.68	2372343.12	309095.39
39275	32625	4278	14674	4847	638317.78	68934.70	6655.19
49907	38817	1675	7010	2776	503537.22	91062.54	8243.56
3430	2656	20	1082	363	46000.92	9460.13	529.74

中等职业学校(机构)教职工其他情况
Supplementary Information on Educational Personnel in Secondary Vocational Schools (Institutions)

单位:人
unit: person

	共产党员 Member of C. P. A	共青团员 Member of C. Y. L	民主党派 Member of Non-Communist Part	华侨 Overseas Chinese	港澳台 From H. K, Macao and Taiwan	少数民族 Minorities
总计 Total						
教职工 Educational Personnel	302014	51471	11745	62	18	48008
其中:女 of Which: Female	124268	28563	6145	22	12	23572
专任教师 Full-time Teachers	221581	39604	9755	35	10	36627
其中:女 of Which: Female	99150	23048	5298	13	7	18830
普通中专学校 Regular SSSs						
教职工 Educational Personnel	155875	26279	7171	52	16	25332
其中:女 of Which: Female	67258	14630	3745	17	10	12356
专任教师 Full-time Teachers	110340	19995	6053	28	9	18821
其中:女 of Which: Female	52269	11585	3244	8	6	9660
成人中专学校 Adult SSSs						
教职工 Educational Personnel	28783	3005	678			3672
其中:女 of Which: Female	10905	1447	353			1729
专任教师 Full-time Teachers	20304	1890	501			2761
其中:女 of Which: Female	8387	1007	276			1372
职业高中学校 Vocational High Schools						
教职工 Educational Personnel	111156	21274	3633	9	2	18572
其中:女 of Which: Female	43717	11978	1888	4	2	9263
专任教师 Full-time Teachers	86581	16985	2992	6	1	14749
其中:女 of Which: Female	36609	10038	1645	4	1	7641
其他机构 Other Institutions						
教职工 Educational Personnel	6200	913	263	1		432
其中:女 of Which: Female	2388	508	159	1		224
专任教师 Full-time Teachers	4356	734	209	1		296
其中:女 of Which: Female	1885	418	133	1		157

中等职业学校(机构)校舍情况

Condition of School Buildings in Secondary Vocational Schools (Institutions) (Total)

单位：平方米

unit：m^2

	学校产权建筑面积 Floor Area of School Building Owned by SVSs				正在施工校舍建筑面积 Floor Area Under Construction	独立使用非学校产权校舍建筑面积 Floor Area of School Building Not Owned by SVSs
	合计 Total	其中:危房 of Which: Dilapidated Buildings	其中:当年新增 of Which: New Added in Current Year	其中:被外单位借用 of Which: Floor Space Hired by Other Schools or Units		
总　计 Total	**215500935**	**1829484**	**8163699**	**656697**	**10129175**	**19885804**
一、教学及辅助用房 Buildings for Instruction and Ancillary Uses	104074012	749291	4150483	282084	5779928	9951993
教室 Classroom	49806508	449690	1742521	182519	1945803	5022520
图书馆 Library	7299351	39347	289329	8731	656824	697304
实验室、实习场所 Lab. and Practice Facilities	37991043	208676	1779196	78549	2510489	3185558
体育馆 Gymnasium	6012981	13872	261544	8303	524983	683070
会堂 Hall	2964129	37706	77893	3982	141829	363541
二、行政办公用房 Administrative	14904316	138223	433670	66051	614012	1180089
三、生活用房 Residential Buildings	80185481	801624	3283548	276995	3211938	8244453
学生宿舍(公寓) Students' Dormitories	53499622	528053	2330561	210016	2224692	5691004
学生食堂 Students' Dining Halls	13199387	70559	575680	34268	524998	1169469
教工宿舍(公寓) Apartments for Single	5407586	107104	212106	14784	294877	671023
教工食堂 Dining Halls for Teachers, Staff and Workers	1157620	7154	33669	571	27232	131243
生活福利及附属用房 Residential, Welfare and Anxiliary Buildings	6921266	88754	131532	17356	140139	581714
四、教工住宅 Residential Quarters for Teachers & Workers	11305682	111514	99283	9269	159894	
五、其他用房 Other	5031444	28832	196715	22298	363403	509269

中等职业学校(机构)校舍情况(普通中专学校)
Condition of School Buildings in Secondary Vocational Schools (Institutions)(Regular SSSs)

单位：平方米
unit：m^2

	学校产权建筑面积 Floor Area of School Building Owned by Regular SSSs				正在施工校舍建筑面积 Floor Area Under Construction	独立使用非学校产权校舍建筑面积 Floor Area of School Building Not Owned by Regular SSSs
	合计 Total	其中：危房 of Which：Dilapidated Buildings	其中：当年新增 of Which：New Added in Current Year	其中：被外单位借用 of Which：Floor Space Hired by Other Schools or Units		
总　计 Total	**116656232**	**980963**	**4244141**	**301424**	**6481084**	**10186839**
一、教学及辅助用房 Buildings for Instruction and Ancillary Uses	56009736	376297	2199520	129370	3469553	5143896
教室 Classroom	25681124	192492	925454	79180	1169467	2531625
图书馆 Library	4180513	24406	146302	5258	460878	324051
实验室、实习场所 Lab. and Practice Facilities	20691405	120923	934896	41815	1457959	1665970
体育馆 Gymnasium	3939263	11251	142849	2244	269081	445618
会堂 Hall	1517431	27225	50019	873	112168	176632
二、行政办公用房 Administrative	7473765	62408	235922	20887	458610	551206
三、生活用房 Residential Buildings	43341929	461925	1661779	130024	2197342	4253054
学生宿舍(公寓) Students' Dormitories	29726628	331545	1209856	107616	1482396	3009695
学生食堂 Students' Dining Halls	6932208	34007	279807	10541	372376	553196
教工宿舍(公寓) Apartments for Single	2517014	47904	85448	5146	195774	313540
教工食堂 Dining Halls for Teachers, Staff and Workers	586675	3766	23377	260	23758	65222
生活福利及附属用房 Residential, Welfare and Anxiliary Buildings	3579404	44703	63291	6461	123038	311401
四、教工住宅 Residential Quarters for Teachers & Workers	7563027	63784	70017	7635	114048	
五、其他用房 Other	2267775	16549	76903	13508	241531	238683

中等职业学校(机构)校舍情况(成人中专学校)
Condition of School Buildings in Secondary Vocational Schools (Institutions) (Adult SSSs)

单位：平方米
unit：m²

	学校产权建筑面积 Floor Area of School Building Owned by Adult SSSs				正在施工校舍建筑面积 Floor Area Under Construction	独立使用非学校产权校舍建筑面积 Floor Area of School Building Not Owned by Adult SSSs
	合计 Total	其中:危房 of Which: Dilapidated Buildings	其中:当年新增 of Which: New Added in Current Year	其中:被外单位借用 of Which: Floor Space Hired by Other Schools or Units		
总　计 Total	**10033605**	**146303**	**136189**	**40728**	**372575**	**1844991**
一、教学及辅助用房 Buildings for Instruction and Ancillary Uses	4426379	60539	69727	19033	261107	942163
教室 Classroom	2754206	51734	45292	18603	143953	458887
图书馆 Library	365733	2010	2322	130	77168	89713
实验室、实习场所 Lab. and Practice Facilities	987670	4621	19351	300	5090	336146
体育馆 Gymnasium	129909		180		34896	17495
会堂 Hall	188861	2174	2582			39922
二、行政办公用房 Administrative	1281067	23525	7792	9575	11559	183781
三、生活用房 Residential Buildings	3518107	49899	53999	10924	75190	693542
学生宿舍(公寓) Students' Dormitories	2145351	22831	38459	9427	65158	450308
学生食堂 Students' Dining Halls	525945	3724	7737	697	10032	127203
教工宿舍(公寓) Apartments for Single	271399	11413	6697			66320
教工食堂 Dining Halls for Teachers, Staff and Workers	85445	1164	362			12735
生活福利及附属用房 Residential, Welfare and Anxiliary Buildings	489967	10767	744	800		36976
四、教工住宅 Residential Quarters for Teachers & Workers	548375	10909	2920			
五、其他用房 Other	259677	1431	1751	1196	24719	25505

中等职业学校(机构)校舍情况(职业高中学校)

Condition of School Buildings in Secondary Vocational Schools (Institutions) (Vocational High Schools)

单位: 平方米
unit: m^2

	学校产权建筑面积 Floor Area of School Building Owned by VHSs				正在施工校舍建筑面积 Floor Area Under Construction	独立使用非学校产权校舍建筑面积 Floor Area of School Building Not Owned by VHSs
	合计 Total	其中:危房 of Which: Dilapidated Buildings	其中:当年新增 of Which: New Added in Current Year	其中:被外单位借用 of Which: Floor Space Hired by Other Schools or Units		
总　计 Total	**84603186**	**689146**	**3617318**	**269626**	**3218431**	**7327025**
一、教学及辅助用房 Buildings for Instruction and Ancillary Uses	41802179	307885	1795017	110655	2029605	3614343
教室 Classroom	20373777	202945	725782	65502	621301	1882629
图书馆 Library	2589969	12881	119463	3343	118730	244345
实验室、实习场所 Lab. and Practice Facilities	15885469	81631	813641	32642	1045701	1137899
体育馆 Gymnasium	1760625	2621	111839	6059	216616	210757
会堂 Hall	1192339	7807	24292	3109	27257	138713
二、行政办公用房 Administrative	5830047	50975	183328	35389	142683	411746
三、生活用房 Residential Buildings	31810214	282624	1496362	114354	919785	3077115
学生宿舍(公寓) Students' Dormitories	20666730	169947	1027079	79129	660782	2089032
学生食堂 Students' Dining Halls	5459428	31586	272533	16900	141988	450903
教工宿舍(公寓) Apartments for Single	2504206	45803	119961	8798	99103	265482
教工食堂 Dining Halls for Teachers, Staff and Workers	455673	2224	9630	139	3474	52313
生活福利及附属用房 Residential, Welfare and Anxiliary Buildings	2724177	33064	67159	9388	14438	219385
四、教工住宅 Residential Quarters for Teachers & Workers	2820052	36810	26346	1634	29730	
五、其他用房 Other	2340694	10852	116265	7594	96628	223821

中等职业学校(机构)校舍情况(其他机构)

Condition of School Buildings in Secondary Vocational Schools (Institutions)(Other Institutions)

单位:平方米

unit: m^2

	学校产权建筑面积 Floor Area of School Building Owned by SVSs				正在施工校舍建筑面积 Floor Area Under Construction	独立使用非学校产权校舍建筑面积 Floor Area of School Building Not Owned by SVSs
	合计 Total	其中:危房 of Which: Dilapidated Buildings	其中:当年新增 of Which: New Added in Current Year	其中:被外单位借用 of Which: Floor Space Hired by Other Schools or Units		
总　计 Total	**4207912**	**13072**	**166051**	**44919**	**57085**	**526949**
一、教学及辅助用房 Buildings for Instruction and Ancillary Uses	1835718	4570	86219	23026	19663	251591
教室 Classroom	997401	2519	45993	19234	11082	149379
图书馆 Library	163136	50	21242		48	39195
实验室、实习场所 Lab. and Practice Facilities	426499	1501	11308	3792	1739	45543
体育馆 Gymnasium	183184		6676		4390	9200
会堂 Hall	65498	500	1000		2404	8274
二、行政办公用房 Administrative	319437	1315	6628	200	1160	33356
三、生活用房 Residential Buildings	1515231	7176	71408	21693	19621	220742
学生宿舍(公寓) Students' Dormitories	960913	3730	55167	13844	16356	141969
学生食堂 Students' Dining Halls	281806	1242	15603	6130	602	38167
教工宿舍(公寓) Apartments for Single	114967	1984		840		25681
教工食堂 Dining Halls for Teachers, Staff and Workers	29827		300	172		973
生活福利及附属用房 Residential, Welfare and Anxiliary Buildings	127718	220	338	707	2663	13952
四、教工住宅 Residential Quarters for Teachers & Workers	374228	11			16116	
五、其他用房 Other	163298		1796		525	21260

职业技术培训

Basic Statistics of Vocational-Technical

	学校数（所）Schools	教学班（点）（个）External Teaching Sites (class)	结业生数 合计 Total
总　计 Total	**105055**	**489731**	**44795293**
职工技术培训学校（机构）Vocational Technical Training Schools	2684	38035	2955875
教育部门办 Run by Ed. Dept.	904	18803	1378476
其他部门办 Run by Non-Ed. Dept.	1065	14870	1352785
民办 Non-government	715	4362	224614
农村成人文化技术培训学校（机构）Technical Training Schools for Peasants	82167	237649	32077200
教育部门办 Run by Ed. Dept.	79123	217494	30483500
其中：县办 of Which：County-run	2433	21338	2742874
乡办 Township-run	12114	85939	15088687
村办 Village-run	64576	110217	12651939
其他部门办 Run by Non-Ed. Dept.	2230	7592	1254967
民办 Non-government	814	12563	338733
其他培训机构（含社会培训机构）Others	20204	214047	9762218
教育部门办 Run by Ed. Dept.	715	4732	659836
其他部门办 Run by Non-Ed. Dept.	1017	17365	1994439
民办 Non-government	18472	191950	7107943
总计中：少数民族 of the Total ：Minority			3082379
培训形式：资格证书培训 Mode of Training：for Certificates of Vocational Qualifications			5792995
岗位证书培训 for Certificates of Job-related Qualifications			9963090
按产业结构分：第一产业类培训 by Industry：Training for First Industry			18534840
第二产业类培训 Training for Second Industry			6683002
第三产业类培训 Training for Third Industry			19577451
按培训时间分：by Lengh of Training：			
一个月以内 1 Month			28945103
一个月至三个月以内 1 Month to 3 Months			7014829
三个月至半年以内 3 Months to 6 Months			4120611
半年至一年以内 6 Months to 1 Year			3714845
一年及以上 1 Year and Over			999905

机构基本情况
Training Institutions

单位：人/人次
unit：person/person-time

Graduates	注册学生数 Enrolment		教职工数 Educational Personnel		聘请校外教师 Part-time Teachers
其中:女 of Which: Female	合计 Total	其中:女 of Which: Female	合计 Total	其中:专任教师 of Which: Full-time Teacher	
21759566	**42377220**	**20550945**	**477439**	**276495**	**250903**
1352836	2947797	1348695	62631	48348	17029
718604	1353335	698247	41225	33584	8954
517600	1375317	528222	12089	8384	4495
116632	219145	122226	9317	6380	3580
15339958	28681342	13646411	159329	84372	144558
14526564	27307184	12943054	147533	77582	136210
1298749	2527779	1185166	19732	14792	12907
7160178	13496606	6396857	55695	31313	56145
6067637	11282799	5361031	72106	31477	67158
643268	1061618	554471	4520	2992	7067
170126	312540	148886	7276	3798	1281
5066772	10748081	5555839	255479	143775	89316
357283	674161	361957	11234	7546	4383
1087211	1926228	988003	25942	11042	14932
3622278	8147692	4205879	218303	125187	70001
1445759	3012381	1410875	9903	4320	5116
2646343	5738963	2685108			
4719367	9579299	4524593			
8612147	17316715	7992358			
3130590	5991496	2753122			
10016829	19069009	9805465			
13809373	25664455	12182490			
3437376	6916765	3417475			
2121549	4378927	2211263			
1888120	4069074	2046252			
503148	1347999	693465			

职业技术培训机构资产情况
Condition of Fixed Assets and Teaching Resources in Vocational Technical Training Institutions

	合 计 Total	职工技术培训学校(机构) Vocational Technical Training Schools (Institutions)	农村成人文化技术培训学校(机构) Technical Training Schools for Peasants	其他培训机构(含社会培训机构) Others
占地面积(平方米) Area of School Sites (m^2)	106096500	24970112	50082895	31043493
教学行政用房建筑面积(平方米) Administrative (m^2)	40267329	8553470	14199561	17514298
图书(册) Books (volume)	149228322	20893041	42311182	86024099
计算机数(台) No. of Computers	728698	143303	233805	351590
其中:教学用计算机 No. of Computers Used for Instruction	612756	124313	195260	293183
其中:平板电脑 of Which: Tablet PC	56496	8704	11853	35939
教室(间) Classroom (room)	293402	52630	103996	136776
其中:网络多媒体教室 of Which: Network Multimedia Classroom	88994	20401	27288	41305
固定资产总值(万元) Fixed Assets (in 10,000 yuan)	18754904. 29	1634500. 99	9676761. 51	7443641. 79
其中:教学、实习仪器设备资产值 of Which: Teaching Equipment &Instruments	7174420. 30	579563. 47	695083. 27	5899773. 56

（二）初中阶段教育
Junior Secondary Education

初中阶段校数、班数

Number of Schools, Classes of Junior Secondary Education

	学校数(所) Schools				班数(个) Classes				
	合计 Total	初级中学 Regular Junior Secondary Schools	九年一贯制学校 9-year Schools	职业初中 Vocational Junior Secondary Schools	合计 Total	一年级 Grade 1	二年级 Grade 2	三年级 Grade 3	四年级 Grade 4
总　计 Total	**52623**	**37958**	**14639**	**26**	**907709**	**302008**	**301402**	**294280**	**10019**
教育部门 Run by Ed. Dept.	47315	36414	10877	24	803413	265700	266732	261968	9013
其他部门 Run by Non-ed. Dept.	539	176	362	1	6501	2052	2117	2108	224
地方企业办 Run by Local Enterprises	25	6	19		301	100	99	101	1
民办 Non-government	4744	1362	3381	1	97494	34156	32454	30103	781
城区 Urban Area	11487	7694	3789	4	305584	101327	100551	97447	6259
教育部门 Run by Ed. Dept.	9110	7022	2086	2	250529	82238	82218	80568	5505
其他部门 Run by Non-ed. Dept.	139	70	68	1	2060	657	682	685	36
地方企业办 Run by Local Enterprises	9	2	7		164	53	53	57	1
民办 Non-government	2229	600	1628	1	52831	18379	17598	16137	717
其中：城乡结合区 of Which：Urban-rural Transitional Area	2517	1542	975		51614	17634	17086	16158	736
教育部门 Run by Ed. Dept.	1881	1431	450		39194	13109	12876	12516	693
其他部门 Run by Non-ed. Dept.	21	14	7		217	67	67	75	8
地方企业办 Run by Local Enterprises					11	4	3	4	
民办 Non-government	615	97	518		12192	4454	4140	3563	35
镇区 Counties & Towns Area	23429	18368	5049	12	436548	145406	145625	142760	2757
教育部门 Run by Ed. Dept.	21308	17730	3566	12	395774	131160	132139	129936	2539
其他部门 Run by Non-ed. Dept.	336	91	245		3932	1233	1264	1247	188
地方企业办 Run by Local Enterprises	7	1	6		110	39	36	35	
民办 Non-government	1778	546	1232		36732	12974	12186	11542	30
其中：镇乡结合区 of Which：County-town Transitional Area	6156	4755	1398	3	110963	37430	36982	35873	678
教育部门 Run by Ed. Dept.	5464	4557	904	3	97328	32482	32479	31708	659
其他部门 Run by Non-ed. Dept.	15	6	9		147	58	52	35	2
地方企业办 Run by Local Enterprises	1		1		16	6	5	5	
民办 Non-government	676	192	484		13472	4884	4446	4125	17
乡村 Rural Area	17707	11896	5801	10	165577	55275	55226	54073	1003
教育部门 Run by Ed. Dept.	16897	11662	5225	10	157110	52302	52375	51464	969
其他部门 Run by Non-ed. Dept.	64	15	49		509	162	171	176	
地方企业办 Run by Local Enterprises	9	3	6		27	8	10	9	
民办 Non-government	737	216	521		7931	2803	2670	2424	34
总计中：四年制 of the Total：4-year					41679	10606	10614	10451	10008
其他学校附设班 Classes Attached to Others Schools					4830	1590	1623	1569	48
独立设置少数民族学校 Inde. Sec. Schools for Minorities	1643	1090	550	3	29125	9823	9880	9379	43

初中班额情况

Size of Junior Secondary Schools Education Classes

单位：个
unit：class

	合计 Total	一年级 Grade 1	二年级 Grade 2	三年级 Grade 3	四年级 Grade 4
总　计 Total	**907709**	**302008**	**301402**	**294280**	**10019**
城区 Urban Area					
25 人及以下 Under 25 Persons	8520	2585	2581	2717	637
26 - 35 人 Between 26 - 35	30597	9737	9509	10001	1350
36 - 45 人 Between 36 - 45	81643	28612	26467	24912	1652
46 - 55 人 Between 46 - 55	120869	42020	39736	37630	1483
56 - 65 人 Between 56 - 65	43978	13108	15086	15021	763
66 人及以上 Over 66 Persons	19977	5265	7172	7166	374
其中：城乡结合区 of Which：Urban-rural Transitional Area					
25 人及以下 Under 25 Persons	1182	377	379	392	34
26 - 35 人 Between 26 - 35	5054	1685	1592	1644	133
36 - 45 人 Between 36 - 45	14047	4914	4610	4318	205
46 - 55 人 Between 46 - 55	22328	7785	7442	6847	254
56 - 65 人 Between 56 - 65	6345	2023	2112	2133	77
66 人及以上 Over 66 Persons	2658	850	951	824	33
镇区 Counties & Towns Area					
25 人及以下 Under 25 Persons	8445	2909	2629	2682	225
26 - 35 人 Between 26 - 35	38452	12670	12397	12711	674
36 - 45 人 Between 36 - 45	111529	37839	36213	36572	905
46 - 55 人 Between 46 - 55	171725	57219	57376	56418	712
56 - 65 人 Between 56 - 65	63933	21099	21634	21003	197
66 人及以上 Over 66 Persons	42464	13670	15376	13374	44
其中：镇乡结合区 of Which：County-town Transitional Area					
25 人及以下 Under 25 Persons	2142	751	644	688	59
26 - 35 人 Between 26 - 35	9391	3117	3035	3122	117
36 - 45 人 Between 36 - 45	27802	9612	9038	8929	223
46 - 55 人 Between 46 - 55	44048	14677	14667	14495	209
56 - 65 人 Between 56 - 65	16614	5685	5617	5254	58
66 人及以上 Over 66 Persons	10966	3588	3981	3385	12
乡村 Rural Area					
25 人及以下 Under 25 Persons	8299	2872	2638	2664	125
26 - 35 人 Between 26 - 35	25919	8452	8383	8765	319
36 - 45 人 Between 36 - 45	51110	16947	16992	16896	275
46 - 55 人 Between 46 - 55	53575	17808	17976	17560	231
56 - 65 人 Between 56 - 65	17561	6077	5979	5453	52
66 人及以上 Over 66 Persons	9113	3119	3258	2735	1

初　中

Number of Students in Junior

	毕业生数 Graduates	招生数 Entrants	合计 Total	其中:女 of Which: Female
总　计 Total	**14135127**	**14478215**	**43846297**	**20462578**
其中:女 of Which: Female	6709280	6707806	20462578	
少数民族学生 Minority Students	1477048	1651946	4773555	2258596
四年制 4-year	420011	436193	1738081	826704
九年一贯制学校 9-year Schools	1681372	1877028	5524430	2476508
十二年一贯制学校 12-year Schools	219881	259380	755092	311534
完全中学 Complete Secondary Schools	1934473	1886935	5839005	2722707
附设普通初中班 Junior Sec. Classes Attached	79063	71340	217942	97128
附设职业初中班 Vocational Junior Sec. Classes Attached	160	70	275	78
独立设置少数民族学校 Inde. Sec. Schools for Minorities	432438	464289	1381364	665494
随迁子女 Migrant Children	976267	1555011	4474023	1850086
其中:外省迁入 of Which: from Other Province	345568	646194	1777377	729219
本省外县迁入 From Other County	630699	908817	2696646	1120867
进城务工人员随迁子女 Children of Migrant Workers	750392	1180922	3391446	1403723
其中:外省迁入 of Which: from Other Province	258215	478583	1310100	538253
本省外县迁入 From Other County	492177	702339	2081346	865470
农村留守儿童 Children Left Behind	1649284	2245206	6658856	3026043
教育部门 Run by Ed. Dept.	12628161	12717075	38709351	18319620
其他部门 Run by Non-ed. Dept.	81208	79370	254107	116938
地方企业办 Run by Local Enterprises	3974	4393	12821	6034
民办 Non-government	1421784	1677377	4870018	2019986
城区 Urban Area	4521922	4807553	14686960	6775850
教育部门 Run by Ed. Dept.	3762974	3899130	12033022	5636932
其他部门 Run by Non-ed. Dept.	30228	28233	91916	40362
地方企业办 Run by Local Enterprises	2294	2123	6367	2937
民办 Non-government	726426	878067	2555655	1095619
其中:城乡结合区 of Which: Urban-rural Transitional Area	742166	834518	2458419	1104092
教育部门 Run by Ed. Dept.	580308	619449	1861557	864179
其他部门 Run by Non-ed. Dept.	2890	2561	8645	4036
地方企业办 Run by Local Enterprises	200	215	545	261
民办 Non-government	158768	212293	587672	235616
镇区 Counties & Towns Area	7102417	7173752	21674750	10157892
教育部门 Run by Ed. Dept.	6472646	6459657	19594556	9308445
其他部门 Run by Non-ed. Dept.	44387	45211	143422	67719
地方企业办 Run by Local Enterprises	1462	2024	5649	2794
民办 Non-government	583922	666860	1931123	778934
其中:镇乡结合区 of Which: County-town Transitional Area	1757261	1855680	5525546	2571448
教育部门 Run by Ed. Dept.	1550574	1602798	4812368	2286375
其他部门 Run by Non-ed. Dept.	1364	2770	6817	3088
地方企业办 Run by Local Enterprises	177	236	711	330
民办 Non-government	205146	249876	705650	281655
乡村 Rural Area	2510788	2496910	7484587	3528836
教育部门 Run by Ed. Dept.	2392541	2358288	7081773	3374243
其他部门 Run by Non-ed. Dept.	6593	5926	18769	8857
地方企业办 Run by Local Enterprises	218	246	805	303
民办 Non-government	111436	132450	383240	145433

学　生　数

Secondary Schools

单位：人

unit：person

在校生数 Enrolment 一年级 Grade 1	二年级 Grade 2	三年级 Grade 3	四年级 Grade 4	预计毕业生数 Estimated Graduates for Next Year
14484618	**14679335**	**14261897**	**420447**	**14244272**
6709598	6837828	6713566	201586	6700225
1652474	1601827	1511062	8192	1510731
436420	443268	438072	420321	420321
1878246	1838708	1733402	74074	1727547
259969	253407	237239	4477	236934
1888090	1973929	1940469	36517	1939847
71341	73436	71300	1865	72115
70	120	76	9	40
464702	473275	441866	1521	441731
1569296	1517036	1323041	64650	1286684
651899	608765	484447	32266	464949
917397	908271	838594	32384	821735
1191394	1148482	1000662	50908	975081
482089	450115	355057	22839	341555
709305	698367	645605	28069	633526
2254746	2241611	2151562	10937	2128880
12722222	12951743	12654743	380643	12636923
79404	84017	82894	7792	83239
4393	4313	4109	6	4102
1678599	1639262	1520151	32006	1520008
4809690	4881427	4726792	269051	4717967
3900525	3988759	3905721	238017	3896919
28233	30863	31254	1566	31367
2123	2097	2141	6	2134
878809	859708	787676	29462	787547
834783	820000	770691	32945	769490
619593	615600	594996	31368	594026
2561	2628	3039	417	2945
215	155	175		175
212414	201617	172481	1160	172344
7177570	7288886	7095006	113288	7087714
6463013	6591900	6433789	105854	6426236
45245	46735	45216	6226	45448
2024	1913	1712		1712
667288	648338	614289	1208	614318
1856181	1857380	1783386	28599	1781837
1603279	1618981	1562303	27805	1560618
2770	2481	1466	100	1503
236	234	241		241
249896	235684	219376	694	219475
2497358	2509022	2440099	38108	2438591
2358684	2371084	2315233	36772	2313768
5926	6419	6424		6424
246	303	256		256
132502	131216	118186	1336	118143

初中学龄人口及在校学生情况

Number of School-age Population and Enrolment of Junior Secondary Schools

单位：人

unit：person

	在校学龄人口数 School-age Population		在校生数 Enrolment					
	合计 Total	其中:女 of Which: Female	合计 Total	其中:女 of Which: Female	一年级 Grade 1	二年级 Grade 2	三年级 Grade 3	四年级 Grade 4
总　计 Total	**38748209**	**18145043**	**43846297**	**20462578**	**14484618**	**14679335**	**14261897**	**420447**
10 岁及以下 Under 10 Years			20781	10828	18135	1734	465	447
11 岁 11 Years	289616	139440	961586	475636	927572	30239	3739	36
12 岁 12 Years	8913883	4208598	9610433	4554387	8522699	1044029	43299	406
13 岁 13 Years	13778262	6454987	13778262	6454987	4191049	8505948	1072189	9076
14 岁 14 Years	13428279	6239475	13433914	6242136	693163	4259068	8204747	276936
15 岁 15 Years	2338169	1102543	5053099	2300286	103886	704424	4127639	117150
16 岁 16 Years			825658	354356	20585	105599	685260	14214
17 岁 17 Years			128881	54741	5101	21256	100569	1955
18 岁及以上 Over 18 Years			33683	15221	2428	7038	23990	227
城区 Urban Area	13033999	6041802	14686960	6775850	4809690	4881427	4726792	269051
10 岁及以下 Under 10 Years			8344	4289	7021	631	253	439
11 岁 11 Years	192736	91904	425745	210455	411143	13219	1351	32
12 岁 12 Years	3374709	1586819	3569319	1684500	3072659	475648	20622	390
13 岁 13 Years	4660132	2164517	4660132	2164517	1131247	3037360	485375	6150
14 岁 14 Years	4441836	2032334	4445497	2034024	163128	1164793	2925395	192181
15 岁 15 Years	364586	166228	1351444	587655	19694	164176	1106182	61392
16 岁 16 Years			196062	78661	3735	21007	163791	7529
17 岁 17 Years			24964	9552	754	3446	19906	858
18 岁及以上 Over 18 Years			5453	2197	309	1147	3917	80
其中:城乡结合区 of Which: Urban-rural Transitional Area	2178084	983297	2458419	1104092	834783	820000	770691	32945
10 岁及以下 Under 10 Years			1212	587	1105	89	18	
11 岁 11 Years	25737	12537	65222	31490	63014	1897	310	1
12 岁 12 Years	536613	245158	572946	262282	499292	70262	3381	11
13 岁 13 Years	779642	351163	779642	351163	233294	477050	68707	591
14 岁 14 Years	729982	326280	730348	326450	32457	233019	442148	22724
15 岁 15 Years	106110	48159	263958	114256	4492	31904	219109	8453
16 岁 16 Years			38208	15130	908	4716	31533	1051
17 岁 17 Years			5499	2153	160	799	4445	95
18 岁及以上 Over 18 Years			1384	581	61	264	1040	19

初中学龄人口及在校学生情况(续)

Number of School-age Population and Enrolment of Junior Secondary Schools (Cont.)

单位：人

unit：person

	在校学龄人口数 School-age Population		在校学生数 Enrolment					
	合计 Total	其中:女 of Which: Female	合计 Total	其中:女 of Which: Female	一年级 Grade 1	二年级 Grade 2	三年级 Grade 3	四年级 Grade 4
镇区 Counties & Towns Area	19127097	8989253	21674750	10157892	7177570	7288886	7095006	113288
10 岁及以下 Under 10 Years			9265	4894	8333	782	149	1
11 岁 11 Years	76825	37713	400630	198563	385752	12794	2084	
12 岁 12 Years	4217599	1991443	4589561	2175481	4145981	426411	17160	9
13 岁 13 Years	6802186	3196293	6802186	3196293	2199168	4161551	439427	2040
14 岁 14 Years	6684128	3126303	6686072	3127259	367221	2235058	4018882	64911
15 岁 15 Years	1346359	637501	2654597	1223178	56146	379721	2178184	40546
16 岁 16 Years			444587	193748	10786	57108	371795	4898
17 岁 17 Years			69893	30242	2843	11731	54532	787
18 岁及以上 Over 18 Years			17959	8234	1340	3730	12793	96
其中:镇乡结合区 of Which: County-town Transitional Area	4909009	2292155	5525546	2571448	1856181	1857380	1783386	28599
10 岁及以下 Under 10 Years			1696	854	1516	151	29	
11 岁 11 Years	23083	11432	110054	54191	107377	2320	357	
12 岁 12 Years	1147863	540869	1219970	576469	1106740	109138	4089	3
13 岁 13 Years	1750803	815287	1750803	815287	536453	1100368	113572	410
14 岁 14 Years	1690581	784682	1690872	784829	86961	542984	1043702	17225
15 岁 15 Years	296679	139885	630854	288324	14050	85545	521806	9453
16 岁 16 Years			101884	43249	2325	13755	84620	1184
17 岁 17 Years			16286	6880	545	2453	13009	279
18 岁及以上 Over 18 Years			3127	1365	214	666	2202	45
乡村 Rural Area	6587113	3113988	7484587	3528836	2497358	2509022	2440099	38108
10 岁及以下 Under 10 Years			3172	1645	2781	321	63	7
11 岁 11 Years	20055	9823	135211	66618	130677	4226	304	4
12 岁 12 Years	1321575	630336	1451553	694406	1304059	141970	5517	7
13 岁 13 Years	2315944	1094177	2315944	1094177	860634	1307037	147387	886
14 岁 14 Years	2302315	1080838	2302345	1080853	162814	859217	1260470	19844
15 岁 15 Years	627224	298814	1047058	489453	28046	160527	843273	15212
16 岁 16 Years			185009	81947	6064	27484	149674	1787
17 岁 17 Years			34024	14947	1504	6079	26131	310
18 岁及以上 Over 18 Years			10271	4790	779	2161	7280	51

初中分课程专任

Number of Full-time Teachers in Junior Secondary

	合计 Total	其中:女 of Which: Female	思想品德(政治) Politics	语文 Language & Literature	数学 Mathematics	外语 Foreign Languages 小计 Subtotal	英语 English	日语 Japanese	俄语 Russian	科学 Science	物理 Physics
总　计 Total	**3488430**	**1834243**	**229380**	**619875**	**596074**	**541887**	**539652**	**400**	**246**	**31107**	**236822**
其中:女 of Which: Female	1834243		113661	380222	285579	416535	414974	341	200	13341	80534
少数民族 Minorities	316360	160686	22985	58458	52341	40343	40005	150	44	581	22098
研究生毕业 Graduate	54775	39081	3887	9847	8272	9818	9735	30	21	584	3294
本科毕业 Under-graduate	2662297	1496823	171645	500612	465443	442383	440683	314	190	25268	180915
专科毕业 Associate Bachelor	754918	295071	52738	108002	120655	88995	88553	55	34	5073	52075
高中阶段毕业 High School Graduate	15882	3169	1088	1380	1673	673	663	1	1	170	525
高中阶段以下毕业 Below High School Graduate	558	99	22	34	31	18	18			12	13
城区 Urban Area	1096718	696395	67419	192083	187576	181868	180810	317	147	12063	74867
其中:城乡结合区 of Which: Urban-rural Transitional Area	188487	108965	12047	33472	32032	30219	30046	20	1	2477	12212
镇区 Counties & Towns Area	1706792	837160	114749	304391	291799	262030	261283	74	75	14768	114898
其中:镇乡结合区 of Which: County-town Transitional Area	433032	218539	29297	77808	74394	66437	66263	15	6	4865	28105
乡村 Rural Area	684920	300688	47212	123401	116699	97989	97559	9	24	4276	47057

教师学历情况

Schools by Subject Taught & Educational Attainment

单位：人

unit：person

化学 Chemistry	生物 Biology	历史与社会 History and Society	地理 Geography	历史 History	体育与健康 Physical Training and Healthy	艺术 Art	音乐 Music	美术 Fine Arts	综合实践活动 Comprehensive Practice			其他 Others	当年不任课 No Teaching Load in Current Year
									小计 Subtotal	信息技术 Information Technique	劳动与技术 Skills Teaching		
151323	**143084**	**31359**	**135442**	**175999**	**185425**	**6456**	**89431**	**85627**	**130652**	**87745**	**36382**	**45937**	**52550**
69050	74948	14089	63763	86163	36581	3075	63200	44543	46927	33541	11280	21330	20702
14081	12808	1467	11839	15822	17697	299	8426	7251	10455	7776	2450	13196	6213
2732	2616	513	2001	3319	2759	64	1005	1088	1558	1327	192	832	586
117155	101942	22795	93181	127899	135282	3695	65452	61597	89991	66223	19469	26996	30046
31123	37721	7844	39327	43888	45836	2591	22429	22318	37414	19744	15557	16655	20234
300	791	201	907	869	1476	99	529	596	1631	438	1122	1371	1603
13	14	6	26	24	72	7	16	28	58	13	42	83	81
47510	42050	9399	38928	52722	64292	1138	28544	26809	39614	28016	9406	11729	18107
7816	7545	1843	7026	9229	10445	286	4923	4686	7172	4666	1891	2360	2697
73057	71464	15458	68406	87987	87269	3542	43231	41615	64181	41598	19179	22057	25890
17950	18389	4440	17630	22164	21774	980	10887	10508	16576	10556	5023	4933	5895
30756	29570	6502	28108	35290	33864	1776	17656	17203	26857	18131	7797	12151	8553

初中专任教师专业技术

Number of Full-time Teachers in Junior Secondary

	合 计 Total	其中:女 of Which: Female	24 岁及以下 24 Years and Under	25－29 25 to 29	30－34 30 to 34
总　计 Total	**3488430**	**1834243**	**124585**	**462395**	**641883**
其中:女 of Which:Female	1834243		89292	315723	391147
少数民族 Minorities	316360	160686	11586	47472	64269
中学高级 Senior	586169	257638	8	59	2767
中学一级 1st Grade	1508663	740208	515	22716	213078
中学二级 2nd Grade	1094211	642246	28676	302522	386434
中学三级 3rd Grade	50858	29449	8017	24075	11606
未定职级 No-ranking	248529	164702	87369	113023	27998
城区 Urban Area	1096718	696395	38394	134500	196700
其中:城乡结合区 of Which: Urban-rural Transitional Area	188487	108965	8054	24591	34273
镇区 Counties & Towns Area	1706792	837160	55334	216579	311713
其中:镇乡结合区 of Which: County-town Transitional Area	433032	218539	14797	54793	79871
乡村 Rural Area	684920	300688	30857	111316	133470

职称、年龄结构情况

Schools by Professional Rank and Age

单位：人

unit：person

35－39 35 to 39	40－44 40 to 44	45－49 45 to 49	50－54 50 to 54	55－59 55 to 59	60岁及以上 60 Years and Over
732788	**636340**	**503509**	**264407**	**120743**	**1780**
400221	314145	225706	95875	1646	488
68472	56597	42295	18892	6722	55
44013	148775	209024	127887	52720	916
444254	393959	255526	119538	58500	577
231217	86937	35002	15029	8298	96
3980	1373	829	534	439	5
9324	5296	3128	1419	786	186
221273	210514	175527	89527	29229	1054
39582	34986	27976	13435	5424	166
368640	315597	247042	128027	63315	545
96552	80332	59839	30584	16084	180
142875	110229	80940	46853	28199	181

初中专任

Changes of Full-time Teachers in

	上学年初报表专任教师数 Number of Full-time Teachers at Beginning of Previous Academic Year	增 加 教 师 Factors of Increase					
		合计 Total	录用毕业生 New Recruits from Current Year Graduates		调入 Teachers Recruited from Other Units	校内调整 of Which: with Change of Status in Their Own Institutions	其他 Others
			小计 Subtotal	其中:师范生 of Which: Students Enrolled in Teacher Training Institutions			
总　计 Total	**3480979**	**339381**	**82343**	**61469**	**176482**	**60698**	**19858**
其中:女 of Which: Female	1799565	190943	58576	43909	94047	26843	11477
城区 Urban Area	1067325	115151	26334	20950	56915	21080	10822
其中:女 of Which: Female	671517	72225	19393	15515	35113	10796	6923
其中:城乡结合区 of Which: Urban-rural Transitional Area	183247	21731	5139	4075	10952	3632	2008
其中:女 of Which: Female	104042	13080	3630	2933	6550	1731	1169
镇区 Counties & Towns Area	1709611	159431	35262	26132	89392	28422	6355
其中:女 of Which: Female	826006	84408	24849	18451	44676	11646	3237
其中:镇乡结合区 of Which: County-town Transitional Area	431414	42582	9265	6980	24343	7213	1761
其中:女 of Which: Female	214214	22993	6574	4965	12666	2877	876
乡村 Rural Area	704043	64799	20747	14387	30175	11196	2681
其中:女 of Which: Female	302042	34310	14334	9943	14258	4401	1317

教师变动情况

Junior Secondary Schools

单位：人
unit: person

减少教师 Factors of Decrease					本学年初报表专任教师数 Number of Full-time Teachers at Beginning of Current Academic Year
合计 Total	自然减员 Retired from Their Posts during Previous Academic Year	调出 Transferred from Teaching to Non-Teaching Posts	校内调整 of Which: with Change of Status in Their Own Institutions	其他 Others	
331930	**39543**	**201812**	**68075**	**22500**	**3488430**
156265	14602	101250	28989	11424	1834243
85758	13337	43120	19778	9523	1096718
47347	6735	24733	10194	5685	696395
16491	2121	9220	3490	1660	188487
8157	886	4877	1521	873	108965
162250	18236	101518	33315	9181	1706792
73254	5885	49847	13314	4208	837160
40964	4281	26234	8198	2251	433032
18668	1279	13022	3253	1114	218539
83922	7970	57174	14982	3796	684920
35664	1982	26670	5481	1531	300688

初中学生、专任教师政治面貌及其他
Supplementary Information on Students and Full-time Teachers of Junior Secondary Schools

单位：人
unit: person

	在校学生中 of Total Students			专任教师中 of Total Full-time Teachers			
	共青团员 Member of C. Y. L.	华侨 Overseas Chinese	港澳台 From H. K, Macao and Taiwan	共产党员 Member of C. P. C.	共青团员 Member of C. Y. L.	民主党派 Member of Non-Communist Part	华侨 Overseas Chinese
总计 Total	**12519395**	**4435**	**9974**	**1017014**	**170806**	**23353**	**132**
其中：女 of Which: Female	6357105	2201	4606	391791	113022	13640	70
城区 Urban Area	3395673	1531	9030	355052	60387	18804	91
其中：女 of Which: Female	1761271	741	4173	193332	42799	11662	53
其中：城乡结合区 of Which: Urban-rural Transitional Area	614019	226	1704	54768	10675	1133	19
其中：女 of Which: Female	310746	103	774	24577	7305	554	9
镇区 Counties & Towns Area	6724301	2629	673	465223	75207	3468	33
其中：女 of Which: Female	3387980	1305	320	145707	48175	1539	12
其中：镇乡结合区 of Which: County-town Transitional Area	1710865	167	189	114901	19147	746	5
其中：女 of Which: Female	850767	67	80	35847	12655	322	1
乡村 Rural Area	2399421	275	271	196739	35212	1081	8
其中：女 of Which: Female	1207854	155	113	52752	22048	439	5

初中办学条件(一)

Condition of School Buildings in Junior Secondary Schools (1)

单位:平方米

unit: m^2

	合计 Total	城区 Urban Area	其中:城乡结合区 of Which: Urban-rural Transitional Area	镇区 Counties & Towns Area	其中:镇乡结合区 of Which: County-town Transitional Area	乡村 Rural Area
总　计 Total	**525635444**	**154443419**	**32521814**	**257181801**	**68472198**	**114010224**
其中:危房 of Which: Floor Space of Dilapidated Buildings	11570328	1208731	227262	5797625	1311951	4563972
当年新增校舍 New Floor Space Added in Current Year	24673549	6399981	1545773	12623465	3423472	5650103
一、教学及辅助用房 Teaching & Assistant Buildings	219107284	72551948	14559206	101561245	27103090	44994091
教室 Classroom	154653489	48328380	9949959	73198901	19453921	33126208
实验室 Laboratory	31550020	10639081	2107366	14622194	3956683	6288745
图书室 Library	11878721	4366178	810914	5228348	1405313	2284195
微机室 PC-room	9653448	2995087	591825	4501072	1174699	2157289
语音室 Linguistic	3264338	1061273	209135	1593362	419616	609703
体育馆 Gymnasium	8107268	5161949	890007	2417368	692858	527951
二、行政办公用房 Administrative	47742100	17367306	3065277	21378668	5816485	8996126
其中:教师办公室 of Which: for Teachers	29784165	10186404	1799535	13581295	3635108	6016466
三、生活用房 Residential and Welfare	218323471	45303064	11638286	119303855	31462166	53716552
教工宿舍 Apartments for Single	52613800	7760058	2177619	29495495	7327780	15358247
其中:教师周转宿舍 of Which: Accommodation for Circulation of Teachers	11302742	1262189	332359	6421333	1436836	3619220
学生宿舍 Students' Dormitories	95283631	16724410	4842456	55435151	14639438	23124070
食堂 Dining Halls	39725291	9629271	2365629	20935033	5799339	9160987
厕所 Toilet	15399633	5082576	1020274	7032207	1951378	3284850
其他 Others	15301116	6106749	1232308	6405969	1744231	2788398
四、其他用房 Rooms for Other Purposes	40462589	19221101	3259045	14938033	4090457	6303455

初中办学

Condition of School Buildings in

	占地面积（平方米） Areas Occupied（m^2）			图书（册） Books & Magazines in Libraries （volume）	计算机 No.
	合计 Total	其中 of Which			合计 Total
		绿化用地面积 Green Areas	运动场地面积 Sports Areas		
总 计 Total	**1522383677**	**298937928**	**412496271**	**1323709763**	**5950176**
城区 Urban Area	339476485	75909752	107149644	413952868	2257863
其中：城乡结合区 of Which：Urban-rural Transitional Area	82200544	19121572	23794776	80693659	411389
镇区 Counties & Towns Area	772923234	151067978	202650553	624326860	2590033
其中：镇乡结合区 of Which：County-town Transitional Area	200758441	39138173	52445877	164990983	686117
乡村 Rural Area	409983958	71960198	102696074	285430035	1102280

初中办学

Condition of School Buildings in

	体育运动场（馆）面积达标校数 Schools No：Sprots Areas Reached Standard	体育器械配备达标校数 Schools No：Sports Equip. Reached Standard
总 计 Total	**38587**	**40898**
城区 Urban Area	9359	9935
其中：城乡结合区 of Which：Urban-rural Transitional Area	2041	2140
镇区 Counties & Towns Area	17676	18592
其中：镇乡结合区 of Which：County-town Transitional Area	4656	4879
乡村 Rural Area	11552	12371

条件(二)
Junior Secondary Schools (2)

数(台) of Computers		教室(间) Classroom(room)		教室中:普通教室(间) of Which: General Classroom		固定资产总值(万元) Total Volue of Fixed Asset (10,000 yuan)		
其中:教学用计算机 No. of Computers Used for Instruction		合计 Total	其中:网络多媒体教室 of Which: Network Multimedia Classroom	合计 Total	其中:网络多媒体教室 of Which: Network Multimedia Classroom	合计 Total	其中:教学仪器设备资产值 of Which: Total Volue of Equip & Instru.	
小计 Subtotal	其中:平板电脑 of Which: Tablet PC						小计 Subtotal	其中:实验设备 for Profession
4894501	**170644**	**1568013**	**783365**	**1214108**	**676460**	**58833723. 17**	**6628829. 38**	**2265157. 54**
1844221	66871	476392	306375	360445	259084	21913410. 39	2845341. 35	795637. 29
340763	12949	96956	59895	73783	51669	4605269. 03	497974. 69	169396. 21
2140241	69031	726967	347060	566767	303547	26801475. 56	2691664. 66	1011043. 53
572804	18641	195165	94382	149904	81616	7253012. 20	703136. 53	261612. 54
910039	34742	364654	129930	286896	113829	10118837. 22	1091823. 37	458476. 73

条件(三)
Junior Secondary Schools (3)

单位:所
unit: school

音乐器械配备达标校数 Schools No: Musical Instru. Reached Standard	美术器械配备达标校数 Schools No: Fine Arts Instru. Reached Standard	理科实验仪器达标校数 Schools No: Equip. of Natural Sci. Reached Standard	建立校园网校数 Schools No: Campus Networks Set	接入互联网校数 Schools No: Internet Access
40024	**39925**	**42799**	**35696**	**50251**
9796	9767	10000	9378	11133
2088	2073	2150	1912	2435
18245	18182	19586	16342	22610
4776	4749	5106	4319	5898
11983	11976	13213	9976	16508

成人初中基本情况
Basic Statistics of Adult Junior Secondary Schools

单位：人（人次）
unit: person

	学校数（所）Schools	教学班（点）（个）External Teaching Sites	毕（结）业生数 Graduates		注册学生数 Enrolment		教职工数 Educational Personnel		专任教师 Full-time Teachers		聘请校外教师 Part-time Teachers
			合计 Total	其中:女 of Which: Female	合计 Total	其中:女 of Which: Female	合计 Total	其中:女 of Which: Female	合计 Total	其中:女 of Which: Female	
总　计 Total	**1370**	**5137**	**444559**	**221551**	**462631**	**225165**	**8732**	**3684**	**7559**	**3316**	**3443**
职工初中 Junior Secondary Schools for Staff & workers	127	1557	61463	29608	79923	36473	1290	455	1121	395	431
农民初中 Junior Secondary Schools for Peasants	1243	3580	383096	191943	382708	188692	7442	3229	6438	2921	3012

四、初等教育(小学)

Primary Education
(Primary Schools)

小学校数、教学点数及班数

Number of Schools, External Teaching Sites & Classes in Primary Schools

	学校数(所) Schools	教学点数(个) External Teaching Sites	班数(个) Classes
总　计 Total	**201377**	**88967**	**2525626**
教育部门 Run by Ed. Dept.	195233	88435	2353678
其他部门 Run by Non-ed. Dept.	417	126	11295
地方企业办 Run by Local Enterprises	46		601
民办 Non-government	5681	406	160052
城区 Urban Area	26260	1416	636639
教育部门 Run by Ed. Dept.	24080	1388	548953
其他部门 Run by Non-ed. Dept.	141	4	2969
地方企业办 Run by Local Enterprises	15		305
民办 Non-government	2024	24	84412
其中:城乡结合区 of Which: Urban-rural Transitional Area	8029	1092	132526
教育部门 Run by Ed. Dept.	7423	1081	105015
其他部门 Run by Non-ed. Dept.	31	1	369
地方企业办 Run by Local Enterprises	3		27
民办 Non-government	572	10	27115
镇区 Counties & Towns Area	46414	8986	792263
教育部门 Run by Ed. Dept.	44288	8902	734448
其他部门 Run by Non-ed. Dept.	182	22	6624
地方企业办 Run by Local Enterprises	12		164
民办 Non-government	1932	62	51027
其中:镇乡结合区 of Which: County-town Transitional Area	21498	6841	267725
教育部门 Run by Ed. Dept.	20670	6790	247218
其他部门 Run by Non-ed. Dept.	14	4	194
地方企业办 Run by Local Enterprises	5		55
民办 Non-government	809	47	20258
乡村 Rural Area	128703	78565	1096724
教育部门 Run by Ed. Dept.	126865	78145	1070277
其他部门 Run by Non-ed. Dept.	94	100	1702
地方企业办 Run by Local Enterprises	19		132
民办 Non-government	1725	320	24613
总计中:五年制 of the Total: 5-year			65235
九年一贯制学校 9-year Schools			202631
十二年一贯制学校 12-year Schools			19125
其他学校附设 Other Primary Schools Attached			7274
独立设置的少数民族学校 Inde. Sec. Schools for Minorities	7900		78258

小学班额情况
Size of Primary Classes

单位：个
unit：class

	合计 Total	一年级 Grade 1	二年级 Grade 2	三年级 Grade 3	四年级 Grade 4	五年级 Grade 5	六年级 Grade 6	复式班 Multiple-grade Classes
总　计 Total	**2525626**	**474884**	**459521**	**432291**	**409429**	**385861**	**352172**	**11468**
城区 Urban Area								
25 人及以下 Under 25 Persons	31683	5642	5341	5360	5069	5316	4910	45
26－35 人 Between 26－35	73319	13038	12086	12772	11934	12220	11265	4
36－45 人 Between 36－45	210190	44550	39336	35228	32901	30502	27673	
46－55 人 Between 46－55	199622	38664	36834	33702	33313	30791	26317	1
56－65 人 Between 56－65	80633	12380	14630	14042	14161	13794	11623	3
66 人及以上 Over 66 Persons	41192	5228	6792	7335	8000	7653	6184	
其中:城乡结合区 of Which: Urban-rural Transitional Area								
25 人及以下 Under 25 Persons	14951	2733	2700	2474	2390	2385	2239	30
26－35 人 Between 26－35	20096	3680	3432	3355	3245	3205	3177	2
36－45 人 Between 36－45	45973	9449	8384	7749	7251	6878	6262	
46－55 人 Between 46－55	35622	6844	6573	6258	6062	5474	4411	
56－65 人 Between 56－65	10985	1730	1858	1941	1951	1860	1645	
66 人及以上 Over 66 Persons	4899	781	816	910	904	827	661	
镇区 Counties & Towns Area								
25 人及以下 Under 25 Persons	89141	19543	17192	14613	13390	12362	11348	693
26－35 人 Between 26－35	116932	21683	20254	19722	18846	18567	17827	33
36－45 人 Between 36－45	249640	45980	43040	41884	40890	39557	38281	8
46－55 人 Between 46－55	190662	32301	32496	31946	32083	31484	30351	1
56－65 人 Between 56－65	84857	12788	13984	14669	14507	14573	14334	2
66 人及以上 Over 66 Persons	61031	8080	9813	11033	11064	11156	9884	1
其中:镇乡结合区 of Which: County-town Transitional Area								
25 人及以下 Under 25 Persons	54771	12036	10840	9141	8252	7413	6622	467
26－35 人 Between 26－35	51663	9491	9099	8835	8458	8179	7579	22
36－45 人 Between 36－45	80355	14816	13996	13751	13258	12689	11841	4
46－55 人 Between 46－55	50070	8244	8553	8533	8491	8287	7961	1
56－65 人 Between 56－65	19417	2876	3210	3459	3290	3334	3246	2
66 人及以上 Over 66 Persons	11449	1613	1726	1963	2102	2152	1892	1
乡村 Rural Area								
25 人及以下 Under 25 Persons	500625	115679	104588	83952	71693	61898	52726	10089
26－35 人 Between 26－35	254961	44835	45593	45479	42620	40024	35977	433
36－45 人 Between 36－45	206770	34724	35583	36380	35462	33096	31405	120
46－55 人 Between 46－55	94141	14063	15526	17003	16502	15957	15065	25
56－65 人 Between 56－65	29771	4321	4791	5238	5148	5102	5164	7
66 人及以上 Over 66 Persons	10456	1385	1642	1933	1846	1809	1838	3

小　学

Number of Students

	毕业生数 Graduates	招生数 Entrants		在校生数	
		合计 Total	其中:受过学前教育 of Which: Those Received the Pre-school Education	合计 Total	其中:女 of Which: Female
总　计 Total	**14766280**	**16584245**	**16193765**	**94510651**	**43719566**
其中:女 of Which: Female	6826458	7683470	7503358	43719566	
少数民族 Minorities	1652200	1886296	1693266	10589734	4954690
五年制 5-year	453545	508499	507247	2535057	1189504
九年一贯制学校 9-year Schools	1376765	1454522	1419843	8485902	3809992
十二年一贯制学校 12-year Schools	123754	136559	133251	763790	314973
附设小学班 Primary School Classes	181959	24023	23559	325484	143823
复式班 Morning & Afternoon Shift Classes	2021	42167	37271	130480	63015
小学教学点 External Teaching Sites	318532	1034108	987149	3847014	1829732
独立设置少数民族学校 Inde. Sec. Schools for Minorities	465555	505847	427885	2891010	1381929
随迁子女 Migrant Children	1413979	2312433	2280297	12614985	5305443
其中:外省迁入 of Which: from Other Province	681094	1120920	1105965	6169539	2579797
本省外县迁入 From Other County	732885	1191513	1174332	6445446	2725646
进城务工人员随迁子女 Children of Migrant Workers	1080772	1755669	1739497	9555861	4042598
其中:外省迁入 of Which: from Other Province	498863	808633	801939	4445085	1871169
本省外县迁入 From Other County	581909	947036	937558	5110776	2171429
农村留守儿童 Children Left Behind	1546447	2369596	2305330	14095310	6347265
教育部门 Run by Ed. Dept.	13645763	15366789	14998959	87343165	40744550
其他部门 Run by Non-ed. Dept.	71594	66127	64860	406044	190943
地方企业办 Run by Local Enterprises	3360	3310	3173	20017	9295
民办 Non-government	1045563	1148019	1126773	6741425	2774778
城区 Urban Area	4429732	5399507	5337503	29432481	13429147
教育部门 Run by Ed. Dept.	3894119	4696590	4650710	25668055	11836859
其他部门 Run by Non-ed. Dept.	21402	21124	20736	122724	57090
地方企业办 Run by Local Enterprises	1972	1860	1846	10885	5059
民办 Non-government	512239	679933	664211	3630817	1530139
其中:城乡结合区 of Which: Urban-rural Transitional Area	797832	1045819	1031316	5567273	2499309
教育部门 Run by Ed. Dept.	631908	822480	814414	4336765	1991043
其他部门 Run by Non-ed. Dept.	2185	1879	1827	11911	5654
地方企业办 Run by Local Enterprises	208	332	332	1395	627
民办 Non-government	163531	221128	214743	1217202	501985
镇区 Counties & Towns Area	5593914	5837619	5758435	34579558	15878674
教育部门 Run by Ed. Dept.	5163210	5485496	5410701	32190283	14918340
其他部门 Run by Non-ed. Dept.	42209	36469	36005	232338	109451
地方企业办 Run by Local Enterprises	1089	976	889	5991	2795
民办 Non-government	387406	314678	310840	2150946	848088
其中:镇乡结合区 of Which: County-town Transitional Area	1620304	1776367	1754780	10257679	4716619
教育部门 Run by Ed. Dept.	1470367	1650072	1629891	9402231	4378309
其他部门 Run by Non-ed. Dept.	1242	1079	1074	7326	3255
地方企业办 Run by Local Enterprises	282	331	244	1949	868
民办 Non-government	148413	124885	123571	846173	334187
乡村 Rural Area	4742634	5347119	5097827	30498612	14411745
教育部门 Run by Ed. Dept.	4588434	5184703	4937548	29484827	13989351
其他部门 Run by Non-ed. Dept.	7983	8534	8119	50982	24402
地方企业办 Run by Local Enterprises	299	474	438	3141	1441
民办 Non-government	145918	153408	151722	959662	396551

学 生 数
in Primary Schools

单位：人
unit：person

在校生数 Enrolment						预计毕业生数 Estimated Graduates for Next Year
一年级 Grade 1	二年级 Grade 2	三年级 Grade 3	四年级 Grade 4	五年级 Grade 5	六年级 Grade 6	
16597371	**16688685**	**16339517**	**15843667**	**15150683**	**13890728**	**14362151**
7688936	7736495	7580618	7320300	7015017	6378200	6600078
1889700	1840611	1805748	1742639	1676926	1634110	1641159
508659	528287	504421	522267	471423		471423
1455236	1428957	1436206	1425241	1406617	1333645	1398754
136564	129204	120801	124719	127152	125350	129192
23631	24426	25984	31245	48766	171432	173360
42357	47304	19901	11525	5993	3400	3396
1035107	998308	734021	500573	342243	236762	243008
507681	493351	491921	474770	463656	459631	462302
2332960	2326602	2244586	2104920	1948413	1657504	1757103
1131044	1160816	1123224	1038169	949021	767265	838191
1201916	1165786	1121362	1066751	999392	890239	918912
1767401	1759937	1704321	1592375	1475869	1255958	1334332
813793	833591	810413	747821	684916	554551	607496
953608	926346	893908	844554	790953	701407	726836
2381822	2458332	2452987	2348026	2274197	2179946	2183815
15379170	15477679	15119633	14643184	13959398	12764101	13198436
66128	70877	69891	69161	68882	61105	66939
3310	3376	3269	3448	3360	3254	3299
1148763	1136753	1146724	1127874	1119043	1062268	1093477
5400833	5327148	5029213	4938957	4681628	4054702	4336401
4698093	4654185	4381528	4321304	4089476	3523469	3780811
21121	22163	20294	20163	19983	19000	19352
1860	1880	1798	1881	1847	1619	1662
679759	648920	625593	595609	570322	510614	534576
1046244	998605	962279	927856	870922	761367	802660
823129	778884	744089	722752	676727	591184	624608
1879	2019	1981	2109	1956	1967	1967
332	241	153	224	246	199	199
220904	217461	216056	202771	191993	168017	175886
5842559	5879033	5900007	5807476	5711193	5439290	5558058
5489910	5512792	5503889	5397271	5281940	5004481	5114408
36473	39340	40398	40412	40682	35033	40510
976	986	939	1035	963	1092	1092
315200	325915	354781	368758	387608	398684	402048
1777430	1766453	1766050	1716697	1668721	1562328	1595181
1651108	1636517	1624677	1568966	1514084	1406879	1438008
1079	1176	1150	1202	1252	1467	1472
331	283	309	334	343	349	349
124912	128477	139914	146195	153042	153633	155352
5353979	5482504	5410297	5097234	4757862	4396736	4467692
5191167	5310702	5234216	4924609	4587982	4236151	4303217
8534	9374	9199	8586	8217	7072	7077
474	510	532	532	550	543	545
153804	161918	166350	163507	161113	152970	156853

小学学龄人口入学

Number of Schools-age Population

	在校学龄人口数 School-age Population		招生数 Entrants		
	合计 Total	其中:女 of Which: Female	合计 Total	其中:受过学前教育 of Which: Those Received the Pre-school Education	合计 Total
总　计 Total	**90901147**	**42112597**	**16584245**	**16193765**	**94510651**
5 岁及以下 Under 5 Years			174296		175895
6 岁 6 Years	12271260	5733701	12956080		13316428
7 岁 7 Years	16386058	7620038	3261431		16386058
8 岁 8 Years	16133415	7501913	158390		16133415
9 岁 9 Years	15666959	7268417	22438		15666959
10 岁 10 Years	15131855	6990779	6397		15131855
11 岁 11 Years	13200056	6025500	2532		13252858
12 岁 12 Years	2111544	972249	1639		3845730
13 岁 13 Years			535		467049
14 岁 14 Years			280		99878
15 岁及以上 Over 15 Years			227		34526
城区 Urban Area	28448844	13005454	5399507	5337503	29432481
5 岁及以下 Under 5 Years			45797		45787
6 岁 6 Years	4400282	2037057	4532034		4645020
7 岁 7 Years	5309048	2439392	785684		5309048
8 岁 8 Years	5024869	2303076	30965		5024869
9 岁 9 Years	4910453	2245949	3222		4910453
10 岁 10 Years	4704332	2142938	1137		4704332
11 岁 11 Years	3841948	1723979	455		3867448
12 岁 12 Years	257912	113063	129		820902
13 岁 13 Years			52		86274
14 岁 14 Years			12		14389
15 岁及以上 Over 15 Years			20		3959
其中:城乡结合区 of Which: Urban-rural Transitional Area	5355205	2410456	1045819	1031316	5567273
5 岁及以下 Under 5 Years			8745		8596
6 岁 6 Years	815138	372215	848017		869828
7 岁 7 Years	995456	450696	178758		995456
8 岁 8 Years	958736	433477	8128		958736
9 岁 9 Years	919304	413210	1149		919304
10 岁 10 Years	871973	389834	581		871973
11 岁 11 Years	722816	319485	324		727478
12 岁 12 Years	71782	31539	80		188082
13 岁 13 Years			22		22498
14 岁 14 Years			7		4126
15 岁及以上 Over 15 Years			8		1196

及在校生情况
of Primary Schools

单位：人
unit：person

在校学生数 Enrolment						
其中：女 of Which: Female	一年级 Grade 1	二年级 Grade 2	三年级 Grade 3	四年级 Grade 4	五年级 Grade 5	六年级 Grade 6
43719566	**16597371**	**16688685**	**16339517**	**15843667**	**15150683**	**13890728**
89704	173276	2542	77			
6240957	12964412	345922	5913	181		
7620038	3267266	12672261	437099	9224	208	
7501913	159218	3392919	12099795	470015	11210	258
7268417	22375	227418	3432515	11442400	529030	13221
6990779	6198	33151	296027	3497971	10797837	500671
6048190	2327	7890	46632	336878	3340628	9518503
1705424	1274	3931	14035	64436	380515	3381539
196151	514	1434	4295	14459	66578	379769
42373	279	695	1891	5318	17388	74307
15620	232	522	1238	2785	7289	22460
13429147	5400833	5327148	5029213	4938957	4681628	4054702
24731	45309	453	25			
2154775	4534091	109384	1484	61		
2439392	786458	4383182	136681	2632	95	
2303076	30628	786680	4052947	151112	3382	120
2245949	3033	42014	777087	3904174	180353	3792
2142938	885	4005	53006	808542	3676551	161343
1734735	302	896	5910	61695	739574	3059071
343466	77	379	1549	8312	69015	741570
33031	28	102	346	1697	9699	74402
5509	7	36	124	534	2219	11469
1545	15	17	54	198	740	2935
2499309	1046244	998605	962279	927856	870922	761367
4276	8438	147	11			
397751	849232	20151	417	28		
450696	178812	788972	27046	593	33	
433477	8088	177385	742145	30249	815	54
413210	1043	10636	176863	695502	34273	987
389834	389	1055	13798	182102	643155	31474
321430	191	153	1539	16346	170292	538957
78006	39	66	336	2322	18549	166770
8578	6	24	81	506	2947	18934
1593	2	7	26	158	652	3281
458	4	9	17	50	206	910

小学学龄人口入学

Number of Schools-age Population

	在校学龄人口数 School-age Population		招生数 Entrants		
	合计 Total	其中：女 of Which: Female	合计 Total	其中：受过学前教育 of Which: Those Received the Pre-school Education	合计 Total
镇区 Counties & Towns Area	33218518	15275186	5837619	5758435	34579558
5 岁及以下 Under 5 Years			69388		69509
6 岁 6 Years	4338152	2017189	4607240		4742499
7 岁 7 Years	5777592	2668098	1101014		5777592
8 岁 8 Years	5816684	2683959	51342		5816684
9 岁 9 Years	5721522	2634801	5984		5721522
10 岁 10 Years	5666543	2599758	1388		5666543
11 岁 11 Years	5119949	2317507	533		5137961
12 岁 12 Years	778076	353874	507		1441825
13 岁 13 Years			108		165284
14 岁 14 Years			63		31000
15 岁及以上 Over 15 Years			52		9139
其中：镇乡结合区 of Which: County-town Transitional Area	9891264	4556308	1776367	1754780	10257679
5 岁及以下 Under 5 Years			21728		21899
6 岁 6 Years	1359730	634470	1411675		1451141
7 岁 7 years	1739695	804721	326510		1739695
8 岁 8 Years	1744900	806556	13940		1744900
9 岁 9 Years	1695080	782088	1733		1695080
10 岁 10 Years	1660323	762955	504		1660323
11 岁 11 Years	1473459	665457	167		1478520
12 岁 12 Years	218077	100061	66		410452
13 岁 13 Years			23		44624
14 岁 14 Years			11		8694
15 岁及以上 Over 15 Years			10		2351
乡村 Rural Area	29233785	13831957	5347119	5097827	30498612
5 岁及以下 Under 5 Years			59111		60599
6 岁 6 Years	3532826	1679455	3816806		3928909
7 岁 7 Years	5299418	2512548	1374733		5299418
8 岁 8 Years	5291862	2514878	76083		5291862
9 岁 9 Years	5034984	2387667	13232		5034984
10 岁 10 Years	4760980	2248083	3872		4760980
11 岁 11 Years	4238159	1984014	1544		4247449
12 岁 12 Years	1075556	505312	1003		1583003
13 岁 13 Years			375		215491
14 岁 14 Years			205		54489
15 岁及以上 Over 15 Years			155		21428

及在校生情况(续)

of Primary Schools (Cont.)

单位：人

unit：person

在校学生数 Enrolment						
其中:女 of Which: Female	一年级 Grade 1	二年级 Grade 2	三年级 Grade 3	四年级 Grade 4	五年级 Grade 5	六年级 Grade 6
15878674	5842559	5879033	5900007	5807476	5711193	5439290
34922	68756	737	16			
2212797	4610146	130502	1805	46		
2668098	1103579	4500546	170700	2715	52	
2683959	51712	1157799	4417356	186196	3575	46
2634801	5988	76880	1190606	4231644	211820	4584
2599758	1380	9286	100234	1242750	4107897	204996
2325384	493	1869	13973	118598	1225958	3777070
633511	283	917	3592	19846	134068	1283119
68698	105	283	987	3938	21182	138789
12639	64	133	404	1203	4864	24332
4107	53	81	334	540	1777	6354
4716619	1777430	1766453	1766050	1716697	1668721	1562328
10839	21741	157	1			
678583	1412242	38342	550	7		
804721	326942	1363007	48990	737	19	
806556	14004	341042	1337018	51675	1148	13
782088	1737	20271	348250	1265697	57808	1317
762955	486	2643	26158	359806	1215631	55599
667628	167	526	3676	31743	349667	1092741
180231	67	324	1006	5429	36567	367059
18505	23	87	238	1132	5960	37184
3459	11	40	113	344	1425	6761
1054	10	14	50	127	496	1654
14411745	5353979	5482504	5410297	5097234	4757862	4396736
30051	59211	1352	36			
1873385	3820175	106036	2624	74		
2512548	1377229	3788533	129718	3877	61	
2514878	76878	1448440	3629492	132707	4253	92
2387667	13354	108524	1464822	3306582	136857	4845
2248083	3933	19860	142787	1446679	3013389	134332
1988071	1532	5125	26749	156585	1375096	2682362
728447	914	2635	8894	36278	177432	1356850
94422	381	1049	2962	8824	35697	166578
24225	208	526	1363	3581	10305	38506
9968	164	424	850	2047	4772	13171

	教 职 Educational			
	合计 Total	专任教师 Full-time Teachers	行政人员 Adm. Personnel	教辅人员 Supporting Staff
总　计 Total	**5488941**	**5105281**	**161805**	**97930**
其中:女 of Which:Female	3287068	3145581	46418	42576
少数民族 Minorities	591996	547648	16145	10366
教育部门 Run by Ed. Dept.	5241858	4919404	148982	89088
其他部门 Run by Non-ed. Dept.	20002	16856	941	572
地方企业办 Run by Local Enterprises	1189	998	66	57
民办 Non-government	225892	168023	11816	8213
城区 Urban Area	1480642	1363957	52105	27357
教育部门 Run by Ed. Dept.	1362092	1273781	45764	22933
其他部门 Run by Non-ed. Dept.	6285	5448	316	168
地方企业办 Run by Local Enterprises	697	586	30	32
民办 Non-government	111568	84142	5995	4224
其中:城乡结合区 of Which: Urban-rural Transitional Area	274732	252655	9422	4209
教育部门 Run by Ed. Dept.	244089	229388	7730	3393
其他部门 Run by Non-ed. Dept.	1231	1064	65	22
地方企业办 Run by Local Enterprises	78	73	1	3
民办 Non-government	29334	22130	1626	791
镇区 Counties & Towns Area	1911229	1766964	54347	41660
教育部门 Run by Ed. Dept.	1824300	1703223	49953	38521
其他部门 Run by Non-ed. Dept.	11047	9003	543	368
地方企业办 Run by Local Enterprises	167	151	10	3
民办 Non-government	75715	54587	3841	2768
其中:镇乡结合区 of Which: County-town Transitional Area	596349	558626	15170	9794
教育部门 Run by Ed. Dept.	567222	537103	13707	8888
其他部门 Run by Non-ed. Dept.	371	328	12	6
地方企业办 Run by Local Enterprises	92	80	8	3
民办 Non-government	28664	21115	1443	897
乡村 Rural Area	2097070	1974360	55353	28913
教育部门 Run by Ed. Dept.	2055466	1942400	53265	27634
其他部门 Run by Non-ed. Dept.	2670	2405	82	36
地方企业办 Run by Local Enterprises	325	261	26	22
民办 Non-government	38609	29294	1980	1221

职工数

Personnel in Primary Schools

单位：人

unit：person

工 数 Personnel		代课教师 Substitute Teachers	兼任教师 Part-time Teachers
工勤人员 Workers	校办企业职工 Employees in School-run Factories & Farms		
123404	**521**	**151951**	**25997**
52282	211	112710	16089
17829	8	13677	6548
84086	298	140761	24538
1621	12	285	41
68		64	4
37629	211	10841	1414
37019	204	33403	5308
19494	120	31868	4677
353		142	12
49		13	3
17123	84	1380	616
8429	17	5708	752
3575	3	5424	624
80		3	
1		12	
4773	14	269	128
47992	266	39973	5803
32456	147	34392	5438
1121	12	119	15
3		39	1
14412	107	5423	349
12663	96	14985	1752
7478	46	12941	1650
25		3	
1			
5159	50	2041	102
38393	51	78575	14886
32136	31	74501	14423
147		24	14
16		12	
6094	20	4038	449

小学分课程专任教师
Number of Full-time Teachers in Primary School

	合计 Total	其中:女 of Which: Female	品德与生活(社会) Virtue Education	语文 Language & Literature	数学 Mathematics	外语 Foreign		
						小计 Subtotal	英语 English	日语 Japanese
总计 Total	**5633906**	**3500101**	**224704**	**2080479**	**1679327**	**393134**	**391764**	**100**
其中:女 Female	3500101		103849	1493290	978596	329784	328889	80
少数民族 Minorities	595635	336914	23836	223010	179598	25258	25047	61
研究生毕业 Graduate	27125	21322	799	9158	5172	3988	3968	1
本科毕业 Under-graduate	2321118	1707239	65653	899321	634579	239999	239320	55
专科毕业 Associate Bachelor	2713074	1606607	118996	991525	856452	142423	141825	42
高中阶段毕业 High School Graduate	565804	163530	38724	178441	181057	6689	6616	2
高中阶段以下毕业 Below High School Graduate	6785	1403	532	2034	2067	35	35	

小学专任教师专业
Number of Full-time Teachers in Primary

	合计 Total	其中:女 of Which Female	24岁及以下 24 Years and Under	25－29 25 to 29	30－34 30 to 34
总计 Total	**5633906**	**3500101**	**283626**	**752284**	**995424**
女 Female	3500101		235437	589151	722623
少数民族 Minorities	595635	336914	26730	85791	111332
中学高级 Senior Secondary	127396	66220	11	116	1452
小学高级 Senior Primary	2910398	1642527	755	29282	298304
小学一级 1st Grade Primary	1866363	1234913	45327	421069	595710
小学二级 2nd Grade Primary	178189	123375	26870	76634	39754
小学三级 3rd Grade Primary	12628	8950	3000	4995	1991
未定职级 No-ranking	538932	424116	207663	220188	58213

学历情况
by Subject Taught and Educational Attainment

单位：人
unit: person

Languages 俄语 Russian	体育 Physical	科学 Science	艺术 Art	音乐 Music	美术 Fine Arts	综合实践活动 Practical Activities 小计 Subtotal	信息技术 Information Technique	劳动与技术 Skills Teaching	其他 Others	当年不任课 No Teaching Load in Current Year
29	**281133**	**184967**	**23363**	**194613**	**180670**	**188914**	**126629**	**54398**	**131222**	**71380**
23	64215	76619	13623	148557	109288	72119	45671	22695	78338	31823
10	26931	17610	1783	18651	15630	16750	11097	4977	35782	10796
	2402	1004	86	1194	1365	1035	868	127	574	348
14	115151	58943	7013	93412	79917	71078	54903	13593	36796	19256
15	128257	97509	13236	85196	80589	94647	61697	28807	71032	33212
	34874	27231	3006	14651	18584	21928	9089	11728	22379	18240
	449	280	22	160	215	226	72	143	441	324

技术职称、年龄结构情况
Schools by Professional Rank and Age

单位：人
unit: person

35－39 35 to 39	40－44 40 to 44	45－49 45 to 49	50－54 50 to 54	55－59 55 to 59	60岁及以上 60 Years and Over
1016408	**824799**	**688728**	**644861**	**424791**	**2985**
696917	536120	404451	311368	3393	641
109150	92692	77686	58940	33189	125
11527	30184	36941	31546	15467	152
584702	597960	527909	518721	350672	2093
379364	174611	110377	86155	53410	340
16776	6968	4641	3719	2782	45
967	574	406	376	309	10
23072	14502	8454	4344	2151	345

小学专任教

Changes of Full-time

	上学年初报表专任教师数 Number of Full-time Teachers at Beginning of Previous Academic Year	增加教师 Factors of Increase				
		合计 Total	录用毕业生 New Recruits from Current Year Graduates		调入 Teachers Recruited from Other Units	校内调整 of Which: with Change of Status in Their Own Institutions
			小计 Subtotal	其中:师范生 of Which: Students Enrolled in Teacher Training Institutions		
总　计 Total	**5584644**	**752436**	**165017**	**115719**	**419528**	**131401**
其中:女 of Which: Female	3388375	473323	132477	93338	253819	61913
城区 Urban Area	1491536	194992	43888	34307	109102	23965
其中:女 of Which: Female	1155148	144611	36125	28309	80237	14702
城乡结合区 Urban-rural Transitional Area	290407	45253	10543	8550	24493	6171
其中:女 of Which: Female	205656	31517	8441	6837	16960	3380
镇区 Counties & Towns Area	1925946	249622	47929	33199	148621	43525
其中:女 of Which: Female	1245460	159394	39284	27350	92842	20956
镇乡结合区 County-town Transitional Area	601917	81311	14704	10408	48985	14417
其中:女 of Which: Female	377800	51217	12128	8605	29936	6926
乡村 Rural Area	2167162	307822	73200	48213	161805	63911
其中:女 of Which: Female	987767	169318	57068	37679	80740	26255

小学学生、教职工

Supplementary Information on Students and

	在校学生中 of Total Students			教职 of Total Educational	
	共青团员 Member of C. Y. L.	华侨 Overseas Chinese	港澳台 From H. K, Macao and Taiwan	共产党员 Member of C. P. C.	共青团员 Member of C. Y. L.
总　计 Total	**106609**	**12677**	**55955**	**1424134**	**235473**
其中:女 of Which: Female	49708	5709	25311	657710	188513
城区 Urban Area	34225	6153	48051	453462	98655
其中:女 of Which: Female	15271	2655	21840	309174	82569
城乡结合区 Urban-rural Transitional Area	7420	986	7969	73990	17675
其中:女 of Which: Female	3006	471	3694	41146	14603
镇区 Counties & Towns Area	45703	4339	5418	476173	68815
其中:女 of Which: Female	21623	2024	2379	207725	55816
镇乡结合区 County-town Transitional Area	13899	969	1590	135575	19872
其中:女 of Which: Female	6358	445	670	55723	16209
乡村 Rural Area	26681	2185	2486	494499	68003
其中:女 of Which: Female	12814	1030	1092	140811	50128

师变动情况
Teachers in Primary Schools

单位：人
unit：person

	减少教师 Factors of Decrease					本学年初报表专任教师数 Number of Full-time Teachers at Beginning of Current Academic Year
其他 Others	合计 Total	自然减员 Retired from Their Posts during Previous Academic Year	调出 Transferred from Teaching to Non-teaching Posts	校内调整 of Which：with Change of Status in Their Own Institutions	其他 Others	
36490	**703174**	**135640**	**396094**	**134485**	**36955**	**5633906**
25114	361597	54720	223182	62506	21189	3500101
18037	127341	24718	71011	17722	13890	1559187
13547	86291	16063	49848	10748	9632	1213468
4046	32694	5934	18030	5083	3647	302966
2736	20120	3363	11741	2694	2322	217053
9547	216819	43508	121474	41488	10349	1958749
6312	121628	20304	74254	21010	6060	1283226
3205	74781	14327	43352	13740	3362	608447
2227	41222	6165	25958	7028	2071	387795
8906	359014	67414	203609	75275	12716	2115970
5255	153678	18353	99080	30748	5497	1003407

政治面貌及其他
Educational Personnel of Primary Schools

单位：人
unit：person

工　中 Personnel		专任教师中 of Total Full-time Teachers			
民主党派 Member of Dem. Parties	华　侨 Overseas Chinese	共产党员 Member of C. P. C.	共青团员 Member of C. Y. L.	民主党派 Member of Dem. Parties	华　侨 Overseas Chinese
13151	**348**	**1418603**	**281041**	**13271**	**344**
9169	229	684183	226118	9342	229
9038	164	456287	123293	9002	159
6869	127	318982	103211	6866	124
679	24	75753	25550	661	28
480	17	44565	21105	471	21
2269	78	472590	82089	2407	85
1545	45	217411	66788	1681	49
531	10	133465	24284	560	10
310	9	57865	19842	345	10
1844	106	489726	75659	1862	100
755	57	147790	56119	795	56

	合计 Total	城区 Urban Area
总　计 Total	**646971902**	**170915431**
其中:危房 of Which: Floor Space of Dilapidated Buildings	20312805	1738842
当年新增 New Floor Space Added in Current Year	36248266	8307693
一、教学及辅助用房 Teaching & Assistant Buildings	358659222	95121652
教室 Classroom	299185891	76164665
实验室 Laboratory	19041501	5091467
图书室 Library	16472075	4343013
微机室 PC-room	13021434	3648048
语音室 Linguistic	3685381	1175278
体育馆 Gymnasium	7252940	4699181
二、行政办公用房 Administrative	61081637	18614085
其中:教师办公室 of Which: for Teachers	42071639	11545958
三、生活用房 Residential and Welfare	162993370	29941266
教工宿舍 Apartments for Single	51208395	6033341
其中:教师周转宿舍 Accommodation for Circulation of Teachers	10336256	816597
学生宿舍 Students' Dormitories	33427449	3731180
食堂 Dining Halls	31356713	6570836
厕所 Toilet	27277422	6925574
其他 Others	19723391	6680335
四、其他用房 Rooms for Other Purposes	64237673	27238428

条件(一)
in Primary Schools (1)

单位：平方米
unit：m^2

其中:城乡结合区 of Which: Urban-rural Transitional Area	镇区 Counties & Towns Area	其中:镇乡结合区 of Which: County-town Transitional Area	乡村 Rural Area
35156989	**210470703**	**69961672**	**265585768**
402297	5188375	1965419	13385588
1838149	13223983	4378693	14716590
19294407	114559733	39684753	148977837
15490833	95998807	33198038	127022419
1135311	6081540	2158541	7868494
915053	4949731	1827712	7179331
760986	4273603	1496475	5099783
234344	1404726	430850	1105377
757880	1851326	573137	702433
3400041	19838936	6582765	22628616
2159960	13463972	4629959	17061709
7206816	58326366	17603919	74725738
1962339	18525788	5505879	26649266
245117	3957079	938342	5562580
1001667	14449931	3555130	15246338
1487249	11299106	3504062	13486771
1492750	8008781	2962777	12343067
1262811	6042760	2076071	7000296
5255725	17745668	6090235	19253577

	占地面积(平方米) Areas Occupied			图书(册) Books & Magazines in Libraries (volume)	计算机数(台)	
	合计 Total	其中 of Which			合计 Total	其中:教学用 No. of Computers
		绿化用地面积 Green Areas	运动场地面积 Sports Areas			小计 Subtotal
总　　计 Total	**2262293479**	**377447559**	**677506045**	**1862770154**	**8466690**	**7044388**
城区 Urban Area	370350648	72462231	134960587	601644134	3304693	2768175
其中:城乡结合区 of Which: Urban-rural Transitional Area	104118962	21736783	35832361	108711420	588839	495138
镇区 Counties & Towns Area	665823705	112432646	203411697	638083328	2752334	2299537
其中:镇乡结合区 of Which: County-town Transitional Area	248176602	41878287	75188854	201511368	877649	744401
乡村 Rural Area	1226119126	192552682	339133761	623042692	2409663	1976676

小学办学条件(三)
Condition of School Buildings in Primary Schools (3)

单位: 所
unit: school

	体育运动场(馆)面积达标校数 Schools No: Sprots Areas Reached Standard	体育器械配备达标校数 Schools No: Sports Equip. Reached Standard	音乐器械配备达标校数 Schools No: Musical Instru. Reached Standard	美术器械配备达标校数 Schools No: Fine Arts Instru. Reached Standard	教学自然实验仪器达标校数 Schools No: Equip. of Natural Sci. Reached Standard	建立校园网校数 Schools No: Campus Networks Set	接入互联网校数 Schools No: Internet Access
总　　计 Total	**114429**	**120607**	**117854**	**117654**	**122957**	**78732**	**155933**
城区 Urban Area	19780	22039	21935	21886	21906	19182	24995
其中:城乡结合区 of Which: Urban-rural Transitional Area	5825	6222	6125	6104	6184	4756	7361
镇区 Counties & Towns Area	29379	31803	31267	31080	32210	23518	40837
其中:镇乡结合区 of Which: County-town Transitional Area	12634	13374	13107	13047	13612	9150	17993
乡村 Rural Area	65270	66765	64652	64688	68841	36032	90101

条件(二)
in Primary Schools (2)

No. of Computers 计算机 Used for Instruction 其中:平板电脑 of Which: Tablet PC	教室(间)Classroom(room) 合计 Total	教室(间)Classroom(room) 其中:网络多媒体教室 of Which: Network Multimedia Classroom	教室中:普通教室(间) of Which: General Classroom 合计 Total	教室中:普通教室(间) of Which: General Classroom 其中:网络多媒体教室 of Which: Network Multimedia Classroom	固定资产总值(万元) Total Volue of Fixed Asset (10,000 yuan) 合计 Total	其中:教学仪器设备资产值 of Which: Total Volue of Equip & Instru. 小计 Subtotal	其中:实验设备 of Which: for Profession
240526	**3579732**	**1253648**	**2925677**	**1089538**	**69001782.79**	**8628911.86**	**2013445.13**
98943	791218	511757	613897	434927	24096562.24	3923491.27	694288.16
16190	169003	89290	129116	76030	4614928.44	607310.00	137117.95
75282	1057546	429699	870889	384373	22763310.61	2545674.25	661094.74
22611	388407	126513	317334	110899	6999977.96	777977.11	208604.42
66301	1730968	312192	1440891	270238	22141909.94	2159746.34	658062.22

成人小学基本情况
Basic Statistics of Adult Primary Schools by Province

单位：人(人次)
unit：person

	学校数(所) Schools	教学班(点)(个) External Teaching Sites	毕(结)业生数 Graduates 合计 Total	毕(结)业生数 Graduates 其中:女 of Which: Female	注册学生数 Enrolment 合计 Total	注册学生数 Enrolment 其中:女 of Which: Female	教职工数 Educational Personnel 合计 Total	教职工数 Educational Personnel 其中:女 of Which: Female	专任教师 Full-time Teachers 合计 Total	专任教师 Full-time Teachers 其中:女 of Which: Female	聘请校外教师 Part-time Teachers
总　计 Total	**18255**	**36420**	**1115955**	**565196**	**1164275**	**627698**	**40495**	**19181**	**21655**	**11691**	**19912**
其中:少数民族 of Which:Minority	1117	3257	60020	32734	67509	37321	3684	1446	1183	538	3302
职工小学 General Primary Schools for Staff & Workers	209	336	54040	29095	50156	27259	725	373	552	297	274
农民小学 General Primary Shools for Peasants	18046	36084	1061915	536101	1114119	600439	39770	18808	21103	11394	19638
小学班 Primary Classes	5185	12857	620378	286894	658595	333756	13629	7081	10255	5874	6195
扫盲班 Literacy Classes	12861	23227	441537	249207	455524	266683	26141	11727	10848	5520	13443

五、工读学校

Correctional Work-study Schools

工读学校基本情况

Basic Statistics of Correctional Work-study Schools

单位：人

unit：person

	学校数（所）Schools	班 数（个）Classes	离校人数 Sclools Leavers	入校人数 No. of Persons Enrolled	在校生数 Enrolment	教职工数 Educational Personnel	
						合计 Total	其中：专任教师 of Which：Full-time Teachers
总　计 Total	**79**	**368**	**3000**	**3528**	**8494**	**2820**	**1900**
其中：女 of Which：Female			459	446	1201	1010	736

六、特殊教育
Special Education

特殊教育

Basic Statistics of

	学校数（所）Schools	班　数（个）Classes	毕业生数 Graduates	招生数 Entrants				
							小学	
					合计 Total	其中:女 of Which: Female	一年级 Grade 1	二年级 Grade 2
总　计 Total	**2000**	**19894**	**49032**	**70713**	**394870**	**140408**	**48263**	**50288**
女 Female			16889	25378	140408		17183	17845
少数民族学生 Minority Students			3407	6409	31521	12607	4235	4731
寄宿生 Of the TotalBoarders			11814	21128	126840	48584	14802	15614
特殊教育学校中:寄宿生 of the Special Education Schools: Boarders			7283	15799	103300	39830	13891	14540
职业技术班 Vocational and Technical Classes			777	858	3265	956	26	12
视力残疾 Visual Impairment	31	1149	5849	6032	34082	12008	2782	3523
听力残疾 Hearing Impairment	442	7519	12595	13613	88459	36017	9102	10051
智力残疾 Intellectual Disability	445	10705	22069	37035	205661	70348	29200	29388
其他残疾 Other Disability	1082	521	8519	14033	66668	22035	7179	7326
特殊教育学校 Schools for Special Edu.		19372	20311	32648	185746	70257	27757	26135
视力残疾 Visual Impairment		1130	1392	1524	8807	3116	874	1000
听力残疾 Hearing Impariment		7473	10212	9754	68082	29279	6838	7519
智力残疾 Intellecutual Disability		10297	8292	20234	104422	36317	18975	16896
其他残疾 Other Disability		472	415	1136	4435	1545	1070	720
小学附设特教班 Classes Attached to Primary Schools		479	380	343	2919	1110	468	400
视力残疾 Visual Impairment		18	6	13	86	43	14	9
听力残疾 Hearing Impariment		39	28	45	255	94	63	34
智力残疾 Intellecutual Disability		378	337	269	2432	916	376	328
其他残疾 Other Disability		44	9	16	146	57	15	29
小学随班就读 Followers In Primary Schools			14968	19665	146779	48834	20021	23740
视力残疾 Visual Impairment			1916	1873	16314	5621	1894	2514
听力残疾 Hearing Impariment			1190	2158	14469	4711	2196	2494
智力残疾 Intellecutual Disability			8273	9673	76445	25805	9839	12156
其他残疾 Other Disability			3589	5961	39551	12697	6092	6576
初中附设特教班 Special Classes Attached to Junior High Schools		33	9	22	140	44		
视力残疾 Visual Impairment		1			1	1		
听力残疾 Hearing Impariment		6			22	6		
智力残疾 Intellecutual Disability		21	9	18	110	35		
其他残疾 Other Disability		5		4	7	2		
初中随班就读 Followers in Junior High Schools			13322	18001	59218	20138		
视力残疾 Visual Impairment			2535	2622	8874	3227		
听力残疾 Hearing Impariment			1165	1655	5626	1924		
智力残疾 Intellecutual Disability			5116	6808	22189	7253		
其他残疾 Other Disability			4506	6916	22529	7734		
其他学校附设特教班 Special Classes Attached to Other Schools		10	42	34	68	25	10	6
视力残疾 Visual Impairment								
听力残疾 Hearing Impariment		1		1	5	3	5	
智力残疾 Intellecutual Disability		9	42	33	63	22	5	6
其他残疾 Other Disability								
城区 Urban Area	964	11658	21748	25965	157129	57168	18441	17743
其中:城乡结合区 of Which: Urban-rural Transitional Area	146	1674	2900	4556	25082	8935	3650	3388
镇区 County and Town Area	920	7280	18899	30060	155784	55942	19406	20650
其中:镇乡结合区 of Which: County-town Transitional Area	301	2299	4650	8599	43682	15480	5933	6162
乡村 Rural Area	116	956	8385	14688	81957	27298	10416	11895

基本情况

Special Education

单位：人

unit：person

在校生数 Enrolment										
阶段 Primary Education				初中阶段 Junior Secondary Education				高中阶段 Senior Secondary Education		
三年级 Grade 3	四年级 Grade 4	五年级 Grade 5	六年级 Grade 6	一年级 Grade 1	二年级 Grade 2	三年级 Grade 3	四年级 Grade 4	一年级 Grade 1	二年级 Grade 2	三年级及以上 Over 3 Grade
50506	**47313**	**44670**	**42071**	**33236**	**34373**	**32485**	**1782**	**3832**	**3072**	**2979**
17832	16650	15608	14666	12059	12350	11622	614	1538	1236	1205
4134	3710	3528	3241	2760	2381	2254	25	205	159	158
15188	13557	12587	12080	12930	12185	11755	308	2240	1829	1765
13677	11836	10534	9715	8475	7453	7042	303	2240	1829	1765
17	43	39	88	139	137	138	129	967	739	791
3550	3945	3960	3993	3458	3783	3749	64	422	411	442
10269	9579	9546	8991	8109	8172	8033	348	2299	1959	2001
29215	26470	24123	22049	14435	14151	13072	1226	1097	700	535
7472	7319	7041	7038	7234	8267	7631	144	14	2	1
23878	20669	18449	16547	14923	13551	12788	1209	3804	3057	2979
781	1006	917	774	792	723	617	48	422	411	442
7610	7079	7088	6666	6428	6186	6091	318	2299	1959	2001
14913	12077	10053	8692	7461	6411	5873	782	1069	685	535
574	507	391	415	242	231	207	61	14	2	1
544	427	439	484							
19	20	10	14							
65	27	29	28							
446	348	390	400							
14	32	10	42	2						
26067	26195	25756	25000							
2749	2919	3033	3205							
2588	2468	2429	2294							
13846	14028	13655	12921							
6884	6780	6639	6580							
				20	10					
				4						
				14	10					
				2						
				18201	20773	19671	573			
				2666	3060	3132	16			
				1677	1977	1942	30			
				6870	7700	7175	444			
				6988	8036	7422	83			
5		4						28	15	
5		4						28	15	
17763	17583	16741	15813	13911	14314	14281	1484	3475	2813	2767
3125	2840	2724	2444	2044	2091	1937	93	309	245	192
20330	18321	17195	16109	14467	14783	13551	261	283	240	188
6211	5377	4819	4502	3747	3458	3037	77	157	99	103
12413	11409	10734	10149	4858	5276	4653	37	74	19	24

特殊教育学

Number of Educational Personnel

	教职 Educational		
	合计 Total	专任教师 Full-time Teachers	行政人员 Adm. Personnel
总　计 Total	**57360**	**48125**	**3532**
其中:女 of Which:Female	39452	34988	1677
少数民族 Minorities	4369	3715	278

特殊教育学校专任

Number of Full-time Teachers in Special Education

	合计 Total	按学历分 By Educational Attainment				
		研究生毕业 Graduate	本科毕业 Under-graduate	专科毕业 Associate Bachelor	高中阶段毕业 High School Graduate	高中阶段以下毕业 Below High School Graduate
总　计 Total	**48125**	**846**	**27833**	**17473**	**1912**	**61**
其中:女 of Which:Female	34988	652	20629	12603	1064	40
受过特教专业培训 Trained in Special Education	30802	604	18643	10544	993	18

特殊教育专任

Changes of Full-time Teachers in

	上学年初报表专任教师数 Number of Full-time Teachers at Beginning of Previous Academic Year	增加教师 Factors of Increase					
		合计 Total	录用毕业生 New Recruits from Current Year Graduates		调入 Teachers Recruited from Other Units	校内调整 of Which: with Change of Status in Their Own Institutions	其他 Others
			小计 Subtotal	其中:师范生 of Which: Students Enrolled in Teacher Training Institutions			
总　计 Total	**45653**	**4748**	**1563**	**1146**	**2233**	**649**	**303**
其中:女 of Which: Female	33079	3384	1292	949	1516	345	231

校教职工数
in Special Education Schools

单位：人
unit：person

工 数 Personnel		代课教师 Substitute Teachers	兼任教师 Part-time Teachers
教辅人员 Supporting Staff	工勤人员 Workers		
2215	**3488**	**1279**	**239**
1388	1399	967	122
151	225	79	8

教师学历、职称情况
Schools by Educational Attainment and Professional Rank

单位：人
unit：person

按职称分 By Professional Rank					
中学高级 Senior Secondary	小学高级 Senior Primary	小学一级 1st Grade Primary	小学二级 2nd Grade Primary	小学三级 3rd Grade Primary	未定职级 No-ranking
4573	**23828**	**13873**	**1515**	**129**	**4207**
2694	17262	10322	1166	107	3437
2603	14783	9334	981	102	2999

教师变动情况
Special Education Schools

单位：人
unit：person

减少教师 Factors of Decrease					本学年初报表专任教师数 Number of Full-time Teachers at Beginning of Current Academic Year
合计 Total	自然减员 Retired from Their Posts during Previous Academic Year	调出 Transferred from Teaching to Non-Teaching Posts	校内调整 of Which：with Change of Status in Their Own Institutions	其 他 Others	
2276	**728**	**722**	**620**	**206**	**48125**
1475	467	464	398	146	34988

特殊教育学校办学条件(一)
Condition of School Buildings in Special Education Schools (1)

单位:平方米
unit: m^2

	合计 Total
总　计 Total	**8206368**
其中:危房 of Which:Floor Space of Dilapidated Buildings	81214
当年新增校舍 New Added in Current Year	635188
一、教学及辅助用房 Teaching & Assistant Buildings	3730523
教室 Classroom Only	2101891
专用教室 Classroom	1180722
实验室 Laboratory	149066
微机室 PC-room	138877
图书室 Library	159967
二、行政办公用房 Administrative	838926
其中:教师办公室 of Which: for Teachers	476394
三、生活用房 Residential and Welfare	2376811
四、其他用房 Rooms for Other Purposes	1260108

特殊教育学校办学条件(二)
Condition of School Buildings in Special Education Schools (2)

	占地面积(平方米) Areas Occupied (m^2)			图书(册) Books & Magazines in Libraries (volume)	数字资源(GB) Digital Resources
	合计 Total	其中 of Which			
		绿化用地面积 Green Areas	运动场地面积 Sports Areas		
总　计 Total	**17987022**	**3701184**	**4287438**	**7898529**	**469308.12**

七、学前教育
Pre-primary Education

幼儿园园数、班数

Number of Kindergartens, Classes in Pre-primary Education

	园数(所) Kindergartens		班数(个) Classes
	合计 Total	其中:少数民族幼儿园 of Which: Minorities	
总　计 Total	**209881**	**4596**	**1382248**
教育部门 Run by Ed. Dept.	50716	3873	508071
其他部门办 Run by Non-ed. Dept.	1825	31	18331
地方企业 Run by Local Enterprises	1418		11329
事业单位 Run by Public Institutions	3278	32	18527
部队 Run by Army	499	1	4272
集体办 Run by Communities	12863	53	66171
民办 Non-government	139282	606	755547
城区 Urban Area	65834	352	486994
教育部门 Run by Ed. Dept.	8290	150	96239
其他部门办 Run by Non-ed. Dept.	1127	3	12782
地方企业 Run by Local Enterprises	1148		9495
事业单位 Run by Public Institutions	1016	14	7923
部队 Run by Army	474	1	4136
集体办 Run by Communities	4010	17	28330
民办 Non-government	49769	167	328089
其中:城乡结合区 of Which: Urban-rural Transitional Area	13042	65	86500
教育部门 Run by Ed. Dept.	1556	46	15549
其他部门办 Run by Non-ed. Dept.	59		585
地方企业 Run by Local Enterprises	82		584
事业单位 Run by Public Institutions	134	1	698
部队 Run by Army	15		116
集体办 Run by Communities	1775	3	10286
民办 Non-government	9421	15	58682

幼儿园园数、班数(续)
Number of Kindergartens, Classes in Pre-primary Education(Cont.)

	园数(所) Kindergartens		班数(个) Classes
	合计 Total	其中:少数民族幼儿园 of Which:Minorities	
镇区 Counties & Towns Area	71464	910	483700
教育部门 Run by Ed. Dept.	17799	614	183058
其他部门办 Run by Non-ed. Dept.	557	10	4854
地方企业 Run by Local Enterprises	223		1597
事业单位 Run by Public Institutions	921	11	5431
部队 Run by Army	10		59
集体办 Run by Communities	2737	10	17757
民办 Non-government	49217	265	270944
其中:镇乡结合区 of Which: County-town Transitional Area	22512	207	143156
教育部门 Run by Ed. Dept.	5310	150	53489
其他部门办 Run by Non-ed. Dept.	55	1	483
地方企业 Run by Local Enterprises	52		364
事业单位 Run by Public Institutions	256	1	1319
部队 Run by Army	1		6
集体办 Run by Communities	1477	7	8041
民办 Non-government	15361	48	79454
乡村 Rural Area	72583	3334	411554
教育部门 Run by Ed. Dept.	24627	3109	228774
其他部门办 Run by Non-ed. Dept.	141	18	695
地方企业 Run by Local Enterprises	47		237
事业单位 Run by Public Institutions	1341	7	5173
部队 Run by Army	15		77
集体办 Run by Communities	6116	26	20084
民办 Non-government	40296	174	156514
总计中:独立设置幼儿园 of the Total:Inde. Kinder.			1165488
附设幼儿班 Kinder. Classes Attached to School			216760

学前教育分年龄幼儿数(总计)

Number of Children in Pre-primary Education by Age (Total)

单位:人

unit: person

	入园(班)人数 Entrants	在园(班)人数 Enrolment	离园(班)人数 Leavers
总　计 Total	**19877752**	**40507145**	**15271571**
其中:女 of Which:Female	9262884	18760898	7216745
少数民族 Minorities	2005380	3469144	1548626
残疾人 Disability	7655	18293	38634
教育部门 Run by Ed. Dept.	8982442	15748614	7289865
2 岁以下 2 Years and Under	141009	149195	
3 岁 3 Years	2606390	2852481	
4 岁 4 Years	1829000	4345057	
5 岁 5 Years	3389543	6830132	1711486
6 岁及以上 6 Years and Over	1016500	1571749	5578379
其他部门 Run by Non-ed. Dept.	237609	605744	204186
2 岁以下 2 Years and Under	20240	21442	
3 岁 3 Years	127852	154347	
4 岁 4 years	41816	190682	
5 岁 5 Years	39039	211868	39657
6 岁及以上 6 Years and Over	8662	27405	164529
地方企业 Run by Local Enterprises	125344	340609	109445
2 岁以下 2 Years and Under	13593	15036	
3 岁 3 Years	68299	91612	
4 岁 4 Years	22419	109799	
5 岁 5 Years	18412	113453	22199
6 岁及以上 6 Years and Over	2621	10709	87246
事业单位 Run by Public Institutions	256819	543842	237608
2 岁以下 2 Years and Under	14667	17253	
3 岁 3 Years	82442	106533	
4 岁 4 Years	52224	157444	
5 岁 5 Years	85815	221014	49279
6 岁及以上 6 Years and Over	21671	41598	188329
部队 Run by Army	47609	139822	40243
2 岁以下 2 Years and Under	7526	7881	
3 岁 3 Years	30534	41702	
4 岁 4 Years	5140	44880	
5 岁 5 Years	4129	42641	6516
6 岁及以上 6 Years and Over	280	2718	33727
集体 Run by Communities	691324	1874733	652533
2 岁以下 2 Years and Under	37047	40875	
3 岁 3 Years	406972	485916	
4 岁 4 Years	124702	603703	
5 岁 5 Years	107845	691010	64156
6 岁及以上 6 Years and Over	14758	53229	588377
民办 Non-government	9536605	21253781	6737691
2 岁以下 2 Years and Under	757576	874882	
3 岁 3 Years	3678476	4968113	
4 岁 4 Years	2395062	6700708	
5 岁 5 Years	2328963	7713465	1647756
6 岁及以上 6 Years and Over	376528	996613	5089935

注:幼儿数包括:独立设置幼儿园和附设幼儿班的幼儿数,下同。

Note: Data on Independent Set Kindergarten and Attached Preschool are included in the number of Children. The same below.

学前教育分年龄幼儿数(城区)

Number of Children in Pre-primary Education by Age (Urban Area)

单位:人

unit: person

	入园(班)人数 Entrants	在园(班)人数 Enrolment	离园(班)人数 Leavers
总　计 Total	**5655625**	**14059534**	**4563297**
其中:女 of Which:Female	2634643	6488336	2131425
少数民族 Minorities	254435	575744	212076
残疾人 Disability	2687	7922	5577
教育部门 Run by Ed. Dept.	1474375	3281252	1256601
2 岁以下 2 Years and Under	47827	50649	
3 岁 3 Years	763978	843782	
4 岁 4 Years	207236	989439	
5 岁 5 Years	368267	1247907	249783
6 岁及以上 6 Years and Over	87067	149475	1006818
其他部门 Run by Non-ed. Dept.	154299	433595	138247
2 岁以下 2 Years and Under	16456	17581	
3 岁 3 Years	100208	122178	
4 岁 4 Years	19574	137539	
5 岁 5 Years	15918	145393	23927
6 岁及以上 6 Years and Over	2143	10904	114320
地方企业 Run by Local Enterprises	100749	283503	90374
2 岁以下 2 Years and Under	12299	13634	
3 岁 3 Years	55236	75882	
4 岁 4 Years	16957	90797	
5 岁 5 Years	14044	94292	16614
6 岁及以上 6 Years and Over	2213	8898	73760
事业单位 Run by Public Institutions	103806	256576	98780
2 岁以下 2 Years and Under	10102	10800	
3 岁 3 Years	44932	60640	
4 岁 4 Years	14272	74511	
5 岁 5 Years	28582	98093	19103
6 岁及以上 6 and Over	5918	12532	79677
部队 Run by Army	46390	135847	39094
2 岁以下 2 Years and Under	7407	7758	
3 岁 3 Years	29726	40544	
4 岁 4 Years	4940	43658	
5 岁 5 Years	4057	41361	6321
6 岁及以上 6 Years and Over	260	2526	32773
集体 Run by Communities	325145	890200	293184
2 岁以下 2 Years and Under	20764	23249	
3 岁 3 Years	197954	242869	
4 岁 4 Years	53497	283510	
5 岁 5 Years	47679	321412	30336
6 岁及以上 6 Years and Over	5251	19160	262848
民办 Non-government	3450861	8778561	2647017
2 岁以下 2 Years and Under	379002	446207	
3 岁 3 Years	1437425	2122565	
4 岁 4 Years	764413	2699004	
5 岁 5 Years	752110	3139096	502740
6 岁及以上 6 Years and Over	117911	371689	2144277

学前教育分年龄幼儿数(城乡结合区)

Number of Children in Pre-primary Education by Age (Urban-rural Transitional Area)

单位：人

unit：person

	入园(班)人数 Entrants	在园(班)人数 Enrolment	离园(班)人数 Leavers
总　计 Total	**1051667**	**2483619**	**800039**
其中:女 of Which:Female	484078	1130279	366628
少数民族 Minorities	41538	81781	31652
残疾人 Disability	463	1139	741
教育部门 Run by Ed. Dept.	250374	479746	200556
2岁以下 2 Years and Under	5519	6174	
3岁 3 Years	88706	101048	
4岁 4 Years	43257	131501	
5岁 5 Years	87262	201254	45482
6岁及以上 6 Years and Over	25630	39769	155074
其他部门 Run by Non-ed. Dept.	9094	19672	6479
2岁以下 2 Years and Under	429	439	
3岁 3 Years	4736	5438	
4岁 4 Years	1863	6296	
5岁 5 Years	1842	6819	2088
6岁及以上 6 Years and Over	224	680	4391
地方企业 Run by Local Enterprises	7891	18340	6089
2岁以下 2 Years and Under	649	677	
3岁 3 Years	3537	4832	
4岁 4 Years	1811	5907	
5岁 5 Years	1263	5696	535
6岁及以上 6 Years and Over	631	1228	5554
事业单位 Run by Public Institutions	12444	24692	10360
2岁以下 2 Years and Under	132	138	
3岁 3 Years	4512	5091	
4岁 4 Years	2536	7186	
5岁 5 Years	4639	11059	2972
6岁及以上 6 Years and Over	625	1218	7388
部队 Run by Army	1788	3672	922
2岁以下 2 Years and Under	197	199	
3岁 3 Years	854	1037	
4岁 4 Years	351	1234	
5岁 5 Years	371	1157	306
6岁及以上 6 Years and Over	15	45	616
集体 Run by Communities	112939	304879	96601
2岁以下 2 Years and Under	6241	7224	
3岁 3 Years	64563	80558	
4岁 4 Years	21840	97226	
5岁 5 Years	18423	112140	12188
6岁及以上 6 Years and Over	1872	7731	84413
民办 Non-government	657137	1632618	479032
2岁以下 2 Years and Under	57810	67985	
3岁 3 Years	271158	384367	
4岁 4 Years	157460	513264	
5岁 5 Years	146300	593721	92876
6岁及以上 6 Years and Over	24409	73281	386156

学前教育分年龄幼儿数(镇区)

Number of Children in Pre-primary Education by Age (Counties & Towns Area)

单位：人

unit: person

	入园(班)人数 Entrants	在园(班)人数 Enrolment	离园(班)人数 Leavers
总　计 Total	**7799190**	**15549049**	**5888222**
其中:女 of Which:Female	3613890	7175639	2777560
少数民族 Minorities	755716	1397315	579534
残疾人 Disability	2910	6118	15966
教育部门 Run by Ed. Dept.	3548777	6518552	2891249
2 岁以下 2 Years and Under	65333	69060	
3 岁 3 Years	1143149	1256468	
4 岁 4 Years	772257	1880698	
5 岁 5 Years	1239162	2784960	713258
6 岁及以上 6 Years and Over	328876	527366	2177991
其他部门 Run by Non-ed. Dept.	72663	152300	58283
2 岁以下 2 Years and Under	3634	3711	
3 岁 3 Years	24655	28802	
4 岁 4 Years	19369	47338	
5 岁 5 Years	19506	57856	13756
6 岁及以上 6 Years and Over	5499	14593	44527
地方企业 Run by Local Enterprises	21656	50299	16803
2 岁以下 2 Years and Under	1095	1199	
3 岁 3 Years	11833	14119	
4 岁 4 Years	4724	16783	
5 岁 5 Years	3804	16879	5119
6 岁及以上 6 Years and Over	200	1319	11684
事业单位 Run by Public Institutions	83084	166569	78817
2 岁以下 2 Years and Under	2673	4151	
3 岁 3 Years	21570	26748	
4 岁 4 Years	19785	47907	
5 岁 5 Years	29419	69918	16860
6 岁及以上 6 Years and Over	9637	17845	61957
部队 Run by Army	584	1975	505
2 岁以下 2 Years and Under	47	50	
3 岁 3 Years	451	621	
4 岁 4 Years	51	620	
5 岁 5 Years	28	652	76
6 岁及以上 6 Years and Over	7	32	429
集体 Run by Communities	203260	551563	195186
2 岁以下 2 Years and Under	9911	10604	
3 岁 3 Years	121025	139715	
4 岁 4 Years	34541	177682	
5 岁 5 Years	32215	204738	17967
6 岁及以上 6 Years and Over	5568	18824	177219
民办 Non-government	3869166	8107791	2647379
2 岁以下 2 Years and Under	268137	304597	
3 岁 3 Years	1424665	1846220	
4 岁 4 Years	1014795	2567861	
5 岁 5 Years	992119	2978471	715124
6 岁及以上 6 Years and Over	169450	410642	1932255

学前教育分年龄幼儿数(镇乡结合区)
Number of Children in Pre-primary Education by Age (County-town Transitional Area)

单位:人
unit: person

	入园(班)人数 Entrants	在园(班)人数 Enrolment	离园(班)人数 Leavers
总 计 Total	**2223799**	**4355479**	**1662360**
其中:女 of Which:Female	1030045	2008472	783526
少数民族 Minorities	148710	263101	116334
残疾人 Disability	606	1192	4222
教育部门 Run by Ed. Dept.	1010244	1723613	806312
2 岁以下 2 Years and Under	15203	16000	
3 岁 3 Years	287886	312984	
4 岁 4 Years	217601	482308	
5 岁 5 Years	387249	765297	199017
6 岁及以上 6 Years and Over	102305	147024	607295
其他部门 Run by Non-ed. Dept.	7424	17305	5914
2 岁以下 2 Years and Under	284	299	
3 岁 3 Years	3420	3764	
4 岁 4 Years	1868	5663	
5 岁 5 Years	1695	6588	1036
6 岁及以上 6 Years and Over	157	991	4878
地方企业 Run by Local Enterprises	4745	11294	3498
2 岁以下 2 Years and Under	118	156	
3 岁 3 Years	2846	3631	
4 岁 4 Years	1100	3785	
5 岁 5 Years	659	3588	598
6 岁及以上 6 Years and Over	22	134	2900
事业单位 Run by Public Institutions	17078	37893	17515
2 岁以下 2 Years and Under	500	750	
3 岁 3 Years	6029	7162	
4 岁 4 Years	4093	11449	
5 岁 5 Years	5375	16363	3783
6 岁及以上 6 Years and Over	1081	2169	13732
部队 Run by Army	44	200	59
2 岁以下 2 Years and Under			
3 岁 3 Years	39	71	
4 岁 4 Years	4	45	
5 岁 5 Years		60	
6 岁及以上 6 Years and Over	1	24	59
集体 Run by Communities	83829	230595	82265
2 岁以下 2 Years and Under	3864	4151	
3 岁 3 Years	48612	57347	
4 岁 4 Years	15186	74330	
5 岁 5 Years	13636	86155	6517
6 岁及以上 6 Years and Over	2531	8612	75748
民办 Non-government	1100435	2334579	746797
2 岁以下 2 Years and Under	75641	85228	
3 岁 3 Years	425606	547421	
4 岁 4 Years	285607	744371	
5 岁 5 Years	272025	854158	195690
6 岁及以上 6 Years and Over	41556	103401	551107

学前教育分年龄幼儿数(乡村)

Number of Children in Pre-primary Education by Age (Rural Area)

单位：人

unit: person

	入园(班)人数 Entrants	在园(班)人数 Enrolment	离园(班)人数 Leavers
总　计 Total	**6422937**	**10898562**	**4820052**
其中:女 of Which:Female	3014351	5096923	2307760
少数民族 Minorities	995229	1496085	757016
残疾人 Disability	2058	4253	17091
教育部门 Run by Ed. Dept.	3959290	5948810	3142015
2 岁以下 2 Years and Under	27849	29486	
3 岁 3 Years	699263	752231	
4 岁 4 Years	849507	1474920	
5 岁 5 Years	1782114	2797265	748445
6 岁及以上 6 Years and Over	600557	894908	2393570
其他部门 Run by Non-ed. Dept.	10647	19849	7656
2 岁以下 2 Years and Under	150	150	
3 岁 3 Years	2989	3367	
4 岁 4 Years	2873	5805	
5 岁 5 Years	3615	8619	1974
6 岁及以上 6 Years and Over	1020	1908	5682
地方企业 Run by Local Enterprises	2939	6807	2268
2 岁以下 2 Years and Under	199	203	
3 岁 3 Years	1230	1611	
4 岁 4 Years	738	2219	
5 岁 5 Years	564	2282	466
6 岁及以上 6 Years and Over	208	492	1802
事业单位 Run by Public Institutions	69929	120697	60011
2 岁以下 2 Years and Under	1892	2302	
3 岁 3 Years	15940	19145	
4 岁 4 Years	18167	35026	
5 岁 5 Years	27814	53003	13316
6 岁及以上 6 Years and Over	6116	11221	46695
部队 Run by Army	635	2000	644
2 岁以下 2 Years and Under	72	73	
3 岁 3 Years	357	537	
4 岁 4 Years	149	602	
5 岁 5 Years	44	628	119
6 岁及以上 6 Years and Over	13	160	525
集体 Run by Communities	162919	432970	164163
2 岁以下 2 Years and Under	6372	7022	
3 岁 3 Years	87993	103332	
4 岁 4 Years	36664	142511	
5 岁 5 Years	27951	164860	15853
6 岁及以上 6 Years and Over	3939	15245	148310
民办 Non-government	2216578	4367429	1443295
2 岁以下 2 Years and Under	110437	124078	
3 岁 3 Years	816386	999328	
4 岁 4 Years	615854	1433843	
5 岁 5 Years	584734	1595898	429892
6 岁及以上 6 Years and Over	89167	214282	1013403

幼儿园教

Number of Educational Personnel

	教　职 Educational	
	合　计 Total	园　长 Kindergarten Heads
总　计 Total	**3142226**	**236169**
其中:女 of Which: Female	2881166	213047
少数民族 Minorities	188406	16567
学前教育专业 Pre-primary Education Programmes	1402574	126566
教育部门 Run by Ed. Dept.	731036	48769
其他部门办 Run by Non-ed. Dept.	72675	3375
地方企业 Run by Local Enterprises	44649	2360
事业单位 Run by Public Institutions	43497	3219
部队 Run by Army	19810	875
集体办 Run by Communities	174234	12087
民办 Non-government	2056325	165484
城区 Urban Area	1578160	93164
教育部门 Run by Ed. Dept.	278116	12716
其他部门办 Run by Non-ed. Dept.	56390	2482
地方企业 Run by Local Enterprises	37505	1966
事业单位 Run by Public Institutions	28654	1574
部队 Run by Army	19309	841
集体办 Run by Communities	96306	5235
民办 Non-government	1061880	68350
其中:城乡结合区 of Which: Urban-rural Transitional Area	248294	16436
教育部门 Run by Ed. Dept.	28562	1722
其他部门办 Run by Non-ed. Dept.	2530	108
地方企业 Run by Local Enterprises	2539	144
事业单位 Run by Public Institutions	1380	134
部队 Run by Army	503	25
集体办 Run by Communities	32202	2058
民办 Non-government	180578	12245
镇区 Counties & Towns Area	1067708	81409
教育部门 Run by Ed. Dept.	316707	19453
其他部门办 Run by Non-ed. Dept.	14904	783
地方企业 Run by Local Enterprises	6252	329
事业单位 Run by Public Institutions	9338	803
部队 Run by Army	182	14
集体办 Run by Communities	44986	2763
民办 Non-government	675339	57264
其中:镇乡结合区 of Which: County-town Transitional Area	287701	24259
教育部门 Run by Ed. Dept.	67961	5198
其他部门办 Run by Non-ed. Dept.	1563	82
地方企业 Run by Local Enterprises	1486	79
事业单位 Run by Public Institutions	2143	237
部队 Run by Army	14	1
集体办 Run by Communities	18728	1355
民办 Non-government	195806	17307
乡村 Rural Area	496358	61596
教育部门 Run by Ed. Dept.	136213	16600
其他部门办 Run by Non-ed. Dept.	1381	110
地方企业 Run by Local Enterprises	892	65
事业单位 Run by Public Institutions	5505	842
部队 Run by Army	319	20
集体办 Run by Communities	32942	4089
民办 Non-government	319106	39870

职工数
in Kindergarten

单位：人
unit：person

工　　数 Personnel				代课教师 Substitute Teachers	兼任教师 Part-time Teachers
专任教师 Full-time Teachers	保健医 Health Physician	保育员 Caretaker	其　　他 Other		
1844148	**81006**	**550808**	**430095**	**165907**	**22272**
1806076	71833	537873	252337	151068	18466
122912	2805	25756	20366	8554	3178
1188883	9544	55147	22434	55559	5340
506285	12675	91715	71592	113422	9138
39794	2066	13531	13909	2659	206
24614	1217	8169	8289	1068	160
26363	1008	6813	6094	3827	1789
9853	663	3977	4442	247	179
105437	3673	28954	24083	7591	952
1131802	59704	397649	301686	37093	9848
884373	46413	300600	253610	41720	7602
182937	7005	39200	36258	24973	1977
30669	1683	10536	11020	1587	141
20671	1074	6808	6986	825	135
15894	841	5267	5078	1517	646
9564	649	3893	4362	239	177
54950	2459	18242	15420	1511	261
569688	32702	216654	174486	11068	4265
138529	6939	47584	38806	7408	1020
18947	557	4284	3052	3745	273
1466	69	408	479	95	4
1423	66	412	494	19	5
839	28	229	150	544	37
272	16	90	100	16	
18581	766	5749	5048	530	83
97001	5437	36412	29483	2459	618
659023	23738	179142	124396	83361	8784
226271	4366	39835	26782	62382	4138
8371	355	2757	2638	940	49
3479	125	1171	1148	234	25
6635	122	1069	709	1082	697
110	6	29	23	8	2
28810	768	7273	5372	2996	518
385347	17996	127008	87724	15719	3355
173493	6653	48818	34478	21257	2048
47445	928	8903	5487	13950	930
992	35	267	187	69	2
911	26	248	222	84	
1492	25	209	180	393	127
13					
12079	332	2713	2249	1518	142
110561	5307	36478	26153	5243	847
300752	10855	71066	52089	40826	5886
97077	1304	12680	8552	26067	3023
754	28	238	251	132	16
464	18	190	155	9	
3834	45	477	307	1228	446
179	8	55	57		
21677	446	3439	3291	3084	173
176767	9006	53987	39476	10306	2228

幼儿园园长、专任教师
Number of Kindergarten Heads, Full-time Teachers

	合计 Total	按学历分 By Educational Attainment				
		研究生毕业 Graduate	本科毕业 Under-graduate	专科毕业 Associate Bachelor	高中阶段毕业 High School Graduate	高中阶段以下毕业 Below High School Graduate
总　计 Total	**2080317**	**5225**	**377392**	**1117219**	**529036**	**51445**
园长 Kindergarten Heads	236169	2405	62786	127293	40048	3637
专任教师 Full-time Teachers	1844148	2820	314606	989926	488988	47808
城区 Urban Area	977537	4243	220828	544294	195493	12679
园长 Kindergarten Heads	93164	1977	32731	47490	10192	774
专任教师 Full-time Teachers	884373	2266	188097	496804	185301	11905
其中：城乡结合区 of Which：Urban-rural Transitional Area	154965	269	20639	85751	44847	3459
园长 Kindergarten Heads	16436	148	4370	9181	2547	190
专任教师 Full-time Teachers	138529	121	16269	76570	42300	3269
镇区 Counties & Towns Area	740432	767	119869	399065	200470	20261
园长 Kindergarten Heads	81409	340	20109	45774	14073	1113
专任教师 Full-time Teachers	659023	427	99760	353291	186397	19148
其中：镇乡结合区 of Which：County-town Transitional Area	197752	131	26292	103312	61291	6726
园长 Kindergarten Heads	24259	62	5282	13635	4879	401
专任教师 Full-time Teachers	173493	69	21010	89677	56412	6325
乡村 Rural Area	362348	215	36695	173860	133073	18505
园长 Kindergarten Heads	61596	88	9946	34029	15783	1750
专任教师 Full-time Teachers	300752	127	26749	139831	117290	16755

学历、职称情况

by Educational Attainment and Professional Rank

单位：人

unit：person

按职称分 By Professional Rank					
中学高级 Senior Secondary	小学高级 Senior Primary	小学一级 1st Grade Primary	小学二级 2nd Grade Primary	小学三级 3rd Grade Primary	未定职级 No-ranking
15197	**219177**	**260249**	**89337**	**15988**	**1480369**
8318	44642	26742	7310	1567	147590
6879	174535	233507	82027	14421	1332779
8650	105035	125664	42987	7894	687307
5071	18920	11226	3317	740	53890
3579	86115	114438	39670	7154	633417
578	8263	12665	4761	944	127754
340	2137	1955	691	149	11164
238	6126	10710	4070	795	116590
4995	83714	95585	32081	5724	518333
2445	15656	8193	2159	506	52450
2550	68058	87392	29922	5218	465883
1014	17034	21867	7822	1297	148718
536	4006	2520	651	120	16426
478	13028	19347	7171	1177	132292
1552	30428	39000	14269	2370	274729
802	10066	7323	1834	321	41250
750	20362	31677	12435	2049	233479

	教职工中 of Total Educational Personnel		
	共产党员 Member of C. P. C.	共青团员 Member of C. Y. L.	民主党派 Member of Dem. Parties
总　计 Total	**214608**	**577196**	**4766**
其中:女 of Which: Female	186883	565872	4429
城区 Urban Area	114463	354683	2668
其中:女 of Which: Female	104851	348795	2479
城乡结合区 Urban-rural Transitional Area	10791	55597	307
其中:女 of Which: Female	9425	54564	262
镇区 Counties & Towns Area	71729	160588	1612
其中:女 of Which: Female	61756	157485	1510
镇乡结合区 County-town Transitional Area	15328	43816	414
其中:女 of Which: Female	12671	42966	386
乡村 Rural Area	28416	61925	486
其中:女 of Which: Female	20276	59592	440

政治面貌及其他
Educational Personnel of Kindergarten

单位：人
unit：person

华　侨 Overseas Chinese	专任教师中 of Total Full-time Teachers			
	共产党员 Member of C. P. C.	共青团员 Member of C. Y. L.	民主党派 Member of Dem. Parties	华　侨 Overseas Chinese
394	**142554**	**501510**	**2435**	**208**
363	134273	496424	2392	206
243	74719	309827	1348	103
221	72693	307126	1322	102
48	6650	47213	151	19
41	6369	46859	147	19
118	50677	139361	827	83
111	47161	138138	819	82
21	10129	37604	208	7
18	9289	37373	205	7
33	17158	52322	260	22
31	14419	51160	251	22

幼儿园办学条件(一)
Condition of Kindergarten Buildings (1)

单位：平方米
unit：m^2

	合计 Total	城区 Urban Area	其中:城乡结合区 of Which: Urban-rural Transitional Area	镇区 Counties & Towns Area	其中:镇乡结合区 of Which: County-town Transitional Area	乡村 Rural Area
总　计 Total	**229985220**	**104055633**	**17598511**	**83453917**	**22727820**	**42475670**
其中:of Which :						
危房 Floor Space of Dilapidated Buildings	1099679	354677	36059	424340	80970	320662
当年新增 New Added in Current Year	13784343	4214394	828707	6418697	1650116	3151252
一、教学及辅助用房 Teaching & Assistant Buildings	159150514	71272482	11850506	58355808	15878771	29522224
活动室 Recreational	92864081	41246326	6924190	34117254	9315699	17500501
洗手间 Toilet	14766185	6669840	1112345	5369583	1477353	2726762
睡眠室 Bedroom	40342042	19241033	3038386	14544125	3837550	6556884
保健室 Health Care Room	4901369	1698547	321549	1924605	557028	1278217
图书室 Reading Room	6276837	2416736	454036	2400241	691141	1459860
二、行政办公用房 Administrative	16315158	6661728	1116843	6166489	1708779	3486941
其中:教师办公室 of Which: for Teachers	9705477	3402213	616119	3860567	1080580	2442697
三、生活用房 Residential and Welfare	24330561	10899039	2023411	8613154	2340776	4818368
其中:厨房 of Which:Kitchen	11421888	5167293	877796	3983287	1097414	2271308
四、其他用房 Rooms for Other Purposes	30188987	15222384	2607751	10318466	2799494	4648137

幼儿园办学条件(二)
Condition of Kindergarten Buildings (2)

	占地面积(平方米)Areas Occupied(m^2)			图书(册)Books & Magazines in Libraries (volume)	数字资源(GB) Digital Resources
	合计 Total	其中 of Which 绿化用地面积 Green Areas	其中 of Which 运动场地面积 Sports Areas		
总　计 Total	**431969423**	**71841030**	**144301524**	**254067994**	**39399685.22**
城区 Urban Area	153618199	27271033	52766949	116559148	25236355.69
其中:城乡结合区 of Which: Urban-rural Transitional Area	28485698	5201571	9856369	18570087	7325773.34
镇区 Counties & Towns Area	159769820	25956278	52601558	93761813	9700017.02
其中:镇乡结合区 of Which: County-town Transitional Area	46761931	7610148	15587967	25339031	3419121.93
乡村 Rural Area	118581404	18613719	38933017	43747033	4463312.52

八、各级各类学校分布情况

Geographical Distribution of Schools by Type and Level

高等教育学校(机构)数
Number of Higher Education Institutions

单位:所
unit: institution

地　区 Region	普通高校 Regular HEIs				成人高等学校 Adult HEIs		民办的其他高等教育机构 Other Non-government HEIs
	合计 Total	其中:中央部门 of Which: HEIs under Central Ministries & Agencies	本科院校 HEIs Offering Degree Programs	高职(专科)院校 Higher Vocational Colleges	合计 Total	其中:中央部门 of Which: HEIs under Central Ministries & Agencies	
总　计 Total	**2529**	**113**	**1202**	**1327**	**295**	**13**	**799**
北　京 Beijing	89	35	64	25	24	8	69
天　津 Tianjin	55	3	29	26	14		
河　北 Hebei	118	4	58	60	7	1	36
山　西 Shanxi	79		31	48	12		49
内蒙古 Inner Mongolia	50		15	35	2		
辽　宁 Liaoning	116	5	65	51	20	2	69
吉　林 Jilin	58	2	37	21	14		14
黑龙江 Heilongjiang	80	3	38	42	22		36
上　海 Shanghai	68	10	37	31	14		218
江　苏 Jiangsu	159	10	76	83	9	1	
浙　江 Zhejiang	104	2	57	47	9		21
安　徽 Anhui	118	2	44	74	6		7
福　建 Fujian	88	2	33	55	3		
江　西 Jiangxi	95		42	53	8		23
山　东 Shandong	141	2	65	76	11		86
河　南 Henan	129	1	52	77	12		46
湖　北 Hubei	123	8	67	56	14		19

高等教育学校(机构)数(续)
Number of Higher Education Institutions (Cont.)

单位:所
unit: institution

地 区 Region	普通高校 Regular HEIs				成人高等学校 Adult HEIs		民办的其他高等教育机构 Other Non-government HEIs
	合计 Total	其中:中央部门 of Which: HEIs under Central Ministries & Agencies	本科院校 HEIs Offering Degree Programs	高职(专科)院校 Higher Vocational Colleges	合计 Total	其中:中央部门 of Which: HEIs under Central Ministries & Agencies	
湖 南 Hunan	124	3	51	73	12		13
广 东 Guangdong	141	4	62	79	15		31
广 西 Guangxi	70		33	37	6		
海 南 Hainan	17		6	11	1		
重 庆 Chongqing	63	2	25	38	4		7
四 川 Sichuan	107	6	50	57	18	1	16
贵 州 Guizhou	55		26	29	4		
云 南 Yunnan	67		30	37	2		
西 藏 Tibet	6		3	3			
陕 西 Shaanxi	92	6	55	37	16		
甘 肃 Gansu	43	2	21	22	6		39
青 海 Qinghai	12		4	8	2		
宁 夏 Ningxia	18	1	8	10	1		
新 疆 Xinjiang	44		18	26	7		

高等学校(机

Number of Postgraduate Students in

地 区 Region	毕(结)业生数 Graduates				授予学位数 Degrees Awarded	招生数	
	合计 Total	其中:女 of Which: Female	博 士 Doctor's Degree	硕 士 Master's Degree		合计 Total	其中:女 of Which: Female
总 计 Total	**535863**	**272956**	**53653**	**482210**	**531478**	**621323**	**316438**
北 京 Beijing	83155	40976	16786	66369	82047	101016	48475
天 津 Tianjin	15774	8703	1656	14118	15693	17552	9894
河 北 Hebei	12131	7276	409	11722	12060	13175	7711
山 西 Shanxi	8492	4832	345	8147	8476	9141	5434
内蒙古 Inner Mongolia	5469	3226	179	5290	5421	5987	3668
辽 宁 Liaoning	28815	16082	1853	26962	28604	31240	17126
吉 林 Jilin	17003	9820	1817	15186	16999	19960	11972
黑龙江 Heilongjiang	20685	10235	1753	18932	20687	20471	10319
上 海 Shanghai	36572	18033	4516	32056	35967	43930	21369
江 苏 Jiangsu	41679	20198	4066	37613	41434	49105	23221
浙 江 Zhejiang	16535	7885	1698	14837	16462	20164	9863
安 徽 Anhui	13859	6139	1155	12704	13301	16249	7152
福 建 Fujian	10878	6135	900	9978	10710	12505	6558
江 西 Jiangxi	8122	4001	154	7968	8054	9704	4956
山 东 Shandong	23379	13107	1532	21847	23385	26545	14956
河 南 Henan	11172	6201	256	10916	11145	12805	7664
湖 北 Hubei	32261	15590	4043	28218	32193	39141	18686
湖 南 Hunan	18914	9200	1500	17414	19034	20889	10708
广 东 Guangdong	25538	12361	2837	22701	25437	29769	14890
广 西 Guangxi	8007	4208	159	7848	7974	9238	4845
海 南 Hainan	1158	636	29	1129	1151	1358	784
重 庆 Chongqing	14915	7822	889	14026	14717	16647	8895
四 川 Sichuan	24873	11585	2100	22773	23749	27817	13126
贵 州 Guizhou	4396	2282	40	4356	4480	5097	2816
云 南 Yunnan	8987	4762	355	8632	8966	10462	5671
西 藏 Tibet	290	152	6	284	288	484	266
陕 西 Shaanxi	27083	13032	1847	25236	27788	32217	15271
甘 肃 Gansu	8637	4299	600	8037	8290	9870	4974
青 海 Qinghai	821	445	8	813	734	1083	566
宁 夏 Ningxia	1362	837	25	1337	1348	1605	988
新 疆 Xinjiang	4901	2896	140	4761	4884	6097	3614

构)研究生数

Higher Education Institutions

单位：人

unit：person

Entrants		在校生数 Enrolment				预计毕业生数 Estimated Graduates for Next Year			
博　士 Doctor's Degree	硕　士 Master's Degree	合计 Total	其中:女 of Which: Female	博　士 Doctor's Degree	硕　士 Master' Degree	合计 Total	其中:女 of Which: Female	博　士 Doctor's Degree	硕　士 Master's Degree
72634	**548689**	**1847689**	**908287**	**312676**	**1535013**	**693629**	**325964**	**149190**	**544439**
21974	79042	299562	138620	87399	212163	109902	47506	36733	73169
2121	15431	51422	27686	8346	43076	19513	9903	4196	15317
571	12604	38450	22252	2535	35915	14000	7790	1351	12649
487	8654	27962	15847	2448	25514	10457	5742	1485	8972
257	5730	17278	10254	1179	16099	6338	3507	450	5888
2656	28584	92575	49226	13305	79270	38089	19852	7150	30939
2187	17773	57678	31722	9624	48054	20402	11227	5211	15191
2507	17964	61174	30205	11137	50037	23035	10870	4304	18731
6338	37592	133554	62980	27592	105962	52097	22416	13280	38817
5677	43428	150690	70023	25933	124757	58321	26812	13683	44638
2343	17821	60511	28692	10634	49877	20920	9483	4101	16819
1414	14835	46590	20300	5085	41505	15878	6636	2223	13655
1180	11325	39312	20034	5292	34020	14667	6988	2747	11920
260	9444	27660	13874	1020	26640	9625	4581	534	9091
1967	24578	74313	40834	8467	65846	26638	14245	3579	23059
468	12337	34760	20097	1530	33230	11114	6291	451	10663
4902	34239	115113	53289	21547	93566	47479	20946	11671	35808
2094	18795	66293	31973	11172	55121	26606	12067	6580	20026
3559	26210	86568	41730	14169	72399	33377	15601	6854	26523
249	8989	25888	13259	917	24971	9641	4600	453	9188
51	1307	4168	2401	193	3975	1574	843	105	1469
1258	15389	48979	24795	5474	43505	17303	8790	1877	15426
2911	24906	87867	39208	13399	74468	34522	14475	7305	27217
119	4978	14667	7852	410	14257	4804	2431	193	4611
474	9988	30980	16554	2206	28774	11233	5837	1264	9969
16	468	1428	805	25	1403	447	240	5	442
3448	28769	98756	45369	17143	81613	35730	15953	9113	26617
820	9050	29080	14170	3370	25710	10987	5303	1772	9215
27	1056	3035	1650	62	2973	1010	588	20	990
48	1557	4130	2494	111	4019	1435	848	29	1406
251	5846	17246	10092	952	16294	6485	3593	471	6014

普通高校
Number of Postgraduate Students in

地 区 Region	毕(结)业生数 Graduates				授予学位数 Degrees Awarded	招生数	
	合计 Total	其中:女 of Which: Female	博 士 Doctor's Degree	硕 士 Master's Degree		合计 Total	其中:女 of Which: Female
总 计 Total	**528797**	**270071**	**52290**	**476507**	**524588**	**613152**	**313167**
北 京 Beijing	78390	38907	15562	62828	77460	95251	46092
天 津 Tianjin	15774	8703	1656	14118	15693	17552	9894
河 北 Hebei	12098	7271	409	11689	12027	13142	7705
山 西 Shanxi	8437	4800	345	8092	8421	9084	5403
内蒙古 Inner Mongolia	5465	3226	179	5286	5417	5984	3668
辽 宁 Liaoning	28767	16070	1851	26916	28555	31195	17117
吉 林 Jilin	16980	9807	1817	15163	16976	19923	11956
黑龙江 Heilongjiang	20456	10152	1737	18719	20458	20216	10204
上 海 Shanghai	36013	17801	4469	31544	35407	43353	21114
江 苏 Jiangsu	41512	20145	4041	37471	41267	48937	23171
浙 江 Zhejiang	16465	7869	1698	14767	16392	20080	9849
安 徽 Anhui	13851	6139	1155	12696	13293	16242	7151
福 建 Fujian	10828	6107	900	9928	10660	12425	6508
江 西 Jiangxi	8122	4001	154	7968	8054	9704	4956
山 东 Shandong	23332	13082	1532	21800	23338	26495	14931
河 南 Henan	11105	6189	255	10850	11078	12749	7652
湖 北 Hubei	31992	15503	4038	27954	31924	38867	18605
湖 南 Hunan	18886	9199	1500	17386	19006	20864	10703
广 东 Guangdong	25457	12324	2830	22627	25356	29685	14847
广 西 Guangxi	8007	4208	159	7848	7974	9238	4845
海 南 Hainan	1158	636	29	1129	1151	1358	784
重 庆 Chongqing	14905	7816	889	14016	14707	16627	8884
四 川 Sichuan	24608	11483	2079	22529	23484	27544	13024
贵 州 Guizhou	4396	2282	40	4356	4480	5097	2816
云 南 Yunnan	8963	4754	354	8609	8942	10437	5667
西 藏 Tibet	290	152	6	284	288	484	266
陕 西 Shaanxi	26865	12981	1836	25029	27570	32012	15227
甘 肃 Gansu	8591	4286	597	7994	8244	9822	4960
青 海 Qinghai	821	445	8	813	734	1083	566
宁 夏 Ningxia	1362	837	25	1337	1348	1605	988
新 疆 Xinjiang	4901	2896	140	4761	4884	6097	3614

研究生数

Regular Higher Education Institutions

单位：人

unit：person

Entrants		在校生数 Enrolment				预计毕业生数 Estimated Graduates for Next Year			
博 士 Doctor's Degree	硕 士 Master's Degree	合计 Total	其中:女 of Which: Female	博 士 Doctor's Degree	硕 士 Master's Degree	合计 Total	其中:女 of Which: Female	博 士 Doctor's Degree	硕 士 Master's Degree
70713	**542439**	**1822821**	**898591**	**305833**	**1516988**	**684481**	**322733**	**146178**	**538303**
20259	74992	282237	131555	81444	200793	103457	45141	34126	69331
2121	15431	51422	27686	8346	43076	19513	9903	4196	15317
571	12571	38343	22230	2535	35808	13964	7782	1351	12613
487	8597	27787	15761	2448	25339	10399	5716	1485	8914
257	5727	17269	10253	1179	16090	6334	3506	450	5884
2652	28543	92435	49197	13296	79139	38042	19844	7147	30895
2187	17736	57577	31673	9624	47953	20374	11211	5211	15163
2483	17733	60341	29866	11008	49333	22738	10750	4248	18490
6263	37090	131806	62238	27307	104499	51410	22144	13144	38266
5656	43281	150135	69849	25823	124312	58129	26753	13643	44486
2342	17738	60267	28639	10627	49640	20858	9461	4098	16760
1414	14828	46569	20299	5085	41484	15870	6636	2223	13647
1180	11245	39145	19944	5292	33853	14600	6959	2747	11853
260	9444	27660	13874	1020	26640	9625	4581	534	9091
1967	24528	74168	40778	8467	65701	26590	14231	3579	23011
466	12283	34571	20061	1523	33048	11049	6279	451	10598
4891	33976	114260	53046	21509	92751	47204	20870	11664	35540
2093	18771	66212	31965	11170	55042	26579	12065	6580	19999
3551	26134	86300	41608	14136	72164	33281	15561	6837	26444
249	8989	25888	13259	917	24971	9641	4600	453	9188
51	1307	4168	2401	193	3975	1574	843	105	1469
1258	15369	48922	24768	5474	43448	17284	8782	1877	15407
2878	24666	86973	38880	13278	73695	34201	14399	7250	26951
119	4978	14667	7852	410	14257	4804	2431	193	4611
473	9964	30890	16535	2185	28705	11195	5830	1248	9947
16	468	1428	805	25	1403	447	240	5	442
3429	28583	98044	45214	17041	81003	35457	15901	9052	26405
814	9008	28926	14119	3346	25580	10932	5285	1761	9171
27	1056	3035	1650	62	2973	1010	588	20	990
48	1557	4130	2494	111	4019	1435	848	29	1406
251	5846	17246	10092	952	16294	6485	3593	471	6014

科研机构
Number of Postgraduate Students in

地区 Region	毕(结)业生数 Graduates				授予学位数 Degrees Awarded	招生数	
	合计 Total	其中:女 of Which: Female	博士 Doctor's Degree	硕士 Master's Degree		合计 Total	其中:女 of Which: Female
总计 Total	**7066**	**2885**	**1363**	**5703**	**6890**	**8171**	**3271**
北京 Beijing	4765	2069	1224	3541	4587	5765	2383
天津 Tianjin							
河北 Hebei	33	5		33	33	33	6
山西 Shanxi	55	32		55	55	57	31
内蒙古 Inner Mongolia	4			4	4	3	
辽宁 Liaoning	48	12	2	46	49	45	9
吉林 Jilin	23	13		23	23	37	16
黑龙江 Heilongjiang	229	83	16	213	229	255	115
上海 Shanghai	559	232	47	512	560	577	255
江苏 Jiangsu	167	53	25	142	167	168	50
浙江 Zhejiang	70	16		70	70	84	14
安徽 Anhui	8			8	8	7	1
福建 Fujian	50	28		50	50	80	50
江西 Jiangxi							
山东 Shandong	47	25		47	47	50	25
河南 Henan	67	12	1	66	67	56	12
湖北 Hubei	269	87	5	264	269	274	81
湖南 Hunan	28	1		28	28	25	5
广东 Guangdong	81	37	7	74	81	84	43
广西 Guangxi							
海南 Hainan							
重庆 Chongqing	10	6		10	10	20	11
四川 Sichuan	265	102	21	244	265	273	102
贵州 Guizhou							
云南 Yunnan	24	8	1	23	24	25	4
西藏 Tibet							
陕西 Shaanxi	218	51	11	207	218	205	44
甘肃 Gansu	46	13	3	43	46	48	14
青海 Qinghai							
宁夏 Ningxia							
新疆 Xinjiang							

研究生数
Research Institutes

单位：人
unit：person

Entrants		在校生数 Enrolment				预计毕业生数 Estimated Graduates for Next Year			
博　士 Doctor's Degree	硕　士 Master's Degree	合计 Total	其中:女 of Which: Female	博　士 Doctor's Degree	硕　士 Master's Degree	合计 Total	其中:女 of Which: Female	博　士 Doctor's Degree	硕　士 Master's Degree
1921	**6250**	**24868**	**9696**	**6843**	**18025**	**9148**	**3231**	**3012**	**6136**
1715	4050	17325	7065	5955	11370	6445	2365	2607	3838
	33	107	22		107	36	8		36
	57	175	86		175	58	26		58
	3	9	1		9	4	1		4
4	41	140	29	9	131	47	8	3	44
	37	101	49		101	28	16		28
24	231	833	339	129	704	297	120	56	241
75	502	1748	742	285	1463	687	272	136	551
21	147	555	174	110	445	192	59	40	152
1	83	244	53	7	237	62	22	3	59
	7	21	1		21	8			8
	80	167	90		167	67	29		67
	50	145	56		145	48	14		48
2	54	189	36	7	182	65	12		65
11	263	853	243	38	815	275	76	7	268
1	24	81	8	2	79	27	2		27
8	76	268	122	33	235	96	40	17	79
	20	57	27		57	19	8		19
33	240	894	328	121	773	321	76	55	266
1	24	90	19	21	69	38	7	16	22
19	186	712	155	102	610	273	52	61	212
6	42	154	51	24	130	55	18	11	44

高等教育

Number of Students Enrolled in Normal and

地 区 Region	毕(结)业生数 Graduates				授予学位数 Degrees Awarded	招生数	
	合计 Total	其中:女 of Which: Female	本 科 Normal Courses	专 科 Short-cycle Courses		合计 Total	其中:女 of Which: Female
总 计 Total	**8806000**	**4627977**	**4312837**	**4493163**	**3479743**	**9870027**	**5500394**
北 京 Beijing	245197	128933	169360	75837	128592	247035	131281
天 津 Tianjin	155650	81138	88149	67501	70860	173352	91368
河 北 Hebei	450538	255590	205216	245322	158897	441053	257754
山 西 Shanxi	237512	123629	112883	124629	86062	253830	142597
内蒙古 Inner Mongolia	161287	86542	72903	88384	51873	165433	92134
辽 宁 Liaoning	330390	166873	183342	147048	155286	345739	182008
吉 林 Jilin	223332	117786	136874	86458	103332	264605	142843
黑龙江 Heilongjiang	256587	131924	151149	105438	121209	276156	142659
上 海 Shanghai	184057	99652	120390	63667	91648	190343	104572
江 苏 Jiangsu	637579	323773	321239	316340	263975	632770	351683
浙 江 Zhejiang	367546	203659	173019	194527	139505	401120	234570
安 徽 Anhui	385841	199308	166698	219143	133287	408553	231313
福 建 Fujian	231390	122673	118287	113103	103628	269120	147985
江 西 Jiangxi	285437	134139	133280	152157	112658	349699	187166
山 东 Shandong	611668	323429	280391	331277	222458	712359	418620
河 南 Henan	582983	308108	260895	322088	214538	639347	369592
湖 北 Hubei	499905	246881	236736	263169	197693	503748	248120
湖 南 Hunan	402328	206034	190354	211974	150945	451811	248980
广 东 Guangdong	593579	326722	263037	330542	216650	799499	455459
广 西 Guangxi	250339	137310	101238	149101	78561	324171	184543
海 南 Hainan	52440	28870	27660	24780	22774	62194	34532
重 庆 Chongqing	213854	112400	104355	109499	89130	259643	145516
四 川 Sichuan	475953	256784	209683	266270	173967	565596	322305
贵 州 Guizhou	122934	65871	63337	59597	49084	182685	107221
云 南 Yunnan	200882	109501	99176	101706	73519	238403	141930
西 藏 Tibet	11910	6259	6781	5129	6003	17188	8784
陕 西 Shaanxi	339840	172705	172766	167074	150089	350763	190699
甘 肃 Gansu	148622	70078	76779	71843	62701	160086	78863
青 海 Qinghai	17722	9888	9910	7812	7984	22692	13147
宁 夏 Ningxia	38868	20693	17273	21595	12780	46837	25648
新 疆 Xinjiang	89830	50825	39677	50153	30055	114197	66502

本、专科学生数
Short-cycle Courses in Higher Education

单位：人
unit：person

Entrants		在校生数 Enrolment				预计毕业生数 Estimated Graduates for Next Year			
本 科 Normal Courses	专 科 Short-cycle Courses	合计 Total	其中:女 of Which: Female	本 科 Normal Courses	专 科 Short-cycle Courses	合计 Total	其中:女 of Which: Female	本 科 Normal Courses	专 科 Short-cycle Courses
4936561	**4933466**	**32008211**	**16942319**	**18208570**	**13799641**	**9517912**	**4798171**	**4705186**	**4812726**
176618	70417	848527	443425	647846	200681	272186	134903	185900	86286
97673	75679	579074	296676	365934	213140	172119	84892	96872	75247
233547	207506	1500090	824094	851152	648938	438365	228223	216941	221424
134667	119163	886315	476642	494084	392231	258556	133137	116704	141852
83795	81638	521132	280497	292377	228755	167291	88977	82403	84888
213662	132077	1194802	610219	787159	407643	361886	176193	199975	161911
155864	108741	813936	431467	554253	259683	246276	125655	148819	97457
161125	115031	918691	473932	608585	310106	292680	148476	173905	118775
124820	65523	675022	362223	485787	189235	199316	101438	134424	64892
345661	287109	2118600	1058310	1236156	882444	668319	321059	336247	332072
191167	209953	1263558	705951	687887	575671	393973	205917	182461	211512
197419	211134	1306873	677128	706399	600474	391700	200560	181824	209876
144100	125020	909248	482050	538326	370922	251965	128229	131366	120599
155002	194697	1114981	555005	581983	532998	301805	142205	143500	158305
325498	386861	2281939	1232713	1225268	1056671	640748	321591	309958	330790
305585	333762	2038633	1086210	1111061	927572	625380	314705	285606	339774
247635	256113	1694836	825780	973397	721439	525319	251071	257471	267848
216226	235585	1378967	720867	766775	612192	411814	203068	199382	212432
328012	471487	2421115	1340065	1171145	1249970	685046	367394	287730	397316
137201	186970	942408	524080	451381	491027	296091	148521	119218	176873
29571	32623	203246	113100	115978	87268	57973	30555	30054	27919
118677	140966	847072	451230	465720	381352	252149	125597	116724	135425
223835	341761	1731334	937868	849134	882200	534651	274265	220913	313738
85119	97566	577120	317942	326578	250542	154290	82007	73911	80379
124576	113827	780369	445339	466634	313735	209966	116896	115550	94416
10274	6914	50878	26541	32870	18008	13059	7045	7481	5578
196480	154283	1275974	653577	779241	496733	374114	174915	196719	177395
87415	72671	543842	259478	329281	214561	156949	71476	81800	75149
12447	10245	67457	36752	42248	25209	19532	10339	10930	8602
23600	23237	143380	76536	80571	62809	42928	22412	19406	23522
49290	64907	378792	216622	183360	195432	101466	56450	40992	60474

Number of Regular Students Enrolled in Normal and

地区 Region	毕(结)业生数 Graduates				授予学位数 Degrees Awarded	招生数	
	合计 Total	其中:女 of Which: Female	本科 Normal Courses	专科 Short-cycle Courses		合计 Total	其中:女 of Which: Female
总计 Total	**6593671**	**3412871**	**3413787**	**3179884**	**3338323**	**7213987**	**3993254**
北京 Beijing	149231	76581	115102	34129	113110	156928	82572
天津 Tianjin	123505	64158	73195	50310	70302	139187	73360
河北 Hebei	344518	197009	153111	191407	150645	318201	188367
山西 Shanxi	174060	93120	85406	88654	83161	205525	118654
内蒙古 Inner Mongolia	111723	59737	53455	58268	51769	115584	64771
辽宁 Liaoning	247510	126922	152303	95207	150590	273759	146000
吉林 Jilin	151779	79217	104859	46920	101113	168940	90388
黑龙江 Heilongjiang	185376	96068	119246	66130	117141	197057	102528
上海 Shanghai	132411	70961	85103	47308	83063	137985	76189
江苏 Jiangsu	478713	237747	245558	233155	234303	444886	255285
浙江 Zhejiang	253708	137560	134219	119489	131611	267874	157761
安徽 Anhui	299877	149177	133251	166626	130300	310302	172292
福建 Fujian	190144	97062	102431	87713	101708	208383	113366
江西 Jiangxi	240289	107804	111412	128877	109318	283187	145975
山东 Shandong	464076	239659	215460	248616	215907	533622	313993
河南 Henan	445252	233268	208915	236337	205186	474235	271888
湖北 Hubei	390921	192189	198066	192855	193963	393140	191597
湖南 Hunan	295911	150152	151349	144562	147686	326627	179122
广东 Guangdong	440952	229268	211422	229530	208815	535441	289754
广西 Guangxi	174050	90618	70983	103067	69580	220044	119457
海南 Hainan	44792	24065	23527	21265	22505	54540	29121
重庆 Chongqing	165817	88023	92380	73437	88408	197192	110860
四川 Sichuan	338643	178849	174616	164027	172882	386216	216162
贵州 Guizhou	98599	52692	51173	47426	48651	139429	81329
云南 Yunnan	141970	78446	74098	67872	72016	168227	100142
西藏 Tibet	9109	4492	4891	4218	4808	8802	4598
陕西 Shaanxi	277356	144869	150931	126425	148037	288268	160182
甘肃 Gansu	118697	56123	64285	54412	62204	129325	65711
青海 Qinghai	12732	6866	7150	5582	6807	15477	8559
宁夏 Ningxia	24456	13112	13282	11174	12780	32807	17638
新疆 Xinjiang	67494	37057	32608	34886	29954	82797	45633

普通本、专科学生数

Short-cycle Courses in Higher Education

单位：人
unit：person

Entrants		在校生数 Enrolment				预计毕业生数 Estimated Graduates for Next Year			
本 科 Normal Courses	专 科 Short-cycle Courses	合计 Total	其中:女 of Which: Female	本 科 Normal Courses	专 科 Short-cycle Courses	合计 Total	其中:女 of Which: Female	本 科 Normal Courses	专 科 Short-cycle Courses
3834152	**3379835**	**25476999**	**13277453**	**15410653**	**10066346**	**6998928**	**3489537**	**3701175**	**3297753**
125328	31600	604578	309541	499256	105322	160603	77860	122520	38083
81103	58084	505795	258129	329233	176562	137339	66998	79342	57997
164369	153832	1164341	641057	665836	498505	333704	177508	161591	172113
112975	92550	713218	393550	421926	291292	193765	102216	91936	101829
58523	57061	406414	215882	234824	171590	111800	58569	56653	55147
180487	93272	998281	507606	705124	293157	267464	132347	167502	99962
114189	54751	618273	326734	463349	154924	160237	84150	112006	48231
124977	72080	730614	376418	515481	215133	197460	100715	127251	70209
88424	49561	506644	269266	364679	141965	138771	71712	92992	45779
250613	194273	1698636	844472	1012643	685993	501615	240507	256398	245217
148487	119387	978216	542553	599978	378238	273040	139996	146082	126958
152276	158026	1080545	539036	605040	475505	296325	145586	143683	152642
120555	87828	748480	386810	477753	270727	203650	100130	114131	89519
126830	156357	916415	432714	497642	418773	239613	106986	117040	122573
233809	299813	1796665	956587	960951	835714	484335	238488	232438	251897
235486	238749	1679744	878141	955201	724543	471670	232014	225882	245788
203830	189310	1419699	690415	864875	554824	397135	191004	214485	182650
165350	161277	1136302	587574	665305	470997	306803	149946	158023	148780
261453	273988	1794188	943800	998186	796002	493346	251157	232597	260749
93969	126075	701913	373316	355979	345934	190998	91937	81127	109871
26035	28505	180565	96851	104704	75861	49205	25046	25969	23236
106066	91126	691555	372779	433586	257969	187554	99554	104418	83136
185041	201175	1328329	701944	749123	579206	374724	186952	183590	191134
65665	73764	460401	251116	273417	186984	118829	63208	59591	59238
96041	72186	577044	326952	379211	197833	149012	83065	91210	57802
5612	3190	33474	17374	22159	11315	9560	5078	5073	4487
168353	119915	1099613	572896	705800	393813	307346	148289	171687	135659
72771	56554	452300	219972	288351	163949	126382	58087	68865	57517
8652	6825	52907	27793	34320	18587	13962	7039	7899	6063
19001	13806	111432	58713	71616	39816	28858	14775	15701	13157
37882	44915	290418	157462	155105	135313	73823	38618	33493	40330

Number of Adult Students Enrolled in Normal and

地 区 Region	毕(结)业生数 Graduates				授予学位数 Degrees Awarded	招生数	
	合计 Total	其中:女 of Which: Female	本 科 Normal Courses	专 科 Short – cycle Courses		合计 Total	其中:女 of Which: Female
总 计 Total	**2212329**	**1215106**	**899050**	**1313279**	**141420**	**2656040**	**1507140**
北 京 Beijing	95966	52352	54258	41708	15482	90107	48709
天 津 Tianjin	32145	16980	14954	17191	558	34165	18008
河 北 Hebei	106020	58581	52105	53915	8252	122852	69387
山 西 Shanxi	63452	30509	27477	35975	2901	48305	23943
内蒙古 Inner Mongolia	49564	26805	19448	30116	104	49849	27363
辽 宁 Liaoning	82880	39951	31039	51841	4696	71980	36008
吉 林 Jilin	71553	38569	32015	39538	2219	95665	52455
黑龙江 Heilongjiang	71211	35856	31903	39308	4068	79099	40131
上 海 Shanghai	51646	28691	35287	16359	8585	52358	28383
江 苏 Jiangsu	158866	86026	75681	83185	29672	187884	96398
浙 江 Zhejiang	113838	66099	38800	75038	7894	133246	76809
安 徽 Anhui	85964	50131	33447	52517	2987	98251	59021
福 建 Fujian	41246	25611	15856	25390	1920	60737	34619
江 西 Jiangxi	45148	26335	21868	23280	3340	66512	41191
山 东 Shandong	147592	83770	64931	82661	6551	178737	104627
河 南 Henan	137731	74840	51980	85751	9352	165112	97704
湖 北 Hubei	108984	54692	38670	70314	3730	110608	56523
湖 南 Hunan	106417	55882	39005	67412	3259	125184	69858
广 东 Guangdong	152627	97454	51615	101012	7835	264058	165705
广 西 Guangxi	76289	46692	30255	46034	8981	104127	65086
海 南 Hainan	7648	4805	4133	3515	269	7654	5411
重 庆 Chongqing	48037	24377	11975	36062	722	62451	34656
四 川 Sichuan	137310	77935	35067	102243	1085	179380	106143
贵 州 Guizhou	24335	13179	12164	12171	433	43256	25892
云 南 Yunnan	58912	31055	25078	33834	1503	70176	41788
西 藏 Tibet	2801	1767	1890	911	1195	8386	4186
陕 西 Shaanxi	62484	27836	21835	40649	2052	62495	30517
甘 肃 Gansu	29925	13955	12494	17431	497	30761	13152
青 海 Qinghai	4990	3022	2760	2230	1177	7215	4588
宁 夏 Ningxia	14412	7581	3991	10421	18	14030	8010
新 疆 Xinjiang	22336	13768	7069	15267	101	31400	20869

成人本、专科学生数

Short-cycle Courses in Higher Education

单位：人

unit：person

Entrants		在校生数 Enrolment				预计毕业生数 Estimated Graduates for Next Year			
本 科 Normal Courses	专 科 Short-cycle Courses	合计 Total	其中:女 of Which: Female	本 科 Normal Courses	专 科 Short-cycle Courses	合计 Total	其中:女 of Which: Female	本 科 Normal Courses	专 科 Short-cycle Courses
1102409	**1553631**	**6531212**	**3664866**	**2797917**	**3733295**	**2518984**	**1308634**	**1004011**	**1514973**
51290	38817	243949	133884	148590	95359	111583	57043	63380	48203
16570	17595	73279	38547	36701	36578	34780	17894	17530	17250
69178	53674	335749	183037	185316	150433	104661	50715	55350	49311
21692	26613	173097	83092	72158	100939	64791	30921	24768	40023
25272	24577	114718	64615	57553	57165	55491	30408	25750	29741
33175	38805	196521	102613	82035	114486	94422	43846	32473	61949
41675	53990	195663	104733	90904	104759	86039	41505	36813	49226
36148	42951	188077	97514	93104	94973	95220	47761	46654	48566
36396	15962	168378	92957	121108	47270	60545	29726	41432	19113
95048	92836	419964	213838	223513	196451	166704	80552	79849	86855
42680	90566	285342	163398	87909	197433	120933	65921	36379	84554
45143	53108	226328	138092	101359	124969	95375	54974	38141	57234
23545	37192	160768	95240	60573	100195	48315	28099	17235	31080
28172	38340	198566	122291	84341	114225	62192	35219	26460	35732
91689	87048	485274	276126	264317	220957	156413	83103	77520	78893
70099	95013	358889	208069	155860	203029	153710	82691	59724	93986
43805	66803	275137	135365	108522	166615	128184	60067	42986	85198
50876	74308	242665	133293	101470	141195	105011	53122	41359	63652
66559	197499	626927	396265	172959	453968	191700	116237	55133	136567
43232	60895	240495	150764	95402	145093	105093	56584	38091	67002
3536	4118	22681	16249	11274	11407	8768	5509	4085	4683
12611	49840	155517	78451	32134	123383	64595	26043	12306	52289
38794	140586	403005	235924	100011	302994	159927	87313	37323	122604
19454	23802	116719	66826	53161	63558	35461	18799	14320	21141
28535	41641	203325	118387	87423	115902	60954	33831	24340	36614
4662	3724	17404	9167	10711	6693	3499	1967	2408	1091
28127	34368	176361	80681	73441	102920	66768	26626	25032	41736
14644	16117	91542	39506	40930	50612	30567	13389	12935	17632
3795	3420	14550	8959	7928	6622	5570	3300	3031	2539
4599	9431	31948	17823	8955	22993	14070	7637	3705	10365
11408	19992	88374	59160	28255	60119	27643	17832	7499	20144

高等教育网络本科、专科

Number of Web-based Students Enrolled in Normal and

地　区 Region	毕(结)业生数 Graduates				授予学位数 Degrees Awarded	招生
	合计 Total	其中:女 of Which: Female	本　科 Normal Courses	专　科 Short-cycle Courses		合计 Total
总　计 Total	**1661306**	**837942**	**586272**	**1075034**	**46816**	**2061852**
北　京 Beijing	1017020	532644	312158	704862	21993	1168112
天　津 Tianjin	22867	12396	11517	11350	528	41694
河　北 Hebei						
山　西 Shanxi						
内蒙古 Inner Mongolia						
辽　宁 Liaoning	82546	33034	38365	44181	4315	98503
吉　林 Jilin	37301	21351	16504	20797	610	72459
黑龙江 Heilongjiang	18501	7365	5683	12818	516	25790
上　海 Shanghai	49002	28220	13350	35652	837	44775
江　苏 Jiangsu	17822	9447	9297	8525	3945	26601
浙　江 Zhejiang	16203	10337	12615	3588	1113	18616
安　徽 Anhui	249	67	239	10	52	244
福　建 Fujian	22515	14018	12548	9967	459	29457
江　西 Jiangxi						
山　东 Shandong	42461	17037	19203	23258	2464	57274
河　南 Henan	19319	9588	8868	10451	1206	41766
湖　北 Hubei	57247	22364	20007	37240	2783	69785
湖　南 Hunan	23913	13237	9262	14651	583	30556
广　东 Guangdong	28423	17720	12037	16386	744	33966
广　西 Guangxi						
海　南 Hainan						
重　庆 Chongqing	57257	24420	24370	32887	742	80081
四　川 Sichuan	88799	34062	33562	55237	1929	129099
贵　州 Guizhou						
云　南 Yunnan						
西　藏 Tibet						
陕　西 Shaanxi	46904	23791	20431	26473	1997	71517
甘　肃 Gansu	12957	6844	6256	6701		21557
青　海 Qinghai						
宁　夏 Ningxia						
新　疆 Xinjiang						

生学生数

Short-cycle Courses in Higher Education

单位：人
unit：person

数 Entrants			在校生数 Enrolment			
其中:女 of Which: Female	本 科 Normal Courses	专 科 Short-cycle Courses	合计 Total	其中:女 of Which: Female	本 科 Normal Courses	专 科 Short-cycle Courses
1003086	**781445**	**1280407**	**6314472**	**3080818**	**2287010**	**4027462**
581996	378681	789431	4244396	2108499	1345473	2898923
21566	21405	20289	89954	48123	42640	47314
43801	51958	46545	266157	113949	142276	123881
40456	34446	38013	147784	81016	70633	77151
9837	8430	17360	56728	20933	19878	36850
26011	13361	31414	122464	65021	33142	89322
14394	14533	12068	61523	32044	35743	25780
10992	13858	4758	49236	28862	36462	12774
47	233	11	2113	684	1179	934
15881	14909	14548	64345	35349	33942	30403
23786	26833	30441	137231	57487	64090	73141
19134	17901	23865	101445	53217	44697	56748
30493	25566	44219	189320	75409	71397	117923
16103	13929	16627	68681	35046	29215	39466
21773	15682	18284	99395	58560	44811	54584
31607	34711	45370	153962	61179	69168	84794
49226	55957	73142	266622	110845	116565	150057
33683	30078	41439	139617	64050	60159	79458
12300	8974	12583	53499	30545	25540	27959

综合大学本科、专科生
Number of Students of

地 区 Region	毕(结)业生数 Graduates			招生数 Entrants		
	合计 Total	本 科 Normal Courses	专 科 Short-cycle Courses	合计 Total	本 科 Normal Courses	专 科 Short-cycle Courses
总 计 Total	**1773424**	**955119**	**818305**	**1949830**	**1048929**	**900901**
北 京 Beijing	18989	15341	3648	17607	15653	1954
天 津 Tianjin	33761	11253	22508	36565	13020	23545
河 北 Hebei	63122	24349	38773	56506	26719	29787
山 西 Shanxi	50679	23951	26728	48622	29831	18791
内蒙古 Inner Mongolia	47468	27024	20444	49965	31653	18312
辽 宁 Liaoning	41645	19383	22262	40762	23300	17462
吉 林 Jilin	27058	24832	2226	28396	26113	2283
黑龙江 Heilongjiang	50080	30012	20068	54960	32567	22393
上 海 Shanghai	13333	12035	1298	11794	11557	237
江 苏 Jiangsu	80766	66492	14274	74408	68772	5636
浙 江 Zhejiang	95631	38898	56733	101656	42138	59518
安 徽 Anhui	30871	21206	9665	33525	24704	8821
福 建 Fujian	64768	40623	24145	70321	45212	25109
江 西 Jiangxi	89492	37581	51911	106209	42259	63950
山 东 Shandong	226285	97299	128986	266878	103639	163239
河 南 Henan	62378	45695	16683	59157	49238	9919
湖 北 Hubei	43250	39012	4238	42007	39309	2698
湖 南 Hunan	131808	77760	54048	144277	83154	61123
广 东 Guangdong	209035	86815	122220	258743	110023	148720
广 西 Guangxi	46700	25852	20848	54488	28520	25968
海 南 Hainan	18847	15288	3559	21102	16062	5040
重 庆 Chongqing	45453	27725	17728	50024	30016	20008
四 川 Sichuan	111266	47380	63886	127393	47451	79942
贵 州 Guizhou	32986	16367	16619	46087	15954	30133
云 南 Yunnan	28142	17555	10587	30719	19976	10743
西 藏 Tibet	3694	1833	1861	3286	2008	1278
陕 西 Shaanxi	54953	30496	24457	55470	31550	23920
甘 肃 Gansu	24644	13806	10838	25946	15544	10402
青 海 Qinghai	3645	3241	404	5415	4470	945
宁 夏 Ningxia	6859	4444	2415	8065	5887	2178
新 疆 Xinjiang	15816	11571	4245	19477	12630	6847

学生数
Comprehensive Universities

单位：人
unit：person

在校生数 Enrolment			预计毕业生数 Estimated Graduates for Next Year		
合计 Total	本 科 Normal Courses	专 科 Short-cycle Courses	合计 Total	本 科 Normal Courses	专 科 Short-cycle Courses
6921922	**4261823**	**2660099**	**1913781**	**1042828**	**870953**
73410	64778	8632	20244	16383	3861
126108	52393	73715	38110	12292	25818
208914	107070	101844	63338	25849	37489
192411	117986	74425	56928	26767	30161
181979	123563	58416	47845	28672	19173
148343	88827	59516	42488	21152	21336
114732	107830	6902	28443	26379	2064
196975	131563	65412	53418	32327	21091
52760	51048	1712	15391	14154	1237
309804	278143	31661	83704	70422	13282
357824	171169	186655	104352	42411	61941
122978	97239	25739	31779	23434	8345
257733	185259	72474	69172	46414	22758
340264	170001	170263	88921	40398	48523
864521	423485	441036	234034	104583	129451
240978	199233	41745	63861	46304	17557
180625	170993	9632	47406	43424	3982
517305	339426	177879	138940	82038	56902
860464	423600	436864	244351	99836	144515
180015	113286	66729	48463	28263	20200
78889	65857	13032	20475	16509	3966
181910	124565	57345	50020	31399	18621
426430	197514	228916	125740	50483	75257
150287	72402	77885	44292	18483	25809
115660	85219	30441	30884	22022	8862
13266	8196	5070	4032	1835	2197
217707	139551	78156	63580	36111	27469
88901	58296	30605	24219	13316	10903
18891	17946	945	3916	3916	
29515	22812	6703	7952	5494	2458
72323	52573	19750	17483	11758	5725

高等理工院校本科、

Number of Students of Institutions

地 区 Region	毕(结)业生数 Graduates			招生数	
	合计 Total	本 科 Normal Courses	专 科 Short-cycle Courses	合计 Total	本 科 Normal Courses
总 计 Total	**2413116**	**1075426**	**1337690**	**2643219**	**1208324**
北 京 Beijing	63071	48265	14806	66092	53150
天 津 Tianjin	46644	28555	18089	54194	31884
河 北 Hebei	130496	58477	72019	125801	61678
山 西 Shanxi	53467	26969	26498	65202	33834
内蒙古 Inner Mongolia	31945	5371	26574	32682	5264
辽 宁 Liaoning	113539	77335	36204	130474	89926
吉 林 Jilin	56287	29776	26511	64141	32266
黑龙江 Heilongjiang	52694	35388	17306	56108	37792
上 海 Shanghai	55218	35369	19849	57618	36522
江 苏 Jiangsu	265919	106438	159481	249841	109338
浙 江 Zhejiang	65989	39793	26196	68666	43571
安 徽 Anhui	130330	41005	89325	137746	50153
福 建 Fujian	54924	28494	26430	60743	33207
江 西 Jiangxi	76835	38522	38313	95888	45131
山 东 Shandong	110679	48654	62025	130858	55202
河 南 Henan	205655	72331	133324	220038	81180
湖 北 Hubei	243807	96272	147535	249698	97800
湖 南 Hunan	85906	36760	49146	94409	38188
广 东 Guangdong	105898	33588	72310	126060	44420
广 西 Guangxi	56303	16766	39537	74963	26179
海 南 Hainan	5567		5567	8961	
重 庆 Chongqing	57506	21937	35569	75171	25722
四 川 Sichuan	111569	55487	56082	129929	62331
贵 州 Guizhou	11841		11841	21352	3026
云 南 Yunnan	29440	8683	20757	32130	9814
西 藏 Tibet					
陕 西 Shaanxi	121202	66862	54340	128875	75374
甘 肃 Gansu	41208	15389	25819	46068	18094
青 海 Qinghai	2705		2705	3089	
宁 夏 Ningxia	6552	2725	3827	9745	5606
新 疆 Xinjiang	19920	215	19705	26677	1672

专科生学生数
of Science & Technology

单位：人
unit:person

Entrants	在校生数 Enrolment			预计毕业生数 Estimated Graduates for Next Year		
专 科 Short-cycle Courses	合计 Total	本 科 Normal Courses	专 科 Short-cycle Courses	合计 Total	本 科 Normal Courses	专 科 Short-cycle Courses
1434895	**9019127**	**4799710**	**4219417**	**2536143**	**1164635**	**1371508**
12942	257633	211675	45958	68399	51750	16649
22310	194313	126773	67540	52299	31041	21258
64123	446878	249181	197697	126827	61228	65599
31368	211310	122910	88400	55778	27428	28350
27418	100630	21944	78686	30506	5611	24895
40548	473721	352047	121674	125828	85533	40295
31875	217782	129232	88550	58435	31485	26950
18316	206325	152042	54283	55738	38010	17728
21096	212241	151879	60362	58483	39315	19168
140503	925316	438409	486907	285008	112976	172032
25095	252948	174406	78542	69424	43068	26356
87593	443218	188225	254993	124285	43734	80551
27536	215425	130631	84794	58903	30908	27995
50757	299113	173509	125604	75736	40526	35210
75656	428174	221571	206603	115053	53427	61626
138858	732878	325801	407077	212658	77392	135266
151898	853331	417162	436169	244259	103897	140362
56221	312856	152424	160432	87253	38045	49208
81640	404385	167160	237225	114507	37586	76921
48784	226852	93156	133696	63480	20290	43190
8961	21184		21184	6098		6098
49449	240489	104136	136353	69452	25089	44363
67598	440838	249574	191264	124893	61883	63010
18326	51517	5885	45632	14573		14573
22316	102224	38440	63784	28701	9172	19529
53501	481518	309832	171686	133001	75372	57629
27974	149691	69493	80198	44338	16350	27988
3089	9440		9440	3199		3199
4139	30681	18528	12153	7616	3369	4247
25005	76216	3685	72531	21413	150	21263

高等农业院校本科、
Number of Students of

地 区 Region	毕(结)业生数 Graduates			招生数	
	合计 Total	本 科 Normal Courses	专 科 Short-cycle Courses	合计 Total	本 科 Normal Courses
总 计 Total	**258312**	**154288**	**104024**	**280497**	**173629**
北 京 Beijing	6414	4674	1740	5989	4368
天 津 Tianjin	3171	2563	608	3069	2617
河 北 Hebei	11605	8258	3347	10196	8593
山 西 Shanxi	7145	6672	473	9343	8772
内蒙古 Inner Mongolia	7772	6819	953	7925	6872
辽 宁 Liaoning	10361	5030	5331	12171	6922
吉 林 Jilin	10859	7880	2979	12403	8750
黑龙江 Heilongjiang	19258	9898	9360	22573	11039
上 海 Shanghai	4435	2967	1468	4073	2921
江 苏 Jiangsu	19227	4037	15190	16364	4406
浙 江 Zhejiang	4791	3309	1482	5386	3623
安 徽 Anhui	4619	4619		4211	4211
福 建 Fujian	11043	5706	5337	11774	5927
江 西 Jiangxi	6975	4440	2535	7625	4827
山 东 Shandong	16984	12320	4664	21144	15703
河 南 Henan	22666	5837	16829	26485	9071
湖 北 Hubei	4333	4333		4613	4613
湖 南 Hunan	9095	6533	2562	9648	6384
广 东 Guangdong	19859	19138	721	22270	22270
广 西 Guangxi	6585		6585	7929	
海 南 Hainan					
重 庆 Chongqing					
四 川 Sichuan	11939	8338	3601	12067	8643
贵 州 Guizhou					
云 南 Yunnan	7381	3405	3976	8795	4596
西 藏 Tibet	1583	1237	346	1429	1199
陕 西 Shaanxi	11103	5281	5822	11311	5289
甘 肃 Gansu	7893	3851	4042	8615	4261
青 海 Qinghai	789		789	863	
宁 夏 Ningxia					
新 疆 Xinjiang	10427	7143	3284	12226	7752

专科生学生数
Institutions of Agriculture

单位：人
unit：person

Entrants	在校生数 Enrolment			预计毕业生数 Estimated Graduates for Next Year		
专 科 Short-cycle Courses	合计 Total	本 科 Normal Courses	专 科 Short-cycle Courses	合计 Total	本 科 Normal Courses	专 科 Short-cycle Courses
106868	**1004628**	**682057**	**322571**	**270392**	**163147**	**107245**
1621	23143	17801	5342	6371	4466	1905
452	12641	10986	1655	3618	2976	642
1603	41773	34226	7547	11613	8500	3113
571	38030	36171	1859	8865	8199	666
1053	31346	27984	3362	8254	7163	1091
5249	43135	25069	18066	11813	5646	6167
3653	44778	35376	9402	11334	8468	2866
11534	79974	46784	33190	22332	11915	10417
1152	15481	12087	3394	4137	3009	1128
11958	56314	17627	38687	17396	4141	13255
1763	20348	14456	5892	5552	3540	2012
	18580	18580		4976	4976	
5847	40349	22962	17387	11243	5526	5717
2798	24762	18607	6155	6130	4346	1784
5441	73858	59643	14215	16850	13392	3458
17414	80556	29733	50823	24250	6053	18197
	18670	18670		4482	4482	
3264	35010	25839	9171	9425	6548	2877
	84264	83130	1134	20036	19312	724
7929	21871		21871	6472		6472
3424	43265	32271	10994	11288	7495	3793
4199	29532	17196	12336	7912	4204	3708
230	5380	4602	778	1547	1298	249
6022	40384	21827	18557	11763	5466	6297
4354	30437	16963	13474	9480	4342	5138
863	3040		3040	1061		1061
4474	47707	33467	14240	12192	7684	4508

高等林业院校本科、

Number of Students of

地　区 Region	毕(结)业生数 Graduates			招生数	
	合计 Total	本　科 Normal Courses	专　科 Short-cycle Courses	合计 Total	本　科 Normal Courses
总　计 Total	**48511**	**26418**	**22093**	**54134**	**28240**
北　京 Beijing	3187	3187		3296	3296
天　津 Tianjin					
河　北 Hebei					
山　西 Shanxi	1652		1652	1546	
内蒙古 Inner Mongolia					
辽　宁 Liaoning	1567		1567	2126	
吉　林 Jilin					
黑龙江 Heilongjiang	8332	4591	3741	8254	4631
上　海 Shanghai					
江　苏 Jiangsu	6448	6448		6668	6668
浙　江 Zhejiang	3381	3381		3524	3524
安　徽 Anhui	1068		1068	1146	
福　建 Fujian	1761		1761	1891	
江　西 Jiangxi	2072		2072	2765	
山　东 Shandong					
河　南 Henan				482	
湖　北 Hubei	2378		2378	3505	
湖　南 Hunan	6162	5438	724	6478	5890
广　东 Guangdong					
广　西 Guangxi	1924		1924	2432	
海　南 Hainan					
重　庆 Chongqing					
四　川 Sichuan					
贵　州 Guizhou					
云　南 Yunnan	5539	3373	2166	6654	4231
西　藏 Tibet					
陕　西 Shaanxi					
甘　肃 Gansu	2833		2833	3092	
青　海 Qinghai					
宁　夏 Ningxia	207		207	275	
新　疆 Xinjiang					

专科生学生数

Institutions of Forestry

单位：人

unit：person

Entrants	在校生数 Enrolment			预计毕业生数 Estimated Graduates for Next Year		
专 科 Short-cycle Courses	合计 Total	本 科 Normal Courses	专 科 Short-cycle Courses	合计 Total	本 科 Normal Courses	专 科 Short-cycle Courses
25894	**186565**	**112638**	**73927**	**50157**	**27541**	**22616**
	13235	13235		3269	3269	
1546	5327		5327	1998		1998
2126	6244		6244	2215		2215
3623	30220	18854	11366	8075	4569	3506
	26655	26655		6728	6728	
	14222	14222		3468	3468	
1146	3139		3139	959		959
1891	6420		6420	2135		2135
2765	7369		7369	2114		2114
482	744		744			
3505	9752		9752	2651		2651
588	25235	23348	1887	6337	5623	714
2432	5936		5936	1372		1372
2423	22656	16324	6332	5725	3884	1841
3092	8731		8731	2906		2906
275	680		680	205		205

高等医药院校本科、

Number of Students of Institutions

地 区 Region	毕(结)业生数 Graduates			招生数	
	合计 Total	本 科 Normal Courses	专 科 Short-cycle Courses	合计 Total	本 科 Normal Courses
总 计 Total	**379931**	**187643**	**192288**	**420599**	**215707**
北 京 Beijing	2722	1907	815	3781	2373
天 津 Tianjin	7427	3836	3591	8690	4413
河 北 Hebei	30660	10046	20614	27865	10385
山 西 Shanxi	10136	7043	3093	13466	8981
内蒙古 Inner Mongolia	4146	2194	1952	3739	2322
辽 宁 Liaoning	16965	11980	4985	21482	16866
吉 林 Jilin	8214	3687	4527	9321	3526
黑龙江 Heilongjiang	12933	8346	4587	14072	9004
上 海 Shanghai	3377	842	2535	4106	740
江 苏 Jiangsu	17072	10373	6699	19099	11907
浙 江 Zhejiang	12041	5931	6110	12622	6520
安 徽 Anhui	21528	9929	11599	23013	11900
福 建 Fujian	12181	4833	7348	15440	5404
江 西 Jiangxi	12192	5697	6495	13418	6336
山 东 Shandong	41301	18441	22860	42383	18009
河 南 Henan	29374	8926	20448	28110	7426
湖 北 Hubei	10259	5960	4299	9825	6057
湖 南 Hunan	18315	7926	10389	19849	8569
广 东 Guangdong	21945	16940	5005	24466	17223
广 西 Guangxi	12695	6235	6460	16991	9993
海 南 Hainan	2417	1442	975	2585	1483
重 庆 Chongqing	10770	3739	7031	11916	4035
四 川 Sichuan	16523	10375	6148	18570	11873
贵 州 Guizhou	14234	7576	6658	21497	11849
云 南 Yunnan	9846	4584	5262	13973	6962
西 藏 Tibet	270	123	147	267	267
陕 西 Shaanxi	9776	4459	5317	8632	5733
甘 肃 Gansu	3824	1539	2285	4480	1944
青 海 Qinghai	951		951	765	
宁 夏 Ningxia	1304	911	393	1466	1050
新 疆 Xinjiang	4533	1823	2710	4710	2557

专科生学生数
of Medicine & Pharmacy

单位：人

unit: person

Entrants	在校生数 Enrolment			预计毕业生数 Estimated Graduates for Next Year		
专 科 Short-cycle Courses	合计 Total	本 科 Normal Courses	专 科 Short-cycle Courses	合计 Total	本 科 Normal Courses	专 科 Short-cycle Courses
204892	**1594929**	**966080**	**628849**	**405563**	**200510**	**205053**
1408	14123	10165	3958	3169	1861	1308
4277	32431	19490	12941	8362	4207	4155
17480	106290	49593	56697	28857	10632	18225
4485	47038	34971	12067	10363	6534	3829
1417	16294	10788	5506	4545	2496	2049
4616	86665	71000	15665	18438	13196	5242
5795	32584	16175	16409	8810	3510	5300
5068	58228	42316	15912	13902	8678	5224
3366	13520	3706	9814	3851	960	2891
7192	71903	50393	21510	18335	11238	7097
6102	48635	28722	19913	13076	6372	6704
11113	87750	53823	33927	21118	10585	10533
10036	52363	23458	28905	13297	4790	8507
7082	49569	28360	21209	12810	6134	6676
24374	168372	90793	77579	46001	20332	25669
20684	107756	42251	65505	32864	9845	23019
3768	41237	29430	11807	10474	6318	4156
11280	71897	36958	34939	18463	7350	11113
7243	93850	74667	19183	23062	17505	5557
6998	61641	39692	21949	14359	7245	7114
1102	10088	6968	3120	2541	1515	1026
7881	43819	20674	23145	11975	4422	7553
6697	75186	52191	22995	18472	10311	8161
9648	72095	47831	24264	15757	8399	7358
7011	48351	29109	19242	11461	6061	5400
	1059	1059		159	159	
2899	37765	25506	12259	10011	4949	5062
2536	15423	8642	6781	3949	1694	2255
765	2298		2298	916		916
416	6462	5212	1250	1569	1162	407
2153	20237	12137	8100	4597	2050	2547

高等师范院校本科、

Number of Students of

地 区 Region	毕(结)业生数 Graduates			招生数	
	合计 Total	本 科 Normal Courses	专 科 Short-cycle Courses	合计 Total	本 科 Normal Courses
总 计 Total	**690351**	**495195**	**195156**	**704481**	**538993**
北 京 Beijing	4646	4544	102	5597	5300
天 津 Tianjin	9846	9037	809	10083	9545
河 北 Hebei	54715	31086	23629	46479	31857
山 西 Shanxi	21127	12441	8686	25931	15931
内蒙古 Inner Mongolia	10942	7768	3174	11138	7995
辽 宁 Liaoning	20715	11647	9068	21259	13355
吉 林 Jilin	22725	19379	3346	24285	21004
黑龙江 Heilongjiang	19042	15605	3437	18257	13633
上 海 Shanghai	9256	8742	514	8419	8319
江 苏 Jiangsu	49290	32686	16604	35026	28757
浙 江 Zhejiang	23112	20711	2401	24120	22582
安 徽 Anhui	57492	46191	11301	54718	49330
福 建 Fujian	21896	16286	5610	21653	18830
江 西 Jiangxi	23692	16162	7530	22551	16691
山 东 Shandong	20479	15261	5218	22814	17432
河 南 Henan	64551	52824	11727	71742	56014
湖 北 Hubei	24325	14258	10067	23548	14655
湖 南 Hunan	11868	8978	2890	13924	11381
广 东 Guangdong	25494	19843	5651	27309	23231
广 西 Guangxi	19600	12388	7212	23013	15189
海 南 Hainan	6532	3891	2641	6843	4530
重 庆 Chongqing	14204	10946	3258	16017	14011
四 川 Sichuan	43324	28953	14371	46682	29654
贵 州 Guizhou	24416	18680	5736	28705	21758
云 南 Yunnan	24421	13754	10667	26440	17987
西 藏 Tibet	833		833	882	
陕 西 Shaanxi	30849	20715	10134	30720	24391
甘 肃 Gansu	16217	11887	4330	18232	14395
青 海 Qinghai	2267	1866	401	2833	2052
宁 夏 Ningxia	1414	1102	312	2624	1595
新 疆 Xinjiang	11061	7564	3497	12637	7589

专科生学生数

Institutions of Teachers

单位：人
unit: person

Entrants	在校生数 Enrolment			预计毕业生数 Estimated Graduates for Next Year		
专科 Short-cycle Courses	合计 Total	本科 Normal Courses	专科 Short-cycle Courses	合计 Total	本科 Normal Courses	专科 Short-cycle Courses
165488	**2723895**	**2163329**	**560566**	**717476**	**524045**	**193431**
297	20663	20197	466	4997	4829	168
538	42111	40079	2032	10368	9645	723
14622	180191	129235	50956	51747	32583	19164
10000	89766	57122	32644	23538	12536	11002
3143	41889	32315	9574	11127	8003	3124
7904	77075	52581	24494	21643	13298	8345
3281	95415	84706	10709	24129	20723	3406
4624	72722	59142	13580	19969	15678	4291
100	35636	34541	1095	9286	8803	483
6269	158079	119610	38469	47740	30848	16892
1538	97445	91838	5607	24701	22627	2074
5388	226467	198108	28359	60630	49258	11372
2823	87745	74796	12949	23296	17632	5664
5860	87514	65306	22208	23633	15605	8028
5382	85715	68606	17109	21905	17026	4879
15728	274517	229579	44938	69134	55941	13193
8893	89299	60805	28494	25073	15361	9712
2543	50066	42002	8064	11095	8737	2358
4078	104190	89940	14250	26176	21173	5003
7824	82965	59755	23210	22271	14887	7384
2313	25054	17211	7843	7047	4176	2871
2006	63571	53255	10316	15392	11647	3745
17028	167047	116826	50221	44556	28600	15956
6947	111648	94200	17448	26853	21604	5249
8453	93270	67086	26184	23793	15358	8435
882	2689		2689	869		869
6329	123985	98449	25536	31549	22102	9447
3837	71753	59957	11796	18619	14419	4200
781	10025	8243	1782	2542	1982	560
1029	7897	6018	1879	1797	1379	418
5048	47486	31821	15665	12001	7585	4416

高等语文院校本科、
Number of Students of Institutions

地区 Region	毕(结)业生数 Graduates			招生数	
	合计 Total	本科 Normal Courses	专科 Short-cycle Courses	合计 Total	本科 Normal Courses
总计 Total	**103101**	**51355**	**51746**	**121281**	**67778**
北京 Beijing	10772	7904	2868	11489	8569
天津 Tianjin	4293	3424	869	5062	3471
河北 Hebei	7296		7296	7886	1452
山西 Shanxi	5509		5509	7613	1667
内蒙古 Inner Mongolia	63		63	78	
辽宁 Liaoning	3539	3171	368	3336	3336
吉林 Jilin	4397	4397		5111	5111
黑龙江 Heilongjiang	1915	1915		2382	2382
上海 Shanghai	5160	1497	3663	6229	1520
江苏 Jiangsu					
浙江 Zhejiang	7235	5886	1349	9679	9016
安徽 Anhui	4193		4193	5228	1573
福建 Fujian	2189		2189	2191	
江西 Jiangxi					
山东 Shandong	2015		2015	4541	
河南 Henan					
湖北 Hubei	3089	1688	1401	1905	1905
湖南 Hunan	9567	1243	8324	10903	2419
广东 Guangdong	6768	6768		7519	7519
广西 Guangxi	2929		2929	4263	2063
海南 Hainan	908		908	1026	
重庆 Chongqing	5778	5250	528	6472	6472
四川 Sichuan	3179	2644	535	5002	2372
贵州 Guizhou					
云南 Yunnan				727	
西藏 Tibet					
陕西 Shaanxi	9131	5568	3563	9617	6931
甘肃 Gansu	3176		3176	3022	
青海 Qinghai					
宁夏 Ningxia					
新疆 Xinjiang					

专科生学生数

of Languages & Literatures

单位：人

unit：person

Entrants	在校生数 Enrolment			预计毕业生数 Estimated Graduates for Next Year		
专科 Short-cycle Courses	合计 Total	本科 Normal Courses	专科 Short-cycle Courses	合计 Total	本科 Normal Courses	专科 Short-cycle Courses
53503	**412082**	**259164**	**152918**	**107383**	**58734**	**48649**
2920	42853	34216	8637	11595	8680	2915
1591	18035	14264	3771	4333	3498	835
6434	23248	3879	19369	6403		6403
5946	20894	2674	18220	6596		6596
78	218		218	62		62
	14265	13735	530	3690	3398	292
	20387	20387		4753	4753	
	9211	9211		2265	2265	
4709	18094	6027	12067	4917	1460	3457
663	35398	33387	2011	7527	6887	640
3655	14019	4474	9545	3067	473	2594
2191	7228		7228	2284		2284
4541	9960		9960	2098		2098
	8973	7761	1212	3052	1848	1204
8484	33630	8887	24743	9741	1801	7940
	29078	29078		7173	7173	
2200	12124	5514	6610	2971	652	2319
1026	3176		3176	1120		1120
	26104	26104		6094	6094	
2630	15533	10461	5072	3560	2713	847
727	1384		1384	224		224
2686	39280	29105	10175	10746	7039	3707
3022	8990		8990	3112		3112

高等财经院校本科、

Number of Students of Institutions

地区 Region	毕(结)业生数 Graduates			招生数	
	合计 Total	本科 Normal Courses	专科 Short-cycle Courses	合计 Total	本科 Normal Courses
总计 Total	**627185**	**306501**	**320684**	**708136**	**361497**
北京 Beijing	21198	14049	7149	22402	14959
天津 Tianjin	13330	11289	2041	14536	11913
河北 Hebei	25583	14777	10806	23992	16281
山西 Shanxi	18871	8330	10541	26569	13959
内蒙古 Inner Mongolia	8861	4279	4582	9128	4417
辽宁 Liaoning	18499	9002	9497	20372	10785
吉林 Jilin	11745	8587	3158	13473	9903
黑龙江 Heilongjiang	16607	12145	4462	15511	12425
上海 Shanghai	30547	16196	14351	34783	18946
江苏 Jiangsu	27819	11460	16359	29771	11083
浙江 Zhejiang	33457	13462	19995	34769	14553
安徽 Anhui	42785	10301	32484	44426	10405
福建 Fujian	18169	5846	12323	21059	10630
江西 Jiangxi	22928	8358	14570	23688	9069
山东 Shandong	32952	16100	16852	31274	14261
河南 Henan	47028	22621	24407	57854	30968
湖北 Hubei	35882	19624	16258	33725	21678
湖南 Hunan	14664	6110	8554	17121	7442
广东 Guangdong	42056	23539	18517	57031	31561
广西 Guangxi	15018	3693	11325	19662	3983
海南 Hainan	9211	2906	6305	12373	3960
重庆 Chongqing	24826	16844	7982	29174	18815
四川 Sichuan	15800	5330	10470	16889	4876
贵州 Guizhou	7927	3641	4286	14513	7577
云南 Yunnan	26172	14272	11900	35867	22340
西藏 Tibet	250		250	261	117
陕西 Shaanxi	28626	10018	18608	30741	10968
甘肃 Gansu	10190	10190		9637	9637
青海 Qinghai					
宁夏 Ningxia	2652		2652	3549	
新疆 Xinjiang	3532	3532		3986	3986

专科生学生数

of Finance & Economies

单位：人

unit：person

Entrants	在校生数 Enrolment			预计毕业生数 Estimated Graduates for Next Year		
专　科 Short-cycle Courses	合计 Total	本　科 Normal Courses	专　科 Short-cycle Courses	合计 Total	本　科 Normal Courses	专　科 Short-cycle Courses
346639	**2445399**	**1427247**	**1018152**	**676630**	**343991**	**332639**
7443	83398	60495	22903	23049	15340	7709
2623	56513	48731	7782	14426	11910	2516
7711	88056	61685	26371	24435	15060	9375
12610	87514	50092	37422	23068	10472	12596
4711	32108	18230	13878	9203	4708	4495
9587	70916	42332	28584	19474	10066	9408
3570	49693	39884	9809	12831	9584	3247
3086	60365	49790	10575	16636	12417	4219
15837	117205	72883	44322	30764	16871	13893
18688	100699	45063	55636	29752	11648	18104
20216	123816	59681	64135	36932	15018	21914
34021	143716	44591	99125	42578	11223	31355
10429	72389	37703	34686	21478	8765	12713
14619	77460	33903	43557	22160	8491	13669
17013	112561	60229	52332	33302	15137	18165
26886	203689	122933	80756	55264	29243	26021
12047	127495	87647	39848	36760	21625	15135
9679	57887	30457	27430	15542	6885	8657
25470	177517	109010	68507	46003	24086	21917
15679	58671	16206	42465	17451	3582	13869
8413	37825	14668	23157	10653	3769	6884
10359	105077	77531	27546	27359	19326	8033
12013	57554	21255	36299	18227	5423	12804
6936	48409	31525	16884	11396	7070	4326
13527	116272	85835	30437	27809	20526	7283
144	935	322	613	307	36	271
19773	111293	48659	62634	32794	11992	20802
	39604	39604		10210	10210	
3549	10459		10459	3259		3259
	16303	16303		3508	3508	

高等政法院校本科、

Number of Students of Institutions of

地 区 Region	毕(结)业生数 Graduates			招生数	
	合计 Total	本 科 Normal Courses	专 科 Short-cycle Courses	合计 Total	本 科 Normal Courses
总 计 Total	**94777**	**41344**	**53433**	**99207**	**49870**
北 京 Beijing	9504	7005	2499	11163	8485
天 津 Tianjin	524		524	903	
河 北 Hebei	7366	1899	5467	7363	2297
山 西 Shanxi	1872		1872	2747	
内蒙古 Inner Mongolia	296		296	394	
辽 宁 Liaoning	3905	2664	1241	4339	2399
吉 林 Jilin	2584	781	1803	3170	1141
黑龙江 Heilongjiang	969		969	1284	
上 海 Shanghai	6482	4889	1593	6000	5054
江 苏 Jiangsu	2555	2042	513	3000	3000
浙 江 Zhejiang	2753	1179	1574	2519	1330
安 徽 Anhui	2831		2831	2570	
福 建 Fujian	815	643	172	1345	1345
江 西 Jiangxi	3011	652	2359	3193	1056
山 东 Shandong	5520	2663	2857	6136	3362
河 南 Henan	6232	681	5551	4393	1589
湖 北 Hubei	3991	356	3635	4501	897
湖 南 Hunan	2652	601	2051	3272	1923
广 东 Guangdong	3101	1238	1863	2952	1430
广 西 Guangxi	1390		1390	1775	
海 南 Hainan	1310		1310	1650	
重 庆 Chongqing	5539	4542	997	5002	5002
四 川 Sichuan	4162	2326	1836	2718	1270
贵 州 Guizhou	2168		2168	1774	
云 南 Yunnan	2286	1442	844	2308	1256
西 藏 Tibet	368		368	259	
陕 西 Shaanxi	4944	3252	1692	5436	3546
甘 肃 Gansu	3295	2489	806	3659	2726
青 海 Qinghai	246		246	371	
宁 夏 Ningxia	688		688	1037	
新 疆 Xinjiang	1418		1418	1974	762

专科生学生数

Political Science & Law

单位：人

unit: person

Entrants	在校生数 Enrolment			预计毕业生数 Estimated Graduates for Next Year		
专 科 Short-cycle Courses	合计 Total	本 科 Normal Courses	专 科 Short-cycle Courses	合计 Total	本 科 Normal Courses	专 科 Short-cycle Courses
49337	**343885**	**191300**	**152585**	**99994**	**46207**	**53787**
2678	39048	30619	8429	10473	7333	3140
903	2388		2388	676		676
5066	25372	9774	15598	7338	2319	5019
2747	8351		8351	2707		2707
394	711		711			
1940	15510	9026	6484	5473	2827	2646
2029	10586	4511	6075	3039	1047	1992
1284	3141		3141	1073		1073
946	23446	20927	2519	6714	5499	1215
	10286	10147	139	2074	1935	139
1189	8832	5289	3543	2147	1023	1124
2570	8830		8830	2892		2892
	3289	2944	345	177	96	81
2137	11127	4061	7066	3498	940	2558
2774	21828	12476	9352	6320	3037	3283
2804	16977	5671	11306	5876	1104	4772
3604	12788	3217	9571	3204	424	2780
1349	11011	5964	5047	2951	996	1955
1522	10854	6015	4839	3826	1904	1922
1775	4176		4176	1360		1360
1650	4349		4349	1271		1271
	20309	20309		4923	4923	
1448	11527	6863	4664	3992	2029	1963
1774	4646		4646	1758		1758
1052	8837	5817	3020	2638	1621	1017
259	848		848	331		331
1890	21801	15166	6635	6972	4318	2654
933	13044	10969	2075	3297	2832	465
371	833		833	218		218
1037	3080		3080	1019		1019
1212	6060	1535	4525	1757		1757

高等体育院校本科、
Number of Students of Institutions

地　区 Region	毕(结)业生数 Graduates 合计 Total	本　科 Normal Courses	专　科 Short-cycle Courses	招生数 合计 Total	本　科 Normal Courses
总　计 Total	**28876**	**22544**	**6332**	**31631**	**26007**
北　京 Beijing	2562	2466	96	3031	3009
天　津 Tianjin	1759	1586	173	2698	2479
河　北 Hebei	1361	1242	119	1308	1251
山　西 Shanxi	565		565	476	
内蒙古 Inner Mongolia	105		105	170	
辽　宁 Liaoning	1981	1856	125	2075	1972
吉　林 Jilin	1485	1485		1564	1564
黑龙江 Heilongjiang	1346	1346		1504	1504
上　海 Shanghai	1163	994	169	1108	1008
江　苏 Jiangsu	641	559	82	1586	1586
浙　江 Zhejiang	226		226	102	
安　徽 Anhui	607		607	347	
福　建 Fujian	570		570	315	
江　西 Jiangxi					
山　东 Shandong	1536	1536		1935	1935
河　南 Henan	375		375	510	
湖　北 Hubei	4115	3883	232	4071	3805
湖　南 Hunan	575		575	559	
广　东 Guangdong	2714	1395	1319	2807	1554
广　西 Guangxi	430		430	490	
海　南 Hainan					
重　庆 Chongqing					
四　川 Sichuan	2134	2134		2278	2278
贵　州 Guizhou					
云　南 Yunnan	564		564	496	
西　藏 Tibet					
陕　西 Shaanxi	2062	2062		2062	2062
甘　肃 Gansu					
青　海 Qinghai					
宁　夏 Ningxia					
新　疆 Xinjiang				139	

专科生学生数
of Physical Culture

单位：人
unit：person

Entrants	在校生数 Enrolment			预计毕业生数 Estimated Graduates for Next Year		
专 科 Short-cycle Courses	合计 Total	本 科 Normal Courses	专 科 Short-cycle Courses	合计 Total	本 科 Normal Courses	专 科 Short-cycle Courses
5624	**122528**	**101750**	**20778**	**32639**	**24829**	**7810**
22	11665	11515	150	2752	2685	67
219	9709	9163	546	2134	1972	162
57	5151	4983	168	1338	1250	88
476	1082		1082	577		577
170	468		468	143		143
103	8038	7863	175	2015	1948	67
	6204	6204		1561	1561	
	5779	5779		1392	1392	
100	4438	4060	378	1188	1025	163
	5750	5624	126	1257	1189	68
102	720		720	313		313
347	1404		1404	512		512
315	1218		1218	485		485
	7212	7212		1800	1800	
510	4540		4540	1855		1855
266	16437	15605	832	4261	3938	323
559	1808		1808	596		596
1253	10716	6533	4183	3432	1872	1560
490	1270		1270	363		363
	9027	9027		2187	2187	
496	1389		1389	414		414
	8182	8182		2010	2010	
139	321		321	54		54

高等艺术院校本科、

Number of Students of

地 区 Region	毕(结)业生数 Graduates			招生数	
	合计 Total	本 科 Normal Courses	专 科 Short-cycle Courses	合计 Total	本 科 Normal Courses
总 计 Total	**86830**	**49164**	**37666**	**110698**	**59403**
北 京 Beijing	3424	3018	406	3679	3364
天 津 Tianjin	2718	1652	1066	3211	1761
河 北 Hebei	6275	2977	3298	6965	3856
山 西 Shanxi	600		600	702	
内蒙古 Inner Mongolia	125		125	365	
辽 宁 Liaoning	10032	6568	3464	11160	7423
吉 林 Jilin	4103	4055	48	4865	4811
黑龙江 Heilongjiang	367		367	611	
上 海 Shanghai	3440	1572	1868	3855	1837
江 苏 Jiangsu	7891	5023	2868	8886	5096
浙 江 Zhejiang	4095	1669	2426	3923	1630
安 徽 Anhui	947		947	761	
福 建 Fujian	905		905	1563	
江 西 Jiangxi	2519		2519	4608	1461
山 东 Shandong	3641	3186	455	5350	4266
河 南 Henan	1819		1819	2218	
湖 北 Hubei	4736	2869	1867	4965	2870
湖 南 Hunan	2242		2242	3054	
广 东 Guangdong	4082	2158	1924	6284	2222
广 西 Guangxi	3405	2462	943	6143	4145
海 南 Hainan					
重 庆 Chongqing	1741	1397	344	3416	1993
四 川 Sichuan	10972	5019	5953	15370	5764
贵 州 Guizhou					
云 南 Yunnan	3367	2561	806	4670	3461
西 藏 Tibet					
陕 西 Shaanxi	2597	2218	379	3058	2509
甘 肃 Gansu					
青 海 Qinghai					
宁 夏 Ningxia				45	
新 疆 Xinjiang	787	760	27	971	934

专科生学生数

Institutions of Art

单位：人
unit：person

Entrants	在校生数 Enrolment			预计毕业生数 Estimated Graduates for Next Year		
专 科 Short-cycle Courses	合计 Total	本 科 Normal Courses	专 科 Short-cycle Courses	合计 Total	本 科 Normal Courses	专 科 Short-cycle Courses
51295	**369469**	**227758**	**141711**	**97666**	**54006**	**43660**
315	14097	13250	847	3516	3155	361
1450	11273	7354	3919	2976	1801	1175
3109	25055	16210	8845	6929	4170	2759
702	2173		2173	711		711
365	771		771	115		115
3737	39093	27518	11575	10621	6822	3799
54	19154	19044	110	4552	4496	56
611	1653		1653	480		480
2018	13823	7521	6302	4040	1896	2144
3790	32187	20972	11215	8865	5273	3592
2293	14948	6808	8140	4494	1668	2826
761	2656		2656	885		885
1563	4011		4011	1088		1088
3147	11804	3895	7909	2766	600	2166
1084	19013	16936	2077	4413	3704	709
2218	7717		7717	2753		2753
2095	17667	12004	5663	4744	3075	1669
3054	8614		8614	2605		2605
4062	18870	9053	9817	4780	2150	2630
1998	17892	13288	4604	3747	2582	1165
1423	10276	7012	3264	2339	1518	821
9606	45976	20364	25612	12833	4799	8034
1209	16570	13422	3148	4237	3211	1026
549	10366	9523	843	2359	2328	31
45	45		45			
37	3765	3584	181	818	758	60

高等民族院校本科、

Number of Students of

地　区 Region	毕(结)业生数 Graduates			招生数	
	合计 Total	本　科 Normal Courses	专　科 Short-cycle Courses	合计 Total	本　科 Normal Courses
总　计 Total	**55091**	**48790**	**6301**	**61805**	**55775**
北　京 Beijing	2742	2742		2802	2802
天　津 Tianjin					
河　北 Hebei					
山　西 Shanxi					
内蒙古 Inner Mongolia					
辽　宁 Liaoning	3667	3667		4203	4203
吉　林 Jilin					
黑龙江 Heilongjiang	624		624	1062	
上　海 Shanghai					
江　苏 Jiangsu					
浙　江 Zhejiang					
安　徽 Anhui					
福　建 Fujian					
江　西 Jiangxi					
山　东 Shandong					
河　南 Henan					
湖　北 Hubei	9820	9811	9	10241	10241
湖　南 Hunan	2588		2588	2553	
广　东 Guangdong					
广　西 Guangxi	4064	3587	477	4123	3897
海　南 Hainan					
重　庆 Chongqing					
四　川 Sichuan	7593	6630	963	9142	8529
贵　州 Guizhou	5027	4909	118	5501	5501
云　南 Yunnan	4812	4469	343	5448	5418
西　藏 Tibet	2111	1698	413	2418	2021
陕　西 Shaanxi					
甘　肃 Gansu	5134	5134		6170	6170
青　海 Qinghai	2129	2043	86	2141	2130
宁　夏 Ningxia	4780	4100	680	6001	4863
新　疆 Xinjiang					

专科生学生数
Nationalities Institutions

单位：人
unit：person

Entrants	在校生数 Enrolment			预计毕业生数 Estimated Graduates for Next Year		
专 科 Short-cycle Courses	合计 Total	本 科 Normal Courses	专 科 Short-cycle Courses	合计 Total	本 科 Normal Courses	专 科 Short-cycle Courses
6030	**239155**	**217797**	**21358**	**58322**	**50702**	**7620**
	11310	11310		2769	2769	
	15126	15126		3616	3616	
1062	2798		2798	715		715
	41586	41581	5	10098	10093	5
2553	9633		9633	3447		3447
226	15854	15082	772	3943	3626	317
613	35433	32777	2656	8752	7667	1085
	21799	21574	225	4200	4035	165
30	20899	20763	136	5214	5151	63
397	9297	7980	1317	2315	1745	570
	24427	24427		5702	5702	
11	8380	8131	249	2110	2001	109
1138	22613	19046	3567	5441	4297	1144

高等职业学校本科、

Number of Students of Higher

地 区 Region	毕(结)业生数 Graduates			招生数	
	合计 Total	本 科 Normal Courses	专 科 Short-cycle Courses	合计 Total	本 科 Normal Courses
总 计 Total	**2154938**	**113**	**2154825**	**2500719**	
北 京 Beijing	20610		20610	20351	
天 津 Tianjin	44254		44254	51423	
河 北 Hebei	102466		102466	95768	
山 西 Shanxi	55698		55698	64395	
内蒙古 Inner Mongolia	43794		43794	45799	
辽 宁 Liaoning	55725		55725	69678	
吉 林 Jilin	24562		24562	29285	
黑龙江 Heilongjiang	45623		45623	53570	
上 海 Shanghai	29275		29275	37063	
江 苏 Jiangsu	211082		211082	186545	
浙 江 Zhejiang	102017		102017	105876	
安 徽 Anhui	127768		127768	130330	
福 建 Fujian	60011		60011	73394	
江 西 Jiangxi	68903		68903	94916	
山 东 Shandong	156834		156834	202623	
河 南 Henan	128769		128769	137522	
湖 北 Hubei	132892		132892	149540	
湖 南 Hunan	113388		113388	134582	
广 东 Guangdong	184310		184310	233026	
广 西 Guangxi	61423		61423	81172	
海 南 Hainan	14574		14574	21813	
重 庆 Chongqing	52820		52820	72998	
四 川 Sichuan	103980		103980	133754	
贵 州 Guizhou	31173		31173	56115	
云 南 Yunnan	33522		33522	39801	
西 藏 Tibet	1703		1703	1213	
陕 西 Shaanxi	73356		73356	84820	
甘 肃 Gansu	37774		37774	43651	
青 海 Qinghai	4691		4691	6033	
宁 夏 Ningxia	7855		7855	10099	
新 疆 Xinjiang	24086	113	23973	33564	

专科生学生数
Vocational Colleges

单位：人
unit：person

Entrants	在校生数 Enrolment			预计毕业生数 Estimated Graduates for Next Year		
专科 Short-cycle Courses	合计 Total	本科 Normal Courses	专科 Short-cycle Courses	合计 Total	本科 Normal Courses	专科 Short-cycle Courses
2500719	**7232329**	**54**	**7232275**	**2297730**	**54**	**2297676**
20351	67479		67479	23386		23386
51423	156650		156650	51490		51490
95768	295065		295065	97416		97416
64395	191052		191052	63445		63445
45799	132607		132607	41161		41161
69678	203401		203401	64996		64996
29285	82154		82154	25102		25102
53570	154893		154893	48468		48468
37063	99219		99219	28685		28685
186545	636162		636162	222210		222210
105876	333150		333150	111045		111045
130330	376304		376304	117504		117504
73394	210289		210289	64194		64194
94916	236364		236364	63459		63459
202623	543132		543132	159967		159967
137522	412345		412345	135516		135516
149540	416074		416074	129101		129101
134582	389586		389586	119782		119782
233026	677036		677036	221703		221703
81172	211766		211766	64860		64860
21813	53851		53851	15683		15683
72998	200946		200946	62991		62991
133754	366717		366717	117275		117275
56115	139012		139012	42963		42963
39801	109785		109785	31587		31587
1213	4753		4753	2041		2041
84820	267419		267419	86832		86832
43651	121879		121879	41506		41506
6033	16556		16556	5394		5394
10099	29543		29543	9519		9519
33564	97140	54	97086	28449	54	28395

广播电视大学本、
Number of Students in Radio/TV

地 区 Region	毕业生数 Graduates			招生数	
	合 计 Total	本 科 Normal Courses	专 科 Short-cycle Courses	合 计 Total	本 科 Normal Courses
总 计 Total	**60688**	**1421**	**59267**	**73745**	**2941**
北 京 Beijing	602		602		
天 津 Tianjin	158		158	82	
河 北 Hebei	1815		1815	2973	62
山 西 Shanxi	1190		1190	1274	
内蒙古 Inner Mongolia	929		929	1234	
辽 宁 Liaoning	3456		3456	1490	
吉 林 Jilin	1562		1562	1951	
黑龙江 Heilongjiang	1089		1089	1276	
上 海 Shanghai					
江 苏 Jiangsu	3055		3055	6755	607
浙 江 Zhejiang	3982		3982	5588	
安 徽 Anhui	836	157	679	609	237
福 建 Fujian	3057		3057	5196	
江 西 Jiangxi	1270		1270	2016	812
山 东 Shandong	1437		1437	2949	
河 南 Henan	576	11	565	410	28
湖 北 Hubei	2372	365	2007	1409	300
湖 南 Hunan	946		946	472	
广 东 Guangdong	3987		3987	3809	
广 西 Guangxi	263	140	123	329	207
海 南 Hainan	232		232	91	
重 庆 Chongqing	4199		4199	11694	
四 川 Sichuan	11562	729	10833	9267	503
贵 州 Guizhou	2206		2206	3092	
云 南 Yunnan	2414	19	2395	3134	42
西 藏 Tibet					
陕 西 Shaanxi	2138		2138	1473	143
甘 肃 Gansu	1809		1809	1807	
青 海 Qinghai	206		206	502	
宁 夏 Ningxia	2035		2035	1255	
新 疆 Xinjiang	1305		1305	1608	

专科学生数

Universities

单位：人

unit：person

Entrants	在校生数 Enrolment			预计毕业生数 Estimated Graduates for Next Year		
专 科 Short-cycle Courses	合 计 Total	本 科 Normal Courses	专 科 Short-cycle Courses	合 计 Total	本 科 Normal Courses	专 科 Short-cycle Courses
70804	**174995**	**5351**	**169644**	**75307**	**1514**	**73793**
	1003		1003	535		535
82	275		275	193		193
2911	5951	62	5889	1763		1763
1274	3011		3011	1737		1737
1234	2140		2140	906		906
1490	5166		5166	3676		3676
1951	3562		3562	1611		1611
1276	3002		3002	1375		1375
6148	11085	698	10387	3477		3477
5588	15652		15652	5249		5249
372	1593	523	1070	489	89	400
5196	11906		11906	3726		3726
1204	2879	812	2067	863		863
2949	4469		4469	1493		1493
382	682	50	632	272	22	250
1109	3340	866	2474	1524	256	1268
472	1692		1692	203		203
3809	8799		8799	2597		2597
122	1052	547	505	338	90	248
91	196		196	105		105
11694	28225		28225	11382		11382
8764	25706	1533	24173	15751	1030	14721
3092	9235		9235	5559		5559
3092	5704	69	5635	2563	27	2536
1330	5046	191	4855	1998		1998
1807	4798		4798	2039		2039
502	918		918	183		183
1255	3784		3784	1735		1735
1608	4124		4124	1965		1965

职工高等学校本、
Number of Students in

地区 Region	毕业生数 Graduates			招生数	
	合计 Total	本科 Normal Courses	专科 Short-cycle Courses	合计 Total	本科 Normal Courses
总计 Total	**62131**	**4108**	**58023**	**62664**	**2212**
北京 Beijing	3895	263	3632	5126	191
天津 Tianjin	5301		5301	6446	
河北 Hebei	337		337	821	
山西 Shanxi	6180	915	5265	4991	644
内蒙古 Inner Mongolia					
辽宁 Liaoning	6549		6549	5244	
吉林 Jilin	5432	2848	2584	4482	1278
黑龙江 Heilongjiang	3027		3027	1954	
上海 Shanghai	3435		3435	1955	
江苏 Jiangsu	436		436	645	
浙江 Zhejiang	2354		2354	2277	
安徽 Anhui	564		564	704	
福建 Fujian					
江西 Jiangxi	997		997	1019	
山东 Shandong	1096		1096	1623	
河南 Henan	6276		6276	4899	
湖北 Hubei	4		4		
湖南 Hunan	2591		2591	3152	
广东 Guangdong	2350		2350	2352	
广西 Guangxi	236		236	186	
海南 Hainan					
重庆 Chongqing	330		330	192	
四川 Sichuan	4659	53	4606	7387	78
贵州 Guizhou	1108		1108	1958	
云南 Yunnan				63	
西藏 Tibet					
陕西 Shaanxi	3669	29	3640	3728	21
甘肃 Gansu	514		514	381	
青海 Qinghai	597		597	974	
宁夏 Ningxia					
新疆 Xinjiang	194		194	105	

专科学生数
Workers' Colleges

单位：人
unit：person

Entrants	在校生数 Enrolment			预计毕业生数 Estimated Graduates for Next Year		
专科 Short-cycle Courses	合计 Total	本科 Normal Courses	专科 Short-cycle Courses	合计 Total	本科 Normal Courses	专科 Short-cycle Courses
60452	**151279**	**4928**	**146351**	**70888**	**1970**	**68918**
4935	11382	748	10634	4697	290	4407
6446	11354		11354	4908		4908
821	1444		1444	122		122
4347	16368	2083	14285	7887	961	6926
5244	16815		16815	9777		9777
3204	7904	1875	6029	3422	597	2825
1954	6239		6239	3444		3444
1955	6607		6607	4349		4349
645	1484		1484	867		867
2277	4095		4095	1664		1664
704	1403		1403	699		699
1019	2111		2111	942		942
1623	3880		3880	1154		1154
4899	11823		11823	6469		6469
	12		12	12		12
3152	5936		5936	2770		2770
2352	5166		5166	2010		2010
186	452		452	277		277
192	586		586	241		241
7309	17410	154	17256	6908	76	6832
1958	3554		3554	1304		1304
63	63		63			
3707	11826	68	11758	5299	46	5253
381	1040		1040	575		575
974	2041		2041	921		921
105	284		284	170		170

教育学院本、

Number of Students in

地 区 Region	毕业生数 Graduates			招生数	
	合 计 Total	本 科 Normal Courses	专 科 Short-cycle Courses	合 计 Total	本 科 Normal Courses
总 计 Total	**29774**	**7775**	**21999**	**36698**	**7645**
北 京 Beijing	1720	570	1150	732	295
天 津 Tianjin					
河 北 Hebei					
山 西 Shanxi	473		473	247	
内蒙古 Inner Mongolia					
辽 宁 Liaoning	1723	548	1175	1562	430
吉 林 Jilin	1684	884	800	2502	1043
黑龙江 Heilongjiang	3395	1172	2223	5516	1929
上 海 Shanghai					
江 苏 Jiangsu	1580		1580	1538	
浙 江 Zhejiang	2704	887	1817	3225	852
安 徽 Anhui					
福 建 Fujian	6259	1749	4510	8139	1738
江 西 Jiangxi	247		247	4274	
山 东 Shandong	5		5	20	
河 南 Henan	5358	1064	4294	2902	71
湖 北 Hubei	1078		1078	982	
湖 南 Hunan	800		800	1067	
广 东 Guangdong	901		901	882	
广 西 Guangxi	1025	901	124	2016	1287
海 南 Hainan					
重 庆 Chongqing					
四 川 Sichuan					
贵 州 Guizhou					
云 南 Yunnan					
西 藏 Tibet					
陕 西 Shaanxi	98		98	463	
甘 肃 Gansu					
青 海 Qinghai					
宁 夏 Ningxia					
新 疆 Xinjiang	724		724	631	

专科学生数
Educational Colleges

单位：人
unit：person

Entrants	在校生数 Enrolment			预计毕业生数 Estimated Graduates for Next Year		
专 科 Short-cycle Courses	合 计 Total	本 科 Normal Courses	专 科 Short-cycle Courses	合 计 Total	本 科 Normal Courses	专 科 Short-cycle Courses
29053	**84973**	**18221**	**66752**	**34942**	**7152**	**27790**
437	3224	1046	2178	1499	385	1114
247	454		454	207		207
1132	3711	863	2848	2149	433	1716
1459	5443	2253	3190	2521	790	1731
3587	10917	3866	7051	5155	1691	3464
1538	3087		3087	1549		1549
2373	8314	3262	5052	3548	1239	2309
6401	26311	4389	21922	9398	1504	7894
4274	5231		5231	731		731
20	30		30	10		10
2831	5893	155	5738	2976	84	2892
982	2283		2283	1301		1301
1067	1644		1644	476		476
882	2090		2090	676		676
729	4100	2387	1713	2010	1026	984
463	704		704	1		1
631	1537		1537	735		735

管理干部学院本、

Number of Students in Institutes

地 区 Region	毕业生数 Graduates			招生数	
	合 计 Total	本 科 Normal Courses	专 科 Short-cycle Courses	合 计 Total	本 科 Normal Courses
总 计 Total	**17495**	**2477**	**15018**	**12343**	**1427**
北 京 Beijing	2747	339	2408	2065	
天 津 Tianjin	74		74		
河 北 Hebei	86		86	71	
山 西 Shanxi	3271		3271	1476	
内蒙古 Inner Mongolia					
辽 宁 Liaoning	209	186	23	95	90
吉 林 Jilin	586	169	417	777	240
黑龙江 Heilongjiang	2747	178	2569	2684	451
上 海 Shanghai	319		319	316	
江 苏 Jiangsu	2208		2208	3037	
浙 江 Zhejiang					
安 徽 Anhui	361		361	161	
福 建 Fujian					
江 西 Jiangxi	1420	567	853	173	109
山 东 Shandong	2681	821	1860		
河 南 Henan					
湖 北 Hubei	218	12	206	43	
湖 南 Hunan					
广 东 Guangdong					
广 西 Guangxi	251	205	46	1095	537
海 南 Hainan					
重 庆 Chongqing					
四 川 Sichuan					
贵 州 Guizhou					
云 南 Yunnan					
西 藏 Tibet					
陕 西 Shaanxi	317		317	350	
甘 肃 Gansu					
青 海 Qinghai					
宁 夏 Ningxia					
新 疆 Xinjiang					

专科学生数

for Administration

单位：人

unit：person

Entrants	在校生数 Enrolment			预计毕业生数 Estimated Graduates for Next Year		
专科 Short-cycle Courses	合计 Total	本科 Normal Courses	专科 Short-cycle Courses	合计 Total	本科 Normal Courses	专科 Short-cycle Courses
10916	**39607**	**6641**	**32966**	**19184**	**2964**	**16220**
2065	4803	475	4328	2485	222	2263
	102		102	81		81
71	134		134	59		59
1476	8302		8302	2904		2904
5	324	307	17	163	151	12
537	1553	419	1134	776	179	597
2233	5597	1001	4596	2913	550	2363
316	982		982	341		341
3037	5737		5737	2700		2700
161	658		658	497		497
64	2682	1289	1393	2203	896	1307
	5163	1911	3252	2231	510	1721
43	207	81	126	164	81	83
558	2093	1158	935	747	375	372
350	1270		1270	920		920

普通高等学校举办函授、业余、

Number of Students in Correspondence Courses for Adults run

地 区 Region	毕业生数 Graduates			招生数 Entrants			在校生数 Enrolment	
	函授、业余 Divisions of Correspondence, Sparetime Schools							
	合 计 Total	本 科 Normal Courses	专 科 Short-cycle Courses	合 计 Total	本 科 Normal Courses	专科 Short-cycle Courses	合 计 Total	本科 Normal Courses
总 计 Total	**2032222**	**880166**	**1152056**	**2466851**	**1087276**	**1379575**	**6060373**	**2755758**
北 京 Beijing	86989	53073	33916	82184	50804	31380	223530	146321
天 津 Tianjin	26493	14954	11539	27637	16570	11067	61548	36701
河 北 Hebei	102725	51676	51049	118376	68505	49871	325599	183300
山 西 Shanxi	52315	26562	25753	40317	21048	19269	144952	70075
内蒙古 Inner Mongolia	48635	19448	29187	48615	25272	23343	112578	57553
辽 宁 Liaoning	70942	30304	40638	63589	32655	30934	170505	80865
吉 林 Jilin	61792	28114	33678	85312	39114	46198	175903	86357
黑龙江 Heilongjiang	60953	30553	30400	67669	33768	33901	162322	88237
上 海 Shanghai	47889	35287	12602	50087	36396	13691	160788	121108
江 苏 Jiangsu	151344	75465	75879	175909	94441	81468	398133	222427
浙 江 Zhejiang	104553	37913	66640	121858	41695	80163	256035	83980
安 徽 Anhui	84203	33290	50913	96777	44906	51871	222674	100836
福 建 Fujian	31929	14107	17822	47402	21807	25595	122551	56184
江 西 Jiangxi	35572	19168	16404	58695	27251	31444	175337	78828
山 东 Shandong	142310	64083	78227	174145	91689	82456	471732	262406
河 南 Henan	125341	50905	74436	155835	70000	85835	338450	155655
湖 北 Hubei	105304	38293	67011	108174	43505	64669	268821	107293
湖 南 Hunan	102057	39002	63055	120493	50876	69617	233393	101470
广 东 Guangdong	145389	51615	93774	257015	66559	190456	610872	172959
广 西 Guangxi	74493	29007	45486	100501	41201	59300	232790	91302
海 南 Hainan	7416	4133	3283	7563	3536	4027	22485	11274
重 庆 Chongqing	43508	11975	31533	50565	12611	37954	126706	32134
四 川 Sichuan	120129	34142	85987	162726	38213	124513	359889	98324
贵 州 Guizhou	21020	12164	8856	38206	19454	18752	103930	53161
云 南 Yunnan	56498	25059	31439	66979	28493	38486	197558	87354
西 藏 Tibet	2801	1890	911	8386	4662	3724	17404	10711
陕 西 Shaanxi	55896	21799	34097	56481	27963	28518	157515	73182
甘 肃 Gansu	27602	12494	15108	28573	14644	13929	85704	40930
青 海 Qinghai	4187	2760	1427	5739	3795	1944	11591	7928
宁 夏 Ningxia	12377	3991	8386	12775	4599	8176	28164	8955
新 疆 Xinjiang	19560	6940	12620	28268	11244	17024	80914	27948

脱产分本专科学生数

divisions, Sparetime Schools & Short-cycle

by Regular HEIs

单位：人

unit: person

	脱产 Short-cycle Courses for Adults								
	毕业生数 Graduates			招生数 Entrants			在校生数 Enrolment		
专科 Short-cycle Courses	合计 Total	本科 Normal Courses	专科 Short-cycle Courses	合计 Total	本科 Normal Courses	专科 Short-cycle Courses	合计 Total	本科 Normal Courses	专科 Short-cycle Courses
3304615	**9337**	**3103**	**6234**	**3095**	**908**	**2187**	**18674**	**7018**	**11656**
77209	13	13					7		7
24847	119		119						
142299	1057	429	628	611	611		2621	1954	667
74877	23		23				10		10
55025									
89640	1	1							
89546	6		6						
74085									
39680	3		3				1		1
175706	243	216	27				438	388	50
172055	224		224	295	133	162	1233	667	566
121838									
66367	1		1						
96509	5642	2133	3509	335		335	10326	3412	6914
209326	63	27	36						
182795	30		30	1066		1066	2041		2041
161528	8		8				474	282	192
131923	3	3							
437913									
141488	21	2	19				8	8	
11211									
94572									
261565	960	143	817						
50769	1		1						
110204									
6693									
84333	366	7	359						
44774									
3663									
19209									
52966	553	129	424	788	164	624	1515	307	1208

在职人员攻读硕士

Number of On-the-job

地　区 Region	授予学位数 Degrees Awarded
总　计 Total	**108176**
北　京 Beijing	15807
天　津 Tianjin	3970
河　北 Hebei	2375
山　西 Shanxi	817
内蒙古 Inner Mongolia	1539
辽　宁 Liaoning	4779
吉　林 Jilin	3625
黑龙江 Heilongjiang	3487
上　海 Shanghai	7364
江　苏 Jiangsu	8298
浙　江 Zhejiang	3462
安　徽 Anhui	1593
福　建 Fujian	2870
江　西 Jiangxi	1423
山　东 Shandong	5717
河　南 Henan	1852
湖　北 Hubei	8461
湖　南 Hunan	2935
广　东 Guangdong	4141
广　西 Guangxi	597
海　南 Hainan	284
重　庆 Chongqing	3300
四　川 Sichuan	8758
贵　州 Guizhou	464
云　南 Yunnan	2743
西　藏 Tibet	1
陕　西 Shaanxi	5294
甘　肃 Gansu	789
青　海 Qinghai	254
宁　夏 Ningxia	400
新　疆 Xinjiang	777

学位学生数
Students Studying for Master's Degree

单位:人
unit: person

招生数(人) Entrants	在校生数(人) Enrolment
162374	**596086**
22720	90065
5403	17347
2890	10019
2245	7365
2131	7052
6589	22614
7008	19385
4619	15869
11385	43403
12813	46952
4629	17774
3948	11145
3201	14944
2955	11048
9102	33640
2873	10638
17696	58169
6760	22668
6058	20533
1180	4587
630	2164
5841	20623
7542	25880
1001	3315
2294	13102
11	27
5116	33240
1903	6364
310	1156
453	1342
1068	3656

高等教育非学历

Number of Students in Non-formal Education

地 区 Region	毕(结)业生数 Graduates												
	自考助学班 Classes Run by Non-government HEIs for Students Preparing for Self-directed State-administered Examinations	普通预科生 College-preparatory Classes	研究生课程进修班 Postgraduate Courses	进修及培训 In-service Training									
				合计 Total	其中:资格证书培训 of Which: For Certificates of Vocational Qualifications	岗位证书培训 ForCertificates of Job-related Qualifications	其中:第一产业类培训 of Which: Training for First Industry	第二产业类培训 Training for Second Industry	第三产业类培训 Training for Third Industry	一个月以内 1 Month Under	一个月至三个月以内 1 Month to 3 Months Under	三个月至半年以内 3 Months to 6 Months Under	半年至一年以内 6 Months to 1 Year Under
总 计 Total	**149228**		**34836**	**9018734**	**2233496**	**2517423**	**415090**	**1168239**	**7435405**	**5576801**	**2061192**	**712195**	**513015**
北 京 Beijing	9908		8179	806636	66013	190874	49442	44104	713090	558473	68759	114978	45499
天 津 Tianjin	1306		2202	155536	46818	79612	24641	29905	100990	124157	22971	4658	3557
河 北 Hebei	1765		1044	109317	30689	13702	2828	30395	76094	94259	6936	5978	2028
山 西 Shanxi	3298		134	54238	20523	21564	260	5105	48873	30555	873	521	5403
内蒙古 Inner Mongolia			70	61586	25772	31730	2599	31995	26992	54059	4715	1384	1368
辽 宁 Liaoning	9840		798	197203	47862	107428	5973	74395	116835	158032	20833	7596	10336
吉 林 Jilin	15901		2257	53545	18771	14847	5293	37060	11192	44882	4742	2233	732
黑龙江 Heilongjiang	1261			82854	10594	45533	20089	44364	18401	61404	3760	78	17545
上 海 Shanghai	5154		1811	762511	86113	125269	2169	65005	695337	348313	76457	264554	38431
江 苏 Jiangsu	12854		2258	541554	187037	188887	46611	108147	386796	420508	75992	31434	9445
浙 江 Zhejiang	9803		1210	736360	146377	264240	30288	47999	658073	627758	54748	35028	16869
安 徽 Anhui	532		701	331412	79782	35213	12856	35964	282592	95489	21802	7833	202828
福 建 Fujian	1062		461	232848	105630	81509	22686	6897	203265	47550	127977	12034	36849
江 西 Jiangxi	5645			71509	30070	25037	9195	18734	43580	47046	15916	5291	1283
山 东 Shandong	8370		2702	347364	136589	150472	2718	88129	256517	261729	47593	20344	13934
河 南 Henan	3797		1726	370602	255165	87928	5403	17536	347663	300110	55295	11574	1767
湖 北 Hubei	25969		1706	329013	120122	108006	11226	129088	188699	236167	45735	25656	19464
湖 南 Hunan	9661			368601	118659	84940	29438	42946	296217	113696	223418	24946	3521
广 东 Guangdong	5542		5198	799885	177743	279616	10513	39937	749435	266380	475998	29946	20646
广 西 Guangxi	4464		978	188993	79745	82173	8213	63556	117224	156875	25472	5672	138
海 南 Hainan	703			19013	6584	1550		1412	17601	11992	5155	305	1346
重 庆 Chongqing	3028		416	516829	76859	19755	3726	18360	494743	87793	413073	6438	7472
四 川 Sichuan	4316			1122758	124881	90479	21642	61744	1039372	1042244	45739	19074	13564
贵 州 Guizhou	2267		119	97939	25195	14141	19340	12126	66473	52297	7214	6148	878
云 南 Yunnan	230		445	127852	53370	62454	22611	36677	68564	94826	23161	7919	1946
西 藏 Tibet	291			6966	1800	3528	1154		5812	4363	2561		
陕 西 Shaanxi			59	169757	45263	75000	9835	46630	113292	82543	65566	15289	2114
甘 肃 Gansu	1240		345	193730	70783	122385	7203	5075	181452	27370	98825	37888	28996
青 海 Qinghai	512			20614	1254	10481		6705	13909	18670	1425	244	
宁 夏 Ningxia			17	37840	7206	30634	4148	9704	23988	29610	2787	3768	1481
新 疆 Xinjiang	509			103869	30227	68436	22990	8545	72334	77651	15694	3384	3575

注:包含民办的其他高等教育机构数据。

Note: Data of Non-government HEIs are included.

教育学生情况（总计）
of HEIs（Total）

单位：人/人次
unit：person/person-time

	注册学生数 Enrolment													
				进修及培训 In-service Training										
一年及以上 1 Year and Over	自考助学班 Classes Run by Non-government HEIs for Students Preparing for Self-directed State-administered Examinations	普通预科生 College-preparatory Classes	研究生课程进修班 Postgraduate Courses	合计 Total	其中：资格证书培训 of Which：For Certificates of Vocational Qualifications	岗位证书培训 ForCertificates of Job-related Qualifications	其中：第一产业类培训 of Which：Training for First Industry	第二产业类培训 Training for Second Industry	第三产业类培训 Training for Third Industry	一个月以内 1 Month Under	一个月至三个月以内 1 Month to 3 Months Under	三个月至半年以内 3 Months to 6 Months Under	半年至一年以内 6 Months to 1 Year Under	一年及以上 1 Year and Over
155531	**376213**	**44451**	**56427**	**6889483**	**2078655**	**2116553**	**374380**	**1024653**	**5490450**	**3947233**	**1416302**	**728467**	**584395**	**213086**
18927	26894	1652	18743	733156	54490	166421	44393	42399	646364	463064	59121	126837	45295	38839
193	3437	166	1742	154058	53999	79192	27047	32499	94512	127548	21195	3330	1042	943
116	6503	880	508	83988	30980	10547	3326	25425	55237	67823	6915	5755	2065	1430
16886	5327	31		51860	23506	20922	2469	6815	42576	24584	1335	1173	6664	18104
60		1710	189	62878	28050	30765	2686	33826	26366	54202	5450	1502	1685	39
406	19622	1681		90140	16007	52595	5816	60987	23337	80591	5944	1654	1345	606
956	38848	1605	2192	47806	19226	10059	5378	31730	10698	37656	5003	3013	872	1262
67	4012	611	206	120469	9125	108674	1737	22733	95999	31280	3848	194	84863	284
34756	12709	1118	608	771895	102723	114404	2661	64167	705067	322101	74161	278511	40560	56562
4175	34921	148	2568	361200	131546	140607	33100	62540	265560	279126	51956	18379	8872	2867
1957	28487	207	4097	514514	141482	161681	22231	32235	460048	436552	30357	33842	13176	587
3460	432	357	1656	333084	82538	34425	12938	34758	285388	92627	23044	7486	203898	6029
8438	6953	675	1054	222090	107340	67488	18355	3249	200486	29302	123592	13506	43343	12347
1973	8938	3468		58791	32372	18906	1295	17682	39814	33212	16958	5555	1426	1640
3764	9671	529	3402	308034	86096	102074	19367	83125	205542	226584	38011	19883	16457	7099
1856	15155	3582	2407	397280	254559	101908	4545	21304	371431	311075	65603	14772	3572	2258
1991	48169	3180	993	260139	97962	69855	8118	91773	160248	166753	46052	24309	20032	2993
3020	46310	2024		173186	108339	34559	25956	41861	105369	116545	27159	18222	5778	5482
6915	13446	907	9741	804599	185866	284321	11868	43230	749501	238192	493773	42664	21127	8843
836	18116	1838	3684	128650	71165	37169	1142	58188	69320	100812	21293	5081	1243	221
215	1829	119		11724	8233	1939		984	10740	6923	2906	305	1375	215
2053	3822	1157	123	120517	68986	24601	8266	29539	82712	92135	16834	4830	6718	
2137	9941	3397	1151	336081	127629	88899	24280	60150	251651	243285	53609	22371	13116	3700
31402	5330	3571	146	101682	28901	13364	19363	14563	67756	55240	8390	6114	536	31402
	47	2556	909	124257	53427	36728	22541	36913	64803	93657	20772	7882	1946	
42	349		203	5632	1164	2944	852	223	4557	3060	2564	8		
4245	215	501	74	170475	41660	79362	9818	48107	112550	75759	69142	17443	3893	4238
651	4295	2488		197745	71097	126079	7585	5720	184440	28690	98670	37838	31794	753
275	1233	1101		7767	1010	2583			7767	7767				
194		3192	31	38770	7925	30730	4260	9964	24546	29877	3315	3878	1500	200
3565	1202			97016	31252	62752	22987	7964	66065	71211	19330	2130	202	4143

高等教育非学历
Number of Students in Non-formal

地区 Region	毕(结)业生数 Graduates												
	自考助学班 Classes Run by Non-government HEIs for Students Preparing for Self-directed State-administered Examinations	普通预科生 College-preparatory Classes	研究生课程进修班 Postgraduate Courses	进修及培训 In-service Training									
				合计 Total	其中:资格证书培训 of Which: For Certificates of Vocational Qualifications	岗位证书培训 For Certificates of Job-related Qualific-ations	其中:第一产业类培训 of Which: Training for First Industry	第二产业类培训 Training for Second Industry	第三产业类培训 Training for Third Industry	一个月以内 1 Month Under	一个月至三个月以内 1 Month to 3 Months Under	三个月至半年以内 3 Months to 6 Months Under	半年至一年以内 6 Months to 1 Year Under
总 计 Total	**82418**		**34584**	**5052234**	**1505238**	**1638260**	**304177**	**1023378**	**3724679**	**3674494**	**847305**	**282377**	**213502**
北 京 Beijing	745		7927	420477	46262	104927	12145	36326	372006	291521	53061	27598	39416
天 津 Tianjin	1278		2202	121240	34232	58921	318	28656	92266	91660	21372	4458	3557
河 北 Hebei	81		1044	87156	29925	13273	1955	30395	54806	72816	6712	5723	1905
山 西 Shanxi			134	27222	2869	13485		4798	22424	25017	26	87	505
内蒙古 Inner Mongolia			70	61586	25772	31730	2599	31995	26992	54059	4715	1384	1368
辽 宁 Liaoning	564		798	125968	20433	63622	5773	71699	48496	105775	8436	1150	10336
吉 林 Jilin	11442		2257	43865	17852	7637	5253	31015	7597	35866	4342	2213	530
黑龙江 Heilongjiang	834			73667	8609	38331	19492	38187	15988	52217	3760	78	17545
上 海 Shanghai			1811	184823	30851	45522	701	7975	176147	121883	22761	28438	10759
江 苏 Jiangsu	12854		2258	463833	165048	173504	39548	88705	335580	355443	71585	26889	8069
浙 江 Zhejiang	2710		1210	684959	143598	255447	29606	46676	608677	591341	50148	32191	10723
安 徽 Anhui	197		701	108317	53569	31039	11573	34803	61941	73010	20003	6442	8414
福 建 Fujian	1062		461	72351	35683	28433	16455	6897	48999	42823	7880	4236	13468
江 西 Jiangxi	1762			64499	28911	24415	9047	18115	37337	46080	12816	4774	829
山 东 Shandong	1535		2702	246960	105321	99084	1375	74832	170753	187009	35974	10154	12496
河 南 Henan	953		1726	129289	46621	59908	4798	16926	107565	91899	24708	11135	1523
湖 北 Hubei	21179		1706	328378	119734	107759	11226	129028	188124	236157	45345	25656	19464
湖 南 Hunan	5858			253467	95845	59779	26552	42119	184796	95646	128649	23336	2961
广 东 Guangdong	3304		5198	454409	77373	47847	7322	38256	408831	242701	180083	15704	14379
广 西 Guangxi	4464		978	185785	79678	82113	7816	63288	114681	154223	25472	5672	138
海 南 Hainan	703			9613	6584	1550		1412	8201	2592	5155	305	1346
重 庆 Chongqing	1943		416	103145	70671	16697	1559	16280	85306	79292	12953	3521	5326
四 川 Sichuan	3901			372981	114558	75866	20571	56816	295594	302028	40019	16507	13007
贵 州 Guizhou	2267		119	61242	24193	13381	15307	11926	34009	48480	6614	6148	
云 南 Yunnan	230		445	127852	53370	62454	22611	36677	68564	94826	23161	7919	1946
西 藏 Tibet	291			6966	1800	3528	1154		5812	4363	2561		
陕 西 Shaanxi			59	69237	25250	10097	2718	31701	34818	56993	5567	4246	1252
甘 肃 Gansu	1240		345	13999	8522	5152	6213	4521	3265	2580	4190	45	7184
青 海 Qinghai	512			20614	1254	10481		6705	13909	18670	1425	244	
宁 夏 Ningxia			17	36240	7206	29034	4148	8104	23988	28010	2787	3768	1481
新 疆 Xinjiang	509			92094	23644	63244	16342	8545	67207	69514	15025	2356	3575

教育学生情况(普通高校)
Education of Regular HEIs

单位：人/人次
unit：person/person-time

一年及以上 1 Year and Over	注册学生数 Enrolment 自考助学班 Classes Run by Non-government HEIs for Students Preparing for Self-directed State-administered Examinations	普通预科生 College-preparatory Classes	研究生课程进修班 Postgraduate Courses	进修及培训 In-service Training 合计 Total	其中：资格证书培训 of Which：For Certificates of Vocational Qualifications	岗位证书培训 For Certificates of Job-related Qualifications	其中：第一产业类培训 of Which：Training for First Industry	第二产业类培训 Training for Second Industry	第三产业类培训 Training for Third Industry	一个月以内 1 Month Under	一个月至三个月以内 1 Month to 3 Months Under	三个月至半年以内 3 Months to 6 Months Under	半年至一年以内 6 Months to 1 Year Under	一年及以上 1 Year and Over
34556	**218117**	**44451**	**56236**	**4248811**	**1406192**	**1331224**	**271941**	**914915**	**3061955**	**2937054**	**719096**	**280534**	**264966**	**47161**
8881	1928	1652	18552	318279	34836	80804	7438	33770	277071	208162	45703	18511	32925	12978
193	3409	166	1742	118367	40303	58173	904	31200	86263	93131	20121	3130	1042	943
	747	880	508	81022	29891	10085	1985	25342	53695	66128	6530	5470	1905	989
1587		31		24429	5724	16407	2289	5518	16622	23155	26	87	511	650
60		1710	189	62878	28050	30765	2686	33826	26366	54202	5450	1502	1685	39
271	2516	1681		88358	15839	51451	5816	59675	22867	80591	5036	1250	1345	136
914	37047	1605	2192	45321	18728	8874	5333	31695	8293	36030	4588	2978	633	1092
67	2674	611	206	119829	9125	108034	1737	22733	95359	30640	3848	194	84863	284
982		1118	608	158962	34715	34594	301	8276	150385	94465	20861	30435	9792	3409
1847	34921	148	2568	306833	126900	131220	30314	57952	218567	229302	51603	17895	5469	2564
556	9591	207	4097	478947	138375	155084	21541	29898	427508	411643	26340	31175	9234	555
448	197	357	1656	106678	53906	29469	11573	33232	61873	70029	21160	6009	9032	448
3944	6953	675	1054	56778	32806	15109	17923	3249	35606	28698	3672	6981	14060	3367
	4435	3468		52117	30762	18278	1165	17115	33837	32246	13987	4830	1054	
1327	3035	529	3402	241133	75318	60789	18473	78408	144252	176616	35441	11918	14035	3123
24	10420	3582	2407	155112	45855	74030	3941	20705	130466	102154	34934	14172	3302	550
1756	28808	3180	993	258596	97263	69511	8118	91711	158767	166743	45159	24071	20032	2591
2875	19989	2024		151137	89374	31670	23970	41052	86115	98905	24960	16667	5198	5407
1542	10367	907	9741	460563	85288	52931	8296	41549	410718	217294	197375	28055	15878	1961
280	17302	1838	3684	126958	71098	37169	745	57920	68293	99120	21293	5081	1243	221
215	1288	119		11724	8233	1939		984	10740	6923	2906	305	1375	215
2053	1611	1157	123	117206	67617	22659	7505	28595	81106	92135	16834	3471	4766	
1420	8208	3397	1151	301521	119043	74660	21315	55481	224725	217876	48058	21902	11620	2065
	5330	3571	146	65327	28241	12604	15330	14363	35634	51423	7790	6114		
	47	2556	909	124257	53427	36728	22541	36913	64803	93657	20772	7882	1946	
42	349		203	5632	1164	2944	852	223	4557	3060	2564	8		
1179	215	501	74	62342	18884	9791	2536	32054	27752	47957	5907	5287	2019	1172
	4295	2488		15141	8637	6179	6715	5148	3278	2594	4202	45	8300	
275	1233	1101		7767	1010	2583			7767	7767				
194		3192	31	37170	7925	29130	4260	8364	24546	28277	3315	3878	1500	200
1624	1202			88427	27855	57560	16339	7964	64124	66131	18661	1231	202	2202

高等教育非学历

Number of Students in Non-formal

地 区 Region	毕(结)业生数 Graduates												
	自考助学班 Classes Run by Non-government HEIs for Students Preparing for Self-directed State-administered Examinations	普通预科生 College-preparatory Classes	研究生课程进修班 Postgraduate Courses	进修及培训 In-service Training									
				合计 Total	其中:资格证书培训 of Which: For Certificates of Vocational Qualifications	岗位证书培训 For Certificates of Job-related Qualific-ations	其中:第一产业类培训 of Which: Training for First Industry	第二产业类培训 Training for Second Industry	第三产业类培训 Training for Third Industry	一个月以内 1 Month Under	一个月至三个月以内 1 Month to 3 Months Under	三个月至半年以内 3 Months to 6 Months Under	半年至一年以内 6 Months to 1 Year Under
总 计 Total	**5629**			**3244483**	**610502**	**779363**	**61245**	**63381**	**3119857**	**1608491**	**1147685**	**187992**	**252050**
北 京 Beijing				299658	10286	81268		3275	296383	193869	13131	85544	5090
天 津 Tianjin	28			34296	12586	20691	24323	1249	8724	32497	1599	200	
河 北 Hebei				20158	563		337		19821	20158			
山 西 Shanxi				4100		4100			4100	4100			
内蒙古 Inner Mongolia													
辽 宁 Liaoning				71235	27429	43806	200	2696	68339	52257	12397	6446	
吉 林 Jilin	3240			7390	180	7210		6025	1365	7020	370		
黑龙江 Heilongjiang				8975	1899	7076	521	6129	2325	8975			
上 海 Shanghai				114938	16566	44245			114938	81064	15298	15334	2686
江 苏 Jiangsu				77721	21989	15383	7063	19442	51216	65065	4407	4545	1376
浙 江 Zhejiang				40599	1062	5934	659		39940	35429	1726	150	1911
安 徽 Anhui				216997	22493	1796	60	196	216741	22229	704	146	193918
福 建 Fujian				160497	69947	53076	6231		154266	4727	120097	7798	23381
江 西 Jiangxi	2000			589	160				589	435	112	42	
山 东 Shandong				22369	3384	12357			22369	19166	846	2357	
河 南 Henan	361			237290	207900	27400	465		236825	207590	29700		
湖 北 Hubei				472	235	237		50	422		237		
湖 南 Hunan				114234	22814	25161	1986	827	111421	17150	94769	1610	560
广 东 Guangdong				319601	91834	226554		638	318963	13518	292486	13385	212
广 西 Guangxi				3208	67	60	397	268	2543	2652			
海 南 Hainan				9400					9400	9400			
重 庆 Chongqing				410122	4656	1028	1205	929	407988	8501	400120	1501	
四 川 Sichuan				744213	6314	14237		4928	739285	739718	3975	300	220
贵 州 Guizhou				36697	1002	760	4033	200	32464	3817	600		878
云 南 Yunnan													
西 藏 Tibet													
陕 西 Shaanxi				100520	20013	64903	7117	14929	78474	25550	59999	11043	862
甘 肃 Gansu				175829	60540	115289			175829	23867	94443	36563	20956
青 海 Qinghai													
宁 夏 Ningxia				1600		1600		1600		1600			
新 疆 Xinjiang				11775	6583	5192	6648		5127	8137	669	1028	

教育学生情况(成人高校)
Education of Adults HEIs

单位：人/人次
unit：person/person-time

	注册学生数 Enrolment													
				进修及培训 In-service Training										
一年及以上 1 Year and Over	自考助学班 Classes Run by Non-government HEIs for Students Preparing for Self-directed State-administered Examinations	普通预科生 College-preparatory Classes	研究生课程进修班 Postgraduate Courses	合计 Total	其中:资格证书培训 of Which: For Certificates of Vocational Qualifications	岗位证书培训 ForCertificates of Job-related Qualifications	其中:第一产业类培训 of Which: Training for First Industry	第二产业类培训 Training for Second Industry	第三产业类培训 Training for Third Industry	一个月以内 1 Month Under	一个月至三个月以内 1 Month to 3 Months Under	三个月至半年以内 3 Months to 6 Months Under	半年至一年以内 6 Months to 1 Year Under	一年及以上 1 Year and Over
48265	**5287**			**1910472**	**565748**	**694059**	**51228**	**34959**	**1824285**	**749478**	**639778**	**204228**	**266216**	**50772**
2024				321035	9602	83452		3275	317760	188398	10934	106323	11401	3979
	28			35691	13696	21019	26143	1299	8249	34417	1074	200		
				337	337		337			337				
135	879			1782	168	1144		1312	470		908	404		470
				1365	180	1185			1365	995	370			
				640		640			640	640				
556				123242	22565	44491			123242	81274	16052	22671	2689	556
2328				54367	4646	9387	2786	4588	46993	49824	353	484	3403	303
1383				25631	1062	2629	659		24972	23599	801		1231	
				217107	22493	1796	60	196	216851	22284	704	146	193973	
4494				165312	74534	52379	432		164880	604	119920	6525	29283	8980
	970			589	160				589	435	112	42		
				22369	3384	12252			22369	19166	846	2357		
	2055			237290	207900	27400	465		236825	207590	29700			
235				488	238	250		52	436		250	238		
145				22049	18965	2889	1986	809	19254	17640	2199	1555	580	75
				319439	91672	226554		638	318801	13518	292486	13365	70	
556	814			1692	67		397	268	1027	1692				
	541													
				29541	6706	14180		4669	24872	24899	4122	300	220	
31402				36355	660	760	4033	200	32122	3817	600		536	31402
3066				108133	22776	69571	7282	16053	84798	27802	63235	12156	1874	3066
				175829	60540	115289			175829	23867	94443	36563	20956	
				1600		1600		1600		1600				
1941				8589	3397	5192	6648		1941	5080	669	899		1941

地 区 Region	毕(结)业生数 Graduates												
	自考助学班 Classes Run by Non-government HEIs for Students Preparing for Self-directed State-administered Examinations	普通预科生 College-preparatory Classes	研究生课程进修班 Postgraduate Courses	进修及培训 In-service Training									
				合计 Total	其中:资格证书培训 of Which: For Certificates of Vocational Qualifications	岗位证书培训 For Certificates of Job-related Qualific-ations	其中:第一产业类培训 of Which: Training for First Industry	第二产业类培训 Training for Second Industry	第三产业类培训 Training for Third Industry	一个月以内 1 Month Under	一个月至三个月以内 1 Month to 3 Months Under	三个月至半年以内 3 Months to 6 Months Under	半年至一年以内 6 Months to 1 Year Under
总 计 Total	**61181**			**722017**	**117756**	**99800**	**49668**	**81480**	**590869**	**293816**	**66202**	**241826**	**47463**
北 京 Beijing	9163			86501	9465	4679	37297	4503	44701	73083	2567	1836	993
天 津 Tianjin													
河 北 Hebei	1684			2003	201	429	536		1467	1285	224	255	123
山 西 Shanxi	3298			22916	17654	3979	260	307	22349	1438	847	434	4898
内蒙古 Inner Mongolia													
辽 宁 Liaoning	9276												
吉 林 Jilin	1219			2290	739		40	20	2230	1996	30	20	202
黑龙江 Heilongjiang	427			212	86	126	76	48	88	212			
上 海 Shanghai	5154			462750	38696	35502	1468	57030	404252	145366	38398	220782	24986
江 苏 Jiangsu													
浙 江 Zhejiang	7093			10802	1717	2859	23	1323	9456	988	2874	2687	4235
安 徽 Anhui	335			6098	3720	2378	1223	965	3910	250	1095	1245	496
福 建 Fujian													
江 西 Jiangxi	1883			6421	999	622	148	619	5654	531	2988	475	454
山 东 Shandong	6835			78035	27884	39031	1343	13297	63395	55554	10773	7833	1438
河 南 Henan	2483			4023	644	620	140	610	3273	621	887	439	244
湖 北 Hubei	4790			163	153	10		10	153	10	153		
湖 南 Hunan	3803			900			900			900			
广 东 Guangdong	2238			25875	8536	5215	3191	1043	21641	10161	3429	857	6055
广 西 Guangxi													
海 南 Hainan													
重 庆 Chongqing	1085			3562	1532	2030	962	1151	1449			1416	2146
四 川 Sichuan	415			5564	4009	376	1071		4493	498	1745	2267	337
贵 州 Guizhou													
云 南 Yunnan													
西 藏 Tibet													
陕 西 Shaanxi													
甘 肃 Gansu				3902	1721	1944	990	554	2358	923	192	1280	856
青 海 Qinghai													
宁 夏 Ningxia													
新 疆 Xinjiang													

教育学生情况（民办的其他高等教育机构）
of Other Non-government HEIs

单位：人/人次
unit：person/person-time

	注册学生数 Enrolment													
				进修及培训 In-service Training										
一年及以上 1 Year and Over	自考助学班 Classes run by Non-government HEIs for Students Preparing for Self-directed State-administered Examinations	普通预科生 College-preparatory Classes	研究生课程进修班 Postgraduate Courses	合计 Total	其中：资格证书培训 of Which：For Certificates of Vocational Qualifications	岗位证书培训 For Certificates of Job-related Qualifications	其中：第一产业类培训 of Which：Training for First Industry	第二产业类培训 Training for Second Industry	第三产业类培训 Training for Third Industry	一个月以内 1 Month Under	一个月至三个月以内 1 Month to 3 Months Under	三个月至半年以内 3 Months to 6 Months Under	半年至一年以内 6 Months to 1 Year Under	一年及以上 1 Year and Over
72710	**152809**			**730200**	**106715**	**91270**	**51211**	**74779**	**604210**	**260701**	**57428**	**243705**	**53213**	**115153**
8022	24966			93842	10052	2165	36955	5354	51533	66504	2484	2003	969	21882
116	5756			2629	752	462	1004	83	1542	1358	385	285	160	441
15299	5327			27431	17782	4515	180	1297	25954	1429	1309	1086	6153	17454
	16227													
42	1801			1120	318		45	35	1040	631	45	35	239	170
	1338													
33218	12709			489691	45443	35319	2360	55891	431440	146362	37248	225405	28079	52597
18	18896			9936	2045	3968	31	2337	7568	1310	3216	2667	2711	32
3012	235			9299	6139	3160	1305	1330	6664	314	1180	1331	893	5581
1973	3533			6085	1450	628	130	567	5388	531	2859	683	372	1640
2437	6636			44532	7394	29033	894	4717	38921	30802	1724	5608	2422	3976
1832	2680			4878	804	478	139	599	4140	1331	969	600	270	1708
	19361			1055	461	94		10	1045	10	643			402
	26321													
5373	3079			24597	8906	4836	3572	1043	19982	7380	3912	1244	5179	6882
	2211			3311	1369	1942	761	944	1606			1359	1952	
717	1733			5019	1880	59	2965		2054	510	1429	169	1276	1635
651				6775	1920	4611	870	572	5333	2229	25	1230	2538	753

外国留

Information on

地　区 Region	毕(结)业生数 Graduates	授予学位数 Degrees Awarded	招生数 Entrants	
			合计 Total	其中:春季招生 of Which:Spring Term
总　计 Total	**95117**	**19386**	**111396**	**34184**
北　京 Beijing	24950	4937	27690	8903
天　津 Tianjin	5115	643	4382	1423
河　北 Hebei	586	223	863	245
山　西 Shanxi	77	4	132	47
内蒙古 Inner Mongolia	465	248	666	114
辽　宁 Liaoning	3595	1073	5106	1639
吉　林 Jilin	1774	656	2053	537
黑龙江 Heilongjiang	2612	516	3644	1506
上　海 Shanghai	12026	2284	12770	4440
江　苏 Jiangsu	7041	1270	8944	2526
浙　江 Zhejiang	6718	697	7722	2622
安　徽 Anhui	410	90	843	184
福　建 Fujian	2002	363	2345	495
江　西 Jiangxi	612	401	716	105
山　东 Shandong	5571	604	6657	2546
河　南 Henan	456	79	852	70
湖　北 Hubei	3494	1113	4769	965
湖　南 Hunan	957	246	1255	510
广　东 Guangdong	3371	1061	3726	647
广　西 Guangxi	2219	632	2409	788
海　南 Hainan	382	118	549	162
重　庆 Chongqing	2858	477	2542	722
四　川 Sichuan	2126	295	2383	744
贵　州 Guizhou	219	22	531	100
云　南 Yunnan	2048	465	2748	745
西　藏 Tibet	17		15	
陕　西 Shaanxi	1582	477	2698	854
甘　肃 Gansu	582	223	495	16
青　海 Qinghai	95		132	67
宁　夏 Ningxia	48	9	154	16
新　疆 Xinjiang	1109	160	1605	446

学生情况
Foreign Students

单位：人

unit：person

在校生数 Enrolment					
合计 Total	第一年 1st Year	第二年 2nd Year	第三年 3rd Year	第四年 4th year	第五年及以上 5th year
192358	**98926**	**40069**	**25791**	**16928**	**10644**
39382	22468	7056	4780	3471	1607
7430	3624	1610	1044	652	500
2799	876	737	367	379	440
135	81	33	11	4	6
2114	626	629	517	215	127
11623	4795	3214	1795	1191	628
3833	1804	945	542	329	213
5401	2623	1341	798	484	155
23702	12771	5067	2721	1911	1232
15512	8778	2643	2022	1215	854
12680	7022	2410	1709	947	592
1465	808	352	158	96	51
3180	1498	803	434	217	228
2486	719	520	445	506	296
8211	5398	1369	686	377	381
1533	706	353	239	136	99
10015	4318	2220	1646	891	940
2658	1312	589	388	257	112
8466	3364	2049	1398	977	678
4671	2165	983	665	680	178
937	538	200	167	9	23
3346	1946	727	322	192	159
5255	2386	1165	850	474	380
858	525	184	75	35	39
5180	2770	935	825	448	202
27	15	12			
4859	2727	945	528	443	216
1007	462	263	140	108	34
230	135	42	25	11	17
328	61	97	101	68	1
3035	1605	576	393	205	256

高等教育学校(机构)
Number of Educational Personnel

地区 Region	合计 Total	教职 Educational 校本部 Educational Personnel				
		小计 Subtotal	专任教师 Full-time Teachers			
			小计 Subtotal	正高级 Senior	副高级 Sub-senior	中级 Middle
总　计 Total	**2388644**	**2271084**	**1566048**	**190528**	**458388**	**627233**
北　京 Beijing	145540	126503	69931	17534	24673	22994
天　津 Tianjin	48749	47732	31945	4649	10432	12516
河　北 Hebei	103752	100644	69389	9677	20586	27273
山　西 Shanxi	63017	60371	41769	3012	11201	16227
内蒙古 Inner Mongolia	38244	37325	25239	2584	7760	9605
辽　宁 Liaoning	101796	99134	66604	9115	20635	27201
吉　林 Jilin	65011	61618	39804	5908	12472	15493
黑龙江 Heilongjiang	79944	76965	48720	7479	16009	19872
上　海 Shanghai	74922	68922	41343	7337	13206	16571
江　苏 Jiangsu	161804	152023	105315	13487	34764	45030
浙　江 Zhejiang	88859	84507	59035	8022	18195	25488
安　徽 Anhui	81570	76834	57273	4544	15345	22172
福　建 Fujian	66606	63966	44337	4956	12449	17781
江　西 Jiangxi	77572	74319	55318	5563	14899	22996
山　东 Shandong	146198	141313	102924	10436	29196	44322
河　南 Henan	132857	127325	96995	8103	25799	38899
湖　北 Hubei	130379	123790	83859	10652	26276	31694
湖　南 Hunan	98888	94199	65714	7055	19114	27559
广　东 Guangdong	144846	139650	97812	11524	25061	41378
广　西 Guangxi	58932	53810	38719	4085	10568	15328
海　南 Hainan	14133	13992	8975	953	2208	3693
重　庆 Chongqing	56603	54700	39560	4328	10917	16077
四　川 Sichuan	121634	115578	82779	8619	21758	32497
贵　州 Guizhou	39492	38992	28515	2684	8773	9297
云　南 Yunnan	48534	47521	35463	3781	9635	13382
西　藏 Tibet	3640	3567	2601	221	851	1001
陕　西 Shaanxi	106131	100419	66686	8005	18106	28252
甘　肃 Gansu	37547	35160	25726	2959	7804	9951
青　海 Qinghai	6445	6145	4096	741	1355	1123
宁　夏 Ningxia	11380	10969	7831	1221	2207	2229
新　疆 Xinjiang	33619	33091	21771	1294	6134	9332

注：不含民办的其他高等教育机构数据。

Note: Data of Non-government HEIs are not included.

教职工情况(总计)
in HEIs (Total)

单位：人
unit：person

工 数 Personnel							
教职工 in Main Campus					科研机构人员 Personnel in Affiliated Research Org.	校办企业职工 Employees in School-run Factories & Farms	其他附设机构人员 Personnel in Others Subsidiary Units
		行政人员 Adm. Personnel	教辅人员 Supporting Staff	工勤人员 Workers			
初级 Junior	未定职级 No-Ranking						
201440	**88459**	**328409**	**213070**	**163557**	**29933**	**30193**	**57434**
2842	1888	23910	18490	14172	7706	1442	9889
3097	1251	7793	4781	3213	411	347	259
8409	3444	14173	9120	7962	288	1052	1768
8102	3227	8424	5762	4416	573	549	1524
3700	1590	5656	3855	2575	103	207	609
6934	2719	15785	8406	8339	691	804	1167
5369	562	8680	6503	6631	1100	883	1410
4143	1217	11712	8234	8299	1173	623	1183
2773	1456	12798	9204	5577	2027	2181	1792
8808	3226	22967	14443	9298	2537	1998	5246
3694	3636	13907	8205	3360	1688	813	1851
12104	3108	8717	6177	4667	828	2754	1154
7247	1904	10406	6131	3092	555	1493	592
9136	2724	9041	5894	4066	518	1351	1384
15024	3946	17950	12013	8426	1062	2438	1385
18247	5947	13132	8705	8493	407	921	4204
10761	4476	19023	12132	8776	1528	2283	2778
7414	4572	13525	9244	5716	823	1463	2403
9856	9993	20557	13221	8060	1441	1060	2695
4317	4421	7059	4321	3711	83	685	4354
1265	856	2277	1299	1441	36	24	81
5441	2797	7678	4063	3399	267	457	1179
14630	5275	14897	9157	8745	1044	2057	2955
4408	3353	5983	2694	1800	276	88	136
5874	2791	5413	3533	3112	283	361	369
424	104	478	234	254	36		37
9395	2928	14753	10209	8771	1396	1411	2905
3397	1615	4330	2624	2480	567	298	1522
491	386	791	709	549	290		10
1261	913	1562	854	722	133		278
2877	2134	5032	2853	3435	63	150	315

高等教育学校(机构)

Number of Female Educational Personnel

地 区 Region	合计 Total	教职 Educational — 校本部 Educational — 小计 Subtotal	专任教师 Full-time Teachers — 小计 Subtotal	正高级 Senior	副高级 Sub-senior	中级 Middle
总 计 Total	**1124703**	**1073900**	**755423**	**56219**	**203953**	**333144**
北 京 Beijing	70693	60972	31689	4406	11753	12984
天 津 Tianjin	23631	23280	16141	1489	5058	7241
河 北 Hebei	53850	52544	38684	4220	11088	16075
山 西 Shanxi	32495	31181	22932	1233	5715	9169
内蒙古 Inner Mongolia	19574	19242	14102	1126	4170	5636
辽 宁 Liaoning	50928	49894	36200	3476	10950	16013
吉 林 Jilin	30483	29491	21011	2376	6402	8747
黑龙江 Heilongjiang	38632	37359	25835	3180	8131	11339
上 海 Shanghai	34629	32720	19425	1512	5995	9552
江 苏 Jiangsu	73315	68971	47796	3027	14344	23881
浙 江 Zhejiang	41082	39665	26804	1902	7372	13531
安 徽 Anhui	34001	32232	24119	946	5337	10042
福 建 Fujian	31686	30628	21301	1285	5222	9417
江 西 Jiangxi	33062	31891	23746	1774	5622	10387
山 东 Shandong	68525	66823	51250	3092	12981	24051
河 南 Henan	61525	58676	46114	2600	10948	19578
湖 北 Hubei	58151	55153	36995	2402	10297	15985
湖 南 Hunan	46328	44702	31294	1673	8036	14650
广 东 Guangdong	69101	66523	46063	2875	10502	21658
广 西 Guangxi	29521	26170	18505	1295	4583	7852
海 南 Hainan	7226	7159	4589	287	923	2088
重 庆 Chongqing	25867	25206	18253	1060	4468	8134
四 川 Sichuan	56227	53863	38684	2242	9026	16658
贵 州 Guizhou	19372	19160	14250	1024	4407	4840
云 南 Yunnan	24414	23926	18450	1304	4640	7409
西 藏 Tibet	1778	1738	1294	92	400	527
陕 西 Shaanxi	47231	44803	30442	2077	7488	13874
甘 肃 Gansu	16195	15219	11495	866	3100	4760
青 海 Qinghai	2995	2875	2101	332	706	590
宁 夏 Ningxia	5820	5697	4258	535	1154	1255
新 疆 Xinjiang	16366	16137	11601	511	3135	5221

注:不含民办的其他高等教育机构数据。

Note:Data of Non-government HEIs are not included.

女教职工情况(总计)
in HEIs (Total)

单位：人
unit:person

工数(人) Personnel							
教职工 Personnel in Main Campus					科研机构人员 Personnel in Affiliated Research Org.	校办企业职工 Employees in School-run Factories & Farms	其他附设机构人员 Personnel in Others Subsidiary Units
初级 Junior	未定职级 No-Ranking	行政人员 Adm. Personnel	教辅人员 Supporting Staff	工勤人员 Workers			
114475	**47632**	**153385**	**117175**	**47917**	**11334**	**9019**	**30450**
1639	907	13347	11379	4557	3198	331	6192
1696	657	3831	2581	727	127	61	163
5101	2200	6219	5282	2359	118	294	894
4726	2089	3775	3281	1193	198	215	901
2222	948	2353	2214	573	44	39	249
4161	1600	7313	4725	1656	264	219	551
3212	274	3605	3527	1348	401	228	363
2386	799	5069	4353	2102	560	148	565
1587	779	7093	4841	1361	762	494	653
5003	1541	10700	7712	2763	856	493	2995
2090	1909	7287	4596	978	486	224	707
6326	1468	3656	3143	1314	205	1033	531
4312	1065	5101	3235	991	183	532	343
4683	1280	3825	2994	1326	174	483	514
8962	2164	6560	6682	2331	487	530	685
10215	2773	5651	4604	2307	189	252	2408
6104	2207	8909	6596	2653	651	990	1357
4328	2607	6321	5414	1673	265	358	1003
5492	5536	10238	7151	3071	596	328	1654
2261	2514	3617	2377	1671	38	277	3036
790	501	1100	747	723	17	2	48
3212	1379	3767	2251	935	73	96	492
8010	2748	7296	4754	3129	332	713	1319
2336	1643	2879	1512	519	110	23	79
3581	1516	2484	1873	1119	131	94	263
236	39	226	162	56	17		23
5351	1652	6314	5411	2636	503	457	1468
1919	850	1722	1300	702	158	65	753
270	203	254	399	121	113		7
750	564	669	519	251	46		77
1514	1220	2204	1560	772	32	40	157

高等教育学校(机构)

Number of Educational Personnel

地 区 Region	教职 Educational					
	合计 Total	校本部 Educational Personnel				
		小计 Subtotal	专任教师 Full-time Teachers			
			小计 Subtotal	正高级 Senior	副高级 Sub-senior	中级 Middle
总　计 Total	**2335723**	**2218556**	**1534510**	**189136**	**448625**	**613729**
北　京 Beijing	142267	123273	68380	17433	24182	22226
天　津 Tianjin	47043	46026	31008	4599	10020	12130
河　北 Hebei	102294	99198	68578	9617	20342	26946
山　西 Shanxi	60393	57784	40317	2966	10661	15711
内蒙古 Inner Mongolia	37691	36772	25000	2571	7641	9537
辽　宁 Liaoning	97927	95269	64246	8987	19736	26303
吉　林 Jilin	62916	59540	38549	5808	12035	14979
黑龙江 Heilongjiang	77000	74036	46870	7347	15173	19212
上　海 Shanghai	73373	67398	40558	7317	13018	16109
江　苏 Jiangsu	160471	150694	104549	13386	34522	44712
浙　江 Zhejiang	87375	83035	58076	7999	17895	24983
安　徽 Anhui	80254	75550	56525	4525	15147	21810
福　建 Fujian	65775	63135	43902	4938	12287	17633
江　西 Jiangxi	76014	72785	54429	5465	14633	22734
山　东 Shandong	143939	139054	101380	10379	28745	43690
河　南 Henan	130031	124514	95134	8020	25258	38071
湖　北 Hubei	128878	122289	82821	10622	25927	31273
湖　南 Hunan	97652	92966	64919	7037	18828	27198
广　东 Guangdong	140348	135226	95193	11473	24548	40153
广　西 Guangxi	57474	52356	37680	3993	10262	14826
海　南 Hainan	13973	13832	8894	949	2196	3660
重　庆 Chongqing	55406	53529	38944	4298	10752	15784
四　川 Sichuan	119257	113203	81404	8604	21394	31871
贵　州 Guizhou	38899	38405	28144	2670	8681	9183
云　南 Yunnan	48337	47324	35396	3776	9615	13353
西　藏 Tibet	3640	3567	2601	221	851	1001
陕　西 Shaanxi	103332	97648	64970	7965	17679	27419
甘　肃 Gansu	36944	34557	25283	2949	7661	9746
青　海 Qinghai	6182	5882	3920	732	1314	1036
宁　夏 Ningxia	11261	10850	7759	1213	2176	2203
新　疆 Xinjiang	29377	28859	19081	1277	5446	8237

教职工情况(普通高校)
in Regular HEIs

单位:人
unit:person

工数(人) Personnel							
教职工 in Main Campus					科研机构人员 Personnel in Affiliated Research Org.	校办企业职工 Employees in School-run Factories & Farms	其他附设机构人员 Personnel in Others Subsidiary Units
		行政人员 Adm. Personnel	教辅人员 Supporting Staff	工勤人员 Workers			
初 级 Junior	未定职级 No-Ranking						
195763	**87257**	**318508**	**206321**	**159217**	**29812**	**30030**	**57325**
2709	1830	23047	17872	13974	7689	1440	9865
3014	1245	7505	4444	3069	411	347	259
8255	3418	13854	8935	7831	276	1052	1768
7847	3132	7907	5368	4192	569	531	1509
3665	1586	5566	3732	2474	103	207	609
6602	2618	15086	7912	8025	691	804	1163
5182	545	8351	6165	6475	1083	883	1410
3947	1191	11210	7930	8026	1173	608	1183
2679	1435	12511	8876	5453	2017	2167	1791
8713	3216	22739	14173	9233	2533	1998	5246
3601	3598	13632	8036	3291	1680	813	1847
11974	3069	8481	5978	4566	828	2754	1122
7162	1882	10170	6002	3061	555	1493	592
8903	2694	8697	5723	3936	498	1347	1384
14634	3932	17661	11858	8155	1062	2438	1385
17844	5941	12624	8405	8351	407	906	4204
10544	4455	18744	12005	8719	1528	2283	2778
7316	4540	13307	9142	5598	823	1463	2400
9318	9701	19661	12718	7654	1429	998	2695
4204	4395	6872	4206	3598	79	685	4354
1242	847	2221	1288	1429	36	24	81
5331	2779	7444	3818	3323	267	439	1171
14304	5231	14368	8971	8460	1044	2057	2953
4264	3346	5837	2638	1786	270	88	136
5862	2790	5340	3493	3095	283	361	369
424	104	478	234	254	36		37
9018	2889	14282	9941	8455	1389	1396	2899
3324	1603	4233	2588	2453	567	298	1522
467	371	754	677	531	290		10
1257	910	1532	846	713	133		278
2157	1964	4394	2347	3037	63	150	305

高等教育学校(机构)
Number of Female Educational

地 区 Region	合计 Total	教职 Educational 校本部 Educational Personnel 小计 Subtotal	专任教师 Full-time Teachers 小计 Subtotal	正高级 Senior	副高级 Sub-senior	中级 Middle
总 计 Total	**1098886**	**1048261**	**738695**	**55627**	**199112**	**325683**
北 京 Beijing	68762	59066	30690	4359	11443	12460
天 津 Tianjin	22734	22383	15567	1466	4824	6979
河 北 Hebei	53070	51773	38197	4185	10953	15865
山 西 Shanxi	31172	29866	22091	1214	5416	8849
内蒙古 Inner Mongolia	19312	18980	13958	1120	4092	5597
辽 宁 Liaoning	48895	47863	34805	3406	10426	15454
吉 林 Jilin	29400	28419	20255	2311	6158	8436
黑龙江 Heilongjiang	37235	35962	24857	3112	7709	10989
上 海 Shanghai	33836	31937	18963	1508	5892	9258
江 苏 Jiangsu	72670	68330	47441	3003	14225	23725
浙 江 Zhejiang	40337	38927	26297	1895	7235	13248
安 徽 Anhui	33436	31679	23793	942	5261	9892
福 建 Fujian	31312	30254	21091	1279	5163	9326
江 西 Jiangxi	32418	31255	23369	1742	5516	10286
山 东 Shandong	67641	65939	50551	3071	12815	23750
河 南 Henan	60055	57212	45075	2560	10684	19100
湖 北 Hubei	57453	54455	36490	2392	10142	15762
湖 南 Hunan	45812	44186	30922	1664	7907	14478
广 东 Guangdong	66845	64315	44704	2852	10262	21021
广 西 Guangxi	28812	25462	17984	1269	4440	7567
海 南 Hainan	7151	7084	4540	285	913	2069
重 庆 Chongqing	25343	24686	17970	1050	4407	7990
四 川 Sichuan	55225	52861	38056	2240	8862	16360
贵 州 Guizhou	19071	18864	14049	1016	4360	4782
云 南 Yunnan	24321	23833	18413	1302	4628	7394
西 藏 Tibet	1778	1738	1294	92	400	527
陕 西 Shaanxi	45929	43515	29606	2064	7307	13474
甘 肃 Gansu	15933	14957	11293	863	3045	4659
青 海 Qinghai	2882	2762	2018	329	684	544
宁 夏 Ningxia	5766	5643	4226	530	1142	1243
新 疆 Xinjiang	14280	14055	10130	506	2801	4599

女教职工情况（普通高校）
Personnel in Regular HEIs

单位：人
unit：person

工　数 Personnel							
教职工 in Main Campus					科研机构人员 Personnel in Affiliated Research Org.	校办企业职工 Employees in School-run Factories & Farms	其他附设机构人员 Personnel in Others Subsidiary Units
初级 Junior	未定职级 No-ranking	行政人员 Adm. Personnel	教辅人员 Supporting Staff	工勤人员 Workers			
111300	**46973**	**149065**	**113700**	**46801**	**11263**	**8951**	**30411**
1559	869	12828	11018	4530	3187	329	6180
1644	654	3703	2400	713	127	61	163
5010	2184	6087	5172	2317	109	294	894
4576	2036	3583	3074	1118	194	213	899
2204	945	2334	2140	548	44	39	249
3963	1556	6992	4478	1588	264	219	549
3082	268	3485	3360	1319	390	228	363
2269	778	4854	4202	2049	560	148	565
1537	768	6951	4677	1346	758	488	653
4951	1537	10586	7560	2743	852	493	2995
2037	1882	7160	4518	952	481	224	705
6250	1448	3561	3035	1290	205	1033	519
4276	1047	5015	3165	983	183	532	343
4565	1260	3683	2916	1287	168	481	514
8760	2155	6490	6631	2267	487	530	685
9959	2772	5425	4442	2270	189	246	2408
5993	2201	8798	6532	2635	651	990	1357
4281	2592	6245	5375	1644	265	358	1003
5168	5401	9834	6872	2905	590	286	1654
2208	2500	3519	2322	1637	37	277	3036
780	493	1078	746	720	17	2	48
3155	1368	3668	2124	924	73	94	490
7869	2725	7058	4673	3074	332	713	1319
2254	1637	2812	1488	515	105	23	79
3573	1516	2453	1849	1118	131	94	263
236	39	226	162	56	17		23
5139	1622	6106	5276	2527	498	451	1465
1882	844	1689	1283	692	158	65	753
260	201	246	382	116	113		7
748	563	652	515	250	46		77
1112	1112	1944	1313	668	32	40	153

高等教育学校(机构)

Number of Educational Personnel

地 区 Region	合计 Total	教职 Educational 校本部 Educational Personnel 小计 Subtotal	专任教师 Full-time Teachers 小计 Subtotal	正高级 Senior	副高级 Sub-senior	中级 Middle
总　计 Total	**52921**	**52528**	**31538**	**1392**	**9763**	**13504**
北　京 Beijing	3273	3230	1551	101	491	768
天　津 Tianjin	1706	1706	937	50	412	386
河　北 Hebei	1458	1446	811	60	244	327
山　西 Shanxi	2624	2587	1452	46	540	516
内蒙古 Inner Mongolia	553	553	239	13	119	68
辽　宁 Liaoning	3869	3865	2358	128	899	898
吉　林 Jilin	2095	2078	1255	100	437	514
黑龙江 Heilongjiang	2944	2929	1850	132	836	660
上　海 Shanghai	1549	1524	785	20	188	462
江　苏 Jiangsu	1333	1329	766	101	242	318
浙　江 Zhejiang	1484	1472	959	23	300	505
安　徽 Anhui	1316	1284	748	19	198	362
福　建 Fujian	831	831	435	18	162	148
江　西 Jiangxi	1558	1534	889	98	266	262
山　东 Shandong	2259	2259	1544	57	451	632
河　南 Henan	2826	2811	1861	83	541	828
湖　北 Hubei	1501	1501	1038	30	349	421
湖　南 Hunan	1236	1233	795	18	286	361
广　东 Guangdong	4498	4424	2619	51	513	1225
广　西 Guangxi	1458	1454	1039	92	306	502
海　南 Hainan	160	160	81	4	12	33
重　庆 Chongqing	1197	1171	616	30	165	293
四　川 Sichuan	2377	2375	1375	15	364	626
贵　州 Guizhou	593	587	371	14	92	114
云　南 Yunnan	197	197	67	5	20	29
西　藏 Tibet						
陕　西 Shaanxi	2799	2771	1716	40	427	833
甘　肃 Gansu	603	603	443	10	143	205
青　海 Qinghai	263	263	176	9	41	87
宁　夏 Ningxia	119	119	72	8	31	26
新　疆 Xinjiang	4242	4232	2690	17	688	1095

教职工情况（成人高校）
in Adult HEIs

单位：人
unit：person

工　数 Personnel							
教职工 in Main Campus					科研机构人员 Personnel in Affiliated Research Org.	校办企业职工 Employees in School-run Factories & Farms	其他附设机构人员 Personnel in Others Subsidiary Units
		行政人员 Adm. Personnel	教辅人员 Supporting Staff	工勤人员 Workers			
初　级 Junior	未定职级 No-ranking						
5677	**1202**	**9901**	**6749**	**4340**	**121**	**163**	**109**
133	58	863	618	198	17	2	24
83	6	288	337	144			
154	26	319	185	131	12		
255	95	517	394	224	4	18	15
35	4	90	123	101			
332	101	699	494	314			4
187	17	329	338	156	17		
196	26	502	304	273		15	
94	21	287	328	124	10	14	1
95	10	228	270	65	4		
93	38	275	169	69	8		4
130	39	236	199	101			32
85	22	236	129	31			
233	30	344	171	130	20	4	
390	14	289	155	271			
403	6	508	300	142		15	
217	21	279	127	57			
98	32	218	102	118			3
538	292	896	503	406	12	62	
113	26	187	115	113	4		
23	9	56	11	12			
110	18	234	245	76		18	8
326	44	529	186	285			2
144	7	146	56	14	6		
12	1	73	40	17			
377	39	471	268	316	7	15	6
73	12	97	36	27			
24	15	37	32	18			
4	3	30	8	9			
720	170	638	506	398			10

高等教育学校(机构)

Number of Female Educational

地　区 Region	合计 Total	教　职 Educational 校本部 Educational Personnel 小计 Subtotal	专任教师 Full-time Teachers 小计 Subtotal	正高级 Senior	副高级 Sub-senior	中级 Middle
总　计 Total	**25817**	**25639**	**16728**	**592**	**4841**	**7461**
北　京 Beijing	1931	1906	999	47	310	524
天　津 Tianjin	897	897	574	23	234	262
河　北 Hebei	780	771	487	35	135	210
山　西 Shanxi	1323	1315	841	19	299	320
内蒙古 Inner Mongolia	262	262	144	6	78	39
辽　宁 Liaoning	2033	2031	1395	70	524	559
吉　林 Jilin	1083	1072	756	65	244	311
黑龙江 Heilongjiang	1397	1397	978	68	422	350
上　海 Shanghai	793	783	462	4	103	294
江　苏 Jiangsu	645	641	355	24	119	156
浙　江 Zhejiang	745	738	507	7	137	283
安　徽 Anhui	565	553	326	4	76	150
福　建 Fujian	374	374	210	6	59	91
江　西 Jiangxi	644	636	377	32	106	101
山　东 Shandong	884	884	699	21	166	301
河　南 Henan	1470	1464	1039	40	264	478
湖　北 Hubei	698	698	505	10	155	223
湖　南 Hunan	516	516	372	9	129	172
广　东 Guangdong	2256	2208	1359	23	240	637
广　西 Guangxi	709	708	521	26	143	285
海　南 Hainan	75	75	49	2	10	19
重　庆 Chongqing	524	520	283	10	61	144
四　川 Sichuan	1002	1002	628	2	164	298
贵　州 Guizhou	301	296	201	8	47	58
云　南 Yunnan	93	93	37	2	12	15
西　藏 Tibet						
陕　西 Shaanxi	1302	1288	836	13	181	400
甘　肃 Gansu	262	262	202	3	55	101
青　海 Qinghai	113	113	83	3	22	46
宁　夏 Ningxia	54	54	32	5	12	12
新　疆 Xinjiang	2086	2082	1471	5	334	622

女教职工情况(成人高校)

Personnel in Adult HEIs

单位：人
unit：person

工　数 Personnel							
教职工 in Main Campus					科研机构人员 Personnel in Affiliated Research Org.	校办企业职工 Employees in School-run Factories & Farms	其他附设机构人员 Personnel in Others Subsidiary Units
初　级 Junior	未定职级 No-ranking	行政人员 Adm. Personnel	教辅人员 Supporting Staff	工勤人员 Workers			
3175	**659**	**4320**	**3475**	**1116**	**71**	**68**	**39**
80	38	519	361	27	11	2	12
52	3	128	181	14			
91	16	132	110	42	9		
150	53	192	207	75	4	2	2
18	3	19	74	25			
198	44	321	247	68			2
130	6	120	167	29	11		
117	21	215	151	53			
50	11	142	164	15	4	6	
52	4	114	152	20	4		
53	27	127	78	26	5		2
76	20	95	108	24			12
36	18	86	70	8			
118	20	142	78	39	6	2	
202	9	70	51	64			
256	1	226	162	37		6	
111	6	111	64	18			
47	15	76	39	29			
324	135	404	279	166	6	42	
53	14	98	55	34	1		
10	8	22	1	3			
57	11	99	127	11		2	2
141	23	238	81	55			
82	6	67	24	4	5		
8		31	24	1			
212	30	208	135	109	5	6	3
37	6	33	17	10			
10	2	8	17	5			
2	1	17	4	1			
402	108	260	247	104			4

高等教育学校(机构)教职工
Number of Educational Personnel

地 区 Region	合计 Total	教职 Educational 校本部 Educational Personnel 小计 Subtotal	专任教师 Full-time Teachers 小计 Subtotal	正高级 Senior	副高级 Sub-senior	中级 Middle
总 计 Total	**26290**	**26135**	**12083**	**950**	**2202**	**3865**
北 京 Beijing	4972	4960	1979	240	377	585
天 津 Tianjin						
河 北 Hebei	794	794	459	80	96	167
山 西 Shanxi	1278	1273	783	78	133	226
内蒙古 Inner Mongolia						
辽 宁 Liaoning	1511	1511	945	53	232	545
吉 林 Jilin	361	361	209	24	60	76
黑龙江 Heilongjiang	113	113	49	2	16	9
上 海 Shanghai	6471	6457	2159	148	314	430
江 苏 Jiangsu						
浙 江 Zhejiang	1790	1788	739	16	88	308
安 徽 Anhui	538	538	281	2	16	46
福 建 Fujian						
江 西 Jiangxi	636	624	348	33	50	130
山 东 Shandong	3337	3249	1967	116	363	666
河 南 Henan	529	529	269	14	47	99
湖 北 Hubei	722	720	207	26	79	69
湖 南 Hunan	276	269	123	15	30	42
广 东 Guangdong	1151	1149	579	23	90	205
广 西 Guangxi						
海 南 Hainan						
重 庆 Chongqing	621	610	287	11	90	130
四 川 Sichuan	622	622	374	21	27	62
贵 州 Guizhou						
云 南 Yunnan						
西 藏 Tibet						
陕 西 Shaanxi						
甘 肃 Gansu	568	568	326	48	94	70
青 海 Qinghai						
宁 夏 Ningxia						
新 疆 Xinjiang						

情况(民办的其他高等教育机构)
in Other Non-government HEIs

单位：人
unit：person

工　数 Personnel							
教职工 in Main Campus					科研机构人员 Personnel in Affiliated Research Org.	校办企业职工 Employees in School-run Factories & Farms	其他附设机构人员 Personnel in Others Subsidiary Units
初　级 Junior	未定职级 No-ranking	行政人员 Adm. Personnel	教辅人员 Supporting Staff	工勤人员 Workers			
1892	**3174**	**7825**	**3779**	**2448**	**26**	**29**	**100**
281	496	1589	753	639		4	8
98	18	144	118	73			
142	204	262	127	101	5		
110	5	329	156	81			
24	25	85	33	34			
15	7	27	13	24			
157	1110	2545	1379	374	7	1	6
205	122	566	267	216	2		
22	195	184	26	47			
88	47	152	71	53		7	5
436	386	738	239	305	7	10	71
39	70	134	72	54			
24	9	237	165	111			2
16	20	78	45	23	3	4	
82	179	313	138	119	2		
37	19	176	82	65		3	8
65	199	110	46	92			
51	63	156	49	37			

高等教育学校(机构)

Number of Female Educational Personnel

地区 Region	合计 Total	教职 Educational 校本部 Educational Personnel 小计 Subtotal	专任教师 Full-time Teachers 小计 Subtotal	正高级 Senior	副高级 Sub-senior	中级 Middle
总计 Total	**13913**	**13839**	**6204**	**301**	**996**	**1987**
北京 Beijing	2530	2526	980	75	174	310
天津 Tianjin						
河北 Hebei	432	432	249	24	39	102
山西 Shanxi	600	599	385	28	71	111
内蒙古 Inner Mongolia						
辽宁 Liaoning	839	839	512	37	134	289
吉林 Jilin	211	211	128	9	35	49
黑龙江 Heilongjiang	81	81	36	1	12	6
上海 Shanghai	3995	3991	1240	33	116	216
江苏 Jiangsu						
浙江 Zhejiang	1047	1046	449	5	50	188
安徽 Anhui	239	239	124		4	20
福建 Fujian						
江西 Jiangxi	256	254	136	5	13	65
山东 Shandong	1587	1533	967	43	174	316
河南 Henan	251	251	131	3	17	51
湖北 Hubei	397	397	94	11	35	26
湖南 Hunan	146	143	76	9	15	32
广东 Guangdong	510	509	241	5	26	70
广西 Guangxi						
海南 Hainan						
重庆 Chongqing	265	261	120	3	30	60
四川 Sichuan	298	298	203	4	7	38
贵州 Guizhou						
云南 Yunnan						
西藏 Tibet						
陕西 Shaanxi						
甘肃 Gansu	229	229	133	6	44	38
青海 Qinghai						
宁夏 Ningxia						
新疆 Xinjiang						

女教职工情况（民办的其他高等教育机构）

in Other Non-government HEIs

单位：人

unit: person

工　数 Personnel							
教职工 in Main Campus					科研机构人员 Personnel in Affiliated Research Org.	校办企业职工 Employees in School-run Factories & Farms	其他附设机构人员 Personnel in Others Subsidiary Units
初　级 Junior	未定职级 No-ranking	行政人员 Adm. Personnel	教辅人员 Supporting Staff	工勤人员 Workers			
1088	**1832**	**4259**	**2307**	**1069**	**10**	**10**	**54**
178	243	820	432	294		2	2
75	9	72	74	37			
95	80	114	70	30	1		
49	3	181	97	49			
14	21	55	20	8			
12	5	18	12	15			
110	765	1581	982	188	3	1	
129	77	350	142	105	1		
9	91	86	11	18			
33	20	64	33	21		1	1
222	212	337	117	112	2	5	47
18	42	68	32	20			
16	6	140	104	59			
13	7	35	23	9	2	1	
39	101	154	72	42	1		
18	9	73	44	24			4
30	124	44	21	30			
28	17	67	21	8			

专任教师学历、职称情况(总计)

Number of Full-time Teacher by Academic Qualification and Professional Rank(Total)

单位：人

unit：person

地　区 Region	合计 Total	按学历分 By Academic Qualification				按职称分 By Professional Rank				
		博　士 Doctor's Degrees	硕　士 Master's Degrees	本　科 Normal Courses	专科及以下 Short-cycle Courses and Under	正高级 Senior	副高级 Sub-Senior	中　级 Middle	初　级 Junior	未定职级 No-ranking
总　计 Total	**1566048**	**313943**	**559720**	**670504**	**21881**	**190528**	**458388**	**627233**	**201440**	**88459**
北　京 Beijing	69931	38109	18766	12493	563	17534	24673	22994	2842	1888
天　津 Tianjin	31945	9572	11202	10970	201	4649	10432	12516	3097	1251
河　北 Hebei	69389	8878	24870	34649	992	9677	20586	27273	8409	3444
山　西 Shanxi	41769	4433	15514	21028	794	3012	11201	16227	8102	3227
内蒙古 Inner Mongolia	25239	2615	8753	13244	627	2584	7760	9605	3700	1590
辽　宁 Liaoning	66604	13232	24541	27795	1036	9115	20635	27201	6934	2719
吉　林 Jilin	39804	8273	15881	15211	439	5908	12472	15493	5369	562
黑龙江 Heilongjiang	48720	9995	16610	21787	328	7479	16009	19872	4143	1217
上　海 Shanghai	41343	19084	12961	8733	565	7337	13206	16571	2773	1456
江　苏 Jiangsu	105315	28668	35442	40542	663	13487	34764	45030	8808	3226
浙　江 Zhejiang	59035	15562	20178	22776	519	8022	18195	25488	3694	3636
安　徽 Anhui	57273	7730	24392	24618	533	4544	15345	22172	12104	3108
福　建 Fujian	44337	8556	15944	19357	480	4956	12449	17781	7247	1904
江　西 Jiangxi	55318	5726	18084	30556	952	5563	14899	22996	9136	2724
山　东 Shandong	102924	17050	35847	48531	1496	10436	29196	44322	15024	3946
河　南 Henan	96995	12190	36928	46803	1074	8103	25799	38899	18247	5947
湖　北 Hubei	83859	18657	30144	33765	1293	10652	26276	31694	10761	4476
湖　南 Hunan	65714	10358	21272	33080	1004	7055	19114	27559	7414	4572
广　东 Guangdong	97812	20553	35437	39974	1848	11524	25061	41378	9856	9993
广　西 Guangxi	38719	4376	16724	17098	521	4085	10568	15328	4317	4421
海　南 Hainan	8975	1180	3305	4336	154	953	2208	3693	1265	856
重　庆 Chongqing	39560	7120	15692	16095	653	4328	10917	16077	5441	2797
四　川 Sichuan	82779	12922	30644	37292	1921	8619	21758	32497	14630	5275
贵　州 Guizhou	28515	2571	9822	15649	473	2684	8773	9297	4408	3353
云　南 Yunnan	35463	4748	13068	16855	792	3781	9635	13382	5874	2791
西　藏 Tibet	2601	244	1178	1117	62	221	851	1001	424	104
陕　西 Shaanxi	66686	14703	25107	26080	796	8005	18106	28252	9395	2928
甘　肃 Gansu	25726	3571	10146	11722	287	2959	7804	9951	3397	1615
青　海 Qinghai	4096	312	1052	2595	137	741	1355	1123	491	386
宁　夏 Ningxia	7831	855	2740	4071	165	1221	2207	2229	1261	913
新　疆 Xinjiang	21771	2100	7476	11682	513	1294	6134	9332	2877	2134

注：不含民办的其他高等教育机构数据。

Note：Data of Non-government HEIs are not included.

专任教师学历、职称情况(普通高校)

Number of Full-time Teacher by Academic Qualification and Professional Rank (Regular HEIs)

单位：人

unit：person

地 区 Region	合计 Total	按学历分 By Academic Qualification				按职称分 By Professional Rank				
		博 士 Doctor's Degrees	硕 士 Master's Degrees	本 科 Normal Courses	专科及以下 Short-cycle Courses and Under	正高级 Senior	副高级 Sub-Senior	中 级 Middle	初 级 Junior	未定职级 No-ranking
总 计 Total	**1534510**	**313136**	**552854**	**648230**	**20290**	**189136**	**448625**	**613729**	**195763**	**87257**
北 京 Beijing	68380	37860	18195	11782	543	17433	24182	22226	2709	1830
天 津 Tianjin	31008	9531	11043	10266	168	4599	10020	12130	3014	1245
河 北 Hebei	68578	8855	24570	34167	986	9617	20342	26946	8255	3418
山 西 Shanxi	40317	4423	15254	19929	711	2966	10661	15711	7847	3132
内蒙古 Inner Mongolia	25000	2612	8704	13060	624	2571	7641	9537	3665	1586
辽 宁 Liaoning	64246	13199	24089	26055	903	8987	19736	26303	6602	2618
吉 林 Jilin	38549	8206	15428	14539	376	5808	12035	14979	5182	545
黑龙江 Heilongjiang	46870	9980	16431	20196	263	7347	15173	19212	3947	1191
上 海 Shanghai	40558	19037	12717	8245	559	7317	13018	16109	2679	1435
江 苏 Jiangsu	104549	28616	35190	40100	643	13386	34522	44712	8713	3216
浙 江 Zhejiang	58076	15544	19984	22050	498	7999	17895	24983	3601	3598
安 徽 Anhui	56525	7716	24231	24066	512	4525	15147	21810	11974	3069
福 建 Fujian	43902	8538	15797	19087	480	4938	12287	17633	7162	1882
江 西 Jiangxi	54429	5697	17881	29907	944	5465	14633	22734	8903	2694
山 东 Shandong	101380	17045	35560	47397	1378	10379	28745	43690	14634	3932
河 南 Henan	95134	12154	36564	45403	1013	8020	25258	38071	17844	5941
湖 北 Hubei	82821	18649	29859	33022	1291	10622	25927	31273	10544	4455
湖 南 Hunan	64919	10353	21212	32426	928	7037	18828	27198	7316	4540
广 东 Guangdong	95193	20512	34838	38148	1695	11473	24548	40153	9318	9701
广 西 Guangxi	37680	4328	16302	16532	518	3993	10262	14826	4204	4395
海 南 Hainan	8894	1180	3289	4271	154	949	2196	3660	1242	847
重 庆 Chongqing	38944	7110	15457	15782	595	4298	10752	15784	5331	2779
四 川 Sichuan	81404	12910	30412	36473	1609	8604	21394	31871	14304	5231
贵 州 Guizhou	28144	2567	9756	15362	459	2670	8681	9183	4264	3346
云 南 Yunnan	35396	4746	13065	16801	784	3776	9615	13353	5862	2790
西 藏 Tibet	2601	244	1178	1117	62	221	851	1001	424	104
陕 西 Shaanxi	64970	14699	24753	24816	702	7965	17679	27419	9018	2889
甘 肃 Gansu	25283	3570	10070	11394	249	2949	7661	9746	3324	1603
青 海 Qinghai	3920	312	1030	2481	97	732	1314	1036	467	371
宁 夏 Ningxia	7759	855	2738	4004	162	1213	2176	2203	1257	910
新 疆 Xinjiang	19081	2088	7257	9352	384	1277	5446	8237	2157	1964

专任教师学历、职称情况(成人高校)

Number of Full-time Teacher by Academic Qualification and Professional Rank (Adult HEIs)

单位：人

unit：person

地 区 Region	合计 Total	按学历分 By Academic Qualification				按职称分 By Professional Rank				
		博 士 Doctor's Degrees	硕 士 Master's Degrees	本 科 Normal Courses	专科及以下 Short-cycle Courses and Under	正高级 Senior	副高级 Sub-Senior	中 级 Middle	初 级 Junior	未定职级 No-ranking
总 计 Total	**31538**	**807**	**6866**	**22274**	**1591**	**1392**	**9763**	**13504**	**5677**	**1202**
北 京 Beijing	1551	249	571	711	20	101	491	768	133	58
天 津 Tianjin	937	41	159	704	33	50	412	386	83	6
河 北 Hebei	811	23	300	482	6	60	244	327	154	26
山 西 Shanxi	1452	10	260	1099	83	46	540	516	255	95
内蒙古 Inner Mongolia	239	3	49	184	3	13	119	68	35	4
辽 宁 Liaoning	2358	33	452	1740	133	128	899	898	332	101
吉 林 Jilin	1255	67	453	672	63	100	437	514	187	17
黑龙江 Heilongjiang	1850	15	179	1591	65	132	836	660	196	26
上 海 Shanghai	785	47	244	488	6	20	188	462	94	21
江 苏 Jiangsu	766	52	252	442	20	101	242	318	95	10
浙 江 Zhejiang	959	18	194	726	21	23	300	505	93	38
安 徽 Anhui	748	14	161	552	21	19	198	362	130	39
福 建 Fujian	435	18	147	270		18	162	148	85	22
江 西 Jiangxi	889	29	203	649	8	98	266	262	233	30
山 东 Shandong	1544	5	287	1134	118	57	451	632	390	14
河 南 Henan	1861	36	364	1400	61	83	541	828	403	6
湖 北 Hubei	1038	8	285	743	2	30	349	421	217	21
湖 南 Hunan	795	5	60	654	76	18	286	361	98	32
广 东 Guangdong	2619	41	599	1826	153	51	513	1225	538	292
广 西 Guangxi	1039	48	422	566	3	92	306	502	113	26
海 南 Hainan	81		16	65		4	12	33	23	9
重 庆 Chongqing	616	10	235	313	58	30	165	293	110	18
四 川 Sichuan	1375	12	232	819	312	15	364	626	326	44
贵 州 Guizhou	371	4	66	287	14	14	92	114	144	7
云 南 Yunnan	67	2	3	54	8	5	20	29	12	1
西 藏 Tibet										
陕 西 Shaanxi	1716	4	354	1264	94	40	427	833	377	39
甘 肃 Gansu	443	1	76	328	38	10	143	205	73	12
青 海 Qinghai	176		22	114	40	9	41	87	24	15
宁 夏 Ningxia	72		2	67	3	8	31	26	4	3
新 疆 Xinjiang	2690	12	219	2330	129	17	688	1095	720	170

专任教师学历、职称情况(民办的其他高等教育机构)

Number of Full-time Teacher by Academic Qualification and Professional Rank (Other Non-government HEIs)

单位:人

unit: person

地 区 Region	合计 Total	按学历分 By Academic Qualification				按职称分 By Professional Rank				
		博 士 Doctor's Degrees	硕 士 Master's Degrees	本 科 Normal Courses	专科及以下 Short-cycle Courses and Under	正高级 Senior	副高级 Sub-Senior	中 级 Middle	初 级 Junior	未定职级 No-ranking
总 计 Total	**12083**	**387**	**2299**	**8478**	**919**	**950**	**2202**	**3865**	**1892**	**3174**
北 京 Beijing	1979	122	497	1227	133	240	377	585	281	496
天 津 Tianjin										
河 北 Hebei	459	6	61	329	63	80	96	167	98	18
山 西 Shanxi	783	19	163	544	57	78	133	226	142	204
内蒙古 Inner Mongolia										
辽 宁 Liaoning	945		187	740	18	53	232	545	110	5
吉 林 Jilin	209	32	73	100	4	24	60	76	24	25
黑龙江 Heilongjiang	49		1	45	3	2	16	9	15	7
上 海 Shanghai	2159	80	453	1492	134	148	314	430	157	1110
江 苏 Jiangsu										
浙 江 Zhejiang	739	8	176	536	19	16	88	308	205	122
安 徽 Anhui	281	4	27	240	10	2	16	46	22	195
福 建 Fujian										
江 西 Jiangxi	348	13	69	237	29	33	50	130	88	47
山 东 Shandong	1967	33	207	1446	281	116	363	666	436	386
河 南 Henan	269	8	55	183	23	14	47	99	39	70
湖 北 Hubei	207	19	55	121	12	26	79	69	24	9
湖 南 Hunan	123	17	38	66	2	15	30	42	16	20
广 东 Guangdong	579	21	145	363	50	23	90	205	82	179
广 西 Guangxi										
海 南 Hainan										
重 庆 Chongqing	287		21	249	17	11	90	130	37	19
四 川 Sichuan	374	5	40	289	40	21	27	62	65	199
贵 州 Guizhou										
云 南 Yunnan										
西 藏 Tibet										
陕 西 Shaanxi										
甘 肃 Gansu	326		31	271	24	48	94	70	51	63
青 海 Qinghai										
宁 夏 Ningxia										
新 疆 Xinjiang										

聘请校外教师学历情况(总计)

Number of Part-time Teacher by Academic Qualification (Total)

单位：人
unit：person

地　区 Region	合计 Total	博　士 Doctor's Degrees	硕　士 Master's Degrees	本　科 Normal Courses	专科及以下 Short-cycle Courses and Under
总　计 Total	**462390**	**65091**	**149810**	**222476**	**25013**
北　京 Beijing	16362	5276	5377	5172	537
天　津 Tianjin	10536	1143	3292	5425	676
河　北 Hebei	15412	1755	5049	7719	889
山　西 Shanxi	6190	611	2249	3085	245
内蒙古 Inner Mongolia	6825	870	2292	3451	212
辽　宁 Liaoning	15797	2084	5687	7278	748
吉　林 Jilin	8644	1609	2526	4170	339
黑龙江 Heilongjiang	16672	3118	6477	6586	491
上　海 Shanghai	14496	4715	4445	4890	446
江　苏 Jiangsu	40662	6637	12142	19051	2832
浙　江 Zhejiang	23718	2559	6211	13027	1921
安　徽 Anhui	17527	2720	7079	7280	448
福　建 Fujian	10715	1963	3143	4869	740
江　西 Jiangxi	11493	1099	3698	6335	361
山　东 Shandong	37138	4346	11353	19259	2180
河　南 Henan	22271	2280	9248	10191	552
湖　北 Hubei	26099	3900	9481	11129	1589
湖　南 Hunan	19456	2492	6276	10183	505
广　东 Guangdong	35222	2612	9305	19484	3821
广　西 Guangxi	12023	872	3830	6458	863
海　南 Hainan	2921	371	818	1600	132
重　庆 Chongqing	15140	2178	5507	7107	348
四　川 Sichuan	22845	3270	6690	11727	1158
贵　州 Guizhou	6034	455	1748	3529	302
云　南 Yunnan	10684	1147	3131	5307	1099
西　藏 Tibet	200	73	85	37	5
陕　西 Shaanxi	20142	2529	7712	9365	536
甘　肃 Gansu	7108	1454	2244	3192	218
青　海 Qinghai	715	14	62	469	170
宁　夏 Ningxia	1478	28	443	938	69
新　疆 Xinjiang	7865	911	2210	4163	581

注：不含民办的其他高等教育机构数据。

Note：Data of Non-government HEIs are not included.

聘请校外教师学历情况(普通高校)

Number of Part-time Teacher by Academic Qualification (Regular HEIs)

单位：人

unit：person

地　区 Region	合计 Total	博　士 Doctor's Degrees	硕　士 Master's Degrees	本　科 Normal Courses	专科及以下 Short-cycle Courses and Under
总　计 Total	**424011**	**64434**	**142618**	**193277**	**23682**
北　京 Beijing	15899	5255	5223	4939	482
天　津 Tianjin	8811	1130	3000	4014	667
河　北 Hebei	14058	1744	4819	6697	798
山　西 Shanxi	5512	592	2071	2637	212
内蒙古 Inner Mongolia	6754	870	2277	3395	212
辽　宁 Liaoning	13566	2078	5073	5759	656
吉　林 Jilin	7474	1608	2444	3135	287
黑龙江 Heilongjiang	15416	3087	6298	5564	467
上　海 Shanghai	14011	4667	4275	4631	438
江　苏 Jiangsu	36947	6613	11702	15876	2756
浙　江 Zhejiang	20255	2539	5585	10270	1861
安　徽 Anhui	17281	2716	6972	7147	446
福　建 Fujian	10662	1962	3125	4835	740
江　西 Jiangxi	11295	1099	3588	6247	361
山　东 Shandong	36614	4340	11301	18796	2177
河　南 Henan	20217	2265	8958	8489	505
湖　北 Hubei	25836	3884	9307	11061	1584
湖　南 Hunan	19283	2486	6236	10072	489
广　东 Guangdong	30685	2587	8549	15973	3576
广　西 Guangxi	11787	863	3753	6312	859
海　南 Hainan	2860	368	800	1561	131
重　庆 Chongqing	14818	2175	5427	6877	339
四　川 Sichuan	17469	3074	5833	7670	892
贵　州 Guizhou	5945	453	1696	3494	302
云　南 Yunnan	10684	1147	3131	5307	1099
西　藏 Tibet	200	73	85	37	5
陕　西 Shaanxi	15800	2428	6517	6483	372
甘　肃 Gansu	5871	1424	2082	2170	195
青　海 Qinghai	675	14	62	447	152
宁　夏 Ningxia	1375	28	439	839	69
新　疆 Xinjiang	5951	865	1990	2543	553

聘请校外教师学历情况(成人高校)
Number of Part-time Teacher by Academic Qualification (Adult HEIs)

单位：人
unit：person

地 区 Region	合计 Total	博 士 Doctor's Degrees	硕 士 Master's Degrees	本 科 Normal Courses	专科及以下 Short-cycle Courses and Under
总 计 Total	**38379**	**657**	**7192**	**29199**	**1331**
北 京 Beijing	463	21	154	233	55
天 津 Tianjin	1725	13	292	1411	9
河 北 Hebei	1354	11	230	1022	91
山 西 Shanxi	678	19	178	448	33
内蒙古 Inner Mongolia	71		15	56	
辽 宁 Liaoning	2231	6	614	1519	92
吉 林 Jilin	1170	1	82	1035	52
黑龙江 Heilongjiang	1256	31	179	1022	24
上 海 Shanghai	485	48	170	259	8
江 苏 Jiangsu	3715	24	440	3175	76
浙 江 Zhejiang	3463	20	626	2757	60
安 徽 Anhui	246	4	107	133	2
福 建 Fujian	53	1	18	34	
江 西 Jiangxi	198		110	88	
山 东 Shandong	524	6	52	463	3
河 南 Henan	2054	15	290	1702	47
湖 北 Hubei	263	16	174	68	5
湖 南 Hunan	173	6	40	111	16
广 东 Guangdong	4537	25	756	3511	245
广 西 Guangxi	236	9	77	146	4
海 南 Hainan	61	3	18	39	1
重 庆 Chongqing	322	3	80	230	9
四 川 Sichuan	5376	196	857	4057	266
贵 州 Guizhou	89	2	52	35	
云 南 Yunnan					
西 藏 Tibet					
陕 西 Shaanxi	4342	101	1195	2882	164
甘 肃 Gansu	1237	30	162	1022	23
青 海 Qinghai	40			22	18
宁 夏 Ningxia	103		4	99	
新 疆 Xinjiang	1914	46	220	1620	28

聘请校外教师学历情况(民办的其他高等教育机构)

Number of Part-time Teacher by Academic Qualification (Other Non-government HEIs)

单位：人

unit：person

地 区 Region	合计 Total	博 士 Doctor's Degrees	硕 士 Master's Degrees	本 科 Normal Courses	专科及以下 Short-cycle Courses and Under
总 计 Total	**11481**	**1177**	**3551**	**6272**	**481**
北 京 Beijing	1827	157	553	1037	80
天 津 Tianjin					
河 北 Hebei	100	2	40	49	9
山 西 Shanxi	343	36	76	192	39
内蒙古 Inner Mongolia					
辽 宁 Liaoning	389	35	130	224	
吉 林 Jilin	126	29	45	50	2
黑龙江 Heilongjiang	85		15	52	18
上 海 Shanghai	4727	609	1213	2694	211
江 苏 Jiangsu					
浙 江 Zhejiang	726	31	254	435	6
安 徽 Anhui	180	8	46	121	5
福 建 Fujian					
江 西 Jiangxi	117		50	66	1
山 东 Shandong	904	52	320	444	88
河 南 Henan	287	68	109	101	9
湖 北 Hubei	589	53	301	232	3
湖 南 Hunan	13		4	9	
广 东 Guangdong	407	59	175	168	5
广 西 Guangxi					
海 南 Hainan					
重 庆 Chongqing	223	5	90	128	
四 川 Sichuan	119	13	42	60	4
贵 州 Guizhou					
云 南 Yunnan					
西 藏 Tibet					
陕 西 Shaanxi					
甘 肃 Gansu	319	20	88	210	1
青 海 Qinghai					
宁 夏 Ningxia					
新 疆 Xinjiang					

资产情况(学校
Condition of Fixed Assets and Teaching

地 区 Region	占地面积(平方米) Area of School Sites (m^2)			图书(万册) Books & Magazines in Libraries (10,000 volume)		
	合计 Total	其中:绿化用地面积 of Which: Green Areas	其中:运动场地面积 of Which: Sports Areas	合计 Total	当年新增 New Added in Current Year	合计 Total
总 计 Total	**1720365904**	**534223130**	**129736228**	**234848.42**	**12048.31**	**10410006**
北 京 Beijing	54306644	13898586	3665972	11349.36	384.68	707954
天 津 Tianjin	39988981	9165437	2801230	5012.97	227.48	217400
河 北 Hebei	69464565	18091839	7608561	9659.17	396.56	386493
山 西 Shanxi	35544848	8907655	3444209	5629.81	187.05	193507
内蒙古 Inner Mongolia	34961673	8317650	2618855	3358.58	96.91	147155
辽 宁 Liaoning	67260644	19497551	5281315	8924.12	370.87	445729
吉 林 Jilin	42165808	11721122	3277637	5976.94	290.83	257400
黑龙江 Heilongjiang	58914323	14127152	4612726	7441.34	327.26	313879
上 海 Shanghai	34235372	12434089	2731766	7102.36	228.08	435935
江 苏 Jiangsu	124717419	43131402	9229680	16769.41	1490.47	879388
浙 江 Zhejiang	57632884	17737973	5175049	9855.15	499.38	531380
安 徽 Anhui	67197785	21114208	5498846	8329.60	364.73	332213
福 建 Fujian	46212521	16206298	3651181	6911.01	379.62	294325
江 西 Jiangxi	66941069	25624956	5351177	8445.27	424.42	325709
山 东 Shandong	131640710	42346181	9124077	16279.42	663.20	615470
河 南 Henan	109810544	31056545	7808962	14360.88	773.01	535270
湖 北 Hubei	88216057	30272647	6589465	12759.69	504.80	560616
湖 南 Hunan	73323795	22942990	4943138	10073.12	409.80	400122
广 东 Guangdong	96088642	34914998	7267491	14277.35	767.41	669468
广 西 Guangxi	43401141	12896786	2958224	5588.53	319.25	233358
海 南 Hainan	13167052	4172542	793323	1458.72	87.67	55788
重 庆 Chongqing	51595598	19262940	3582041	6072.72	546.43	272567
四 川 Sichuan	92726076	28014335	6311130	11587.69	690.05	490556
贵 州 Guizhou	38950373	13080924	2284030	4017.45	386.62	141161
云 南 Yunnan	40039926	12926311	2958250	5263.72	294.52	195189
西 藏 Tibet	3244265	838104	244209	345.40	12.91	12069
陕 西 Shaanxi	57408128	16056684	4555796	10063.62	441.09	430920
甘 肃 Gansu	26654352	7706169	1955874	3401.01	185.79	138704
青 海 Qinghai	4383149	1413829	384764	520.67	36.23	18580
宁 夏 Ningxia	11451551	3838576	766366	913.10	74.80	47765
新 疆 Xinjiang	38720009	12506651	2260884	3100.24	186.39	123936

注:不含民办的其他高等教育机构数据。

Note: Data of Non-government HEIs are not included.

产权)(总计)
Resources (Owned by HEIs)(Total)

计算机数(台) No. of Computers		教室(间) Classroom(room)		固定资产值(万元) Fixed Assets (10,000 yuan)				
其中:教学用计算机 of Which: No. of Computers Used for Instruction		合计 Total	其中:网络多媒体教室 of Which: Network Multimedia Classroom	合计 Total	其中:教学、科研仪器设备资产 of Which: Teaching Equipment & Instruments		其中:信息化设备资产值 of Which: Assets of Information Facilities	
小计 Subtotal	其中:平板电脑 of Which: Tablet PC				小计 Subtotal	当年新增 New Added in Current Year	小计 Subtotal	其中:软件 of Which: Software
7904544	**76534**	**572749**	**280666**	**164141267.12**	**36494627.17**	**4516064.48**	**10355386.30**	**1586823.37**
428664	8156	19274	13020	13358428.54	4592203.53	525857.84	1172183.57	245909.04
158486	948	9623	4865	3233323.37	940925.28	121637.21	215301.63	35160.57
313151	1981	24465	11156	5758620.13	1109636.41	124192.14	293189.72	36159.99
163495	1339	18887	7815	2863890.43	624626.36	80109.79	164953.22	19718.22
121174	651	10996	5091	2704224.14	517350.00	68581.07	127443.21	18196.43
352077	2743	26545	10135	6666416.98	1334484.07	164872.80	450129.00	70157.81
182034	2932	12930	4851	3963299.57	880693.56	111000.44	252780.69	24723.17
253298	238	20778	7209	5566750.69	1238244.94	144233.57	273023.22	40148.96
301562	2394	13837	9128	7558801.33	2175957.94	374398.80	590878.71	113251.79
682980	9989	37118	23061	14083578.30	3039953.12	389226.63	859753.95	115431.36
403151	6954	21523	14025	8021308.67	1846433.06	210181.00	550009.71	88115.15
264791	1535	26891	10174	4844575.96	1139874.36	168458.73	241071.98	30742.20
226344	803	14171	7836	4900870.50	935701.55	117465.55	393804.32	44460.29
259915	5262	25205	10675	4855477.29	803299.61	93347.31	231837.00	29828.92
480432	1743	40532	16979	10436792.84	1955611.45	202036.45	554842.96	64854.65
436199	5321	38382	17658	7081856.61	1426603.07	186552.24	455898.28	49648.31
414816	2154	26127	14441	8348771.11	1808928.23	201416.86	448837.21	65698.10
313822	5210	25913	14565	5845889.99	1172637.20	121339.49	348444.75	45722.12
522973	6626	23426	15338	9367770.45	2136429.85	237380.92	673205.26	114744.55
196291	1902	12504	6131	2683000.95	691502.58	107433.56	178134.40	22889.55
46558	159	2924	1620	1061003.86	178332.73	23858.10	48508.85	6503.72
205082	912	16337	9914	5009777.38	727926.78	106900.60	266150.24	42378.48
361611	1487	28558	14089	7767376.93	1701199.07	203298.00	517452.43	127999.40
115787	1006	15454	6627	2207761.08	413671.63	73785.07	148724.10	18391.19
152254	114	13661	6208	3895865.68	505296.78	61281.05	193877.42	21172.60
8782	39	900	471	237999.14	43992.19	4886.05	17716.26	2722.72
290810	1317	21536	9136	7279047.90	1532283.92	178865.53	388606.62	58430.17
102764	1814	8542	3125	1983175.00	445106.48	53810.83	122714.11	9646.25
15255	36	1375	712	230933.21	64211.40	9995.22	19080.46	3012.18
35849	174	2495	1215	775414.81	149854.73	15106.86	45903.16	6938.85
94137	595	11840	3396	1549264.28	361655.29	34554.77	110929.86	14066.63

资产情况(学校

Condition of Fixed Assets and Teaching

地 区 Region	占地面积(平方米) Area of School Sites (m^2)			图书(万册) Books & Magazines in Libraries (10,000 volume)		
	合计 Total	其中:绿化用地面积 of Which: Green Areas	其中:运动场地面积 of Which: Sports Areas	合计 Total	当年新增 New Added in Current Year	合计 Total
总 计 Total	**1694485815**	**528366403**	**127132327**	**230963.89**	**11953.16**	**10200292**
北 京 Beijing	53007417	13673255	3586880	11127.15	381.56	692303
天 津 Tianjin	39462295	9047016	2661581	4837.77	226.42	211014
河 北 Hebei	68448807	17942605	7492006	9532.43	376.92	379899
山 西 Shanxi	34388716	8684079	3309267	5467.21	186.59	186279
内蒙古 Inner Mongolia	34677486	8283990	2587555	3319.54	96.91	144621
辽 宁 Liaoning	66105221	19333581	5056480	8662.76	368.73	429456
吉 林 Jilin	41336997	11645502	3211118	5871.88	290.66	251515
黑龙江 Heilongjiang	58036944	13965049	4499451	7222.56	323.46	307598
上 海 Shanghai	33548071	12351855	2688442	6951.86	226.43	423346
江 苏 Jiangsu	124048715	42990608	9164123	16667.99	1489.05	871108
浙 江 Zhejiang	57287095	17655573	5114215	9769.94	496.62	524011
安 徽 Anhui	66488730	20998050	5444056	8235.93	363.10	326559
福 建 Fujian	46016711	16174163	3636559	6846.79	379.27	292242
江 西 Jiangxi	65600891	25149169	5270154	8265.44	419.35	318463
山 东 Shandong	129998033	41943078	8976847	16156.92	661.81	607944
河 南 Henan	108406512	30764645	7666755	14063.25	768.40	523189
湖 北 Hubei	87371239	30080903	6519337	12629.54	503.10	557214
湖 南 Hunan	72616573	22758509	4871497	9936.85	400.93	392503
广 东 Guangdong	95187087	34674516	7202310	14169.71	765.03	658567
广 西 Guangxi	42819916	12774413	2908463	5422.43	316.87	226587
海 南 Hainan	13092062	4139977	790803	1449.92	87.47	55041
重 庆 Chongqing	50543276	18871897	3492401	5981.85	542.84	265704
四 川 Sichuan	91104284	27638013	6081716	11454.88	687.79	484175
贵 州 Guizhou	38450330	12916358	2238390	3962.80	385.42	137451
云 南 Yunnan	39890842	12874732	2949400	5175.70	294.52	191261
西 藏 Tibet	3244265	838104	244209	345.40	12.91	12069
陕 西 Shaanxi	55868800	15709172	4408986	9847.69	435.80	422397
甘 肃 Gansu	26449961	7688329	1948273	3355.74	184.43	136113
青 海 Qinghai	4300181	1397535	364655	508.93	36.23	17593
宁 夏 Ningxia	11429074	3831776	762746	909.80	74.80	46743
新 疆 Xinjiang	35259284	11569951	1983652	2813.23	169.74	107327

产权)(普通高校)
Resources (Owned by HEIs)(Regular HEIs)

计算机数(台) No. of Computers		教室(间) Classroom(room)		固定资产值(万元) Fixed Assets (10,000 yuan)				
其中:教学用计算机 of Which: No. of Computers Used for Instruction		合计 Total	其中:网络多媒体教室 of Which: Network Multimedia Classroom	合计 Total	其中:教学、科研仪器设备资产 of Which: Teaching Equipment & Instruments		其中:信息化设备资产值 of Which: Assets of Information Facilities	
小计 Subtotal	其中:平板电脑 of Which: Tablet PC				小计 Subtotal	当年新增 New Added in Current Year	小计 Subtotal	其中:软件 of Which: Software
7748522	**73719**	**551260**	**273160**	**162098416.01**	**36072904.55**	**4486993.75**	**10179579.93**	**1569831.18**
417970	8096	18185	12301	13069473.43	4555908.64	523715.72	1144836.41	242707.82
153660	944	8932	4661	3190889.10	927498.27	121200.56	210878.63	34989.54
308564	1981	24007	10894	5656859.55	1097331.04	122861.38	288404.04	35920.67
157542	1339	17822	7630	2812354.45	610364.65	78741.99	160197.77	19142.92
119490	651	10842	5048	2693222.14	514162.00	68580.57	125745.21	18127.74
340579	2642	25176	9579	6545005.69	1312922.89	163748.88	442235.86	69654.57
177757	2446	12486	4722	3910646.83	868081.22	110572.64	249870.16	24033.97
248555	222	19815	7008	5510251.40	1226033.44	143669.29	266920.66	39519.86
292117	2202	12990	8542	7432706.87	2145881.14	371790.38	572295.18	112874.10
677291	9973	36714	22835	13975213.14	3030900.42	388857.97	853411.23	114744.75
397283	6940	20960	13722	7966133.85	1833983.73	208907.58	539725.62	86872.31
260524	1517	26443	10017	4804958.14	1132269.36	168171.79	235631.97	30362.07
224981	803	14085	7773	4870581.13	929308.58	117200.48	391723.70	44138.98
253738	4156	24666	10521	4769391.08	789417.32	91909.10	224521.83	28757.60
474768	1743	39533	16683	10338295.61	1937909.19	201743.52	550761.98	64334.82
426010	5161	37324	17294	7001997.57	1405624.31	185968.47	450711.11	48974.16
411902	2101	25592	14204	8307484.37	1797850.99	201149.36	445532.64	65516.87
308235	5009	24942	13961	5794471.88	1159689.58	120188.88	345142.24	45357.99
514596	6560	22817	14910	9293412.24	2112007.00	236592.05	664256.17	114458.34
190670	1898	12141	5943	2648543.38	679284.41	104255.10	174894.67	22509.67
45986	159	2889	1599	1057193.27	176727.47	23654.80	46992.33	6377.86
200918	912	15720	9601	4921050.71	714958.89	105290.05	260353.20	41939.36
356930	1416	27424	13822	7672547.78	1678940.70	202215.27	512443.26	126939.64
112699	1004	15047	6534	2128631.75	404155.35	72482.95	141294.74	17690.69
150653	114	13609	6187	3867888.34	497291.74	61281.05	191453.02	21052.60
8782	39	900	471	237999.14	43992.19	4886.05	17716.26	2722.72
284752	1236	19959	8912	7189776.61	1505139.22	175956.43	383572.70	57697.48
100765	1808	8394	3079	1967961.76	440826.70	53072.76	120104.00	9482.00
14688	32	1320	690	225740.21	62894.40	9951.22	18248.46	2802.18
34844	174	2475	1201	772903.63	149087.46	15046.99	45444.16	6801.37
81273	441	8051	2816	1464830.96	332462.25	33330.47	104260.72	13326.53

资产情况(学校
Condition of Fixed Assets and Teaching

地　区 Region	占地面积(平方米) Area of School Sites (m^2)			图书(万册) Books & Magazines in Libraries (10,000 volume)		
	合计 Total	其中:绿化用地面积 of Which: Green Areas	其中:运动场地面积 of Which: Sports Areas	合计 Total	当年新增 New Added in Current Year	合计 Total
总　计 Total	**25880089**	**5856727**	**2603901**	**3884.53**	**95.15**	**209714**
北　京 Beijing	1299227	225331	79092	222.21	3.12	15651
天　津 Tianjin	526686	118421	139649	175.20	1.06	6386
河　北 Hebei	1015758	149234	116555	126.74	19.64	6594
山　西 Shanxi	1156132	223576	134942	162.60	0.46	7228
内蒙古 Inner Mongolia	284187	33660	31300	39.04		2534
辽　宁 Liaoning	1155423	163970	224835	261.36	2.14	16273
吉　林 Jilin	828811	75620	66519	105.06	0.17	5885
黑龙江 Heilongjiang	877379	162103	113275	218.78	3.80	6281
上　海 Shanghai	687301	82234	43324	150.50	1.65	12589
江　苏 Jiangsu	668704	140794	65557	101.42	1.42	8280
浙　江 Zhejiang	345789	82400	60834	85.21	2.76	7369
安　徽 Anhui	709055	116158	54790	93.67	1.63	5654
福　建 Fujian	195810	32135	14622	64.22	0.35	2083
江　西 Jiangxi	1340178	475787	81023	179.83	5.07	7246
山　东 Shandong	1642677	403103	147230	122.50	1.39	7526
河　南 Henan	1404032	291900	142207	297.63	4.61	12081
湖　北 Hubei	844818	191744	70128	130.15	1.70	3402
湖　南 Hunan	707222	184481	71641	136.27	8.87	7619
广　东 Guangdong	901555	240482	65181	107.64	2.38	10901
广　西 Guangxi	581225	122373	49761	166.10	2.38	6771
海　南 Hainan	74990	32565	2520	8.80	0.20	747
重　庆 Chongqing	1052322	391043	89640	90.87	3.59	6863
四　川 Sichuan	1621792	376322	229414	132.81	2.26	6381
贵　州 Guizhou	500043	164566	45640	54.65	1.20	3710
云　南 Yunnan	149084	51579	8850	88.02		3928
西　藏 Tibet						
陕　西 Shaanxi	1539328	347512	146810	215.93	5.29	8523
甘　肃 Gansu	204391	17840	7601	45.27	1.36	2591
青　海 Qinghai	82968	16294	20109	11.74		987
宁　夏 Ningxia	22477	6800	3620	3.30		1022
新　疆 Xinjiang	3460725	936700	277232	287.01	16.65	16609

产权)(成人高校)

Resources (Owned by HEIs) (Adult HEIs)

计算机数(台) No. of Computers: 其中:教学用计算机 of Which: No. of Computers Used for Instruction — 小计 Subtotal	计算机数(台) No. of Computers: 其中:教学用计算机 — 其中:平板电脑 of Which: Tablet PC	教室(间) Classroom(room): 合计 Total	教室(间) Classroom(room): 其中:网络多媒体教室 of Which: Network Multimedia Classroom	固定资产值(万元) Fixed Assets (10,000 yuan): 合计 Total	固定资产值: 其中:教学、科研仪器设备资产 of Which: Teaching Equipment & Instruments — 小计 Subtotal	固定资产值: 其中:教学、科研仪器设备资产 — 当年新增 New Added in Current Year	固定资产值: 其中:信息化设备资产值 of Which: Assets of Information Facilities — 小计 Subtotal	固定资产值: 其中:信息化设备资产值 — 其中:软件 of Which: Software
156022	**2815**	**21489**	**7506**	**2042851.11**	**421722.62**	**29070.73**	**175806.37**	**16992.19**
10694	60	1089	719	288955.11	36294.89	2142.12	27347.16	3201.22
4826	4	691	204	42434.27	13427.01	436.65	4423.00	171.03
4587		458	262	101760.58	12305.37	1330.76	4785.68	239.32
5953		1065	185	51535.98	14261.71	1367.80	4755.45	575.30
1684		154	43	11002.00	3188.00	0.50	1698.00	68.69
11498	101	1369	556	121411.29	21561.18	1123.92	7893.14	503.24
4277	486	444	129	52652.74	12612.34	427.80	2910.53	689.20
4743	16	963	201	56499.29	12211.50	564.28	6102.56	629.10
9445	192	847	586	126094.46	30076.80	2608.42	18583.53	377.69
5689	16	404	226	108365.16	9052.70	368.66	6342.72	686.61
5868	14	563	303	55174.82	12449.33	1273.42	10284.09	1242.84
4267	18	448	157	39617.82	7605.00	286.94	5440.01	380.13
1363		86	63	30289.37	6392.97	265.07	2080.62	321.31
6177	1106	539	154	86086.21	13882.29	1438.21	7315.17	1071.32
5664		999	296	98497.23	17702.26	292.93	4080.98	519.83
10189	160	1058	364	79859.04	20978.76	583.77	5187.17	674.15
2914	53	535	237	41286.74	11077.24	267.50	3304.57	181.23
5587	201	971	604	51418.11	12947.62	1150.61	3302.51	364.13
8377	66	609	428	74358.21	24422.85	788.87	8949.09	286.21
5621	4	363	188	34457.57	12218.17	3178.46	3239.73	379.88
572		35	21	3810.59	1605.26	203.30	1516.52	125.86
4164		617	313	88726.67	12967.89	1610.55	5797.04	439.12
4681	71	1134	267	94829.15	22258.37	1082.73	5009.17	1059.76
3088	2	407	93	79129.33	9516.28	1302.12	7429.36	700.50
1601		52	21	27977.34	8005.04		2424.40	120.00
6058	81	1577	224	89271.29	27144.70	2909.10	5033.92	732.69
1999	6	148	46	15213.24	4279.78	738.07	2610.11	164.25
567	4	55	22	5193.00	1317.00	44.00	832.00	210.00
1005		20	14	2511.18	767.27	59.87	459.00	137.48
12864	154	3789	580	84433.32	29193.04	1224.30	6669.14	740.10

资产情况(学校

Condition of Fixed Assets and Teaching

地 区 Region	占地面积(平方米) Area of School Sites (m^2) 合计 Total	其中:绿化用地面积 of Which: Green Areas	其中:运动场地面积 of Which: Sports Areas	图书(万册) Books & Magazines in Libraries (10,000 volume) 合计 Total	当年新增 New Added in Current Year	合计 Total
总 计 Total	**6166276**	**1230069**	**592282**	**1142.54**	**47.79**	**75737**
北 京 Beijing	599318	133047	43672	256.95	3.26	18387
天 津 Tianjin						
河 北 Hebei	280916	73066	35300	39.09	0.30	1539
山 西 Shanxi	445098	39722	43376	89.61	1.02	3047
内蒙古 Inner Mongolia						
辽 宁 Liaoning	128850	24402	14800	108.10		1390
吉 林 Jilin	29086	3000	10000	16.30	0.30	589
黑龙江 Heilongjiang	21942	2000	5000	2.00		333
上 海 Shanghai	179880	43419	21601	48.89	5.79	8175
江 苏 Jiangsu						
浙 江 Zhejiang	156256	87748	19385	48.48	2.32	5880
安 徽 Anhui	366997	86770	23044	55.75	3.80	6599
福 建 Fujian						
江 西 Jiangxi	880590	163965	116163	46.83	6.06	4083
山 东 Shandong	2351725	425481	170835	213.74	3.18	13256
河 南 Henan	107906	8017	2281	56.05	9.40	1045
湖 北 Hubei	164050	37774	17056	23.28	0.40	2534
湖 南 Hunan	600			17.10	0.55	969
广 东 Guangdong	221448	43659	20000	52.71	4.38	3078
广 西 Guangxi						
海 南 Hainan						
重 庆 Chongqing	61969	12069	10255	39.07	4.14	2379
四 川 Sichuan	153045	44630	38454	21.90	1.60	938
贵 州 Guizhou						
云 南 Yunnan						
西 藏 Tibet						
陕 西 Shaanxi						
甘 肃 Gansu	16600	1300	1060	6.69	1.29	1516
青 海 Qinghai						
宁 夏 Ningxia						
新 疆 Xinjiang						

计算机数(台) No. of Computers		教室(间) Classroom(room)		固定资产值(万元) Fixed Assets (10,000 yuan)					
其中:教学用计算机 of Which: No. of Computers Used for Instruction		合计 Total	其中:网络多媒体教室 of Which: Network Multimedia Classroom	合计 Total	其中:教学、科研仪器设备资产 of Which: Teaching Equipment & Instruments		其中:信息化设备资产值 of Which: Assets of Information Facilities		
小计 Subtotal	其中:平板电脑 of Which: Tablet PC				小计 Subtotal	当年新增 New Added in Current Year	小计 Subtotal	其中:软件 of Which: Software
61983	**3808**	**5812**	**2995**	**473216.90**	**88935.72**	**4909.23**	**28478.10**	**5834.94**
14788	238	680	116	129374.97	23506.51	1173.38	8376.75	1609.75
1214	17	1655	1610	14045.73	2361.24	216.20	842.64	290.88
2549	13	517	175	15615.87	2864.58	266.31	1295.65	291.59
1044		531	224	5244.00	2896.00	1.00	40.90	7.31
474		73	23	1048.70	407.80	15.50	88.20	5.10
292	100	60		1230.00	271.00	2.00	68.71	10.19
6716	701	155	81	14587.45	5542.97	484.49	1830.09	144.09
4861	165	352	117	32445.56	6910.57	611.78	2483.99	286.95
6068	50	320	218	14369.40	7472.50	57.60	3334.00	170.80
3599	690	331	28	32444.80	3442.35	110.00	1048.00	241.90
9709	555	428	98	121180.33	20656.07	952.84	5425.63	1905.42
905	124	94	10	15373.05	907.66	95.86	1324.51	239.56
2111	156	142	56	35823.44	3812.87	90.55	684.40	40.00
862	298			2444.80	1068.30	163.00	339.20	140.00
2577	135	236	83	17057.52	2684.60	144.28	529.99	58.70
2049	411	82	44	10941.08	2441.70	277.79	594.10	335.60
804	26	38	22	7984.60	798.60	221.60	61.00	25.80
1361	129	118	90	2005.60	890.40	25.05	110.34	31.30

资产情况
Condition of Fixed Assets and Teaching

地区 Region	占地面积(平方米) Area of School Sites (m^2)			图书(万册) Books & Magazines in Libraries (10,000 volume)		
	合计 Total	其中:绿化用地面积 of Which: Green Areas	其中:运动场地面积 of Which: Sports Areas	合计 Total	当年新增 New Added in Current Year	合计 Total
总 计 Total	**236578501**	**49343833**	**13947737**	**5750.64**	**227.57**	**316185**
北 京 Beijing	19014118	1641212	511625	51.83	0.50	357
天 津 Tianjin	2454669	184799	153334	690.36	4.00	9986
河 北 Hebei	4879160	685111	433540	178.44	3.65	12838
山 西 Shanxi	4343669	881059	533319	131.56	2.68	8892
内蒙古 Inner Mongolia	1409897	106800	200434	0.67	0.29	499
辽 宁 Liaoning	6746541	1112480	602225	175.82	10.00	10487
吉 林 Jilin	5975314	1538708	218211	56.00	0.30	4910
黑龙江 Heilongjiang	5321652	952413	566310	174.17		8178
上 海 Shanghai	5249636	1168463	314399	31.64	0.48	2254
江 苏 Jiangsu	21644979	5094100	1485344	695.68	33.93	34744
浙 江 Zhejiang	11165729	2204494	699113	390.67	57.00	32376
安 徽 Anhui	4169460	656767	251708	213.23	49.98	11812
福 建 Fujian	13073478	3338326	901694	107.06	4.20	4648
江 西 Jiangxi	7335421	1187457	460193	39.26		
山 东 Shandong	13085174	2924945	739053	226.73	3.10	4615
河 南 Henan	5335814	1213112	239897	367.23	2.80	10846
湖 北 Hubei	14046655	2408829	644556	380.23	6.26	14124
湖 南 Hunan	8258372	1561107	273031	395.47	6.14	4405
广 东 Guangdong	30210501	8615277	1748423	583.02	13.27	52876
广 西 Guangxi	5860705	1438643	320394	129.51	3.61	48702
海 南 Hainan	2607407	572090	13495			
重 庆 Chongqing	2694042	455886	67633	14.70	0.23	592
四 川 Sichuan	14283489	3128094	800825	153.44	4.21	14881
贵 州 Guizhou	2008763	916197	116369	46.13		4609
云 南 Yunnan	4312634	776033	159995	125.01	0.29	1505
西 藏 Tibet				0.64		
陕 西 Shaanxi	16720184	3752699	1070212	188.16	19.80	1912
甘 肃 Gansu	3735578	695963	393285	162.88		14728
青 海 Qinghai	33333					369
宁 夏 Ningxia	66670			32.00		
新 疆 Xinjiang	535457	132769	29120	9.10	0.85	40

注:不含民办的其他高等教育机构数据。

Note: Data of Non-government HEIs are not included.

（非学校产权独立使用）

Resources（Not Owned by HEIs）

计算机数(台) No. of Computers		教室(间) Classroom(room)		固定资产值(万元) Fixed Assets (10,000 yuan)				
其中:教学用计算机 of Which: No. of Computers Used for Instruction		合计 Total	其中:网络多媒体教室 of Which: Network Multimedia Classroom	合计 Total	其中:教学、科研仪器设备资产 of Which: Teaching Equipment & Instruments		其中:信息化设备资产值 of Which: Assets of Information Facilities	
小计 Subtotal	其中:平板电脑 of Which: Tablet PC				小计 Subtotal	当年新增 New Added in Current Year	小计 Subtotal	其中:软件 of Which: Software
209575	**4918**	**97024**	**44032**	**9280614.47**	**859930.41**	**58282.86**		
236		1528	731	302900.78	20322.00	7.00		
8801		3122	1841	157764.99	27403.69	2723.36		
10988		2227	1063	268732.98	30297.38	1297.60		
7626		2561	874	123282.48	11828.96	948.95		
453		319	68	19392.77	136.60	70.90		
8017	396	3900	902	720316.94	40466.10	2840.46		
3861	74	985	223	80856.52	5175.92	211.53		
6622		2124	1116	58347.09	12208.02			
1960		1062	547	251867.87	13264.03	563.31		
25812	569	11464	6045	809771.60	99211.23	7040.17		
25190	228	6117	3443	556164.38	47200.32	4324.09		
10144		3071	1083	217789.20	21779.32	2409.45		
3980		3437	1673	245037.06	31962.75	722.60		
		3633	467	231165.02	14628.60	297.00		
3583		4626	1438	635877.04	18541.36	3615.00		
1180		4115	2485	220629.17	22701.50	583.00		
11186	120	4897	1444	496880.93	38713.32	5098.40		
4330	2	2951	2531	397366.00	73742.34	1155.93		
41476	3020	13580	8087	1836549.32	83638.56	5003.34		
4464		4640	979	103693.47	18549.70	3040.18		
		414	275	42538.22				
496	1	1202	796	128659.49	5403.73	948.97		
11275	294	5379	2938	831934.85	106919.25	11289.42		
4177		1023	125	68387.17	16056.59	2486.00		
1330		2006	800	190040.17	61362.59	548.80		
1316	30	5337	1696	132357.34	15210.15	1035.40		
10737	184	1148	337	133053.37	21493.24			
300		30	6	3652.00	995.00			
				7556.00				
35		126	19	8050.25	718.16	22.00		

资产情况

Condition of Fixed Assets and Teaching

地　区 Region	占地面积(平方米) Area of School Sites (m^2)			图书(万册) Books & Magazines in Libraries (10,000 volume)		
	合计 Total	其中:绿化用地面积 of Which: Green Areas	其中:运动场地面积 of Which: Sports Areas	合计 Total	当年新增 New Added in Current Year	合计 Total
总　计 Total	**211600216**	**43236414**	**10605333**	**1861.07**	**101.35**	**53123**
北　京 Beijing	18998615	1641212	511625	49.63	0.50	307
天　津 Tianjin	1824998	129700	36000	14.33		673
河　北 Hebei	4298811	533785	383486	61.57	0.46	3314
山　西 Shanxi	4231220	870459	514159	95.58	2.68	5278
内蒙古 Inner Mongolia	1409897	106800	200434	0.67	0.29	499
辽　宁 Liaoning	4998908	748196	398294	8.90		401
吉　林 Jilin	5574058	1433434	122122			963
黑龙江 Heilongjiang	4362864	853825	337760	10.70		128
上　海 Shanghai	5245942	1168463	314399	31.64	0.48	2254
江　苏 Jiangsu	17415325	3850367	928281	175.62	15.12	2281
浙　江 Zhejiang	8067410	1239811	313934	13.47	1.00	527
安　徽 Anhui	2419076	424023	149904	117.98	49.98	3192
福　建 Fujian	13073478	3338326	901694	107.06	4.20	4648
江　西 Jiangxi	7231861	1157457	420193	39.26		
山　东 Shandong	13085174	2924945	739053	226.73	3.10	4615
河　南 Henan	3587167	719925	117075	27.10	2.80	1201
湖　北 Hubei	12105978	2041505	447183	75.80	4.26	1871
湖　南 Hunan	8206422	1536107	273031	387.27	6.14	4137
广　东 Guangdong	26570341	7506782	1143425	44.81	2.00	585
广　西 Guangxi	5705138	1415662	294566	62.26	3.61	4099
海　南 Hainan	2607407	572090	13495			
重　庆 Chongqing	2694042	455886	67633	14.70	0.23	592
四　川 Sichuan	13691383	2963256	694236	82.75	4.21	5462
贵　州 Guizhou	2008763	916197	116369	46.13		4609
云　南 Yunnan	4254277	771189	156689	122.16	0.29	1100
西　藏 Tibet				0.64		
陕　西 Shaanxi	15556262	3558213	901441	9.40		207
甘　肃 Gansu	1868724	251787	91852	2.91		180
青　海 Qinghai	33333					
宁　夏 Ningxia	66670			32.00		
新　疆 Xinjiang	406672	107012	17000			

(非学校产权独立使用)(普通高校)
Resources (Not Owned by HEIs)(Regular HEIs)

计算机数(台) No. of Computers		教室(间) Classroom(room)		固定资产值(万元) Fixed Assets (10,000 yuan)				
其中:教学用计算机 of Which: No. of Computers Used for Instruction		合计 Total	其中:网络多媒体教室 of Which: Network Multimedia Classroom	合计 Total	其中:教学、科研仪器设备资产 of Which: Teaching Equipment & Instruments		其中:信息化设备资产值 of Which: Assets of Information Facilities	
小计 Subtotal	其中:平板电脑 of Which: Tablet PC				小计 Subtotal	当年新增 New Added in Current Year	小计 Subtotal	其中:软件 of Which: Software
43217	**533**	**68162**	**30914**	**7849061.74**	**512010.21**	**39844.85**		
232		1528	731	302860.78	20317.00	7.00		
600		1334	783	132226.68	17655.33	2314.36		
2869		1069	223	212205.82	18274.40	341.36		
4907		2334	797	111265.82	9481.55	947.54		
453		319	68	19392.77	136.60	70.90		
266		2979	509	641241.39	10716.18	371.86		
963	63	477	85	62944.48	1076.92	211.53		
115		736	171	16793.37	2388.77			
1960		1062	547	251867.87	13264.03	563.31		
1809	347	6881	4478	507579.26	30082.41	1225.60		
477		2546	1631	336823.30	8977.68	747.82		
2985		1503	448	145817.81	8396.32	2409.45		
3980		3437	1673	245037.06	31962.75	722.60		
		3480	467	230859.02	14628.60	297.00		
3583		4626	1438	635877.04	18541.36	3615.00		
1180		1475	745	147106.17	3186.50	581.00		
1543		2752	1234	426627.18	20195.79	5027.40		
4062	2	2891	2496	393397.00	72607.29	1065.93		
555		9062	5591	1562993.76	11008.10	1050.42		
977		4083	883	73898.46	13671.12	3040.18		
		414	275	42538.22				
496	1	1202	796	128659.49	5403.73	948.97		
3703	40	4418	2330	778288.49	94889.54	10228.42		
4177		1023	125	68387.17	16056.59	2486.00		
1035		1848	800	185735.67	60873.59	548.80		
170		3909	1308	106560.35	6257.70	1020.40		
120	80	625	258	66065.06	1794.20			
		30	6	986.00	8.00			
				7556.00				
		119	18	7470.25	158.16	2.00		

地 区 Region	占地面积(平方米) Area of School Sites (m^2)			图书(万册) Books & Magazines in Libraries (10,000 volume)		
	合计 Total	其中:绿化用地面积 of Which: Green Areas	其中:运动场地面积 of Which: Sports Areas	合计 Total	当年新增 New Added in Current Year	合计 Total
总 计 Total	**24978285**	**6107419**	**3342404**	**3889.57**	**126.22**	**263062**
北 京 Beijing	15503			2.20		50
天 津 Tianjin	629671	55099	117334	676.03	4.00	9313
河 北 Hebei	580349	151326	50054	116.87	3.19	9524
山 西 Shanxi	112449	10600	19160	35.98		3614
内蒙古 Inner Mongolia						
辽 宁 Liaoning	1747633	364284	203931	166.92	10.00	10086
吉 林 Jilin	401256	105274	96089	56.00	0.30	3947
黑龙江 Heilongjiang	958788	98588	228550	163.47		8050
上 海 Shanghai	3694					
江 苏 Jiangsu	4229654	1243733	557063	520.06	18.81	32463
浙 江 Zhejiang	3098319	964683	385179	377.20	56.00	31849
安 徽 Anhui	1750384	232744	101804	95.25		8620
福 建 Fujian						
江 西 Jiangxi	103560	30000	40000			
山 东 Shandong						
河 南 Henan	1748647	493187	122822	340.13		9645
湖 北 Hubei	1940677	367324	197373	304.43	2.00	12253
湖 南 Hunan	51950	25000		8.20		268
广 东 Guangdong	3640160	1108495	604998	538.21	11.27	52291
广 西 Guangxi	155567	22981	25828	67.25		44603
海 南 Hainan						
重 庆 Chongqing						
四 川 Sichuan	592106	164838	106589	70.69		9419
贵 州 Guizhou						
云 南 Yunnan	58357	4844	3306	2.85		405
西 藏 Tibet						
陕 西 Shaanxi	1163922	194486	168771	178.76	19.80	1705
甘 肃 Gansu	1866854	444176	301433	159.97		14548
青 海 Qinghai						369
宁 夏 Ningxia						
新 疆 Xinjiang	128785	25757	12120	9.10	0.85	40

(非学校产权独立使用)(成人高校)
Resources (Not Owned by HEIs) (Adult HEIs)

计算机数(台) No. of Computers		教室(间) Classroom(room)		固定资产值(万元) Fixed Assets (10,000 yuan)				
其中:教学用计算机 of Which: No. of Computers Used for Instruction		合计 Total	其中:网络多媒体教室 of Which: Network Multimedia Classroom	合计 Total	其中:教学、科研仪器设备资产 of Which: Teaching Equipment & Instruments		其中:信息化设备资产值 of Which: Assets of Information Facilities	
小计 Subtotal	其中:平板电脑 of Which: Tablet PC				小计 Subtotal	当年新增 New Added in Current Year	小计 Subtotal	其中:软件 of Which: Software
166358	**4385**	**28862**	**13118**	**1431552.73**	**347920.20**	**18438.01**		
4				40.00	5.00			
8201		1788	1058	25538.31	9748.36	409.00		
8119		1158	840	56527.16	12022.98	956.24		
2719		227	77	12016.66	2347.41	1.41		
7751	396	921	393	79075.55	29749.92	2468.60		
2898	11	508	138	17912.04	4099.00			
6507		1388	945	41553.72	9819.25			
24003	222	4583	1567	302192.34	69128.82	5814.57		
24713	228	3571	1812	219341.08	38222.64	3576.27		
7159		1568	635	71971.39	13383.00			
		153		306.00				
		2640	1740	73523.00	19515.00	2.00		
9643	120	2145	210	70253.75	18517.53	71.00		
268		60	35	3969.00	1135.05	90.00		
40921	3020	4518	2496	273555.56	72630.46	3952.92		
3487		557	96	29795.01	4878.58			
7572	254	961	608	53646.36	12029.71	1061.00		
295		158		4304.50	489.00			
1146	30	1428	388	25796.99	8952.45	15.00		
10617	104	523	79	66988.31	19699.04			
300				2666.00	987.00			
35		7	1	580.00	560.00	20.00		

资产情况
Condition of Fixed Assets and Teaching Resources

地 区 Region	占地面积(平方米) Area of School Sites (m^2)			图书(万册) Books & Magazines in Libraries (10,000 volume)		
	合计 Total	其中:绿化用地面积 of Which: Green Areas	其中:运动场地面积 of Which: Sports Areas	合计 Total	当年新增 New Added in Current Year	合计 Total
总 计 Total	**6784136**	**1422900**	**920248**	**47196. 85**	**5005. 60**	**14666**
北 京 Beijing	1967676	574824	392983	13. 12	0. 61	1578
天 津 Tianjin						
河 北 Hebei	343361	56730	19544	34. 15	0. 20	841
山 西 Shanxi	442355	90387	32800	17. 35	0. 16	394
内蒙古 Inner Mongolia						
辽 宁 Liaoning	71286	5860	8750	3. 50		2412
吉 林 Jilin	967514	7370	10750	10. 40	0. 10	120
黑龙江 Heilongjiang	12660	1370	2160			100
上 海 Shanghai	362373	92813	108887	1046. 42	1. 92	2689
江 苏 Jiangsu						
浙 江 Zhejiang	346158	94626	50939	2. 05		987
安 徽 Anhui	148070	20000	10000	6. 70		
福 建 Fujian						
江 西 Jiangxi	29113	4520	3300			37
山 东 Shandong	730904	132025	105642	25. 27	0. 42	539
河 南 Henan	169385	27385	34318			230
湖 北 Hubei	113531	21873	22454	1. 60		210
湖 南 Hunan	27504	1000	2000	2. 30	0. 30	
广 东 Guangdong	410543	43718	44890	46012. 40	5000. 20	2383
广 西 Guangxi						
海 南 Hainan						
重 庆 Chongqing	163754	41960	23420	1. 00	0. 50	160
四 川 Sichuan	412679	188941	42671	14. 90	1. 00	1693
贵 州 Guizhou						
云 南 Yunnan						
西 藏 Tibet						
陕 西 Shaanxi						
甘 肃 Gansu	65270	17498	4740	5. 69	0. 19	293
青 海 Qinghai						
宁 夏 Ningxia						
新 疆 Xinjiang						

(非学校产权独立使用)(民办的其他高等教育机构)
(Not Owned by HEIs)(Other Non-government HEIs)

计算机数(台) No. of Computers		教室(间) Classroom(room)		固定资产值(万元) Fixed Assets (10,000 yuan)				
其中:教学用计算机 of Which: No. of Computers Used for Instruction		合计 Total	其中:网络多媒体教室 of Which: Network Multimedia Classroom	合计 Total	其中:教学、科研仪器设备资产 of Which: Teaching Equipment & Instruments		其中:信息化设备资产值 of Which: Assets of Information Facilities	
小计 Subtotal	其中:平板电脑 of Which: Tablet PC				小计 Subtotal	当年新增 New Added in Current Year	小计 Subtotal	其中:软件 of Which: Software
11043	**686**	**7362**	**2889**	**288426.04**	**26732.65**	**4274.31**		
1153	60	1366	403	17421.06	1952.33	241.67		
501		139	32	1768.70	589.45	21.90		
308	6	2229	1100	2485.02	788.10	79.51		
2021		342	140	4835.00	2083.20			
110		55		840.00	39.00	0.50		
100	100	166	8	109.00	65.00			
2248	63	806	313	5710.42	2834.12	195.33		
851	220	218	95	20545.26	2824.09	283.00		
		77	30	3880.00	10.00	10.00		
28		29	3	60.00				
438	5	689	249	12247.11	1193.45	42.20		
14		89	22	8362.38	1172.46	49.20		
5		150	30	11845.15	78.60			
		6	6					
1337	210	464	102	15038.44	2120.01	184.00		
100		166	106	92077.00	2425.00	142.00		
1538	20	231	231	90122.50	8051.84	3010.00		
291	2	140	19	1079.00	506.00	15.00		

校舍情况(总计)

Condition of School Buidings (Total)

单位:平方米

unit: m^2

地区 Region	学校产权建筑面积 Floor Area of School Building Owned by HEIs				正在施工面积 Floor Area Under Construction	独立使用非学校产权建筑面积 Floor Area of School Building Not Owned by HEIs
	合计 Total	其中:危房 of Which: Dilapidated Buildings	其中:当年新增 of Which: New Added in Current Year	其中:被外单位借用 of Which: Floor Space Hired by Other Schools or Units		
总 计 Total	**788190999**	**1254628**	**27215916**	**898439**	**58981442**	**102018404**
北 京 Beijing	36781246	102950	1143185	116955	2979491	1893408
天 津 Tianjin	15557067		420473		2128215	1390251
河 北 Hebei	33907127		653382		1336877	2014269
山 西 Shanxi	20100188	36120	920585	13590	1954552	2191341
内蒙古 Inner Mongolia	13167010	14435	401354	6000	932192	705299
辽 宁 Liaoning	29534199	28794	1229543	2048	1892315	4236017
吉 林 Jilin	19457378	1500	530643	15134	714792	1733232
黑龙江 Heilongjiang	25867881	19186	444386	16405	1763093	1802199
上 海 Shanghai	19369511		997326	139047	2098227	3742368
江 苏 Jiangsu	52801349	78329	913874	152133	3162424	9698690
浙 江 Zhejiang	28685472		812506	118724	3405624	7004000
安 徽 Anhui	31270277	117333	937134		1816341	2039149
福 建 Fujian	19871504	12787	1239821		1914748	5440682
江 西 Jiangxi	30719259		1304714	142005	1217658	3326050
山 东 Shandong	55585909	221253	1117323	20585	2604160	5457014
河 南 Henan	55615559	24770	1571050	5040	3399025	3031948
湖 北 Hubei	46580737	33829	1053845	6152	2352341	6411656
湖 南 Hunan	32601135	81763	590015		1756991	4154423
广 东 Guangdong	39401845	26852	1116280	8352	2298641	13814611
广 西 Guangxi	19506243	41622	1294411	3362	1899460	3073600
海 南 Hainan	4568213	28296	39488		296945	1087180
重 庆 Chongqing	22196802	11814	1060120		1180413	1453257
四 川 Sichuan	36951324	45378	1354313	2000	3626550	5504530
贵 州 Guizhou	15937790	5502	2710126	9573	2199454	654171
云 南 Yunnan	14980585	141400	466191	102295	1898389	3371248
西 藏 Tibet	1130614	6602	30440	6265	63847	
陕 西 Shaanxi	36349302	40354	1521722		4785184	5035977
甘 肃 Gansu	12797496	60938	619270	2935	1466912	1545561
青 海 Qinghai	1703735	2309	68098		415266	19124
宁 夏 Ningxia	3342495		121498	6589	74197	12491
新 疆 Xinjiang	11851747	70512	532800	3250	1347118	174658

注:不含民办的其他高等教育机构数据。

Note:Data of Non-government HEIs are not included.

校舍情况(普通高校)

Condition of School Buidings (Regular HEIs)

单位:平方米

unit: m^2

地 区 Region	学校产权建筑面积 Floor Area of School Building Owned by HEIs				正在施工面积 Floor Area Under Construction	独立使用非学校产权建筑面积 Floor Area of School Building Not Owned by HEIs
	合计 Total	其中:危房 of Which: Dilapidated Buildings	其中:当年新增 of Which: New Added in Current Year	其中:被外单位借用 of Which: Floor Space Hired by Other Schools or Units		
总 计 Total	**773895819**	**1221296**	**26959919**	**872163**	**58119544**	**89211320**
北 京 Beijing	35836904	102950	1143185	116955	2979491	1884380
天 津 Tianjin	15228663		420203		2104115	856959
河 北 Hebei	33303041		509207		1327018	1630955
山 西 Shanxi	19346922	36120	920585	13590	1853122	2152768
内蒙古 Inner Mongolia	13072372	14435	401354	6000	932192	705299
辽 宁 Liaoning	28819557	28794	1229243	2048	1861255	3306601
吉 林 Jilin	19038310	3	504644	15134	482869	1536730
黑龙江 Heilongjiang	25221372	19186	444386	1690	1763093	1317189
上 海 Shanghai	18813209		997326	132416	2098227	3704248
江 苏 Jiangsu	52393904	78329	913874	152133	3162424	7739990
浙 江 Zhejiang	28423981		812506	118724	3294709	5396371
安 徽 Anhui	30903547	117333	937134		1776968	1589542
福 建 Fujian	19749142	12787	1239821		1895124	5440682
江 西 Jiangxi	30132566		1271608	140325	1216764	3268670
山 东 Shandong	54922005	221253	1117323	20585	2553366	5457014
河 南 Henan	54673856	24770	1571050	5040	3399025	1732728
湖 北 Hubei	46163626	33829	1053845	6152	2352341	5596882
湖 南 Hunan	32090163	81363	577373		1685891	4127525
广 东 Guangdong	38966412	26852	1116280	8352	2298641	11845448
广 西 Guangxi	19056564	13850	1294411	3362	1835956	2937607
海 南 Hainan	4534073	28296	39488		276945	1087180
重 庆 Chongqing	21694482	11814	1038661		1180413	1453257
四 川 Sichuan	36031152	45126	1354053	2000	3545393	5152682
贵 州 Guizhou	15630576	5502	2698505	9573	2199454	532891
云 南 Yunnan	14860195	139449	466191	102295	1898389	3203316
西 藏 Tibet	1130614	6602	30440	6265	63847	
陕 西 Shaanxi	35343869	40354	1521722		4785184	4513204
甘 肃 Gansu	12672729	60938	619270	2935	1466912	835659
青 海 Qinghai	1671580	2309	68098		415266	19124
宁 夏 Ningxia	3313624		121498	6589	74197	12491
新 疆 Xinjiang	10856809	69052	526635		1340953	173928

校舍情况(成人高校)

Condition of School Buidings (Adult HEIs)

单位:平方米

unit: m²

地 区 Region	学校产权建筑面积 Floor Area of School Building Owned by HEIs				正在施工面积 Floor Area Under Construction	独立使用非学校产权建筑面积 Floor Area of School Building Not Owned by HEIs
	合计 Total	其中:危房 of Which: Dilapidated Buildings	其中:当年新增 of Which: New Added in Current Year	其中:被外单位借用 of Which: Floor Space Hired by Other Schools or Units		
总 计 Total	**14295180**	**33332**	**255997**	**26276**	**861898**	**12807084**
北 京 Beijing	944342					9028
天 津 Tianjin	328404		270		24100	533292
河 北 Hebei	604086		144175		9859	383314
山 西 Shanxi	753266				101430	38573
内蒙古 Inner Mongolia	94638					
辽 宁 Liaoning	714642		300		31060	929416
吉 林 Jilin	419068	1497	25999		231923	196502
黑龙江 Heilongjiang	646509			14715		485010
上 海 Shanghai	556302			6631		38120
江 苏 Jiangsu	407445					1958700
浙 江 Zhejiang	261491				110915	1607629
安 徽 Anhui	366730				39373	449607
福 建 Fujian	122362				19624	
江 西 Jiangxi	586693		33106	1680	894	57380
山 东 Shandong	663904				50794	
河 南 Henan	941703					1299220
湖 北 Hubei	417111					814774
湖 南 Hunan	510972	400	12642		71100	26898
广 东 Guangdong	435433					1969163
广 西 Guangxi	449679	27772			63504	135993
海 南 Hainan	34140				20000	
重 庆 Chongqing	502320		21459			
四 川 Sichuan	920172	252	260		81157	351848
贵 州 Guizhou	307214		11621			121280
云 南 Yunnan	120390	1951				167932
西 藏 Tibet						
陕 西 Shaanxi	1005433					522773
甘 肃 Gansu	124767					709902
青 海 Qinghai	32155					
宁 夏 Ningxia	28871					
新 疆 Xinjiang	994938	1460	6165	3250	6165	730

校舍情况(民办的其他高等教育机构)

Condition of School Buidings (Other Non-government HEIs)

单位:平方米

unit: m^2

地　区 Region	学校产权建筑面积 Floor Area of School Building Owned by HEIs				正在施工面积 Floor Area Under Construction	独立使用非学校产权建筑面积 Floor Area of School Building Not Owned by HEIs
	合计 Total	其中:危房 of Which: Dilapidated Buildings	其中:当年新增 of Which: New Added in Current Year	其中:被外单位借用 of Which: Floor Space Hired by Other Schools or Units		
总　计 Total	**3198080**		**7650**	**2665**	**272407**	**4441290**
北　京 Beijing	469441		1050			1308926
天　津 Tianjin						
河　北 Hebei	204070					130384
山　西 Shanxi	380153				100000	139752
内蒙古 Inner Mongolia						
辽　宁 Liaoning	198873					107734
吉　林 Jilin	43524					302427
黑龙江 Heilongjiang	10651					11460
上　海 Shanghai	62264			1000		438795
江　苏 Jiangsu						
浙　江 Zhejiang	166819					362501
安　徽 Anhui	195058					44612
福　建 Fujian						
江　西 Jiangxi	350374				112836	44700
山　东 Shandong	610556		6200			450074
河　南 Henan	144083		400			145485
湖　北 Hubei	147335					163912
湖　南 Hunan	3100					74461
广　东 Guangdong	87623					337273
广　西 Guangxi						
海　南 Hainan						
重　庆 Chongqing	72997				59571	121624
四　川 Sichuan	26781			1665		228113
贵　州 Guizhou						
云　南 Yunnan						
西　藏 Tibet						
陕　西 Shaanxi						
甘　肃 Gansu	24378					29057
青　海 Qinghai						
宁　夏 Ningxia						
新　疆 Xinjiang						

普通高中校数、班数(总计)

Number of Schools and Classes in Regular Senior Secondary Schools (Total)

地 区 Region	学校数(所) Schools				班数(个) Classes			
	合计 Total	完全中学 Combined Secondary Schools	高级中学 Regular High Schools	十二年一贯制学校 12 - year Schools	合计 Total	一年级 Grade 1	二年级 Grade 2	三年级 Grade 3
总 计 Total	**13253**	**5647**	**6619**	**987**	**445581**	**147739**	**148257**	**149585**
北 京 Beijing	306	202	41	63	5639	1701	1917	2021
天 津 Tianjin	181	102	72	7	4040	1295	1359	1386
河 北 Hebei	567	187	352	28	19704	6699	6509	6496
山 西 Shanxi	499	218	242	39	15745	5162	5355	5228
内蒙古 Inner Mongolia	278	113	145	20	9353	3107	3157	3089
辽 宁 Liaoning	415	68	329	18	13381	4394	4484	4503
吉 林 Jilin	240	67	167	6	7791	2564	2611	2616
黑龙江 Heilongjiang	378	102	260	16	10918	3523	3702	3693
上 海 Shanghai	246	91	136	19	4614	1539	1525	1550
江 苏 Jiangsu	567	128	400	39	22600	7081	7554	7965
浙 江 Zhejiang	561	82	444	35	18115	5910	6069	6136
安 徽 Anhui	694	355	275	64	22560	7106	7477	7977
福 建 Fujian	542	421	97	24	13159	4333	4362	4464
江 西 Jiangxi	442	242	144	56	15666	5354	5171	5141
山 东 Shandong	544	97	415	32	30850	10191	10437	10222
河 南 Henan	774	150	555	69	28979	9869	9663	9447
湖 北 Hubei	541	87	419	35	16723	5306	5537	5880
湖 南 Hunan	580	218	310	52	18362	6245	6102	6015
广 东 Guangdong	1012	583	332	97	41121	13438	13727	13956
广 西 Guangxi	445	178	254	13	13786	4864	4530	4392
海 南 Hainan	104	75	11	18	3288	1094	1104	1090
重 庆 Chongqing	258	227	31		11269	3681	3697	3891
四 川 Sichuan	732	528	153	51	25812	8479	8530	8803
贵 州 Guizhou	438	199	212	27	15783	5771	5214	4798
云 南 Yunnan	446	289	138	19	13509	4607	4482	4420
西 藏 Tibet	29	4	22	3	1061	357	360	344
陕 西 Shaanxi	506	210	255	41	15489	5109	5015	5365
甘 肃 Gansu	402	190	202	10	11683	3785	3853	4045
青 海 Qinghai	102	41	40	21	2166	733	720	713
宁 夏 Ningxia	61	19	42		2808	925	931	952
新 疆 Xinjiang	363	174	124	65	9607	3517	3103	2987

普通高中校数、班数(城区)

Number of Schools and Classes in Regular Senior Secondary Schools (Urban Area)

地 区 Region	学校数(所) Schools				班数(个) Classes			
	合计 Total	完全中学 Combined Secondary Schools	高级中学 Regular High Schools	十二年一贯制学校 12 - year Schools	合计 Total	一年级 Grade 1	二年级 Grade 2	三年级 Grade 3
总　计 Total	**6422**	**2736**	**3080**	**606**	**215090**	**70879**	**71981**	**72230**
北　京 Beijing	270	180	33	57	5001	1506	1704	1791
天　津 Tianjin	132	93	34	5	2867	927	963	977
河　北 Hebei	251	113	124	14	8477	2883	2818	2776
山　西 Shanxi	246	151	77	18	6953	2269	2378	2306
内蒙古 Inner Mongolia	152	60	78	14	4977	1635	1696	1646
辽　宁 Liaoning	314	60	241	13	9486	3115	3174	3197
吉　林 Jilin	157	41	111	5	5655	1855	1898	1902
黑龙江 Heilongjiang	209	53	145	11	6397	2023	2188	2186
上　海 Shanghai	214	83	112	19	3982	1326	1313	1343
江　苏 Jiangsu	323	73	226	24	12426	3980	4128	4318
浙　江 Zhejiang	292	48	219	25	9819	3216	3273	3330
安　徽 Anhui	225	107	92	26	7615	2481	2527	2607
福　建 Fujian	204	151	41	12	5714	1913	1890	1911
江　西 Jiangxi	153	99	33	21	5298	1801	1768	1729
山　东 Shandong	300	59	222	19	16401	5382	5574	5445
河　南 Henan	335	82	221	32	11742	4003	3952	3787
湖　北 Hubei	314	56	232	26	9845	3110	3283	3452
湖　南 Hunan	214	96	91	27	6946	2330	2330	2286
广　东 Guangdong	607	308	224	75	26317	8725	8789	8803
广　西 Guangxi	171	70	94	7	5356	1828	1777	1751
海　南 Hainan	56	41	4	11	1900	627	648	625
重　庆 Chongqing	119	111	8		5228	1705	1707	1816
四　川 Sichuan	260	176	50	34	10379	3421	3443	3515
贵　州 Guizhou	149	59	77	13	5039	1750	1703	1586
云　南 Yunnan	157	98	46	13	4431	1462	1493	1476
西　藏 Tibet	9	1	5	3	285	93	93	99
陕　西 Shaanxi	230	129	69	32	5677	1873	1861	1943
甘　肃 Gansu	124	49	72	3	3640	1187	1221	1232
青　海 Qinghai	40	13	18	9	801	268	267	266
宁　夏 Ningxia	35	11	24		1704	572	561	571
新　疆 Xinjiang	160	65	57	38	4732	1613	1561	1558

普通高中校数、班数（城乡结合区）
Number of Schools and Classes in Regular Senior Secondary Schools (Urban-rural Transitional Area)

地 区 Region	学校数(所) Schools				班数(个) Classes			
	合计 Total	完全中学 Combined Secondary Schools	高级中学 Regular High Schools	十二年一贯制学校 12 - year Schools	合计 Total	一年级 Grade 1	二年级 Grade 2	三年级 Grade 3
总 计 Total	**955**	**342**	**475**	**138**	**33999**	**11369**	**11339**	**11291**
北 京 Beijing	21	10	4	7	312	99	104	109
天 津 Tianjin	10	5	5		219	71	72	76
河 北 Hebei	48	12	30	6	1895	677	609	609
山 西 Shanxi	33	14	17	2	937	317	325	295
内蒙古 Inner Mongolia	5	1	4		159	51	56	52
辽 宁 Liaoning	30	5	24	1	1150	391	377	382
吉 林 Jilin	12	5	6	1	287	99	100	88
黑龙江 Heilongjiang	22	9	12	1	500	147	179	174
上 海 Shanghai	11	3	5	3	195	65	66	64
江 苏 Jiangsu	31	7	18	6	1258	387	427	444
浙 江 Zhejiang	71	10	53	8	2209	732	743	734
安 徽 Anhui	44	23	16	5	1258	389	426	443
福 建 Fujian	29	22	3	4	755	259	250	246
江 西 Jiangxi	14	7	3	4	474	160	160	154
山 东 Shandong	79	11	62	6	4401	1446	1481	1474
河 南 Henan	64	9	43	12	2123	757	704	662
湖 北 Hubei	39	9	23	7	1254	421	393	440
湖 南 Hunan	35	14	12	9	1067	370	346	351
广 东 Guangdong	180	86	70	24	8137	2706	2701	2730
广 西 Guangxi	29	12	14	3	1041	354	345	342
海 南 Hainan	6	4	1	1	173	60	64	49
重 庆 Chongqing	5	4	1		287	92	93	102
四 川 Sichuan	28	15	4	9	941	302	318	321
贵 州 Guizhou	26	13	9	4	830	294	292	244
云 南 Yunnan	33	21	8	4	1031	354	346	331
西 藏 Tibet								
陕 西 Shaanxi	23	4	13	6	543	170	182	191
甘 肃 Gansu	7	3	4		121	41	39	41
青 海 Qinghai	5	1	4		117	40	38	39
宁 夏 Ningxia	1		1		65	20	21	24
新 疆 Xinjiang	14	3	6	5	260	98	82	80

普通高中校数、班数(镇区)

Number of Schools and Classes in Regular Senior Secondary Schools (Counties & Towns Area)

地区 Region	学校数(所) Schools				班数(个) Classes			
	合计 Total	完全中学 Combined Secondary Schools	高级中学 Regular High Schools	十二年一贯制学校 12 - year Schools	合计 Total	一年级 Grade 1	二年级 Grade 2	三年级 Grade 3
总计 Total	**6164**	**2580**	**3286**	**298**	**215485**	**71749**	**71333**	**72403**
北京 Beijing	24	14	7	3	502	156	167	179
天津 Tianjin	45	9	34	2	1090	342	368	380
河北 Hebei	291	69	213	9	10581	3576	3496	3509
山西 Shanxi	216	50	150	16	7881	2581	2659	2641
内蒙古 Inner Mongolia	117	47	66	4	4238	1426	1414	1398
辽宁 Liaoning	94	7	84	3	3709	1216	1249	1244
吉林 Jilin	77	23	53	1	2095	702	695	698
黑龙江 Heilongjiang	160	44	112	4	4332	1440	1448	1444
上海 Shanghai	26	6	20		561	184	188	189
江苏 Jiangsu	237	53	171	13	10001	3044	3370	3587
浙江 Zhejiang	240	25	207	8	7577	2455	2554	2568
安徽 Anhui	430	231	167	32	13882	4320	4597	4965
福建 Fujian	288	224	54	10	6659	2160	2208	2291
江西 Jiangxi	265	132	104	29	10033	3425	3293	3315
山东 Shandong	228	35	184	9	13977	4658	4714	4605
河南 Henan	414	64	316	34	16813	5716	5574	5523
湖北 Hubei	201	28	165	8	6258	2011	2050	2197
湖南 Hunan	325	109	193	23	10519	3608	3475	3436
广东 Guangdong	340	237	91	12	12782	4036	4285	4461
广西 Guangxi	245	96	145	4	7483	2675	2449	2359
海南 Hainan	43	32	6	5	1264	424	412	428
重庆 Chongqing	131	109	22		5712	1861	1875	1976
四川 Sichuan	441	329	99	13	14833	4864	4884	5085
贵州 Guizhou	265	125	130	10	10175	3789	3326	3060
云南 Yunnan	260	174	83	3	8516	2950	2805	2761
西藏 Tibet	11	1	10		467	154	160	153
陕西 Shaanxi	255	72	174	9	9185	3034	2949	3202
甘肃 Gansu	245	115	126	4	7584	2444	2482	2658
青海 Qinghai	59	27	20	12	1263	432	420	411
宁夏 Ningxia	26	8	18		1104	353	370	381
新疆 Xinjiang	165	85	62	18	4409	1713	1397	1299

普通高中校数、班数(镇乡结合区)
Number of Schools and Classes in Regular Senior Secondary Schools (County-town Transitional Area)

地 区 Region	学校数(所) Schools				班数(个) Classes			
	合计 Total	完全中学 Combined Secondary Schools	高级中学 Regular High Schools	十二年一贯制学校 12 - year Schools	合计 Total	一年级 Grade 1	二年级 Grade 2	三年级 Grade 3
总 计 Total	**1538**	**571**	**872**	**95**	**54409**	**18312**	**18067**	**18030**
北 京 Beijing	8	5	2	1	176	51	60	65
天 津 Tianjin	19	1	17	1	460	146	156	158
河 北 Hebei	117	36	77	4	3899	1330	1271	1298
山 西 Shanxi	76	15	52	9	2564	863	863	838
内蒙古 Inner Mongolia	13	4	8	1	512	176	171	165
辽 宁 Liaoning	20	3	16	1	800	269	270	261
吉 林 Jilin	3	2	1		51	15	18	18
黑龙江 Heilongjiang	15	3	11	1	442	145	144	153
上 海 Shanghai	4	2	2		82	25	28	29
江 苏 Jiangsu	56	12	39	5	2369	751	801	817
浙 江 Zhejiang	86	11	72	3	2669	877	899	893
安 徽 Anhui	98	49	38	11	2827	876	964	987
福 建 Fujian	73	60	8	5	1514	490	504	520
江 西 Jiangxi	38	17	15	6	1401	511	447	443
山 东 Shandong	102	16	81	5	6474	2142	2209	2123
河 南 Henan	131	17	107	7	4889	1622	1626	1641
湖 北 Hubei	45	7	36	2	1319	458	435	426
湖 南 Hunan	96	26	59	11	2908	1019	947	942
广 东 Guangdong	121	77	39	5	4840	1554	1620	1666
广 西 Guangxi	26	10	15	1	679	245	223	211
海 南 Hainan	12	9	2	1	314	107	102	105
重 庆 Chongqing	24	21	3		1304	430	429	445
四 川 Sichuan	62	40	19	3	2034	669	679	686
贵 州 Guizhou	60	25	30	5	1916	794	624	498
云 南 Yunnan	81	49	32		2984	1046	971	967
西 藏 Tibet	2		2		95	27	31	37
陕 西 Shaanxi	58	17	38	3	2102	692	683	727
甘 肃 Gansu	58	24	33	1	1804	593	588	623
青 海 Qinghai	12	6	5	1	335	114	108	113
宁 夏 Ningxia	3		3		108	35	37	36
新 疆 Xinjiang	19	7	10	2	538	240	159	139

普通高中校数、班数(乡村)
Number of Schools and Classes in Regular Senior Secondary Schools (Rural Area)

地 区 Region	学校数(所) Schools				班数(个) Classes			
	合计 Total	完全中学 Combined Secondary Schools	高级中学 Regular High Schools	十二年一贯制学校 12 - year Schools	合计 Total	一年级 Grade 1	二年级 Grade 2	三年级 Grade 3
总 计 Total	**667**	**331**	**253**	**83**	**15006**	**5111**	**4943**	**4952**
北 京 Beijing	12	8	1	3	136	39	46	51
天 津 Tianjin	4		4		83	26	28	29
河 北 Hebei	25	5	15	5	646	240	195	211
山 西 Shanxi	37	17	15	5	911	312	318	281
内蒙古 Inner Mongolia	9	6	1	2	138	46	47	45
辽 宁 Liaoning	7	1	4	2	186	63	61	62
吉 林 Jilin	6	3	3		41	7	18	16
黑龙江 Heilongjiang	9	5	3	1	189	60	66	63
上 海 Shanghai	6	2	4		71	29	24	18
江 苏 Jiangsu	7	2	3	2	173	57	56	60
浙 江 Zhejiang	29	9	18	2	719	239	242	238
安 徽 Anhui	39	17	16	6	1063	305	353	405
福 建 Fujian	50	46	2	2	786	260	264	262
江 西 Jiangxi	24	11	7	6	335	128	110	97
山 东 Shandong	16	3	9	4	472	151	149	172
河 南 Henan	25	4	18	3	424	150	137	137
湖 北 Hubei	26	3	22	1	620	185	204	231
湖 南 Hunan	41	13	26	2	897	307	297	293
广 东 Guangdong	65	38	17	10	2022	677	653	692
广 西 Guangxi	29	12	15	2	947	361	304	282
海 南 Hainan	5	2	1	2	124	43	44	37
重 庆 Chongqing	8	7	1		329	115	115	99
四 川 Sichuan	31	23	4	4	600	194	203	203
贵 州 Guizhou	24	15	5	4	569	232	185	152
云 南 Yunnan	29	17	9	3	562	195	184	183
西 藏 Tibet	9	2	7		309	110	107	92
陕 西 Shaanxi	21	9	12		627	202	205	220
甘 肃 Gansu	33	26	4	3	459	154	150	155
青 海 Qinghai	3	1	2		102	33	33	36
宁 夏 Ningxia								
新 疆 Xinjiang	38	24	5	9	466	191	145	130

普通高中学生数(总计)
Number of Students in Regular Senior Secondary Schools (Total)

单位:人
unit: person

地 区 Region	毕业生数 Graduates	招生数 Entrants	在校生数 Enrolment 合 计 Total	其中:女 of Which: Female	一年级 Grade 1	二年级 Grade 2	三年级 Grade 3	预计毕业生数 Estimated Graduates for Next Year
总 计 Total	**7996189**	**7965960**	**24004723**	**11995446**	**7971119**	**8018698**	**8014906**	**8014906**
北 京 Beijing	57773	55184	177554	91463	55428	59505	62621	62621
天 津 Tianjin	61100	54656	169606	87155	54657	56384	58565	58565
河 北 Hebei	361988	382253	1104076	581354	382282	368962	352832	352832
山 西 Shanxi	273507	255585	827821	429359	255606	288289	283926	283926
内蒙古 Inner Mongolia	162138	155257	484042	251636	155257	162635	166150	166150
辽 宁 Liaoning	231520	208916	652613	339171	208924	219778	223911	223911
吉 林 Jilin	155501	132338	415736	215718	132413	141686	141637	141637
黑龙江 Heilongjiang	198990	181627	566805	297358	181627	190942	194236	194236
上 海 Shanghai	50971	52857	157416	82127	53145	52670	51601	51601
江 苏 Jiangsu	396668	319780	1034205	496360	320048	344844	369313	369313
浙 江 Zhejiang	296640	251727	790838	401508	251826	264923	274089	274089
安 徽 Anhui	429396	370649	1201286	559248	371407	395039	434840	434840
福 建 Fujian	227273	208637	629074	311952	208748	206545	213781	213781
江 西 Jiangxi	277005	316232	904696	386460	316398	299620	288678	288678
山 东 Shandong	543232	559235	1712659	867478	559235	583715	569709	569709
河 南 Henan	602825	644935	1895457	943084	644935	640601	609921	609921
湖 北 Hubei	349485	295276	918959	422869	295464	305834	317661	317661
湖 南 Hunan	320363	365462	1057008	515987	365515	356295	335198	335198
广 东 Guangdong	728690	696807	2140193	1051190	697124	715512	727557	727557
广 西 Guangxi	253288	304639	838231	446699	304710	275312	258209	258209
海 南 Hainan	58466	56947	176524	84519	56973	58983	60568	60568
重 庆 Chongqing	221234	209843	647915	333587	209929	213521	224465	224465
四 川 Sichuan	504932	497717	1489794	760445	497950	493113	498731	498731
贵 州 Guizhou	238495	349047	942656	472304	349078	311802	281776	281776
云 南 Yunnan	221640	268066	768469	410041	268231	257496	242742	242742
西 藏 Tibet	16182	18398	55669	30253	18449	19125	18095	18095
陕 西 Shaanxi	304394	279795	851044	415055	280272	278276	292496	292496
甘 肃 Gansu	223828	208136	654430	313799	208139	217162	229129	229129
青 海 Qinghai	32367	39188	113471	58900	39693	37801	35977	35977
宁 夏 Ningxia	54966	52909	163513	85825	52945	55060	55508	55508
新 疆 Xinjiang	141332	173862	462963	252542	174711	147268	140984	140984

普通高中学生数(城区)

Number of Students in Regular Senior Secondary Schools (Urban Area)

单位:人

unit: person

地区 Region	毕业生数 Graduates	招生数 Entrants	在校生数 Enrolment 合计 Total	其中:女 of Which: Female	一年级 Grade 1	二年级 Grade 2	三年级 Grade 3	预计毕业生数 Estimated Graduates for Next Year
总计 Total	**3728799**	**3648727**	**11139584**	**5617120**	**3651712**	**3741199**	**3746673**	**3746673**
北京 Beijing	50591	49164	156903	80688	49400	52553	54950	54950
天津 Tianjin	40063	37733	115036	59196	37733	37877	39426	39426
河北 Hebei	152199	157448	463958	245306	157455	156632	149871	149871
山西 Shanxi	121348	110945	364233	190477	110950	127449	125834	125834
内蒙古 Inner Mongolia	87895	81842	261853	136713	81842	89172	90839	90839
辽宁 Liaoning	158049	142807	445722	230953	142814	149664	153244	153244
吉林 Jilin	113831	94877	300339	155985	94877	102614	102848	102848
黑龙江 Heilongjiang	116036	103411	326790	170956	103411	109918	113461	113461
上海 Shanghai	43505	45391	134712	69985	45612	44980	44120	44120
江苏 Jiangsu	204623	174213	550223	270219	174441	181705	194077	194077
浙江 Zhejiang	156300	137714	427590	216601	137774	142522	147294	147294
安徽 Anhui	138544	130127	404383	192194	130129	132898	141356	141356
福建 Fujian	94064	92971	275462	139653	92993	90639	91830	91830
江西 Jiangxi	93922	105971	305973	131976	105997	101980	97996	97996
山东 Shandong	286804	288646	896681	458680	288646	307530	300505	300505
河南 Henan	223049	242023	717586	362956	242023	243601	231962	231962
湖北 Hubei	197220	168688	529827	246754	168811	177964	183052	183052
湖南 Hunan	120077	128211	384211	188216	128228	131326	124657	124657
广东 Guangdong	453076	450000	1360608	668673	450302	454598	455708	455708
广西 Guangxi	97702	111238	315563	166218	111279	103694	100590	100590
海南 Hainan	34139	32886	103104	48071	32897	35263	34944	34944
重庆 Chongqing	97282	94217	291445	153412	94236	96162	101047	101047
四川 Sichuan	198147	194165	589037	302581	194230	195574	199233	199233
贵州 Guizhou	78811	100688	288492	148425	100690	97540	90262	90262
云南 Yunnan	73385	80406	241249	131003	80413	81497	79339	79339
西藏 Tibet	5159	4635	14506	7730	4642	4794	5070	5070
陕西 Shaanxi	105250	98064	301950	150926	98470	100564	102916	102916
甘肃 Gansu	65205	63427	197190	94438	63428	66505	67257	67257
青海 Qinghai	12105	13558	40856	20931	13892	13788	13176	13176
宁夏 Ningxia	32512	32514	98698	51784	32517	33007	33174	33174
新疆 Xinjiang	77906	80747	235404	125420	81580	77189	76635	76635

普通高中学生数(城乡结合区)
Number of Students in Regular Senior Secondary Schools (Urban-rural Transitional Area)

单位:人
unit: person

地　区 Region	毕业生数 Graduates	招生数 Entrants	在校生数 Enrolment 合计 Total	其中:女 of Which: Female	一年级 Grade 1	二年级 Grade 2	三年级 Grade 3	预计毕业生数 Estimated Graduates for Next Year
总　计 Total	**583748**	**601227**	**1807763**	**893302**	**601515**	**605139**	**601109**	**601109**
北　京 Beijing	2886	3391	10103	5252	3393	3403	3307	3307
天　津 Tianjin	3276	2970	9424	5217	2970	3139	3315	3315
河　北 Hebei	35041	38171	107666	56109	38171	34685	34810	34810
山　西 Shanxi	16154	15544	49774	25721	15544	17600	16630	16630
内蒙古 Inner Mongolia	1534	2535	8280	4102	2535	2928	2817	2817
辽　宁 Liaoning	19674	18102	55467	28186	18102	18241	19124	19124
吉　林 Jilin	4575	4662	14030	7139	4662	4951	4417	4417
黑龙江 Heilongjiang	8474	7297	24224	12689	7297	8236	8691	8691
上　海 Shanghai	2097	2239	6692	3621	2241	2308	2143	2143
江　苏 Jiangsu	21754	17369	57427	26943	17371	19227	20829	20829
浙　江 Zhejiang	34386	31946	97639	47730	31957	33038	32644	32644
安　徽 Anhui	23773	19799	65885	31128	19799	21979	24107	24107
福　建 Fujian	12138	12320	36296	17587	12322	12038	11936	11936
江　西 Jiangxi	8226	10441	29966	12160	10446	10108	9412	9412
山　东 Shandong	77640	78487	242685	120668	78487	82290	81908	81908
河　南 Henan	40190	47454	132284	66618	47454	43888	40942	40942
湖　北 Hubei	26803	22423	67607	30845	22433	21548	23626	23626
湖　南 Hunan	17837	20590	59902	28420	20590	19984	19328	19328
广　东 Guangdong	138585	141765	427764	206948	142016	142251	143497	143497
广　西 Guangxi	20570	22391	62974	32527	22391	20608	19975	19975
海　南 Hainan	1637	3443	10360	4206	3443	3841	3076	3076
重　庆 Chongqing	5385	5254	16079	7773	5255	5299	5525	5525
四　川 Sichuan	15116	15461	48900	25599	15461	16643	16796	16796
贵　州 Guizhou	10279	17088	47616	24960	17088	16851	13677	13677
云　南 Yunnan	17728	20929	61858	32805	20929	20989	19940	19940
西　藏 Tibet								
陕　西 Shaanxi	9451	9194	28871	14325	9196	9974	9701	9701
甘　肃 Gansu	2101	2004	6174	2953	2004	2073	2097	2097
青　海 Qinghai	1653	2061	5760	2881	2061	1973	1726	1726
宁　夏 Ningxia	1160	977	3267	1737	977	1124	1166	1166
新　疆 Xinjiang	3625	4920	12789	6453	4920	3922	3947	3947

普通高中学生数(镇区)

Number of Students in Regular Senior Secondary Schools (Counties & Towns Area)

单位:人
unit: person

地　区 Region	毕业生数 Graduates	招生数 Entrants	在校生数 Enrolment 合　计 Total	其中:女 of Which: Female	一年级 Grade 1	二年级 Grade 2	三年级 Grade 3	预计毕业生数 Estimated Graduates for Next Year
总　计 Total	**4015534**	**4046834**	**12079068**	**5992715**	**4048929**	**4018475**	**4011664**	**4011664**
北　京 Beijing	5823	4748	16495	8691	4756	5582	6157	6157
天　津 Tianjin	19455	15776	50687	25982	15777	17166	17744	17744
河　北 Hebei	198705	209595	601201	315772	209614	200817	190770	190770
山　西 Shanxi	137088	129194	416730	215868	129210	143669	143851	143851
内蒙古 Inner Mongolia	72339	71077	215329	111643	71077	71167	73085	73085
辽　宁 Liaoning	70464	63018	197903	103785	63018	67346	67539	67539
吉　林 Jilin	40701	37150	113685	58933	37225	38270	38190	38190
黑龙江 Heilongjiang	79670	74981	230066	121257	74981	77495	77590	77590
上　海 Shanghai	6805	6616	20428	10927	6681	6892	6855	6855
江　苏 Jiangsu	188813	142899	475702	222144	142934	160507	172261	172261
浙　江 Zhejiang	129062	103447	331144	168786	103486	111699	115959	115959
安　徽 Anhui	268612	224886	740460	340130	225642	243285	271533	271533
福　建 Fujian	119362	103559	317339	156137	103647	104058	109634	109634
江　西 Jiangxi	178106	203419	581590	248840	203559	192021	186010	186010
山　东 Shandong	247981	263213	791146	397478	263213	268271	259662	259662
河　南 Henan	371466	393537	1151674	567310	393537	388394	369743	369743
湖　北 Hubei	138866	116662	357324	162824	116716	117681	122927	122927
湖　南 Hunan	185687	218648	620624	302983	218684	207641	194299	194299
广　东 Guangdong	241379	212409	676782	331118	212417	227608	236757	236757
广　西 Guangxi	139467	172603	466894	251475	172633	153237	141024	141024
海　南 Hainan	22024	22025	67424	33569	22040	21744	23640	23640
重　庆 Chongqing	117796	108983	337789	170909	109047	110902	117840	117840
四　川 Sichuan	295872	293216	870297	442023	293380	287302	289615	289615
贵　州 Guizhou	155407	234943	621953	308221	234972	203574	183407	183407
云　南 Yunnan	140357	176641	496951	262500	176793	166129	154029	154029
西　藏 Tibet	7037	7972	24779	13424	7987	8555	8237	8237
陕　西 Shaanxi	187387	171174	515303	248330	171243	166680	177380	177380
甘　肃 Gansu	150918	136006	431733	206991	136008	142240	153485	153485
青　海 Qinghai	18337	23802	67026	35064	23968	22203	20855	20855
宁　夏 Ningxia	22454	20395	64815	34041	20428	22053	22334	22334
新　疆 Xinjiang	58094	84240	207795	115560	84256	64287	59252	59252

普通高中学生数(镇乡结合区)
Number of Students in Regular Senior Secondary Schools (County-town Transitional Area)

单位:人
unit: person

地 区 Region	毕业生数 Graduates	招生数 Entrants	在校生数 Enrolment 合 计 Total	其中:女 of Which: Female	一年级 Grade 1	二年级 Grade 2	三年级 Grade 3	预计毕业生数 Estimated Graduates for Next Year
总 计 Total	**993318**	**1016082**	**3005029**	**1492021**	**1017176**	**1003562**	**984291**	**984291**
北 京 Beijing	1899	1060	4651	2333	1063	1675	1913	1913
天 津 Tianjin	8173	6880	21757	11243	6880	7381	7496	7496
河 北 Hebei	75454	78067	220311	115462	78067	72827	69417	69417
山 西 Shanxi	43283	42085	130582	68128	42092	45065	43425	43425
内蒙古 Inner Mongolia	7771	8587	25629	12855	8587	8314	8728	8728
辽 宁 Liaoning	14180	13650	42309	22369	13650	14460	14199	14199
吉 林 Jilin	853	689	2261	1169	689	761	811	811
黑龙江 Heilongjiang	9217	7176	23539	12335	7176	8035	8328	8328
上 海 Shanghai	968	980	2981	1491	985	993	1003	1003
江 苏 Jiangsu	44512	36662	117811	53959	36667	39597	41547	41547
浙 江 Zhejiang	43871	37070	116426	59101	37089	38954	40383	40383
安 徽 Anhui	49742	42166	143053	64877	42914	48336	51803	51803
福 建 Fujian	28095	23322	71432	34124	23341	23149	24942	24942
江 西 Jiangxi	23846	28765	78812	32800	28769	25650	24393	24393
山 东 Shandong	114776	120889	363960	183429	120889	124370	118701	118701
河 南 Henan	104884	109697	324096	160571	109697	109455	104944	104944
湖 北 Hubei	27115	27901	77312	36555	27923	25363	24026	24026
湖 南 Hunan	51738	61236	170413	82588	61251	56101	53061	53061
广 东 Guangdong	89262	81777	254364	123408	81783	85306	87275	87275
广 西 Guangxi	11027	14540	39144	21007	14540	12906	11698	11698
海 南 Hainan	4705	5493	16500	8130	5501	5311	5688	5688
重 庆 Chongqing	26856	25841	80497	41467	25886	27130	27481	27481
四 川 Sichuan	40137	37739	114375	60535	37764	38427	38184	38184
贵 州 Guizhou	28350	48045	113873	56250	48049	37442	28382	28382
云 南 Yunnan	49363	61412	170663	89493	61425	56406	52832	52832
西 藏 Tibet	1612	1577	5547	2973	1577	1851	2119	2119
陕 西 Shaanxi	41011	38923	117882	55858	38938	38425	40519	40519
甘 肃 Gansu	37588	33098	104177	49952	33099	34740	36338	36338
青 海 Qinghai	4729	6254	18291	9522	6384	5999	5908	5908
宁 夏 Ningxia	1836	2071	6176	3420	2071	2133	1972	1972
新 疆 Xinjiang	6465	12430	26205	14617	12430	7000	6775	6775

普通高中学生数(乡村)

Number of Students in Regular Senior Secondary Schools (Rural Area)

单位:人
unit: person

地 区 Region	毕业生数 Graduates	招生数 Entrants	在校生数 Enrolment					预计毕业生数 Estimated Graduates for Next Year
			合 计 Total	其中:女 of Which: Female	一年级 Grade 1	二年级 Grade 2	三年级 Grade 3	
总 计 Total	**251856**	**270399**	**786071**	**385611**	**270478**	**259024**	**256569**	**256569**
北 京 Beijing	1359	1272	4156	2084	1272	1370	1514	1514
天 津 Tianjin	1582	1147	3883	1977	1147	1341	1395	1395
河 北 Hebei	11084	15210	38917	20276	15213	11513	12191	12191
山 西 Shanxi	15071	15446	46858	23014	15446	17171	14241	14241
内蒙古 Inner Mongolia	1904	2338	6860	3280	2338	2296	2226	2226
辽 宁 Liaoning	3007	3091	8988	4433	3092	2768	3128	3128
吉 林 Jilin	969	311	1712	800	311	802	599	599
黑龙江 Heilongjiang	3284	3235	9949	5145	3235	3529	3185	3185
上 海 Shanghai	661	850	2276	1215	852	798	626	626
江 苏 Jiangsu	3232	2668	8280	3997	2673	2632	2975	2975
浙 江 Zhejiang	11278	10566	32104	16121	10566	10702	10836	10836
安 徽 Anhui	22240	15636	56443	26924	15636	18856	21951	21951
福 建 Fujian	13847	12107	36273	16162	12108	11848	12317	12317
江 西 Jiangxi	4977	6842	17133	5644	6842	5619	4672	4672
山 东 Shandong	8447	7376	24832	11320	7376	7914	9542	9542
河 南 Henan	8310	9375	26197	12818	9375	8606	8216	8216
湖 北 Hubei	13399	9926	31808	13291	9937	10189	11682	11682
湖 南 Hunan	14599	18603	52173	24788	18603	17328	16242	16242
广 东 Guangdong	34235	34398	102803	51399	34405	33306	35092	35092
广 西 Guangxi	16119	20798	55774	29006	20798	18381	16595	16595
海 南 Hainan	2303	2036	5996	2879	2036	1976	1984	1984
重 庆 Chongqing	6156	6643	18681	9266	6646	6457	5578	5578
四 川 Sichuan	10913	10336	30460	15841	10340	10237	9883	9883
贵 州 Guizhou	4277	13416	32211	15658	13416	10688	8107	8107
云 南 Yunnan	7898	11019	30269	16538	11025	9870	9374	9374
西 藏 Tibet	3986	5791	16384	9099	5820	5776	4788	4788
陕 西 Shaanxi	11757	10557	33791	15799	10559	11032	12200	12200
甘 肃 Gansu	7705	8703	25507	12370	8703	8417	8387	8387
青 海 Qinghai	1925	1828	5589	2905	1833	1810	1946	1946
宁 夏 Ningxia								
新 疆 Xinjiang	5332	8875	19764	11562	8875	5792	5097	5097

普通高中女学生数

Number of Female Students in Regular Senior Secondary Schools

单位：人
unit：person

地　区 Region	毕业生数 Graduates	招生数 Entrants	在校生数 Enrolment 合计 Total	一年级 Grade 1	二年级 Grade 2	三年级 Grade 3	预计毕业生数 Estimated Graduates for Next Year
总　计 Total	**3981797**	**3983202**	**11995446**	**3985494**	**4002330**	**4007622**	**4007622**
北　京 Beijing	30730	28629	91463	28725	30609	32129	32129
天　津 Tianjin	32055	28206	87155	28206	28838	30111	30111
河　北 Hebei	190429	200889	581354	200906	193756	186692	186692
山　西 Shanxi	140220	134818	429359	134822	148351	146186	146186
内蒙古 Inner Mongolia	84041	80999	251636	80999	84550	86087	86087
辽　宁 Liaoning	120560	108432	339171	108435	114271	116465	116465
吉　林 Jilin	80574	68105	215718	68134	73857	73727	73727
黑龙江 Heilongjiang	103448	95004	297358	95004	100063	102291	102291
上　海 Shanghai	26922	27712	82127	27820	27403	26904	26904
江　苏 Jiangsu	188869	154500	496360	154644	165056	176660	176660
浙　江 Zhejiang	150642	127534	401508	127572	134882	139054	139054
安　徽 Anhui	199169	173195	559248	173536	183891	201821	201821
福　建 Fujian	111702	104373	311952	104407	102231	105314	105314
江　西 Jiangxi	117745	136455	386460	136497	127511	122452	122452
山　东 Shandong	271460	284954	867478	284954	294802	287722	287722
河　南 Henan	295727	321920	943084	321920	318423	302741	302741
湖　北 Hubei	156882	137209	422869	137228	140119	145522	145522
湖　南 Hunan	160078	175883	515987	175895	173436	166656	166656
广　东 Guangdong	360540	340311	1051190	340652	350091	360447	360447
广　西 Guangxi	134093	161231	446699	161266	147879	137554	137554
海　南 Hainan	27607	27528	84519	27535	28436	28548	28548
重　庆 Chongqing	114061	106466	333587	106490	110225	116872	116872
四　川 Sichuan	258299	252989	760445	253056	251762	255627	255627
贵　州 Guizhou	118161	174638	472304	174643	156351	141310	141310
云　南 Yunnan	119491	143494	410041	143544	136228	130269	130269
西　藏 Tibet	8613	10151	30253	10176	10303	9774	9774
陕　西 Shaanxi	148845	136032	415055	136197	135251	143607	143607
甘　肃 Gansu	106829	100334	313799	100335	104234	109230	109230
青　海 Qinghai	16676	20235	58900	20444	19519	18937	18937
宁　夏 Ningxia	28847	27208	85825	27213	29249	29363	29363
新　疆 Xinjiang	78482	93768	252542	94239	80753	77550	77550

普通中学教职工数(总计)

Number of Educational Personnel in General Secondary Schools (Total)

单位:人

unit: person

地　区 Region	教职工数 Educational Personnel						代课教师 Substitute Teachers	兼任教师 Part-time Teachers
	合计 Total	专任教师 Full-time Teachers	行政人员 Adm. Personnel	教辅人员 Supporting Staff	工勤人员 Workers	校办企业职工 Employees in School-run Factories & Farms		
总　计 Total	**6465117**	**5679755**	**219703**	**270426**	**292429**	**2804**	**67087**	**20687**
北　京 Beijing	82224	61043	8292	8993	3806	90		1156
天　津 Tianjin	53457	43881	4210	3839	1502	25	197	862
河　北 Hebei	314277	270796	12118	17407	13687	269	4261	879
山　西 Shanxi	221362	190495	6209	10120	14213	325	8865	1355
内蒙古 Inner Mongolia	131663	104076	7223	11943	8379	42	2742	91
辽　宁 Liaoning	203441	171731	21351	5262	5066	31	81	28
吉　林 Jilin	132744	107925	9112	11613	3991	103	954	220
黑龙江 Heilongjiang	183497	154924	9558	9880	9096	39	1505	622
上　海 Shanghai	78518	63115	5426	6180	3754	43	466	392
江　苏 Jiangsu	345458	300108	8335	18746	17859	410	1229	176
浙　江 Zhejiang	233445	205041	6011	10020	12253	120		550
安　徽 Anhui	286382	251793	8192	9373	17002	22	4192	903
福　建 Fujian	175725	155545	5523	7505	7035	117	790	128
江　西 Jiangxi	207206	190258	3340	4239	9242	127	1843	570
山　东 Shandong	471653	417447	11800	27065	15286	55	2580	628
河　南 Henan	470668	418306	14880	14631	22784	67	14877	797
湖　北 Hubei	250873	216242	7078	13297	13992	264	3942	463
湖　南 Hunan	301432	269785	9077	11024	11522	24	2162	432
广　东 Guangdong	553030	493703	16755	16639	25528	405	3050	338
广　西 Guangxi	198158	172807	4957	9298	11087	9	1313	1156
海　南 Hainan	51209	43883	1132	1425	4730	39	590	302
重　庆 Chongqing	133288	119973	4169	3990	5117	39	915	819
四　川 Sichuan	387286	351899	9710	8290	17380	7	4586	179
贵　州 Guizhou	200496	183426	4811	3400	8855	4	131	5174
云　南 Yunnan	195738	179246	2779	4330	9318	65	78	1285
西　藏 Tibet	14646	14104	154	60	327	1	125	2
陕　西 Shaanxi	203128	176219	10725	8957	7206	21	1454	200
甘　肃 Gansu	149953	139432	2785	4119	3600	17	1209	697
青　海 Qinghai	29530	28007	294	459	769	1	890	44
宁　夏 Ningxia	33309	31146	330	936	897		523	98
新　疆 Xinjiang	171321	153399	3367	7386	7146	23	1537	141

普通中学教职工数(城区)
Number of Educational Personnel in General Secondary Schools (Urban Area)

单位:人
unit: person

地 区 Region	教职工数 Educational Personnel						代课教师 Substitute Teachers	兼任教师 Part-time Teachers
	合计 Total	专任教师 Full-time Teachers	行政人员 Adm. Personnel	教辅人员 Supporting Staff	工勤人员 Workers	校办企业职工 Employees in School-run Factories & Farms		
总 计 Total	**2426760**	**2094419**	**101257**	**115228**	**114330**	**1526**	**28414**	**7895**
北 京 Beijing	66549	50108	6741	6720	2890	90		1129
天 津 Tianjin	34910	28039	2936	2792	1120	23	75	650
河 北 Hebei	101981	87378	4002	5642	4769	190	2148	340
山 西 Shanxi	77683	65385	3094	3733	5374	97	3618	942
内蒙古 Inner Mongolia	53748	43693	4030	3856	2160	9	1496	77
辽 宁 Liaoning	108186	91609	11303	2601	2653	20	24	21
吉 林 Jilin	61467	50551	3688	4968	2190	70	578	154
黑龙江 Heilongjiang	79096	67446	4167	4527	2950	6	617	456
上 海 Shanghai	63540	51062	4276	5292	2867	43	406	338
江 苏 Jiangsu	165931	145215	4414	8617	7468	217	809	110
浙 江 Zhejiang	116011	100459	3176	5119	7174	83		299
安 徽 Anhui	71767	62939	2209	2443	4159	17	1613	333
福 建 Fujian	62301	54608	2159	2521	2982	31	499	83
江 西 Jiangxi	52002	47708	998	1222	2030	44	730	126
山 东 Shandong	194622	171164	5555	11617	6258	28	895	389
河 南 Henan	135524	118244	6188	4898	6129	65	4264	267
湖 北 Hubei	108068	92106	3780	5853	6174	155	2123	196
湖 南 Hunan	75137	65727	2581	3651	3173	5	951	132
广 东 Guangdong	312505	273816	9265	11729	17475	220	2901	203
广 西 Guangxi	52165	45124	1396	2614	3028	3	685	289
海 南 Hainan	21424	17613	604	711	2465	31	308	71
重 庆 Chongqing	48729	43465	1534	1697	2027	6	305	431
四 川 Sichuan	106072	93357	3110	3523	6078	4	1469	108
贵 州 Guizhou	45152	40380	1415	1048	2309		70	207
云 南 Yunnan	41387	36760	1124	1243	2215	45	6	236
西 藏 Tibet	2871	2693	69	8	101		122	
陕 西 Shaanxi	58735	49296	4848	2413	2169	9	372	58
甘 肃 Gansu	33867	30521	1018	1110	1208	10	19	155
青 海 Qinghai	8084	7607	106	134	236	1	137	4
宁 夏 Ningxia	14295	13372	183	304	436		248	17
新 疆 Xinjiang	52951	46974	1288	2622	2063	4	926	74

普通中学教职工数(城乡结合区)
Number of Educational Personnel in General Secondary Schools (Urban - rural Transitional Area)

单位:人
unit: person

地区 Region	教职工数 Educational Personnel						代课教师 Substitute Teachers	兼任教师 Part-time Teachers
	合计 Total	专任教师 Full-time Teachers	行政人员 Adm. Personnel	教辅人员 Supporting Staff	工勤人员 Workers	校办企业职工 Employees in School-run Factories & Farms		
总　计 Total	**422814**	**365097**	**14985**	**17832**	**24620**	**280**	**4111**	**1254**
北　京 Beijing	5908	3943	686	804	468	7		50
天　津 Tianjin	2665	2214	181	213	56	1		
河　北 Hebei	24003	20396	775	1321	1494	17	330	45
山　西 Shanxi	9652	8019	292	494	828	19	549	232
内蒙古 Inner Mongolia	1317	1130	48	89	50		45	
辽　宁 Liaoning	10967	9335	1157	193	277	5	6	
吉　林 Jilin	3412	2727	269	306	107	3	41	
黑龙江 Heilongjiang	7668	6360	419	469	420		20	30
上　海 Shanghai	4104	3540	172	236	156		32	
江　苏 Jiangsu	19844	17225	460	1130	1007	22	23	5
浙　江 Zhejiang	27280	22630	863	1077	2660	50		78
安　徽 Anhui	12764	11015	413	401	934	1	113	63
福　建 Fujian	9736	8101	337	459	825	14	22	
江　西 Jiangxi	5498	4964	124	179	231		44	22
山　东 Shandong	54528	48085	1442	3274	1727		722	163
河　南 Henan	25879	22673	1017	649	1540		402	33
湖　北 Hubei	14379	11928	429	795	1223	4	250	51
湖　南 Hunan	14731	12933	557	571	670		127	13
广　东 Guangdong	104494	91710	3234	3268	6149	133	883	29
广　西 Guangxi	10253	9114	235	410	494		143	8
海　南 Hainan	1853	1563	19	57	214		50	7
重　庆 Chongqing	3102	2716	123	25	238		2	302
四　川 Sichuan	13252	11083	387	585	1195	2	106	10
贵　州 Guizhou	7480	6842	202	91	345		5	11
云　南 Yunnan	9169	8178	305	168	516	2		45
西　藏 Tibet								
陕　西 Shaanxi	7757	6494	640	326	297		113	19
甘　肃 Gansu	2661	2466	50	62	83			34
青　海 Qinghai	1223	1180	7	8	28		5	
宁　夏 Ningxia	853	824	5	5	19		1	
新　疆 Xinjiang	6382	5709	137	167	369		77	4

普通中学教职工数(镇区)
Number of Educational Personnel in General Secondary Schools (Counties & Towns Area)

单位:人
unit: person

地区 Region	教职工数 Educational Personnel						代课教师 Substitute Teachers	兼任教师 Part-time Teachers
	合计 Total	专任教师 Full-time Teachers	行政人员 Adm. Personnel	教辅人员 Supporting Staff	工勤人员 Workers	校办企业职工 Employees in School-run Factories & Farms		
总 计 Total	**3063542**	**2703924**	**88517**	**129197**	**140886**	**1018**	**28432**	**8582**
北 京 Beijing	10416	7239	945	1577	655			15
天 津 Tianjin	14462	12340	930	880	312		29	148
河 北 Hebei	164801	141455	6003	10018	7259	66	1429	315
山 西 Shanxi	106306	92816	2211	4916	6139	224	3595	387
内蒙古 Inner Mongolia	67710	52398	2745	7107	5427	33	1138	4
辽 宁 Liaoning	74687	62659	7765	2181	2072	10	22	1
吉 林 Jilin	46063	36790	3291	4620	1335	27	223	19
黑龙江 Heilongjiang	75661	62595	3916	4049	5083	18	580	120
上 海 Shanghai	12801	10332	961	751	757		49	40
江 苏 Jiangsu	163130	140895	3496	9253	9293	193	394	58
浙 江 Zhejiang	99313	88475	2322	4221	4279	16		250
安 徽 Anhui	154699	134534	4517	5500	10143	5	2022	484
福 建 Fujian	83121	73747	2335	3883	3072	84	152	18
江 西 Jiangxi	115424	105062	1782	2680	5824	76	779	368
山 东 Shandong	233247	207355	5287	13068	7510	27	1377	234
河 南 Henan	248129	219413	6694	8341	13681		8922	396
湖 北 Hubei	109553	95053	2430	5908	6063	99	1223	184
湖 南 Hunan	152316	135437	4270	6213	6377	19	618	267
广 东 Guangdong	189467	174435	5571	4113	5323	25	131	78
广 西 Guangxi	115440	100699	2692	5638	6405	6	539	620
海 南 Hainan	26343	23256	450	648	1982	7	235	221
重 庆 Chongqing	73313	66300	2257	2146	2578	32	514	330
四 川 Sichuan	202528	185398	4280	4197	8650	3	1607	29
贵 州 Guizhou	111667	102234	2373	1973	5083	4	45	2710
云 南 Yunnan	105359	96550	1128	2526	5140	15	40	616
西 藏 Tibet	8706	8461	48	34	162	1	3	2
陕 西 Shaanxi	125202	109978	4885	5955	4372	12	1040	111
甘 肃 Gansu	72643	67055	1240	2560	1781	7	511	441
青 海 Qinghai	15802	14948	170	266	418		559	39
宁 夏 Ningxia	14319	13206	125	587	401		237	51
新 疆 Xinjiang	70914	62809	1398	3388	3310	9	419	26

普通中学教职工数(镇乡结合区)

Number of Educational Personnel in General Secondary Schools (County-town Transitional Area)

单位:人
unit: person

地 区 Region	教职工数 Educational Personnel						代课教师 Substitute Teachers	兼任教师 Part-time Teachers
	合计 Total	专任教师 Full-time Teachers	行政人员 Adm. Personnel	教辅人员 Supporting Staff	工勤人员 Workers	校办企业职工 Employees in School-run Factories & Farms		
总 计 Total	**781571**	**688192**	**22730**	**32375**	**38007**	**267**	**8061**	**2365**
北 京 Beijing	3650	2397	495	483	275			15
天 津 Tianjin	5283	4504	382	287	110		7	3
河 北 Hebei	67815	58463	2557	3575	3220		396	123
山 西 Shanxi	32066	27316	757	1557	2424	12	1192	221
内蒙古 Inner Mongolia	7463	5750	275	890	548		497	
辽 宁 Liaoning	11203	9369	1132	341	358	3	3	
吉 林 Jilin	3936	3122	308	377	129		8	1
黑龙江 Heilongjiang	6453	5567	289	389	208		63	12
上 海 Shanghai	2990	2463	156	183	188		7	2
江 苏 Jiangsu	39923	34463	898	2360	2153	49	168	13
浙 江 Zhejiang	34795	31129	826	1416	1415	9		154
安 徽 Anhui	35765	29971	1272	1253	3269		626	73
福 建 Fujian	21505	19017	693	914	857	24	31	7
江 西 Jiangxi	20657	17905	399	602	1681	70	122	155
山 东 Shandong	95192	84375	2268	5384	3138	27	824	144
河 南 Henan	80014	70065	2194	2950	4805		2382	234
湖 北 Hubei	25748	22125	653	1279	1654	37	388	55
湖 南 Hunan	49188	44237	1326	1649	1974	2	231	67
广 东 Guangdong	58745	54019	1849	1221	1640	16	11	16
广 西 Guangxi	18694	16535	448	692	1019		50	41
海 南 Hainan	3697	3171	61	71	394		37	75
重 庆 Chongqing	15142	13769	407	439	522	5	282	29
四 川 Sichuan	32220	29087	880	704	1549		298	
贵 州 Guizhou	22309	20244	475	361	1229		8	271
云 南 Yunnan	28149	25564	294	792	1495	4	3	315
西 藏 Tibet	1149	1109	8	13	19		3	
陕 西 Shaanxi	26314	23294	1017	1084	913	6	218	40
甘 肃 Gansu	16832	15566	267	613	383	3	75	294
青 海 Qinghai	3646	3567	17	36	26		103	5
宁 夏 Ningxia	1900	1794	8	66	32		16	
新 疆 Xinjiang	9128	8235	119	394	380		12	

普通中学教职工数(乡村)
Number of Educational Personnel in General Secondary Schools (Rural Area)

单位:人
unit: person

地区 Region	教职工数 Educational Personnel						代课教师 Substitute Teachers	兼任教师 Part-time Teachers
	合计 Total	专任教师 Full-time Teachers	行政人员 Adm. Personnel	教辅人员 Supporting Staff	工勤人员 Workers	校办企业职工 Employees in School-run Factories & Farms		
总　计 Total	**974815**	**881412**	**29929**	**26001**	**37213**	**260**	**10241**	**4210**
北　京 Beijing	5259	3696	606	696	261			12
天　津 Tianjin	4085	3502	344	167	70	2	93	64
河　北 Hebei	47495	41963	2113	1747	1659	13	684	224
山　西 Shanxi	37373	32294	904	1471	2700	4	1652	26
内蒙古 Inner Mongolia	10205	7985	448	980	792		108	10
辽　宁 Liaoning	20568	17463	2283	480	341	1	35	6
吉　林 Jilin	25214	20584	2133	2025	466	6	153	47
黑龙江 Heilongjiang	28740	24883	1475	1304	1063	15	308	46
上　海 Shanghai	2177	1721	189	137	130		11	14
江　苏 Jiangsu	16397	13998	425	876	1098		26	8
浙　江 Zhejiang	18121	16107	513	680	800	21		1
安　徽 Anhui	59916	54320	1466	1430	2700		557	86
福　建 Fujian	30303	27190	1029	1101	981	2	139	27
江　西 Jiangxi	39780	37488	560	337	1388	7	334	76
山　东 Shandong	43784	38928	958	2380	1518		308	5
河　南 Henan	87015	80649	1998	1392	2974	2	1691	134
湖　北 Hubei	33252	29083	868	1536	1755	10	596	83
湖　南 Hunan	73979	68621	2226	1160	1972		593	33
广　东 Guangdong	51058	45452	1919	797	2730	160	18	57
广　西 Guangxi	30553	26984	869	1046	1654		89	247
海　南 Hainan	3442	3014	78	66	283	1	47	10
重　庆 Chongqing	11246	10208	378	147	512	1	96	58
四　川 Sichuan	78686	73144	2320	570	2652		1510	42
贵　州 Guizhou	43677	40812	1023	379	1463		16	2257
云　南 Yunnan	48992	45936	527	561	1963	5	32	433
西　藏 Tibet	3069	2950	37	18	64			
陕　西 Shaanxi	19191	16945	992	589	665		42	31
甘　肃 Gansu	43443	41856	527	449	611		679	101
青　海 Qinghai	5644	5452	18	59	115		194	1
宁　夏 Ningxia	4695	4568	22	45	60		38	30
新　疆 Xinjiang	47456	43616	681	1376	1773	10	192	41

普通中学女教职工数

Number of Female Educational Personnel in General Secondary Schools

单位:人

unit: person

地区 Region	教职工数 Educational Personnel						代课教师 Substitute Teachers	兼任教师 Part-time Teachers
	合计 Total	专任教师 Full-time Teachers	行政人员 Adm. Personnel	教辅人员 Supporting Staff	工勤人员 Workers	校办企业职工 Employees in School-run Factories & Farms		
总　计 Total	**3328031**	**3030273**	**54848**	**129250**	**112506**	**1154**	**42257**	**10823**
北　京 Beijing	56370	45507	4213	5514	1111	25		812
天　津 Tianjin	33905	30001	1532	2092	278	2	142	566
河　北 Hebei	196259	179824	2605	8770	4957	103	2700	322
山　西 Shanxi	135307	122055	1668	5135	6303	146	6004	781
内蒙古 Inner Mongolia	75083	65017	2146	5657	2243	20	1748	45
辽　宁 Liaoning	126516	115169	7313	3123	907	4	73	19
吉　林 Jilin	79466	70532	2363	5430	1111	30	611	122
黑龙江 Heilongjiang	109750	98655	3025	4746	3311	13	1036	404
上　海 Shanghai	53170	45189	2793	4193	976	19	259	276
江　苏 Jiangsu	167078	152050	1465	7189	6163	211	820	74
浙　江 Zhejiang	128571	115723	1432	5026	6338	52		285
安　徽 Anhui	111939	99133	1254	4086	7461	5	2322	189
福　建 Fujian	80229	72540	1170	3611	2856	52	559	54
江　西 Jiangxi	85487	78767	625	2027	4011	57	1037	213
山　东 Shandong	233057	216925	2170	10026	3924	12	1598	270
河　南 Henan	254863	235075	3624	7011	9104	49	9461	421
湖　北 Hubei	102313	90931	1337	5014	4925	106	2162	181
湖　南 Hunan	136290	126309	1083	4994	3896	8	1427	180
广　东 Guangdong	305168	279665	3191	10040	12120	152	1736	158
广　西 Guangxi	99279	88538	996	4553	5190	2	937	705
海　南 Hainan	25716	22120	330	828	2415	23	347	179
重　庆 Chongqing	61489	57703	859	1654	1254	19	520	455
四　川 Sichuan	177636	165833	1878	4146	5777	2	3126	89
贵　州 Guizhou	84812	77669	831	1614	4697	1	70	2826
云　南 Yunnan	94868	87813	676	2088	4265	26	49	663
西　藏 Tibet	7223	6966	66	36	154	1	68	1
陕　西 Shaanxi	105857	96339	2780	4144	2592	2	800	94
甘　肃 Gansu	60723	57756	286	1645	1030	6	620	272
青　海 Qinghai	15189	14576	72	208	333		499	20
宁　夏 Ningxia	17074	16283	50	433	308		338	71
新　疆 Xinjiang	107344	99610	1015	4217	2496	6	1188	76

普通中学教职工总数中

Number of General Secondary Schools Educational

地 区 Region	教职工数 Educational Personne 合计 Total	专任教师 Full-time Teachers	行政人员 Adm. Personnel
总 计 Total	**731685**	**549447**	**37001**
北 京 Beijing	9159	5779	1302
天 津 Tianjin	2787	1946	290
河 北 Hebei	33475	25463	1632
山 西 Shanxi	41423	29459	1774
内蒙古 Inner Mongolia	4742	3568	415
辽 宁 Liaoning	9619	8163	945
吉 林 Jilin	9123	7197	472
黑龙江 Heilongjiang	6498	4750	441
上 海 Shanghai	10253	7676	764
江 苏 Jiangsu	44144	34527	1464
浙 江 Zhejiang	46162	34508	1740
安 徽 Anhui	53124	38117	2740
福 建 Fujian	21086	15867	1183
江 西 Jiangxi	26084	17958	1274
山 东 Shandong	40621	32411	2028
河 南 Henan	76844	57513	4169
湖 北 Hubei	22967	16106	1038
湖 南 Hunan	25644	20540	931
广 东 Guangdong	120972	95759	4734
广 西 Guangxi	15957	11219	818
海 南 Hainan	8949	5870	456
重 庆 Chongqing	8254	6132	459
四 川 Sichuan	36800	26478	2018
贵 州 Guizhou	20490	15206	1021
云 南 Yunnan	9710	7392	698
西 藏 Tibet	64	53	4
陕 西 Shaanxi	18828	13818	1751
甘 肃 Gansu	3746	2900	246
青 海 Qinghai	395	296	27
宁 夏 Ningxia	849	687	31
新 疆 Xinjiang	2916	2089	136

民办教职工数

Personnel Maintained by the Communties

单位:人

unit:person

教辅人员 Supporting Staff	工勤人员 Workers	校办企业职工 Employees in School-run Factories & Farms	代课教师 Substitute Teachers	兼任教师 Part-time Teachers
34547	**109339**	**1351**	**20101**	**7329**
958	1095	25		50
333	218		172	699
1602	4758	20		159
1974	8002	214	4172	1150
186	545	28	66	20
308	199	4		11
431	1016	7	112	5
355	944	8		67
1053	736	24	84	274
2152	5836	165	268	67
2342	7503	69		529
2484	9777	6	1673	360
1097	2855	84	21	70
1162	5567	123	18	284
2035	4147		1172	193
3159	11952	51	10987	365
1234	4540	49	489	85
1241	2918	14	58	195
4325	15778	376	310	103
1013	2904	3	30	416
324	2286	13	1	27
299	1355	9	229	657
2279	6024	1		92
645	3617	1	23	142
317	1253	50		783
2	4	1		2
853	2403	3	142	85
176	422	2		422
7	64	1	12	
34	97		62	12
167	524			5

普通高中专任教师

Number of Full-time Teachers in Regular Senior Secondary Schools

地区 Region	合计 Total	其中:女 of Which: Female	按学历分 By Academic Qualification			
			研究生毕业 Graduate	本科毕业 Under-graduate	专科毕业 Associate Bachelor	高中阶段毕业 High School Graduate
总　计 Total	**1662700**	**841510**	**105740**	**1511153**	**44840**	**913**
北　京 Beijing	21107	14913	4444	16559	101	3
天　津 Tianjin	15964	10965	2061	13696	194	13
河　北 Hebei	83426	52180	4820	76359	2209	38
山　西 Shanxi	60931	37078	4295	54784	1817	35
内蒙古 Inner Mongolia	33610	19782	2789	29893	928	
辽　宁 Liaoning	48924	32807	3947	44262	668	45
吉　林 Jilin	28368	18170	2248	25616	494	9
黑龙江 Heilongjiang	42543	26879	2459	39310	758	14
上　海 Shanghai	16981	11005	2543	14400	34	4
江　苏 Jiangsu	96540	46143	9603	86002	908	27
浙　江 Zhejiang	65596	33377	4720	60313	552	11
安　徽 Anhui	75237	28405	3682	69346	2186	23
福　建 Fujian	50923	23824	2156	47301	1438	27
江　西 Jiangxi	51197	19605	3043	44562	3542	48
山　东 Shandong	121613	61251	8312	111476	1730	86
河　南 Henan	110759	55293	7750	98954	4012	43
湖　北 Hubei	68126	26155	4143	61685	2172	106
湖　南 Hunan	68459	27832	2340	63972	2081	62
广　东 Guangdong	148361	78500	10983	134141	3203	31
广　西 Guangxi	48357	24859	2824	44086	1432	15
海　南 Hainan	12204	6340	484	11282	437	1
重　庆 Chongqing	38376	18063	1978	35581	772	44
四　川 Sichuan	92099	40884	3418	85609	3044	28
贵　州 Guizhou	52365	22871	1344	49164	1823	34
云　南 Yunnan	49494	24121	1627	46742	1089	33
西　藏 Tibet	4403	2139	202	4121	80	
陕　西 Shaanxi	56924	29423	3976	51062	1829	53
甘　肃 Gansu	43761	16960	2009	39083	2626	42
青　海 Qinghai	7998	3962	260	7181	550	7
宁　夏 Ningxia	10274	5157	432	9587	243	12
新　疆 Xinjiang	37780	22567	848	35024	1888	19

学历、职称情况(总计)

by Academic Qualification and Professional Rank (Total)

单位:人

unit: person

高中阶段毕业以下 Below High School Graduate	按职称分 By Professional Rank				
	中学高级 Senior Secondary	中学一级 1st Grade	中学二级 2nd Grade	中学三级 3rd Grade	未定职级 No-ranking
54	**447196**	**606313**	**480323**	**12141**	**116727**
	7530	6892	4816	55	1814
	6025	7095	2217	22	605
	20554	33427	24000	811	4634
	11640	17839	23201	743	7508
	11084	11079	8634	106	2707
2	18739	17130	9065	328	3662
1	7504	11759	7259	73	1773
2	13994	16176	10269	233	1871
	5435	7872	2939	23	712
	33301	38644	21556	9	3030
	21150	24914	15247	221	4064
	21754	25999	20055	1097	6332
1	15592	18662	14823	209	1637
2	18629	17548	11093	761	3166
9	26186	45187	42774	388	7078
	25072	37427	40982	1752	5526
20	21631	27022	16309	879	2285
4	20255	28179	16366	390	3269
3	32969	61380	39292	764	13956
	10263	20063	13869	593	3569
	3195	3873	3613	342	1181
1	8031	13198	14551	117	2479
	26072	33569	26722	209	5527
	10993	15464	17089	624	8195
3	13947	15395	16107	100	3945
	500	1647	1508	17	731
4	12993	19121	20345	524	3941
1	7901	14310	18119	253	3178
	2453	2718	1887	156	784
	2674	2852	3630	110	1008
1	9130	9872	11986	232	6560

普通高中专任教师

Number of Full-time Teachers in Regular Senior Secondary Schools

地　区 Region	合　计 Total	其中:女 of Which: Female	按学历分 By Academic Qualifications			
			研究生毕业 Graduate	本科毕业 Under-graduate	专科毕业 Associate Bachelor	高中阶段毕业 High School Graduate
总　计 Total	**802471**	**440732**	**71716**	**716084**	**14392**	**262**
北　京 Beijing	18575	13256	4003	14482	87	3
天　津 Tianjin	11345	8086	1821	9428	94	2
河　北 Hebei	35754	23226	2593	32248	903	10
山　西 Shanxi	26377	16835	2403	23396	572	6
内蒙古 Inner Mongolia	17900	10862	1880	15602	418	
辽　宁 Liaoning	34912	23990	3222	31317	350	22
吉　林 Jilin	19823	12936	1987	17597	233	5
黑龙江 Heilongjiang	25154	16355	1903	22810	432	8
上　海 Shanghai	14620	9593	2329	12256	31	4
江　苏 Jiangsu	52742	26832	6568	45704	450	20
浙　江 Zhejiang	35576	18465	3047	32304	222	3
安　徽 Anhui	25393	11107	1627	23143	614	9
福　建 Fujian	21313	11632	1463	19479	364	7
江　西 Jiangxi	18018	7943	1614	15524	874	6
山　东 Shandong	65416	35296	5601	59013	772	26
河　南 Henan	43208	23042	4407	38157	628	16
湖　北 Hubei	39873	16740	3286	35729	842	14
湖　南 Hunan	25464	11407	1312	23353	780	16
广　东 Guangdong	94826	51683	9113	84260	1431	20
广　西 Guangxi	18886	10474	1708	16863	310	5
海　南 Hainan	7095	3820	314	6585	196	
重　庆 Chongqing	18540	9230	1435	16875	212	17
四　川 Sichuan	36629	17089	2168	33566	885	10
贵　州 Guizhou	17311	8814	843	16067	392	9
云　南 Yunnan	16095	8495	928	14958	202	6
西　藏 Tibet	1184	564	79	1088	17	
陕　西 Shaanxi	19735	11006	2017	17009	704	5
甘　肃 Gansu	13253	5958	970	11743	536	4
青　海 Qinghai	2949	1543	92	2687	164	6
宁　夏 Ningxia	6211	3291	354	5753	103	1
新　疆 Xinjiang	18294	11162	629	17088	574	2

学历、职称情况（城区）

by Academic Qualification and Professional Rank（Urban Area）

单位：人

unit：person

高中阶段毕业以下 Below High School Graduate	按职称分 By Professional Rank 中学高级 Senior Secondary	中学一级 1st Grade	中学二级 2nd Grade	中学三级 3rd Grade	未定职级 No-ranking
17	**246232**	**297600**	**201590**	**4323**	**52726**
	6857	6187	4080	48	1403
	4454	4978	1457	18	438
	9854	14509	8954	432	2005
	5778	7962	8650	260	3727
	6357	5674	4271	71	1527
1	13610	12566	5865	238	2633
1	5467	8034	4950	45	1327
1	8917	9660	5437	136	1004
	4748	6796	2427	22	627
	20436	21188	9459	5	1654
	12665	13188	7350	131	2242
	7839	8844	6098	316	2296
	7056	7554	5880	92	731
	7485	6031	3495	138	869
4	14730	24751	21734	173	4028
	11601	15219	13730	546	2112
2	14586	14801	8831	403	1252
3	8601	10561	5080	131	1091
2	24493	38690	23759	267	7617
	4836	7279	5148	163	1460
	2069	2370	1923	48	685
1	4594	6474	6336	35	1101
	11673	13640	9257	48	2011
	4536	5139	5190	90	2356
1	5507	5112	4222	43	1211
	191	469	395	13	116
	5531	6966	5785	121	1332
	3485	4901	3978	67	822
	1008	891	621	116	313
	1854	1811	1897	39	610
1	5414	5355	5331	68	2126

普通高中专任教师

Number of Full-time Teachers in Regular Senior Secondary Schools

地 区 Region	合 计 Total	其中:女 of Which: Female	按学历分 By Academic Qualifications			
			研究生毕业 Graduate	本科毕业 Under-graduate	专科毕业 Associate Bachelor	高中阶段毕业 High School Graduate
总 计 Total	**126299**	**66142**	**9673**	**114133**	**2444**	**46**
北 京 Beijing	1061	674	203	853	5	
天 津 Tianjin	921	643	95	813	12	1
河 北 Hebei	8128	5177	587	7266	273	2
山 西 Shanxi	3466	2132	328	2965	171	2
内蒙古 Inner Mongolia	577	363	36	528	13	
辽 宁 Liaoning	3978	2596	352	3595	28	3
吉 林 Jilin	1055	624	144	895	16	
黑龙江 Heilongjiang	1922	1237	149	1750	23	
上 海 Shanghai	776	512	111	662	3	
江 苏 Jiangsu	5349	2475	471	4831	47	
浙 江 Zhejiang	7825	4024	605	7171	47	2
安 徽 Anhui	4321	1687	196	3999	126	
福 建 Fujian	2935	1481	135	2742	58	
江 西 Jiangxi	1512	574	50	1392	70	
山 东 Shandong	17249	8988	1557	15417	268	6
河 南 Henan	8259	4343	1019	7130	106	4
湖 北 Hubei	4838	1858	406	4345	87	
湖 南 Hunan	3989	1582	158	3756	70	4
广 东 Guangdong	29043	15437	1975	26472	586	10
广 西 Guangxi	3679	2020	237	3351	90	1
海 南 Hainan	667	343	28	625	14	
重 庆 Chongqing	707	331	57	624	25	1
四 川 Sichuan	3392	1537	284	3079	28	1
贵 州 Guizhou	2701	1358	87	2554	60	
云 南 Yunnan	3830	1967	158	3596	71	4
西 藏 Tibet						
陕 西 Shaanxi	1956	1051	171	1743	42	
甘 肃 Gansu	505	216	24	446	35	
青 海 Qinghai	428	191	8	396	19	5
宁 夏 Ningxia	282	139	14	267	1	
新 疆 Xinjiang	948	582	28	870	50	

学历、职称情况（城乡结合区）

by Academic Qualification and Professional Rank (Urban-rural Transitional Area)

单位：人

unit: person

	按职称分 By Professional Rank				
高中阶段毕业以下 Below High School Graduate	中学高级 Senior Secondary	中学一级 1st Grade	中学二级 2nd Grade	中学三级 3rd Grade	未定职级 No-ranking
3	**31801**	**45596**	**37076**	**810**	**11016**
	321	325	266		149
	358	423	111		29
	2003	3329	2246	37	513
	628	1004	1185	18	631
	215	229	77		56
	1527	1335	712	70	334
	333	437	239		46
	743	600	461	17	101
	292	314	123	16	31
	1800	1995	1284	1	269
	2265	2787	2113	76	584
	1216	1302	953	96	754
	1008	1005	764	1	157
	541	403	442	49	77
1	3139	5691	6968	49	1402
	1965	2908	2853	133	400
	1798	1776	1070	36	158
1	1253	1657	831	23	225
	5846	12151	7949	75	3022
	714	1232	1364	26	343
	103	129	253		182
	105	202	325	31	44
	1066	1182	951	1	192
	515	751	902	6	527
1	1140	1154	1168	5	363
	447	603	709	5	192
	115	162	210	2	16
	117	164	111	17	19
	92	110	49		31
	136	236	387	20	169

普通高中专任教师

Number of Full-time Teachers in Regular Senior Secondary Schools

地 区 Region	合 计 Total	其中:女 of Which: Female	按学历分 By Academic Qualification			
			研究生毕业 Graduate	本科毕业 Under-graduate	专科毕业 Associate Bachelor	高中阶段毕业 High School Graduate
总 计 Total	**805347**	**375117**	**31380**	**744868**	**28463**	**599**
北 京 Beijing	1889	1253	333	1544	12	
天 津 Tianjin	4290	2688	228	3953	98	11
河 北 Hebei	45022	27389	2068	41689	1238	27
山 西 Shanxi	31250	18483	1648	28522	1055	25
内蒙古 Inner Mongolia	15207	8634	879	13837	491	
辽 宁 Liaoning	13454	8490	679	12438	313	23
吉 林 Jilin	8220	5047	251	7728	237	4
黑龙江 Heilongjiang	16628	10054	543	15773	305	6
上 海 Shanghai	2121	1256	175	1945	1	
江 苏 Jiangsu	43032	18966	2983	39602	440	7
浙 江 Zhejiang	27493	13698	1527	25660	298	8
安 徽 Anhui	46707	16304	1911	43297	1486	13
福 建 Fujian	26462	10948	638	24811	993	19
江 西 Jiangxi	32313	11390	1397	28358	2522	34
山 东 Shandong	54178	24966	2614	50571	933	55
河 南 Henan	65895	31471	3188	59336	3345	26
湖 北 Hubei	25762	8562	733	23754	1185	72
湖 南 Hunan	39624	15120	925	37461	1191	46
广 东 Guangdong	46334	23384	1405	43341	1579	8
广 西 Guangxi	26419	12823	1007	24432	972	8
海 南 Hainan	4614	2273	156	4229	228	1
重 庆 Chongqing	18767	8322	524	17691	526	26
四 川 Sichuan	53156	22718	1147	49963	2028	18
贵 州 Guizhou	33241	13266	486	31370	1360	25
云 南 Yunnan	31522	14723	617	30037	840	26
西 藏 Tibet	1798	879	88	1691	19	
陕 西 Shaanxi	34870	17184	1781	31973	1067	45
甘 肃 Gansu	28808	10431	1008	25762	1999	38
青 海 Qinghai	4728	2273	163	4196	368	1
宁 夏 Ningxia	4063	1866	78	3834	140	11
新 疆 Xinjiang	17480	10256	200	16070	1194	16

学历、职称情况(镇区)

by Academic Qualification and Professional Rank (Counties & Towns Area)

单位:人

unit: person

高中阶段毕业以下 Below High School Graduate	按职称分 By Professional Rank				
	中学高级 Senior Secondary	中学一级 1st Grade	中学二级 2nd Grade	中学三级 3rd Grade	未定职级 No-ranking
37	**190166**	**289292**	**261110**	**7256**	**57523**
	509	509	522	7	342
	1467	1942	724		157
	10166	18038	14205	355	2258
	5390	9086	13367	379	3028
	4606	5191	4281	35	1094
1	5002	4413	3042	88	909
	1970	3558	2221	28	443
1	4831	6297	4577	94	829
	613	972	475	1	60
	12669	17182	11824	3	1354
	7905	10649	7269	90	1580
	13297	16212	12833	747	3618
1	7895	9886	7802	113	766
2	10969	11240	7374	581	2149
5	11001	19715	20307	206	2949
	13175	21684	26530	1201	3305
18	6529	11220	6659	447	907
1	10728	16275	10360	248	2013
1	7248	19608	13700	412	5366
	4925	11581	7845	347	1721
	928	1356	1583	286	461
	3318	6390	7799	78	1182
	13754	18994	16819	161	3428
	6166	9815	11329	527	5404
2	8049	9686	11198	38	2551
	184	683	626	1	304
4	7043	11396	13651	374	2406
1	4218	8851	13355	156	2228
	1380	1675	1197	25	451
	820	1041	1733	71	398
	3411	4147	5903	157	3862

普通高中专任教师

Number of Full-time Teachers in Regular Senior Secondary Schools

地区 Region	合计 Total	其中:女 of Which: Female	按学历分 By Academic Qualifications			
			研究生毕业 Graduate	本科毕业 Under-graduate	专科毕业 Associate Bachelor	高中阶段毕业 High School Graduate
总计 Total	**205339**	**97658**	**8071**	**189784**	**7338**	**140**
北京 Beijing	606	370	147	458	1	
天津 Tianjin	1775	1085	95	1629	50	1
河北 Hebei	16708	10201	778	15407	513	10
山西 Shanxi	10160	6138	431	9448	274	7
内蒙古 Inner Mongolia	1899	1065	107	1682	110	
辽宁 Liaoning	2667	1705	105	2500	58	3
吉林 Jilin	285	179	5	280		
黑龙江 Heilongjiang	1548	932	53	1473	22	
上海 Shanghai	278	165	19	259		
江苏 Jiangsu	9920	4490	745	9072	103	
浙江 Zhejiang	9614	4837	546	8932	133	3
安徽 Anhui	9279	3235	382	8628	268	1
福建 Fujian	5830	2405	96	5481	247	5
江西 Jiangxi	4383	1553	170	3752	459	2
山东 Shandong	25477	11791	1161	23833	463	20
河南 Henan	19650	9584	1007	17269	1359	15
湖北 Hubei	5437	1753	160	5055	206	16
湖南 Hunan	10601	4101	238	9961	391	11
广东 Guangdong	17599	8914	460	16550	586	3
广西 Guangxi	2316	1166	67	2153	93	3
海南 Hainan	1169	651	32	1103	33	1
重庆 Chongqing	4331	1912	112	4072	137	10
四川 Sichuan	7700	3408	209	7253	235	3
贵州 Guizhou	6408	2387	96	6116	195	1
云南 Yunnan	11050	5315	211	10628	204	6
西藏 Tibet	416	214	12	402	2	
陕西 Shaanxi	7532	3600	334	6870	313	12
甘肃 Gansu	6937	2472	242	6104	584	7
青海 Qinghai	1283	610	26	1148	109	
宁夏 Ningxia	392	201	3	372	17	
新疆 Xinjiang	2089	1219	22	1894	173	

学历、职称情况(镇乡结合区)

by Academic Qualification and Professional Rank (County-town Transitional Area)

单位:人

unit: person

高中阶段毕业以下 Below High School Graduate	按职称分 By Professional Rank				
	中学高级 Senior Secondary	中学一级 1st Grade	中学二级 2nd Grade	中学三级 3rd Grade	未定职级 No-ranking
6	**44277**	**72338**	**69619**	**2192**	**16913**
	117	159	134		196
	551	774	360		90
	3787	6544	5366	109	902
	1699	2829	4287	132	1213
	575	633	518		173
1	966	929	618	10	144
	73	117	79		16
	486	538	442	6	76
	88	133	45		12
	2817	3785	2951		367
	2488	3630	2800	36	660
	2250	3013	2542	246	1228
1	1589	2130	1817	31	263
	1245	1458	988	127	565
	4772	9317	9799	118	1471
	3820	6190	8216	324	1100
	1353	2315	1371	146	252
	2782	4317	2857	75	570
	2639	7490	5023	150	2297
	395	998	655	112	156
	182	223	433	212	119
	644	1284	2073	4	326
	1925	2620	2712	13	430
	1124	1971	1980	80	1253
1	2796	3631	3774	19	830
	37	133	118		128
3	1404	2325	2944	161	698
	982	1880	3370	63	642
	309	438	388	1	147
	71	89	166	10	56
	311	445	793	7	533

普通高中专任教师

Number of Full-time Teachers in Regular Senior Secondary Schools

地 区 Region	合 计 Total	其中:女 of Which: Female	按学历分 By Academic Qualifications			
			研究生毕业 Graduate	本科毕业 Under- graduate	专科毕业 Associate Bachelor	高中阶段毕业 High School Graduate
总 计 Total	**54882**	**25661**	**2644**	**50201**	**1985**	**52**
北 京 Beijing	643	404	108	533	2	
天 津 Tianjin	329	191	12	315	2	
河 北 Hebei	2650	1565	159	2422	68	1
山 西 Shanxi	3304	1760	244	2866	190	4
内蒙古 Inner Mongolia	503	286	30	454	19	
辽 宁 Liaoning	558	327	46	507	5	
吉 林 Jilin	325	187	10	291	24	
黑龙江 Heilongjiang	761	470	13	727	21	
上 海 Shanghai	240	156	39	199	2	
江 苏 Jiangsu	766	345	52	696	18	
浙 江 Zhejiang	2527	1214	146	2349	32	
安 徽 Anhui	3137	994	144	2906	86	1
福 建 Fujian	3148	1244	55	3011	81	1
江 西 Jiangxi	866	272	32	680	146	8
山 东 Shandong	2019	989	97	1892	25	5
河 南 Henan	1656	780	155	1461	39	1
湖 北 Hubei	2491	853	124	2202	145	20
湖 南 Hunan	3371	1305	103	3158	110	
广 东 Guangdong	7201	3433	465	6540	193	3
广 西 Guangxi	3052	1562	109	2791	150	2
海 南 Hainan	495	247	14	468	13	
重 庆 Chongqing	1069	511	19	1015	34	1
四 川 Sichuan	2314	1077	103	2080	131	
贵 州 Guizhou	1813	791	15	1727	71	
云 南 Yunnan	1877	903	82	1747	47	1
西 藏 Tibet	1421	696	35	1342	44	
陕 西 Shaanxi	2319	1233	178	2080	58	3
甘 肃 Gansu	1700	571	31	1578	91	
青 海 Qinghai	321	146	5	298	18	
宁 夏 Ningxia						
新 疆 Xinjiang	2006	1149	19	1866	120	1

学历、职称情况(乡村)

y Academic Qualification and Professional Rank (Rural Area)

单位:人

unit: person

	按职称分 By Professional Rank				
高中阶段毕业以下 Below High School Graduate	中学高级 Senior Secondary	中学一级 1st Grade	中学二级 2nd Grade	中学三级 3rd Grade	未定职级 No-ranking
	10798	**19421**	**17623**	**562**	**6478**
	164	196	214		69
	104	175	36	4	10
	534	880	841	24	371
	472	791	1184	104	753
	121	214	82		86
	127	151	158	2	120
	67	167	88		3
	246	219	255	3	38
	74	104	37		25
	196	274	273	1	22
	580	1077	628		242
	618	943	1124	34	418
	641	1222	1141	4	140
	175	277	224	42	148
	455	721	733	9	101
	296	524	722	5	109
	516	1001	819	29	126
	926	1343	926	11	165
	1228	3082	1833	85	973
	502	1203	876	83	388
	198	147	107	8	35
	119	334	416	4	196
	645	935	646		88
	291	510	570	7	435
	391	597	687	19	183
	125	495	487	3	311
	419	759	909	29	203
	198	558	786	30	128
	65	152	69	15	20
	305	370	752	7	572

普通高中办学

Condition of School Buildings in Regular Senio

地 区 Region	校舍建筑面 积 Floor Space	教学及辅助用房 Teaching & Assistant Buildings							行政办公用房 Administrative	
		合计 Total	其中 of Which:						合计 Total	其中:教师办公室 of Which: for Teachers
			教室 Classroom	实验室 Laboratory	图书室 Library	微机室 PC-room	语音室 Linguistic	体育馆 Gymnasium		
总　计 Total	**453460220**	**176451121**	**109738313**	**28345308**	**14447931**	**6815329**	**2780894**	**14323346**	**37409296**	**22481859**
北　京 Beijing	8869020	3162681	1793060	521020	249185	129941	25085	444390	901253	465358
天　津 Tianjin	4397848	1647758	877718	283572	144991	72018	27274	242185	557776	351425
河　北 Hebei	20129573	7776429	4621044	1552664	747565	325188	145478	384490	1740349	1236206
山　西 Shanxi	16137841	5889259	3663353	1042254	536196	225156	95147	327153	1355527	894096
内蒙古 Inner Mongolia	8794351	3595434	2204988	490514	277820	123144	60262	438706	855127	600446
辽　宁 Liaoning	10385708	3892433	2181522	568186	349968	165045	74237	553475	1073143	613323
吉　林 Jilin	5604360	2239657	1439501	260399	139910	84384	38116	277347	605286	349282
黑龙江 Heilongjiang	7847599	3225884	1897936	481299	216370	134057	67934	428288	956054	612082
上　海 Shanghai	6348867	2525424	1130390	489735	252895	105135	40283	506986	699581	302228
江　苏 Jiangsu	28017392	12442577	6751557	2170345	1309644	609840	200578	1400613	2536671	1593407
浙　江 Zhejiang	22346899	8555984	4209908	1607897	978557	286268	121353	1352001	1759810	1027270
安　徽 Anhui	22564411	8583238	5569702	1354883	652083	334670	156360	515540	1653969	903937
福　建 Fujian	17167977	7441377	4066211	1660293	816074	259743	84920	554136	1303225	652502
江　西 Jiangxi	15580644	6448361	4251879	866672	534854	261117	140068	393771	1162708	712717
山　东 Shandong	27265761	9761512	5819174	1847363	817654	418717	167548	691056	2638541	1456734
河　南 Henan	27523557	9838698	6833082	1410673	740267	354994	133859	365823	2414769	1694198
湖　北 Hubei	17870964	5731301	3540404	933206	466161	204410	121414	465706	1537959	870140
湖　南 Hunan	22244660	8719413	5721622	1111124	706018	283755	118577	778317	1384300	783880
广　东 Guangdong	46760298	19826556	13060983	2783152	1326386	630756	263160	1762119	3217443	1781789
广　西 Guangxi	13565394	4620209	3098246	645777	402307	170508	56389	246982	791317	538791
海　南 Hainan	3941035	1448945	970199	210970	116870	56537	16485	77884	216510	122807
重　庆 Chongqing	12374522	4630457	3176752	645064	296461	167642	55331	289207	813021	443139
四　川 Sichuan	25581139	9808042	6756192	1359501	610798	404628	165557	511366	1672751	1026763
贵　州 Guizhou	12629491	4495702	2942163	767663	340004	157529	66356	221987	980397	554387
云　南 Yunnan	13064835	5211813	3457951	807842	400442	210812	82220	252546	851989	487223
西　藏 Tibet	1088162	372582	247239	41444	22990	6681	5073	49155	69601	41982
陕　西 Shaanxi	13051223	5034488	3207716	898599	354614	209745	127104	236710	1362093	867783
甘　肃 Gansu	8497704	3612165	2555515	556277	205181	154059	44471	96662	862078	618302
青　海 Qinghai	1813918	753709	483184	136815	55735	30042	10133	37800	176136	121451
宁　夏 Ningxia	2472457	1104271	607212	224164	96991	60652	27872	87380	308758	229741
新　疆 Xinjiang	9522610	4054762	2601910	615941	282940	178156	42250	333565	951154	528470

条件(一)(总计)

Secondary Schools (1) (Total)

单位:平方米
unit: m^2

生活用房 Residential and Welfare 合计 Total	教工宿舍 Apartments for Single 小计 Subtotal	教工宿舍 Apartments for Single 其中:教师周转宿舍 of Which: Accommodation for Circulation of Teachers	学生宿舍 Students' Dormitories	食堂 Dining Halls	厕所 Toilet	其他 Others	其他用房 Rooms for Other Purposes	校舍面积中 of the Floor Space 危房面积 Floor Space of Dilapidated Buildings	校舍面积中 of the Floor Space 当年新增校舍 New Floor Space Added in Current Year
209044067	**39904647**	**7538609**	**112400499**	**35710354**	**10535707**	**10492860**	**30555736**	**6558565**	**18003707**
2702583	387969	65721	1093789	553449	290769	376607	2102503		601112
1456628	120545	14968	621744	295141	148515	270683	735686		153574
9439498	1168536	202432	5575842	1792090	377228	525802	1173297	8742	1058314
7554597	1199326	111185	3998119	1468654	404040	484458	1338458	181876	760119
3654980	211921	60612	2234666	733842	227485	247066	688810		503970
4398727	242666	30295	2468024	990377	323141	374519	1021405	8821	258413
2198853	62483	2350	1208847	513879	205135	208509	560564	37726	66909
2797891	97115	26559	1703856	603317	189940	203663	867770	99511	56691
2186722	110151	15928	1010250	423755	244931	397635	937140		114309
11569561	1723737	273179	6332254	2415894	570904	526772	1468583		473367
10316780	1395144	234720	5825701	2067584	601557	426794	1714325		610975
11262192	2603512	307862	5940300	1801984	483124	433272	1065012	169034	616137
7091636	1901514	333859	3468379	1119555	320173	282015	1331739	60687	601177
7153458	1460914	257902	4008062	1207425	290393	186664	816117	491428	974214
13230736	1754534	416975	7366688	2786390	752731	570393	1634972	19880	1047288
14074155	2530655	350061	8147511	2399275	559927	436787	1195935	126364	519528
9690086	3043706	389838	4428163	1382480	364656	471081	911618	351923	284535
10956454	3365735	605592	5007285	1727727	411024	444683	1184493	374036	486684
19761868	4748585	728627	10099107	2699061	1094237	1120878	3954431	40667	1240924
7676342	2222304	379497	4054707	893706	243600	262025	477526	528101	644221
2103555	754798	207159	945286	265528	80570	57373	172025	40227	130068
6354031	1637315	269941	3292407	952246	238894	233169	577013	250768	294137
13044765	2501475	706570	7493367	2047628	595322	406973	1055581	324480	1166079
6453702	1118144	426109	3938923	907488	287922	201225	699690	24587	1787075
6363552	1141142	360602	3639538	1007819	270784	304269	637481	1781157	843075
589710	195978	172499	266287	83117	10471	33857	56269	6916	139096
5822742	1253355	220757	3056635	921557	297870	293325	831900	67231	680816
3538571	441140	96007	2036801	550930	265389	244311	484890	1536860	686849
742189	90873	51570	392700	129205	53289	76122	141884	10969	263901
939136	21735	8091	578981	220480	74264	43676	120292	1406	44667
3918367	397640	211142	2166280	748771	257422	348254	598327	15168	895483

普通高中办学
Condition of School Buildings in Regular Senior

地区 Region	校舍建筑面积 Floor Space	教学及辅助用房 Teaching & Assistant Buildings							行政办公用房 Administrative	
		合计 Total	其中 of Which：						合计 Total	其中：教师办公室 of Which：for Teachers
			教室 Classroom	实验室 Laboratory	图书室 Library	微机室 PC-room	语音室 Linguistic	体育馆 Gymnasium		
总　计 Total	**230000544**	**92818061**	**54955957**	**14948609**	**8044473**	**3647006**	**1419832**	**9802184**	**20888622**	**12136818**
北　京 Beijing	7827039	2804839	1613072	433097	221235	114945	21337	401153	810707	414271
天　津 Tianjin	3436886	1284902	655182	211519	116677	57020	20207	224297	464630	296064
河　北 Hebei	9105948	3695153	2136355	717943	372364	159120	71020	238351	866634	640444
山　西 Shanxi	7302223	2684271	1648297	464257	246960	102883	39136	182738	714429	456002
内蒙古 Inner Mongolia	4924180	2027012	1216253	258950	168354	65681	35636	282138	489967	348608
辽　宁 Liaoning	7483031	2861981	1554237	423278	259427	122318	53619	449102	767373	441548
吉　林 Jilin	4104253	1655084	1021957	192874	106609	61275	26837	245532	448484	254703
黑龙江 Heilongjiang	4649749	1951215	1113909	284264	136545	78701	37475	300321	609337	361826
上　海 Shanghai	5435523	2226449	1005053	430954	224903	90282	36003	439254	585389	260975
江　苏 Jiangsu	15854635	7149974	3788854	1232387	783923	357665	96696	890449	1542405	952465
浙　江 Zhejiang	13239437	5074208	2446949	909513	582051	170843	71074	893778	1083661	597688
安　徽 Anhui	7059285	3001020	1819330	510997	262174	123188	79659	205672	648371	344197
福　建 Fujian	7173340	3293176	1704735	743695	373755	110241	31679	329071	638560	324295
江　西 Jiangxi	5957727	2705693	1621303	383176	235020	122123	65863	278208	498370	319803
山　东 Shandong	15053492	5487756	3146687	1067388	508251	248315	105545	411570	1548576	843223
河　南 Henan	11568667	4486289	2891766	715707	366531	155800	56476	300009	1065198	685824
湖　北 Hubei	10339794	3604555	2200016	599399	300976	126579	73769	303816	955921	521467
湖　南 Hunan	9199675	4037390	2547390	518758	327390	135602	49224	459026	588958	319681
广　东 Guangdong	31086573	12891517	8105107	1871283	939453	425500	162339	1387835	2314082	1258164
广　西 Guangxi	5529585	2029053	1287125	288532	190500	83172	21406	158318	354865	224548
海　南 Hainan	2354457	849007	554594	130540	70461	37449	10460	45503	149177	85104
重　庆 Chongqing	6071746	2505694	1693566	327490	176100	94453	29267	184818	467633	240750
四　川 Sichuan	10839478	4446099	2971958	603176	290780	173469	71877	334839	775037	480435
贵　州 Guizhou	4022166	1427839	874203	231513	127613	50259	19807	124444	395812	206554
云　南 Yunnan	5263720	2083297	1256907	340336	190675	99137	34113	162129	401191	212365
西　藏 Tibet	346048	138543	89600	11384	6222	2170	1497	27670	22553	11677
陕　西 Shaanxi	5303283	2153114	1356017	360852	144066	87336	46727	158116	611714	350385
甘　肃 Gansu	2776625	1269967	836962	205298	87161	55413	19568	65565	326892	222869
青　海 Qinghai	635450	274043	158285	57132	17922	12512	4109	24083	73396	44591
宁　夏 Ningxia	1580225	713727	387317	140773	71830	37262	12635	63910	216217	160372
新　疆 Xinjiang	4476304	2005194	1252971	282144	138545	86293	14772	230469	453083	255920

条件(一)(城区)

Secondary Schools (1) (Urban Area)

单位:平方米

unit: m^2

生活用房 Residential and Welfare							其他用房 Rooms for Other Purposes	校舍面积中 of the Floor Space	
合计 Total	教工宿舍 Apartments for Single		学生宿舍 Students' Dormitories	食堂 Dining Halls	厕所 Toilet	其他 Others		危房面积 Floor Space of Dilapidated Buildings	当年新增校舍 New Floor Space Added in Current Year
	小计 Subtotal	其中:教师周转宿舍 of Which: Accommodation for Circulation of Teachers							
96428092	**15149234**	**2797543**	**51752404**	**17356483**	**5936560**	**6233411**	**19865769**	**2166389**	**8038946**
2281267	335895	64542	872070	471050	263248	339004	1930226		463169
996873	79121	6135	360740	214615	115374	227023	690481		97919
3877563	417999	71224	2244998	717546	183700	313320	666598	7641	366034
3180959	473867	38093	1636084	604207	209185	257616	722564	87608	403288
1984385	134170	57044	1215601	381139	137860	115615	422816		291947
3003675	178154	19801	1616532	690445	240829	277715	850002	8821	229279
1553877	54393	2118	803427	368347	159299	168411	446808	30815	45544
1553075	47367	3913	895549	354195	121906	134058	536122	58054	7233
1836216	88588	12219	813704	346396	215582	371946	787469		92637
6184651	575490	109013	3529394	1379381	367387	332999	977605		338914
5928245	718382	146310	3364065	1193597	360122	292079	1153323		281558
2946103	431935	44110	1651028	505612	174773	182755	463791	19987	317932
2551556	538405	113449	1306075	425990	150115	130971	690048	11307	344358
2387548	485125	110083	1255081	437938	125389	84015	366116	80973	473041
6921140	653618	189348	3861270	1579028	445337	381887	1096020		529548
5378928	784564	130295	3172803	993647	236820	191094	638252	45069	224264
5239353	1487752	142469	2441266	772403	233055	304877	539965	109837	146682
3970473	1084151	200544	1848302	667089	170189	200742	602854	65562	283219
12743440	2594452	479848	6648165	1882818	810838	807167	3137534	28226	704822
2966779	776289	110111	1609930	339570	103087	137903	178888	101514	186478
1238491	438522	107783	559873	159556	55810	24730	117782	20799	91600
2750269	579650	96057	1551001	382278	134388	102952	348150	154691	133806
5130966	798031	207000	3014450	862794	284195	171496	487376	53596	404857
1898566	265285	78429	1178884	273573	101592	79232	299949	22048	404610
2340675	368845	83953	1308964	369899	117710	175257	438557	683387	302415
162812	66137	53400	70867	20106	4627	1075	22140		296
2026012	414986	43827	1050154	301625	142938	116309	512443	13329	287173
951403	80170	7034	556252	150486	80126	84369	228363	560192	215869
194379	17461	7324	90704	26277	21658	38279	93632		57094
571084	15028	7551	329366	147106	51617	27967	79197	1376	29383
1677329	165402	54516	895805	337770	117804	160548	340698	1557	283977

普通高中办学

Condition of School Buildings in Regular Senior

地　区 Region	校舍建筑面　积 Floor Space	教学及辅助用房 Teaching & Assistant Buildings							行政办公用房 Administrative	
		合计 Total	其中 of Which：						合计 Total	其中：教师办公室 of Which：for Teachers
			教室 Classroom	实验室 Laboratory	图书室 Library	微机室 PC-room	语音室 Linguistic	体育馆 Gymnasium		
总　计 Total	**41378414**	**15383877**	**9347528**	**2388492**	**1294137**	**573668**	**249350**	**1530702**	**3250201**	**1896349**
北　京 Beijing	710232	251061	131042	28535	11960	6824	3207	69493	48464	28801
天　津 Tianjin	199108	70399	35065	8496	6092	3240	985	16521	16637	7866
河　北 Hebei	2363538	901323	504565	184680	88124	33047	13022	77885	168857	141493
山　西 Shanxi	879691	284000	193347	41911	30619	7700	1669	8754	77937	55208
内蒙古 Inner Mongolia	120329	54735	35708	4635	1878	960	8640	2914	12823	7670
辽　宁 Liaoning	1073022	372686	209064	45550	32360	18985	5484	61243	79778	42019
吉　林 Jilin	419412	141466	92176	16626	4394	4689	1501	22080	33661	20433
黑龙江 Heilongjiang	568226	236157	146509	27040	11778	8905	6591	35334	60893	39061
上　海 Shanghai	513007	154032	64935	21013	23562	6858	5218	32446	59846	22603
江　苏 Jiangsu	1807982	717666	404502	140768	66240	36436	9562	60158	178998	100751
浙　江 Zhejiang	3247366	1157454	564912	204771	135742	33944	15892	202193	238206	145459
安　徽 Anhui	1266248	456638	316707	64496	36926	13876	6372	18261	92144	51582
福　建 Fujian	1169608	479136	265070	96952	56888	13577	3648	43001	72771	39803
江　西 Jiangxi	706940	329419	222431	36111	27173	17680	13703	12321	39567	23031
山　东 Shandong	4363957	1543891	820379	330793	147720	83017	32279	129703	396669	224755
河　南 Henan	2429568	774302	491583	131582	73378	28462	8368	40929	180690	139442
湖　北 Hubei	1528488	538242	347617	51786	37177	17757	17972	65933	124722	61485
湖　南 Hunan	2010101	851295	563369	103132	64780	19722	7987	92305	108225	49925
广　东 Guangdong	9744113	3834622	2509079	512181	264030	121473	57234	370625	724963	392031
广　西 Guangxi	1041039	325855	214253	42698	27668	16016	4064	21156	63375	40653
海　南 Hainan	183973	61131	36517	9137	6540	1489	544	6904	12795	5416
重　庆 Chongqing	348747	118892	87932	15389	7330	6821	1420		23362	5432
四　川 Sichuan	1402819	497873	332645	68850	28351	21280	6282	40465	94945	45943
贵　州 Guizhou	792039	283896	187136	45284	22457	7320	4134	17565	87970	49191
云　南 Yunnan	1293827	480756	256385	92038	52458	26231	7566	46078	112713	56583
西　藏 Tibet										
陕　西 Shaanxi	544335	196490	132907	28310	11488	7375	3240	13170	59440	37140
甘　肃 Gansu	141319	62801	47302	7044	1398	2538	1628	2891	13984	9479
青　海 Qinghai	51300	28251	15900	9578	1328	1165	220	60	1580	1120
宁　夏 Ningxia	84629	22860	14805	1915	1840	914	547	2839	34653	34653
新　疆 Xinjiang	373451	156548	103686	17191	12458	5367	371	17475	29533	17321

条件(一)(城乡结合区)

Secondary Schools (1) (Urban-rural Transitional Area)

单位:平方米
unit: m^2

生活用房 Residential and Welfare							其他用房 Rooms for Other Purposes	校舍面积中 of the Floor Space	
合计 Total	教工宿舍 Apartments for Single 小计 Subtotal	其中:教师周转宿舍 of Which: Accommodation for Circulation of Teachers	学生宿舍 Students' Dormitories	食堂 Dining Halls	厕所 Toilet	其他 Others		危房面积 Floor Space of Dilapidated Buildings	当年新增校舍 New Floor Space Added in Current Year
19792505	**3241794**	**668956**	**10841469**	**3604299**	**1052736**	**1052207**	**2951831**	**188022**	**1257233**
338206	70669	3397	176238	52371	20360	18568	72501		3599
76956	7439	2234	36185	17897	8613	6822	35116		1693
1064058	112448	26545	597691	214035	42893	96991	229300	6411	25415
450017	55938	4006	247993	100651	25176	20259	67737	6368	35873
48299	360		30464	8939	3759	4777	4472		
475687	32163	2871	282193	90670	29064	41597	144871		33286
172362	2991	24	95490	33882	20571	19428	71923		
212127	8838	2442	114055	51053	14044	24137	59049	3240	3220
252836	16109		134842	31959	22701	47225	46293		
815472	67959	19923	484831	195337	40175	27170	95846		29910
1587187	222934	47610	920898	296036	97014	50305	264519		98752
629822	116547	28323	343283	121111	37123	11758	87644	8444	41921
487309	112030	14854	255221	84174	18964	16920	130392		89603
290756	57089	16694	144639	60277	13581	15170	47198	366	68235
2187745	181542	78147	1242707	503549	126974	132973	235652		242463
1368868	207382	37305	787981	260457	57029	56019	105708		52679
829194	191080	15017	404760	130659	31716	70979	36330	9133	17828
945789	239081	23069	489817	166444	32089	18358	104792	15960	84064
4377705	981178	165753	2237349	679984	266504	212690	806823	3620	138251
613378	157720	34467	323367	81409	26988	23894	38431	13067	22633
106307	23938	4102	59831	14509	6254	1775	3740		16181
174345	14292	300	121862	25957	7249	4985	32148	15046	
753126	130664	72252	435700	141508	27879	17375	56875		23623
388136	58740	29988	249618	49039	17457	13282	32037		145595
614808	94949	31614	336656	98999	29166	55038	85550	72155	53805
260030	55454	540	142492	39597	10167	12320	28375	1265	12131
61287	7172		40550	9509	2888	1168	3247	32947	3393
19469	976	320	12309	3950	1444	790	2000		2311
22801			6368	4925	4138	7370	4315		
168423	14112	7159	86079	35412	10756	22064	18947		10769

普通高中办学

Condition of School Buildings in Regular Senior

地 区 Region	校舍建筑面积 Floor Space	教学及辅助用房 Teaching & Assistant Buildings							行政办公用房 Administrative	
		合计 Total	其中 of Which：						合计 Total	其中：教师办公室 of Which：for Teachers
			教室 Classroom	实验室 Laboratory	图书室 Library	微机室 PC-room	语音室 Linguistic	体育馆 Gymnasium		
总 计 Total	**203657879**	**76705987**	**50225020**	**12383670**	**5880988**	**2918877**	**1261923**	**4035509**	**15232667**	**9586153**
北 京 Beijing	807231	716504	263419	138945	63164	19604	12543	3248	25915	57817
天 津 Tianjin	825878	888577	340461	208047	66684	27414	14429	6919	16968	85817
河 北 Hebei	9989187	10089695	3786994	2325017	783844	342221	154297	62373	119242	814032
山 西 Shanxi	7229617	7573720	2816769	1751741	524606	254115	107019	50879	128409	561053
内蒙古 Inner Mongolia	3431030	3579993	1444927	904084	222487	106180	54922	23581	133673	343273
辽 宁 Liaoning	2439938	2608945	965888	589974	137311	82825	38784	18436	98558	285860
吉 林 Jilin	1477583	1430144	558193	396218	64458	32644	22319	10739	31815	149824
黑龙江 Heilongjiang	2944270	3028630	1202614	731234	189809	75969	52285	28937	124380	331773
上 海 Shanghai	767240	770170	250330	106085	53103	22476	13152	3466	52048	105167
江 苏 Jiangsu	12012872	11757819	5142319	2860204	915390	516674	245403	103002	501646	972136
浙 江 Zhejiang	8187893	8113511	3125082	1593204	623910	354630	101781	43303	408254	614030
安 徽 Anhui	13660569	14209971	5141116	3425972	786207	358475	194799	71624	304039	938856
福 建 Fujian	8193854	8485326	3566425	2003099	800281	379383	131311	47581	204770	584763
江 西 Jiangxi	9141243	8949504	3516358	2444096	468272	292428	132386	71067	108109	626829
山 东 Shandong	11233525	11413511	3961104	2499416	723363	278854	159519	59145	240807	1020016
河 南 Henan	14724875	15388767	5162729	3803646	670423	358876	190057	73913	65814	1303614
湖 北 Hubei	6917933	6779607	1955463	1227242	309983	148499	72080	45892	151767	526705
湖 南 Hunan	11675870	12053067	4362164	2947041	545612	359567	139615	63322	307007	741313
广 东 Guangdong	12926268	12936137	5793232	4170343	770596	327153	173867	87919	263354	739786
广 西 Guangxi	7399789	7235892	2319811	1622512	333368	194240	79130	30925	59636	394509
海 南 Hainan	1267786	1415644	529092	382801	66508	38588	18322	5403	17470	61107
重 庆 Chongqing	5890205	5982443	2042900	1424568	305390	115008	69157	24388	104389	332163
四 川 Sichuan	13753890	13740057	5056907	3576998	702103	301008	219116	90678	167004	843370
贵 州 Guizhou	6620038	8037030	2907146	1957805	509036	197157	102244	45436	95468	541703
云 南 Yunnan	6709527	7167800	2901310	2040036	435748	196296	99241	43316	86673	400936
西 藏 Tibet	415853	422436	136021	87346	19980	10193	2740	2357	13405	31618
陕 西 Shaanxi	6977067	7224929	2666408	1723830	509480	196657	111921	76018	48502	711008
甘 肃 Gansu	5072688	5310806	2189565	1600464	333737	110174	90895	23958	30337	484480
青 海 Qinghai	1163049	1086807	437396	298746	68823	33471	16762	5877	13717	98403
宁 夏 Ningxia	925837	892232	390544	219895	83391	25161	23390	15237	23470	92541
新 疆 Xinjiang	3865615	4368205	1773300	1164411	296603	125048	75391	22984	88863	438165

条件(一)(镇区)

Secondary Schools (1) (Counties & Towns Area)

单位:平方米

unit: m^2

生活用房 Residential and Welfare							其他用房 Rooms for Other Purposes	校舍面积中 of the Floor Space	
合计 Total	教工宿舍 Apartments for Single 小计 Subtotal	其中:教师周转宿舍 of Which: Accommodation for Circulation of Teachers	学生宿舍 Students' Dormitories	食堂 Dining Halls	厕所 Toilet	其他 Others		危房面积 Floor Space of Dilapidated Buildings	当年新增校舍 New Floor Space Added in Current Year
102474403	**22121253**	**4184426**	**55525391**	**16789650**	**4191162**	**3846947**	**9244822**	**4051639**	**8243893**
35572	295995	33199	729	161459	56624	19759	24954	99273	
53033	419338	34841	8833	242906	74393	30710	36488	42961	
555650	5112242	636609	110407	3109671	1004809	174708	186445	376427	1101
375956	3727646	608134	48423	2025806	727097	167498	199111	468252	74288
241726	1573826	61723	3218	967132	331719	83042	130210	217967	
162577	1234109	52244	6942	768099	266687	72786	74293	123088	
91434	619049	7990	232	388467	138487	44615	39490	103078	6911
238762	1170769	45724	22590	761992	233229	62108	67716	323474	39162
36683	298701	19850	2646	172143	58467	23235	25006	115972	
628346	5167497	1083846	162235	2690566	1009485	196285	187315	475867	
382652	3929372	579237	74616	2228519	780590	219420	121606	445027	
523823	7574844	1945097	242733	3904138	1207280	283762	234567	555155	146661
291168	3813634	1134473	188552	1815279	579650	149979	134253	520504	47032
374288	4390830	896724	137132	2535856	717983	147429	92838	415487	395528
577070	5930567	1048603	224897	3300021	1121237	276925	183781	501824	19880
978166	8379006	1683708	218116	4795081	1349342	313576	237299	543418	76632
326023	3978432	1402598	227380	1746879	560864	120082	148009	319007	237313
435936	6420951	2073731	362032	2912698	984627	222293	227602	528639	285420
425998	5759386	1809325	182064	2839368	644393	223456	242844	643733	5689
287697	4242105	1308307	214543	2200992	495690	124997	112119	279467	392974
35360	776190	291890	88785	340692	92039	21610	29959	49255	19428
192514	3387317	997554	166884	1617900	541533	100469	129861	220063	87577
524945	7323929	1506329	451789	4189094	1111959	296656	219891	515851	270884
316178	4255785	769468	309009	2615435	586263	171269	113350	332396	2539
242297	3694729	682993	255104	2161779	588044	144099	117814	170825	974910
19636	230581	76612	66007	111272	37515	2523	2659	24216	
493570	3541288	783607	165575	1870343	586263	146502	154573	306225	53902
358073	2395972	313882	82421	1384033	369479	175601	152977	240789	893739
74073	507324	63181	35265	281222	94956	30735	37230	43684	10969
69369	368052	6707	540	249615	73374	22647	15709	41095	30
237578	1954937	163067	124727	1136934	365572	122386	166978	201803	9070

普通高中办学
Condition of School Buildings in Regular Senior

地区 Region	校舍建筑面积 Floor Space	教学及辅助用房 Teaching & Assistant Buildings							行政办公用房 Administrative	
		合计 Total	其中 of Which:						合计 Total	其中:教师办公室 of Which: for Teachers
			教室 Classroom	实验室 Laboratory	图书室 Library	微机室 PC-room	语音室 Linguistic	体育馆 Gymnasium		
总 计 Total	**53733578**	**19868112**	**12938340**	**3203823**	**1529203**	**732082**	**316440**	**1148224**	**3912568**	**2494836**
北 京 Beijing	288640	87210	40569	27845	8143	4516	783	5354	17521	9529
天 津 Tianjin	322876	114641	75157	26249	5153	4567	2208	1307	32312	21293
河 北 Hebei	3742253	1326342	842870	275320	110009	53442	22286	22415	304092	201063
山 西 Shanxi	2578201	984817	603070	177566	71039	34137	17336	81669	211109	145253
内蒙古 Inner Mongolia	495234	203138	119765	34549	15341	4887	1606	26990	35025	29223
辽 宁 Liaoning	560623	186127	114347	27177	13992	11588	3041	15982	56028	37418
吉 林 Jilin	58012	23753	17972	2372	1016	763	118	1512	5384	3411
黑龙江 Heilongjiang	402197	149408	84044	30745	8189	7944	1768	16718	42712	30218
上 海 Shanghai	116624	32144	18544	8465	2406	1601	175	953	10825	4956
江 苏 Jiangsu	2765840	1217660	708901	234258	116713	51067	22805	83916	207769	133808
浙 江 Zhejiang	2963412	1137302	596725	201192	128922	34962	19575	155926	224422	132413
安 徽 Anhui	3361008	1103626	789982	147898	66745	40044	17882	41075	235083	120282
福 建 Fujian	2208651	830919	490991	177177	91427	25078	7697	38549	134270	80778
江 西 Jiangxi	1368715	489899	333067	64813	47190	21538	8212	15079	71727	42317
山 东 Shandong	5542142	1884296	1171432	338571	139386	77223	28824	128860	462937	270553
河 南 Henan	4444511	1491143	1075385	206197	119508	52777	15635	21641	363770	282371
湖 北 Hubei	1570467	472292	272216	69449	33120	13967	15066	68474	98894	74550
湖 南 Hunan	3553012	1248430	855776	163964	93291	39387	17683	78329	235846	160101
广 东 Guangdong	4540393	2103988	1498909	242099	133302	62357	25801	141520	313954	181149
广 西 Guangxi	673314	252225	179601	33283	27015	5151	2246	4929	31719	19103
海 南 Hainan	382918	135232	90633	18163	13249	6005	794	6388	12125	7710
重 庆 Chongqing	1476506	444845	320198	56018	18128	16402	6795	27304	89115	42811
四 川 Sichuan	2158173	804732	525706	121231	52153	36161	12912	56569	126632	78275
贵 州 Guizhou	1812659	653756	440182	104697	39175	27740	11404	30558	103374	62176
云 南 Yunnan	2529200	1005779	680587	153980	72152	37748	21334	39978	141186	93347
西 藏 Tibet	85238	31161	17124	4880	3559	663	753	4182	4260	4200
陕 西 Shaanxi	1661116	591585	385878	107634	43214	28858	19976	6025	158242	103890
甘 肃 Gansu	1280274	522963	371387	85977	35414	20468	6759	2958	108357	79612
青 海 Qinghai	200885	64906	51569	6563	2215	2814	1653	92	17681	14803
宁 夏 Ningxia	90301	38282	25519	7986	1503	1310	1704	260	14859	9864
新 疆 Xinjiang	500183	235511	140234	47505	16534	6917	1609	22712	41338	18359

条件(一)(镇乡结合区)

Secondary Schools (1) (County-town Transitional Area)

单位:平方米

unit: m^2

生活用房 Residential and Welfare							其他用房 Rooms for Other Purposes	校舍面积中 of the Floor Space	
合计 Total	教工宿舍 Apartments for Single		学生宿舍 Students' Dormitories	食堂 Dining Halls	厕所 Toilet	其他 Others		危房面积 Floor Space of Dilapidated Buildings	当年新增校舍 New Floor Space Added in Current Year
	小计 Subtotal	其中:教师周转宿舍 of Which: Accommodation for Circulation of Teachers							
27442323	**5575621**	**1095298**	**15147765**	**4627348**	**1128665**	**962924**	**2510575**	**936632**	**2178160**
143906	20419		74406	26153	6678	16250	40003		
159377	15762	5127	88761	31833	12889	10132	16546		33875
1992898	243494	51825	1229643	391734	62928	65099	118921	1101	298175
1232609	200257	24346	702084	214535	57556	58177	149666	42443	39409
227952	13817		135439	50144	8158	20394	29119		
271712	7311	1008	172172	55509	21693	15027	46756		2000
26035			17088	5945	1925	1077	2840		1512
157763	13912	9103	104442	30905	4911	3593	52314		
46465	1690		30253	9324	3997	1201	27190		
1242695	285413	41156	618597	245768	48354	44563	97716		91960
1433833	190231	30629	820532	295259	88579	39232	167855		170165
1842064	396215	55899	1000645	287784	64283	93137	180235	53093	46789
1093124	336422	61420	531975	167682	46451	10594	150338	5807	21164
780979	141600	9026	492553	116539	22452	7835	26110	125417	102049
2876251	482884	93151	1653221	558851	103671	77624	318658	147	252733
2495299	530131	82917	1410329	384255	84923	85661	94299	25990	9440
915056	272915	71285	438500	125215	34427	43999	84225	24026	36512
1897602	546572	79381	889109	319177	78229	64515	171134	75796	58522
1889281	541391	56032	948518	229937	97033	72402	233170		162626
369699	116583	11292	192898	44321	7705	8192	19671	14674	58771
232638	85178	41216	94610	24434	7691	20725	2923	2684	3000
879397	275709	60552	382758	168467	29078	23385	63149	21590	6689
1115052	197251	90168	666045	177323	52805	21628	111757	180	66091
980237	123750	58401	622727	152713	39128	41919	75292		307933
1309422	237596	81581	774922	196384	52246	48274	72813	349474	225455
49637	16350	16350	25093	7305	679	210	180		458
850568	159819	16999	487105	139935	30746	32963	60721	6550	41376
591274	90925	24692	333897	106055	41133	19264	57680	186634	82065
104804	18821	12594	57679	15726	7447	5131	13494	1026	4356
35098			26058	6582	1229	1229	2062		
199596	13203	9148	125706	41554	9641	9492	23738		55035

普通高中办学

Condition of School Buildings in Regular Senior

地　区 Region	校舍建筑面积 Floor Space	教学及辅助用房 Teaching & Assistant Buildings							行政办公用房 Administrative	
		合计 Total	其中 of Which：						合计 Total	其中：教师办公室 of Which：for Teachers
			教室 Classroom	实验室 Laboratory	图书室 Library	微机室 PC-room	语音室 Linguistic	体育馆 Gymnasium		
总　计 Total	**19801797**	**6927073**	**4557336**	**1013029**	**522470**	**249446**	**99139**	**485653**	**1288007**	**758888**
北　京 Beijing	325477	94423	41043	24759	8346	2453	500	17322	32729	15515
天　津 Tianjin	72385	22395	14489	5369	900	569	148	920	7329	2328
河　北 Hebei	933930	294282	159672	50877	32980	11771	12085	26897	59683	40112
山　西 Shanxi	1261898	388219	263315	53391	35121	15254	5132	16006	80045	62138
内蒙古 Inner Mongolia	290178	123495	84651	9077	3286	2541	1045	22895	21887	10112
辽　宁 Liaoning	293732	64564	37311	7597	7716	3943	2182	5815	19910	9198
吉　林 Jilin	69963	26380	21326	3067	657	790	540		6978	3145
黑龙江 Heilongjiang	169220	72055	52793	7226	3856	3071	1522	3587	14944	11494
上　海 Shanghai	143174	48645	19252	5678	5516	1701	814	15684	9025	4570
江　苏 Jiangsu	404938	150284	102499	22568	9047	6772	880	8518	22130	12596
浙　江 Zhejiang	993951	356694	169755	74474	41876	13644	6976	49969	62119	46930
安　徽 Anhui	1295155	441102	324400	57679	31434	16683	5077	5829	66742	35917
福　建 Fujian	1509311	581776	358377	116317	62936	18191	5660	20295	79902	37039
江　西 Jiangxi	673413	226310	186480	15224	7406	6608	3138	7454	37509	18626
山　东 Shandong	798758	312652	173071	56612	30549	10883	2858	38679	69949	36441
河　南 Henan	566123	189680	137670	24543	14860	9137	3470		45957	30208
湖　北 Hubei	751563	171283	113146	23824	16686	5751	1753	10123	55333	22650
湖　南 Hunan	991918	319859	227191	46754	19061	8538	6031	12284	54029	28263
广　东 Guangdong	2737588	1141807	785533	141273	59780	31389	12902	110930	163575	97627
广　西 Guangxi	799917	271345	188609	23877	17567	8206	4058	29028	41943	26546
海　南 Hainan	170934	70846	32804	13922	7821	766	622	14911	6226	2343
重　庆 Chongqing	320333	81863	58618	12184	5353	4032	1676		13225	9875
四　川 Sichuan	1001604	305036	207236	54222	19010	12043	3002	9523	54344	21383
贵　州 Guizhou	570295	160717	110155	27114	15234	5026	1113	2075	42882	31655
云　南 Yunnan	633315	227206	161008	31758	13471	12434	4791	3744	49862	32561
西　藏 Tibet	319678	98018	70293	10080	6575	1771	1219	8080	15430	10669
陕　西 Shaanxi	523011	214966	127869	28267	13891	10488	4359	30092	39371	23828
甘　肃 Gansu	410273	152633	118089	17242	7846	7751	945	760	50706	37360
青　海 Qinghai	91661	42270	26153	10860	4342	768	147		4337	2787
宁　夏 Ningxia										
新　疆 Xinjiang	678101	276268	184528	37194	19347	16472	4494	14233	59906	34972

条件(一)(乡村)

Secondary Schools (1) (Rural Area)

单位:平方米
unit: m^2

生活用房 Residential and Welfare							其他用房 Rooms for Other Purposes	校舍面积中 of the Floor Space	
合计 Total	教工宿舍 Apartments for Single 小计 Subtotal	其中:教师周转宿舍 of Which: Accommodation for Circulation of Teachers	学生宿舍 Students' Dormitories	食堂 Dining Halls	厕所 Toilet	其他 Others		危房面积 Floor Space of Dilapidated Buildings	当年新增校舍 New Floor Space Added in Current Year
10141572	**2634160**	**556640**	**5122704**	**1564221**	**407985**	**412502**	**1445145**	**340537**	**1720868**
125321	18875	450	60260	25775	7762	12649	73004		109056
40417	6583		18098	6133	2431	7172	2244		4496
449693	113928	20801	221173	69735	18820	26037	130272		51811
645992	117325	24669	336229	137350	27357	27731	147642	19980	85216
96769	16028	350	51933	20984	6583	1241	48027		61425
160943	12268	3552	83393	33245	9526	22511	48315		
25927	100		16953	7045	1221	608	10678		
74047	4024	56	46315	15893	5926	1889	8174	2295	3186
51805	1713	1063	24403	18892	6114	683	33699		
217413	64401	1931	112294	27028	7232	6458	15111		1500
459163	97525	13794	233117	93397	22015	13109	115975		300
741245	226480	21019	385134	89092	24589	15950	46066	2386	78513
726446	228636	31858	347025	113915	20079	16791	121187	2348	42906
375080	79065	10687	217125	51504	17575	9811	34514	14927	34562
379029	52313	2730	205397	86125	30469	4725	37128		157349
316221	62383	1650	179627	56286	9531	8394	14265	4663	60310
472301	153356	19989	240018	49213	11519	18195	52646	4773	9664
565030	207853	43016	246285	76011	18542	16339	53000	23054	34741
1259042	344808	66715	611574	171850	59943	70867	173164	6752	225317
467458	137708	54843	243785	58446	15516	12003	19171	33613	65868
88874	24386	10591	44721	13933	3150	2684	4988		19428
216445	60111	7000	123506	28435	4037	356	8800	8500	11406
589870	197115	47781	289823	72875	14471	15586	52354		112111
299351	83391	38671	144604	47652	15061	8643	67345		116697
328148	89304	21545	168795	49876	8975	11198	28099	122860	63041
196317	53229	53092	84148	25496	3321	30123	9913	6916	121743
255442	54762	11355	136138	33669	8430	22443	13232		9867
191196	47088	6552	96516	30965	9662	6965	15738	82929	25209
40486	10231	8981	20774	7972	896	613	4568		61744
286101	69171	31899	133541	45429	17232	20728	55826	4541	153402

普通高中办

Condition of School Buildings in Regular Senior

地区 Region	占地面积(平方米) Areas of School Sites (m^2)			图书(册) Books & Magazines in Libraries (volume)	合计 Total
	合计 Total	其中 of Which			
		绿化用地面积 Green Areas	运动场地面积 Sports Areas		
总　计 Total	**953479693**	**244891324**	**217171244**	**787420421**	**4270522**
北　京 Beijing	13513616	2797443	4068597	18659654	176510
天　津 Tianjin	8480009	1325259	2357817	10659178	57381
河　北 Hebei	43240233	8190791	9715901	33994798	184341
山　西 Shanxi	31947294	5732104	6834767	21624938	127547
内蒙古 Inner Mongolia	21755147	3771659	5421016	12287457	71124
辽　宁 Liaoning	22564077	3878925	6164544	15604463	115861
吉　林 Jilin	12228119	2517056	3794181	9187174	56044
黑龙江 Heilongjiang	20612171	2973068	5279749	7864295	76734
上　海 Shanghai	9704839	3254241	2274039	13599273	111653
江　苏 Jiangsu	54228755	18284161	12388628	51979467	304428
浙　江 Zhejiang	44385492	14758451	9916358	38605407	238538
安　徽 Anhui	52077267	12175954	10465933	32482497	168322
福　建 Fujian	35610299	9487420	9647789	43355747	174792
江　西 Jiangxi	37368610	10201729	7366010	24917134	133951
山　东 Shandong	61115783	17418958	14105859	54233773	290204
河　南 Henan	57205886	11654266	11278594	32577471	158016
湖　北 Hubei	37564410	11319884	7458581	20161338	113088
湖　南 Hunan	44623219	13743447	8408813	28010346	152991
广　东 Guangdong	88912371	28502684	21422404	107374268	503077
广　西 Guangxi	29358252	7714085	5933750	22430360	97488
海　南 Hainan	9227666	2412306	1907180	5983046	32229
重　庆 Chongqing	21238515	6023340	5054768	14999810	101229
四　川 Sichuan	47734310	11643090	12658983	50269238	224943
贵　州 Guizhou	29242501	6560722	6772976	26226846	97340
云　南 Yunnan	34320845	9925554	6014316	20861386	118109
西　藏 Tibet	2997634	534994	360513	1479469	6562
陕　西 Shaanxi	24738225	4787004	6591231	29359687	145453
甘　肃 Gansu	18411888	3250514	4850442	16415265	86492
青　海 Qinghai	4914218	764494	1169378	4370168	22545
宁　夏 Ningxia	7403693	2290299	1335106	5050672	30762
新　疆 Xinjiang	26754349	6997422	6153021	12795796	92768

学条件(二)(总计)
Secondary Schools (2) (Total)

计算机数(台) No. of Computers(set)		教室(间) Classroom(room)		教室中:普通教室(间) of Which: General Classroom (room)		固定资产总值(万元) Total Volue of Fixed Asset (10,000 yuan)		
其中:教学用计算机 No. of Computers Used for Instruction		合计 Total	其中:网络多媒体教室 of Which: Network Multimedia Classroom	合计 Total	其中:网络多媒体教室 of Which: Network Multimedia Classroom	合计 Total	其中:教学仪器设备资产值 of Which: Total Value of Equip & Instru.	
小计 Subtotal	其中:平板电脑 of Which: Tablet PC						小计 Subtotal	其中:实验设备 of Which: for Profession
3456926	**154541**	**914111**	**532071**	**721394**	**468119**	**62778125. 21**	**6564162. 05**	**2258027. 42**
155331	5971	21730	18293	13959	12887	1912164. 84	448079. 56	53862. 74
46478	792	9818	6485	7104	5284	613437. 36	77685. 40	20600. 90
149886	6508	47796	26711	37317	24685	2312065. 65	198122. 40	84917. 72
106185	4845	30793	18593	24259	16161	2071574. 40	193537. 70	87938. 18
54999	124	15909	10327	13137	9312	1539579. 19	117056. 99	44761. 35
86920	8041	24936	11664	20513	10577	1394041. 40	152818. 38	55943. 18
42981	1172	12195	6026	10075	5312	743526. 31	86182. 09	36525. 96
58666	2093	22424	8635	15243	7910	1080046. 26	117105. 83	53366. 24
90926	5570	14301	10809	9137	8030	1583327. 64	238492. 12	59892. 75
234893	8495	46693	33428	33091	28000	5247026. 47	468916. 77	152089. 05
201034	4961	34921	27666	24461	23051	3577925. 41	319572. 38	91170. 52
139104	12326	48298	20787	41241	19261	2836911. 29	235814. 68	104607. 41
139678	2721	35172	23858	25869	20096	2112332. 61	268171. 92	96359. 90
109356	8648	34744	16989	28115	15892	1645590. 56	157422. 91	62773. 55
236146	3456	52171	36945	41112	32537	4061058. 24	375047. 06	109324. 68
131722	7921	51698	24998	44762	22650	2565074. 22	189307. 42	87327. 85
90853	8559	31966	14390	24569	13332	2445538. 78	197408. 77	91021. 27
125667	13203	30669	20708	24709	17751	2607718. 23	238919. 23	103660. 11
409537	22205	83907	59125	68218	52126	6534300. 00	850394. 00	268601. 00
74537	6236	24357	12339	18915	11466	1188867. 17	120628. 35	49800. 55
25725	12	7201	4654	6103	4061	630800. 84	79068. 04	24264. 67
80789	5592	22593	16348	18024	14335	1415161. 02	147253. 14	46198. 81
184483	2683	60110	27014	50379	24809	3538866. 74	428856. 73	140564. 30
81289	1913	29351	15231	24332	14171	1885301. 07	155057. 00	65642. 92
95363	171	25411	14099	22286	12981	1805405. 07	142515. 26	48419. 31
4357		1594	494	1396	465	177999. 35	9398. 26	3490. 24
118212	3319	33339	16783	26764	14939	1951812. 03	243761. 11	112496. 62
69299	4617	25692	11692	20823	10856	1160388. 75	104499. 36	36960. 81
17561	1296	5319	1902	3744	1705	256182. 76	26870. 42	10133. 78
21992	70	4768	3465	3713	3109	439281. 83	46893. 10	14662. 94
72957	1021	24235	11613	18024	10368	1444819. 72	129305. 67	40648. 11

普通高中办

Condition of School Buildings in Regular Senior

地　区 Region	占地面积(平方米) Areas of School Sites (m²)			图书(册) Books & Magazines in Libraries (volume)	合计 Total
	合计 Total	其中 of Which			
		绿化用地面积 Green Areas	运动场地面积 Sports Areas		
总　计 Total	**434739010**	**120311774**	**104257657**	**415457913**	**2482303**
北　京 Beijing	10896510	2091095	3405305	17230466	163339
天　津 Tianjin	5841077	962205	1676132	8363368	46806
河　北 Hebei	17158761	3545696	3975589	16714789	93337
山　西 Shanxi	13592257	2536263	3171404	11166322	70267
内蒙古 Inner Mongolia	10507179	2015103	2694616	7170086	41237
辽　宁 Liaoning	15560528	2735218	4347953	12123413	89869
吉　林 Jilin	7777743	1733682	2394621	6829964	41638
黑龙江 Heilongjiang	10608961	1563611	2767985	4607842	46669
上　海 Shanghai	7853756	2611664	1858595	12088602	99023
江　苏 Jiangsu	30430311	10765299	6649361	28739317	183090
浙　江 Zhejiang	24688694	8451925	5474079	21425740	142118
安　徽 Anhui	14797938	4127745	3106624	10717511	60582
福　建 Fujian	12641862	3540052	3386842	18661549	86126
江　西 Jiangxi	12634948	3551756	2678779	9923474	60376
山　东 Shandong	32562865	9493546	7777182	31151296	172416
河　南 Henan	22371852	5107262	4815940	15451129	80201
湖　北 Hubei	21472670	6782206	4536173	12618464	73491
湖　南 Hunan	15641450	5295369	3268417	10368138	67244
广　东 Guangdong	51736697	17195163	12693527	68357007	351718
广　西 Guangxi	10621848	3057311	2491090	9465979	47893
海　南 Hainan	4820196	1291846	1069572	3615608	20224
重　庆 Chongqing	9686410	3007689	2499910	7925918	59399
四　川 Sichuan	18879925	4867875	5273754	21433059	109089
贵　州 Guizhou	8557581	2101121	2175139	7752451	35820
云　南 Yunnan	11411058	3916241	2217043	8243333	50528
西　藏 Tibet	858834	129343	111931	504635	2560
陕　西 Shaanxi	9083036	1951846	2631516	14709619	72595
甘　肃 Gansu	5220228	1134852	1379442	6658488	33636
青　海 Qinghai	1378939	245968	345451	1698904	10056
宁　夏 Ningxia	4335101	1339579	790985	3176225	20062
新　疆 Xinjiang	11109795	3163243	2592700	6565217	50894

学条件(二)(城区)

Secondary Schools (2) (Urban Area)

计算机数(台) No. of Computers(set)		教室(间) Classroom(room)		教室中:普通教室(间) of Which: General Classroom (room)		固定资产总值(万元) Total Volue of Fixed Asset (10,000 yuan)		
其中:教学用计算机 No. of Computers Used for Instruction		合计 Total	其中:网络多媒体教室 of Which: Network Multimedia Classroom	合计 Total	其中:网络多媒体教室 of Which: Network Multimedia Classroom	合计 Total	其中:教学仪器设备资产值 of Which: Total Volue of Equip & Instru.	
小计 Subtotal	其中:平板电脑 of Which: Tablet PC						小计 Subtotal	其中:实验设备 of Which: for Profession
1997314	**93211**	**458075**	**300410**	**355151**	**259525**	**34830318. 07**	**4090699. 08**	**1234242. 25**
143975	5848	19640	16646	12616	11704	1777274. 66	417689. 95	50026. 26
38291	535	7675	5237	5471	4258	478242. 97	64569. 99	16132. 62
75018	3587	21323	12982	16471	11674	1156005. 85	108308. 81	40305. 55
58137	1445	15149	9945	12053	8759	919152. 95	111874. 97	47677. 62
31336	103	8666	6013	7244	5305	878145. 86	70792. 94	22153. 00
68383	6130	17993	8999	14820	8092	1033104. 00	121308. 88	43351. 02
32765	1158	8518	4588	7314	4201	563932. 94	70436. 52	28693. 09
35071	1305	13149	5409	9069	5055	689683. 19	74775. 92	32621. 08
81007	5369	12603	9595	8024	7112	1333059. 27	217269. 88	53719. 94
143251	5548	26308	19834	18878	16287	3406000. 84	312500. 08	90954. 45
118034	3521	20361	16287	14257	13380	2186178. 05	197784. 45	50706. 03
49425	5617	15675	7760	12978	7037	875318. 81	84516. 67	37285. 94
68379	926	15220	11674	11332	9741	984315. 35	134022. 42	44316. 66
48201	3291	13116	7277	9908	6769	737426. 67	77680. 12	26954. 98
138219	2145	28629	21058	21857	18463	2369214. 72	229837. 47	59070. 88
66820	4814	20919	12272	17710	11033	1076795. 27	92681. 39	43799. 71
58887	6227	19273	9395	14302	8640	1565828. 83	129559. 96	57666. 28
54198	7230	13514	9728	10770	8242	1177233. 79	110347. 57	41255. 71
280429	16045	53875	41177	43051	35466	4529136. 00	601499. 00	176242. 00
36313	2632	8617	5795	7521	5353	533084. 29	63432. 95	22983. 57
15717	6	4137	2897	3525	2502	355443. 60	48140. 12	14189. 23
47255	3787	11481	8829	9587	7955	843797. 56	86875. 66	22904. 15
89856	2202	26177	13462	21436	12299	1697615. 68	231342. 88	63571. 08
30906	678	9085	5505	7393	5025	566636. 74	64360. 99	22253. 66
40121	16	9605	5994	8162	5366	786280. 86	73698. 87	22706. 36
1744		488	171	429	156	40692. 18	3494. 26	1907. 24
57580	1413	13846	8182	10900	7200	857248. 85	137292. 94	54898. 20
26221	1138	7316	4312	5680	3987	386367. 52	46977. 45	12829. 46
7366	116	1706	810	1371	726	90066. 01	9514. 11	3754. 67
14436	60	3004	2270	2338	2037	287002. 08	30409. 00	8720. 03
39973	319	11007	6307	8684	5701	650032. 68	67702. 86	20591. 78

普通高中办

Condition of School Buildings in Regular Senior

地区 Region	占地面积(平方米) Areas of School Sites (m^2)			图书(册) Books & Magazines in Libraries (volume)	合计 Total
	合计 Total	其中 of Which			
		绿化用地面积 Green Areas	运动场地面积 Sports Areas		
总 计 Total	**84908827**	**25239841**	**18461770**	**64615807**	**345869**
北 京 Beijing	1543825	298010	369061	572207	6703
天 津 Tianjin	492054	58854	138680	648068	2673
河 北 Hebei	4440819	1187478	897687	2814164	17575
山 西 Shanxi	1889491	277329	487012	1344171	7903
内蒙古 Inner Mongolia	266490	74751	73272	159521	807
辽 宁 Liaoning	2164840	469722	492025	1054949	8700
吉 林 Jilin	967898	232470	228783	628584	3213
黑龙江 Heilongjiang	1322041	201707	351987	556238	4251
上 海 Shanghai	957256	369951	140799	613476	5461
江 苏 Jiangsu	3640974	1155213	644664	3084336	17352
浙 江 Zhejiang	6496355	2167459	1412359	4336694	30894
安 徽 Anhui	3214652	884093	580258	1598044	7887
福 建 Fujian	2318924	655298	616540	2643507	9873
江 西 Jiangxi	1683833	240674	334558	874052	4292
山 东 Shandong	10038517	3215617	2181811	8194775	42720
河 南 Henan	5972610	1435635	1142572	2424318	14476
湖 北 Hubei	3183761	1132524	683901	1672285	9616
湖 南 Hunan	3642094	1281153	610009	1792481	11991
广 东 Guangdong	17838205	6177542	4174835	20534183	91446
广 西 Guangxi	1836266	613968	444593	1389463	7302
海 南 Hainan	624338	153992	97316	187097	1542
重 庆 Chongqing	590632	124400	133532	460580	2009
四 川 Sichuan	2406310	590108	579168	2243508	11639
贵 州 Guizhou	1736011	325191	380567	1095714	3847
云 南 Yunnan	3133828	1303488	593601	1703551	10086
西 藏 Tibet					
陕 西 Shaanxi	1095897	281312	324077	1147819	4891
甘 肃 Gansu	266912	27198	98287	257903	1199
青 海 Qinghai	129559	28357	28030	117647	1029
宁 夏 Ningxia	204001	37800	35000	98000	650
新 疆 Xinjiang	810434	238547	186786	368472	3842

学条件(二)(城乡结合区)
Secondary Schools (2) (Urban-rural Transitional Area)

计算机数(台) No. of Computers(set) — 其中:教学用计算机 No. of Computers Used for Instruction — 小计 Subtotal	计算机数(台) No. of Computers(set) — 其中:教学用计算机 No. of Computers Used for Instruction — 其中:平板电脑 of Which: Tablet PC	教室(间) Classroom(room) — 合计 Total	教室(间) Classroom(room) — 其中:网络多媒体教室 of Which: Network Multimedia Classroom	教室中:普通教室(间) of Which: General Classroom (room) — 合计 Total	教室中:普通教室(间) of Which: General Classroom (room) — 其中:网络多媒体教室 of Which: Network Multimedia Classroom	固定资产总值(万元) Total Volue of Fixed Asset (10,000 yuan) — 合计 Total	固定资产总值(万元) — 其中:教学仪器设备资产值 of Which: Total Volue of Equip & Instru. — 小计 Subtotal	固定资产总值(万元) — 其中:教学仪器设备资产值 — 其中:实验设备 of Which: for Profession
278951	**11132**	**74745**	**47549**	**57011**	**41149**	**5987310.95**	**546677.66**	**194552.44**
4627	326	1192	840	877	637	97588.03	13772.85	1930.49
1837		499	323	364	261	40036.97	4242.73	627.23
14637	344	5114	3327	3699	2724	320688.51	19780.22	9947.43
6683	417	1974	1222	1408	982	103783.69	9290.32	5208.11
446		193	148	182	147	11604.83	1530.90	426.75
6169	558	2027	956	1783	884	172475.26	15563.84	6481.75
2227		576	87	459	78	40601.22	4536.87	1156.01
3022	136	1543	471	698	440	70473.54	7459.20	3718.91
4503	90	1041	627	646	545	70322.33	11626.18	2304.93
13725	661	2703	1851	2084	1602	390459.21	28741.93	10420.75
25639	334	4659	3700	3069	2972	486302.65	35810.00	11502.49
6856	461	2881	954	2393	886	170357.13	10566.31	4925.46
7798	102	2391	1467	1602	1206	154794.81	14595.34	6292.39
3700	134	1759	598	979	590	71860.27	5961.18	1786.09
35129	227	8123	5763	6212	4916	667252.42	54846.33	18587.07
11799	429	4274	2911	3387	2432	260954.26	16260.34	7347.76
7247	472	2812	1227	2000	1075	246562.67	15989.55	7475.64
9188	871	2731	1877	2381	1659	192544.64	17874.50	5904.70
76071	4244	16027	11941	12910	10650	1431953.00	163906.00	53383.00
5531	543	1573	1054	1439	1030	82557.73	6266.64	2236.80
1160		377	274	320	249	54018.00	5628.00	2092.00
1804	8	701	627	623	623	53319.23	2401.57	957.66
9813	540	2906	1375	2181	1212	281846.75	32242.15	9652.00
3448	141	1683	1034	1358	835	118062.87	10785.84	2921.42
6777	6	2421	1714	1959	1429	237672.46	17185.58	8513.87
3935	88	1083	503	946	469	58160.15	12059.17	6481.98
912		399	156	258	138	10072.84	2047.16	486.03
954		168	93	165	91	14145.60	572.20	492.20
650		91	91	76	76	15980.00	1480.00	430.00
2664		824	338	553	311	60859.88	3654.76	861.52

普通高中办
Condition of School Buildings in Regular Senior

地 区 Region	占地面积(平方米) Areas of School Sites (m^2)			图书(册) Books & Magazines in Libraries (volume)	
	合计 Total	其中 of Which			合计 Total
		绿化用地面积 Green Areas	运动场地面积 Sports Areas		
总 计 Total	**468599420**	**111674605**	**102708955**	**343011785**	**1636832**
北 京 Beijing	1668737	397441	458216	1029536	9313
天 津 Tianjin	2461107	326774	624967	2133535	10074
河 北 Hebei	23478399	4206980	5352090	16302147	82251
山 西 Shanxi	15735102	2763846	3104128	9160745	51006
内蒙古 Inner Mongolia	10424184	1548006	2572404	4956051	28019
辽 宁 Liaoning	6298688	996577	1688802	3156790	24339
吉 林 Jilin	4011431	714139	1317814	2266707	13769
黑龙江 Heilongjiang	9558074	1365307	2360301	3067187	28488
上 海 Shanghai	1522590	582705	369409	1327335	10544
江 苏 Jiangsu	23140741	7283063	5592255	22729816	118446
浙 江 Zhejiang	17545455	5655655	4081853	15612377	87492
安 徽 Anhui	33935851	7276689	6820483	19862140	101022
福 建 Fujian	19097409	4951840	5264060	21158980	77888
江 西 Jiangxi	23145785	6180732	4253193	14467211	70868
山 东 Shandong	26083093	7234863	5981230	22254169	112809
河 南 Henan	33457510	6343154	6263608	16539462	74671
湖 北 Hubei	14521098	4111696	2674651	6864415	35631
湖 南 Hunan	26856239	7957905	4758463	16317566	79415
广 东 Guangdong	29988531	8602586	6980417	33687502	125375
广 西 Guangxi	16622213	4079507	3091757	11797096	43190
海 南 Hainan	3930799	992211	758418	2174132	10648
重 庆 Chongqing	10853341	2827431	2387095	6849257	39446
四 川 Sichuan	26990718	6249381	6921146	27467529	107355
贵 州 Guizhou	19152846	4117731	4367633	17397352	58130
云 南 Yunnan	20601690	5517248	3456251	11474948	60858
西 藏 Tibet	1258709	163654	139370	667812	2385
陕 西 Shaanxi	14532670	2651053	3673607	13834899	68321
甘 肃 Gansu	12048660	1967951	3189065	9004531	48396
青 海 Qinghai	3308309	462296	756127	2497972	11820
宁 夏 Ningxia	3068592	950720	544121	1874447	10700
新 疆 Xinjiang	13300849	3195464	2906021	5078139	34163

学条件(二)(镇区)

Secondary Schools (2) (Counties & Towns Area)

计算机数(台) No. of Computers(set)		教室(间) Classroom(room)		教室中:普通教室(间) of Which: General Classroom (room)		固定资产总值(万元) Total Volue of Fixed Asset (10,000 yuan)		
其中:教学用计算机 No. of Computers Used for Instruction		合计 Total	其中:网络多媒体教室 of Which: Network Multimedia Classroom	合计 Total	其中:网络多媒体教室 of Which: Network Multimedia Classroom	合计 Total	其中:教学仪器设备资产值 of Which: Total Volue of Equip & Instru.	
小计 Subtotal	其中:平板电脑 of Which: Tablet PC						小计 Subtotal	其中:实验设备 of Which: for Profession
1335232	**55618**	**419455**	**214104**	**337525**	**193282**	**25299388.98**	**2242450.18**	**940406.99**
7737	38	1480	1165	1006	871	94474.92	19628.29	2514.38
7798	257	2031	1199	1547	983	128987.12	12568.69	4210.48
67968	2420	24670	12827	19550	12203	1081586.19	83710.38	42312.93
42575	2488	13532	7714	10653	6746	956290.65	67372.85	32404.98
22271	1	6709	4153	5391	3849	585330.24	42521.24	21384.03
17238	1853	6470	2483	5354	2324	321402.11	28709.00	11865.08
9682	14	3549	1386	2664	1065	172576.61	15077.57	7463.87
22258	643	8755	3032	5833	2668	369444.07	39855.91	19761.06
8492	201	1368	1017	878	773	219407.70	17401.16	4255.51
89230	2943	19686	13371	13805	11514	1748914.42	149123.05	59177.75
75551	1013	13109	10178	9206	8731	1248498.61	114300.48	37102.64
84174	6496	30091	12416	26181	11660	1811862.48	135905.82	62451.37
62069	1661	17093	10708	12538	9192	940398.09	115445.95	44852.40
59070	5251	20280	9465	17003	8883	852175.09	76930.11	34073.19
94045	1309	22513	15274	18460	13521	1542840.59	135111.34	47877.15
62440	2781	29586	12320	25933	11211	1443190.39	94146.38	42289.72
28926	2292	11592	4603	9401	4368	775545.03	59804.23	29843.62
66351	5773	15729	10189	12822	8780	1341723.64	120349.13	58255.82
106876	5422	25411	14938	21213	13832	1550412.00	212216.00	81999.00
33491	3582	14571	5845	10383	5531	585547.58	49726.52	24435.32
9052	6	2799	1598	2345	1411	252780.24	26873.12	8430.44
31907	1495	10630	7110	8076	6071	543674.61	57541.32	22045.72
87910	385	32079	12633	27488	11670	1757141.88	182367.16	72884.91
47599	1190	19024	9138	15891	8569	1212960.17	84225.83	41364.89
49511	5	14495	7628	13038	7178	935203.34	59383.98	23168.62
1642		593	219	523	207	68954.44	3153.40	1044.40
56661	1434	18368	8210	14911	7416	1019558.87	98817.07	52902.62
39294	3149	16662	6892	13901	6411	726785.86	54050.73	22183.09
9621	1180	3429	1030	2253	925	151751.07	16518.91	5682.51
7556	10	1764	1195	1375	1072	152279.75	16484.10	5942.91
26237	326	11387	4168	7903	3647	707691.22	53130.46	16226.58

普通高中办

Condition of School Buildings in Regular Senior

地区 Region	占地面积(平方米) Areas of School Sites (m^2)			图书(册) Books & Magazines in Libraries (volume)	合计 Total
	合计 Total	其中 of Which			
		绿化用地面积 Green Areas	运动场地面积 Sports Areas		
总计 Total	**124639551**	**30921441**	**26798719**	**87330220**	**422914**
北京 Beijing	597071	118884	188041	319725	3406
天津 Tianjin	1014108	135142	276296	865469	3842
河北 Hebei	9080727	1575802	2131710	6512266	30627
山西 Shanxi	5512395	968790	1063432	3195874	18454
内蒙古 Inner Mongolia	1251339	142471	277641	561412	2786
辽宁 Liaoning	1392979	163023	342389	458782	4429
吉林 Jilin	187995	47509	48672	141345	347
黑龙江 Heilongjiang	1055959	86160	244828	299159	2731
上海 Shanghai	237597	76137	45292	182146	1222
江苏 Jiangsu	5545621	1768577	1444821	5320910	29755
浙江 Zhejiang	6422642	1913162	1381101	5395273	29792
安徽 Anhui	7949265	1903648	1539835	4089951	20526
福建 Fujian	5073266	1321192	1323913	4937504	18189
江西 Jiangxi	3454110	819356	614331	1535544	7876
山东 Shandong	12467919	3673919	2993439	10716590	51443
河南 Henan	10578652	1926051	1902826	4783446	22887
湖北 Hubei	3365422	1055529	657900	1322712	8047
湖南 Hunan	8496219	2805736	1351352	4470456	21857
广东 Guangdong	10490607	2906086	2455550	12385417	47322
广西 Guangxi	1714875	445404	333703	1131439	4352
海南 Hainan	975143	215745	132165	536368	2546
重庆 Chongqing	2632473	842855	478438	1257883	7197
四川 Sichuan	4059805	1017994	1174057	3992740	18702
贵州 Guizhou	4651714	1164232	1065474	3321758	12321
云南 Yunnan	6925729	1823970	1036881	3564189	19237
西藏 Tibet	207336	58991	25040	110535	328
陕西 Shaanxi	3624240	807912	888837	2742675	15114
甘肃 Gansu	3175705	552695	816637	2182454	10966
青海 Qinghai	716901	118815	187419	471598	2804
宁夏 Ningxia	421142	103254	80385	201500	783
新疆 Xinjiang	1360595	362400	296314	323100	3026

学条件(二)(镇乡结合区)

Secondary Schools (2)(County-Town Transitional Area)

计算机数(台) No. of Computers(set)		教室(间) Classroom(room)		教室中:普通教室(间) of Which: General Classroom (room)		固定资产总值(万元) Total Volue of Fixed Asset (10,000 yuan)		
其中:教学用计算机 No. of Computers Used for Instruction		合计 Total	其中:网络多媒体教室 of Which: Network Multimedia Classroom	合计 Total	其中:网络多媒体教室 of Which: Network Multimedia Classroom	合计 Total	其中:教学仪器设备资产值 of Which: Total Volue of Equip & Instru.	
小计 Subtotal	其中:平板电脑 of Which: Tablet PC						小计 Subtotal	其中:实验设备 of Which: for Profession
349790	**14144**	**105569**	**56043**	**85381**	**50553**	**7021125.68**	**570800.40**	**245645.58**
2896	8	553	421	419	329	24351.18	6616.81	1341.65
3198	2	821	493	678	408	46710.39	4544.70	1288.28
25466	799	9712	4721	8162	4586	369643.98	29660.37	16825.39
14411	247	4812	2650	3654	2223	368033.49	24301.44	10593.22
2176		831	490	647	465	72282.51	5627.00	2709.65
3398	190	1250	576	1089	556	100555.31	7598.70	3531.00
282		170	7	91		5279.90	332.70	83.00
2323	140	805	318	539	276	60242.96	3921.76	2560.35
1046		243	129	112	81	39930.64	2903.10	629.58
21791	479	5111	3307	3299	2831	428768.28	36231.90	15650.89
26199	250	4697	3585	3367	3124	533023.89	40404.28	13062.37
17609	1294	6841	2599	5761	2282	440705.85	27643.98	11979.71
14637	431	4300	2593	3029	2247	256660.28	23290.14	10696.45
6659	456	2853	1005	2241	956	128574.51	11850.32	5145.37
44656	1139	10471	7541	8985	6946	753549.67	69691.57	26418.41
19001	804	8244	3356	7240	3111	405316.74	23301.86	10834.59
6677	698	2564	875	2045	789	203641.29	12442.38	5628.89
18316	2071	4667	3078	3699	2457	425190.01	33558.76	15687.34
40427	3527	9379	5214	7673	4812	547985.00	58376.00	27017.00
3274	533	1062	565	950	507	49274.10	3020.10	1844.80
1947	2	619	418	522	368	70548.41	4790.60	1089.00
5786	197	2026	1583	1797	1426	161802.80	14946.16	7152.36
14865	62	4425	2276	3600	2053	325671.12	37420.66	13744.53
10392	6	4223	1934	3525	1809	319859.15	25059.49	11603.91
15774	2	4645	2576	4193	2454	329738.06	18627.44	6962.16
314		123	49	108	48	13646.00	369.00	357.00
12261	64	4030	1382	3344	1257	247739.48	23963.31	14448.72
8527	743	3992	1404	3147	1318	171742.83	10270.03	3834.75
2256		570	363	469	351	33449.85	1894.48	640.96
573		160	109	130	86	24690.23	1905.10	733.70
2653		1370	426	866	397	62517.77	6236.26	1550.55

普通高中办

Condition of School Buildings in Regular Senior

地 区 Region	占地面积(平方米) Areas of School Sites (m^2)			图书(册) Books & Magazines in Libraries (volume)	合计 Total
	合计 Total	其中 of Which			
		绿化用地面积 Green Areas	运动场地面积 Sports Areas		
总 计 Total	**50141263**	**12904945**	**10204632**	**28950723**	**151387**
北 京 Beijing	948369	308907	205076	399652	3858
天 津 Tianjin	177825	36280	56718	162275	501
河 北 Hebei	2603073	438115	388222	977862	8753
山 西 Shanxi	2619935	431995	559235	1297871	6274
内蒙古 Inner Mongolia	823784	208550	153996	161320	1868
辽 宁 Liaoning	704861	147130	127789	324260	1653
吉 林 Jilin	438945	69235	81746	90503	637
黑龙江 Heilongjiang	445136	44150	151463	189266	1577
上 海 Shanghai	328493	59872	46035	183336	2086
江 苏 Jiangsu	657703	235799	147012	510334	2892
浙 江 Zhejiang	2151343	650871	360426	1567290	8928
安 徽 Anhui	3343478	771520	538826	1902846	6718
福 建 Fujian	3871028	995528	996887	3535218	10778
江 西 Jiangxi	1587877	469241	434038	526449	2707
山 东 Shandong	2469825	690549	347447	828308	4979
河 南 Henan	1376524	203850	199046	586880	3144
湖 北 Hubei	1570642	425982	247757	678459	3966
湖 南 Hunan	2125530	490173	381933	1324642	6332
广 东 Guangdong	7187143	2704935	1748460	5329759	25984
广 西 Guangxi	2114191	577267	350903	1167285	6405
海 南 Hainan	476671	128249	79190	193306	1357
重 庆 Chongqing	698764	188220	167763	224635	2384
四 川 Sichuan	1863667	525834	464083	1368650	8499
贵 州 Guizhou	1532074	341870	230204	1077043	3390
云 南 Yunnan	2308097	492065	341022	1143105	6723
西 藏 Tibet	880091	241997	109212	307022	1617
陕 西 Shaanxi	1122519	184105	286108	815169	4537
甘 肃 Gansu	1143000	147711	281935	752246	4460
青 海 Qinghai	226970	56230	67800	173292	669
宁 夏 Ningxia					
新 疆 Xinjiang	2343705	638715	654300	1152440	7711

学条件(二)(乡村)
Secondary Schools (2) (Rural Area)

计算机数(台) No. of Computers(set)		教室(间) Classroom(room)		教室中:普通教室(间) of Which: General Classroom (room)		固定资产总值(万元) Total Volue of Fixed Asset (10,000 yuan)		
其中:教学用计算机 No. of Computers Used for Instruction		合计 Total	其中:网络多媒体教室 of Which: Network Multimedia Classroom	合计 Total	其中:网络多媒体教室 of Which: Network Multimedia Classroom	合计 Total	其中:教学仪器设备资产值 of Which: Total Value of Equip & Instru.	
小计 Subtotal	其中:平板电脑 of Which: Tablet PC						小计 Subtotal	其中:实验设备 of Which: for Profession
124380	**5712**	**36581**	**17557**	**28718**	**15312**	**2648418.16**	**231012.79**	**83378.18**
3619	85	610	482	337	312	40415.26	10761.32	1322.10
389		112	49	86	43	6207.27	546.72	257.80
6900	501	1803	902	1296	808	74473.61	6103.21	2299.24
5473	912	2112	934	1553	656	196130.80	14289.88	7855.58
1392	20	534	161	502	158	76103.09	3742.81	1224.32
1299	58	473	182	339	161	39535.29	2800.50	727.08
534		128	52	97	46	7016.76	668.00	369.00
1337	145	520	194	341	187	20919.00	2474.00	984.10
1427		330	197	235	145	30860.67	3821.08	1917.30
2412	4	699	223	408	199	92111.21	7293.64	1956.85
7449	427	1451	1201	998	940	143248.75	7487.45	3361.85
5505	213	2532	611	2082	564	149730.00	15392.19	4870.10
9230	134	2859	1476	1999	1163	187619.17	18703.55	7190.84
2085	106	1348	247	1204	240	55988.80	2812.68	1745.38
3882	2	1029	613	795	553	149002.93	10098.25	2376.65
2462	326	1193	406	1119	406	45088.56	2479.65	1238.42
3040	40	1101	392	866	324	104164.92	8044.58	3511.37
5118	200	1426	791	1117	729	88760.80	8222.53	4148.58
22232	738	4621	3010	3954	2828	454752.00	36679.00	10360.00
4733	22	1169	699	1011	582	70235.30	7468.88	2381.66
956		265	159	233	148	22577.00	4054.80	1645.00
1627	310	482	409	361	309	27688.85	2836.16	1248.94
6717	96	1854	919	1455	840	84109.18	15146.69	4108.31
2784	45	1242	588	1048	577	105704.16	6470.18	2024.37
5731	150	1311	477	1086	437	83920.87	9432.41	2544.33
971		513	104	444	102	68352.73	2750.60	538.60
3971	472	1125	391	953	323	75004.31	7651.10	4695.80
3784	330	1714	488	1242	458	47235.37	3471.18	1948.26
574		184	62	120	54	14365.68	837.40	696.60
6747	376	1841	1138	1437	1020	87095.82	8472.35	3829.75

中等职业学
Number of Secondary

地 区 Region	中等职业学校						
					普通中等专业学校 Reg. Specialized Sec. Schools		
	合计 Total	其中：中央部门 of Which：under Central Ministries & Agencies	其中：地方部门 of Which：under Local Auth.	其中：民办 of Which：Non-government	小计 Subtotal	其中：中央部门 of Which：under Central Ministries & Agencies	其中：地方部门 of Which：under Local Auth.
总　计 Total	**9060**	**23**	**6694**	**2343**	**3536**	**18**	**2651**
北　京 Beijing	94	7	64	23	31	6	25
天　津 Tianjin	80		73	7	38		38
河　北 Hebei	631	1	448	182	256	1	104
山　西 Shanxi	444		352	92	92		79
内蒙古 Inner Mongolia	258		192	66	80		40
辽　宁 Liaoning	296		211	85	112		102
吉　林 Jilin	299		227	72	55		50
黑龙江 Heilongjiang	361		307	54	74		40
上　海 Shanghai	104	2	96	6	61	2	57
江　苏 Jiangsu	260		235	25	174		156
浙　江 Zhejiang	304		236	68	49		45
安　徽 Anhui	431		308	123	119		98
福　建 Fujian	226		184	42	226		184
江　西 Jiangxi	407	1	264	142	73	1	58
山　东 Shandong	460	1	335	124	242		189
河　南 Henan	702	2	485	215	154	1	135
湖　北 Hubei	301	2	232	67	225	2	175
湖　南 Hunan	501		295	206	36		36
广　东 Guangdong	495		374	121	381		281
广　西 Guangxi	295		213	82	295		213
海　南 Hainan	88		54	34	32		27
重　庆 Chongqing	139		116	23	23		20
四　川 Sichuan	483	1	264	218	242	1	76
贵　州 Guizhou	209		154	55	64		60
云　南 Yunnan	385	2	334	49	83	1	68
西　藏 Tibet	9		9		9		9
陕　西 Shaanxi	307	1	194	112	45	1	42
甘　肃 Gansu	244		211	33	120		114
青　海 Qinghai	38		33	5	32		29
宁　夏 Ningxia	33		27	6	17		11
新　疆 Xinjiang	176	3	167	6	96	2	90

注：未含技工学校数据（下同）

Note：Data on Skilled Workers are not included（Same as the Followings）

校(机构)数
Vocational Schools (Institutions)

单位:所
unit: institution

Secondary Vocational Schools								
	成人中等专业学校 Adults Specialized Sec. Schools				职业高中学校 Vocational High Schools			
其中:民办 of Which: Non-government	小计 Subtotal	其中:中央部门 of Which: under Central Ministries & Agencies	其中:地方部门 of Which: under Local Auth.	其中:民办 of Which: Non-government	小计 Subtotal	其中:中央部门 of Which: under Central Ministries & Agencies	其中:地方部门 of Which: under Local Auth.	其中:民办 of Which: Non-government
867	**1457**	**2**	**1322**	**133**	**4067**	**3**	**2721**	**1343**
	11	1	9	1	52		30	22
	19		19		23		16	7
151	169		157	12	206		187	19
13	119		119		233		154	79
40	61		61		117		91	26
10	1		1		183		108	75
5	82		82		162		95	67
34	154		152	2	133		115	18
2	15		14	1	28		25	3
18	29		28	1	57		51	6
4	30		29	1	225		162	63
21	53		48	5	259		162	97
42								
14	88		88		246		118	128
53	56		41	15	162	1	105	56
18	181		122	59	367	1	228	138
48	13		10	3	63		47	16
	88		71	17	377		188	189
100	13		13		101		80	21
82								
5	4		4		52		23	29
3	45		42	3	71		54	17
165	23		13	10	218		175	43
4	12		11	1	133		83	50
14	130	1	129		172		137	35
2	10		10		252		142	110
6	28		26	2	96		71	25
3	2		2		4		2	2
6	3		3		13		13	
4	18		18		62	1	59	2

中等职业学校

Number of students in Secondary

地　区 Region	结业生数 Graduates 合计 Total	其中：获得职业资格证书 of Which: Recipients of Vocational Qualifications	招生数 Entrants 合计 Total	其中：应届毕业 of Which: Graduates of Current Year 小计 Subtotal	其中：初中毕业生 of Which: Junior Secondary School Graduates	其中：五年制高职中职段 of Which: 5 - year Secondary Vocational Education
总　计 Total	**5161519**	**4032975**	**4953553**	**4337617**	**4145422**	**406433**
北　京 Beijing	66964	37300	29765	22671	22336	4912
天　津 Tianjin	33249	28858	30768	29791	28833	4349
河　北 Hebei	297687	209301	224076	189675	183327	5844
山　西 Shanxi	154227	122853	131843	120328	112862	14669
内蒙古 Inner Mongolia	81296	56540	82400	75530	68741	14198
辽　宁 Liaoning	115269	81742	108270	89906	84531	7190
吉　林 Jilin	76901	45190	43508	37735	36365	4581
黑龙江 Heilongjiang	99655	67345	78379	64566	60517	3146
上　海 Shanghai	55827	47815	40960	36602	36311	5193
江　苏 Jiangsu	265876	230586	234361	213495	211569	54417
浙　江 Zhejiang	202669	193770	179078	170811	170357	24782
安　徽 Anhui	326438	297133	334170	285014	269161	25394
福　建 Fujian	152109	139792	140906	96641	91762	6809
江　西 Jiangxi	154133	116746	149358	138892	135879	23356
山　东 Shandong	354032	284896	319143	300533	291207	58511
河　南 Henan	419551	322300	393380	347112	322758	25587
湖　北 Hubei	147158	122979	126656	120665	117135	5184
湖　南 Hunan	205099	175148	227065	217403	212427	27661
广　东 Guangdong	457010	261493	417047	383652	359155	6645
广　西 Guangxi	230497	137042	271153	188181	174230	16109
海　南 Hainan	43688	21628	45410	37471	36640	1799
重　庆 Chongqing	115701	98258	115977	111826	109842	8579
四　川 Sichuan	468087	427842	443842	356295	338200	4282
贵　州 Guizhou	108500	93567	235809	205163	193440	4513
云　南 Yunnan	146232	114020	176030	161493	156961	24699
西　藏 Tibet	6408	1892	7087	6874	6738	
陕　西 Shaanxi	160629	129020	135299	123308	116020	14223
甘　肃 Gansu	88913	74341	88185	81701	79385	2401
青　海 Qinghai	20116	14123	27303	18988	17825	1364
宁　夏 Ningxia	36834	24117	30388	28792	28365	1965
新　疆 Xinjiang	70764	55338	85937	76503	72543	4071

(机构)学生数
Vocational Schools (Institutions)

单位:人
unit: person

在校学生数 Enrolment					预计毕业生数 Estimated Graduates for Next Year	
合计 Total	一年级 Grade 1	二年级 Grade 2	三年级 Grade 3	四年级及以上 Grade 4 and Over	合计 Total	其中:五年制高职中职段 of Which: 5 - year Secondary Vocational Education
14163127	**4957393**	**4661211**	**4446487**	**98036**	**4902884**	**302716**
126019	29880	45214	38469	12456	55207	4627
93841	30774	33492	29445	130	33817	3378
655366	224566	196974	230869	2957	262992	6718
399157	131836	119039	147018	1264	147958	8936
231865	82401	75368	73040	1056	77801	7687
333220	108315	111710	105339	7856	113908	7114
150044	43414	54052	51715	863	56503	3487
243190	78390	82355	80038	2407	86576	
130982	41169	42323	43625	3865	45932	1382
723628	234403	243165	240682	5378	250484	56156
533785	179111	178558	171674	4442	181066	15776
914742	334170	296909	276676	6987	340743	20365
437610	142159	130899	160517	4035	166499	5030
437172	149927	146343	139549	1353	144529	17937
948167	319179	330693	289328	8967	334371	38387
1103864	393692	370006	339331	835	393250	21082
372601	126646	120941	123235	1779	128264	1379
644800	227079	216143	196813	4765	203185	23245
1282205	417095	438186	415812	11112	407820	7152
782675	270630	266407	244145	1493	257344	9119
129497	45412	42338	41302	445	41220	978
339110	115864	109987	111079	2180	111060	4083
1079228	443844	321696	312743	945	432457	5635
544462	235972	195345	113127	18	125508	2153
490558	176034	160723	152715	1086	156033	11706
16990	7185	4663	5142		6102	160
377135	135406	125324	115130	1275	128517	14119
262602	88185	83633	87434	3350	94302	1234
77163	27304	25753	22112	1994	22117	556
81966	30388	26054	25486	38	26169	954
219483	86963	66918	62897	2705	71150	2181

中等职业学校

Number of Female students in Secondary

地 区 Region	毕业生数 Graduates		招生数 Entrants			
	合计 Total	其中：获得职业资格证书 of Which: Recitpents of Vocational Qualifications	合计 Total	其中：应届毕业 of Which: Graduates of Current Year		其中：五年制高职中职段 of Which: 5 - year Secondary Vocational Education
				小计 Subtotal	其中：初中毕业生 of Which: Junior Secondary School Graduates	
总 计 Total	**2579642**	**1974003**	**2360733**	**2095836**	**2010384**	**213223**
北 京 Beijing	41907	19158	14215	10049	9835	2059
天 津 Tianjin	14987	12469	13395	13063	12558	1492
河 北 Hebei	152923	102576	109293	90856	88767	3714
山 西 Shanxi	76624	61769	65097	60430	57622	7971
内蒙古 Inner Mongolia	37094	25246	37192	34518	31682	6257
辽 宁 Liaoning	55531	37243	47286	40687	38627	4539
吉 林 Jilin	35881	22255	20854	18686	18074	2173
黑龙江 Heilongjiang	46075	32354	36369	31625	30050	1774
上 海 Shanghai	26033	21484	16628	15000	14856	1448
江 苏 Jiangsu	125779	105969	110686	100660	100150	29434
浙 江 Zhejiang	94986	89983	79698	76604	76298	11759
安 徽 Anhui	156101	139842	156745	137892	131236	15858
福 建 Fujian	73483	67394	58094	42585	41041	3327
江 西 Jiangxi	82036	62464	80663	75444	74305	14688
山 东 Shandong	171899	136542	149412	141499	137876	31353
河 南 Henan	227000	174393	197824	174059	162877	10631
湖 北 Hubei	71811	58060	59109	56554	54855	3192
湖 南 Hunan	104287	86356	110986	106135	102951	12736
广 东 Guangdong	237252	134232	204537	189641	176276	3777
广 西 Guangxi	103803	58501	114385	81761	76745	5593
海 南 Hainan	22336	10673	19402	16458	16143	1217
重 庆 Chongqing	58756	51693	52576	50892	49966	4626
四 川 Sichuan	235112	209459	213405	174793	166361	2686
贵 州 Guizhou	57985	50140	119792	106346	100754	3077
云 南 Yunnan	73557	54465	90641	82806	80630	14948
西 藏 Tibet	2095	1107	3273	3187	3115	
陕 西 Shaanxi	82543	63833	65704	61006	57687	8253
甘 肃 Gansu	48354	39168	47479	44146	42988	1349
青 海 Qinghai	8996	5653	11929	8410	8050	632
宁 夏 Ningxia	20649	13611	15931	15171	15007	1110
新 疆 Xinjiang	33767	25911	38133	34873	33002	1550

（机构）女学生数
Vocational Schools（Institutions）

单位：人
unit：person

在校学生数 Enrolment					预计毕业生数 Estimated Graduates for Next Year	
合计 Total	一年级 Grade 1	二年级 Grade 2	三年级 Grade 3	四年级及以上 Grade 4 and Over	合计 Total	其中：五年制高职中职段 of Which：5 – year Secondary Vocational Education
6972046	**2358161**	**2310392**	**2246834**	**56659**	**2355613**	**171826**
64741	14166	24139	19161	7275	33921	1945
39925	13114	14089	12640	82	14284	1132
334452	109144	101845	122235	1228	125260	4575
206643	64903	63195	77919	626	74722	6639
105270	37144	34524	33034	568	34802	4088
157172	47052	51136	52386	6598	53671	4502
75071	20773	27077	26726	495	26084	2052
115760	36376	37721	39978	1685	40710	
53719	16670	17618	18486	945	18622	480
347690	110476	115973	117357	3884	119278	32416
243639	79709	81514	80502	1914	83589	8197
440064	156745	144383	135650	3286	159885	14302
195661	58909	59794	74809	2149	72316	3156
246582	80914	84911	79958	799	76784	11858
458082	148462	161747	142003	5870	155232	21538
577284	197330	196747	182629	578	196967	9885
178995	59055	57533	61263	1144	60479	1163
318003	110966	107466	97531	2040	97686	12252
645719	204293	220491	215274	5661	200270	4567
337856	114228	114243	108927	458	104441	2706
61157	19360	20569	20960	268	20752	660
161791	52196	54227	53684	1684	51121	2097
547630	213406	166239	167120	865	218903	3631
284816	119062	104057	61679	18	66371	1458
253841	90644	83071	79232	894	78651	7420
7773	3314	1858	2601		2584	72
189554	65745	62267	60821	721	64378	6912
144191	47229	46222	49045	1695	49895	734
33706	11929	10535	10372	870	9117	258
43243	15931	13860	13417	35	13732	340
102016	38916	31341	29435	2324	31106	791

普通中

Number of Students in Reg.

地区 Region	毕业生数 Graduates		招生数 Entrants			
	合计 Total	其中：获得职业资格证书 of Which: Recíptents of Vocational Qualifications	合计 Total	其中：应届毕业 of Which: Graduates of Current Year		其中：五年制高职中职段 of Which: 5 - year Secondary Vocational Education
				小计 Subtotal	其中：初中毕业生 of Which: Junior Secondary School Graduates	
总 计 Total	**2477321**	**1875734**	**2596594**	**2423441**	**2319049**	**367236**
北 京 Beijing	16394	10831	12319	11892	11643	3838
天 津 Tianjin	20570	17922	19999	19457	18984	3577
河 北 Hebei	132613	88879	104868	95080	90805	5789
山 西 Shanxi	64534	54069	56337	50329	45720	11603
内蒙古 Inner Mongolia	39539	26376	41917	40132	39185	14198
辽 宁 Liaoning	63361	47332	58438	48773	45133	7190
吉 林 Jilin	31391	20170	19711	17355	16796	4247
黑龙江 Heilongjiang	37011	24592	39026	33507	31355	3146
上 海 Shanghai	38355	33703	25468	24499	24208	4515
江 苏 Jiangsu	180162	153071	170424	168103	166642	53080
浙 江 Zhejiang	35422	34569	30644	30561	30381	7432
安 徽 Anhui	82475	73277	92043	89119	85808	25394
福 建 Fujian	94563	89788	89410	86490	83484	6809
江 西 Jiangxi	74975	57710	86718	81234	79824	23066
山 东 Shandong	196585	154780	211040	203686	198486	53777
河 南 Henan	215193	148563	242680	218988	202775	25587
湖 北 Hubei	111559	90260	92717	88739	85718	5145
湖 南 Hunan	59557	43774	78302	74865	73365	26865
广 东 Guangdong	311031	200119	346782	323648	302028	6645
广 西 Guangxi	118182	84147	169714	157361	149389	16095
海 南 Hainan	24681	11147	27221	22437	22138	1698
重 庆 Chongqing	30877	24340	29482	28311	27604	4338
四 川 Sichuan	165687	140460	162675	149729	143816	4095
贵 州 Guizhou	51645	45321	89888	83379	80599	4513
云 南 Yunnan	85699	62769	111314	101139	97155	21991
西 藏 Tibet	6294	1892	6923	6874	6738	
陕 西 Shaanxi	42500	23422	26656	24160	22613	12974
甘 肃 Gansu	61910	49233	57011	54668	52756	2229
青 海 Qinghai	16804	11429	19125	15004	14221	1364
宁 夏 Ningxia	16769	10407	17837	17456	17029	1965
新 疆 Xinjiang	50983	41382	59905	56466	52651	4071

专学生数

Specialized Sec. Schools

单位：人

unit：person

在校学生数 Enrolment					预计毕业生数 Estimated Graduates for Next Year	
合计 Total	一年级 Grade 1	二年级 Grade 2	三年级 Grade 3	四年级及以上 Grade 4 and Over	合计 Total	其中：五年制高职中职段 of Which：5 – year Secondary Vocational Education
7491366	**2598702**	**2489969**	**2335375**	**67320**	**2426246**	**280883**
51296	12322	13854	14652	10468	15093	4382
59729	20005	20088	19506	130	20114	2782
302726	105260	92270	102330	2866	108194	6458
171182	56330	54073	59559	1220	65255	8936
120585	41917	35958	41654	1056	43763	7687
173253	58456	55500	52485	6812	59078	7114
62863	19687	20461	21993	722	22982	3345
117012	39029	40226	35350	2407	37181	
85234	25603	27578	28259	3794	28304	1305
533103	170460	176143	181216	5284	183700	55022
94060	30651	30844	30861	1704	31387	5061
269884	92043	87003	85301	5537	88088	20365
264457	89519	87118	87442	378	88048	4264
258699	86716	88662	81968	1353	86284	17877
610624	211456	211347	179950	7871	197488	35957
656418	242682	222934	189983	819	211243	21082
273258	92707	88786	90219	1546	94746	1379
212886	78302	71975	62110	499	64015	21331
1030861	346813	357176	325136	1736	313173	6471
423245	169444	137840	115360	601	122379	9114
77340	27223	25629	24225	263	24310	978
91371	29452	27997	31742	2180	31723	3622
484969	162677	165003	156372	917	161563	5635
220486	90051	78506	51911	18	53428	2153
308436	111318	101906	94135	1077	95654	11007
16606	7021	4443	5142		5882	160
88747	26679	29742	31193	1133	30718	13272
174608	57000	56536	59226	1846	60889	433
54335	19126	18214	16572	423	17015	556
49082	17837	16284	14923	38	15127	954
154011	60916	45873	44600	2622	49422	2181

普通中专

Number of Female students in Reg.

地 区 Region	毕业生数 Graduates		招生数 Entrants			
	合计 Total	其中：获得职业资格证书 of Which: Recipients of Vocational Qualifications	合计 Total	其中：应届毕业 of Which: Graduates of Current Year		其中：五年制高职中职段 of Which: 5 - year Secondary Vocational Education
				小计 Subtotal	其中：初中毕业生 of Which: Junior Secondary School Graduates	
总 计 Total	**1333526**	**982279**	**1327708**	**1244622**	**1195414**	**195560**
北 京 Beijing	7553	5085	5160	4885	4727	1460
天 津 Tianjin	8923	7440	7993	7815	7628	1134
河 北 Hebei	66496	42102	50594	46468	45159	3679
山 西 Shanxi	36252	29139	30427	27880	26126	6996
内蒙古 Inner Mongolia	18817	12374	19274	18342	18116	6257
辽 宁 Liaoning	31949	22014	26726	23176	21635	4539
吉 林 Jilin	17580	11062	10500	9496	9242	2046
黑龙江 Heilongjiang	18182	12433	19938	18476	17824	1774
上 海 Shanghai	18800	15586	10491	10237	10093	1213
江 苏 Jiangsu	88738	72750	81631	80286	79900	28853
浙 江 Zhejiang	19087	18522	16173	16131	16005	4302
安 徽 Anhui	46580	40418	51812	50342	48984	15858
福 建 Fujian	48636	45775	39690	38806	37555	3327
江 西 Jiangxi	46089	35251	51177	48491	47906	14584
山 东 Shandong	103638	78593	104487	101478	99323	29416
河 南 Henan	124804	89427	129619	116668	109385	10631
湖 北 Hubei	55841	43521	43388	41457	40007	3155
湖 南 Hunan	38472	28146	47084	44561	43635	12245
广 东 Guangdong	167991	106148	175458	164807	152646	3777
广 西 Guangxi	58820	37518	78723	71828	68564	5592
海 南 Hainan	13523	5750	12894	10981	10885	1142
重 庆 Chongqing	17431	15102	15073	14345	13931	2752
四 川 Sichuan	96551	77366	91525	84467	80556	2619
贵 州 Guizhou	30678	26674	49057	46093	44358	3077
云 南 Yunnan	47341	32614	64299	58181	56243	12712
西 藏 Tibet	2051	1107	3210	3187	3115	
陕 西 Shaanxi	24535	11953	14946	14026	13264	7845
甘 肃 Gansu	34498	26332	31860	30497	29518	1283
青 海 Qinghai	8271	5013	8716	6789	6622	632
宁 夏 Ningxia	9208	6242	9180	9036	8872	1110
新 疆 Xinjiang	26191	20822	26603	25390	23590	1550

女学生数
Specialized Sec. Schools

单位：人
unit: person

在校学生数 Enrolment					预计毕业生数 Estimated Graduates for Next Year	
合计 Total	一年级 Grade 1	二年级 Grade 2	三年级 Grade 3	四年级及以上 Grade 4 and Over	合计 Total	其中：五年制高职中职段 of Which: 5 – year Secondary Vocational Education
3969517	**1325890**	**1330407**	**1270062**	**43158**	**1255447**	**161196**
23780	5093	5931	6811	5945	7427	1794
24430	7954	8270	8124	82	8205	849
152698	50430	47541	53535	1192	50796	4470
98044	30343	31959	35147	595	36098	6639
56755	19273	17545	19369	568	20456	4088
86436	26593	26649	27429	5765	28491	4502
35312	10466	11770	12705	371	12979	2019
62265	19937	20689	19954	1685	20544	
35490	10518	11824	12226	922	11653	455
262116	81435	86909	89980	3792	90505	31936
51124	16175	16642	17448	859	17233	3293
151535	51812	48715	47816	3192	48171	14302
121261	39473	40091	41506	191	39301	2396
161931	51251	56789	53092	799	50940	11846
310444	104213	108493	92182	5556	97669	20310
370535	129288	129423	111250	574	116717	9885
133851	43334	43372	46148	997	45422	1163
132957	47084	46345	39232	296	38410	11214
535778	175211	185230	174113	1224	157585	4277
203371	78528	66463	57999	381	55085	2705
40295	12895	13734	13464	202	13589	660
49696	14846	15855	17311	1684	16850	1898
282617	91526	95308	94940	843	96775	3631
124025	48799	45385	29823	18	29991	1458
180467	64302	60206	55073	886	54040	6844
7629	3251	1777	2601		2503	72
49543	14916	15827	18172	628	16059	6760
99729	31657	32173	34527	1372	33864	341
24866	8716	8035	7852	263	7231	258
24994	9180	8503	7276	35	7395	340
75543	27391	22954	22957	2241	23463	791

成人中

Number of Students in Adul

地　区 Region	毕业生数 Graduates 合计 Total	其中:获得职业资格证书 of Which: Recipients of Vocational Qualifications	招生数 Entrants 合计 Total	其中:应届毕业 of Which: Graduates of Current Year 小计 Subtotal	其中:初中毕业生 of Which: Junior Secondary School Graduates	其中:五年制高职中职段 of Which:5 - year Secondary Vocational Education
总　计 Total	**900470**	**597123**	**741601**	**372267**	**315382**	**3736**
北　京 Beijing	33778	12867	11861	5267	5248	
天　津 Tianjin	3488	3022	2928	2795	2789	
河　北 Hebei	51858	27909	33369	14119	12597	
山　西 Shanxi	12240		3629			
内蒙古 Inner Mongolia	10192	4675	7065	4722	1074	
辽　宁 Liaoning	6993	3539	10451	3965	3656	
吉　林 Jilin	10964	1544	4500	2612	2422	
黑龙江 Heilongjiang	26813	7950	16587	9742	7963	
上　海 Shanghai	7082	4465	7651	4262	4262	
江　苏 Jiangsu	31141	24591	25764	12209	12138	
浙　江 Zhejiang	12996	8594	11784	4326	4326	232
安　徽 Anhui	95176	84078	118205	75042	64411	
福　建 Fujian	57546	50004	51496	10151	8278	
江　西 Jiangxi	8309	8162	3548	2550	2491	
山　东 Shandong	37516	30365	25022	18221	16266	2518
河　南 Henan	38175	23495	38495	20007	14257	
湖　北 Hubei	4816	4415	5006	3184	2843	39
湖　南 Hunan	31932	26956	19895	15723	13143	
广　东 Guangdong	79299	21042	7055	5423	4486	
广　西 Guangxi	112315	52895	101439	30820	24841	14
海　南 Hainan	4984	392	2611	3	3	
重　庆 Chongqing	10666	9664	8346	8143	8118	933
四　川 Sichuan	168119	156531	151696	79276	67505	
贵　州 Guizhou	11462	9140	45208	27727	20986	
云　南 Yunnan	2454	2033	1961	511	385	
西　藏 Tibet	114		164			
陕　西 Shaanxi	3737	1002	1287	450	443	
甘　肃 Gansu	8280	7852	10330	6836	6578	
青　海 Qinghai	3200	2582	7864	3777	3475	
宁　夏 Ningxia	8415	4304	455	10	10	
新　疆 Xinjiang	6410	3055	5929	394	388	

专学生数

Specialized Sec. Schools

单位：人

unit：person

在校学生数 Enrolment					预计毕业生数 Estimated Graduates for Next Year	
合计 Total	一年级 Grade 1	二年级 Grade 2	三年级 Grade 3	四年级及以上 Grade 4 and Over	合计 Total	其中：五年制高职中职段 of Which：5 – year Secondary Vocational Education
1943596	**741714**	**616612**	**563707**	**21563**	**882085**	**3011**
40568	11863	24257	3694	754	19936	
6712	2928	3296	488		3497	
84674	33369	24582	26632	91	51573	
17721	3629	5294	8798		10890	
15788	7065	6701	2022		3379	
29489	10451	10209	8829		9454	
23208	4500	10382	8326		11245	
52968	16587	16460	19921		24411	
18603	7679	5179	5745		7985	
68820	25769	23627	19330	94	24146	
27773	11784	11879	4110		12417	335
268360	118205	85924	63131	1100	117010	
173153	52640	43781	73075	3657	78451	766
8829	3722	3157	1950		2340	
101360	24026	45965	30775	594	47445	1198
83141	38495	28843	15803		37811	
12079	5006	3420	3420	233	3653	
72339	19903	22992	27660	1784	27512	
62413	7056	13184	32797	9376	40632	
359430	101186	128567	128785	892	134965	5
10131	2611	3803	3717		3656	
26753	8346	9903	8504		8504	205
223031	151696	33258	38077		152407	
77295	45208	27805	4282		15146	
4800	1961	914	1925		3553	
384	164	220			220	
5412	1287	1967	2158		2579	151
31158	10330	9257	10116	1455	14283	351
22024	7864	7266	5361	1533	4910	
1640	455	24	1161		1640	
13540	5929	4496	3115		6435	

成人中

Number of Female Students

地 区 Region	毕业生数 Graduates		招生数 Entrants			
	合计 Total	其中:获得职业资格证书 of Which: Recitpents of Vocational Qualifications	合计 Total	其中:应届毕业 of Which: Graduates of Current Year		其中:五年制高职中职段 of Which: 5 - year Secondary Vocational Education
				小计 Subtotal	其中:初中毕业生 of Which: Junior Secondary School Graduates	
总 计 Total	**413154**	**267121**	**312446**	**160621**	**136553**	**1730**
北 京 Beijing	25806	7074	6353	2528	2514	
天 津 Tianjin	1510	1234	1448	1407	1407	
河 北 Hebei	28646	14732	18341	6668	6096	
山 西 Shanxi	3378		1189			
内蒙古 Inner Mongolia	3741	1213	3627	2674	678	
辽 宁 Liaoning	2722	1363	3918	1576	1563	
吉 林 Jilin	3468	658	1553	1089	1041	
黑龙江 Heilongjiang	11244	3722	6894	4055	3175	
上 海 Shanghai	2467	1556	2960	1586	1586	
江 苏 Jiangsu	12956	9970	12008	5588	5564	
浙 江 Zhejiang	6417	4050	5259	2442	2442	208
安 徽 Anhui	41492	36176	48565	32149	27552	
福 建 Fujian	24847	21619	18404	3779	3486	
江 西 Jiangxi	3336	3212	1798	1174	1121	
山 东 Shandong	17824	14322	12115	8984	8195	1210
河 南 Henan	19789	11653	16398	7422	4613	
湖 北 Hubei	1837	1671	3184	2628	2441	37
湖 南 Hunan	14977	12042	9437	7639	5788	
广 东 Guangdong	38384	9932	2552	1703	1473	
广 西 Guangxi	44983	20983	35662	9933	8181	1
海 南 Hainan	2098	234	857	1	1	
重 庆 Chongqing	6499	6172	3664	3622	3600	274
四 川 Sichuan	76415	71521	65632	34913	30521	
贵 州 Guizhou	5085	3958	19570	12096	8923	
云 南 Yunnan	587	492	636	184	114	
西 藏 Tibet	44		63			
陕 西 Shaanxi	1242	239	128	115	109	
甘 肃 Gansu	3624	3496	4639	2894	2762	
青 海 Qinghai	660	575	3064	1495	1333	
宁 夏 Ningxia	4516	2143	315	7	7	
新 疆 Xinjiang	2560	1109	2213	270	267	

专女学生数

in Adult Specialized Sec. Schools

单位:人
unit: person

在校学生数 Enrolment					预计毕业生数 Estimated Graduates for Next Year	
合计 Total	一年级 Grade 1	二年级 Grade 2	三年级 Grade 3	四年级及以上 Grade 4 and Over	合计 Total	其中:五年制高职中职段 of Which: 5 - year Secondary Vocational Education
847830	**312426**	**273655**	**252557**	**9192**	**377289**	**2016**
23853	6355	14902	2152	444	16270	
2776	1206	1295	275		1481	
48702	18341	15350	14975	36	21985	
7970	1189	2103	4678		4678	
7565	3627	2952	986		1712	
11718	3918	4249	3551		3823	
9702	1553	4323	3826		3190	
22407	6894	6528	8985		10011	
6818	2969	1852	1997		2703	
31182	11993	10161	8936	92	10259	
12712	5259	5205	2248		5296	287
114787	48565	37925	28297		50135	
74400	19436	19703	33303	1958	33015	760
5028	1972	1926	1130		1570	
48269	11548	22109	14357	255	20743	760
35374	16371	12039	6964		14947	
7962	3184	2269	2362	147	2362	
32048	9441	10183	11539	885	11404	
27272	2552	5581	14702	4437	18175	
134485	35700	47780	50928	77	49356	1
4229	857	1732	1640		1640	
13458	3664	5876	3918		3801	95
99858	65632	15522	18704		68492	
33636	19168	12519	1949		7100	
1579	636	227	716		1155	
144	63	81			81	
1330	134	598	598		713	
13952	4607	4398	4656	291	6160	113
8429	3064	2362	2433	570	1786	
896	315	4	577		896	
5289	2213	1901	1175		2350	

职业高中

Number of Students in

地 区 Region	毕业生数 Graduates		招生数 Entrants			
	合计 Total	其中:获得职业资格证书 of Which: Reciptents of Vocational Qualifications	合计 Total	其中:应届毕业 of Which: Graduates of Current Year		其中:五年制高职中职段 of Which: 5 - year Secondary Vocational Education
				小计 Subtotal	其中:初中毕业生 of Which: Junior Secondary School Graduates	
总 计 Total	**1783728**	**1560118**	**1615358**	**1541909**	**1510991**	**35461**
北 京 Beijing	16792	13602	5585	5512	5445	1074
天 津 Tianjin	9191	7914	7841	7539	7060	772
河 北 Hebei	113216	92513	85839	80476	79925	55
山 西 Shanxi	77453	68784	71877	69999	67142	3066
内蒙古 Inner Mongolia	31565	25489	33418	30676	28482	
辽 宁 Liaoning	44915	30871	39381	37168	35742	
吉 林 Jilin	34546	23476	19297	17768	17147	334
黑龙江 Heilongjiang	35831	34803	22766	21317	21199	
上 海 Shanghai	10390	9647	7841	7841	7841	678
江 苏 Jiangsu	54573	52924	38173	33183	32789	1337
浙 江 Zhejiang	154251	150607	136650	135924	135650	17118
安 徽 Anhui	148787	139778	123922	120853	118942	
福 建 Fujian						
江 西 Jiangxi	70849	50874	59092	55108	53564	290
山 东 Shandong	119931	99751	83081	78626	76455	2216
河 南 Henan	166183	150242	112205	108117	105726	
湖 北 Hubei	30783	28304	28933	28742	28574	
湖 南 Hunan	113610	104418	128868	126815	125919	796
广 东 Guangdong	66680	40332	63210	54581	52641	
广 西 Guangxi						
海 南 Hainan	14023	10089	15578	15031	14499	101
重 庆 Chongqing	74158	64254	78149	75372	74120	3308
四 川 Sichuan	134281	130851	129471	127290	126879	187
贵 州 Guizhou	45393	39106	100713	94057	91855	
云 南 Yunnan	58079	49218	62755	59843	59421	2708
西 藏 Tibet						
陕 西 Shaanxi	114392	104596	107356	98698	92964	1249
甘 肃 Gansu	18723	17256	20844	20197	20051	172
青 海 Qinghai	112	112	314	207	129	
宁 夏 Ningxia	11650	9406	12096	11326	11326	
新 疆 Xinjiang	13371	10901	20103	19643	19504	

学生数
Vocational High Schools

单位:人
unit: person

在校学生数 Enrolment					预计毕业生数 Estimated Graduates for Next Year	
合计 Total	一年级 Grade 1	二年级 Grade 2	三年级 Grade 3	四年级及以上 Grade 4 and Over	合计 Total	其中:五年制高职中职段 of Which: 5 - year Secondary Vocational Education
4728165	**1616977**	**1554630**	**1547405**	**9153**	**1594553**	**18822**
34155	5695	7103	20123	1234	20178	245
27400	7841	10108	9451		10206	596
267966	85937	80122	101907		103225	260
210254	71877	59672	78661	44	71813	
95492	33419	32709	29364		30659	
130478	39408	46001	44025	1044	45376	
63973	19227	23209	21396	141	22276	142
73210	22774	25669	24767		24984	
27145	7887	9566	9621	71	9643	77
121705	38174	43395	40136		42638	1134
411952	136676	135835	136703	2738	137262	10380
376498	123922	123982	128244	350	135645	
169644	59489	54524	55631		55905	60
236183	83697	73381	78603	502	89438	1232
364305	112515	118229	133545	16	144196	
87264	28933	28735	29596		29865	
359575	128874	121176	107043	2482	111658	1914
188931	63226	67826	57879		54015	681
42026	15578	12906	13360	182	13254	
220986	78066	72087	70833		70833	256
371228	129471	123435	118294	28	118487	
246681	100713	89034	56934		56934	
177322	62755	57903	56655	9	56826	699
282976	107440	93615	81779	142	95220	696
56836	20855	17840	18092	49	19130	450
804	314	273	179	38	192	
31244	12096	9746	9402		9402	
51932	20118	16549	15182	83	15293	

职业高中
Number of Female Students

地 区 Region	毕业生数 Graduates		招生数 Entrants			
	合计 Total	其中:获得职业资格证书 of Which: Reciptents of Vocational Qualifications	合计 Total	其中:应届毕业 of Which: Graduates of Current Year		其中:五年制高职中职段 of Which:5 - year Secondary Vocational Education
				小计 Subtotal	其中:初中毕业生 of Which: Junior Secondary School Graduates	
总 计 Total	**832962**	**724603**	**720579**	**690593**	**678417**	**15933**
北 京 Beijing	8548	6999	2702	2636	2594	599
天 津 Tianjin	4554	3795	3954	3841	3523	358
河 北 Hebei	57781	45742	40358	37720	37512	35
山 西 Shanxi	36994	32630	33481	32550	31496	975
内蒙古 Inner Mongolia	14536	11659	14291	13502	12888	
辽 宁 Liaoning	20860	13866	16642	15935	15429	
吉 林 Jilin	14833	10535	8801	8101	7791	127
黑龙江 Heilongjiang	16649	16199	9537	9094	9051	
上 海 Shanghai	4766	4342	3177	3177	3177	235
江 苏 Jiangsu	24085	23249	17047	14786	14686	581
浙 江 Zhejiang	69482	67411	58266	58031	57851	7249
安 徽 Anhui	68029	63248	56368	55401	54700	
福 建 Fujian						
江 西 Jiangxi	32611	24001	27688	25779	25278	104
山 东 Shandong	50437	43627	32810	31037	30358	727
河 南 Henan	82407	73313	51807	49969	48879	
湖 北 Hubei	14133	12868	12537	12469	12407	
湖 南 Hunan	50838	46168	54465	53935	53528	491
广 东 Guangdong	30877	18152	26527	23131	22157	
广 西 Guangxi						
海 南 Hainan	6715	4689	5651	5476	5257	75
重 庆 Chongqing	34826	30419	33839	32925	32435	1600
四 川 Sichuan	62146	60572	56248	55413	55284	67
贵 州 Guizhou	22222	19508	51165	48157	47473	
云 南 Yunnan	25629	21359	25706	24441	24273	2236
西 藏 Tibet						
陕 西 Shaanxi	56766	51641	50630	46865	44314	408
甘 肃 Gansu	10232	9340	10980	10755	10708	66
青 海 Qinghai	65	65	149	126	95	
宁 夏 Ningxia	6925	5226	6436	6128	6128	
新 疆 Xinjiang	5016	3980	9317	9213	9145	

女学生数
in Vocational High Schools

单位:人
unit: person

在校学生数 Enrolment					预计毕业生数 Estimated Graduates for Next Year	
合计 Total	一年级 Grade 1	二年级 Grade 2	三年级 Grade 3	四年级及以上 Grade 4 and Over	合计 Total	其中:五年制高职中职段 of Which: 5 - year Secondary Vocational Education
2154699	**719845**	**706330**	**724215**	**4309**	**722877**	**8614**
17108	2718	3306	10198	886	10224	151
12719	3954	4524	4241		4598	283
133052	40373	38954	53725		52479	105
100629	33371	29133	38094	31	33946	
40950	14244	14027	12679		12634	
59018	16541	20238	21406	833	21357	
30057	8754	10984	10195	124	9915	33
31088	9545	10504	11039		10155	
11411	3183	3942	4263	23	4266	25
54392	17048	18903	18441		18514	480
179803	58275	59667	60806	1055	61060	4617
173742	56368	57743	59537	94	61579	
79623	27691	26196	25736		24274	12
99369	32701	31145	35464	59	36820	468
171375	51671	55285	64415	4	65303	
37182	12537	11892	12753		12695	
152998	54441	50938	46760	859	47872	1038
82669	26530	29680	26459		24510	290
16633	5608	5103	5856	66	5523	
98637	33686	32496	32455		30470	104
165155	56248	55409	53476	22	53636	
127155	51095	46153	29907		29280	
71795	25706	22638	23443	8	23456	576
138681	50695	45842	42051	93	47606	152
30510	10965	9651	9862	32	9871	280
411	149	138	87	37	100	
17353	6436	5353	5564		5441	
21184	9312	6486	5303	83	5293	

中等职业学校(机

Number of Students by Age in Secondary

地　区 Region	合计 Total	14 岁及以下 14 Years and Under	15 岁 15 Years	16 岁 16 Years	17 岁 17 Years
总　计 Total	**14163127**	**189130**	**1916227**	**3418303**	**3469822**
北　京 Beijing	126019	2671	15518	23484	29038
天　津 Tianjin	93841	529	9220	22758	24396
河　北 Hebei	655366	7198	77317	143088	147909
山　西 Shanxi	399157	4784	61404	101671	103733
内蒙古 Inner Mongolia	231865	538	22061	45976	52797
辽　宁 Liaoning	333220	7058	40011	75575	79891
吉　林 Jilin	150044	2138	13333	27918	37746
黑龙江 Heilongjiang	243190	2552	21652	46160	51235
上　海 Shanghai	130982	1158	19605	34259	36253
江　苏 Jiangsu	723628	4041	106465	190116	198924
浙　江 Zhejiang	533785	4163	89607	151133	161393
安　徽 Anhui	914742	5713	146654	209870	216980
福　建 Fujian	437610	2753	39522	71318	77086
江　西 Jiangxi	437172	10561	81901	124058	115005
山　东 Shandong	948167	15376	147577	249900	235553
河　南 Henan	1103864	18036	174828	285037	274930
湖　北 Hubei	372601	8979	68136	105137	103906
湖　南 Hunan	644800	26117	135891	179082	146570
广　东 Guangdong	1282205	12079	131515	298451	340730
广　西 Guangxi	782675	7618	51417	115155	123811
海　南 Hainan	129497	1745	9309	23245	26749
重　庆 Chongqing	339110	5508	42516	98061	97279
四　川 Sichuan	1079228	11966	180234	303644	275068
贵　州 Guizhou	544462	5610	57565	133555	127464
云　南 Yunnan	490558	7252	56979	132048	132144
西　藏 Tibet	16990	399	1986	3864	3787
陕　西 Shaanxi	377135	3031	51971	94860	102505
甘　肃 Gansu	262602	2336	25443	51741	61662
青　海 Qinghai	77163	890	4389	11361	14490
宁　夏 Ningxia	81966	821	8356	19638	20697
新　疆 Xinjiang	219483	5510	23845	46140	50091

构)分年龄学生数

Vocational Schools (Institutions)

单位:人

unit: person

18 岁 18 Years	19 岁 19 Years	20 岁 20 Years	21 岁 21 Years	22 岁及以上 22 Years and Over
2250393	**963020**	**426311**	**269797**	**1260124**
19196	8957	6710	8307	12138
20705	8526	2523	2583	2601
99884	41974	16992	12494	108510
59687	17278	7124	5035	38441
39929	20978	8893	4464	36229
57194	29971	10324	5645	27551
29563	14070	5795	3913	15568
42358	23962	12168	10557	32546
22992	7024	2000	875	6816
110232	36183	16769	9279	51619
88558	22307	3352	1202	12070
134006	64569	33444	23457	80049
54427	25928	17338	14717	134521
61794	24199	7905	3892	7857
136229	50929	24005	11513	77085
165395	72487	31933	17544	63674
53983	15027	5070	3107	9256
72261	26769	11282	9521	37307
254273	116553	48256	26349	53999
101010	62268	39003	33200	249193
22064	13133	5019	2242	25991
64966	19651	5092	2207	3830
169543	68735	27815	15406	26817
85569	43602	21785	13050	56262
89843	34614	11673	5670	20335
2729	1947	743	531	1004
74840	26802	10531	4607	7988
52244	27602	12843	6419	22312
12477	7496	5354	3263	17443
15540	8596	3998	1344	2976
36902	20883	10572	7404	18136

中等职业学校(机构)

Number of Female Students by Age in

	合计 Total	14 岁及以下 14 Years and Under	15 岁 15 Years	16 岁 16 Years
总　计 Total	**6972046**	**100412**	**947338**	**1704720**
北　京 Beijing	64741	1535	7466	11110
天　津 Tianjin	39925	287	3858	9964
河　北 Hebei	334452	3785	39040	70418
山　西 Shanxi	206643	2191	30053	54615
内蒙古 Inner Mongolia	105270	341	10425	21567
辽　宁 Liaoning	157172	4456	19450	36187
吉　林 Jilin	75071	1226	6078	13405
黑龙江 Heilongjiang	115760	1340	10944	24218
上　海 Shanghai	53719	618	8533	14555
江　苏 Jiangsu	347690	2235	52714	93045
浙　江 Zhejiang	243639	2262	41553	68993
安　徽 Anhui	440064	2750	72117	104762
福　建 Fujian	195661	1393	18695	32811
江　西 Jiangxi	246582	5781	45746	69045
山　东 Shandong	458082	7408	72256	120847
河　南 Henan	577284	9060	90180	148437
湖　北 Hubei	178995	4416	33352	50679
湖　南 Hunan	318003	14841	67863	89363
广　东 Guangdong	645719	6723	63268	148242
广　西 Guangxi	337856	3522	23413	55968
海　南 Hainan	61157	970	4754	11343
重　庆 Chongqing	161791	2839	19540	46955
四　川 Sichuan	547630	6853	90899	154179
贵　州 Guizhou	284816	2859	29073	69459
云　南 Yunnan	253841	4018	29458	68719
西　藏 Tibet	7773	175	831	2023
陕　西 Shaanxi	189554	1605	25311	48317
甘　肃 Gansu	144191	1393	13132	28894
青　海 Qinghai	33706	431	2038	5481
宁　夏 Ningxia	43243	461	4585	9913
新　疆 Xinjiang	102016	2638	10713	21206

分年龄女学生数

Secondary Vocational Schools（Institutions）

单位：人

unit：person

17岁 17 Years	18岁 18 Years	19岁 19 Years	20岁 20 Years	21岁 21 Years	22岁及以上 22 Years and Over
1741541	**1111469**	**472898**	**206777**	**127115**	**559776**
13841	9423	5009	4732	5554	6071
10142	8549	3913	1046	1094	1072
73351	49865	20929	8303	5797	62964
55621	32493	8890	3371	2417	16992
25228	18541	9120	3978	1989	14081
38767	27474	13609	4070	2123	11036
19558	15368	6777	2691	1832	8136
26661	20008	10872	4730	3751	13236
15214	8849	2517	625	285	2523
96027	52829	16609	6852	4315	23064
75675	39401	9929	1413	611	3802
106559	64267	30746	15111	10378	33374
35405	24990	11627	7843	6364	56533
64673	35611	13805	4993	2311	4617
115233	62377	26547	11877	5017	36520
144357	84808	36546	17334	10299	36263
51201	24839	6807	2043	1092	4566
72645	33621	11227	4824	4057	19562
174979	132042	58314	24636	12840	24675
60048	44979	28062	17468	14752	89644
12269	10208	5827	2755	1150	11881
45503	30909	9836	2941	1317	1951
140250	85476	35114	14936	7575	12348
68066	47791	24058	10927	5998	26585
69466	46643	17304	5739	2667	9827
1649	1199	878	316	255	447
53205	37737	13782	4994	2146	2457
35053	29282	15661	7435	3445	9896
6275	5859	3554	2008	1335	6725
10661	8369	4798	1927	650	1879
23959	17662	10231	4859	3699	7049

中等职业学校(机

Number of Graduates in Secondary

地区 Region	结业生数					
	合计 Total	其中:女 of Which: Female	其中:少数民族 of Which: Minority	其中:资格证书培训 of Which: Vocational Qualifications Training	其中:岗位证书培训 of Which: Job Certificate Training	其中:第一产业类培训 of Which: Training for First Industry
总　计 Total	**6049504**	**2677351**	**437728**	**2490008**	**1858154**	**1338635**
北　京 Beijing	53483	30623	1751	21168	13092	3523
天　津 Tianjin	48218	26990	775	39914	3203	16033
河　北 Hebei	257616	144335	22340	66728	77164	72756
山　西 Shanxi	150783	52233	41	43817	34576	15334
内蒙古 Inner Mongolia	86731	44356	15824	33630	29860	14681
辽　宁 Liaoning	319008	70709	65642	78549	97744	89792
吉　林 Jilin	17568	4812	327	6351	4054	2760
黑龙江 Heilongjiang	322409	68253	855	250042	27634	83803
上　海 Shanghai	99953	38951	9	24578	58212	1017
江　苏 Jiangsu	450569	228664	329	193877	182177	40899
浙　江 Zhejiang	478510	217412	2803	205473	177912	59400
安　徽 Anhui	368182	162568	395	179401	119580	76849
福　建 Fujian	187561	74044	1388	114379	31797	49779
江　西 Jiangxi	148078	72857	164	44714	60830	33888
山　东 Shandong	321733	116259	865	114442	118859	38976
河　南 Henan	429415	201736	4222	161316	166891	82578
湖　北 Hubei	344580	188703	17426	43589	34297	219216
湖　南 Hunan	220184	106997	16285	91856	89538	49570
广　东 Guangdong	258564	129466	737	118398	117781	24941
广　西 Guangxi	147361	63861	52401	66125	44459	31639
海　南 Hainan	38596	15228	3934	14122	10531	8886
重　庆 Chongqing	98071	45759	8391	41611	28000	14704
四　川 Sichuan	259588	128192	11600	149606	78221	46051
贵　州 Guizhou	137629	62939	42012	65438	52360	22557
云　南 Yunnan	371906	188092	104311	166090	102119	97544
西　藏 Tibet						
陕　西 Shaanxi	164730	77619	397	49594	43223	42382
甘　肃 Gansu	89111	47614	6135	46342	19495	12209
青　海 Qinghai	97280	30558	34033	11780	16296	55686
宁　夏 Ningxia	25187	11821	3660	19049	6076	7949
新　疆 Xinjiang	56900	25700	18676	28029	12173	23233

构）培训结业学生情况

Vocational Schools（Institutions）

单位：人

unit：person

Graduates						
其中：第二产业类培训 of Which：Training for Second Industry	其中：第三产业类培训 of Which：Training for Third Industry	一个月以内 1 Month Under	一个月至三个月以内 1 Month to 3 Months	三个月至半年以内 3 Months to 6 Months	半年至一年以内 6 Months to 1 Year	一年及以上 1 Year and Over
1206813	**3504056**	**3647458**	**1117115**	**484743**	**499976**	**300212**
8510	41450	26645	6869	1402	5730	12837
15604	16581	4748	17878	22840	1881	871
45008	139852	117806	47886	30745	48789	12390
15743	119706	59499	15491	9900	62268	3625
21562	50488	45807	11458	14090	14566	810
61184	168032	249642	35859	16035	13724	3748
7757	7051	13766	2725	314	687	76
24059	214547	244829	69668	1914	2368	3630
37918	61018	46185	25535	9460	16566	2207
111584	298086	232129	106650	34605	55124	22061
139384	279726	280064	87123	38704	42832	29787
83974	207359	203664	96654	23199	35647	9018
26239	111543	114214	14293	13151	9463	36440
26062	88128	64710	21007	23383	24617	14361
71301	211456	233720	52372	19126	5048	11467
78795	268042	241428	85972	36909	41923	23183
27172	98192	292861	26248	6301	6906	12264
44830	125784	115770	45376	30167	15232	13639
75036	158587	155316	50914	26440	9540	16354
27469	88253	97321	36593	9762	1478	2207
6330	23380	34276	2964	1038	318	
21045	62322	62410	22206	2146	5613	5696
77223	136314	116028	50971	25332	36804	30453
37923	77149	82944	35076	9211	6089	4309
42862	231500	231485	60916	45737	21625	12143
29660	92688	91769	45739	16177	5744	5301
15362	61540	55182	13345	9493	5638	5453
11953	29641	84762	9758	2339	421	
2518	14720	17287	4615	770	733	1782
12746	20921	31191	14954	4053	2602	4100

中等职业学校(机

Number of Enrolment in Secondary

地 区 Region	注册学生数					
	合计 Total	其中:女 of Which: Female	其中:少数民族 of Which: Minority	其中:资格证书培训 of Which: Vocational Qualifications Training	其中:岗位证书培训 of Which: Job Certificate Training	其中:第一产业类培训 of Which: Training for First Industry
总 计 Total	**3759486**	**1786018**	**246681**	**1617346**	**1125192**	**833831**
北 京 Beijing	31508	16528	384	16506	7790	2258
天 津 Tianjin	25566	11188	233	19856	2467	556
河 北 Hebei	112825	67484	3083	29802	30665	33166
山 西 Shanxi	54173	31287	20	31575	12704	7681
内蒙古 Inner Mongolia	42142	21348	8978	18077	11798	3790
辽 宁 Liaoning	122669	30684	46109	74487	17878	50634
吉 林 Jilin	14750	4238	228	9657		4044
黑龙江 Heilongjiang	59237	28963	449	13276	10271	33483
上 海 Shanghai	81832	28193	24	23726	47335	604
江 苏 Jiangsu	320252	157400	203	134492	123050	29175
浙 江 Zhejiang	420827	190340	3115	182158	161913	50875
安 徽 Anhui	371805	164827	396	181213	121445	79757
福 建 Fujian	128853	56323	783	73465	24018	21329
江 西 Jiangxi	86767	45004	109	37568	34983	19409
山 东 Shandong	129423	56989	468	58600	36353	25394
河 南 Henan	260426	125622	2303	98382	103955	48163
湖 北 Hubei	297056	167855	15060	26553	21162	213830
湖 南 Hunan	106187	50600	6927	51694	33714	23918
广 东 Guangdong	210568	108459	699	101514	84804	19282
广 西 Guangxi	99818	43563	37565	50269	25709	22739
海 南 Hainan	18195	8753	2460	12933	3518	2910
重 庆 Chongqing	66243	30694	7257	31980	15777	6041
四 川 Sichuan	215258	102765	7080	120922	66137	42628
贵 州 Guizhou	124975	56979	38203	64926	45520	16602
云 南 Yunnan	187257	98610	46268	70018	43209	47074
西 藏 Tibet						
陕 西 Shaanxi	71981	35159	300	27740	19723	13465
甘 肃 Gansu	40636	20897	1314	23667	5737	3445
青 海 Qinghai	13577	4771	3126	5057	3213	489
宁 夏 Ningxia	20300	10108	2479	13998	5873	8102
新 疆 Xinjiang	24380	10387	11058	13235	4471	2988

构)培训注册学生情况
Vocational Schools (Institutions)

单位:人
unit: person

Enrolment

其中:第二产业类培训 of Which: Training for Second Industry	其中:第三产业类培训 of Which: Training for Third Industry	一个月以内 1 Month Under	一个月至三个月以内 1 Month to 3 Months	三个月至半年以内 3 Months to 6 Months	半年至一年以内 6 Months to 1 Year	一年及以上 1 Year and Over
842316	**2083339**	**2023694**	**728615**	**331024**	**295237**	**380916**
7328	21922	22247	3166	664	3284	2147
13568	11442	1617	13297	7932	1903	817
18326	61333	30224	15342	19528	20911	26820
9668	36824	26198	8583	5399	9269	4724
9321	29031	18759	6267	5326	7912	3878
37660	34375	87860	13083	10501	3736	7489
5134	5572	11594	2580		448	128
4633	21121	45870	7953	1664	457	3293
38595	42633	40171	20481	7789	11957	1434
86451	204626	160787	65357	32332	38162	23614
126363	243589	242338	77390	36711	33448	30940
84825	207223	203973	100265	23149	35602	8816
19746	87778	86068	9638	8542	6458	18147
15285	52073	34249	10706	14560	12828	14424
25739	78290	61176	30266	10874	6648	20459
51404	160859	125314	51977	29643	19186	34306
8481	74745	265275	14134	2274	4305	11068
28675	53594	26688	20519	17311	10814	30855
51685	139601	100055	49044	22018	7902	31549
20744	56335	55008	32335	9266	1369	1840
3350	11935	11280	3664	1131	1700	420
8328	51874	38552	10719	2841	2825	11306
66803	105827	83548	38788	14557	25788	52577
39984	68389	70717	35589	8578	6595	3496
17151	123032	96085	43811	22859	13054	11448
18753	39763	29344	25548	8689	2967	5433
11285	25906	18097	6053	5128	2450	8908
2992	10096	8278	905		900	3494
2257	9941	14961	3683	826	809	21
7782	13610	7361	7472	932	1550	7065

中等职业学校(机构)

Changes of Enrolment in Secondary

地 区 Region	上学年初报表在校学生数 Enrolment at Beginning of Previous Academic Year	增加学生数 Factors of Increase			
		合计 Total	招 生 No. of Students Admitted	复 学 Students Resuming Studies	转 入 Transfers from Other Inst.
总 计 Total	**15364351**	**5496408**	**4953553**	**11616**	**441287**
北 京 Beijing	165401	39576	29765	153	8978
天 津 Tianjin	97443	38172	30768	6	5923
河 北 Hebei	752285	262191	224076	280	35362
山 西 Shanxi	436393	138947	131843	29	5305
内蒙古 Inner Mongolia	245414	99044	82400	67	15012
辽 宁 Liaoning	349912	111378	108270	95	1396
吉 林 Jilin	192672	49742	43508	69	4492
黑龙江 Heilongjiang	274020	85555	78379	39	5530
上 海 Shanghai	153298	42698	40960	189	1280
江 苏 Jiangsu	793716	257632	234361	1056	20953
浙 江 Zhejiang	578523	190349	179078	197	9620
安 徽 Anhui	967746	385982	334170	818	43632
福 建 Fujian	525051	149878	140906	371	1498
江 西 Jiangxi	484628	166285	149358	92	7941
山 东 Shandong	1031585	402400	319143	254	81630
河 南 Henan	1193105	442079	393380	1305	43269
湖 北 Hubei	410795	134690	126656	1211	4336
湖 南 Hunan	650569	284763	227065	684	52158
广 东 Guangdong	1408894	445433	417047	406	10771
广 西 Guangxi	822241	275604	271153	974	799
海 南 Hainan	140225	50819	45410	51	147
重 庆 Chongqing	362827	122245	115977	129	5635
四 川 Sichuan	1195085	469230	443842	1050	23672
贵 州 Guizhou	475512	253534	235809	935	13844
云 南 Yunnan	494103	194068	176030	431	16091
西 藏 Tibet	17491	8997	7087		1633
陕 西 Shaanxi	454858	143379	135299	418	4110
甘 肃 Gansu	289531	93510	88185	52	3944
青 海 Qinghai	77784	27430	27303	11	112
宁 夏 Ningxia	93950	31222	30388	7	205
新 疆 Xinjiang	229294	99576	85937	237	12009

学生数变动情况
Vocational Schools（Institutions）

单位：人
unit：person

	减少学生数 Factors of Decrease									本学年初报表在校学生数 Enrolment at Beginning of Current Academic Year
其他 Others	合计 Total	毕业 Graduates	结业 Completers of Courses without Formal Awards	休学 Suspended	退学 Quitting	开除 Expelled	死亡 Dead	转出 Transfers to Other Inst.	其他 Others	
89952	**6697632**	**5161519**	**164259**	**32336**	**445632**	**9460**	**336**	**639029**	**245061**	**14163127**
680	78958	66964	355	231	2724	68	2	6539	2075	126019
1475	41774	33249		29	2439	42	4	5355	656	93841
2473	359110	297687	1506	228	19959	285	9	35789	3647	655366
1770	176183	154227	1248	228	6835	182	1	7589	5873	399157
1565	112593	81296	1660	415	7087	148	2	17323	4662	231865
1617	128070	115269	682	415	7202	342	14	1506	2640	333220
1673	92370	76901	840	75	5097	309	1	7307	1840	150044
1607	116385	99655	1035	256	3083	60	1	8520	3775	243190
269	65014	55827	422	350	3476		18	1463	3458	130982
1262	327720	265876	3937	1300	9253	324	13	45605	1412	723628
1454	235087	202669	1051	904	9978	48	12	13925	6500	533785
7362	438986	326438	13011	565	11483	433	8	68019	19029	914742
7103	237319	152109	8040	4112	31543	690	11	4501	36313	437610
8894	213741	154133	4850	1871	18004	231	15	12753	21884	437172
1373	485818	354032	16503	1563	20696	331	14	91933	746	948167
4125	531320	419551	9567	1802	21705	480	2	70396	7817	1103864
2487	172884	147158	564	425	7997	178	8	6330	10224	372601
4856	290532	205099	3839	2676	17962	362	13	52900	7681	644800
17209	572122	457010	31852	1395	38040	694	29	15704	27398	1282205
2678	315170	230497	17653	3581	35953	791	14	6586	20095	782675
5211	61547	43688	76	298	10666	509	6	1831	4473	129497
504	145962	115701	565	971	18084	255	12	4677	5697	339110
666	585087	468087	20028	2767	31059	643	35	49888	12580	1079228
2946	184584	108500	10628	727	24604	465	19	27450	12191	544462
1516	197613	146232	246	1265	24133	543	48	20959	4187	490558
277	9498	6408			294	3	1	2711	81	16990
3552	221102	160629	9968	2193	15375	196	1	27643	5097	377135
1329	120439	88913	2223	480	11664	123	1	9901	7134	262602
4	28051	20116	659	281	4859	71		460	1605	77163
622	43206	36834	553	70	3503	134		925	1187	81966
1393	109387	70764	698	863	20875	520	22	12541	3104	219483

中等职业学校(机构)

Changes of Female Enrolment in Secondary

地 区 Region	上学年初报表在校学生数 Total Enrolment at Beginning of Previous Academic Year	增加学生数 Factors of Increase			
		合计 Total	招 生 No. of Students Admitted	复 学 Students Resuming Studies	转 入 Transfers from Other Inst.
总 计 Total	**7646474**	**2625210**	**2360733**	**4551**	**221232**
北 京 Beijing	93955	18780	14215	52	4309
天 津 Tianjin	41705	16689	13395	3	2641
河 北 Hebei	390001	127334	109293	63	16874
山 西 Shanxi	227537	67887	65097	12	2173
内蒙古 Inner Mongolia	110994	45566	37192	48	7332
辽 宁 Liaoning	170041	48059	47286	65	388
吉 林 Jilin	92990	23023	20854	11	1399
黑龙江 Heilongjiang	130985	39590	36369	11	2793
上 海 Shanghai	66061	17343	16628	79	550
江 苏 Jiangsu	379507	120525	110686	585	8771
浙 江 Zhejiang	266256	84439	79698	88	4045
安 徽 Anhui	468940	180371	156745	270	20996
福 建 Fujian	245026	63935	58094	92	608
江 西 Jiangxi	267521	89545	80663	33	4208
山 东 Shandong	500297	191300	149412	97	41368
河 南 Henan	633334	226290	197824	521	25510
湖 北 Hubei	198409	62632	59109	503	2144
湖 南 Hunan	323605	135890	110986	217	22774
广 东 Guangdong	717219	217544	204537	230	5955
广 西 Guangxi	360169	115700	114385	299	138
海 南 Hainan	68847	21427	19402	5	107
重 庆 Chongqing	180225	55461	52576	26	2743
四 川 Sichuan	612327	226192	213405	342	12228
贵 州 Guizhou	252847	129975	119792	464	8705
云 南 Yunnan	254744	102736	90641	85	11263
西 藏 Tibet	6902	3967	3273		603
陕 西 Shaanxi	232504	68615	65704	246	1127
甘 肃 Gansu	158871	49563	47479	20	1683
青 海 Qinghai	34274	11977	11929	4	44
宁 夏 Ningxia	51726	16342	15931	1	162
新 疆 Xinjiang	108655	46513	38133	79	7591

女学生数变动情况

Vocational Schools（Institutions）

单位：人

unit：person

其他 Others	减少学生数 Factors of Decrease 合计 Total	毕业 Graduates	结业 Completers of Courses without Formal Awards	休学 Suspended	退学 Quitting	开除 Expelled	死亡 Dead	转出 Transfers to Other Inst.	其他 Others	本学年初报表在校学生数 Total Enrolment at Beginning of Current Academic Year
38694	**3299638**	**2579642**	**75349**	**14479**	**201934**	**2911**	**94**	**314987**	**110242**	**6972046**
204	47994	41907	174	77	1181	8		3553	1094	64741
650	18469	14987		12	797	17	1	2437	218	39925
1104	182883	152923	865	81	9012	97	1	18184	1720	334452
605	88781	76624	823	97	3339	69		4695	3134	206643
994	51290	37094	882	240	2879	78	1	7999	2117	105270
320	60928	55531	362	125	3410	59	6	519	916	157172
759	40942	35881	248	21	2330	131		1607	724	75071
417	54815	46075	445	165	1398	40		5124	1568	115760
86	29685	26033	110	134	1307		5	738	1358	53719
483	152342	125779	1036	446	3698	47	5	20828	503	347690
608	107056	94986	275	279	3691	8	4	5620	2193	243639
2360	209247	156101	5275	253	4867	173	3	34267	8308	440064
5141	113300	73483	3605	2107	14883	298	5	1624	17295	195661
4641	110484	82036	2145	1314	8018	33	3	5531	11404	246582
423	233515	171899	8603	555	10618	29	3	41481	327	458082
2435	282340	227000	4293	769	10719	182		34744	4633	577284
876	82046	71811	201	134	3150	60	1	2870	3819	178995
1913	141492	104287	1282	1267	8213	118	3	23316	3006	318003
6822	289044	237252	15157	553	16923	207	11	7338	11603	645719
878	138013	103803	7410	1376	14411	154	3	2467	8389	337856
1913	29117	22336	32	44	4723	222	1	766	993	61157
116	73895	58756	212	350	8516	42	5	3172	2842	161791
217	290889	235112	8602	1356	14628	186	12	26003	4990	547630
1014	98006	57985	5712	389	11954	142	4	16436	5384	284816
747	103639	73557	91	428	11259	150	10	16034	2110	253841
91	3096	2095			123	1		856	21	7773
1538	111565	82543	5713	1108	6632	28		13179	2362	189554
381	64243	48354	964	267	5964	24	1	5084	3585	144191
	12545	8996	112	86	2097	22		171	1061	33706
248	24825	20649	343	32	1838	61		776	1126	43243
710	53152	33767	377	414	9356	225	6	7568	1439	102016

中等职业学校（机

Number of Foreign Students in Secondary

地　区 Region	结业生数				
			分时间		
	合计 Total	其中：女 of Which： Female	一个月以内 1 Month Under	一个月至 三个月以内 1 Month to 3 Months	三个月至 半年以内 3 Months to 6 Months
总　计 Total	**1630**	**920**	**1049**	**34**	**17**
北　京 Beijing	394	150	361		3
天　津 Tianjin					
河　北 Hebei					
山　西 Shanxi					
内蒙古 Inner Mongolia	11	6			
辽　宁 Liaoning					
吉　林 Jilin					
黑龙江 Heilongjiang					
上　海 Shanghai	37	32		30	
江　苏 Jiangsu					
浙　江 Zhejiang					
安　徽 Anhui					
福　建 Fujian	1	1			
江　西 Jiangxi					
山　东 Shandong	14	9			
河　南 Henan					
湖　北 Hubei					
湖　南 Hunan					
广　东 Guangdong	247	126			
广　西 Guangxi	779	527	629	4	14
海　南 Hainan					
重　庆 Chongqing					
四　川 Sichuan					
贵　州 Guizhou					
云　南 Yunnan	147	69	59		
西　藏 Tibet					
陕　西 Shaanxi					
甘　肃 Gansu					
青　海 Qinghai					
宁　夏 Ningxia					
新　疆 Xinjiang					

构)外国留学生情况
Vocational Schools (Institutions)

单位:人
unit: person

Graduates							
by Time		分地区 by Continent					
半年至一年以内 6 Months to 1 Year	一年及以上 1 Year and Over	亚洲 Asia	非洲 Africa	欧洲 Europe	北美洲 North America	南美洲 South America	大洋洲 Australia
98	**432**	**1337**	**27**	**174**	**54**	**9**	**29**
4	26	236		105	25		28
	11	11					
	7	4		33			
1		1					
	14	14					
26	221	173	27	36	1	9	1
67	65	779					
	88	119			28		

中等职业学校
Number of Educational Personnel in Secondary

地区 Region	教职工数 Educational		
	合计 Total	校本部教职工 Educational	
		小计 Subtotal	专任教师 Full-time Teachers
总　计 Total	**866905**	**857831**	**663782**
北　京 Beijing	11674	11520	7199
天　津 Tianjin	9506	9407	6734
河　北 Hebei	57500	57250	44228
山　西 Shanxi	32830	32571	25127
内蒙古 Inner Mongolia	19784	19655	14645
辽　宁 Liaoning	28745	28617	20590
吉　林 Jilin	24003	23945	17539
黑龙江 Heilongjiang	23299	23222	16968
上　海 Shanghai	13389	13276	8382
江　苏 Jiangsu	52976	52716	43323
浙　江 Zhejiang	38848	38646	33190
安　徽 Anhui	39295	38848	32087
福　建 Fujian	21417	21293	17102
江　西 Jiangxi	20055	19471	15426
山　东 Shandong	64488	63685	49274
河　南 Henan	67699	66183	51767
湖　北 Hubei	29809	29455	21905
湖　南 Hunan	33272	33110	25106
广　东 Guangdong	58051	57577	45216
广　西 Guangxi	28173	27201	20417
海　南 Hainan	7123	6923	4819
重　庆 Chongqing	19022	18892	15239
四　川 Sichuan	52400	51763	40653
贵　州 Guizhou	20257	19999	16342
云　南 Yunnan	27303	27046	21312
西　藏 Tibet	1125	1125	993
陕　西 Shaanxi	24998	24806	17622
甘　肃 Gansu	20156	20013	15788
青　海 Qinghai	3022	2972	2450
宁　夏 Ningxia	3203	3196	2477
新　疆 Xinjiang	13483	13448	9862

(机构)教职工数
Vocational Schools (Institutions)

单位:人
unit: person

Personnel					
Personnel in Main Campus			校办企业职工 Employees in School-run Factories & Farms	其他附设机构人员 Personnel in Others Subsidiary Units	聘请校外教师 Part-time Teachers
行政人员 Adm. Personnel	教辅人员 Supporting Staff	工勤人员 Workers			
78041	**55703**	**60305**	**4615**	**4459**	**99662**
2079	1151	1091	14	140	1315
1551	531	591	50	49	957
5236	4024	3762	94	156	3221
2896	2133	2415	83	176	4572
1898	1754	1358	63	66	1300
3709	1878	2440	78	50	3177
2836	2259	1311		58	839
2545	1856	1853	52	25	1557
1960	1482	1452	31	82	1070
2797	3113	3483	184	76	6007
1677	2073	1706	137	65	4200
2714	1697	2350	128	319	4994
1694	1371	1126	18	106	3451
1801	1014	1230	539	45	3027
5673	5125	3613	668	135	6319
5638	4247	4531	1030	486	8995
3111	2269	2170	292	62	3374
3523	2137	2344	78	84	2699
5009	3361	3991	51	423	4938
2662	1849	2273	145	827	4060
818	527	759	135	65	711
1548	988	1117	126	4	2985
4364	2641	4105	171	466	4384
1716	655	1286	134	124	6414
1648	1408	2678	67	190	5638
59	8	65			169
3557	1865	1762	147	45	2880
1529	1201	1495	54	89	1000
199	103	220	43	7	1391
248	210	261	3	4	656
1346	773	1467		35	3362

中等职业学校(机

Number of Female Educational Personnel in Secondary

地区 Region	教职工数 Educational		
	合计 Total	校本部教职工 Educational	
		小计 Subtotal	专任教师 Full-time Teachers
总计 Total	**417980**	**413683**	**340868**
北京 Beijing	7034	6993	5000
天津 Tianjin	5337	5293	4254
河北 Hebei	31999	31880	27220
山西 Shanxi	17715	17590	14834
内蒙古 Inner Mongolia	10149	10088	8204
辽宁 Liaoning	16167	16088	12844
吉林 Jilin	13295	13269	10635
黑龙江 Heilongjiang	12516	12489	10075
上海 Shanghai	7075	7026	5145
江苏 Jiangsu	26019	25914	22623
浙江 Zhejiang	20395	20346	18111
安徽 Anhui	14391	14267	12163
福建 Fujian	10248	10211	8557
江西 Jiangxi	8141	7828	6397
山东 Shandong	28597	28313	23737
河南 Henan	32369	31540	26458
湖北 Hubei	12041	11903	9162
湖南 Hunan	14396	14330	11571
广东 Guangdong	28885	28685	23328
广西 Guangxi	13026	12387	9680
海南 Hainan	3297	3220	2340
重庆 Chongqing	9122	9034	7733
四川 Sichuan	23687	23394	19075
贵州 Guizhou	9211	9111	7597
云南 Yunnan	13022	12826	10434
西藏 Tibet	513	513	462
陕西 Shaanxi	11542	11463	8798
甘肃 Gansu	8273	8196	6686
青海 Qinghai	1244	1225	1048
宁夏 Ningxia	1468	1466	1203
新疆 Xinjiang	6806	6795	5494

构)女教职工数

Vocational Schools (Institutions)

单位:人

unit: person

Personnel					聘请校外教师 Part-time Teachers
Personnel in Main Campus			校办企业职工 Employees in School-run Factories & Farms	其他附设机构人员 Personnel in Others Subsidiary Units	
行政人员 Adm. Personnel	教辅人员 Supporting Staff	工勤人员 Workers			
27728	**26519**	**18568**	**1943**	**2354**	**42199**
1117	607	269	2	39	691
657	273	109	6	38	437
1671	1866	1123	44	75	1630
941	1081	734	39	86	1924
669	868	347	19	42	723
1566	1000	678	52	27	1484
1145	1196	293		26	377
1052	929	433	12	15	812
912	715	254	6	43	449
872	1512	907	69	36	2577
585	1013	637	17	32	1747
782	668	654	27	97	1748
634	642	378	1	36	1239
620	399	412	294	19	1319
1725	2075	776	230	54	2873
1788	1937	1357	546	283	3757
1121	926	694	115	23	1173
986	1038	735	42	24	1193
1871	1888	1598	17	183	2386
952	850	905	35	604	1428
323	248	309	50	27	276
575	431	295	85	3	1545
1632	1248	1439	44	249	2156
656	288	570	36	64	2205
583	756	1053	43	153	2111
13	7	31			59
1226	877	562	69	10	1190
411	598	501	28	49	487
58	36	83	15	4	531
79	96	88		2	378
506	451	344		11	1294

普通中等专业学

Number of Educational Personnel in Regular Specialized

地　区 Region	教职工数 Educational		
	合计 Total	校本部教职工 Educational	
		小计 Subtotal	专任教师 Full-time Teachers
总　计 Total	**418120**	**412739**	**306906**
北　京 Beijing	3614	3474	2002
天　津 Tianjin	6150	6059	4223
河　北 Hebei	18834	18647	12760
山　西 Shanxi	11935	11765	7793
内蒙古 Inner Mongolia	6509	6499	4256
辽　宁 Liaoning	14299	14250	10280
吉　林 Jilin	6265	6234	4580
黑龙江 Heilongjiang	7541	7485	4523
上　海 Shanghai	9060	9014	5348
江　苏 Jiangsu	36600	36425	30274
浙　江 Zhejiang	7265	7222	6035
安　徽 Anhui	14519	14385	11483
福　建 Fujian	21417	21293	17102
江　西 Jiangxi	7076	7074	5344
山　东 Shandong	37252	36529	28237
河　南 Henan	22510	21793	16286
湖　北 Hubei	22223	21894	15969
湖　南 Hunan	4721	4682	3366
广　东 Guangdong	45440	45168	34555
广　西 Guangxi	28126	27154	20411
海　南 Hainan	4038	3858	2454
重　庆 Chongqing	4349	4349	3154
四　川 Sichuan	25900	25514	17878
贵　州 Guizhou	7831	7729	5916
云　南 Yunnan	11100	10871	7821
西　藏 Tibet	1125	1125	993
陕　西 Shaanxi	5231	5209	3279
甘　肃 Gansu	13491	13410	10488
青　海 Qinghai	2618	2568	2126
宁　夏 Ningxia	1654	1647	1148
新　疆 Xinjiang	9427	9413	6822

校(机构)教职工数

Secondary Vocational Schools (Institutions)

单位:人

unit: person

Personnel					聘请校外教师 Part-time Teachers
Personnel in Main Campus			校办企业职工 Employees in School-run Factories & Farms	其他附设机构人员 Personnel in Others Subsidiary Units	
行政人员 Adm. Personnel	教辅人员 Supporting Staff	工勤人员 Workers			
44617	**27860**	**33356**	**2488**	**2893**	**44147**
821	305	346		140	399
1100	351	385	47	44	350
2813	1309	1765	60	127	1318
1760	989	1223	51	119	1370
1050	559	634		10	833
1827	851	1292	38	11	1175
838	351	465		31	43
1139	799	1024	52	4	878
1614	967	1085	27	19	783
1979	2021	2151	116	59	3510
369	477	341	13	30	896
1265	679	958	70	64	1988
1694	1371	1126	18	106	3451
859	426	445	2		1652
3278	2889	2125	588	135	2546
2316	1334	1857	463	254	2021
2542	1662	1721	270	59	1822
612	318	386	2	37	408
4395	2754	3464	51	221	4499
2637	1836	2270	145	827	4060
576	392	436	125	55	514
516	394	285			766
3229	1733	2674	104	282	2078
979	290	544	75	27	1355
972	839	1239	67	162	2031
59	8	65			169
936	486	508	15	7	548
1100	739	1083	43	38	768
170	94	178	43	7	590
182	119	198	3	4	361
990	518	1083		14	965

普通中等专业学

Number of Female Educational Personnel in Regular

地区 Region	教职工数 Educational		
	合计 Total	校本部教职工 Educational	
		小计 Subtotal	专任教师 Full-time Teachers
总　计 Total	**201850**	**199341**	**158440**
北　京 Beijing	1974	1935	1296
天　津 Tianjin	3321	3282	2560
河　北 Hebei	9812	9722	7438
山　西 Shanxi	6036	5957	4550
内蒙古 Inner Mongolia	3430	3424	2474
辽　宁 Liaoning	8213	8182	6556
吉　林 Jilin	3507	3490	2891
黑龙江 Heilongjiang	3903	3888	2689
上　海 Shanghai	4534	4522	3166
江　苏 Jiangsu	18607	18535	16229
浙　江 Zhejiang	3955	3938	3345
安　徽 Anhui	5838	5814	4886
福　建 Fujian	10248	10211	8557
江　西 Jiangxi	3215	3213	2536
山　东 Shandong	16467	16228	13675
河　南 Henan	11022	10632	8615
湖　北 Hubei	8925	8792	6619
湖　南 Hunan	2104	2093	1611
广　东 Guangdong	22590	22471	17867
广　西 Guangxi	13007	12368	9677
海　南 Hainan	1897	1824	1248
重　庆 Chongqing	2122	2122	1650
四　川 Sichuan	12196	12037	8800
贵　州 Guizhou	3796	3779	3006
云　南 Yunnan	5772	5592	4261
西　藏 Tibet	513	513	462
陕　西 Shaanxi	2415	2409	1679
甘　肃 Gansu	5755	5718	4706
青　海 Qinghai	1086	1067	911
宁　夏 Ningxia	805	803	615
新　疆 Xinjiang	4785	4780	3865

校(机构)女教职工数

Specialized Secondary Schools (Institutions)

单位:人

unit: person

Personnel					
Personnel in Main Campus			校办企业职工 Employees in School-run Factories & Farms	其他附设机构人员 Personnel in Others Subsidiary Units	聘请校外教师 Part-time Teachers
行政人员 Adm. Personnel	教辅人员 Supporting Staff	工勤人员 Workers			
16933	**13907**	**10061**	**903**	**1606**	**20526**
419	165	55		39	234
450	201	71	6	33	174
1094	667	523	26	64	712
605	529	273	19	60	808
456	354	140		6	506
822	509	295	29	2	610
317	217	65		17	15
523	417	259	12	3	492
740	424	192	4	8	351
705	991	610	37	35	1513
177	276	140	6	11	470
404	299	225	15	9	871
634	642	378	1	36	1239
347	179	151	2		766
944	1158	451	185	54	1147
792	731	494	233	157	942
918	727	528	112	21	820
211	170	101		11	199
1670	1545	1389	17	102	2200
944	842	905	35	604	1428
226	168	182	50	23	180
234	167	71			409
1343	857	1037	31	128	1134
424	156	193	6	11	569
378	514	439	43	137	1064
13	7	31			59
360	221	149	2	4	237
308	365	339	17	20	370
58	34	64	15	4	303
64	57	67		2	218
353	318	244		5	486

成人中等专业学校教

Number of Educational Personnel in

地 区 Region	教职工数 Educational		
	合计 Total	校本部教职工 Educational	
		小计 Subtotal	专任教师 Full-time Teachers
总 计 Total	**73380**	**72381**	**53134**
北 京 Beijing	565	565	308
天 津 Tianjin	662	657	445
河 北 Hebei	7798	7770	5891
山 西 Shanxi	4132	4132	3477
内蒙古 Inner Mongolia	2312	2256	1788
辽 宁 Liaoning	535	535	400
吉 林 Jilin	5776	5767	4404
黑龙江 Heilongjiang	5933	5932	4784
上 海 Shanghai	401	401	196
江 苏 Jiangsu	2510	2500	1354
浙 江 Zhejiang	1518	1518	959
安 徽 Anhui	2260	2222	1799
福 建 Fujian			
江 西 Jiangxi	2438	1902	1640
山 东 Shandong	4596	4561	3009
河 南 Henan	11732	11529	8214
湖 北 Hubei	1381	1381	741
湖 南 Hunan	4209	4174	3055
广 东 Guangdong	589	589	479
广 西 Guangxi			
海 南 Hainan	148	144	113
重 庆 Chongqing	2530	2530	1829
四 川 Sichuan	1899	1882	1377
贵 州 Guizhou	1614	1599	1209
云 南 Yunnan	3248	3245	2661
西 藏 Tibet			
陕 西 Shaanxi	1630	1630	1034
甘 肃 Gansu	1358	1354	786
青 海 Qinghai	366	366	291
宁 夏 Ningxia	186	186	114
新 疆 Xinjiang	1054	1054	777

职工数

Adult Specialized Sec. Schools

单位:人

unit: person

Personnel					
Personnel in Main Campus			校办企业职工 Employees in School-run Factories & Farms	其他附设机构人员 Personnel in Others Subsidiary Units	聘请校外教师 Part-time Teachers
行政人员 Adm. Personnel	教辅人员 Supporting Staff	工勤人员 Workers			
8275	**5963**	**5009**	**675**	**324**	**25112**
133	65	59			453
110	46	56		5	546
824	614	441		28	351
253	192	210			2219
179	172	117	56		7
95	26	14			1137
632	522	209		9	48
587	309	252		1	316
67	90	48			53
324	346	476	5	5	1461
204	193	162			1029
184	120	119	11	27	430
136	56	70	536		71
891	318	343	35		2942
1233	1283	799	15	188	4247
243	275	122			1239
483	335	301		35	382
27	20	63			80
12	1	18		4	
316	190	195			170
201	153	151	17		210
202	84	104		15	1657
177	118	289		3	2435
377	104	115			906
183	252	133		4	18
28	9	38			740
40	14	18			118
134	56	87			1847

成人中等专业学校女

Number of Female Educational Personnel ir

地 区 Region	教职工数 Educational		
	合计 Total	校本部教职工 Educational	
		小计 Subtotal	专任教师 Full-time Teachers
总 计 Total	**34526**	**34041**	**27001**
北 京 Beijing	307	307	182
天 津 Tianjin	314	309	235
河 北 Hebei	4348	4337	3692
山 西 Shanxi	2335	2335	2043
内蒙古 Inner Mongolia	1147	1133	982
辽 宁 Liaoning	272	272	221
吉 林 Jilin	3096	3094	2587
黑龙江 Heilongjiang	3216	3215	2809
上 海 Shanghai	175	175	94
江 苏 Jiangsu	901	901	599
浙 江 Zhejiang	555	555	380
安 徽 Anhui	821	814	669
福 建 Fujian			
江 西 Jiangxi	1032	740	673
山 东 Shandong	2071	2039	1445
河 南 Henan	5577	5474	4244
湖 北 Hubei	504	504	282
湖 南 Hunan	1574	1562	1169
广 东 Guangdong	211	211	167
广 西 Guangxi			
海 南 Hainan	51	50	42
重 庆 Chongqing	1108	1108	840
四 川 Sichuan	864	861	661
贵 州 Guizhou	624	624	507
云 南 Yunnan	1422	1422	1176
西 藏 Tibet			
陕 西 Shaanxi	668	668	436
甘 肃 Gansu	612	610	326
青 海 Qinghai	138	138	117
宁 夏 Ningxia	81	81	58
新 疆 Xinjiang	502	502	365

教职工数

Adult Specialized Sec. Schools

单位:人

unit: person

Personnel					聘请校外教师 Part-time Teachers
Personnel in Main Campus			校办企业职工 Employees in School-run Factories & Farms	其他附设机构人员 Personnel in Others Subsidiary Units	
行政人员 Adm. Personnel	教辅人员 Supporting Staff	工勤人员 Workers			
2731	**2726**	**1583**	**343**	**142**	**8855**
67	34	24			222
50	17	7		5	239
208	296	141		11	203
83	115	94			566
48	82	21	14		3
35	12	4			451
213	257	37		2	17
220	137	49		1	137
27	44	10			18
68	150	84			658
63	55	57			368
53	51	41	2	5	133
38	14	15	292		37
363	125	106	32		1376
392	567	271		103	1564
86	86	50			208
124	166	103		12	144
3	10	31			19
3	1	4		1	
112	97	59			90
71	79	50	3		118
61	29	27			412
52	50	144			688
142	47	43			273
55	166	63		2	5
	2	19			206
10	8	5			41
84	29	24			659

职业高中学

Number of Educational Personne

地 区 Region	教职工数 Educational 合计 Total	校本部教职工 Educational 小计 Subtotal	专任教师 Full-time Teachers
总 计 Total	**360865**	**358197**	**293323**
北 京 Beijing	7495	7481	4889
天 津 Tianjin	2694	2691	2066
河 北 Hebei	29816	29781	24765
山 西 Shanxi	16524	16435	13671
内蒙古 Inner Mongolia	10963	10900	8601
辽 宁 Liaoning	13911	13832	9910
吉 林 Jilin	10598	10591	7690
黑龙江 Heilongjiang	9790	9770	7626
上 海 Shanghai	3928	3861	2838
江 苏 Jiangsu	11392	11322	9861
浙 江 Zhejiang	29174	29017	25532
安 徽 Anhui	20460	20185	17247
福 建 Fujian			
江 西 Jiangxi	10361	10315	8287
山 东 Shandong	20929	20884	16848
河 南 Henan	32435	31842	26618
湖 北 Hubei	5913	5888	5006
湖 南 Hunan	23924	23836	18379
广 东 Guangdong	10849	10648	9333
广 西 Guangxi			
海 南 Hainan	2903	2887	2222
重 庆 Chongqing	11874	11748	10076
四 川 Sichuan	24116	23882	21015
贵 州 Guizhou	10754	10613	9181
云 南 Yunnan	12472	12447	10517
西 藏 Tibet			
陕 西 Shaanxi	18115	17945	13287
甘 肃 Gansu	5202	5144	4434
青 海 Qinghai	38	38	33
宁 夏 Ningxia	1233	1233	1128
新 疆 Xinjiang	3002	2981	2263

校教职工数

in Vocational High Schools

单位：人
unit: person

Personnel					聘请校外教师 Part-time Teachers
Personnel in Main Campus			校办企业职工 Employees in School-run Factories & Farms	其他附设机构人员 Personnel in Others Subsidiary Units	
行政人员 Adm. Personnel	教辅人员 Supporting Staff	工勤人员 Workers			
23502	**20466**	**20906**	**1447**	**1221**	**28782**
1125	781	686	14		463
341	134	150	3		61
1493	2063	1460	34	1	1513
874	933	957	32	57	983
669	1023	607	7	56	460
1787	1001	1134	40	39	865
1171	1190	540		7	727
819	748	577		20	363
279	425	319	4	63	234
276	523	662	61	9	624
1003	1360	1122	124	33	2056
1000	772	1166	47	228	2128
799	525	704	1	45	1263
1316	1675	1045	45		726
1987	1400	1837	549	44	2650
294	296	292	22	3	299
2378	1436	1643	76	12	1862
447	493	375		201	308
228	132	305	10	6	197
668	389	615	126		2049
896	723	1248	50	184	2089
513	281	638	59	82	3402
424	424	1082		25	1115
2244	1275	1139	132	38	1426
230	208	272	11	47	182
1		4			61
18	57	30			126
222	199	297		21	550

职业高中学校女

Number of Female Educational Personnel

地区 Region	合计 Total	教职工数 Educational	
		校本部教职工 Educational	
		小计 Subtotal	专任教师 Full-time Teachers
总计 Total	**175020**	**173723**	**150221**
北京 Beijing	4753	4751	3522
天津 Tianjin	1702	1702	1459
河北 Hebei	17293	17275	15606
山西 Shanxi	9244	9198	8158
内蒙古 Inner Mongolia	5572	5531	4748
辽宁 Liaoning	7682	7634	6067
吉林 Jilin	5911	5904	4585
黑龙江 Heilongjiang	5379	5368	4559
上海 Shanghai	2366	2329	1885
江苏 Jiangsu	5407	5376	4911
浙江 Zhejiang	15416	15384	14000
安徽 Anhui	7037	6944	6063
福建 Fujian			
江西 Jiangxi	3824	3805	3125
山东 Shandong	9384	9371	8084
河南 Henan	15266	14931	13205
湖北 Hubei	2493	2488	2177
湖南 Hunan	10522	10479	8640
广东 Guangdong	5531	5450	4843
广西 Guangxi			
海南 Hainan	1338	1335	1042
重庆 Chongqing	5736	5651	5137
四川 Sichuan	10415	10284	9435
贵州 Guizhou	4759	4676	4062
云南 Yunnan	5621	5605	4849
西藏 Tibet			
陕西 Shaanxi	8450	8377	6674
甘肃 Gansu	1867	1829	1624
青海 Qinghai	20	20	20
宁夏 Ningxia	513	513	477
新疆 Xinjiang	1519	1513	1264

教职工数

in Vocational High Schools

单位：人

unit：person

Personnel					聘请校外教师 Part-time Teachers
Personnel in Main Campus			校办企业职工 Employees in School-run Factories & Farms	其他附设机构人员 Personnel in Others Subsidiary Units	
行政人员 Adm. Personnel	教辅人员 Supporting Staff	工勤人员 Workers			
7575	**9284**	**6643**	**694**	**603**	**12186**
631	408	190	2		235
157	55	31			24
348	886	435	18		701
251	427	362	20	26	550
165	432	186	5	36	214
709	479	379	23	25	423
536	613	170		7	330
309	375	125		11	183
145	247	52	2	35	80
40	261	164	30	1	260
321	660	403	11	21	794
252	265	364	10	83	625
234	202	244		19	508
382	700	205	13		298
574	575	577	312	23	1219
106	103	102	3	2	139
634	680	525	42	1	829
158	301	148		81	136
93	77	123		3	96
207	156	151	85		1046
201	299	349	10	121	904
161	103	350	30	53	1224
127	181	448		16	335
724	609	370	67	6	680
39	67	99	11	27	94
					22
2	19	15			88
69	104	76		6	149

其他机构

Number of Educational Personnel

地 区 Region	教职工数 Educational		
	合计 Total	校本部教职工 Educational	
		小计 Subtotal	专任教师 Full-time Teachers
总 计 Total	**14540**	**14514**	**10419**
北 京 Beijing			
天 津 Tianjin			
河 北 Hebei	1052	1052	812
山 西 Shanxi	239	239	186
内蒙古 Inner Mongolia			
辽 宁 Liaoning			
吉 林 Jilin	1364	1353	865
黑龙江 Heilongjiang	35	35	35
上 海 Shanghai			
江 苏 Jiangsu	2474	2469	1834
浙 江 Zhejiang	891	889	664
安 徽 Anhui	2056	2056	1558
福 建 Fujian			
江 西 Jiangxi	180	180	155
山 东 Shandong	1711	1711	1180
河 南 Henan	1022	1019	649
湖 北 Hubei	292	292	189
湖 南 Hunan	418	418	306
广 东 Guangdong	1173	1172	849
广 西 Guangxi	47	47	6
海 南 Hainan	34	34	30
重 庆 Chongqing	269	265	180
四 川 Sichuan	485	485	383
贵 州 Guizhou	58	58	36
云 南 Yunnan	483	483	313
西 藏 Tibet			
陕 西 Shaanxi	22	22	22
甘 肃 Gansu	105	105	80
青 海 Qinghai			
宁 夏 Ningxia	130	130	87
新 疆 Xinjiang			

教职工数
in Other Institutions

单位:人
unit: person

Personnel					
Personnel in Main Campus			校办企业职工 Employees in School-run Factories & Farms	其他附设机构人员 Personnel in Others Subsidiary Units	聘请校外教师 Part-time Teachers
行政人员 Adm. Personnel	教辅人员 Supporting Staff	工勤人员 Workers			
1647	**1414**	**1034**	**5**	**21**	**1621**
106	38	96			39
9	19	25			
195	196	97		11	21
218	223	194	2	3	412
101	43	81		2	219
265	126	107			448
7	7	11			41
188	243	100			105
102	230	38	3		77
32	36	35			14
50	48	14			47
140	94	89		1	51
25	13	3			
2	2				
48	15	22		4	
38	32	32			7
22					
75	27	68			57
16	2	7			32
8	20	15			51

其他机构女

Number of Female Educational

地区 Region	教职工数 Educational		
	合计 Total	校本部教职工 Educational	
		小计 Subtotal	专任教师 Full-time Teachers
总　计 Total	**6584**	**6578**	**5206**
北　京 Beijing			
天　津 Tianjin			
河　北 Hebei	546	546	484
山　西 Shanxi	100	100	83
内蒙古 Inner Mongolia			
辽　宁 Liaoning			
吉　林 Jilin	781	781	572
黑龙江 Heilongjiang	18	18	18
上　海 Shanghai			
江　苏 Jiangsu	1104	1102	884
浙　江 Zhejiang	469	469	386
安　徽 Anhui	695	695	545
福　建 Fujian			
江　西 Jiangxi	70	70	63
山　东 Shandong	675	675	533
河　南 Henan	504	503	394
湖　北 Hubei	119	119	84
湖　南 Hunan	196	196	151
广　东 Guangdong	553	553	451
广　西 Guangxi	19	19	3
海　南 Hainan	11	11	8
重　庆 Chongqing	156	153	106
四　川 Sichuan	212	212	179
贵　州 Guizhou	32	32	22
云　南 Yunnan	207	207	148
西　藏 Tibet			
陕　西 Shaanxi	9	9	9
甘　肃 Gansu	39	39	30
青　海 Qinghai			
宁　夏 Ningxia	69	69	53
新　疆 Xinjiang			

教职工数
Personnel in Other Institutions

单位：人
unit：person

Personnel					聘请校外教师 Part-time Teachers
Personnel in Main Campus			校办企业职工 Employees in School-run Factories & Farms	其他附设机构人员 Personnel in Others Subsidiary Units	
行政人员 Adm. Personnel	教辅人员 Supporting Staff	工勤人员 Workers			
489	**602**	**281**	**3**	**3**	**632**
21	17	24			14
2	10	5			
79	109	21			15
59	110	49	2		146
24	22	37			115
73	53	24			119
1	4	2			8
36	92	14			52
30	64	15	1		32
11	10	14			6
17	22	6			21
40	32	30			31
8	8				
1	2				
22	11	14		3	
17	13	3			
10					
26	11	22			24
9					18
3	12	1			31

中等职业学校(机构)专
Number of Full-time Teachers By Professional Rank and Academic

地 区 Region	合计 Total	按职称分 By Professional Rank 正高级 Senior	副高级 Sub-Senior	中级 Middle
总 计 Total	**663782**	**3179**	**158175**	**266321**
北 京 Beijing	7199	34	1930	2862
天 津 Tianjin	6734	27	2527	2755
河 北 Hebei	44228	224	11345	19267
山 西 Shanxi	25127	87	3902	9707
内蒙古 Inner Mongolia	14645		4469	5507
辽 宁 Liaoning	20590	436	6784	8074
吉 林 Jilin	17539	176	5307	7901
黑龙江 Heilongjiang	16968	97	5904	6687
上 海 Shanghai	8382	38	1783	4281
江 苏 Jiangsu	43323	140	12458	18169
浙 江 Zhejiang	33190	47	8260	12555
安 徽 Anhui	32087	71	7903	12675
福 建 Fujian	17102	17	3959	6508
江 西 Jiangxi	15426	139	4219	5459
山 东 Shandong	49274	154	12977	19528
河 南 Henan	51767	127	10949	21949
湖 北 Hubei	21905	117	5390	10040
湖 南 Hunan	25106	139	5548	10892
广 东 Guangdong	45216	103	7481	20202
广 西 Guangxi	20417	183	3301	8848
海 南 Hainan	4819	74	848	1332
重 庆 Chongqing	15239	97	3219	5305
四 川 Sichuan	40653	362	8872	14299
贵 州 Guizhou	16342	36	2632	5100
云 南 Yunnan	21312	46	6182	7592
西 藏 Tibet	993		61	382
陕 西 Shaanxi	17622	155	3416	7191
甘 肃 Gansu	15788	36	3044	5932
青 海 Qinghai	2450		746	981
宁 夏 Ningxia	2477	7	559	731
新 疆 Xinjiang	9862	10	2200	3610

任教师职称、学历情况

Qualifications in Secondary Vocational Schools (Institutions)

单位：人

unit: person

初级 Junior	未定职级 No-ranking	按学历分 By Academic Qualifications				
		博士研究生 Doctor's Degree	硕士研究生 Master's Degree	本科 Normal Courses	专科 Short-cycle Courses	高中阶段及以下 Below High School Graduate
176856	**59251**	**736**	**40666**	**551305**	**67982**	**3093**
1630	743	33	882	5914	325	45
1200	225	3	743	5538	417	33
10492	2900	139	1708	37414	4788	179
9383	2048	27	1092	20565	3281	162
3483	1186		888	11899	1858	
3826	1470	25	1439	17413	1605	108
3508	647	34	1058	14612	1739	96
3239	1041	26	483	14648	1770	41
1962	318	56	1323	6664	292	47
10017	2539	30	5767	35992	1458	76
9197	3131	9	2021	29773	1345	42
8412	3026	7	1250	28038	2741	51
5106	1512	6	846	14790	1339	121
3922	1687	6	813	11957	2550	100
13006	3609	57	3200	42495	3288	234
15460	3282	43	3462	41952	6159	151
5289	1069	6	1101	17919	2696	183
5974	2553	9	1007	20447	3480	163
12050	5380	44	3375	37749	3716	332
5855	2230	23	1559	16073	2605	157
1724	841	4	136	4019	620	40
4906	1712	13	817	12891	1476	42
11508	5612	85	1377	32538	6530	123
4941	3633	4	743	12987	2526	82
5413	2079	5	1101	17424	2564	218
331	219		65	846	80	2
5367	1493	33	1013	13819	2671	86
5518	1258	6	675	13199	1835	73
582	141		64	1829	525	32
705	475	1	161	2058	248	9
2850	1192	2	497	7843	1455	65

普通中等专业学校专任

Number of Full-time Teachers By Professional Rank and Academic

地区 Region	合计 Total	按职称分 By Professional Rank		
		正高级 Senior	副高级 Sub-Senior	中级 Middle
总计 Total	**306906**	**1888**	**75878**	**120427**
北京 Beijing	2002	20	508	826
天津 Tianjin	4223	6	1551	1636
河北 Hebei	12760	183	3514	4769
山西 Shanxi	7793	29	1930	3124
内蒙古 Inner Mongolia	4256		1481	1511
辽宁 Liaoning	10280	301	3433	4120
吉林 Jilin	4580	69	1818	1776
黑龙江 Heilongjiang	4523	47	1412	1305
上海 Shanghai	5348	36	1257	2564
江苏 Jiangsu	30274	130	8550	13021
浙江 Zhejiang	6035	26	1559	2282
安徽 Anhui	11483	25	3282	4136
福建 Fujian	17102	17	3959	6508
江西 Jiangxi	5344	28	1333	1802
山东 Shandong	28237	67	7739	11202
河南 Henan	16286	57	4323	6533
湖北 Hubei	15969	96	4035	7043
湖南 Hunan	3366	33	1129	1198
广东 Guangdong	34555	98	5400	15173
广西 Guangxi	20411	183	3300	8843
海南 Hainan	2454	45	502	653
重庆 Chongqing	3154	33	779	1143
四川 Sichuan	17878	299	3523	6018
贵州 Guizhou	5916	5	1226	1748
云南 Yunnan	7821	2	2407	2273
西藏 Tibet	993		61	382
陕西 Shaanxi	3279	28	1046	1259
甘肃 Gansu	10488	16	2296	4059
青海 Qinghai	2126		692	822
宁夏 Ningxia	1148	3	280	242
新疆 Xinjiang	6822	6	1553	2456

教师职称、学历情况

Qualifications in Reg. Specialized Sec. Schools

单位：人

unit: person

初级 Junior	未定职级 No-ranking	按学历分 By Academic Qualifications 博士研究生 Doctor's Degree	硕士研究生 Master's Degree	本科 Normal Courses	专科 Short-cycle Courses	高中阶段及以下 Below High School Graduate
79277	**29436**	**446**	**27122**	**251412**	**26197**	**1729**
487	161	27	492	1348	106	29
842	188	2	547	3391	266	17
2812	1482	47	845	9875	1876	117
2179	531	5	795	6336	599	58
980	284		463	3290	503	
2024	402	24	1103	8534	558	61
819	98	10	426	3834	295	15
1121	638	22	312	3804	377	8
1264	227	35	1009	3999	260	45
6714	1859	30	4772	24517	908	47
1754	414	9	495	5331	193	7
2945	1095	5	629	10076	745	28
5106	1512	6	846	14790	1339	121
1573	608	5	601	4227	475	36
7000	2229	31	2184	24151	1725	146
4490	883	16	1896	13430	859	85
3947	848	4	844	13033	1966	122
672	334	2	266	2832	235	31
9504	4380	38	2688	28519	3029	281
5855	2230	23	1558	16068	2605	157
906	348	2	94	2159	178	21
768	431	9	272	2549	317	7
4733	3305	83	972	13579	3167	77
1619	1318	1	546	4822	515	32
1964	1175	1	802	6386	574	58
331	219		65	846	80	2
727	219	5	432	2507	315	20
3480	637	2	583	8934	930	39
481	131		64	1592	438	32
288	335		81	973	89	5
1892	915	2	440	5680	675	25

成人中等专业学校专任

Number of Full-time Teachers By Professional Rank and Academic

地　区 Region	合计 Total	按职称分 By Professional Rank 正高级 Senior	副高级 Sub-Senior	中级 Middle
总　计 Total	**53134**	**351**	**15386**	**23450**
北　京 Beijing	308	1	77	136
天　津 Tianjin	445	9	151	182
河　北 Hebei	5891	28	1972	2806
山　西 Shanxi	3477	7	434	1727
内蒙古 Inner Mongolia	1788		898	644
辽　宁 Liaoning	400	28	107	195
吉　林 Jilin	4404	9	1427	2282
黑龙江 Heilongjiang	4784	36	2103	2089
上　海 Shanghai	196	1	35	125
江　苏 Jiangsu	1354		388	548
浙　江 Zhejiang	959	8	409	397
安　徽 Anhui	1799		349	754
福　建 Fujian				
江　西 Jiangxi	1640		851	618
山　东 Shandong	3009	73	1015	1073
河　南 Henan	8214	36	1693	3632
湖　北 Hubei	741	14	117	415
湖　南 Hunan	3055	33	842	1468
广　东 Guangdong	479		58	203
广　西 Guangxi				
海　南 Hainan	113		55	41
重　庆 Chongqing	1829	34	654	653
四　川 Sichuan	1377	12	82	198
贵　州 Guizhou	1209	10	163	600
云　南 Yunnan	2661	7	920	1294
西　藏 Tibet				
陕　西 Shaanxi	1034		130	471
甘　肃 Gansu	786	2	175	365
青　海 Qinghai	291		43	147
宁　夏 Ningxia	114		26	54
新　疆 Xinjiang	777	3	212	333

教师职称、学历情况

Qualifications in Adult Specialized Sec. Schools

单位：人
unit: person

		按学历分 By Academic Qualifications				
初级 Junior	未定职级 No-ranking	博士研究生 Doctor's Degree	硕士研究生 Master's Degree	本科 Normal Courses	专科 Short-cycle Courses	高中阶段及以下 Below High School Graduate
10879	**3068**	**143**	**2098**	**40868**	**9658**	**367**
64	30		13	267	26	2
96	7		12	367	63	3
972	113	89	180	4518	1070	34
1209	100	20	21	2527	877	32
208	38		43	1448	297	
56	14		10	295	92	3
615	71	1	156	3423	791	33
492	64	4	80	3893	786	21
31	4	1	15	169	11	
321	97		79	1141	125	9
92	53		62	808	89	
510	186		52	1471	276	
151	20		40	1266	315	19
681	167	1	238	2463	302	5
2014	839	16	428	6083	1659	28
186	9	2	12	443	247	37
501	211	2	74	2361	589	29
158	60	1	104	295	58	21
17			1	103	9	
346	142	3	193	1476	153	4
452	633		82	1070	219	6
378	58	2	35	878	294	
422	18		89	1996	520	56
395	38		17	658	359	
228	16		25	601	157	3
91	10			209	82	
29	5	1	14	77	22	
164	65		23	562	170	22

职业高中学校专任教

Number of Full-time Teachers By Professional Rank and Academic

地区 Region	合计 Total	按职称分 By Professional Rank		
		正高级 Senior	副高级 Sub-Senior	中级 Middle
总　计 Total	**293323**	**870**	**64249**	**117966**
北　京 Beijing	4889	13	1345	1900
天　津 Tianjin	2066	12	825	937
河　北 Hebei	24765	6	5547	11322
山　西 Shanxi	13671	51	1497	4783
内蒙古 Inner Mongolia	8601		2090	3352
辽　宁 Liaoning	9910	107	3244	3759
吉　林 Jilin	7690	77	1746	3500
黑龙江 Heilongjiang	7626	14	2369	3279
上　海 Shanghai	2838	1	491	1592
江　苏 Jiangsu	9861	5	2897	3824
浙　江 Zhejiang	25532	13	6161	9618
安　徽 Anhui	17247	43	3923	6965
福　建 Fujian				
江　西 Jiangxi	8287	106	1998	2963
山　东 Shandong	16848	10	3889	6780
河　南 Henan	26618	29	4857	11581
湖　北 Hubei	5006	4	1189	2514
湖　南 Hunan	18379	70	3516	8088
广　东 Guangdong	9333	2	1859	4363
广　西 Guangxi				
海　南 Hainan	2222	29	283	625
重　庆 Chongqing	10076	28	1775	3450
四　川 Sichuan	21015	47	5211	7923
贵　州 Guizhou	9181	21	1242	2732
云　南 Yunnan	10517	36	2840	3953
西　藏 Tibet				
陕　西 Shaanxi	13287	127	2233	5452
甘　肃 Gansu	4434	18	556	1473
青　海 Qinghai	33		11	12
宁　夏 Ningxia	1128		220	405
新　疆 Xinjiang	2263	1	435	821

师职称、学历情况
Qualifications in Vocational High Schools

单位:人
unit: person

		按学历分 By Academic Qualifications				
初级 Junior	未定职级 No-ranking	博士研究生 Doctor's Degree	硕士研究生 Master's Degree	本科 Normal Courses	专科 Short-cycle Courses	高中阶段及以下 Below High School Graduate
84324	**25914**	**117**	**10301**	**250763**	**31167**	**975**
1079	552	6	377	4299	193	14
262	30	1	184	1780	88	13
6603	1287	3	594	22343	1797	28
5929	1411	2	275	11569	1757	68
2295	864		382	7161	1058	
1746	1054	1	326	8584	955	44
1895	472	23	343	6679	599	46
1625	339		91	6923	600	12
667	87	20	299	2496	21	2
2611	524		660	8847	340	14
7192	2548		1445	23051	1001	35
4639	1677	2	300	15358	1564	23
2169	1051	1	148	6337	1756	45
5011	1158	1	679	14947	1140	81
8737	1414	11	1084	21908	3577	38
1119	180		220	4327	441	18
4722	1983	5	644	14977	2650	103
2278	831	3	512	8198	591	29
792	493	2	41	1746	414	19
3726	1097	1	352	8738	955	30
6178	1656	2	313	17610	3050	40
2933	2253	1	162	7261	1707	50
2895	793		174	8815	1424	104
4239	1236	28	563	10636	1994	66
1800	587	4	64	3591	744	31
10				28	5	
378	125		35	953	136	4
794	212		34	1601	610	18

其他机构专任教师

Number of Full-time Teachers By Professional Rank and Academic

地 区 Region	合计 Total	按职称分 By Professional Rank 正高级 Senior	副高级 Sub-Senior	中级 Middle
总 计 Total	**10419**	**70**	**2662**	**4478**
北 京 Beijing				
天 津 Tianjin				
河 北 Hebei	812	7	312	370
山 西 Shanxi	186		41	73
内蒙古 Inner Mongolia				
辽 宁 Liaoning				
吉 林 Jilin	865	21	316	343
黑龙江 Heilongjiang	35		20	14
上 海 Shanghai				
江 苏 Jiangsu	1834	5	623	776
浙 江 Zhejiang	664		131	258
安 徽 Anhui	1558	3	349	820
福 建 Fujian				
江 西 Jiangxi	155	5	37	76
山 东 Shandong	1180	4	334	473
河 南 Henan	649	5	76	203
湖 北 Hubei	189	3	49	68
湖 南 Hunan	306	3	61	138
广 东 Guangdong	849	3	164	463
广 西 Guangxi	6		1	5
海 南 Hainan	30		8	13
重 庆 Chongqing	180	2	11	59
四 川 Sichuan	383	4	56	160
贵 州 Guizhou	36		1	20
云 南 Yunnan	313	1	15	72
西 藏 Tibet				
陕 西 Shaanxi	22		7	9
甘 肃 Gansu	80		17	35
青 海 Qinghai				
宁 夏 Ningxia	87	4	33	30
新 疆 Xinjiang				

职称、学历情况
Qualifications in Other Institutions

单位：人
unit：person

		按学历分 By Academic Qualifications				
初级 Junior	未定职级 No-ranking	博士研究生 Doctor's Degree	硕士研究生 Master's Degree	本科 Normal Courses	专科 Short-cycle Courses	高中阶段及以下 Below High School Graduate
2376	**833**	**30**	**1145**	**8262**	**960**	**22**
105	18		89	678	45	
66	6		1	133	48	4
179	6		133	676	54	2
1				28	7	
371	59		256	1487	85	6
159	116		19	583	62	
318	68		269	1133	156	
29	8		24	127	4	
314	55	24	99	934	121	2
219	146		54	531	64	
37	32		25	116	42	6
79	25		23	277	6	
110	109	2	71	737	38	1
			1	5		
9				11	19	
66	42			128	51	1
145	18		10	279	94	
11	4			26	10	
132	93	4	36	227	46	
6			1	18	3	
10	18		3	73	4	
10	10		31	55	1	

中等职业学校(机构)

Condition of Fixed Assets and Teaching Resources in Secondary

地 区 Region	学校占地面积(平方米) Area of School Sites (m^2)			图书(册) Books (volume)		
	合计 Total	其中:绿化用地面积 of Which: Green Areas	其中:运动场地面积 of Which: Sports Areas	合计 Total	当年新增 New Added in Current Year	合计 Total
总 计 Total	**488218499**	**113321122**	**76568193**	**340908776**	**15687034**	**3098189**
北 京 Beijing	4447720	973683	962777	4995112	84996	56157
天 津 Tianjin	4044481	657082	551477	3754227	96586	29780
河 北 Hebei	24143379	3893664	4669449	19393208	1403804	161847
山 西 Shanxi	15000498	2587625	2109343	9678216	523077	82471
内蒙古 Inner Mongolia	10301849	1942404	2056784	6017751	280223	46549
辽 宁 Liaoning	10956764	1635239	2483352	8732311	72457	94713
吉 林 Jilin	7154180	1372792	1539431	6346124	102170	47529
黑龙江 Heilongjiang	8629167	1509208	1669935	4846513	146881	51486
上 海 Shanghai	3592945	1155752	738318	6496716	164792	85092
江 苏 Jiangsu	34039303	10471442	4978728	25139375	1069069	231822
浙 江 Zhejiang	19678929	6013075	3787048	15297274	559272	180285
安 徽 Anhui	34677807	7251700	4507376	27703081	1749243	146329
福 建 Fujian	12920906	3627507	2337299	10432545	253531	99361
江 西 Jiangxi	17875421	4670868	2469603	9890295	632716	77600
山 东 Shandong	36853640	9261185	5773118	23382841	950526	210894
河 南 Henan	35323785	6269208	5096248	25547968	872674	191928
湖 北 Hubei	17998024	4525568	2627260	11243969	221305	113063
湖 南 Hunan	19923011	5710131	2963909	13103234	590691	131429
广 东 Guangdong	30311677	9125727	5473571	27713655	1352073	298431
广 西 Guangxi	23824588	5257085	2432144	14271321	319577	122835
海 南 Hainan	3260296	833656	573798	1701478	56188	22147
重 庆 Chongqing	11276937	3005934	1691802	7135441	391881	78593
四 川 Sichuan	25016542	5756444	4863785	18291049	1771551	171343
贵 州 Guizhou	13117458	3125515	2220032	6657629	789186	69637
云 南 Yunnan	16637663	3398132	1876396	9184388	251423	89948
西 藏 Tibet	1344045	264031	118426	316404	77600	2909
陕 西 Shaanxi	13804936	2488442	2121628	10269616	332104	79696
甘 肃 Gansu	9834919	1932512	1621047	6100595	184512	58100
青 海 Qinghai	2334033	579974	362869	1117687	63720	13200
宁 夏 Ningxia	4507278	1114898	355575	1348984	73068	14526
新 疆 Xinjiang	15386318	2910639	1535665	4799769	250138	38489

资产情况(学校产权)
Vocational Schools (Institutions) (Owned by SVSs)

计算机数(台) No. of Computers(set)		教室(间) Classroom(room)		固定资产值(万元) Fixed Assets (10,000 yuan)		
其中:教学用计算机 of Which:No. of Computers Used for Instruction		合计 Total	其中:网络多媒体教室 of Which: Network Multimedia Classroom	合计 Total	其中:教学、实习仪器设备资产值 of Which: Teaching Equipment & Instruments	
小计 Subtotal	其中:平板电脑 of Which: Tablet PC				小计 Subtotal	当年新增 New Added in Current Year
2581291	**119015**	**417622**	**166900**	**27789926.76**	**6074550.06**	**738579.65**
47772	889	7409	5445	565802.86	195474.60	32468.45
24361	964	3169	942	213833.56	74104.65	6954.30
134746	12166	20689	7050	1062357.58	253855.67	27115.11
68950	2492	13229	5243	671271.61	137152.90	20152.02
37807	128	5620	2222	636907.16	113000.41	22014.08
76485	1599	10557	3805	732141.41	173342.73	17166.93
35733	3257	5768	1696	397871.26	78509.75	16510.21
42070	1842	7527	1975	357724.33	90150.72	13801.12
67626	1338	6411	3613	910591.91	247810.92	32153.15
197397	3505	25003	15657	2837942.48	500951.24	43090.19
151917	2373	16540	11391	1573075.90	373714.87	40641.72
122684	8637	26933	6395	1657670.96	317793.38	27823.79
85808		14592	4973	685316.47	196414.80	28889.62
61905	6291	12055	3657	650387.56	133250.97	16908.48
166148	6873	28447	14687	2113749.34	398553.27	50764.20
160528	11632	36097	9570	1573737.61	301388.46	32356.07
94978	3830	12557	3808	915539.12	179945.82	20014.28
110424	10672	14820	8992	1002588.81	209758.23	22438.49
262391	11635	31119	14963	2293013.00	615863.00	54861.00
97584	7684	22899	8697	850554.67	252369.27	25797.51
18776	65	2217	1047	212153.36	52008.39	8307.87
65292	4276	12304	8249	746044.68	154761.07	20241.91
143288	2741	26606	7386	1501149.21	316417.34	53195.50
60290	4000	9436	3470	688454.25	140163.50	32886.95
76502	87	10781	3164	816489.78	126851.50	17427.04
1920	37	488	115	101700.39	14668.67	6184.55
66258	3669	13195	3689	708289.32	153450.34	11583.48
48778	4637	9016	2381	459516.75	100997.52	12875.14
10269	76	1865	439	196905.06	28700.27	2376.75
12124	233	1519	678	159217.54	37073.10	5158.00
30480	1387	8754	1501	497928.82	106052.70	16421.74

中等职业学校(机构)

Condition of Fixed Assets and Teaching Resources in Secondary

地　区 Region	学校占地面积(平方米) Area of School Sites (m^2)			图书(册) Books (volume)		
	合计 Total	其中:绿化用地面积 of Which: Green Areas	其中:运动场地面积 of Which: Sports Areas	合计 Total	当年新增 New Added in Current Year	合计 Total
总　计 Total	**44347268**	**8766479**	**7375595**	**11993368**	**667479**	**107918**
北　京 Beijing	582408	49148	86314	15500	2000	259
天　津 Tianjin	348717	20404	65392	328963	2486	2958
河　北 Hebei	2638256	319621	510786	551718	17737	4563
山　西 Shanxi	1117699	138605	171114	644376	1200	1915
内蒙古 Inner Mongolia	985088	154928	335153	391021	2653	1011
辽　宁 Liaoning	1198853	194131	230278	200850	3200	1237
吉　林 Jilin	784135	136790	209949	391313		3988
黑龙江 Heilongjiang	609175	89838	147290	252576	82792	2074
上　海 Shanghai	303194	33260	29440	10000		178
江　苏 Jiangsu	743603	97764	99092	183529	3100	1801
浙　江 Zhejiang	933857	151842	217091	311471	1930	2387
安　徽 Anhui	2155726	432359	205405	642250	2200	2166
福　建 Fujian	1125555	326677	197074	69817	10000	927
江　西 Jiangxi	1435128	302046	218741	202736	25157	4425
山　东 Shandong	3343259	602379	494330	842322	9681	5042
河　南 Henan	2786643	412499	384392	697266	47043	12967
湖　北 Hubei	1152249	233542	210752	373480	7330	3936
湖　南 Hunan	3769204	1089302	605292	1133383	57936	12616
广　东 Guangdong	3829614	1079211	708099	312214	59313	8944
广　西 Guangxi	3189347	694744	345865	2139237	14437	8179
海　南 Hainan	651444	110578	71986	71840	3150	1147
重　庆 Chongqing	1362066	309408	165215	271280	500	5612
四　川 Sichuan	3946546	820933	778980	913933	295423	12301
贵　州 Guizhou	962009	169334	216482	306819	5484	1917
云　南 Yunnan	1348125	287912	172987	75710	1813	1453
西　藏 Tibet						
陕　西 Shaanxi	1582360	274793	267764	436777	9030	3605
甘　肃 Gansu	903949	129207	179334	56300	200	15
青　海 Qinghai	60		50	2000		7
宁　夏 Ningxia	48911	8465	7258			
新　疆 Xinjiang	510088	96759	43690	164687	1684	288

资产情况（非学校产权中独立使用）
Vocational Schools (Institutions) (Not Owned by SVSs)

计算机数（台）No. of Computers (set)		教室（间）Classroom (room)		固定资产值（万元）Fixed Assets (10,000 yuan)		
其中：教学用计算机 of Which: No. of Computers Used for Instruction		合计 Total	其中：网络多媒体教室 of Which: Network Multimedia Classroom	合计 Total	其中：教学、实习仪器设备资产值 of Which: Teaching Equipment & Instruments	
小计 Subtotal	其中：平板电脑 of Which: Tablet PC				小计 Subtotal	当年新增 New Added in Current Year
90075	**8335**	**36393**	**11335**	**5622813.31**	**526833.54**	**19774.25**
223	18	491	216	3171.40	244.00	
2263	1040	335	97	29003.52	2479.80	1332.45
3543	397	2235	617	79304.24	9207.96	1664.04
1264	84	940	248	34873.41	4342.10	446.30
861		743	169	27600.41	2868.83	174.41
994	92	2013	409	127646.65	2972.00	149.60
2758	370	456	47	22106.94	5061.90	699.20
1873	434	1106	248	24664.64	4913.04	795.86
139	7	517	269	8621.40	417.80	1.00
1364	1	451	115	30005.34	4068.30	134.10
2076	27	1096	584	38123.70	1416.90	48.60
1780	52	1221	208	35976.17	10026.49	1087.00
553		544	216	60486.32	6556.60	221.00
3945	459	1239	498	126938.53	5774.64	730.43
4139	50	3259	1676	129422.63	15419.03	854.08
11414	522	3461	847	84313.84	17006.72	1912.63
3095	51	634	189	56532.56	12597.42	588.57
9989	1487	1655	771	159259.70	19354.62	1616.62
7986	273	2810	1026	4135105.00	338795.00	489.00
7277	491	1787	680	76779.11	17118.33	1262.10
981	63	294	85	14458.30	1972.07	52.35
5132	778	751	296	79082.35	11338.64	1239.91
10210	914	4507	962	113033.01	16578.72	3250.92
1734	323	871	188	39330.83	4411.12	258.00
1320	10	1004	346	28659.34	2983.05	212.78
2962	390	1403	239	34825.79	6557.69	417.84
12	2	279	64	18426.18	1699.00	34.00
		15		15.00	2.00	
		68	13	637.50	36.00	
188		208	12	4409.50	613.77	101.46

地 区 Region	学校占地面积(平方米) Area of School Sites (m^2)			图书(册) Books (volume)		
	合计 Total	其中:绿化用地面积 of Which: Green Areas	其中:运动场地面积 of Which: Sports Areas	合计 Total	当年新增 New Added in Current Year	合计 Total
总 计 Total	**254935191**	**64292763**	**37672613**	**184836686**	**7213914**	**1649784**
北 京 Beijing	1548221	415829	333106	1662971	11948	18028
天 津 Tianjin	3101265	515422	418235	2498365	48281	20177
河 北 Hebei	7862604	1454362	1603533	7491856	334707	63163
山 西 Shanxi	6765078	1181235	864753	5202234	270359	35911
内蒙古 Inner Mongolia	3788439	1046820	658934	2333103	65660	18185
辽 宁 Liaoning	5073645	974983	1171155	5218187	41584	51386
吉 林 Jilin	2606808	530111	504104	2238870	24108	16499
黑龙江 Heilongjiang	2766759	501447	457602	2444216	69069	20390
上 海 Shanghai	2313223	747956	467835	4364396	116842	53127
江 苏 Jiangsu	22245478	7684196	3460234	17595432	587932	173710
浙 江 Zhejiang	4192400	1260281	688361	2988224	90684	31869
安 徽 Anhui	15075079	3491162	1808606	10797079	511304	69322
福 建 Fujian	12920906	3627507	2337299	10432545	253531	99361
江 西 Jiangxi	6437718	2154160	718994	3767726	134924	31824
山 东 Shandong	22760310	5871520	3456248	14701975	591227	122814
河 南 Henan	12838397	2526124	1860591	10387623	359794	74084
湖 北 Hubei	14287469	3786657	2032969	9012487	165460	88997
湖 南 Hunan	2609401	782346	421006	2254317	35256	16250
广 东 Guangdong	23726282	7271820	4121176	21649881	1043757	226993
广 西 Guangxi	23736121	5257085	2420144	14271321	319577	122690
海 南 Hainan	1714806	403809	371353	1179759	37040	13407
重 庆 Chongqing	2291518	784998	287862	1639988	89561	16446
四 川 Sichuan	12650337	3077345	2304975	9889877	1110737	83667
贵 州 Guizhou	5086481	1312316	717205	3170049	383687	30339
云 南 Yunnan	7933926	1642153	795498	4942046	83524	40203
西 藏 Tibet	1344045	264031	118426	316404	77600	2909
陕 西 Shaanxi	3937885	759083	513562	2225956	73505	18078
甘 肃 Gansu	7355914	1541250	1111239	4777617	95700	41675
青 海 Qinghai	2192827	573064	345969	998900	61360	12685
宁 夏 Ningxia	2513789	615085	194972	611597	13930	7059
新 疆 Xinjiang	11258060	2238606	1106667	3771685	111266	28536

资产情况(学校产权)

Resources in Regular SSSs (Owned by Regular SSSs)

计算机数(台) No. of Computers(set)		教室(间) Classroom(room)		固定资产值(万元) Fixed Assets (10,000 yuan)		
其中:教学用计算机 of Which:No. of Computers Used for Instruction		合计 Total	其中:网络多媒体教室 of Which: Network Multimedia Classroom	合计 Total	其中:教学、实习仪器设备资产值 of Which: Teaching Equipment & Instruments	
小计 Subtotal	其中:平板电脑 of Which: Tablet PC				小计 Subtotal	当年新增 New Added in Current Year
1373718	**52164**	**208584**	**83450**	**15460114.75**	**3394590.26**	**397124.01**
15227	135	4066	3518	238905.97	70101.11	6361.09
16284	934	2332	805	173917.27	57510.64	5590.51
52441	4136	6143	2002	408751.68	103311.40	9833.83
30188	1411	3904	1308	315628.00	74368.85	8585.77
15264		1632	589	301854.11	50481.11	12191.09
41459	727	5113	2092	381848.98	94588.30	11795.81
12248	1825	1419	441	138477.88	26226.49	6834.23
16870	760	2214	899	162340.00	42474.20	6316.31
41418	1185	4168	2285	643310.91	173731.25	21181.60
150306	1215	16963	11603	2074191.02	386208.77	32467.35
26883	83	3534	2231	297536.36	73239.83	8969.74
58724	2863	10229	2472	749009.98	137996.05	13143.95
85808		14592	4973	685316.47	196414.80	28889.62
22980	1510	3309	1313	281367.92	63928.65	5728.22
97605	5562	14582	7176	1492714.71	239487.98	29118.29
61578	3657	12373	3364	616750.24	127089.54	12771.30
74491	1810	9580	2972	715569.64	142948.60	16017.74
12645	223	2083	1340	137963.43	29642.17	3587.65
201799	8599	25498	11577	1865075.00	473815.00	44285.00
97439	7684	22819	8697	846319.06	252369.27	25797.51
11499	60	1282	724	138144.99	37716.29	6179.97
13589	522	1636	743	144011.82	25787.56	4449.29
67188	1782	10589	2928	708698.74	148680.21	24143.63
26756	361	3819	1690	230919.43	55284.12	9649.02
34070	19	4869	1617	466902.79	58239.16	7339.53
1920	37	488	115	101700.39	14668.67	6184.55
14732	1195	3939	625	173377.42	44580.78	2851.81
34783	2866	6047	1428	342140.63	73110.08	8955.57
10101	76	1786	433	191933.56	27392.77	2362.25
5507	96	637	306	100312.10	19171.42	3322.18
21916	831	6939	1184	335124.25	74025.19	12219.60

普通中专学校资产
Condition of Fixed Assets and Teaching

地　区 Region	学校占地面积(平方米) Area of School Sites (m^2)			图书(册) Books (volume)		
	合计 Total	其中:绿化用地面积 of Which: Green Areas	其中:运动场地面积 of Which: Sports Areas	合计 Total	当年新增 New Added in Current Year	合计 Total
总　计 Total	**21551886**	**4725523**	**3723498**	**6091386**	**311921**	**51685**
北　京 Beijing	35111	2300	4500			
天　津 Tianjin	185509	8300	35800	97908	486	1211
河　北 Hebei	2014577	280112	371178	256693	8995	2891
山　西 Shanxi	458786	75880	69549	500	500	67
内蒙古 Inner Mongolia	758020	107659	245055	338000	2400	494
辽　宁 Liaoning	483958	78630	71092	89190		329
吉　林 Jilin	241936	60500	60480	188039		1212
黑龙江 Heilongjiang	424194	64738	91146	227770	79700	1473
上　海 Shanghai	295239	32870	28253	10000		117
江　苏 Jiangsu	489974	47743	71487	92829	3000	576
浙　江 Zhejiang	159923	40040	32745	117874		328
安　徽 Anhui	555617	235200	92985	203100		561
福　建 Fujian	1125555	326677	197074	69817	10000	927
江　西 Jiangxi	99133	17792	12060	61500	13732	323
山　东 Shandong	978642	310293	186690	351294	3531	2268
河　南 Henan	419676	44900	78335	67090	3780	4152
湖　北 Hubei	892338	161712	157653	348530	7330	3373
湖　南 Hunan	164733	116200	14900	24000	1500	552
广　东 Guangdong	3266539	928540	582262	305714	58913	8706
广　西 Guangxi	3189347	694744	345865	2139237	14437	8179
海　南 Hainan	310933	19252	23344	4200		32
重　庆 Chongqing	314362	130597	44978	232600	500	3517
四　川 Sichuan	3358291	680980	626509	640052	98420	9531
贵　州 Guizhou	82341	11502	33670	2100	2000	227
云　南 Yunnan	151788	22808	48495	19309	1013	497
西　藏 Tibet						
陕　西 Shaanxi	165099	40365	41492			40
甘　肃 Gansu	680758	101865	118255	50000		
青　海 Qinghai	60		50			
宁　夏 Ningxia	48377	8465	7258			
新　疆 Xinjiang	201070	74859	30338	154040	1684	102

情况(非学校产权中独立使用)
Resources in Regular SSSs (Not Owned by Regular SSSs)

计算机数(台) No. of Computers(set)		教室(间) Classroom(room)		固定资产值(万元) Fixed Assets (10,000 yuan)		
其中:教学用计算机 of Which:No. of Computers Used for Instruction		合计 Total	其中:网络多媒体教室 of Which: Network Multimedia Classroom	合计 Total	其中:教学、实习仪器设备资产值 of Which: Teaching Equipment & Instruments	
小计 Subtotal	其中:平板电脑 of Which: Tablet PC				小计 Subtotal	当年新增 New Added in Current Year
43698	**3048**	**16886**	**5105**	**4834723.48**	**429916.25**	**9542.62**
		142	11			
1129	1000	121	24	23558.00	964.00	516.00
2181	237	1534	451	66287.22	6685.42	843.50
67		246	8	14633.21	1153.40	207.10
449		519	144	21979.36	2425.43	172.91
197		986	322	72116.40	1221.00	104.00
932		72	5	11430.00	2338.00	160.00
1393	160	824	183	18087.96	3941.54	614.86
90	7	450	242	8373.40	237.80	1.00
525	1	219	57	10983.05	1452.60	9.20
228	7	184	117	1941.18	60.00	
462	2	315	26	6935.20	2648.70	
553		544	216	60486.32	6556.60	221.00
285		153	44	3644.00	951.97	99.00
1896		878	341	45432.97	4489.50	367.39
3799	59	523	207	17356.34	4630.82	178.63
2575	51	316	87	49902.36	10803.42	558.57
180				30320.00	2750.00	174.00
7748	273	2195	770	4133216.00	338440.00	477.00
7277	491	1787	680	76779.11	17118.33	1262.10
		48	20	7146.00	27.00	
3295		399	139	29316.88	5438.34	795.81
7672	760	3747	788	85659.58	13576.56	2593.92
225		37	13	3868.00	89.00	15.00
497		241	132	15361.30	329.10	73.50
		72	6	1450.00	12.00	
		144	52	14700.89	1135.00	30.00
		56	12	527.50	13.00	
43		134	8	3231.25	427.72	68.13

成人中专学校

Condition of Fixed Assets and Teaching

地 区 Region	学校占地面积(平方米) Area of School Sites (m^2)			图书(册) Books (volume)		
	合计 Total	其中:绿化用地面积 of Which: Green Areas	其中:运动场地面积 of Which: Sports Areas	合计 Total	当年新增 New Added in Current Year	合计 Total
总 计 Total	**23956534**	**4375678**	**3366470**	**22969671**	**1164559**	**167499**
北 京 Beijing	234306	54280	20826	145045	4153	2197
天 津 Tianjin	59412	4280	6439	116478	60	1834
河 北 Hebei	1330789	137298	222513	2022235	88562	16408
山 西 Shanxi	404830	44416	48215	663755	1122	5161
内蒙古 Inner Mongolia	657822	97107	90146	990643	1684	3983
辽 宁 Liaoning	42568	3208	14887	188853	10043	937
吉 林 Jilin	680540	99535	150509	1602614	36767	7509
黑龙江 Heilongjiang	911815	198371	190038	622247	6313	6195
上 海 Shanghai	84857	22751	14323	109606	85	2009
江 苏 Jiangsu	2470182	229941	110837	814882	148097	6705
浙 江 Zhejiang	341681	89328	43258	519732	7730	6266
安 徽 Anhui	1001099	193739	103035	1309377	23304	6283
福 建 Fujian						
江 西 Jiangxi	1127486	202824	105695	668252	49132	4972
山 东 Shandong	1525392	337859	241529	1204920	40331	10111
河 南 Henan	5236616	630307	773417	4937049	267921	28980
湖 北 Hubei	1060992	268943	187599	535391	225	3686
湖 南 Hunan	2183901	797956	326269	1551862	46961	14194
广 东 Guangdong	425565	236207	57575	340950	14723	2699
广 西 Guangxi						
海 南 Hainan	75902	14246	8186	40340	35	689
重 庆 Chongqing	868262	190654	150168	929290	33723	12155
四 川 Sichuan	911436	136320	253154	952961	311500	5126
贵 州 Guizhou	400908	42755	32420	682960	17609	3885
云 南 Yunnan	978139	192829	113425	928574	29324	7684
西 藏 Tibet						
陕 西 Shaanxi	184265	11016	14900	412091	5495	2539
甘 肃 Gansu	357965	89511	50475	201148	3060	2266
青 海 Qinghai	23563	910	1200	111287		427
宁 夏 Ningxia	44770	5435	9490	62586		1162
新 疆 Xinjiang	331471	43652	25942	304543	16600	1437

资产情况(学校产权)
Resources in Adult SSSs (Owned by Adult SSSs)

计算机数(台) No. of Computers(set)		教室(间) Classroom(room)		固定资产值(万元) Fixed Assets (10,000 yuan)		
其中:教学用计算机 of Which:No. of Computers Used for Instruction		合计 Total	其中:网络多媒体教室 of Which: Network Multimedia Classroom	合计 Total	其中:教学、实习仪器设备资产值 of Which: Teaching Equipment & Instruments	
小计 Subtotal	其中:平板电脑 of Which: Tablet PC				小计 Subtotal	当年新增 New Added in Current Year
135381	**8657**	**29999**	**9855**	**1076868.11**	**216554.14**	**24116.69**
1845	56	143	98	13090.90	3602.20	3.00
1626	27	212	31	4033.16	1536.90	81.61
12923	1445	2177	652	74812.62	12900.90	928.62
4241	290	929	96	15745.20	3239.20	236.30
3071		403	95	20499.03	3324.07	180.20
609	92	78	7	7504.15	1490.40	95.50
5567	569	686	255	37923.94	8064.74	1461.38
4878	191	919	146	33396.75	4867.36	303.03
1733	62	158	86	11966.08	3829.24	2034.15
5665	125	1529	372	77500.27	12495.86	633.63
4825	502	1015	270	35194.50	8045.03	476.47
5093	67	1441	277	67899.40	14235.90	939.40
3484	232	1281	272	26682.99	3614.61	359.31
8341	369	3308	1901	71157.25	18278.48	717.60
24031	1979	6232	1327	199284.33	35841.43	3391.15
3205	145	348	95	34134.38	6430.72	172.84
12544	592	1887	689	90907.63	18247.20	2915.00
2559	191	287	52	14060.00	4618.00	49.00
504	5	26	20	2309.00	564.00	38.00
9574	1009	2886	1755	98093.58	13791.15	1710.01
4661	45	960	224	32785.46	11264.66	4279.44
2713		563	22	28793.47	9460.92	2196.00
5968	3	1008	229	42352.76	6395.22	609.15
1687	221	903	772	10302.48	2917.80	9.50
1599	294	231	44	11884.64	3651.27	184.40
80		30	5	2157.00	350.00	
1072	120	118	16	1440.58	525.36	
1283	26	241	47	10956.56	2971.52	112.00

成人中专学校

Condition of Fixed Assets and Teaching

地 区 Region	学校占地面积(平方米) Area of School Sites (m^2) 合计 Total	其中:绿化用地面积 of Which: Green Areas	其中:运动场地面积 of Which: Sports Areas	图书(册) Books (volume) 合计 Total	当年新增 New Added in Current Year	合计 Total
总 计 Total	**3030509**	**390485**	**456538**	**1874064**	**254325**	**13528**
北 京 Beijing	29226	2600	2750	9500	2000	110
天 津 Tianjin	7790	320	1075	46160	2000	506
河 北 Hebei	105689	9320	8396	28985	4742	945
山 西 Shanxi	24171	675	3800	546486	200	748
内蒙古 Inner Mongolia	16870	3330	6680	16184		196
辽 宁 Liaoning	98624	1600	12100	53300	3000	613
吉 林 Jilin	32542	5521	10941	75144		494
黑龙江 Heilongjiang	57379	9420	14638	8250	2892	209
上 海 Shanghai	3239	130	240			
江 苏 Jiangsu	77891	21650	2280			
浙 江 Zhejiang	15423	1685	1000	1000		50
安 徽 Anhui	184718	20470	31500	130300		400
福 建 Fujian						
江 西 Jiangxi	64715	5456	21982	22380	1245	422
山 东 Shandong	700952	52265	81953	214200	1000	1019
河 南 Henan	924985	152544	126120	417991	35963	5861
湖 北 Hubei	1530	232	218			
湖 南 Hunan	233816	50965	54410	50700	12500	845
广 东 Guangdong	10400	20	5500			
广 西 Guangxi						
海 南 Hainan	16665	5800	1600	20000		134
重 庆 Chongqing	213849	31172	30155			
四 川 Sichuan	136110	12550	22900	200283	188783	696
贵 州 Guizhou	50400		15000			
云 南 Yunnan	18704	2260	1300	31201		273
西 藏 Tibet						
陕 西 Shaanxi						
甘 肃 Gansu	3802	500				
青 海 Qinghai				2000		7
宁 夏 Ningxia	534					
新 疆 Xinjiang	485					

资产情况(非学校产权中独立使用)
Resources in Adult SSSs (Not Owned by Adult SSSs)

计算机数(台) No. of Computers(set)		教室(间) Classroom(room)		固定资产值(万元) Fixed Assets (10,000 yuan)		
其中:教学用计算机 of Which:No. of Computers Used for Instruction		合计 Total	其中:网络多媒体教室 of Which: Network Multimedia Classroom	合计 Total	其中:教学、实习仪器设备资产值 of Which: Teaching Equipment & Instruments	
小计 Subtotal	其中:平板电脑 of Which: Tablet PC				小计 Subtotal	当年新增 New Added in Current Year
11096	**989**	**3751**	**1020**	**103771.13**	**18522.46**	**3046.70**
78	18	56	14	1185.40	160.00	
435	40			775.80	201.30	101.30
724	130	247	80	5491.06	956.00	63.00
201		28	13	2661.04	1382.50	3.00
147		37	10	1348.73	234.20	1.50
545	92	64	4	489.00	209.00	7.00
213	4	5	2	1722.61	577.30	202.00
185	112	109	22	4523.80	362.00	35.00
		31	13			
		94	27	4176.34	230.70	20.90
50		73	44	857.53	122.00	
370		225	33	7837.97	2302.79	1050.00
301	10	193	121	2036.30	442.00	26.00
768	3	596	172	22618.09	3260.60	28.00
5322	346	1580	328	30693.21	5483.90	707.00
742	80	109	45	5740.59	373.80	180.00
				534.00	173.00	7.00
134		6	6	628.00	8.00	8.00
		78	34	5750.00	1179.00	370.00
641	154	144	50	3110.00	327.00	37.00
		23		864.50	200.00	200.00
240		27		608.16	312.37	
				3.00		
				1.00		
		13		5.00	2.00	
		12	1	110.00	23.00	
		1	1			

职业高中学校

Condition of Fixed Assets and Teaching Resources

地 区 Region	学校占地面积(平方米) Area of School Sites (m^2)			图书(册) Books (volume)		
	合计 Total	其中:绿化用地面积 of Which: Green Areas	其中:运动场地面积 of Which: Sports Areas	合计 Total	当年新增 New Added in Current Year	合计 Total
总 计 Total	**199085725**	**42639644**	**34042897**	**127127726**	**7098618**	**1230999**
北 京 Beijing	2665193	503574	608845	3187096	68895	35932
天 津 Tianjin	883804	137380	126803	1139384	48245	7769
河 北 Hebei	14469106	2243594	2715070	9391497	941535	80420
山 西 Shanxi	7615875	1358974	1136875	3798227	251596	41222
内蒙古 Inner Mongolia	5855588	798477	1307704	2694005	212879	24381
辽 宁 Liaoning	5840551	657048	1297310	3325271	20830	42390
吉 林 Jilin	3504456	635405	776435	2224579	36295	21512
黑龙江 Heilongjiang	4944383	803906	1022295	1780050	71499	24901
上 海 Shanghai	1194865	385045	256160	2022714	47865	29956
江 苏 Jiangsu	6835185	2066123	1082418	5416369	259082	41815
浙 江 Zhejiang	14753774	4573324	2951855	11535271	457162	137882
安 徽 Anhui	16954594	3298892	2430613	14630535	1189135	65815
福 建 Fujian						
江 西 Jiangxi	9767947	2047084	1569434	5451402	448560	39816
山 东 Shandong	10744027	2770677	1919803	6914715	317427	74285
河 南 Henan	16882145	3047652	2415445	10032629	231959	86522
湖 北 Hubei	2372601	450968	386192	1630091	55620	19561
湖 南 Hunan	14980033	4101749	2183840	9008236	495984	98372
广 东 Guangdong	5393479	1432505	1134042	4635858	264463	57486
广 西 Guangxi						
海 南 Hainan	1457218	415601	193879	480379	19113	7983
重 庆 Chongqing	8043821	2024612	1243542	4545913	267997	49585
四 川 Sichuan	11219113	2459973	2286479	7327524	345186	80218
贵 州 Guizhou	7605069	1770244	1455407	2791820	387690	35363
云 南 Yunnan	7674077	1555465	954496	3161046	138575	40438
西 藏 Tibet						
陕 西 Shaanxi	9677368	1717943	1592266	7628769	251504	59029
甘 肃 Gansu	2077084	300551	451090	1076504	85752	13787
青 海 Qinghai	117643	6000	15700	7500	2360	88
宁 夏 Ningxia	1759939	448497	125843	566801	59138	5955
新 疆 Xinjiang	3796787	628381	403056	723541	122272	8516

资产情况(学校产权)
in Vocational High Schools (Owned by VHSs)

计算机数(台) No. of Computers(set)		教室(间) Classroom(room)		固定资产值(万元) Fixed Assets (10,000 yuan)		
其中:教学用计算机 of Which:No. of Computers Used for Instruction		合计 Total	其中:网络多媒体教室 of Which: Network Multimedia Classroom	合计 Total	其中:教学、实习仪器设备资产值 of Which: Teaching Equipment & Instruments	
小计 Subtotal	其中:平板电脑 of Which: Tablet PC				小计 Subtotal	当年新增 New Added in Current Year
1033375	**56519**	**172029**	**70819**	**10749406.68**	**2372343.12**	**309095.39**
30700	698	3200	1829	313805.99	121771.29	26104.36
6451	3	625	106	35883.13	15057.11	1282.18
67882	6093	11969	4289	549794.65	136045.97	16275.86
34383	791	8345	3837	337755.21	59342.15	11301.75
19472	128	3585	1538	314554.02	59195.23	9642.79
34417	780	5366	1706	342788.28	77264.03	5275.62
16538	863	3436	919	203684.03	41720.10	8049.17
20322	891	4394	930	161387.58	42809.16	7181.78
24475	91	2085	1242	255314.92	70250.43	8937.40
33260	1904	5098	2855	612196.64	88147.93	8667.07
116673	1743	11556	8701	1210764.85	286875.03	31067.32
54693	5583	13571	3338	777504.59	151068.97	11999.44
34621	4391	7311	2053	327490.65	64795.31	10723.75
58298	687	9945	5366	475282.71	133002.26	20603.31
73123	5926	17018	4623	719893.04	133355.49	14677.62
16646	1825	2534	733	156681.20	28969.50	3734.70
83186	9819	10677	6815	746957.75	157946.08	15219.84
49636	2763	4760	3000	329504.00	111851.00	9044.00
6733		895	301	69934.37	12845.10	2089.90
41743	2745	7699	5687	499360.78	114363.36	14075.11
69450	914	14725	4124	746888.02	153667.05	24424.56
30786	3639	5044	1748	428590.35	75351.46	21030.93
35386	65	4832	1307	297743.02	61165.10	9476.36
49789	2253	8351	2291	524549.62	105903.26	8722.17
12046	1377	2713	894	102564.54	23890.23	3692.23
88		49	1	2814.50	957.50	14.50
5297	17	672	316	53870.23	15677.03	1691.53
7281	530	1574	270	151848.01	29055.99	4090.14

职业高中学校资产情况

Condition of Fixed Assets and Teaching Resources

地 区 Region	学校占地面积(平方米) Area of School Sites (m^2)			图书(册) Books (volume)		
	合计 Total	其中:绿化用地面积 of Which: Green Areas	其中:运动场地面积 of Which: Sports Areas	合计 Total	当年新增 New Added in Current Year	合计 Total
总 计 Total	**18359207**	**3385925**	**3004445**	**3367865**	**96533**	**39275**
北 京 Beijing	518071	44248	79064	6000		149
天 津 Tianjin	155418	11784	28517	184895		1241
河 北 Hebei	503060	29229	128756	120200	4000	727
山 西 Shanxi	508680	58850	86465	96390	500	1020
内蒙古 Inner Mongolia	210198	43939	83418	36837	253	321
辽 宁 Liaoning	616271	113901	147086	58360	200	295
吉 林 Jilin	507857	70769	138528	128130		2282
黑龙江 Heilongjiang	107602	15180	39206	6568	200	358
上 海 Shanghai	4716	260	947			61
江 苏 Jiangsu	91655	14973	13150	1600	100	93
浙 江 Zhejiang	682918	102467	156596	174997	1880	1693
安 徽 Anhui	1155391	116689	66920	178850	2200	1105
福 建 Fujian						
江 西 Jiangxi	1271280	278798	184699	118856	10180	3680
山 东 Shandong	1316504	193113	152865	25503	500	403
河 南 Henan	1438782	214655	179337	212185	7300	2954
湖 北 Hubei	250881	69598	52031	19950	600	563
湖 南 Hunan	3272363	919857	529244	1058683	43936	11219
广 东 Guangdong	435903	98551	115837	6500	400	25
广 西 Guangxi						
海 南 Hainan	323846	85526	47042	47640	3150	981
重 庆 Chongqing	796082	147139	88582	38680		2095
四 川 Sichuan	452145	127403	129571	73598	8220	2074
贵 州 Guizhou	829268	157832	167812	304719	3484	1690
云 南 Yunnan	965133	187994	88069	15000	800	480
西 藏 Tibet						
陕 西 Shaanxi	1417261	234428	226272	436777	9030	3565
甘 肃 Gansu	219389	26842	61079	6300	200	15
青 海 Qinghai						
宁 夏 Ningxia						
新 疆 Xinjiang	308533	21900	13352	10647		186

（非学校产权中独立使用）
in Vocational High Schools（Not Owned by VHSs）

计算机数(台) No. of Computers(set)		教室(间) Classroom(room)		固定资产值(万元) Fixed Assets (10,000 yuan)		
其中:教学用计算机 of Which:No. of Computers Used for Instruction		合计 Total	其中:网络多媒体教室 of Which: Network Multimedia Classroom	合计 Total	其中:教学、实习仪器设备资产值 of Which: Teaching Equipment & Instruments	
小计 Subtotal	其中:平板电脑 of Which: Tablet PC				小计 Subtotal	当年新增 New Added in Current Year
32625	**4278**	**14674**	**4847**	**638317.78**	**68934.70**	**6655.19**
145		293	191	1986.00	84.00	
699		214	73	4669.72	1314.50	715.15
638	30	423	55	6173.96	1506.54	757.54
946	84	608	226	16317.16	1661.70	236.20
265		187	15	4272.32	209.20	
252		963	83	55041.25	1542.00	38.60
1613	366	379	40	8954.33	2146.60	337.20
275	142	173	43	1778.88	587.50	146.00
49		36	14	248.00	180.00	
93		23	10	7568.95	84.00	62.00
1527	20	723	391	34499.99	966.80	18.00
878	50	665	149	19994.00	4565.00	37.00
3359	449	893	333	121258.23	4380.67	605.43
362	47	1617	1121	33190.63	2926.00	2.55
2293	117	1339	309	35461.29	6892.00	1027.00
520		313	100	6605.20	1794.00	30.00
9067	1407	1450	712	120269.11	15345.82	1262.62
25		383	176	1355.00	182.00	5.00
847	63	240	59	6684.30	1937.07	44.35
1837	778	262	123	43406.47	4458.30	74.10
1897		616	124	24263.43	2675.16	620.00
1509	323	811	175	34598.33	4122.12	43.00
410	10	522	77	11435.90	2077.98	138.28
2962	390	1331	233	33372.79	6545.69	417.84
12	2	135	12	3724.29	564.00	4.00
		2		10.00		
145		73	3	1178.25	186.05	33.33

其他机构资产
Condition of Fixed Assets and Teaching Resources in Other

地区 Region	学校占地面积(平方米) Area of School Sites (m^2)			图书(册) Books (volume)		
	合计 Total	其中:绿化用地面积 of Which: Green Areas	其中:运动场地面积 of Which: Sports Areas	合计 Total	当年新增 New Added in Current Year	合计 Total
总　计 Total	**10241049**	**2013037**	**1486213**	**5974693**	**209943**	**49907**
北　京 Beijing						
天　津 Tianjin						
河　北 Hebei	480880	58410	128333	487620	39000	1856
山　西 Shanxi	214715	3000	59500	14000		177
内蒙古 Inner Mongolia						
辽　宁 Liaoning						
吉　林 Jilin	362376	107741	108383	280061	5000	2009
黑龙江 Heilongjiang	6210	5484				
上　海 Shanghai						
江　苏 Jiangsu	2488458	491182	325239	1312692	73958	9592
浙　江 Zhejiang	391074	90142	103574	254047	3696	4268
安　徽 Anhui	1647035	267907	165122	966090	25500	4909
福　建 Fujian						
江　西 Jiangxi	542270	266800	75480	2915	100	988
山　东 Shandong	1823911	281129	155538	561231	1541	3684
河　南 Henan	366627	65125	46795	190667	13000	2342
湖　北 Hubei	276962	19000	20500	66000		819
湖　南 Hunan	149676	28080	32794	288819	12490	2613
广　东 Guangdong	766351	185195	160778	1086966	29130	11253
广　西 Guangxi	88467		12000			145
海　南 Hainan	12370		380	1000		68
重　庆 Chongqing	73336	5670	10230	20250	600	407
四　川 Sichuan	235656	82806	19177	120687	4128	2332
贵　州 Guizhou	25000	200	15000	12800	200	50
云　南 Yunnan	51521	7685	12977	152722		1623
西　藏 Tibet						
陕　西 Shaanxi	5418	400	900	2800	1600	50
甘　肃 Gansu	43956	1200	8243	45326		372
青　海 Qinghai						
宁　夏 Ningxia	188780	45881	25270	108000		350
新　疆 Xinjiang						

情况(学校产权)
Institutions (Owned by SVSs)

计算机数(台) No. of Computers(set)		教室(间) Classroom(room)		固定资产值(万元) Fixed Assets (10,000 yuan)		
其中:教学用计算机 of Which:No. of Computers Used for Instruction		合计 Total	其中:网络多媒体教室 of Which: Network Multimedia Classroom	合计 Total	其中:教学、实习仪器设备资产值 of Which: Teaching Equipment & Instruments	
小计 Subtotal	其中:平板电脑 of Which: Tablet PC				小计 Subtotal	当年新增 New Added in Current Year
38817	**1675**	**7010**	**2776**	**503537.22**	**91062.54**	**8243.56**
1500	492	400	107	28998.63	1597.40	76.80
138		51	2	2143.20	202.70	28.20
1380		227	81	17785.41	2498.42	165.43
				600.00		
8166	261	1413	827	74054.55	14098.68	1322.14
3536	45	435	189	29580.19	5554.98	128.19
4174	124	1692	308	63256.99	14492.46	1741.00
820	158	154	19	14846.00	912.40	97.20
1904	255	612	244	74594.67	7784.55	325.00
1796	70	474	256	37810.00	5102.00	1516.00
636	50	95	8	9153.90	1597.00	89.00
2049	38	173	148	26760.00	3922.78	716.00
8397	82	574	334	84374.00	25579.00	1483.00
145		80		4235.61		
40		14	2	1765.00	883.00	
386		83	64	4578.50	819.00	7.50
1989		332	110	12776.99	2805.42	347.87
35		10	10	151.00	67.00	11.00
1078		72	11	9491.21	1052.02	2.00
50		2	1	59.80	48.50	
350	100	25	15	2926.94	345.94	42.94
248		92	40	3594.63	1699.29	144.29

其他机构资产情况

Condition of Fixed Assets and Teaching Resources

地 区 Region	学校占地面积(平方米) Area of School Sites (m^2)			图书(册) Books (volume)		
	合计 Total	其中:绿化用地面积 of Which: Green Areas	其中:运动场地面积 of Which: Sports Areas	合计 Total	当年新增 New Added in Current Year	合计 Total
总 计 Total	**1405666**	**264546**	**191114**	**660053**	**4700**	**3430**
北 京 Beijing						
天 津 Tianjin						
河 北 Hebei	14930	960	2456	145840		
山 西 Shanxi	126062	3200	11300	1000		80
内蒙古 Inner Mongolia						
辽 宁 Liaoning						
吉 林 Jilin	1800					
黑龙江 Heilongjiang	20000	500	2300	9988		34
上 海 Shanghai						
江 苏 Jiangsu	84083	13398	12175	89100		1132
浙 江 Zhejiang	75593	7650	26750	17600	50	316
安 徽 Anhui	260000	60000	14000	130000		100
福 建 Fujian						
江 西 Jiangxi						
山 东 Shandong	347161	46708	72822	251325	4650	1352
河 南 Henan	3200	400	600			
湖 北 Hubei	7500	2000	850	5000		
湖 南 Hunan	98292	2280	6738			
广 东 Guangdong	116772	52100	4500			213
广 西 Guangxi						
海 南 Hainan						
重 庆 Chongqing	37773	500	1500			
四 川 Sichuan						
贵 州 Guizhou						
云 南 Yunnan	212500	74850	35123	10200		203
西 藏 Tibet						
陕 西 Shaanxi						
甘 肃 Gansu						
青 海 Qinghai						
宁 夏 Ningxia						
新 疆 Xinjiang						

(非学校产权中独立使用)
in Other Institutions (Not Owned by SVSs)

计算机数(台) No. of Computers(set)		教室(间) Classroom(room)		固定资产值(万元) Fixed Assets (10,000 yuan)		
其中:教学用计算机 of Which: No. of Computers Used for Instruction		合计 Total	其中:网络多媒体教室 of Which: Network Multimedia Classroom	合计 Total	其中:教学、实习仪器设备资产值 of Which: Teaching Equipment & Instruments	
小计 Subtotal	其中:平板电脑 of Which: Tablet PC				小计 Subtotal	当年新增 New Added in Current Year
2656	**20**	**1082**	**363**	**46000.92**	**9460.13**	**529.74**
		31	31	1352.00	60.00	
50		58	1	1262.00	144.50	
20	20			274.00	22.00	
746		115	21	7277.00	2301.00	42.00
271		116	32	825.00	268.10	30.60
70		16		1209.00	510.00	
1113		168	42	28180.94	4742.93	456.14
		19	3	803.00		
		5	2	25.00		
		96	14	2930.00	885.00	
213		232	80			
		12		609.00	263.00	
173		214	137	1253.98	263.60	1.00

中等职业学校(机构)校舍情况(总计)

Condition of School Buidings in Secondary Vocational Schools (Institutions)(Total)

单位:平方米
unit:m²

地区 Region	学校产权建筑面积 Floor Area of School Building Owned by SVSs				正在施工校舍建筑面积 Floor Area Under Construction	独立使用非学校产权校舍建筑面积 Floor Area of School Building Not Owned by SVSs
	合计 Total	其中:危房 of Which: Dilapidated Buildings	其中:当年新增 of Which: New Added in Current Year	其中:被外单位借用 of Which: Floor Space Hired by Other Schools or Units		
总 计 Total	**215500935**	**1829484**	**8163699**	**656697**	**10129175**	**19885804**
北 京 Beijing	2480592	9163	117272	13095	46080	309364
天 津 Tianjin	1831031		11950	484		229451
河 北 Hebei	10198153	59575	158542	27049	180539	1303889
山 西 Shanxi	6767062	56703	350267	6404	398592	474959
内蒙古 Inner Mongolia	3629660	19987	75551	11392	168594	298418
辽 宁 Liaoning	5029383	7377	166873	17990	66575	1014399
吉 林 Jilin	2910127	3939	54359	996	297857	383611
黑龙江 Heilongjiang	2967758	21807	56766	5449	59828	378962
上 海 Shanghai	2861117		16338		65443	269911
江 苏 Jiangsu	16408313		856379	50502	505874	328430
浙 江 Zhejiang	10292253		411833	42903	448253	656417
安 徽 Anhui	15643890	49554	378531	4050	672439	749798
福 建 Fujian	5464644	29129	141214	3693	351299	623773
江 西 Jiangxi	6897221	75116	243795	11387	270966	639403
山 东 Shandong	15639509	4830	324714	19449	687677	1475501
河 南 Henan	16589286	51836	510717	56328	770437	1286863
湖 北 Hubei	8743660	34165	110046	77627	279535	509877
湖 南 Hunan	8814267	48142	222427	7541	199184	1013009
广 东 Guangdong	15116028	49034	441038	48870	584708	1975311
广 西 Guangxi	8147304	82281	147638	31737	583402	914319
海 南 Hainan	1825806	41790	42435	24150	83191	297394
重 庆 Chongqing	6047526	7848	89333	33187	134506	499260
四 川 Sichuan	12058983	31231	970817	59365	514943	2051712
贵 州 Guizhou	5307305	8425	806858	20885	1421648	480602
云 南 Yunnan	5914351	700489	654552	34155	415310	624029
西 藏 Tibet	492279	5685	186283		15133	
陕 西 Shaanxi	6725123	12978	54304	11088	268261	735737
甘 肃 Gansu	4257253	301961	174498	19019	211372	248900
青 海 Qinghai	985370	13513	40810	6480	62192	21487
宁 夏 Ningxia	1120595	26256	77615		20870	41331
新 疆 Xinjiang	4335086	76670	269944	11422	344467	49687

普通中专学校校舍情况

Condition of School Buidings in Regular Specialized Sec. Schools

单位:平方米
unit:m²

地 区 Region	学校产权建筑面积 Floor Area of School Building Owned by SVSs				正在施工校舍建筑面积 Floor Area Under Construction	独立使用非学校产权校舍建筑面积 Floor Area of School Building Not Owned by SVSs
	合计 Total	其中:危房 of Which: Dilapidated Buildings	其中:当年新增 of Which: New Added in Current Year	其中:被外单位借用 of Which: Floor Space Hired by Other Schools or Units		
总 计 Total	**116656232**	**980963**	**4244141**	**301424**	**6481084**	**10186839**
北 京 Beijing	931306	9163	45096	783	31647	33736
天 津 Tianjin	1409727					96095
河 北 Hebei	4078870	32558	36203	5192	79938	999208
山 西 Shanxi	3320398	33375	156544	4722	98116	160903
内蒙古 Inner Mongolia	1605978		10321	6000	32447	221828
辽 宁 Liaoning	2578427	3770	117323	10643	51152	628969
吉 林 Jilin	1014497		1520		257291	32929
黑龙江 Heilongjiang	1229417	6974	7897		47484	284171
上 海 Shanghai	1923197		16338		13340	260695
江 苏 Jiangsu	11688715		509698	32428	252390	211895
浙 江 Zhejiang	2064076		46159	7282	153838	134397
安 徽 Anhui	6208817	37538	178038	4050	548501	124408
福 建 Fujian	5464644	29129	141214	3693	351299	623773
江 西 Jiangxi	2706291	40429	20029	1880	177357	111751
山 东 Shandong	10340761	3630	257867	14756	532313	521973
河 南 Henan	7106108	18102	262318	320	440289	199198
湖 北 Hubei	7084150	34165	101913	74255	266077	360622
湖 南 Hunan	1497069	11787	17062	80	14947	57404
广 东 Guangdong	11967714	28183	372036	14458	473448	1715800
广 西 Guangxi	8099594	82281	147638	31737	583402	914319
海 南 Hainan	1306934	15320	30495	18939	63359	166225
重 庆 Chongqing	1069964		19188		16483	66685
四 川 Sichuan	5853524	9098	489360	35989	277723	1734163
贵 州 Guizhou	2246870	8425	264574	4718	831941	60900
云 南 Yunnan	2990113	241700	376239		260393	200631
西 藏 Tibet	492279	5685	186283		15133	
陕 西 Shaanxi	2263296	12854	8100	4000	119802	20511
甘 肃 Gansu	3289962	209050	111681	19019	148445	193859
青 海 Qinghai	943889	13513	39338	6480	62192	
宁 夏 Ningxia	563423	26256	59648		19267	40839
新 疆 Xinjiang	3316222	67978	214021		261070	8952

成人中专学校校舍情况

Condition of School Buidings in Adult Specialized Sec. Schools

单位:平方米

unit:m^2

地　区 Region	学校产权建筑面积 Floor Area of School Building Owned by SVSs				正在施工校舍建筑面积 Floor Area Under Construction	独立使用非学校产权校舍建筑面积 Floor Area of School Building Not Owned by SVSs
	合计 Total	其中:危房 of Which: Dilapidated Buildings	其中:当年新增 of Which: New Added in Current Year	其中:被外单位借用 of Which: Floor Space Hired by Other Schools or Units		
总　计 Total	**10033605**	**146303**	**136189**	**40728**	**372575**	**1844991**
北　京 Beijing	122567		2327	11640		18741
天　津 Tianjin	44429			224		11481
河　北 Hebei	587646	953	7793	14926		138402
山　西 Shanxi	173623	10872	1277			35942
内蒙古 Inner Mongolia	150795		12300		2520	4555
辽　宁 Liaoning	23497					49670
吉　林 Jilin	369720	3939		996		25754
黑龙江 Heilongjiang	328057	360	3778			36395
上　海 Shanghai	55156					4500
江　苏 Jiangsu	541299				92300	44576
浙　江 Zhejiang	263406		240	1000	86597	19642
安　徽 Anhui	651266		4803			201041
福　建 Fujian						
江　西 Jiangxi	270961	6360	5846	1494		33886
山　东 Shandong	556398		11396	1617	5933	363181
河　南 Henan	2139928		22075		89453	558721
湖　北 Hubei	220154			1862		1167
湖　南 Hunan	995427	2068	34456		11417	51052
广　东 Guangdong	166039					2558
广　西 Guangxi						
海　南 Hainan	39845	11349	480			
重　庆 Chongqing	711535	4802	4201		13260	83284
四　川 Sichuan	468194	4690	4206			72018
贵　州 Guizhou	339023				16500	25500
云　南 Yunnan	349328	96664	12045	3969	52065	16183
西　藏 Tibet						
陕　西 Shaanxi	157756					24403
甘　肃 Gansu	154236	4246	1800		2530	60
青　海 Qinghai	24348					21302
宁　夏 Ningxia	17908		180			492
新　疆 Xinjiang	111064		6986	3000		485

职业高中学校校舍情况

Condition of School Buidings in Vocational High Schools

单位:平方米
unit:m²

地　区 Region	学校产权建筑面积 Floor Area of School Building Owned by SVSs 合计 Total	其中:危房 of Which: Dilapidated Buildings	其中:当年新增 of Which: New Added in Current Year	其中:被外单位借用 of Which: Floor Space Hired by Other Schools or Units	正在施工校舍建筑面积 Floor Area Under Construction	独立使用非学校产权校舍建筑面积 Floor Area of School Building Not Owned by SVSs
总　计 Total	**84603186**	**689146**	**3617318**	**269626**	**3218431**	**7327025**
北　京 Beijing	1426719		69849	672	14433	256887
天　津 Tianjin	376875		11950	260		121875
河　北 Hebei	5363197	26064	95687	6931	85602	151045
山　西 Shanxi	3218877	12456	192446	1682	293891	271270
内蒙古 Inner Mongolia	1872887	19987	52930	5392	133627	72035
辽　宁 Liaoning	2427459	3607	49550	7347	15423	335760
吉　林 Jilin	1364220		44275		40566	324928
黑龙江 Heilongjiang	1407058	14473	45091	5449	12344	54538
上　海 Shanghai	882764				52103	4716
江　苏 Jiangsu	3384728		328888	11093	159184	9650
浙　江 Zhejiang	7683194		354910	34621	207818	437310
安　徽 Anhui	7994071	12016	195690		122338	409430
福　建 Fujian						
江　西 Jiangxi	3765021	28327	125581	8013	93609	493766
山　东 Shandong	4287765	1200	53961		147692	419318
河　南 Henan	7133654	32246	226324	56008	238305	518758
湖　北 Hubei	1334228		8133	1510	13458	138588
湖　南 Hunan	6226627	31402	170639	7011	172820	867850
广　东 Guangdong	2470340	16659	68922		108460	247133
广　西 Guangxi						
海　南 Hainan	477551	15121	11460	5211	19832	131169
重　庆 Chongqing	4203347	3046	52939	33187	104763	324523
四　川 Sichuan	5604619	12936	477251	23376	237220	245531
贵　州 Guizhou	2712799		539157	16167	573207	394202
云　南 Yunnan	2496818	362125	266268	30186	102852	310504
西　藏 Tibet						
陕　西 Shaanxi	4304071	124	46204	7088	148459	690823
甘　肃 Gansu	772152	88665	61017		35425	54981
青　海 Qinghai	17133		1472			185
宁　夏 Ningxia	487212		17787		1603	
新　疆 Xinjiang	907800	8692	48937	8422	83397	40250

其他机构

Condition of School Buidings

地　区 Region	学校产权 Floor Area of School 合计 Total	其中:危房 of Which: Dilapidated Buildings
总　计 Total	**4207912**	**13072**
北　京 Beijing		
天　津 Tianjin		
河　北 Hebei	168440	
山　西 Shanxi	54164	
内蒙古 Inner Mongolia		
辽　宁 Liaoning		
吉　林 Jilin	161690	
黑龙江 Heilongjiang	3226	
上　海 Shanghai		
江　苏 Jiangsu	793571	
浙　江 Zhejiang	281577	
安　徽 Anhui	789736	
福　建 Fujian		
江　西 Jiangxi	154948	
山　东 Shandong	454585	
河　南 Henan	209596	1488
湖　北 Hubei	105128	
湖　南 Hunan	95144	2885
广　东 Guangdong	511935	4192
广　西 Guangxi	47710	
海　南 Hainan	1476	
重　庆 Chongqing	62680	
四　川 Sichuan	132646	4507
贵　州 Guizhou	8613	
云　南 Yunnan	78092	
西　藏 Tibet		
陕　西 Shaanxi		
甘　肃 Gansu	40903	
青　海 Qinghai		
宁　夏 Ningxia	52052	
新　疆 Xinjiang		

校舍情况
in Other Institutions

单位:平方米
unit: m^2

建筑面积 Building Owned by SVSs		正在施工校舍建筑面积 Floor Area Under Construction	独立使用非学校产权校舍建筑面积 Floor Area of School Building Not Owned by SVSs
其中:当年新增 of Which: New Added in Current Year	其中:被外单位借用 of Which: Floor Space Hired by Other Schools or Units		
166051	**44919**	**57085**	**526949**
18859		14999	15234
		6585	6844
8564			
			3858
17793	6981	2000	62309
10524			65068
		1600	14919
92339			
1490	3076	1739	171029
		2390	10186
			9500
270	450		36703
80	34412	2800	9820
13005			24768
3127			
			96711
		24972	

地　区 Region	学校数 （所） Schools	教学班（点） （个） External Teaching Sites （class）	结业生数 Graduates	
			合计 Total	其中：女 of Which： Female
总　计 Total	**105055**	**489731**	**44795293**	**21759566**
北　京 Beijing	3634	44234	2829188	1543590
天　津 Tianjin	2742	25234	1251440	619433
河　北 Hebei	5051	18041	1533798	764369
山　西 Shanxi	4014	18146	2011667	872613
内蒙古 Inner Mongolia	1606	2901	360136	145730
辽　宁 Liaoning	8151	46936	1929346	980868
吉　林 Jilin	2549	5345	325167	134362
黑龙江 Heilongjiang	2139	7072	623698	313217
上　海 Shanghai	691	25967	2007083	1096042
江　苏 Jiangsu	8273	61863	7581146	3512241
浙　江 Zhejiang	4371	32387	2814864	1439575
安　徽 Anhui	219	1380	176730	92512
福　建 Fujian	1568	10060	804431	422081
江　西 Jiangxi	346	1004	50599	24897
山　东 Shandong	6768	22006	1886703	888617
河　南 Henan	10187	20096	2794369	1268701
湖　北 Hubei	926	3341	342799	176987
湖　南 Hunan	1089	4000	426492	131865
广　东 Guangdong	2131	37332	2227706	1145626
广　西 Guangxi	51	392	49944	21222
海　南 Hainan	244	1863	37129	28682
重　庆 Chongqing	4537	16018	1366128	672008
四　川 Sichuan	4539	18440	2216319	1045924
贵　州 Guizhou	7098	11480	1631110	826424
云　南 Yunnan	9643	24979	4680332	2273959
西　藏 Tibet				
陕　西 Shaanxi	8781	18281	1329375	629357
甘　肃 Gansu	1274	1430	171484	83476
青　海 Qinghai	354	162	10382	6423
宁　夏 Ningxia	21	257	35948	18206
新　疆 Xinjiang	2058	9084	1289780	580559

机构基本情况(总计)

Training Institutions (Total)

单位:人/人次

unit:person/person-time

注册学生数 Enrolment		教职工数 Educational Personnel		聘请校外教师 Part-time Teachers
合计 Total	其中:女 of Which: Female	合计 Total	其中:专任教师 of Which: Full-time Teacher	
42377220	**20550945**	**477439**	**276495**	**250903**
2548804	1322292	53316	19539	17252
1340330	692172	18025	9871	10249
1181460	581707	23520	15746	8195
2055396	873874	19838	9394	7463
404440	185179	5237	3765	1695
2403199	1197459	51208	31334	14014
461715	194019	9357	6391	2204
454833	220784	14269	9790	2233
1837863	1058954	16455	7611	11596
6193781	2804175	48239	32983	44357
2656548	1304671	20404	14140	23866
181801	96032	1782	891	2182
771637	401778	11908	5664	7281
51546	24829	1879	1386	708
1671046	780196	28636	21546	10283
2659967	1233826	25688	14822	13674
357935	177387	7066	4874	1684
517988	217814	4748	3456	1154
2216117	1141147	27951	16253	10179
49967	21301	400	115	402
37719	28831	917	201	689
1510287	697395	8798	5276	6930
2128854	1024718	14828	9811	7100
1693020	850226	17971	6203	7654
3939445	1938471	10666	5089	15072
1382338	700946	28033	16273	16839
175093	84247	1804	1767	936
11776	7319	258	221	169
40057	20580	301	207	50
1442258	668616	3937	1876	4793

职业技术培训

Basic Statistics of Vocational

地　区 Region	学校数 (所) Schools	教学班(点) (个) External Teaching Sites (class)	结业生数 Graduates	
			合计 Total	其中:女 of Which: Female
总　计 Total	**2684**	**38035**	**2955875**	**1352836**
北　京 Beijing	31	579	69968	37467
天　津 Tianjin	8	183	12892	6934
河　北 Hebei	65	472	42214	23261
山　西 Shanxi	313	6635	774893	248926
内蒙古 Inner Mongolia	47	261	37837	16493
辽　宁 Liaoning	116	754	74094	39689
吉　林 Jilin	45	231	27802	11651
黑龙江 Heilongjiang	100	582	33044	15764
上　海 Shanghai	21	1608	135511	88821
江　苏 Jiangsu	549	8457	435629	207423
浙　江 Zhejiang	185	3016	171906	80737
安　徽 Anhui	28	113	33709	17485
福　建 Fujian	60	1168	165371	99353
江　西 Jiangxi	39	275	22770	11699
山　东 Shandong	178	1332	99536	43021
河　南 Henan	247	2706	157129	69383
湖　北 Hubei	38	631	43227	24284
湖　南 Hunan	78	398	38257	21904
广　东 Guangdong	84	1908	44284	20982
广　西 Guangxi	7	22	1377	540
海　南 Hainan	28	193	8659	6501
重　庆 Chongqing	103	797	39563	19633
四　川 Sichuan	124	3465	276990	132447
贵　州 Guizhou	17	327	23396	7940
云　南 Yunnan	47	142	31619	17185
西　藏 Tibet				
陕　西 Shaanxi	96	1403	124765	70102
甘　肃 Gansu	5	21	4397	1854
青　海 Qinghai	1			
宁　夏 Ningxia	1	60	4138	2803
新　疆 Xinjiang	23	296	20898	8554

学校基本情况

Technical Training Schools

单位:人/人次

unit:person/person-time

注册学生数 Enrolment		教职工数 Educational Personnel		聘请校外教师 Part-time Teachers
合计 Total	其中:女 of Which: Female	合计 Total	其中:专任教师 of Which: Full-time Teacher	
2947797	**1348695**	**62631**	**48348**	**17029**
58528	30984	400	257	160
4388	2629	432	331	106
46364	26073	7639	6806	533
780122	251147	2918	1904	658
34553	15226	1091	851	346
72295	36585	2110	1521	365
58202	22886	1064	844	96
34779	14591	2358	1730	259
137647	89787	1273	959	528
428670	202316	12743	10088	5043
168418	79228	3467	2729	2045
37295	19975	647	322	152
136294	81641	1852	1671	861
23422	11612	537	370	269
92360	39755	2390	1950	411
127026	58433	4603	3207	863
49072	28375	2288	1850	242
51337	27728	1996	1644	137
56509	30755	1269	676	618
1325	470	83	65	33
9249	6650	248	186	35
40080	20455	2036	1591	1011
291609	142290	4445	3325	869
34959	13329	926	601	157
30081	17442	298	169	150
121335	66611	2803	2141	558
4447	1859	72	68	332
		168	158	23
4138	2803	38	28	14
13293	7060	437	306	155

农村成人文化技术

Basic Statistics of Technical

地 区 Region	学校数 (所) Schools	教学班(点) (个) External Teaching Sites (class)	结业生数 Graduates	
			合计 Total	其中:女 of Which: Female
总 计 Total	**82167**	**237649**	**32077200**	**15339958**
北 京 Beijing	2137	8777	870443	511295
天 津 Tianjin	2217	6636	542320	266256
河 北 Hebei	4435	13073	1393277	682237
山 西 Shanxi	3030	5766	1026711	504328
内蒙古 Inner Mongolia	1351	1799	300230	119159
辽 宁 Liaoning	2327	5676	1019073	514980
吉 林 Jilin	1443	1460	219771	84959
黑龙江 Heilongjiang	1218	2679	315048	147317
上 海 Shanghai	116	5407	636760	364602
江 苏 Jiangsu	6317	35368	5629400	2523983
浙 江 Zhejiang	2831	21574	2197732	1116280
安 徽 Anhui	177	1018	128339	67088
福 建 Fujian	1157	4433	442959	211196
江 西 Jiangxi	267	420	11526	5667
山 东 Shandong	5419	13722	1296599	617979
河 南 Henan	9593	16136	2526263	1147278
湖 北 Hubei	726	1679	244050	122483
湖 南 Hunan	838	2556	339188	86660
广 东 Guangdong	598	12664	1479603	731131
广 西 Guangxi	44	370	48567	20682
海 南 Hainan	216	1670	28470	22181
重 庆 Chongqing	4169	12198	1226258	596308
四 川 Sichuan	4150	13720	1773250	831731
贵 州 Guizhou	6550	9535	1488195	755846
云 南 Yunnan	9410	23891	4596103	2230925
西 藏 Tibet				
陕 西 Shaanxi	7926	9874	953782	447540
甘 肃 Gansu	1264	1404	166135	81221
青 海 Qinghai	350	134	9110	5775
宁 夏 Ningxia			1008	310
新 疆 Xinjiang	1891	4010	1167030	522561

培训学校基本情况

Training Schools for Peasants

单位:人/人次

unit:person/person-time

注册学生数 Enrolment		教职工数 Educational Personnel		聘请校外教师 Part-time Teachers
合计 Total	其中:女 of Which: Female	合计 Total	其中:专任教师 of Which: Full-time Teacher	
28681342	**13646411**	**159329**	**84372**	**144558**
447763	250059	1499	811	2685
414482	206257	2250	1055	3904
999962	479167	8340	4548	5834
1003472	474783	6524	1897	4452
347724	159124	3086	2236	1160
1196630	582668	3636	2190	2105
257796	104159	2604	1173	1490
206695	96673	5131	2517	1435
514527	296758	896	699	2042
4321366	1873329	18750	11532	24605
2068653	1008497	7380	4852	17607
129792	68134	793	287	1912
437075	210063	4121	581	4674
11801	5677	559	378	325
1120699	514694	11608	8503	6477
2413080	1120390	18402	9803	11767
250159	117703	2418	1268	1038
377319	147342	1594	965	788
1385511	668706	6250	3780	3845
48642	20831	317	50	369
28470	22181	669	15	654
1247732	612201	3619	1641	4554
1664961	796296	7657	4558	5390
1518417	765766	14387	4226	6605
3858141	1895020	8783	4114	14325
946886	469930	14985	8499	10125
169296	81808	1724	1691	604
11154	7071	90	63	112
925	261	36	26	2
1282212	590863	1221	414	3673

其他培训机构
Basic Statistics

地　区 Region	学校数 (所) Schools	教学班(点) (个) External Teaching Sites (class)	结业生数 Graduates	
			合计 Total	其中:女 of Which: Female
总　计 Total	**20204**	**214047**	**9762218**	**5066772**
北　京 Beijing	1466	34878	1888777	994828
天　津 Tianjin	517	18415	696228	346243
河　北 Hebei	551	4496	98307	58871
山　西 Shanxi	671	5745	210063	119359
内蒙古 Inner Mongolia	208	841	22069	10078
辽　宁 Liaoning	5708	40506	836179	426199
吉　林 Jilin	1061	3654	77594	37752
黑龙江 Heilongjiang	821	3811	275606	150136
上　海 Shanghai	554	18952	1234812	642619
江　苏 Jiangsu	1407	18038	1516117	780835
浙　江 Zhejiang	1355	7797	445226	242558
安　徽 Anhui	14	249	14682	7939
福　建 Fujian	351	4459	196101	111532
江　西 Jiangxi	40	309	16303	7531
山　东 Shandong	1171	6952	490568	227617
河　南 Henan	347	1254	110977	52040
湖　北 Hubei	162	1031	55522	30220
湖　南 Hunan	173	1046	49047	23301
广　东 Guangdong	1449	22760	703819	393513
广　西 Guangxi				
海　南 Hainan				
重　庆 Chongqing	265	3023	100307	56067
四　川 Sichuan	265	1255	166079	81746
贵　州 Guizhou	531	1618	119519	62638
云　南 Yunnan	186	946	52610	25849
西　藏 Tibet				
陕　西 Shaanxi	759	7004	250828	111715
甘　肃 Gansu	5	5	952	401
青　海 Qinghai	3	28	1272	648
宁　夏 Ningxia	20	197	30802	15093
新　疆 Xinjiang	144	4778	101852	49444

基本情况
of Others

单位：人/人次
unit：person/person-time

注册学生数 Enrolment		教职工数 Educational Personnel		聘请校外教师 Part-time Teachers
合计 Total	其中：女 of Which: Female	合计 Total	其中：专任教师 of Which: Full-time Teacher	
10748081	**5555839**	**255479**	**143775**	**89316**
2042513	1041249	51417	18471	14407
921460	483286	15343	8485	6239
135134	76467	7541	4392	1828
271802	147944	10396	5593	2353
22163	10829	1060	678	189
1134274	578206	45462	27623	11544
145717	66974	5689	4374	618
213359	109520	6780	5543	539
1185689	672409	14286	5953	9026
1443745	728530	16746	11363	14709
419477	216946	9557	6559	4214
14714	7923	342	282	118
198268	110074	5935	3412	1746
16323	7540	783	638	114
457987	225747	14638	11093	3395
119861	55003	2683	1812	1044
58704	31309	2360	1756	404
89332	42744	1158	847	229
774097	441686	20432	11797	5716
222475	64739	3143	2044	1365
172284	86132	2726	1928	841
139644	71131	2658	1376	892
51223	26009	1585	806	597
314117	164405	10245	5633	6156
1350	580	8	8	
622	248			34
34994	17516	227	153	34
146753	70693	2279	1156	965

职业技术培训机

Condition of Fixed Assets and Teaching Resources

地 区 Region	占地面积 (平方米) Area of School Sites (m²)	教学行政用房 建筑面积 (平方米) Administrative (m²)	图书(册) Books (volume)	合计 Total
总 计 Total	**106096500**	**40267329**	**149228322**	**728698**
北 京 Beijing	5656304	1598550	31163013	55901
天 津 Tianjin	2074819	857307	22865096	19613
河 北 Hebei	5344645	1474717	4075226	18762
山 西 Shanxi	2530341	1461770	5224378	22551
内蒙古 Inner Mongolia	2367180	880555	1384393	5122
辽 宁 Liaoning	6443249	2871149	4571983	58379
吉 林 Jilin	2524542	507136	939656	5629
黑龙江 Heilongjiang	4295459	1089907	1647537	9561
上 海 Shanghai	1533022	970623	3186388	36528
江 苏 Jiangsu	18320241	10065993	23116649	134698
浙 江 Zhejiang	7272090	3297299	6597519	60623
安 徽 Anhui	1403106	251817	596983	3661
福 建 Fujian	882946	678700	1960619	16038
江 西 Jiangxi	1555926	181312	1229337	8132
山 东 Shandong	8317206	2109807	3477200	29498
河 南 Henan	6490129	2677031	5693267	34043
湖 北 Hubei	4566658	1078398	2748351	17405
湖 南 Hunan	2521945	762843	2286944	12289
广 东 Guangdong	5368127	2190266	9023039	85490
广 西 Guangxi	159018	52909	243976	804
海 南 Hainan	190441	106406	167920	983
重 庆 Chongqing	890932	514677	1529636	10700
四 川 Sichuan	2245904	977526	2876838	26470
贵 州 Guizhou	3827108	878600	2432668	12378
云 南 Yunnan	2229325	608903	1847620	6239
西 藏 Tibet				
陕 西 Shaanxi	3516759	1424470	3868081	28356
甘 肃 Gansu	520888	184508	455900	1624
青 海 Qinghai	235831	14914	75049	168
宁 夏 Ningxia	173460	30886	82286	472
新 疆 Xinjiang	2638899	468350	3860770	6581

构资产情况
in Vocational Technical Training Institutions

计算机数(台) No. of Computers(set)		教室(间) Classroom(room)		固定资产总值(万元) Fixed Assets (in 10,000 yuan)	
其中:教学用计算机 No. of Computers Used for Instruction		合计 Total	其中:网络多媒体教室 of Which: Network Multimedia Classroom	合计 Total	其中:教学、实习仪器设备资产值 of Which: Teaching Equipment & Instruments
小计 Subtotal	其中:平板电脑 of Which: Tablet PC				
612756	**56496**	**293402**	**88994**	**18754904.29**	**7174420.30**
42193	6763	30727	3718	207786.04	72733.08
17266	1332	3532	1087	57891.28	19237.90
16918	1234	10951	1464	118099.56	32945.75
22233	253	14231	6474	155035.47	51155.60
4632	93	5277	586	40398.96	11421.00
53275	12864	21627	6542	447595.53	110584.65
4098	194	5156	571	72194.37	12454.07
8582	461	4404	817	87008.85	35167.36
29050	2840	12517	5459	139381.00	57464.00
125316	7687	32005	14995	1979795.35	361914.01
55672	3738	15716	7445	342026.00	92615.92
3271	85	1293	330	36091.15	8653.85
13691	505	4100	1360	58808.39	15957.58
7012	553	1604	629	40465.50	5200.70
27296	2449	13567	3731	167303.47	40763.84
18869	2621	28891	7347	160076.85	38740.38
15909	262	2880	689	114621.48	29109.98
11038	561	2963	775	84508.33	14895.20
55898	6153	40938	16831	13744482.00	5952076.00
508	80	98	25	3742.40	687.40
781	298	384	50	7940.00	1296.00
8670	1493	5232	1064	37741.10	10279.83
23233	437	7128	904	111334.35	24816.37
10614	831	8026	1945	120106.61	27495.96
5574	373	4667	996	45590.76	7727.90
23282	1684	10556	2114	307871.06	113550.06
1624		660	314	18795.24	10168.91
140		46	1	2114.37	278.65
418	31	203	66	3534.24	846.88
5693	621	4023	665	42564.58	14181.47

职工技术培训

Condition of Fixed Assets and Teaching

地 区 Region	占地面积（平方米）Area of School Sites（m^2）	教学行政用房建筑面积（平方米）Administrative（m^2）	图书(册) Books (volume)	合计 Total
总 计 Total	**24970112**	**8553470**	**20893041**	**143303**
北 京 Beijing	41027	25504	390251	709
天 津 Tianjin	339298	67984	131150	953
河 北 Hebei	1312579	442874	943104	6743
山 西 Shanxi	999932	412570	2215018	8127
内蒙古 Inner Mongolia	1463155	436441	809519	3107
辽 宁 Liaoning	870944	280386	551450	3365
吉 林 Jilin	585353	107270	217166	1455
黑龙江 Heilongjiang	900752	320866	462899	3805
上 海 Shanghai	316414	138235	677000	3858
江 苏 Jiangsu	4709275	1493002	3234449	31981
浙 江 Zhejiang	1875260	870991	1610024	14281
安 徽 Anhui	103131	26284	89620	950
福 建 Fujian	315565	178271	771098	5223
江 西 Jiangxi	397726	44548	407432	2943
山 东 Shandong	804044	264853	298201	4058
河 南 Henan	2848436	1012696	1509592	10489
湖 北 Hubei	1113526	384001	1308739	4911
湖 南 Hunan	1269008	392332	1196971	5499
广 东 Guangdong	163002	70960	308364	6088
广 西 Guangxi	135645	39961	182080	557
海 南 Hainan	148791	69001	97600	855
重 庆 Chongqing	39548	49230	211850	2174
四 川 Sichuan	999892	446836	1085884	7801
贵 州 Guizhou	1042774	217553	379127	3484
云 南 Yunnan	364552	131273	122363	923
西 藏 Tibet				
陕 西 Shaanxi	1337340	535889	1161058	7614
甘 肃 Gansu	92874	14300	60000	222
青 海 Qinghai				
宁 夏 Ningxia	19900	7240	51420	122
新 疆 Xinjiang	360369	72119	409612	1006

学校资产情况
Resources in Technical Training Schools

计算机数(台) No. of Computers(set)		教室(间) Classroom(room)		固定资产总值(万元) Fixed Assets (in 10,000 yuan)	
其中:教学用计算机 No. of Computers Used for Instruction		合计 Total	其中:网络多媒体教室 of Which: Network Multimedia Classroom	合计 Total	其中:教学、实习仪器设备资产值 of Which: Teaching Equipment & Instruments
小计 Subtotal	其中:平板电脑 of Which: Tablet PC				
124313	**8704**	**52630**	**20401**	**1634500.99**	**579563.47**
584	32	47	26	4669.69	1161.80
953		269	189	7130.70	2201.00
5734	358	934	217	47855.36	14176.91
8116	8	571	489	125710.98	37600.74
2677	28	1201	110	25782.06	6606.00
2950	45	613	293	99413.70	12790.70
1096	28	460	112	11638.70	3845.10
3235	329	1129	148	37429.16	11532.86
2921	53	5318	2986	39575.00	13680.00
30152	1390	6420	2348	343179.99	75032.85
13985	565	2195	1538	112927.40	38757.22
867	28	129	51	16150.00	4189.00
3809	469	418	229	21718.63	5555.94
2327	185	353	128	19601.49	2125.57
3829	701	841	196	23223.73	5444.23
9210	1612	4812	1641	82144.80	20511.70
4150	86	499	236	43509.00	11535.00
5171	122	811	336	24738.20	8538.70
2759	645	20511	8009	312891.00	259941.00
383		61	5	1853.00	568.00
653	273	169	38	6734.00	1056.00
1851	305	433	193	5860.00	2632.00
6762	273	1507	278	63468.59	11873.13
2649	483	704	89	40615.48	3985.03
820	13	218	71	6081.60	836.65
5474	308	1784	407	97389.26	16942.51
222		20	16	2949.00	1899.00
121		34	8	188.00	109.00
853	365	169	14	10072.47	4435.83

农村成人文化技术

Condition of Fixed Assets and Teaching Resources

地　区 Region	占地面积（平方米）Area of School Sites（m^2）	教学行政用房建筑面积（平方米）Administrative（m^2）	图书(册) Books (volume)	合计 Total
总　计 Total	**50082895**	**14199561**	**42311182**	**233805**
北　京 Beijing	1423988	345881	1210089	9617
天　津 Tianjin	562710	143257	484571	3864
河　北 Hebei	3050077	695844	2022016	5655
山　西 Shanxi	1002291	659803	1918605	7436
内蒙古 Inner Mongolia	360729	110197	314541	1343
辽　宁 Liaoning	2033234	542614	1157826	3558
吉　林 Jilin	1557753	162256	225485	579
黑龙江 Heilongjiang	2881451	455592	807046	1506
上　海 Shanghai	392165	223072	518747	7275
江　苏 Jiangsu	5237769	2014789	5270040	31144
浙　江 Zhejiang	4267006	1603248	3973627	29864
安　徽 Anhui	1148980	161105	340811	1104
福　建 Fujian	237051	137907	500237	3843
江　西 Jiangxi	137382	41835	129440	2346
山　东 Shandong	6034150	1041872	2000181	11517
河　南 Henan	3269517	1444082	3746261	19284
湖　北 Hubei	2668508	469514	776667	9316
湖　南 Hunan	711016	220882	892137	4244
广　东 Guangdong	3342669	1087572	4768172	36267
广　西 Guangxi	23373	12948	61896	247
海　南 Hainan	37650	36205	69120	128
重　庆 Chongqing	671815	315181	1167173	4821
四　川 Sichuan	843297	302574	1103791	14637
贵　州 Guizhou	2405295	517977	1535122	6207
云　南 Yunnan	1716534	417977	1522512	4332
西　藏 Tibet				
陕　西 Shaanxi	1586905	559780	2079906	10815
甘　肃 Gansu	402014	167008	389050	1352
青　海 Qinghai	202856	13628	71249	
宁　夏 Ningxia	26947	7613	2060	
新　疆 Xinjiang	1847763	287348	3252804	1504

培训学校资产情况
in Technical Training Schools for Peasants

计算机数(台) No. of Computers(set)		教室(间) Classroom(room)		固定资产总值(万元) Fixed Assets (in 10,000 yuan)	
其中:教学用计算机 No. of Computers Used for Instruction		合计 Total	其中:网络多媒体教室 of Which: Network Multimedia Classroom	合计 Total	其中:教学、实习仪器设备资产值 of Which: Teaching Equipment & Instruments
小计 Subtotal	其中:平板电脑 of Which: Tablet PC				
195260	**11853**	**103996**	**27288**	**9676761.51**	**695083.27**
8117	145	1311	260	24702.05	7915.97
2570	37	912	154	8939.72	2780.65
5445	185	3988	568	39041.64	8193.14
7179	177	10971	4779	14272.70	3566.21
1300	45	3023	476	9326.90	3707.00
3039	74	4403	1168	28777.00	4124.43
398	37	487	43	15592.10	2718.80
1460	10	672	183	8479.13	2175.04
5818	442	1128	413	24815.00	9632.00
28135	3078	11447	2684	363904.82	49566.81
27287	2003	5555	3123	145885.14	35319.53
1026		930	153	8605.70	1089.85
3485		1104	809	12991.66	2310.43
2298	200	413	87	6160.78	485.19
10825	1056	7025	2023	71462.87	15879.17
5984	538	18730	3759	52904.15	11272.50
9040	42	1067	228	31496.80	6926.10
3996	202	1454	304	13927.33	3039.50
28516	2213	5334	2370	8471562.00	409859.00
125	80	37	20	1889.40	119.40
128	25	215	12	1206.00	240.00
3533	598	2570	345	19588.70	3329.03
13044	65	4137	363	29193.61	8056.02
5676	223	5227	1075	40240.32	10865.12
4057	287	3601	770	35571.52	4702.71
10090	56	4744	692	167018.20	75355.05
1352		630	288	15096.24	8116.91
		14		661.82	254.00
		7		1377.00	91.00
1337	35	2860	139	12071.21	3392.71

其他培训机构

Condition of Fixed Assets and

地　区 Region	占地面积（平方米）Area of School Sites（m^2）	教学行政用房建筑面积（平方米）Administrative（m^2）	图书(册) Books（volume）	合计 Total
总　计 Total	**31043493**	**17514298**	**86024099**	**351590**
北　京 Beijing	4191289	1227165	29562673	45575
天　津 Tianjin	1172811	646066	22249375	14796
河　北 Hebei	981989	335999	1110106	6364
山　西 Shanxi	528118	389397	1090755	6988
内蒙古 Inner Mongolia	543296	333917	260333	672
辽　宁 Liaoning	3539071	2048149	2862707	51456
吉　林 Jilin	381436	237610	497005	3595
黑龙江 Heilongjiang	513256	313449	377592	4250
上　海 Shanghai	824443	609316	1990641	25395
江　苏 Jiangsu	8373197	6558202	14612160	71573
浙　江 Zhejiang	1129824	823060	1013868	16478
安　徽 Anhui	150995	64428	166552	1607
福　建 Fujian	330330	362522	689284	6972
江　西 Jiangxi	1020818	94929	692465	2843
山　东 Shandong	1479012	803082	1178818	13923
河　南 Henan	372176	220253	437414	4270
湖　北 Hubei	784624	224883	662945	3178
湖　南 Hunan	541921	149629	197836	2546
广　东 Guangdong	1862456	1031734	3946503	43135
广　西 Guangxi				
海　南 Hainan	4000	1200	1200	
重　庆 Chongqing	179569	150266	150613	3705
四　川 Sichuan	402715	228116	687163	4032
贵　州 Guizhou	379039	143070	518419	2687
云　南 Yunnan	148239	59653	202745	984
西　藏 Tibet				
陕　西 Shaanxi	592514	328801	627117	9927
甘　肃 Gansu	26000	3200	6850	50
青　海 Qinghai	32975	1286	3800	168
宁　夏 Ningxia	126613	16033	28806	350
新　疆 Xinjiang	430767	108883	198354	4071

资产情况
Teaching Resources in Others

计算机数(台) No. of Computers (set)		教室(间) Classroom(room)		固定资产总值(万元) Fixed Assets (in 10,000 yuan)	
其中:教学用计算机 No. of Computers Used for Instruction		合计 Total	其中:网络多媒体教室 of Which: Network Multimedia Classroom	合计 Total	其中:教学、实习仪器设备资产值 of Which: Teaching Equipment & Instruments
小计 Subtotal	其中:平板电脑 of Which: Tablet PC				
293183	**35939**	**136776**	**41305**	**7443641.79**	**5899773.56**
33492	6586	29369	3432	178414.30	63655.31
13743	1295	2351	744	41820.86	14256.25
5739	691	6029	679	31202.56	10575.70
6938	68	2689	1206	15051.79	9988.65
655	20	1053		5290.00	1108.00
47286	12745	16611	5081	319404.83	93669.52
2604	129	4209	416	44963.57	5890.17
3887	122	2603	486	41100.56	21459.46
20311	2345	6071	2060	74991.00	34152.00
67029	3219	14138	9963	1272710.54	237314.35
14400	1170	7966	2784	83213.46	18539.17
1378	57	234	126	11335.45	3375.00
6397	36	2578	322	24098.10	8091.21
2387	168	838	414	14703.23	2589.94
12642	692	5701	1512	72616.87	19440.44
3675	471	5349	1947	25027.90	6956.18
2719	134	1314	225	39615.68	10648.88
1871	237	698	135	45842.80	3317.00
24623	3295	15093	6452	4960029.00	5282276.00
3286	590	2229	526	12292.40	4318.80
3427	99	1484	263	18672.15	4887.22
2289	125	2095	781	39250.81	12645.81
697	73	848	155	3937.64	2188.54
7718	1320	4028	1015	43463.60	21252.50
50		10	10	750.00	153.00
140		32	1	1452.55	24.65
297	31	162	58	1969.24	646.88
3503	221	994	512	20420.90	6352.93

初中校

Number of Schools, Classes of

地 区 Region	学校数(所) Schools			
	合计 Total	初级中学 Regular Junior Secondary Schools	九年一贯制学校 9-year Schools	职业初中 Vocational Junior Secondary Schools
总 计 Total	**52623**	**37958**	**14639**	**26**
北 京 Beijing	337	235	102	
天 津 Tianjin	326	289	37	
河 北 Hebei	2391	1944	447	
山 西 Shanxi	1919	1446	473	
内蒙古 Inner Mongolia	725	512	213	
辽 宁 Liaoning	1533	1022	511	
吉 林 Jilin	1195	874	316	5
黑龙江 Heilongjiang	1569	1101	467	1
上 海 Shanghai	522	358	164	
江 苏 Jiangsu	2077	1637	440	
浙 江 Zhejiang	1719	1280	439	
安 徽 Anhui	2905	2144	761	
福 建 Fujian	1239	1076	163	
江 西 Jiangxi	2127	1537	590	
山 东 Shandong	2917	2261	656	
河 南 Henan	4566	3839	727	
湖 北 Hubei	2011	1564	447	
湖 南 Hunan	3314	2191	1123	
广 东 Guangdong	3387	2101	1286	
广 西 Guangxi	1843	1600	243	
海 南 Hainan	392	212	180	
重 庆 Chongqing	921	738	183	
四 川 Sichuan	3901	1874	2024	3
贵 州 Guizhou	2166	1580	573	13
云 南 Yunnan	1670	1453	214	3
西 藏 Tibet	96	93	3	
陕 西 Shaanxi	1714	1268	446	
甘 肃 Gansu	1538	998	539	1
青 海 Qinghai	268	108	160	
宁 夏 Ningxia	235	168	67	
新 疆 Xinjiang	1100	455	645	

数、班数(总计)
Junior Secondary Schools(Total)

班数(个) Classes				
合计 Total	一年级 Grade 1	二年级 Grade 2	三年级 Grade 3	四年级 Grade 4
907709	**302008**	**301402**	**294280**	**10019**
9566	3156	3183	3194	33
7000	2207	2243	2223	327
43252	15394	14558	13300	
25930	8540	8662	8728	
14988	4980	4999	4965	44
24265	8186	8162	7840	77
14841	5017	4991	4825	8
21809	6425	6509	6456	2419
12527	3158	3264	3111	2994
42912	14290	14326	14285	11
36949	12374	12440	12070	65
42182	14087	14074	13997	24
25260	8395	8584	8281	
32891	11239	11071	10581	
62480	19755	19607	19426	3692
71314	25076	23893	22058	287
29498	9811	9828	9836	23
40970	13897	13844	13229	
81278	26296	27322	27651	9
33506	11595	11308	10603	
6864	2368	2329	2167	
20619	6888	6860	6871	
53508	17546	17847	18115	
38903	12844	13096	12963	
34621	11926	11659	11030	6
2600	899	862	839	
24459	8084	8169	8206	
21178	6879	7090	7209	
4339	1482	1479	1378	
5328	1837	1785	1706	
21872	7377	7358	7137	

初中校数、班数(城区)

Number of Schools, Classes of Junior Secondary Schools (Urban Area)

地 区 Region	学校数(所) Schools				班数(个) Classes				
	合计 Total	初级中学 Regular Junior Secondary Schools	九年一贯制学校 9-year Schools	职业初中 Vocational Junior Secondary Schools	合计 Total	一年级 Grade 1	二年级 Grade 2	三年级 Grade 3	四年级 Grade 4
总 计 Total	**11487**	**7694**	**3789**	**4**	**305584**	**101327**	**100551**	**97447**	**6259**
北 京 Beijing	204	132	72		7746	2545	2585	2583	33
天 津 Tianjin	139	120	19		4120	1309	1345	1352	114
河 北 Hebei	392	301	91		11794	4069	3983	3742	
山 西 Shanxi	335	250	85		8535	2867	2871	2797	
内蒙古 Inner Mongolia	213	167	46		6210	2052	2081	2035	42
辽 宁 Liaoning	637	497	140		12813	4291	4298	4147	77
吉 林 Jilin	297	231	62	4	6633	2249	2211	2165	8
黑龙江 Heilongjiang	425	326	99		9192	2592	2682	2676	1242
上 海 Shanghai	394	283	111		10289	2580	2660	2554	2495
江 苏 Jiangsu	775	618	157		21065	7110	7028	6916	11
浙 江 Zhejiang	621	438	183		16616	5640	5586	5325	65
安 徽 Anhui	370	260	110		9696	3323	3211	3162	
福 建 Fujian	216	165	51		8890	3026	3004	2860	
江 西 Jiangxi	228	121	107		6959	2377	2341	2241	
山 东 Shandong	855	593	262		23360	7287	7156	6926	1991
河 南 Henan	797	609	188		18315	6271	6063	5806	175
湖 北 Hubei	535	395	140		11231	3776	3745	3710	
湖 南 Hunan	350	217	133		9802	3337	3316	3149	
广 东 Guangdong	1473	711	762		40537	13678	13651	13208	
广 西 Guangxi	308	175	133		6785	2347	2301	2137	
海 南 Hainan	80	25	55		2523	868	850	805	
重 庆 Chongqing	151	107	44		6335	2126	2102	2107	
四 川 Sichuan	429	211	218		13260	4381	4451	4428	
贵 州 Guizhou	344	167	177		6449	2220	2162	2067	
云 南 Yunnan	178	102	76		5292	1852	1784	1650	6
西 藏 Tibet	12	12			364	127	123	114	
陕 西 Shaanxi	282	210	72		7492	2510	2514	2468	
甘 肃 Gansu	147	92	55		4030	1358	1345	1327	
青 海 Qinghai	45	21	24		1134	392	380	362	
宁 夏 Ningxia	62	59	3		2140	735	716	689	
新 疆 Xinjiang	193	79	114		5977	2032	2006	1939	

初中校数、班数(城乡结合区)
Number of Schools, Classes of Junior Secondary Schools (Urban-rural Transitional Area)

地 区 Region	学校数(所) Schools				班数(个) Classes				
	合计 Total	初级中学 Regular Junior Secondary Schools	九年一贯制学校 9-year Schools	职业初中 Vocational Junior Secondary Schools	合计 Total	一年级 Grade 1	二年级 Grade 2	三年级 Grade 3	四年级 Grade 4
总 计 Total	**2517**	**1542**	**975**		**51614**	**17634**	**17086**	**16158**	**736**
北 京 Beijing	30	25	5		699	236	237	226	
天 津 Tianjin	17	13	4		307	108	98	95	6
河 北 Hebei	120	89	31		2527	921	854	752	
山 西 Shanxi	59	48	11		950	315	322	313	
内蒙古 Inner Mongolia	8	4	4		106	33	36	37	
辽 宁 Liaoning	67	50	17		1109	389	365	355	
吉 林 Jilin	21	12	9		305	103	104	98	
黑龙江 Heilongjiang	48	34	14		762	200	218	226	118
上 海 Shanghai	25	18	7		712	194	197	170	151
江 苏 Jiangsu	125	89	36		2497	846	828	823	
浙 江 Zhejiang	168	109	59		3667	1267	1247	1145	8
安 徽 Anhui	86	61	25		1626	557	546	523	
福 建 Fujian	49	36	13		1299	450	434	415	
江 西 Jiangxi	40	23	17		731	261	251	219	
山 东 Shandong	278	183	95		6387	2079	1976	1879	453
河 南 Henan	213	159	54		3104	1144	1028	932	
湖 北 Hubei	82	54	28		1289	440	429	420	
湖 南 Hunan	87	51	36		1978	683	664	631	
广 东 Guangdong	561	239	322		13284	4542	4486	4256	
广 西 Guangxi	65	37	28		1291	458	441	392	
海 南 Hainan	6	2	4		212	77	72	63	
重 庆 Chongqing	18	12	6		565	186	183	196	
四 川 Sichuan	88	41	47		1482	498	501	483	
贵 州 Guizhou	79	32	47		1129	384	379	366	
云 南 Yunnan	36	29	7		1140	421	377	342	
西 藏 Tibet									
陕 西 Shaanxi	70	56	14		882	283	296	303	
甘 肃 Gansu	19	8	11		378	133	123	122	
青 海 Qinghai	8	2	6		161	57	54	50	
宁 夏 Ningxia	6	6			153	64	44	45	
新 疆 Xinjiang	38	20	18		882	305	296	281	

初中校数、班数(镇区)

Number of Schools, Classes of Junior Secondary Schools (Counties & Towns Area)

地　区 Region	学校数(所) Schools				班数(个) Classes				
	合计 Total	初级中学 Regular Junior Secondary Schools	九年一贯制学校 9-year Schools	职业初中 Vocational Junior Secondary Schools	合计 Total	一年级 Grade 1	二年级 Grade 2	三年级 Grade 3	四年级 Grade 4
总　计 Total	**23429**	**18368**	**5049**	**12**	**436548**	**145406**	**145625**	**142760**	**2757**
北　京 Beijing	76	58	18		1187	398	388	401	
天　津 Tianjin	116	106	10		2089	651	656	640	142
河　北 Hebei	1143	938	205		22847	8155	7702	6990	
山　西 Shanxi	814	668	146		12532	4096	4175	4261	
内蒙古 Inner Mongolia	384	287	97		7871	2625	2615	2629	2
辽　宁 Liaoning	596	360	236		8780	2983	2968	2829	
吉　林 Jilin	457	359	97	1	5315	1796	1804	1715	
黑龙江 Heilongjiang	626	431	194	1	8894	2722	2708	2691	773
上　海 Shanghai	102	61	41		1911	486	517	481	427
江　苏 Jiangsu	1091	874	217		19641	6462	6558	6621	
浙　江 Zhejiang	815	678	137		17151	5677	5783	5691	
安　徽 Anhui	1160	905	255		22071	7345	7399	7324	3
福　建 Fujian	499	473	26		11439	3760	3912	3767	
江　西 Jiangxi	982	754	228		17980	6153	6036	5791	
山　东 Shandong	1526	1248	278		31497	10111	10047	10045	1294
河　南 Henan	2065	1712	353		36105	12811	12124	11086	84
湖　北 Hubei	955	798	157		13474	4464	4482	4505	23
湖　南 Hunan	1378	1044	334		20215	6911	6802	6502	
广　东 Guangdong	1316	1008	308		32012	9894	10751	11358	9
广　西 Guangxi	986	931	55		20458	7081	6901	6476	
海　南 Hainan	259	161	98		3940	1359	1337	1244	
重　庆 Chongqing	563	493	70		12329	4107	4112	4110	
四　川 Sichuan	1731	1122	608	1	29153	9507	9719	9927	
贵　州 Guizhou	900	777	117	6	21282	7002	7137	7143	
云　南 Yunnan	699	648	49	2	17830	6092	6015	5723	
西　藏 Tibet	70	67	3		1786	611	597	578	
陕　西 Shaanxi	1108	825	283		14608	4794	4876	4938	
甘　肃 Gansu	426	331	94	1	9148	2975	3076	3097	
青　海 Qinghai	109	51	58		2327	787	806	734	
宁　夏 Ningxia	88	65	23		2358	818	791	749	
新　疆 Xinjiang	389	135	254		8318	2773	2831	2714	

初中校数、班数(镇乡结合区)

Number of Schools, Classes of Junior Secondary Schools (County-town Transitional Area)

地区 Region	学校数(所) Schools				班数(个) Classes				
	合计 Total	初级中学 Regular Junior Secondary Schools	九年一贯制学校 9-year Schools	职业初中 Vocational Junior Secondary Schools	合计 Total	一年级 Grade 1	二年级 Grade 2	三年级 Grade 3	四年级 Grade 4
总 计 Total	**6156**	**4755**	**1398**	**3**	**110963**	**37430**	**36982**	**35873**	**678**
北 京 Beijing	28	22	6		390	129	127	134	
天 津 Tianjin	43	41	2		709	228	218	209	54
河 北 Hebei	488	401	87		10090	3616	3419	3055	
山 西 Shanxi	207	156	51		3492	1150	1163	1179	
内蒙古 Inner Mongolia	42	31	11		755	246	252	257	
辽 宁 Liaoning	82	48	34		1219	418	401	400	
吉 林 Jilin	49	34	15		460	154	154	152	
黑龙江 Heilongjiang	57	46	11		866	260	258	263	85
上 海 Shanghai	28	17	11		472	121	127	121	103
江 苏 Jiangsu	320	266	54		4965	1616	1668	1681	
浙 江 Zhejiang	296	241	55		6062	2037	2037	1988	
安 徽 Anhui	288	212	76		5126	1704	1719	1703	
福 建 Fujian	142	132	10		3236	1059	1100	1077	
江 西 Jiangxi	217	159	58		2999	1036	991	972	
山 东 Shandong	572	454	118		12174	4006	3883	3866	419
河 南 Henan	756	598	158		11688	4289	3900	3491	8
湖 北 Hubei	246	194	52		3214	1053	1080	1081	
湖 南 Hunan	537	400	137		6983	2415	2346	2222	
广 东 Guangdong	368	272	96		9335	2945	3128	3253	9
广 西 Guangxi	186	174	12		3757	1276	1281	1200	
海 南 Hainan	23	10	13		468	158	159	151	
重 庆 Chongqing	99	91	8		2543	859	844	840	
四 川 Sichuan	327	186	141		4271	1367	1436	1468	
贵 州 Guizhou	179	137	40	2	4128	1398	1404	1326	
云 南 Yunnan	144	130	13	1	4112	1405	1374	1333	
西 藏 Tibet	6	5	1		161	58	51	52	
陕 西 Shaanxi	229	178	51		3163	1047	1054	1062	
甘 肃 Gansu	104	74	30		2106	691	717	698	
青 海 Qinghai	29	9	20		444	157	155	132	
宁 夏 Ningxia	16	11	5		329	111	108	110	
新 疆 Xinjiang	48	26	22		1246	421	428	397	

初中校数、班数(乡村)
Number of Schools, Classes of Junior Secondary Schools (Rural Area)

	学校数(所) Schools				班数(个) Classes				
	合计 Total	初级中学 Regular Junior Secondary Schools	九年一贯制学校 9-year Schools	职业初中 Vocational Junior Secondary Schools	合计 Total	一年级 Grade 1	二年级 Grade 2	三年级 Grade 3	四年级 Grade 4
总　计 Total	**17707**	**11896**	**5801**	**10**	**165577**	**55275**	**55226**	**54073**	**1003**
北　京 Beijing	57	45	12		633	213	210	210	
天　津 Tianjin	71	63	8		791	247	242	231	71
河　北 Hebei	856	705	151		8611	3170	2873	2568	
山　西 Shanxi	770	528	242		4863	1577	1616	1670	
内蒙古 Inner Mongolia	128	58	70		907	303	303	301	
辽　宁 Liaoning	300	165	135		2672	912	896	864	
吉　林 Jilin	441	284	157		2893	972	976	945	
黑龙江 Heilongjiang	518	344	174		3723	1111	1119	1089	404
上　海 Shanghai	26	14	12		327	92	87	76	72
江　苏 Jiangsu	211	145	66		2206	718	740	748	
浙　江 Zhejiang	283	164	119		3182	1057	1071	1054	
安　徽 Anhui	1375	979	396		10415	3419	3464	3511	21
福　建 Fujian	524	438	86		4931	1609	1668	1654	
江　西 Jiangxi	917	662	255		7952	2709	2694	2549	
山　东 Shandong	536	420	116		7623	2357	2404	2455	407
河　南 Henan	1704	1518	186		16894	5994	5706	5166	28
湖　北 Hubei	521	371	150		4793	1571	1601	1621	
湖　南 Hunan	1586	930	656		10953	3649	3726	3578	
广　东 Guangdong	598	382	216		8729	2724	2920	3085	
广　西 Guangxi	549	494	55		6263	2167	2106	1990	
海　南 Hainan	53	26	27		401	141	142	118	
重　庆 Chongqing	207	138	69		1955	655	646	654	
四　川 Sichuan	1741	541	1198	2	11095	3658	3677	3760	
贵　州 Guizhou	922	636	279	7	11172	3622	3797	3753	
云　南 Yunnan	793	703	89	1	11499	3982	3860	3657	
西　藏 Tibet	14	14			450	161	142	147	
陕　西 Shaanxi	324	233	91		2359	780	779	800	
甘　肃 Gansu	965	575	390		8000	2546	2669	2785	
青　海 Qinghai	114	36	78		878	303	293	282	
宁　夏 Ningxia	85	44	41		830	284	278	268	
新　疆 Xinjiang	518	241	277		7577	2572	2521	2484	

初中学生数(总计)
Number of Students in Junior Secondary Schools(Total)

单位:人
unit:person

地 区 Region	毕业生数 Graduates	招生数 Entrants	在校生数 Enrolment						预计毕业生数 Estimated Graduates for Next Year
			合计 Total	其中:女 of Which: Female	一年级 Grade 1	二年级 Grade 2	三年级 Grade 3	四年级 Grade 4	
总 计 Total	**14135127**	**14478215**	**43846297**	**20462578**	**14484618**	**14679335**	**14261897**	**420447**	**14244272**
北 京 Beijing	90140	102693	306789	143316	102827	102979	99892	1091	99815
天 津 Tianjin	79429	84998	267214	125108	84999	86114	84430	11671	84161
河 北 Hebei	602528	812684	2288195	1084334	812690	782428	693077		693077
山 西 Shanxi	448689	378867	1218952	584865	378935	410703	429314		429314
内蒙古 Inner Mongolia	227594	219734	669657	322994	219734	225472	222639	1812	222767
辽 宁 Liaoning	335469	356709	1055661	502829	356719	353121	342119	3702	341872
吉 林 Jilin	210257	209897	622883	299655	209910	209949	202616	408	202535
黑龙江 Heilongjiang	269594	263234	916293	443244	263234	276902	273538	102619	267476
上 海 Shanghai	92226	112213	426789	200861	112440	113510	104361	96478	96478
江 苏 Jiangsu	614553	617739	1852029	852536	617739	619571	614292	427	614264
浙 江 Zhejiang	460597	504317	1499062	702145	504317	508220	484058	2467	484803
安 徽 Anhui	666342	632085	1924134	875883	632181	643813	647120	1020	647212
福 建 Fujian	343066	371730	1125729	516191	371799	385521	368409		368409
江 西 Jiangxi	551153	594676	1750083	791197	594892	596696	558495		558495
山 东 Shandong	994028	976590	3147954	1480671	976590	993129	997355	180880	994169
河 南 Henan	1146583	1383986	3993606	1840772	1384377	1348605	1244081	16543	1243535
湖 北 Hubei	477114	454284	1375940	619349	454359	460257	460347	977	460285
湖 南 Hunan	652448	745371	2206344	1005215	745371	760354	700619		700619
广 东 Guangdong	1382995	1195611	3767505	1680961	1195727	1273385	1298393		1298393
广 西 Guangxi	618574	664386	1950844	925518	664394	655409	631041		631041
海 南 Hainan	110257	111203	337350	151196	115116	116108	106126		106126
重 庆 Chongqing	348076	324807	979386	463294	324953	327512	326921		326921
四 川 Sichuan	917996	834486	2583315	1231722	834603	864842	883870		883870
贵 州 Guizhou	674032	667302	2068326	981415	667302	699128	701896		701896
云 南 Yunnan	567672	671662	1897966	913689	671889	647865	577860	352	577711
西 藏 Tibet	41873	42697	124295	60115	42697	41464	40134		40134
陕 西 Shaanxi	407328	359557	1117284	518303	359968	376308	381008		381008
甘 肃 Gansu	351673	309956	970919	462710	309990	326276	334653		334653
青 海 Qinghai	61677	73591	211993	102390	73619	72584	65790		65790
宁 夏 Ningxia	91222	95464	278323	136173	95550	92925	89848		89848
新 疆 Xinjiang	299942	305686	911477	443927	305697	308185	297595		297595

初中学生数(城区)

Number of Students in Junior Secondary Schools (Urban Area)

单位:人

unit:person

地 区 Region	毕业生数 Graduates	招生数 Entrants	在校生数 Enrolment						预计毕业生数 Estimated Graduates for Next Year
			合计 Total	其中:女 of Which: Female	一年级 Grade 1	二年级 Grade 2	三年级 Grade 3	四年级 Grade 4	
总 计 Total	**4521922**	**4807553**	**14686960**	**6775850**	**4809690**	**4881427**	**4726792**	**269051**	**4717967**
北 京 Beijing	73262	83967	251974	117644	84076	84905	81902	1091	81825
天 津 Tianjin	47222	49863	156285	74160	49863	51063	50835	4524	50774
河 北 Hebei	186770	224302	657441	312203	224302	225404	207735		207735
山 西 Shanxi	148567	134438	427884	206979	134461	145396	148027		148027
内蒙古 Inner Mongolia	98928	98225	302332	145514	98225	101628	100694	1785	100830
辽 宁 Liaoning	175231	188167	559742	265552	188171	185819	182050	3702	181803
吉 林 Jilin	101358	104066	311490	148355	104077	105158	101847	408	101766
黑龙江 Heilongjiang	121916	114648	422767	202768	114648	125485	125090	57544	122930
上 海 Shanghai	77196	91189	352243	166140	91376	92779	86634	81454	81454
江 苏 Jiangsu	288062	312071	921907	425722	312071	309022	300387	427	300359
浙 江 Zhejiang	207065	233330	684747	318826	233330	232088	216862	2467	217607
安 徽 Anhui	153175	157780	471594	210962	157781	157627	156186		156186
福 建 Fujian	119641	145462	426577	192193	145478	145280	135819		135819
江 西 Jiangxi	117420	130014	383839	166610	130021	129899	123919		123919
山 东 Shandong	350058	365384	1200166	561461	365384	369411	361345	104026	359971
河 南 Henan	299253	340315	1023154	461821	340682	342447	328754	11271	328405
湖 北 Hubei	175225	178772	538778	240946	178810	181234	178734		178734
湖 南 Hunan	158393	183594	548216	245661	183594	188976	175646		175646
广 东 Guangdong	631789	628533	1900480	826493	628630	644592	627258		627258
广 西 Guangxi	106471	125868	369748	169948	125869	126425	117454		117454
海 南 Hainan	42775	44522	135330	57926	45737	45980	43613		43613
重 庆 Chongqing	101672	100801	305155	145858	100814	101628	102713		102713
四 川 Sichuan	217038	210434	658159	313954	210447	222180	225532		225532
贵 州 Guizhou	105052	112603	338020	157951	112603	114675	110742		110742
云 南 Yunnan	81805	101364	291613	142039	101366	100066	89829	352	89680
西 藏 Tibet	5312	5696	16611	8169	5696	5710	5205		5205
陕 西 Shaanxi	123671	121254	371627	171691	121269	124911	125447		125447
甘 肃 Gansu	67732	69414	209476	97719	69419	70056	70001		70001
青 海 Qinghai	16384	20115	57919	28004	20115	19614	18190		18190
宁 夏 Ningxia	37143	39441	117973	57014	39454	39470	39049		39049
新 疆 Xinjiang	86336	91921	273713	135567	91921	92499	89293		89293

初中学生数(城乡结合区)

Number of Students in Junior Secondary Schools (Urban-rural Transitional Area)

单位:人
unit:person

地　区 Region	毕业生数 Graduates	招生数 Entrants	在校生数 Enrolment 合计 Total	其中:女 of Which: Female	一年级 Grade 1	二年级 Grade 2	三年级 Grade 3	四年级 Grade 4	预计毕业生数 Estimated Graduates for Next Year
总　计 Total	**742166**	**834518**	**2458419**	**1104092**	**834783**	**820000**	**770691**	**32945**	**769490**
北　京 Beijing	6689	7382	21625	9641	7390	7473	6762		6762
天　津 Tianjin	3223	3971	11557	5428	3971	3712	3675	199	3698
河　北 Hebei	36094	52276	143661	66920	52276	48910	42475		42475
山　西 Shanxi	15633	13980	44297	20898	13980	14905	15412		15412
内蒙古 Inner Mongolia	1569	1186	3820	1673	1186	1230	1404		1404
辽　宁 Liaoning	14715	17221	48870	23141	17221	16238	15411		15411
吉　林 Jilin	3670	4238	12611	6104	4238	4364	4009		4009
黑龙江 Heilongjiang	9984	8407	33416	16014	8407	9694	9751	5564	9645
上　海 Shanghai	4805	7543	25313	11444	7566	7106	5792	4849	4849
江　苏 Jiangsu	32854	35934	105303	47513	35934	35039	34330		34330
浙　江 Zhejiang	40981	52697	150081	68228	52697	51461	45567	356	45923
安　徽 Anhui	23388	24410	72921	31879	24410	24733	23778		23778
福　建 Fujian	16954	20846	60409	26923	20849	20437	19123		19123
江　西 Jiangxi	11925	13812	38834	16188	13812	13398	11624		11624
山　东 Shandong	94703	102526	319718	147964	102526	99768	95447	21977	94916
河　南 Henan	44424	59344	161319	71902	59350	54020	47949		47949
湖　北 Hubei	18204	20122	58620	25355	20123	19554	18943		18943
湖　南 Hunan	30129	38068	110026	46941	38068	37624	34334		34334
广　东 Guangdong	207990	211238	628203	268159	211326	212727	204150		204150
广　西 Guangxi	18991	25132	71440	32355	25132	24444	21864		21864
海　南 Hainan	3453	4315	12064	5202	4444	4100	3520		3520
重　庆 Chongqing	9799	8768	27104	12310	8768	9016	9320		9320
四　川 Sichuan	21151	22070	67870	32038	22071	23134	22665		22665
贵　州 Guizhou	17985	18436	56500	26134	18436	19467	18597		18597
云　南 Yunnan	16496	23325	62572	30875	23325	20731	18516		18516
西　藏 Tibet									
陕　西 Shaanxi	14331	11643	36999	16873	11646	12370	12983		12983
甘　肃 Gansu	5876	6165	18332	8664	6165	6097	6070		6070
青　海 Qinghai	2091	2715	7838	3897	2715	2636	2487		2487
宁　夏 Ningxia	2470	3518	8809	4206	3521	2659	2629		2629
新　疆 Xinjiang	11589	13230	38287	19223	13230	12953	12104		12104

初中学生数(镇区)

Number of Students in Junior Secondary Schools (Counties & Towns Area)

单位:人
unit:person

地 区 Region	毕业生数 Graduates	招生数 Entrants	在校生数 Enrolment 合计 Total	其中:女 of Which: Female	一年级 Grade 1	二年级 Grade 2	三年级 Grade 3	四年级 Grade 4	预计毕业生数 Estimated Graduates for Next Year
总 计 Total	**7102417**	**7173752**	**21674750**	**10157892**	**7177570**	**7288886**	**7095006**	**113288**	**7087714**
北 京 Beijing	11640	12536	37064	17513	12552	12076	12436		12436
天 津 Tianjin	24330	26254	82518	38299	26255	26266	25190	4807	25032
河 北 Hebei	315471	438276	1229660	583021	438279	421919	369462		369462
山 西 Shanxi	224622	185747	600715	289125	185788	202069	212858		212858
内蒙古 Inner Mongolia	117193	110942	336262	162744	110942	113336	111957	27	111949
辽 宁 Liaoning	125355	133356	392098	188055	133356	132401	126341		126341
吉 林 Jilin	71548	71853	211924	103224	71855	71557	68512		68512
黑龙江 Heilongjiang	109285	111392	367980	178825	111392	113797	111262	31529	108749
上 海 Shanghai	12992	17836	64386	30034	17865	17914	15512	13095	13095
江 苏 Jiangsu	295116	277665	844509	386930	277665	282013	284831		284831
浙 江 Zhejiang	218196	231476	697627	329425	231476	236949	229202		229202
安 徽 Anhui	353793	338491	1031899	465501	338569	346361	346817	152	346872
福 建 Fujian	159669	164520	507196	234268	164554	174886	167756		167756
江 西 Jiangxi	306201	333189	978972	441032	333388	334004	311580		311580
山 东 Shandong	521053	504138	1592624	753073	504138	511594	518218	58674	516240
河 南 Henan	594882	731277	2089398	962173	731291	706504	647576	4027	647365
湖 北 Hubei	224495	206959	627833	285340	206976	209274	210606	977	210544
湖 南 Hunan	331415	386462	1131398	515198	386462	388889	356047		356047
广 东 Guangdong	593069	448932	1479274	675495	448950	498351	531973		531973
广 西 Guangxi	397804	422731	1240777	595714	422736	417980	400061		400061
海 南 Hainan	62505	61317	185945	85972	63868	64344	57733		57733
重 庆 Chongqing	213455	195186	587063	277129	195314	196459	195290		195290
四 川 Sichuan	522621	465564	1445329	691885	465632	483895	495802		495802
贵 州 Guizhou	378359	373930	1161413	550218	373930	390914	396569		396569
云 南 Yunnan	301403	353278	1001639	486674	353395	342443	305801		305801
西 藏 Tibet	29217	29059	85204	41117	29059	28735	27410		27410
陕 西 Shaanxi	247562	209365	655458	305578	209745	221232	224481		224481
甘 肃 Gansu	152810	136717	429748	202442	136735	145356	147657		147657
青 海 Qinghai	33593	39787	114815	55610	39806	39687	35322		35322
宁 夏 Ningxia	40545	42748	122323	60057	42820	40985	38518		38518
新 疆 Xinjiang	112218	112769	341699	166221	112777	116696	112226		112226

初中学生数(镇乡结合区)

Number of Students in Junior Secondary Schools (County-town Transitional Area)

单位:人
unit:person

地 区 Region	毕业生数 Graduates	招生数 Entrants	在校生数 Enrolment						预计毕业生数 Estimated Graduates for Next Year
			合计 Total	其中:女 of Which: Female	一年级 Grade 1	二年级 Grade 2	三年级 Grade 3	四年级 Grade 4	
总 计 Total	**1757261**	**1855680**	**5525546**	**2571448**	**1856181**	**1857380**	**1783386**	**28599**	**1781837**
北 京 Beijing	3185	3443	10163	4751	3448	3267	3448		3448
天 津 Tianjin	7776	9108	27969	13049	9109	8798	8199	1863	8292
河 北 Hebei	135862	197031	548659	259943	197032	188773	162854		162854
山 西 Shanxi	62317	52839	168514	80981	52845	56580	59089		59089
内蒙古 Inner Mongolia	10652	9891	31160	15071	9891	10662	10607		10607
辽 宁 Liaoning	17511	17958	51896	24812	17958	17290	16648		16648
吉 林 Jilin	6470	5755	17525	8712	5755	5845	5925		5925
黑龙江 Heilongjiang	10509	10768	36725	17801	10768	11133	10941	3883	10357
上 海 Shanghai	3398	4506	16090	7628	4507	4373	3875	3335	3335
江 苏 Jiangsu	72645	67257	206629	93351	67257	69252	70120		70120
浙 江 Zhejiang	75565	83759	248103	116046	83759	84264	80080		80080
安 徽 Anhui	83191	77862	240138	105741	77882	80799	81457		81457
福 建 Fujian	45551	46715	144994	66330	46723	49709	48562		48562
江 西 Jiangxi	50798	53898	157465	71226	53942	53168	50355		50355
山 东 Shandong	202814	199971	619943	289896	199971	199552	201235	19185	200678
河 南 Henan	178315	238412	653366	298740	238418	218899	195716	333	195755
湖 北 Hubei	53370	49023	150859	68692	49025	51047	50787		50787
湖 南 Hunan	111510	133480	385479	173745	133480	131781	120218		120218
广 东 Guangdong	169083	134846	433412	198801	134852	144872	153688		153688
广 西 Guangxi	75321	78344	232749	113010	78346	79488	74915		74915
海 南 Hainan	7767	7484	22690	10133	7706	7923	7061		7061
重 庆 Chongqing	41490	41497	122684	57756	41497	40919	40268		40268
四 川 Sichuan	72773	63342	198962	95523	63348	66985	68629		68629
贵 州 Guizhou	69397	74129	224208	105527	74129	76692	73387		73387
云 南 Yunnan	71348	82079	235057	114830	82111	80303	72643		72643
西 藏 Tibet	3095	2757	8237	3886	2757	2831	2649		2649
陕 西 Shaanxi	53618	45986	142828	65459	46097	48144	48587		48587
甘 肃 Gansu	33219	31660	97927	45705	31663	33273	32991		32991
青 海 Qinghai	5827	7764	21156	10096	7766	7310	6080		6080
宁 夏 Ningxia	6496	5995	17564	8760	6017	5553	5994		5994
新 疆 Xinjiang	16388	18121	52395	25447	18122	17895	16378		16378

初中学生数(乡村)

Number of Students in Junior Secondary Schools (Rural Area)

单位:人
unit:person

地　区 Region	毕业生数 Graduates	招生数 Entrants	在校生数 Enrolment 合计 Total	其中:女 of Which: Female	一年级 Grade 1	二年级 Grade 2	三年级 Grade 3	四年级 Grade 4	预计毕业生数 Estimated Graduates for Next Year
总　计 Total	**2510788**	**2496910**	**7484587**	**3528836**	**2497358**	**2509022**	**2440099**	**38108**	**2438591**
北　京 Beijing	5238	6190	17751	8159	6199	5998	5554		5554
天　津 Tianjin	7877	8881	28411	12649	8881	8785	8405	2340	8355
河　北 Hebei	100287	150106	401094	189110	150109	135105	115880		115880
山　西 Shanxi	75500	58682	190353	88761	58686	63238	68429		68429
内蒙古 Inner Mongolia	11473	10567	31063	14736	10567	10508	9988		9988
辽　宁 Liaoning	34883	35186	103821	49222	35192	34901	33728		33728
吉　林 Jilin	37351	33978	99469	48076	33978	33234	32257		32257
黑龙江 Heilongjiang	38393	37194	125546	61651	37194	37620	37186	13546	35797
上　海 Shanghai	2038	3188	10160	4687	3199	2817	2215	1929	1929
江　苏 Jiangsu	31375	28003	85613	39884	28003	28536	29074		29074
浙　江 Zhejiang	35336	39511	116688	53894	39511	39183	37994		37994
安　徽 Anhui	159374	135814	420641	199420	135831	139825	144117	868	144154
福　建 Fujian	63756	61748	191956	89730	61767	65355	64834		64834
江　西 Jiangxi	127532	131473	387272	183555	131483	132793	122996		122996
山　东 Shandong	122917	107068	355164	166137	107068	112124	117792	18180	117958
河　南 Henan	252448	312394	881054	416778	312404	299654	267751	1245	267765
湖　北 Hubei	77394	68553	209329	93063	68573	69749	71007		71007
湖　南 Hunan	162640	175315	526730	244356	175315	182489	168926		168926
广　东 Guangdong	158137	118146	387751	178973	118147	130442	139162		139162
广　西 Guangxi	114299	115787	340319	159856	115789	111004	113526		113526
海　南 Hainan	4977	5364	16075	7298	5511	5784	4780		4780
重　庆 Chongqing	32949	28820	87168	40307	28825	29425	28918		28918
四　川 Sichuan	178337	158488	479827	225883	158524	158767	162536		162536
贵　州 Guizhou	190621	180769	568893	273246	180769	193539	194585		194585
云　南 Yunnan	184464	217020	604714	284976	217128	205356	182230		182230
西　藏 Tibet	7344	7942	22480	10829	7942	7019	7519		7519
陕　西 Shaanxi	36095	28938	90199	41034	28954	30165	31080		31080
甘　肃 Gansu	131131	103825	331695	162549	103836	110864	116995		116995
青　海 Qinghai	11700	13689	39259	18776	13698	13283	12278		12278
宁　夏 Ningxia	13534	13275	38027	19102	13276	12470	12281		12281
新　疆 Xinjiang	101388	100996	296065	142139	100999	98990	96076		96076

初中女学生数

Number of Female Students in Junior Secondary Schools

单位:人

unit:person

地区 Region	毕业生数 Graduates	招生数 Entrants	在校生数 Enrolment					预计毕业生数 Estimated Graduates for Next Year
			合计 Total	一年级 Grade 1	二年级 Grade 2	三年级 Grade 3	四年级 Grade 4	
总　计 Total	**6709280**	**6707806**	**20462578**	**6709598**	**6837828**	**6713566**	**201586**	**6700225**
北　京 Beijing	42967	47943	143316	47972	47857	46991	496	46995
天　津 Tianjin	38077	39536	125108	39536	40392	39780	5400	39528
河　北 Hebei	296248	382674	1084334	382677	368104	333553		333456
山　西 Shanxi	219385	181888	584865	181910	197344	205611		205611
内蒙古 Inner Mongolia	111123	105334	322994	105334	108574	108188	898	108297
辽　宁 Liaoning	161105	169445	502829	169445	167546	163986	1852	163940
吉　林 Jilin	100907	100225	299655	100225	101349	97907	174	97864
黑龙江 Heilongjiang	132255	126688	443244	126688	133876	132912	49768	130207
上　海 Shanghai	44604	52009	200861	52068	53423	49149	46221	46221
江　苏 Jiangsu	283155	283229	852536	283229	285618	283491	198	283498
浙　江 Zhejiang	216522	235675	702145	235675	237441	227864	1165	228232
安　徽 Anhui	307184	286841	875883	286857	293411	295131	484	295193
福　建 Fujian	157490	169725	516191	169752	176320	170119		170119
江　西 Jiangxi	253879	266352	791197	266431	269594	255172		255157
山　东 Shandong	468330	456914	1480671	456914	466942	470076	86739	468851
河　南 Henan	546554	635060	1840772	635242	618814	579165	7551	578974
湖　北 Hubei	216917	204455	619349	204495	206988	207400	466	207339
湖　南 Hunan	305904	335047	1005215	335047	345031	325137		325137
广　东 Guangdong	635244	528546	1680961	528596	564860	587505		581252
广　西 Guangxi	296880	311044	925518	311046	312973	301499		301498
海　南 Hainan	50481	49587	151196	50529	52105	48562		48561
重　庆 Chongqing	166245	152353	463294	152385	154802	156107		156107
四　川 Sichuan	445663	395183	1231722	395223	411432	425067		425067
贵　州 Guizhou	326441	312220	981415	312220	332141	337054		337054
云　南 Yunnan	279770	317733	913689	317804	310794	284917	174	284844
西　藏 Tibet	20498	20796	60115	20796	19939	19380		19380
陕　西 Shaanxi	189776	166213	518303	166365	174565	177373		177373
甘　肃 Gansu	171812	146412	462710	146422	155182	161106		161106
青　海 Qinghai	30243	34969	102390	34976	35410	32004		32004
宁　夏 Ningxia	46187	45766	136173	45792	45291	45090		45090
新　疆 Xinjiang	147434	147944	443927	147947	149710	146270		146270

初中专任教师学历、

Number of Full-time Teachers in Junior Secondary Schools by

地　区 Region	合计 Total	其中:女 of Which: Female	按学历分 By Academic Qualifications			
			研究生毕业 Graduate	本科毕业 Under-graduate	专科毕业 Associate Bachelor	高中阶段毕业 High School Graduate
总　计 Total	**3488430**	**1834243**	**54775**	**2662297**	**754918**	**15882**
北　京 Beijing	32500	24496	3955	27960	558	27
天　津 Tianjin	26176	17659	1596	22783	1662	128
河　北 Hebei	170121	114071	2163	134682	32849	423
山　西 Shanxi	115922	74314	1099	83310	30771	724
内蒙古 Inner Mongolia	60750	38775	1403	47804	11342	201
辽　宁 Liaoning	98888	65814	1968	79195	17312	365
吉　林 Jilin	66974	43571	1278	55325	10117	246
黑龙江 Heilongjiang	95410	60197	917	73818	20078	573
上　海 Shanghai	37133	27027	2724	33625	774	8
江　苏 Jiangsu	174783	87804	5005	155567	13850	358
浙　江 Zhejiang	119099	67709	2169	108847	7937	146
安　徽 Anhui	155211	58499	1405	115865	37504	437
福　建 Fujian	97933	44200	1264	81402	14939	311
江　西 Jiangxi	121389	47296	1118	80048	39310	877
山　东 Shandong	265310	135112	5463	213483	45558	788
河　南 Henan	283461	160546	3258	191314	86626	2262
湖　北 Hubei	133632	55987	1732	91015	39685	1160
湖　南 Hunan	170084	80332	2004	118259	47893	1814
广　东 Guangdong	278511	151750	5475	209406	63131	479
广　西 Guangxi	117805	58695	940	87944	28110	791
海　南 Hainan	25300	11643	103	18753	6307	132
重　庆 Chongqing	75700	36290	1094	63718	10584	284
四　川 Sichuan	200868	92748	1475	142049	57109	228
贵　州 Guizhou	119623	48242	392	85001	33626	574
云　南 Yunnan	122558	59083	792	96381	24553	794
西　藏 Tibet	9505	4691	114	7908	1421	58
陕　西 Shaanxi	107450	59151	2193	84745	19756	710
甘　肃 Gansu	84838	35141	704	64610	18860	649
青　海 Qinghai	15348	7961	235	11665	3380	66
宁　夏 Ningxia	19080	10085	230	16576	2219	52
新　疆 Xinjiang	87068	55354	507	59239	27097	217

职称情况(总计)

Academic Qualifications and Professional Rank (Total)

单位:人
unit:person

	按职称分 By Professional Rank				
高中阶段毕业以下 Below High School Graduate	中学高级 Senior Secondary	中学一级 1st Grade	中学二级 2nd Grade	中学三级 3rd Grade	未定职级 No-ranking
558	**586169**	**1508663**	**1094211**	**50858**	**248529**
	6609	12356	10556	152	2827
7	8513	13128	3752	47	736
4	27730	78046	49563	1952	12830
18	10175	38624	52706	2593	11824
	18815	23854	13502	178	4401
48	41739	36604	15784	974	3787
8	9376	31234	21781	436	4147
24	22417	47235	22442	615	2701
2	4396	19427	11461	86	1763
3	41767	85999	40338	236	6443
	26286	56498	29801	338	6176
	25935	59758	51048	4030	14440
17	19574	42750	30883	759	3967
36	31930	46471	33673	2520	6795
18	38565	122065	88709	1609	14362
1	47777	111255	94642	7260	22527
40	25005	71790	29007	1980	5850
114	18757	89042	46354	1799	14132
20	29053	140565	68005	6463	34425
20	12461	63348	33110	1899	6987
5	4123	9352	10194	301	1330
20	9273	29580	32282	595	3970
7	29772	82926	74974	1282	11914
30	13542	41102	44093	3148	17738
38	21570	47038	42539	2890	8521
4	406	3729	3947	199	1224
46	12456	38509	48529	1864	6092
15	6971	28044	42766	1949	5108
2	3539	6225	4295	125	1164
3	3076	6094	7202	218	2490
8	14561	26015	36273	2361	7858

初中专任教师学历、

Number of Full-time Teachers in Junior Secondary Schools by

地 区 Region	合计 Total	其中:女 of Which: Female	按学历分 By Academic Qualifications			
			研究生毕业 Graduate	本科毕业 Under- graduate	专科毕业 Associate Bachelor	高中阶段毕业 High School Graduate
总　计 Total	**1096718**	**696395**	**40837**	**922188**	**131750**	**1876**
北　京 Beijing	25579	19876	3648	21522	387	22
天　津 Tianjin	15425	11818	1457	13230	693	41
河　北 Hebei	46672	34858	1202	39765	5686	18
山　西 Shanxi	34968	24706	737	28798	5358	74
内蒙古 Inner Mongolia	23404	16463	1043	19198	3138	25
辽　宁 Liaoning	50409	37473	1727	43502	5090	77
吉　林 Jilin	27428	20147	1008	23880	2479	59
黑龙江 Heilongjiang	38640	27591	723	32223	5617	76
上　海 Shanghai	30008	22527	2310	27150	546	2
江　苏 Jiangsu	80168	46748	3958	71778	4300	129
浙　江 Zhejiang	53071	33056	1434	48655	2950	32
安　徽 Anhui	32670	16299	726	25985	5926	33
福　建 Fujian	30004	18060	995	26056	2926	27
江　西 Jiangxi	24264	12808	706	18252	5226	78
山　东 Shandong	92418	56077	3456	80545	8307	110
河　南 Henan	67022	43274	2089	53272	11398	263
湖　北 Hubei	45998	23556	1457	35330	8958	247
湖　南 Hunan	34436	20651	1412	27654	5250	111
广　东 Guangdong	131797	79906	4957	107107	19591	128
广　西 Guangxi	22315	13981	696	18028	3537	53
海　南 Hainan	8338	4937	73	6974	1257	34
重　庆 Chongqing	22917	13278	882	20452	1554	27
四　川 Sichuan	45848	26371	972	37987	6865	23
贵　州 Guizhou	19604	11535	221	15615	3711	55
云　南 Yunnan	17778	11036	545	15414	1788	31
西　藏 Tibet	1419	802	36	1202	173	8
陕　西 Shaanxi	26175	17459	1358	22153	2606	53
甘　肃 Gansu	15340	8588	415	12625	2288	12
青　海 Qinghai	3695	2291	70	3067	550	8
宁　夏 Ningxia	7063	4355	146	6420	493	4
新　疆 Xinjiang	21845	15868	378	18349	3102	16

职称情况(城区)
Academic Qualifications and Professional Rank (Urban Area)

单位:人

unit:person

	按职称分 By Professional Rank				
高中阶段毕业以下 Below High School Graduate	中学高级 Senior Secondary	中学一级 1st Grade	中学二级 2nd Grade	中学三级 3rd Grade	未定职级 No-ranking
67	**240513**	**474792**	**291510**	**8733**	**81170**
	5396	9659	8031	119	2374
4	5115	7198	2526	36	550
1	9748	21571	11000	510	3843
1	5026	13013	13006	527	3396
	7842	8151	5136	79	2196
13	21390	19680	6945	311	2083
2	5114	12772	7774	130	1638
1	11934	18199	7325	154	1028
	3737	15992	8791	62	1426
3	22568	38089	16323	35	3153
	13801	24116	11922	141	3091
	6371	12140	9831	820	3508
	6777	11929	9085	231	1982
2	7678	9192	5953	329	1112
	15598	42146	28982	395	5297
	15080	26835	19909	924	4274
6	12830	22218	8750	445	1755
9	5910	17493	7664	271	3098
14	19108	60388	31281	1545	19475
1	4082	10935	5362	280	1656
	1682	2914	2952	65	725
2	3744	9167	8891	52	1063
1	8381	19155	15747	148	2417
2	3358	6428	5955	315	3548
	3909	7260	5052	132	1425
	159	700	418	37	105
5	4099	9759	10233	281	1803
	2608	6302	5724	106	600
	1010	1489	935	60	201
	1527	2533	2233	52	718
	4931	7369	7774	141	1630

初中专任教师学历、

Number of Full-time Teachers in Junior Secondary Schools by Academic

地　区 Region	合计 Total	其中:女 of Which: Female	按学历分 By Academic Qualifications			
			研究生毕业 Graduate	本科毕业 Under- graduate	专科毕业 Associate Bachelor	高中阶段毕业 High School Graduate
总　计 Total	**188487**	**108965**	**4419**	**151354**	**32192**	**506**
北　京 Beijing	2254	1638	248	1938	67	1
天　津 Tianjin	1161	843	82	1022	54	2
河　北 Hebei	10019	7412	158	7918	1938	5
山　西 Shanxi	4217	2787	74	3302	819	22
内蒙古 Inner Mongolia	464	312	16	384	63	1
辽　宁 Liaoning	4451	3147	116	3706	611	15
吉　林 Jilin	1423	999	106	1145	163	8
黑龙江 Heilongjiang	3946	2763	28	3085	804	29
上　海 Shanghai	2103	1479	189	1883	31	
江　苏 Jiangsu	9771	5003	221	8767	767	16
浙　江 Zhejiang	11105	6462	256	9859	973	17
安　徽 Anhui	5772	2309	69	4217	1484	2
福　建 Fujian	4514	2295	61	3889	561	3
江　西 Jiangxi	2628	1221	41	1793	773	21
山　东 Shandong	26522	14678	711	22693	3078	40
河　南 Henan	12269	7707	317	9207	2637	108
湖　北 Hubei	5924	2636	63	4402	1420	36
湖　南 Hunan	7257	4071	216	5693	1312	34
广　东 Guangdong	42536	23962	998	32700	8763	69
广　西 Guangxi	4673	2803	57	3661	940	15
海　南 Hainan	740	394	5	621	114	
重　庆 Chongqing	1892	911	37	1595	255	5
四　川 Sichuan	5630	3066	101	4370	1157	2
贵　州 Guizhou	3219	1694	42	2243	914	20
云　南 Yunnan	3802	2260	57	3238	496	11
西　藏 Tibet						
陕　西 Shaanxi	3933	2327	84	3274	557	18
甘　肃 Gansu	1528	742	23	1200	304	1
青　海 Qinghai	548	265	5	415	127	1
宁　夏 Ningxia	542	326	2	507	32	1
新　疆 Xinjiang	3644	2453	36	2627	978	3

职称情况（城乡结合区）
Qualifications and Professional Rank（Urban-rural Transitional Area）

单位：人
unit：person

高中阶段毕业以下 Below High School Graduate	按职称分 By Professional Rank				
	中学高级 Senior Secondary	中学一级 1st Grade	中学二级 2nd Grade	中学三级 3rd Grade	未定职级 No-ranking
16	**30359**	**83349**	**52224**	**2038**	**20517**
	349	786	761	19	339
1	338	544	212		67
	1632	4537	2653	33	1164
	407	1528	1801	63	418
	157	162	102	1	42
3	2235	1536	508	25	147
1	202	604	452	3	162
	1225	1851	811	11	48
	247	975	762	24	95
	2252	4855	2302	3	359
	2097	5168	2717	48	1075
	921	2057	1674	150	970
	1006	1728	1292	39	449
	625	1049	675	68	211
	3709	12647	8341	138	1687
	2256	4781	3849	214	1169
3	1127	3157	1232	68	340
2	907	3714	1550	66	1020
6	4008	19847	9901	737	8043
	735	2581	963	52	342
	127	207	317	1	88
	198	568	1046	10	70
	827	2305	2033	16	449
	360	1083	942	77	757
	867	1572	1071	26	266
	486	1393	1720	58	276
	158	554	701	4	111
	121	260	139	13	15
	102	194	208		38
	678	1106	1489	71	300

初中专任教师学历、

Number of Full-time Teachers in Junior Secondary Schools by

地 区 Region	合计 Total	其中:女 of Which: Female	按学历分 By Academic Qualifications			
			研究生毕业 Graduate	本科毕业 Under-graduate	专科毕业 Associate Bachelor	高中阶段毕业 High School Graduate
总 计 Total	**1706792**	**837160**	**10543**	**1267726**	**419641**	**8580**
北 京 Beijing	4372	2965	190	4075	104	3
天 津 Tianjin	7764	4401	109	6921	678	56
河 北 Hebei	88055	58385	761	68388	18671	232
山 西 Shanxi	56550	36014	244	38657	17247	397
内蒙古 Inner Mongolia	32723	19843	299	25302	7020	102
辽 宁 Liaoning	37036	21929	149	27207	9432	224
吉 林 Jilin	24566	15064	197	19516	4729	118
黑龙江 Heilongjiang	38160	23177	83	28782	9049	237
上 海 Shanghai	6113	3860	359	5551	197	5
江 苏 Jiangsu	84639	36938	939	75171	8313	216
浙 江 Zhejiang	55536	29264	590	50705	4147	94
安 徽 Anhui	79121	29010	456	58271	20185	209
福 建 Fujian	46003	18815	208	37647	7950	190
江 西 Jiangxi	65677	24466	348	42574	22265	470
山 东 Shandong	139734	64988	1624	107744	29850	500
河 南 Henan	141285	80074	819	91355	47980	1131
湖 北 Hubei	64544	24452	157	40922	22681	758
湖 南 Hunan	84839	39034	425	58652	24903	795
广 东 Guangdong	115717	56393	345	82111	32989	268
广 西 Guangxi	72799	35108	178	54278	17818	509
海 南 Hainan	15270	6064	29	10687	4469	83
重 庆 Chongqing	45459	19876	197	37531	7522	197
四 川 Sichuan	110908	49051	413	77602	32758	131
贵 州 Guizhou	66307	25062	127	46580	19265	318
云 南 Yunnan	63204	29522	151	49323	13286	431
西 藏 Tibet	6557	3186	55	5440	1012	47
陕 西 Shaanxi	68360	35590	673	53236	13900	518
甘 肃 Gansu	35757	15101	152	27301	8078	219
青 海 Qinghai	8107	4207	127	6027	1910	41
宁 夏 Ningxia	8494	4175	62	7227	1188	15
新 疆 Xinjiang	33136	21146	77	22943	10045	66

职称情况（镇区）

Academic Qualifications and Professional Rank（Counties & Towns Area）

单位：人

unit：person

	按职称分 By Professional Rank				
高中阶段毕业以下 Below High School Graduate	中学高级 Senior Secondary	中学一级 1st Grade	中学二级 2nd Grade	中学三级 3rd Grade	未定职级 No-ranking
302	**261545**	**754768**	**555734**	**26613**	**108132**
	790	1728	1589	17	248
	2529	4207	871	7	150
3	13554	40211	26957	993	6340
5	4142	18333	27160	1332	5583
	9873	13773	7239	75	1763
24	15879	13090	6324	465	1278
6	3004	11488	8532	191	1351
9	7579	19627	9588	313	1053
1	568	2970	2281	14	280
	17531	42759	21316	160	2873
	10991	27194	14860	165	2326
	13116	30398	25240	2344	8023
8	8895	20961	14325	349	1473
20	17333	26222	17828	1226	3068
16	18959	64700	47731	1001	7343
	21845	54809	48858	4102	11671
26	9151	36810	14640	987	2956
64	8567	45185	24110	974	6003
4	8315	64269	29046	3873	10214
16	6693	39710	21377	1150	3869
2	2224	5857	6473	204	512
12	5005	18183	19952	417	1902
4	16253	46756	41461	724	5714
17	8046	24469	24470	1526	7796
13	11952	25512	21469	1126	3145
3	219	2388	2838	143	969
33	7235	24327	31994	1292	3512
7	2642	12034	18666	620	1795
2	1827	3249	2264	42	725
2	1201	2767	3392	103	1031
5	5627	10782	12883	678	3166

初中专任教师学历、

Number of Full-time Teachers in Junior Secondary Schools by Academic

地 区 Region	合计 Total	其中:女 of Which: Female	按学历分 By Academic Qualifications			
			研究生毕业 Graduate	本科毕业 Under-graduate	专科毕业 Associate Bachelor	高中阶段毕业 High School Graduate
总　计 Total	**433032**	**218539**	**2840**	**319867**	**107963**	**2275**
北　京 Beijing	1476	986	69	1370	37	
天　津 Tianjin	2657	1501	20	2333	270	34
河　北 Hebei	38273	25426	312	29642	8250	69
山　西 Shanxi	15185	10250	62	10103	4896	124
内蒙古 Inner Mongolia	3268	2016	28	2493	744	3
辽　宁 Liaoning	4914	2981	24	3630	1212	47
吉　林 Jilin	2362	1356	6	1716	608	29
黑龙江 Heilongjiang	3634	2143	10	2677	911	31
上　海 Shanghai	1627	1037	48	1508	71	
江　苏 Jiangsu	21695	9693	227	19284	2136	48
浙　江 Zhejiang	19577	10205	172	17905	1467	33
安　徽 Anhui	18311	6698	104	13388	4765	54
福　建 Fujian	12709	5123	34	10550	2063	57
江　西 Jiangxi	11809	4295	38	7259	4412	100
山　东 Shandong	53446	25476	695	41413	11148	185
河　南 Henan	44947	25887	167	28169	16272	339
湖　北 Hubei	15232	5618	30	9695	5362	140
湖　南 Hunan	29576	13348	133	20335	8771	305
广　东 Guangdong	32529	16629	118	22123	10200	86
广　西 Guangxi	13901	6846	37	10290	3446	126
海　南 Hainan	1687	782	10	1310	362	5
重　庆 Chongqing	9168	4137	40	7503	1586	34
四　川 Sichuan	16952	7899	133	12177	4614	28
贵　州 Guizhou	12898	5115	30	9002	3774	91
云　南 Yunnan	14152	7057	43	11401	2638	70
西　藏 Tibet	618	299	5	565	45	3
陕　西 Shaanxi	14625	7843	154	10702	3592	160
甘　肃 Gansu	8005	3363	37	5940	1977	49
青　海 Qinghai	1558	768	27	1121	398	12
宁　夏 Ningxia	1313	652	16	1076	219	2
新　疆 Xinjiang	4928	3110	11	3187	1717	11

职称情况(镇乡结合区)

Qualifications and Professional Rank (County-town Transitional Area)

单位:人
unit:person

	按职称分 By Professional Rank				
高中阶段毕业以下 Below High School Graduate	中学高级 Senior Secondary	中学一级 1st Grade	中学二级 2nd Grade	中学三级 3rd Grade	未定职级 No-ranking
87	**61957**	**192169**	**140959**	**6759**	**31188**
	278	565	559	14	60
	855	1465	285	1	51
	5770	17010	12262	320	2911
	1102	4786	7077	425	1795
	1068	1327	706	6	161
1	1844	1865	944	51	210
3	329	1089	767	17	160
5	746	1858	967	9	54
	201	834	516	4	72
	4632	10726	5588	5	744
	3657	9397	5498	83	942
	2723	6551	5827	724	2486
5	2529	5591	4015	122	452
	2912	4643	3191	189	874
5	7146	24322	18327	338	3313
	6508	17607	15474	1358	4000
5	2011	8902	3425	215	679
32	2685	15715	8373	381	2422
2	2455	17676	7776	923	3699
2	1220	7532	4415	191	543
	202	570	783	18	114
5	942	3610	4123	75	418
	2457	7211	6216	102	966
1	1375	4659	4649	392	1823
	2813	6194	4504	162	479
	11	202	252	50	103
17	1568	5068	7048	263	678
2	574	2589	4241	223	378
	364	683	407	1	103
	164	435	551	13	150
2	816	1487	2193	84	348

初中专任教师学历、

Number of Full-time Teachers in Junior Secondary Schools by

地 区 Region	合计 Total	其中:女 of Which: Female	按学历分 By Academic Qualifications			
			研究生毕业 Graduate	本科毕业 Under- graduate	专科毕业 Associate Bachelor	高中阶段毕业 High School Graduate
总 计 Total	**684920**	**300688**	**3395**	**472383**	**203527**	**5426**
北 京 Beijing	2549	1655	117	2363	67	2
天 津 Tianjin	2987	1440	30	2632	291	31
河 北 Hebei	35394	20828	200	26529	8492	173
山 西 Shanxi	24404	13594	118	15855	8166	253
内蒙古 Inner Mongolia	4623	2469	61	3304	1184	74
辽 宁 Liaoning	11443	6412	92	8486	2790	64
吉 林 Jilin	14980	8360	73	11929	2909	69
黑龙江 Heilongjiang	18610	9429	111	12813	5412	260
上 海 Shanghai	1012	640	55	924	31	1
江 苏 Jiangsu	9976	4118	108	8618	1237	13
浙 江 Zhejiang	10492	5389	145	9487	840	20
安 徽 Anhui	43420	13190	223	31609	11393	195
福 建 Fujian	21926	7325	61	17699	4063	94
江 西 Jiangxi	31448	10022	64	19222	11819	329
山 东 Shandong	33158	14047	383	25194	7401	178
河 南 Henan	75154	37198	350	46687	27248	868
湖 北 Hubei	23090	7979	118	14763	8046	155
湖 南 Hunan	50809	20647	167	31953	17740	908
广 东 Guangdong	30997	15451	173	20188	10551	83
广 西 Guangxi	22691	9606	66	15638	6755	229
海 南 Hainan	1692	642	1	1092	581	15
重 庆 Chongqing	7324	3136	15	5735	1508	60
四 川 Sichuan	44112	17326	90	26460	17486	74
贵 州 Guizhou	33712	11645	44	22806	10650	201
云 南 Yunnan	41576	18525	96	31644	9479	332
西 藏 Tibet	1529	703	23	1266	236	3
陕 西 Shaanxi	12915	6102	162	9356	3250	139
甘 肃 Gansu	33741	11452	137	24684	8494	418
青 海 Qinghai	3546	1463	38	2571	920	17
宁 夏 Ningxia	3523	1555	22	2929	538	33
新 疆 Xinjiang	32087	18340	52	17947	13950	135

职称情况(乡村)

Academic Qualifications and Professional Rank (Rural Area)

单位:人

unit:person

高中阶段毕业以下 Below High School Graduate	按职称分 By Professional Rank				
	中学高级 Senior Secondary	中学一级 1st Grade	中学二级 2nd Grade	中学三级 3rd Grade	未定职级 No-ranking
189	**84111**	**279103**	**246967**	**15512**	**59227**
	423	969	936	16	205
3	869	1723	355	4	36
	4428	16264	11606	449	2647
12	1007	7278	12540	734	2845
	1100	1930	1127	24	442
11	4470	3834	2515	198	426
	1258	6974	5475	115	1158
14	2904	9409	5529	148	620
1	91	465	389	10	57
	1668	5151	2699	41	417
	1494	5188	3019	32	759
	6448	17220	15977	866	2909
9	3902	9860	7473	179	512
14	6919	11057	9892	965	2615
2	4008	15219	11996	213	1722
1	10852	29611	25875	2234	6582
8	3024	12762	5617	548	1139
41	4280	26364	14580	554	5031
2	1630	15908	7678	1045	4736
3	1686	12703	6371	469	1462
3	217	581	769	32	93
6	524	2230	3439	126	1005
2	5138	17015	17766	410	3783
11	2138	10205	13668	1307	6394
25	5709	14266	16018	1632	3951
1	28	641	691	19	150
8	1122	4423	6302	291	777
8	1721	9708	18376	1223	2713
	702	1487	1096	23	238
1	348	794	1577	63	741
3	4003	7864	15616	1542	3062

初中办

Condition of School Buildings in

地 区 Region	校舍建筑面积 Floor Space	教学及辅助用房 Teaching & Assistant Buildings						
		合计 Total	其中 of Which					
			教室 Classroom	实验室 Laboratory	图书室 Library	微机室 PC-room	语音室 Linguistic	体育馆 Gymnasium
总 计 Total	**525635444**	**219107284**	**154653489**	**31550020**	**11878721**	**9653448**	**3264338**	**8107268**
北 京 Beijing	3748571	1537804	984647	270921	92829	72079	7900	109428
天 津 Tianjin	2548602	1247345	836683	187690	78007	51946	21154	71865
河 北 Hebei	23595107	10279518	6998671	1887146	597142	449393	177098	170068
山 西 Shanxi	14540556	5329976	3827463	713214	322157	266851	91216	109075
内蒙古 Inner Mongolia	8886971	3785729	2581207	498412	210816	159430	70744	265120
辽 宁 Liaoning	13334208	5973782	3974363	878033	318211	311857	123768	367550
吉 林 Jilin	7540954	3479285	2404102	519687	170964	180096	82291	122145
黑龙江 Heilongjiang	10190750	4838367	3410625	659474	201907	216774	126132	223455
上 海 Shanghai	6620945	3232427	1802312	619016	214751	147468	46373	402507
江 苏 Jiangsu	32468623	15825108	10150749	2562427	1180082	781173	195479	955198
浙 江 Zhejiang	25360078	10445414	6456951	1574593	668412	440793	136458	1168207
安 徽 Anhui	22432877	9813141	7054598	1400333	525826	510847	128447	193090
福 建 Fujian	11669744	4656689	2974267	896541	344337	193873	50367	197304
江 西 Jiangxi	17835994	7185272	5423472	828049	360904	292245	128921	151681
山 东 Shandong	40195064	17003552	11269666	3048781	1017257	743620	252020	672208
河 南 Henan	42485134	15979245	12165887	2055935	767469	650373	194730	144851
湖 北 Hubei	23322692	8122536	5727027	1198543	437141	400186	158342	201297
湖 南 Hunan	29218428	11593492	8762540	1363406	533451	418891	185606	329598
广 东 Guangdong	48097875	22139341	15786020	2823880	1144652	767556	352442	1264791
广 西 Guangxi	19448801	6466738	4954026	799423	271432	258963	59969	122925
海 南 Hainan	3791571	1439707	1073225	182434	73181	55478	20984	34405
重 庆 Chongqing	10739292	4085224	3227435	455888	152600	141910	35727	71664
四 川 Sichuan	30896941	13090780	9919935	1551861	633953	601397	172715	210919
贵 州 Guizhou	17416891	6677296	5065315	856845	320258	292247	62661	79970
云 南 Yunnan	16820490	6204678	4623314	886224	272587	282449	73167	66937
西 藏 Tibet	1992644	586740	444630	64611	19384	24695	11214	22206
陕 西 Shaanxi	13886552	5654384	3861947	942930	332473	288630	154745	73659
甘 肃 Gansu	9806430	4462854	3380153	577290	208464	216296	32403	48248
青 海 Qinghai	2766250	1257054	913044	183292	56749	59875	20144	23950
宁 夏 Ningxia	3027518	1456786	962931	279739	76010	81735	17451	38920
新 疆 Xinjiang	10948891	5257020	3636284	783402	275315	294322	73670	194027

学条件(一)(总计)

Junior Secondary Schools (1) (Total)

单位:平方米

unit:m^2

行政办公用房 Administrative		生活用房 Residential and Welfare							其他用房 Rooms for Other Purposes	校舍面积中 of the Floor Space	
合计 Total	其中:教师办公室 of Which: for Teachers	合计 Total	教工宿舍 Apartments for Single 小计 Subtotal	其中:教师周转宿舍 of Which: Accommodation for Circulation of Teachers	学生宿舍 Students' Dormitories	食堂 Dining Halls	厕所 Toilet	其他 Others		危房面积 Floor Space of Dilapidated Buildings	当年新增校舍 New Floor Space Added in Current Year
47742100	**29784165**	**218323471**	**52613800**	**11302742**	**95283631**	**39725291**	**15399633**	**15301116**	**40462589**	**11570328**	**24673549**
499198	234229	847328	129660	6543	177186	216324	156046	168112	864241		257212
391095	247818	470591	45413	12135	52121	98622	100143	174292	439571		53565
2146837	1492805	9458011	1251192	280054	5041971	1853654	631620	679574	1710741	15280	2390418
1608478	1103005	6058334	956109	109115	3000061	1172199	446305	483660	1543768	76398	478955
1041046	703637	3269220	171284	54382	1760872	696975	305371	334718	790976		383130
1821831	1065284	3516972	141906	32120	1198652	994947	498067	683400	2021623	82862	279418
995229	613966	2192780	85573	34641	895229	544700	272111	395167	873660	16885	315769
1444701	977581	2633731	102491	36119	1203068	567166	350438	410568	1273951	211218	313101
853708	426450	1356096	38054	4396	133537	464887	266027	453591	1178714		112624
3348690	1927130	10882107	1607213	238837	4205311	2985290	894160	1190133	2412718		1011365
2373290	1367314	9674055	1563568	225340	3881231	2510911	783080	935265	2867319		625961
2064919	1322881	9207127	2592423	415114	3842320	1640350	646789	485245	1347690	139573	630062
1001864	467238	4750544	1714827	260432	1679714	749717	310883	295403	1260647	46587	436501
1325982	760993	8380148	2472508	314759	3636580	1354290	428315	488455	944592	1239294	1337502
4322417	2476886	14733264	2629375	604457	6188591	3346656	1430678	1137964	4135831	57348	2831340
4464292	3175007	20047520	3879241	573415	9895093	3914129	1370544	988513	1994077	597921	1453440
1820825	1119920	11808729	4939927	766137	4012050	1660219	536431	660102	1570602	299749	401591
2154314	1438722	13599596	4709775	766020	4996957	2266585	751409	874870	1871026	832492	870672
3435732	2050492	17657843	6163563	840353	6628065	2213894	1263415	1388906	4864959	51223	1521592
1007109	687307	11344025	3384121	785044	5780221	1425049	408992	345642	630929	1713313	901966
188059	112891	2003674	798989	207259	819820	244437	92060	48368	160131	63267	112003
745884	422669	5264728	1319188	333729	2644774	841532	239383	219851	643456	304473	297052
2115030	1344322	14415579	3988650	1267985	6616325	2283466	957807	569331	1275552	613206	1606666
1022643	636836	8960828	1952448	1099579	5076288	1167437	471073	293582	756124	14071	1546393
888014	513944	9246112	2413432	756765	4531858	1566496	403455	330871	481686	3227697	1111941
107955	83972	1244265	498968	423848	552657	132640	26214	33786	53684	5245	92003
1746297	1208330	5606644	1615010	277312	2262863	953393	432796	342582	879227	97934	1078881
994275	761586	3848326	740653	192760	1815809	658041	355295	278528	500975	1816799	958978
221535	147056	1116517	173432	74758	538118	204801	91998	108168	171144	9028	360583
332294	210577	1053599	123533	49158	512688	194592	125040	97746	184839	1576	240192
1258557	683317	3675178	411274	260176	1703601	801892	353688	404723	758136	36889	662673

初中办

Condition of School Buildings in Junior Secondary

地 区 Region	校舍建筑面积 Floor Space	教学及辅助用房 Teaching & Assistant Buildings						
		合计 Total	其中 of Which					
			教室 Classroom	实验室 Laboratory	图书室 Library	微机室 PC-room	语音室 Linguistic	体育馆 Gymnasium
总 计 Total	**154443419**	**72551948**	**48328380**	**10639081**	**4366178**	**2995087**	**1061273**	**5161949**
北 京 Beijing	2347386	1000104	663964	153139	57180	44677	4685	76459
天 津 Tianjin	1380516	645938	408509	97694	48187	28299	8756	54493
河 北 Hebei	4944012	2420547	1642389	428565	153848	99092	37026	59627
山 西 Shanxi	3347627	1375066	939402	192175	102923	62582	27033	50951
内蒙古 Inner Mongolia	2967371	1437677	945998	196283	82727	53846	22580	136243
辽 宁 Liaoning	6332880	2902864	1824082	413309	163186	140231	57528	304528
吉 林 Jilin	2993212	1440630	990000	184105	64100	64263	28472	109690
黑龙江 Heilongjiang	3684778	1809417	1192331	246360	74504	74672	51131	170419
上 海 Shanghai	5148701	2479286	1380938	462820	161592	109323	39312	325301
江 苏 Jiangsu	15086902	7707574	4716491	1286308	617296	343097	69793	674589
浙 江 Zhejiang	11352984	4975075	2938063	714433	347881	200652	66767	707279
安 徽 Anhui	4672789	2419121	1677343	357381	128871	116459	34977	104090
福 建 Fujian	3021824	1372816	839248	239099	111542	50324	15830	116773
江 西 Jiangxi	2768063	1306128	914933	158022	74064	50414	30585	78110
山 东 Shandong	14579320	6678842	4270688	1164396	413548	278103	87975	464132
河 南 Henan	9786033	4255880	3049573	623062	239413	164115	57979	121738
湖 北 Hubei	6588798	2965499	2063635	456721	160757	134776	56538	93072
湖 南 Hunan	4824519	2151044	1515170	266973	109834	70358	37517	151192
广 东 Guangdong	24065310	11395291	7901412	1441628	606264	390910	170625	884452
广 西 Guangxi	3145290	1410603	1015825	172606	67981	55590	12636	85965
海 南 Hainan	801201	329219	260408	34116	14214	11317	2350	6814
重 庆 Chongqing	2239917	1069408	805769	118671	48858	38970	7791	49349
四 川 Sichuan	5383255	2622648	1910897	317860	143146	110887	40683	99175
贵 州 Guizhou	2499167	1204441	869152	163852	73566	49218	15221	33432
云 南 Yunnan	2086662	919798	654284	118093	59225	44976	15735	27485
西 藏 Tibet	266836	75459	56391	8833	3564	3429	1288	1954
陕 西 Shaanxi	2579595	1176169	817545	181119	72738	52255	23621	28891
甘 肃 Gansu	1435191	801007	588209	105628	41300	33738	7810	24322
青 海 Qinghai	545010	295916	189453	56415	16507	15851	6470	11220
宁 夏 Ningxia	970200	531528	343166	100748	29281	27416	5568	25349
新 疆 Xinjiang	2598070	1376953	943112	178667	78081	75247	16991	84855

条件(一)(城区)
Schools (1) (Urban Area)

单位:平方米
unit:m²

行政办公用房 Administrative		生活用房 Residential and Welfare							其他用房 Rooms for Other Purposes	校舍面积中 of the Floor Space	
合计 Total	其中:教师办公室 of Which: for Teachers	合计 Total	教工宿舍 Apartments for Single		学生宿舍 Students' Dormitories	食堂 Dining Halls	厕所 Toilet	其他 Others		危房面积 Floor Space of Dilapidated Buildings	当年新增校舍 New Floor Space Added in Current Year
			小计 Subtotal	其中:教师周转宿舍 of Which: Accommodation for Circulation of Teachers							
17367306	**10186404**	**45303064**	**7760058**	**1262189**	**16724410**	**9629271**	**5082576**	**6106749**	**19221101**	**1208731**	**6399981**
321014	154232	457615	54314	4068	74772	121335	95896	111298	568653		220376
210304	133789	243266	12456	1182	24748	59323	52940	93799	281008		38470
601110	410932	1411206	109290	7057	724486	260602	129240	187588	511149	1567	400598
441841	289393	935663	147200	23113	377767	171691	99615	139390	595057	18447	118596
417907	259784	726286	51883	8897	306223	136540	109849	121791	385501		141307
902918	483426	1271249	50727	3502	219453	393921	250351	356797	1255849	26044	164479
399635	227927	698600	19074	780	206053	182594	118642	172237	454347	1823	126206
617174	394331	625424	27852	4931	177175	107531	140923	171943	632763	65518	169101
668445	330795	1046875	20832	1200	99515	330969	206684	388875	954095		78259
1742747	958572	4184723	373776	70744	1409291	1320276	450562	630818	1451858		587320
1191002	682275	3680661	426317	64707	1402040	1101677	362375	388252	1506246		288432
573662	347378	1170023	182452	10235	439988	222255	152121	173207	509983	4840	135783
308926	144854	833978	224234	65869	255158	153025	99999	101562	506104	13330	137416
251949	140533	872215	197400	30771	261012	171871	81232	160700	337771	41477	161524
1874881	1016943	3981540	488228	110500	1425504	997669	544330	525809	2044057	7554	883446
1200369	824056	3554889	547512	87353	1720698	698644	300063	287972	774895	92737	255342
730660	445174	2210969	774844	102852	658723	344013	175884	257505	681670	72349	140549
416081	251101	1839931	441883	93802	708214	377158	138223	174453	417463	62505	162975
1886383	1113483	7642926	2181662	233384	2768125	1112657	712748	867734	3140710	29727	646054
284910	180092	1267265	292261	65518	658868	163747	96845	55544	182512	69982	170745
47996	28590	369895	135997	25488	141334	45624	26887	20053	54091	1060	24598
219620	125116	673415	94968	13323	298607	137422	61851	80567	277474	20807	41087
489277	296182	1900474	271813	48075	911562	391677	204243	121179	370856	29290	353352
264131	164131	784896	144110	22497	376809	114112	92276	57589	245699	7092	176711
212047	108529	771887	139127	51709	314964	149576	66370	101850	182930	320456	154866
19292	13776	157304	71120	57258	68913	11026	3533	2712	14781	2602	8352
338031	224394	736965	189225	30291	226060	128028	89180	104472	328430	41664	250490
183428	131278	309967	29840	8465	111148	45597	63130	60252	140789	267547	106136
58159	35954	135620	14952	4790	40337	14576	24835	40920	55315	3400	88111
127957	78162	209067	17900	4920	87575	35318	43298	24976	101648		46594
365450	191222	598270	26809	4908	229288	128817	88451	124905	257397	6913	122706

初中办

Condition of School Buildings in

地区 Region	校舍建筑面积 Floor Space	教学及辅助用房 Teaching & Assistant Buildings						
		合计 Total	其中 of Which					
			教室 Classroom	实验室 Laboratory	图书室 Library	微机室 PC-room	语音室 Linguistic	体育馆 Gymnasium
总 计 Total	**32521814**	**14559206**	**9949959**	**2107366**	**810914**	**591825**	**209135**	**890007**
北 京 Beijing	295370	108961	70245	22388	6917	5653	749	3009
天 津 Tianjin	144984	56153	38754	7332	2435	1957	996	4679
河 北 Hebei	1437624	630341	433336	107920	36854	26751	10586	14894
山 西 Shanxi	431622	177653	138234	18873	8881	7880	1798	1987
内蒙古 Inner Mongolia	120317	49452	26530	8500	3448	1673	691	8610
辽 宁 Liaoning	722690	299180	176205	48753	17238	15198	9528	32258
吉 林 Jilin	145753	49634	34596	7103	2167	2287	1598	1883
黑龙江 Heilongjiang	347976	173144	117450	22170	7541	6519	3863	15601
上 海 Shanghai	434945	188517	102180	38596	12024	8321	3792	23604
江 苏 Jiangsu	1967467	994987	628889	177585	67678	50241	10097	60497
浙 江 Zhejiang	2619710	1131522	693588	150343	80014	49144	17107	141326
安 徽 Anhui	812029	393327	274720	57390	23995	19919	6184	11119
福 建 Fujian	567166	228842	148159	37764	16669	9654	3296	13300
江 西 Jiangxi	514857	201972	145715	13693	7095	5815	4140	25514
山 东 Shandong	4708260	2108047	1343804	376046	132609	88859	30557	136172
河 南 Henan	2364111	905409	647060	131432	53644	41644	9198	22431
湖 北 Hubei	836661	325694	243499	40419	14999	14184	5040	7553
湖 南 Hunan	1215451	474745	325100	55659	25037	14561	11508	42880
广 东 Guangdong	8879707	4295676	3067744	554156	212874	138615	55059	267228
广 西 Guangxi	615998	231287	180150	23528	8583	9359	1707	7960
海 南 Hainan	65016	26764	16718	4967	1719	1136		2224
重 庆 Chongqing	180950	69521	58067	7132	2326	1782	214	
四 川 Sichuan	852055	398628	287945	43643	24903	15529	7701	18907
贵 州 Guizhou	472057	202053	149255	27754	6585	10775	2588	5096
云 南 Yunnan	433096	189446	142258	24645	8302	9951	2778	1512
西 藏 Tibet								
陕 西 Shaanxi	485512	217854	151118	38825	9915	11156	3641	3199
甘 肃 Gansu	198651	95795	74633	11401	4368	4472	294	627
青 海 Qinghai	94655	48824	36255	7619	1626	2755	503	66
宁 夏 Ningxia	96746	54024	37821	10374	2004	2340	270	1215
新 疆 Xinjiang	460378	231754	159931	31356	8464	13695	3652	14656

学条件(一)(城乡结合区)
Junior Secondary Schools (1) (Urban-rural Transitional Area)

单位:平方米
unit:m²

行政办公用房 Administrative		生活用房 Residential and Welfare							其他用房 Rooms for Other Purposes	校舍面积中 of the Floor Space	
			教工宿舍 Apartments for Single								
合计 Total	其中:教师办公室 of Which: for Teachers	合计 Total	小计 Subtotal	其中:教师周转宿舍 of Which: Accommodation for Circulation of Teachers	学生宿舍 Students' Dormitories	食堂 Dining Halls	厕所 Toilet	其他 Others		危房面积 Floor Space of Dilapidated Buildings	当年新增校舍 New Floor Space Added in Current Year
3065277	**1799535**	**11638286**	**2177619**	**332359**	**4842456**	**2365629**	**1020274**	**1232308**	**3259045**	**227262**	**1545773**
39368	17472	73055	8284	1224	11184	16667	12960	23960	73986		10032
19618	11127	20915	2892	831	1000	7315	4157	5551	48298		
142873	107966	548259	40422	2148	309740	121227	35714	41156	116151	1567	121279
50818	36535	167593	28632	633	81388	36075	11804	9694	35558		11325
12976	6058	34601	2075		14983	7974	4320	5249	23288		
104117	57833	202377	10796	30	48159	58411	28728	56283	117016	6042	63237
18581	11683	47431	864		16617	13057	5630	11263	30107		10990
41278	29317	77571	881		32072	17122	9836	17660	55983	1798	10087
55122	22426	107937	1353		22684	41301	18794	23805	83369		
210998	116110	625106	83998	16535	226664	183860	49807	80777	136376		76256
243912	130487	966774	122290	14059	398043	275353	76806	94282	277502		91325
84307	58196	267963	49210	3985	108242	73834	24336	12341	66432	679	16065
50616	30808	191529	51299	11987	66980	32866	18781	21603	96179		24296
35147	18600	241826	27279	4853	58943	29280	11025	115299	35912	4150	31654
532833	289871	1512389	141108	55496	623601	390506	177805	179369	554991		305078
235701	156863	1059614	133429	22808	572366	218380	72999	62440	163387	6477	89393
75487	37148	387194	128178	23760	146813	60623	22290	29290	48286	10751	15249
102669	57432	521547	118350	22204	217291	112151	31339	42416	116490	26961	68259
609030	372151	3026464	928346	73378	1134056	401899	262115	300048	948537	7800	221512
43593	25609	329046	82261	30961	183046	43669	12634	7436	12072	27891	42215
5003	2226	32293	8686	1380	15792	4670	3045	100	956	1060	
15561	8777	90435	16865	1975	50430	14289	4536	4315	5433	3405	
69684	41594	317681	54938	11945	146680	64858	33822	17383	66062	16272	99266
47383	21352	184336	29001	7169	103767	24685	15746	11137	38285		49694
42898	21339	176259	34164	14143	80540	32408	15277	13870	24493	75531	50012
77760	46006	163054	62174	7161	45403	24923	15330	15224	26844	7820	50602
25741	21479	65448	1005	60	36587	10064	11436	6356	11667	29058	13656
9014	5047	34190	1120	700	16710	6433	4814	5113	2627		12635
14402	9623	17150	630	310	7583	3075	3078	2784	11170		33426
48787	28400	148249	7089	2624	65092	38654	21310	16104	31588		28230

初中办

Condition of School Buildings in

地　区 Region	校舍建筑面积 Floor Space	教学及辅助用房 Teaching & Assistant Buildings						
		合计 Total	其中 of Which					
			教室 Classroom	实验室 Laboratory	图书室 Library	微机室 PC-room	语音室 Linguistic	体育馆 Gymnasium
总　计 Total	**257181801**	**101561245**	**73198901**	**14622194**	**5228348**	**4501072**	**1593362**	**2417368**
北　京 Beijing	809116	307674	177078	66958	23429	16855	1884	21470
天　津 Tianjin	824079	419312	300763	61348	21704	16083	8320	11094
河　北 Hebei	13136940	5417468	3726232	964859	303615	235246	93023	94493
山　西 Shanxi	7498328	2666772	1970808	348418	141472	133793	41936	30345
内蒙古 Inner Mongolia	5112127	2032339	1396234	267115	112008	90153	41754	125075
辽　宁 Liaoning	5313323	2318543	1638580	345185	117249	126057	46700	44772
吉　林 Jilin	2702947	1190919	845423	182891	58319	64963	29710	9613
黑龙江 Heilongjiang	4482872	2009494	1446277	287783	85934	89233	53526	46741
上　海 Shanghai	1208354	633782	359462	133693	43950	32991	5437	58249
江　苏 Jiangsu	15307481	7170034	4812757	1113513	498706	379987	110091	254980
浙　江 Zhejiang	11515674	4535829	2893408	723520	267322	197685	57786	396108
安　徽 Anhui	10504506	4359833	3141479	632619	231072	218845	60305	75513
福　建 Fujian	4942111	1974816	1283429	397852	144179	79099	21439	48818
江　西 Jiangxi	9593354	3882326	2977324	434642	194269	152378	67634	56079
山　东 Shandong	20589841	8324689	5623251	1514383	487463	372732	135345	191515
河　南 Henan	21278487	7600641	5955083	892343	336072	298081	97711	21351
湖　北 Hubei	11966012	3637410	2584636	512688	190440	186260	75932	87454
湖　南 Hunan	14311444	5535089	4214366	647589	243624	194408	88484	146618
广　东 Guangdong	18356066	8051221	5905545	1066180	375588	279412	137915	286581
广　西 Guangxi	11920169	3648128	2866325	434653	142903	142091	35001	27155
海　南 Hainan	2650088	988121	723511	129809	50219	39420	17891	27271
重　庆 Chongqing	6937018	2463235	1969929	284510	86878	84092	23646	14180
四　川 Sichuan	16213599	6595105	4943919	839421	316780	307185	91600	96200
贵　州 Guizhou	9138991	3306292	2514557	425194	150620	145406	30698	39817
云　南 Yunnan	8507773	3106828	2328435	450266	127136	135469	36373	29149
西　藏 Tibet	1419912	422459	318577	47302	13153	18365	8862	16200
陕　西 Shaanxi	9222807	3687959	2505353	631448	215200	192794	110186	32978
甘　肃 Gansu	4034078	1783491	1342123	244890	80761	86053	15243	14421
青　海 Qinghai	1412695	601631	450921	83031	25066	25108	8361	9144
宁　夏 Ningxia	1462205	657974	441150	126634	32810	37855	8693	10832
新　疆 Xinjiang	4809404	2231831	1541966	331457	110407	122973	31876	93152

学条件(一)(镇区)

Junior Secondary Schools (1) (Counties & Towns Area)

单位:平方米
unit: m^2

行政办公用房 Administrative		生活用房 Residential and Welfare							其他用房 Rooms for Other Purposes	校舍面积中 of the Floor Space	
合计 Total	其中:教师办公室 of Which: for Teachers	合计 Total	教工宿舍 Apartments for Single: 小计 Subtotal	教工宿舍 Apartments for Single: 其中:教师周转宿舍 of Which: Accommodation for Circulation of Teachers	学生宿舍 Students' Dormitories	食堂 Dining Halls	厕所 Toilet	其他 Others		危房面积 Floor Space of Dilapidated Buildings	当年新增 New Floor Space Added in Current Year
21378668	**13581295**	**119303855**	**29495495**	**6421333**	**55435151**	**20935033**	**7032207**	**6405969**	**14938033**	**5797625**	**12623465**
96838	39607	221142	38541	835	53776	50556	37321	40948	183462		18745
133053	81063	158761	21640	9110	15191	28790	35899	57241	112953		6041
1036516	723510	5858097	733988	169276	3233283	1188064	345776	356986	824859	3900	1377094
786441	542118	3413777	487867	48609	1808777	669048	225813	222272	631338	27647	250149
536775	379819	2192623	92568	32357	1271586	480767	163924	183778	350390		201434
708834	437914	1754398	65827	22366	816480	458202	185899	227990	531548	36258	86547
363512	222719	887713	30111	16654	432448	202593	90207	132354	260803	3076	92397
576714	394610	1388050	45184	20945	732381	311801	138752	159932	508614	105534	85913
149773	78996	242200	12636	2696	15799	110794	49374	53597	182599		26591
1416471	852873	5877005	1061640	141593	2465029	1475666	385920	488750	843971		394002
988956	579727	4954275	896494	139672	2086752	1167392	346193	457444	1036614		238965
890297	563520	4723334	1301538	231084	2132837	829080	283789	176090	531042	76276	313369
394951	186523	2141401	770969	107798	805565	321743	124895	118229	430943	29673	222374
747044	425766	4553231	1336577	168346	2085880	732108	217766	180900	410753	568786	789100
1994693	1179668	8623516	1715638	422279	3834409	1882151	702494	488824	1646943	47559	1590981
2128318	1489677	10775812	2031238	309896	5533843	2063877	675464	471390	773716	220351	851313
784218	481481	6939983	3074018	429625	2393363	935567	249367	287668	604401	182781	164907
1020810	686195	6915731	2480664	376963	2596406	1113869	346582	378210	839814	390236	489089
1146831	683365	7886020	3127007	499449	3103611	850386	404185	400831	1271994	15883	621782
543599	380721	7403172	2205743	470964	3825201	927901	232810	211517	325270	1240645	545465
122060	73463	1445250	587635	156826	596222	179024	59305	23064	94657	52700	77016
422698	244932	3755691	987267	261099	1933879	578664	143226	112655	295394	227699	209560
1094494	707473	7886501	2038627	690836	3819671	1254275	473508	300420	637499	295161	804993
502908	305543	4970119	1005459	535391	2921868	656519	232498	153775	359672	1855	874538
415546	246692	4795601	1244705	369085	2415685	799369	195581	140261	189798	1547571	554432
75314	57516	887038	360128	304123	386629	97863	18878	23540	35101	2643	70506
1126190	789811	3983305	1139697	188651	1697817	670190	276569	199032	425353	43502	635772
395877	295898	1656306	279512	102642	847398	286607	133832	108957	198404	667060	446448
111579	71818	618270	96011	49210	318569	125644	38195	39851	81215	927	155705
150324	96535	604891	43414	16972	329424	116007	60867	55179	49016		161233
517034	281742	1790642	183152	125981	925372	370516	157318	154284	269897	9902	267004

初中办

Condition of School Buildings in

地 区 Region	校舍建筑面积 Floor Space	教学及辅助用房 Teaching & Assistant Buildings						
		合计 Total	其中 of Which					
			教室 Classroom	实验室 Laboratory	图书室 Library	微机室 PC-room	语音室 Linguistic	体育馆 Gymnasium
总 计 Total	**68472198**	**27103090**	**19453921**	**3956683**	**1405313**	**1174699**	**419616**	**692858**
北 京 Beijing	323743	112088	63191	25727	11163	6452	1148	4407
天 津 Tianjin	262971	140574	105255	19016	7626	5631	2609	437
河 北 Hebei	5894147	2374265	1633073	419362	131598	102793	37728	49711
山 西 Shanxi	2040741	750094	544903	98164	41048	36619	13604	15756
内蒙古 Inner Mongolia	535921	200227	134391	29064	11473	8372	3760	13167
辽 宁 Liaoning	717576	324613	232182	45526	15991	18620	5418	6876
吉 林 Jilin	272078	108781	75107	18088	5468	6058	2784	1276
黑龙江 Heilongjiang	377727	171284	128314	21544	6028	6810	3676	4912
上 海 Shanghai	314190	160654	96119	35443	8834	7717	1328	11213
江 苏 Jiangsu	3965508	1839387	1219154	314494	119154	97189	26123	63273
浙 江 Zhejiang	4087507	1610042	1041570	267651	95870	70093	22523	112335
安 徽 Anhui	2481572	1027093	751612	150463	51854	46286	12315	14563
福 建 Fujian	1433087	561619	353155	114306	46882	21235	5807	20234
江 西 Jiangxi	2037269	785394	610123	79070	35441	32660	12502	15598
山 东 Shandong	8080835	3290582	2191024	614993	182517	144431	52405	105212
河 南 Henan	7816058	2771272	2157052	322000	122349	111376	45976	12519
湖 北 Hubei	3034385	915162	667870	119909	50108	48243	21163	7869
湖 南 Hunan	5231304	2013522	1539711	233979	89443	67406	32406	50577
广 东 Guangdong	4852753	2304302	1701532	277647	109006	78170	36897	101050
广 西 Guangxi	2108226	670701	525203	78647	29619	27260	4767	5205
海 南 Hainan	233566	84164	57995	12419	5192	3635	1967	2956
重 庆 Chongqing	1405533	478486	377554	61142	15942	16981	4486	2381
四 川 Sichuan	2805320	1197345	890514	142305	56428	58534	16934	32630
贵 州 Guizhou	1913246	665008	502755	86208	32800	29084	7719	6442
云 南 Yunnan	2029345	782698	593694	102145	30861	33084	8439	14475
西 藏 Tibet	137648	41826	34442	3564	769	1075	426	1550
陕 西 Shaanxi	1905287	770917	537661	121230	40822	43021	22634	5549
甘 肃 Gansu	1014894	433735	317680	62607	24385	21176	5600	2287
青 海 Qinghai	301957	151543	115160	20400	6148	5778	2486	1571
宁 夏 Ningxia	228092	101937	68073	17367	5674	5645	1598	3580
新 疆 Xinjiang	629712	263775	187852	42203	14820	13265	2388	3247

学条件(一)(镇乡结合区)

Junior Secondary Schools (1) (County – town Transitional Area)

单位:平方米

unit:m^2

行政办公用房 Administrative		生活用房 Residential and Welfare							其他用房 Rooms for Other Purposes	校舍面积中 of the Floor Space	
			教工宿舍 Apartments for Single								
合计 Total	其中:教师办公室 of Which: for Teachers	合计 Total	小计 Subtotal	其中:教师周转宿舍 of Which: Accommodation for Circulation of Teachers	学生宿舍 Students' Dormitories	食堂 Dining Halls	厕所 Toilet	其他 Others		危房面积 Floor Space of Dilapidated Buildings	当年新增校舍 New Floor Space Added in Current Year
5816485	**3635108**	**31462166**	**7327780**	**1436836**	**14639438**	**5799339**	**1951378**	**1744231**	**4090457**	**1311951**	**3423472**
31251	15747	102116	13282	18	25167	23270	13141	27256	78288		2466
45793	26968	46062	6383	1019	600	9228	12358	17493	30542		392
452113	314373	2723092	348921	71892	1497347	553901	149287	173636	344677	3700	564567
216462	134731	920902	132979	12842	505050	179847	58755	44271	153283	5860	38319
50468	35739	235211	13393	3490	127328	51053	15985	27452	50015		4457
87497	56743	213526	8243	914	93699	61621	27408	22555	91940	1170	3443
36397	19182	88375	7848	4040	44176	20262	8823	7266	38525		2392
55546	39323	124418	4742	3535	60107	25353	13866	20350	26479	13914	3836
44030	19474	64361	3999	1520	5364	28288	12058	14652	45145		5726
372974	213352	1535091	305372	40772	577625	381654	99535	170905	218056		112947
349573	210686	1737402	306344	61075	731501	407689	116920	174948	390490		80789
187337	119851	1172432	326957	63363	528636	210223	70743	35873	94710	12518	60376
117737	51235	638691	231312	23433	248045	88604	40391	30339	115040	6224	48814
136019	80020	1047602	262792	25191	515381	171941	49728	47760	68254	91260	95499
784389	453308	3347967	617772	136726	1488568	770727	280625	190275	657897	19419	629241
792215	539156	3960211	676946	128967	2109436	779675	265276	128878	292360	59421	327266
204279	118171	1779836	738275	99746	665149	244284	69610	62518	135108	10793	34306
387516	260726	2503175	842231	144392	994853	408767	125655	131669	327091	170753	211080
358088	203747	1820594	695409	83640	660733	213811	127210	123431	369769	480	188415
93172	68388	1297442	361459	52436	696093	163064	42944	33882	46911	267903	93625
9889	5813	128434	47730	10993	53595	16932	8344	1833	11079	1464	817
84775	53244	791453	198399	72420	414212	134662	26993	17187	50819	62398	89512
197550	120795	1308074	323610	104320	615479	227353	86541	55091	102351	51792	157620
111418	58540	1048676	178190	98825	644009	147198	45490	33789	88144		176442
122665	74321	1066486	270860	61830	528460	175403	53325	38438	57496	388072	95726
4589	3379	82632	33797	28551	36810	7520	1521	2984	8601	1328	7731
255446	187797	788219	231938	43712	322163	138683	57617	37818	90705	15610	112653
104162	82709	425834	73967	17652	218085	73096	34348	26338	51163	127872	166668
30085	18500	106258	18099	8645	58413	15564	7194	6988	14071		28873
23694	13440	92368	7098	4733	52919	19921	6270	6160	10093		31725
69356	35650	265226	39433	26144	120435	49745	23417	32196	31355		47749

初中办
Condition of School Buildings in

地 区 Region	校舍建筑面积 Floor Space	教学及辅助用房 Teaching & Assistant Buildings						
		合计 Total	其中 of Which					
			教室 Classroom	实验室 Laboratory	图书室 Library	微机室 PC-room	语音室 Linguistic	体育馆 Gymnasium
总 计 Total	**114010224**	**44994091**	**33126208**	**6288745**	**2284195**	**2157289**	**609703**	**527951**
北 京 Beijing	592069	230026	143605	50824	12220	10547	1331	11499
天 津 Tianjin	344007	182095	127411	28648	8116	7564	4078	6278
河 北 Hebei	5514155	2441503	1630050	493722	139679	115055	47049	15948
山 西 Shanxi	3694601	1288138	917253	172621	77762	70476	22247	27779
内蒙古 Inner Mongolia	807473	315713	238975	35014	16081	15431	6410	3802
辽 宁 Liaoning	1688005	752375	511701	119539	37776	45569	19540	18250
吉 林 Jilin	1844795	847736	568679	152691	48545	50870	24109	2842
黑龙江 Heilongjiang	2023100	1019456	772017	125331	41469	52869	21475	6295
上 海 Shanghai	263890	119359	61912	22503	9209	5154	1624	18957
江 苏 Jiangsu	2074240	947500	621501	162606	64080	58089	15595	25629
浙 江 Zhejiang	2491420	934510	625480	136640	53209	42456	11905	64820
安 徽 Anhui	7255582	3034187	2235776	410333	165883	175543	33165	13487
福 建 Fujian	3705809	1309057	851590	259590	88616	64450	13098	31713
江 西 Jiangxi	5474577	1996818	1531215	235385	92571	89453	30702	17492
山 东 Shandong	5025903	2000021	1375727	370002	116246	92785	28700	16561
河 南 Henan	11420614	4122724	3161231	540530	191984	188177	39040	1762
湖 北 Hubei	4767882	1519627	1078756	229134	85944	79150	25872	20771
湖 南 Hunan	10082465	3907359	3033004	448844	179993	154125	59605	31788
广 东 Guangdong	5676499	2692829	1979063	316072	162800	97234	43902	93758
广 西 Guangxi	4383342	1408007	1071876	192164	60548	61282	12332	9805
海 南 Hainan	340282	122367	89306	18509	8748	4741	743	320
重 庆 Chongqing	1562357	552581	451737	52707	16864	18848	4290	8135
四 川 Sichuan	9300087	3873027	3065119	394580	174027	183325	40432	15544
贵 州 Guizhou	5778733	2166563	1681606	267799	96072	97623	16742	6721
云 南 Yunnan	6226055	2178052	1640595	317865	86226	102004	21059	10303
西 藏 Tibet	305896	88822	69662	8476	2667	2901	1064	4052
陕 西 Shaanxi	2084150	790256	539049	130363	44535	43581	20938	11790
甘 肃 Gansu	4337161	1878356	1449821	226772	86403	96505	9350	9505
青 海 Qinghai	808545	359507	272670	43846	15176	18916	5313	3586
宁 夏 Ningxia	595113	267284	178615	52357	13919	16464	3190	2739
新 疆 Xinjiang	3541417	1648236	1151206	273278	86827	96102	24803	16020

学条件(一)(乡村)

Junior Secondary Schools (1) (Rural Area)

单位:平方米
unit:m^2

行政办公用房 Administrative		生活用房 Residential and Welfare							其他用房 Rooms for Other Purposes	校舍面积中 of the Floor Space	
合计 Total	其中:教师办公室 of Which: for Teachers	合计 Total	教工宿舍 Apartments for Single 小计 Subtotal	其中:教师周转宿舍 of Which: Accommodation for Circulation of Teachers	学生宿舍 Students' Dormitories	食堂 Dining Halls	厕所 Toilet	其他 Others		危房面积 Floor Space of Dilapidated Buildings	当年新增 New Floor Space Added in Current Year
8996126	**6016466**	**53716552**	**15358247**	**3619220**	**23124070**	**9160987**	**3284850**	**2788398**	**6303455**	**4563972**	**5650103**
81346	40390	168571	36805	1640	48638	44433	22829	15866	112126		18091
47738	32966	68564	11317	1843	12182	10509	11304	23252	45610		9054
509211	358363	2188708	407914	103721	1084202	404988	156604	135000	374733	9813	612726
380196	271494	1708894	321042	37393	813517	331460	120877	121998	317373	30304	110210
86364	64034	350311	26833	13128	183063	79668	31598	29149	55085		40389
210079	143944	491325	25352	6252	162719	142824	61817	98613	234226	20560	28392
232082	163320	606467	36388	17207	256728	159513	63262	90576	158510	11986	97166
250813	188640	620257	29455	10243	293512	147834	70763	78693	132574	40166	58087
35490	16659	67021	4586	500	18223	23124	9969	11119	42020		7774
189472	115685	820379	171797	26500	330991	189348	57678	70565	116889		30043
193332	105312	1039119	240757	20961	392439	241842	74512	89569	324459		98564
600960	411983	3313770	1108433	173795	1269495	589015	210879	135948	306665	58457	180910
297987	135861	1775165	719624	86765	618991	274949	85989	75612	323600	3584	76711
326989	194694	2954702	938531	115642	1289688	450311	129317	146855	196068	629031	386878
452843	280275	2128208	425509	71678	928678	466836	183854	123331	444831	2235	356913
1135605	861274	5716819	1300491	176166	2640552	1151608	395017	229151	445466	284833	346785
305947	193265	2657777	1091065	233660	959964	380639	111180	114929	284531	44619	96135
717423	501426	4843934	1787228	295255	1692337	775558	266604	322207	613749	379751	218608
402518	253644	2128897	854894	107520	756329	250851	146482	120341	452255	5613	253756
178600	126494	2673588	886117	248562	1296152	333401	79337	78581	123147	402686	185756
18003	10838	188529	75357	24945	82264	19789	5868	5251	11383	9507	10389
103566	52621	835622	236953	59307	412288	125446	34306	26629	70588	55967	46405
531259	340667	4628604	1678210	529074	1885092	637514	280056	147732	267197	288755	448321
255604	167162	3205813	802879	541691	1777611	396806	146299	82218	150753	5124	495144
260421	158723	3678624	1029600	335971	1801209	617551	141504	88760	108958	1359670	402643
13349	12680	199923	67720	62467	97115	23751	3803	7534	3802		13145
282076	194125	886374	286088	58370	338986	155175	67047	39078	125444	12768	192619
414970	334410	1882053	431301	81653	857263	325837	158333	109319	161782	882192	406394
51797	39284	362627	62469	20758	179212	64581	28968	27397	34614	4701	116767
54013	35880	239641	62219	27266	95689	43267	20875	17591	34175	1576	32365
376073	210353	1286266	201313	129287	548941	302559	107919	125534	230842	20074	272963

初中办

Condition of School Buildings in

地 区 Region	占地面积(平方米) Areas of School Sites (m^2)			图书(册) Books & Magazines in Libraries (volume)	计算机数 No. of Computers	
	合计 Total	其中 of Which			合计 Total	其中:教学 of Which: No. of Used for
		绿化用地面积 Green Areas	运动场地面积 Sports Areas			小计 Subtotal
总 计 Total	**1522383677**	**298937928**	**412496271**	**1323709763**	**5950176**	**4894501**
北 京 Beijing	9432107	1791769	3252867	9494690	83206	70958
天 津 Tianjin	8291092	943570	3215541	9424835	42573	34191
河 北 Hebei	73399458	8498907	22691931	78812977	268435	231189
山 西 Shanxi	39013074	4463171	10801504	32792513	152793	128790
内蒙古 Inner Mongolia	34558139	4955875	9572990	17130366	80342	58343
辽 宁 Liaoning	46026118	5771771	18635755	41753872	237661	184098
吉 林 Jilin	32488689	5946652	10720910	20827512	93237	73702
黑龙江 Heilongjiang	44653223	5752598	15267249	19649179	129541	103638
上 海 Shanghai	12137822	3745044	3612874	23577836	151277	126676
江 苏 Jiangsu	87190682	25180420	25273617	77021801	457000	347930
浙 江 Zhejiang	56256181	15268672	16814640	63253576	390255	342019
安 徽 Anhui	80856918	12168600	17126469	53678495	223609	183832
福 建 Fujian	31744469	7863339	8305782	27175790	123201	98368
江 西 Jiangxi	55668829	10560584	13477186	36390259	135425	108481
山 东 Shandong	129447780	29190662	39076311	123462514	603922	510260
河 南 Henan	118084224	14630269	27140068	96081623	317420	267890
湖 北 Hubei	61758737	19707293	14069013	57377181	201033	173862
湖 南 Hunan	86916156	15771727	17417028	66155762	218657	181048
广 东 Guangdong	115635657	31273285	33671963	120429923	616883	513474
广 西 Guangxi	51885148	9148605	10261130	39905246	142391	109081
海 南 Hainan	15904079	3901393	3272740	7951764	35112	28241
重 庆 Chongqing	21852106	4214899	5868294	14078931	87555	68234
四 川 Sichuan	69629310	12231550	21622558	78626822	305147	242795
贵 州 Guizhou	47774683	9997685	14414906	55592816	173892	151671
云 南 Yunnan	50378720	10760714	9495672	38496507	156784	128706
西 藏 Tibet	6083653	735902	921398	2696318	14014	10369
陕 西 Shaanxi	36855979	5159114	9606317	44087740	165727	142676
甘 肃 Gansu	30089417	4110865	8616961	27247784	121215	100301
青 海 Qinghai	8098046	872777	1987424	7354775	35230	28517
宁 夏 Ningxia	10356805	2265666	3255023	7052620	47707	32765
新 疆 Xinjiang	49916376	12054550	13030150	26127736	138932	112396

学条件(二)(总计)
Junior Secondary Schools (2)(Total)

(台) (set)	教室(间): Classroom(room)		教室中:普通教室(间) of Which: General Classroom		固定资产总值(万元) Total Volue of Fixed Asset (10,000 yuan)		
用计算机 Computers Instruction 其中:平板电脑 of Which: Tablet PC	合计 Total	其中:网络多媒体教室 of Which: Network Multimedia Classroom	合计 Total	其中:网络多媒体教室 of Which: Network Multimedia Classroom	合计 Total	其中:教学仪器设备资产值 of Which: Total Volue of Equip & Instru. 小计 Subtotal	其中:实验设备 of Which: for Profession
170644	**1568013**	**783365**	**1214108**	**676460**	**58833723.17**	**6628829.38**	**2265157.54**
1335	12711	9912	7506	6713	672140.07	184874.06	17196.22
1007	9525	4760	6824	3835	390716.28	52457.56	15739.96
11068	86524	35950	66009	32808	2357071.63	244001.22	108133.91
4761	43196	20899	31610	17884	1577257.46	141975.15	57248.69
1	23786	10575	18599	9283	1222362.64	96321.71	34060.93
13790	54972	22795	42263	19323	1558380.05	253192.59	84916.72
2896	27189	9621	21208	7911	793531.28	121553.20	45618.14
1049	46792	15180	32081	13398	1136683.10	138450.07	58344.27
3264	23316	18371	16094	13790	1367055.85	242849.83	58455.44
7822	84545	56366	57561	45189	5066794.29	540553.40	158938.97
3781	63811	52916	46190	43701	3337891.59	374180.02	99337.06
11942	74847	35564	61084	33222	2543182.33	209433.84	80214.57
1800	30221	16094	20536	13037	1134467.93	145549.53	47909.50
9505	53761	19506	43688	17999	1390679.23	136391.46	51252.15
3235	116833	85232	84944	68533	5032541.94	511539.19	124819.40
11301	134199	52420	112962	47963	3529783.37	312266.29	129382.29
14353	57854	30346	41318	27851	2091150.87	265652.21	107179.77
13817	68677	22841	55906	19798	2530149.09	251600.48	113356.19
26813	129484	81163	103020	71221	5873862.00	781535.00	280063.00
6741	42409	26024	36936	24174	1533434.66	147909.62	66862.92
9	8716	3386	7237	3035	532341.30	54992.63	21551.27
3863	26781	16630	18715	13823	953216.73	104225.45	30405.64
2794	103712	32024	87210	28586	3499909.54	421277.12	135217.52
2845	58194	27867	46153	25685	1653139.26	166594.59	63591.51
41	40769	19317	35534	17735	1749239.37	137008.98	54786.56
146	3642	691	2841	612	308778.31	13206.19	4429.40
1601	46787	16672	36348	14117	1535607.32	181036.89	85404.56
6022	37532	13255	30614	11810	1193177.24	114458.60	41881.92
1272	8745	2781	6826	2440	458790.16	40112.24	20490.32
106	9560	4769	6681	3883	463785.15	72481.60	20935.68
1664	38923	19438	29610	17101	1346603.13	171148.66	47433.06

初中办

Condition of School Buildings in

地 区 Region	占地面积(平方米) Areas of School Sites (m^2)			图书(册) Books & Magazines in Libraries (volume)	计算机数 No. of Computer	
	合计 Total	其中 of Which			合计 Total	其中:教学 of Which: No. of Used for
		绿化用地面积 Green Areas	运动场地面积 Sports Areas			小计 Subtotal
总 计 Total	**339476485**	**75909752**	**107149644**	**413952868**	**2257863**	**1844221**
北 京 Beijing	4785099	760269	1853194	6371659	56066	48486
天 津 Tianjin	3371417	361173	1285468	4887820	24665	19276
河 北 Hebei	11592641	1504580	3884951	16908658	72470	61678
山 西 Shanxi	7087902	986151	2236866	8266939	40994	34595
内蒙古 Inner Mongolia	7443023	1004958	2546587	6204789	31653	23640
辽 宁 Liaoning	16564306	2151171	7218382	21931877	127074	96507
吉 林 Jilin	6847663	1106933	2815443	9461502	42487	33906
黑龙江 Heilongjiang	10145114	1334884	3836883	6961961	58320	46350
上 海 Shanghai	7982309	2312720	2395255	17818816	119591	100397
江 苏 Jiangsu	32559854	9863243	10218902	34723868	219123	169123
浙 江 Zhejiang	21859842	6402332	6303148	26705949	174274	153144
安 徽 Anhui	11161081	2210020	2945822	11049357	59821	48291
福 建 Fujian	6133708	1418353	1852441	8353223	42355	33812
江 西 Jiangxi	6346132	1266323	1753582	6090805	31199	24634
山 东 Shandong	38004528	8940301	11993393	48331560	253819	212225
河 南 Henan	21877137	3290251	5934611	21262778	99474	81021
湖 北 Hubei	14857454	4641994	4143902	20761093	75102	63715
湖 南 Hunan	11443954	2282155	2635846	9795704	44813	36095
广 东 Guangdong	45642902	12770606	14113950	62603001	343657	281276
广 西 Guangxi	7335213	1549292	2027584	6757950	36349	26801
海 南 Hainan	1580858	385486	442773	1906708	9361	7414
重 庆 Chongqing	4118405	871557	1179450	3883285	25070	20209
四 川 Sichuan	10499854	2243443	3812002	13414838	70749	59095
贵 州 Guizhou	4525399	785193	1790506	8778952	34639	30046
云 南 Yunnan	4763219	1352216	1423972	5124514	26760	22042
西 藏 Tibet	693909	170599	108213	312143	2316	1330
陕 西 Shaanxi	5631771	903068	1658412	9900023	40728	35255
甘 肃 Gansu	3192306	500291	1148149	4569807	25979	21293
青 海 Qinghai	1262570	204406	342305	1588917	10701	8037
宁 夏 Ningxia	2988168	653482	1020071	2599332	18096	12384
新 疆 Xinjiang	7178747	1682302	2227581	6625040	40158	32144

学条件(二)(城区)

Junior Secondary Schools (2) (Urban Area)

(台) (set)	教室(间): Classroom(room)		教室中:普通教室(间) of Which: General Classroom(room)		固定资产总值(万元) Total Volue of Fixed Asset (10,000 yuan)		
用计算机 Computers Instruction 其中:平板电脑 of Which: Tablet PC	合计 Total	其中:网络多媒体教室 of Which: Network Multimedia Classroom	合计 Total	其中:网络多媒体教室 of Which: Network Multimedia Classroom	合计 Total	其中:教学仪器设备资产值 of Which: Total Volue of Equip & Instru. 小计 Subtotal	其中:实验设备 of Which: for Profession
66871	**476392**	**306375**	**360445**	**259084**	**21913410. 39**	**2845341. 35**	**795637. 29**
1091	8295	6680	5129	4617	439387. 12	122550. 76	10606. 29
926	4511	2969	3355	2466	241956. 21	32148. 04	8148. 20
3547	17361	9913	13529	9147	600888. 47	68714. 05	24239. 18
775	9837	5649	7156	4876	441254. 36	42200. 77	14729. 50
	8817	4914	6633	4247	406665. 53	37981. 67	13201. 18
5509	24286	13091	18396	11052	798270. 92	150148. 16	44149. 91
1365	10259	5642	8169	4770	355821. 37	61217. 02	18086. 19
485	16045	6890	11440	6196	403399. 95	59795. 51	19693. 51
2919	18181	14175	12467	10602	1065897. 57	192072. 95	42249. 78
5283	38369	29132	25941	23000	2885201. 09	292179. 45	75225. 59
3166	29238	24312	21315	20036	1632249. 07	184306. 03	43496. 20
3062	16010	7901	12377	7132	632465. 47	60367. 71	20714. 99
168	8802	6162	6383	5109	366021. 93	53880. 16	13225. 31
2390	9491	4812	7960	4497	321723. 80	34677. 88	8504. 38
2346	43712	35342	31184	27979	2222316. 33	234420. 85	45698. 38
4370	30859	15880	25495	14334	959076. 44	104952. 74	39337. 87
4866	20694	12048	14462	10871	769510. 08	108078. 82	40222. 27
2420	11930	6339	9974	5605	647630. 23	64927. 66	24023. 07
15436	69430	49808	55025	43202	3427622. 00	517918. 00	168203. 00
1549	9571	5343	8122	4702	334537. 03	39463. 88	14978. 04
2	2210	1020	1946	920	133594. 81	13577. 67	4259. 76
704	5503	4534	4178	3701	252648. 09	30716. 42	7651. 32
1986	18337	8968	14864	8089	757199. 57	112987. 28	29516. 96
415	10197	4971	8115	4436	317595. 51	38647. 10	10166. 70
19	5955	3409	5033	3072	267589. 06	27161. 50	7539. 65
	431	171	349	152	31370. 39	1356. 48	581. 46
672	9039	4331	6678	3745	314660. 71	43199. 91	16953. 15
853	5483	3116	4447	2852	215263. 94	28860. 21	6764. 79
3	1657	977	1294	890	111681. 30	7945. 69	2938. 49
11	3086	1904	2220	1577	184584. 44	29284. 97	9108. 47
533	8796	5972	6809	5210	375327. 60	49602. 01	11423. 69

初中办

Condition of School Buildings in

地 区 Region	占地面积(平方米) Areas of School Sites (m^2)			图书(册) Books & Magazines in Libraries (volume)	计算机数 No. of Computer	
	合计 Total	其中 of Which			合计 Total	其中:教学 of Which: No. of Used for
		绿化用地面积 Green Areas	运动场地面积 Sports Areas			小计 Subtotal
总 计 Total	**82200544**	**19121572**	**23794776**	**80693659**	**411389**	**340763**
北 京 Beijing	882774	152528	324100	804117	6411	5574
天 津 Tianjin	371592	39692	130221	452455	2304	1702
河 北 Hebei	3777023	465329	1252511	4691137	17764	15390
山 西 Shanxi	1267281	203254	359295	1069897	4929	4153
内蒙古 Inner Mongolia	331509	47115	111084	158990	938	749
辽 宁 Liaoning	2196166	287804	861215	1916326	11642	8764
吉 林 Jilin	475643	107146	137579	328069	1414	1119
黑龙江 Heilongjiang	1365728	186682	458179	625858	4674	3561
上 海 Shanghai	821845	257473	225482	1213920	7168	6213
江 苏 Jiangsu	5262869	1600950	1518306	4408338	26900	20478
浙 江 Zhejiang	5596018	1475473	1557048	6171372	37123	31588
安 徽 Anhui	2534024	466273	573483	1630824	8546	7534
福 建 Fujian	1505267	337482	414512	1281264	5967	4788
江 西 Jiangxi	1371421	276417	302469	837882	3240	2678
山 东 Shandong	14192783	3556579	4230645	13972490	68338	58901
河 南 Henan	6227868	1016897	1483828	4037650	18388	14990
湖 北 Hubei	2403755	773679	566111	2149775	7580	6194
湖 南 Hunan	3150446	466390	642730	2372457	8707	6837
广 东 Guangdong	18373831	5173714	5667203	22559558	123593	101660
广 西 Guangxi	1577630	327341	404661	1253699	4976	3730
海 南 Hainan	260747	50359	53252	107115	830	776
重 庆 Chongqing	461751	67161	132165	239085	1694	1520
四 川 Sichuan	2006289	548850	617445	1904992	10085	7896
贵 州 Guizhou	819604	182062	296902	1545167	5108	4684
云 南 Yunnan	1082726	296774	346416	1211770	5125	4227
西 藏 Tibet						
陕 西 Shaanxi	1243023	213031	372582	1749633	5971	5151
甘 肃 Gansu	505003	67764	187922	512874	2712	2197
青 海 Qinghai	191994	34308	49367	223662	1390	1265
宁 夏 Ningxia	331988	98751	122878	233002	1904	1434
新 疆 Xinjiang	1611946	344294	395185	1030281	5968	5010

学条件(二)(城乡结合区)
Junior Secondary Schools (2) (Urban-rural Transitional Area)

(台) (set)	教室(间): Classroom(room)		教室中:普通教室(间) of Which: General Classroom(room)		固定资产总值(万元) Total Volue of Fixed Asset (10,000 yuan)		
用计算机 Computers Instruction	合计 Total	其中:网络多媒体教室 of Which: Network Multimedia Classroom	合计 Total	其中:网络多媒体教室 of Which: Network Multimedia Classroom	合计 Total	其中:教学仪器设备资产值 of Which: Total Volue of Equip & Instru.	
其中:平板电脑 of Which: Tablet PC						小计 Subtotal	其中:实验设备 of Which: for Profession
12949	**96956**	**59895**	**73783**	**51669**	**4605269. 03**	**497974. 69**	**169396. 21**
	958	692	546	477	50254. 99	13506. 82	1682. 85
26	361	273	268	224	22118. 33	3455. 3	1114. 50
700	4996	2657	3897	2431	227177. 54	17173. 99	7623. 26
85	1418	621	933	558	70361. 22	4809. 3	1773. 30
	258	94	213	78	8141. 32	745. 92	419. 90
807	2802	1159	1982	902	115672. 24	15969. 32	7324. 18
94	847	445	387	186	21708. 4	2357. 79	833. 54
84	1551	689	987	611	33687. 7	5076. 7	2752. 48
112	1372	994	859	789	76284. 61	12234. 84	3030. 21
462	5564	3871	3404	3019	425523. 05	34419. 36	11799. 70
449	6957	5491	5238	4821	378409. 14	35100. 55	11072. 02
655	2674	1136	2040	1063	110598. 45	8283. 35	3457. 27
26	1512	928	1055	787	71551. 29	8780. 7	2315. 23
261	1366	576	1187	554	65423. 09	4437. 4	1102. 75
578	12988	10049	9479	8065	733452. 8	58686. 99	13994. 49
566	6917	2747	5251	2355	258849. 27	20742. 97	8094. 90
356	2597	1249	1806	1153	93052. 72	10914. 23	4705. 75
478	2643	1180	2238	1040	147605. 83	11007. 55	4844. 00
6484	26109	18885	21627	17132	1173665	173338	62864. 00
156	1698	961	1509	891	83143. 77	8329. 1	3194. 51
	197	81	162	70	20351. 8	1296	516. 36
81	475	365	359	320	14310. 03	2558. 92	473. 73
120	2945	1247	2300	1095	105267. 58	14893. 64	3717. 21
78	1916	558	1644	510	45761. 39	3994. 07	1444. 35
10	1268	667	1099	614	67016. 51	6119. 34	2368. 89
21	1604	564	1101	412	51380. 15	5832. 08	2853. 50
210	725	376	543	332	37230. 33	3030. 36	935. 57
	339	135	239	125	14267. 03	1133. 13	496. 60
	321	269	241	241	19516. 6	2949. 7	766. 51
50	1578	936	1189	814	63486. 85	6797. 27	1824. 65

初中办
Condition of School Buildings in

地 区 Region	占地面积(平方米) Areas of School Sites (m²)			图书(册) Books & Magazines in Libraries (volume)	计算机数 No. of Computer	
	合计 Total	其中 of Which			合计 Total	其中:教学 of Which: No. of Used for
		绿化用地面积 Green Areas	运动场地面积 Sports Areas			小计 Subtotal
总 计 Total	**772923234**	**151067978**	**202650553**	**624326860**	**2590033**	**2140241**
北 京 Beijing	2485550	553505	833510	1965357	16973	14182
天 津 Tianjin	3183620	377067	1243503	3208234	12159	10542
河 北 Hebei	39749557	4523748	11831526	42530903	137083	119018
山 西 Shanxi	19331347	2150652	5192179	16867949	73613	62184
内蒙古 Inner Mongolia	21095328	2947164	5545571	9325010	42271	30177
辽 宁 Liaoning	21417366	2533384	8155456	14527550	81549	64874
吉 林 Jilin	13308991	2666719	4380130	6717586	29162	22757
黑龙江 Heilongjiang	21169725	2855506	6774182	8834297	48267	38356
上 海 Shanghai	3374236	1141800	1024283	4863230	26385	21859
江 苏 Jiangsu	46887668	13180908	13011394	36941082	208289	156233
浙 江 Zhejiang	27630289	7265979	8392709	30090079	178397	156289
安 徽 Anhui	36923287	5397760	8052314	25274438	96259	80003
福 建 Fujian	14034659	3531305	3638294	11301396	46392	37378
江 西 Jiangxi	29835914	5880388	7073738	19560949	67413	54661
山 东 Shandong	70423451	15354180	20944842	60845753	280009	238844
河 南 Henan	57707364	6997588	12941840	46090765	141509	120721
湖 北 Hubei	32778592	10613489	6999768	26347272	87749	76620
湖 南 Hunan	43190487	8212835	8326456	31529324	98355	81298
广 东 Guangdong	51169828	13787825	14461054	43256541	204107	173993
广 西 Guangxi	31547166	5475582	6020020	24417124	77527	59469
海 南 Hainan	12327475	3006043	2500450	5303436	22659	18554
重 庆 Chongqing	14308298	2793486	3802770	8399122	50686	38863
四 川 Sichuan	36889194	6981469	11386514	39975150	153070	120423
贵 州 Guizhou	26694180	5966254	7649827	29027117	86951	76337
云 南 Yunnan	25421027	5178494	4612288	19168126	74112	60780
西 藏 Tibet	4414289	523443	680148	1999122	9443	7481
陕 西 Shaanxi	24554116	3314543	6280207	28818436	105032	90399
甘 肃 Gansu	10901306	1575675	3155915	10121434	43788	36329
青 海 Qinghai	4248037	411953	981374	3548346	15699	12975
宁 夏 Ningxia	4913983	1102024	1441381	2923005	19537	13281
新 疆 Xinjiang	21006904	4767210	5316910	10548727	55588	45361

学条件(二)(镇区)

Junior Secondary Schools (2) (Counties & Towns Area)

(台) (set)	教室(间): Classroom(room)		教室中:普通教室(间) of Which: General Classroom(room)		固定资产总值(万元) Total Volue of Fixed Asset (10,000 yuan)		
用计算机 Computers Instruction	合计 Total	其中:网络多媒体教室 of Which: Network Multimedia Classroom	合计 Total	其中:网络多媒体教室 of Which: Network Multimedia Classroom	合计 Total	其中:教学仪器设备资产值 of Which: Total Volue of Equip & Instru.	
其中:平板电脑 of Which: Tablet PC						小计 Subtotal	其中:实验设备 of Which: for Profession
69031	**726967**	**347060**	**566767**	**303547**	**26801475. 56**	**2691664. 66**	**1011043. 53**
117	2666	2023	1502	1340	140214. 62	37452. 31	3781. 26
67	3311	1213	2382	1023	104533. 86	13572. 05	4527. 68
5212	47091	19427	35676	17659	1304169. 15	124381. 09	56794. 15
2786	21227	10721	16117	9190	793006. 92	70178. 55	28673. 85
1	12244	5024	9791	4460	713861. 02	50982. 43	17489. 26
5192	22423	7005	17489	5945	570127. 22	73604. 64	27767. 80
803	9451	2496	7253	1985	259840. 16	34771. 89	16066. 41
305	19630	6426	12893	5597	547744. 11	61257. 00	29333. 82
262	4273	3489	3051	2679	256563. 65	41595. 33	13212. 74
2222	39968	24011	27515	19669	1926627. 97	218353. 98	72353. 54
533	27834	23222	19979	19202	1422003. 70	158523. 89	46873. 90
5217	33895	16057	28442	15204	1216726. 24	88987. 24	35403. 40
1322	12244	6006	8473	4869	452445. 63	54333. 89	20608. 54
5182	28462	10633	22741	9898	733280. 87	66439. 91	26074. 96
549	57705	40249	42346	32675	2309797. 33	226668. 53	63440. 20
5156	65899	25045	56480	23183	1811852. 75	139187. 93	58444. 76
6715	26001	13203	18940	12218	921329. 48	111110. 60	47093. 91
6192	31037	11193	25459	9782	1215276. 51	116075. 47	53379. 88
8010	43932	23626	35279	21107	1876205. 00	196469. 00	84133. 00
3573	23744	15704	20968	14764	857473. 38	77829. 34	37120. 92
7	5536	2040	4547	1834	348894. 52	35719. 75	15327. 50
2595	17740	9924	11825	8266	571211. 65	59946. 66	18822. 68
264	50561	16773	41766	14856	1938138. 13	214919. 73	70336. 77
1260	28415	14928	22527	13951	876080. 94	79754. 27	30904. 95
16	19487	9458	17223	8782	857904. 75	60523. 63	25766. 11
146	2643	420	2066	365	228071. 78	9905. 98	3382. 07
863	31148	10585	24654	8888	993139. 06	115743. 20	57599. 09
3137	14160	5590	11364	5042	505670. 46	37999. 82	14371. 55
573	4265	1301	3302	1125	235670. 18	16101. 73	5695. 13
66	4258	2117	2944	1724	200906. 55	30290. 82	7223. 22
688	15717	7151	11773	6265	612707. 97	68984. 00	19040. 48

初中办

Condition of School Buildings in

地 区 Region	占地面积(平方米) Areas of School Sites (m^2)			图书(册) Books & Magazines in Libraries (volume)	计算机数 No. of Computer	
	合计 Total	其中 of Which			合计 Total	其中:教学 of Which: No. of Used for
		绿化用地面积 Green Areas	运动场地面积 Sports Areas			小计 Subtotal
总 计 Total	**200758441**	**39138173**	**52445877**	**164990983**	**686117**	**572804**
北 京 Beijing	889592	188039	291582	624844	5267	4313
天 津 Tianjin	1113275	125434	460742	1140641	4166	3524
河 北 Hebei	17697195	1912270	4949614	17517331	56689	49048
山 西 Shanxi	5070748	481019	1411449	4590092	19451	16489
内蒙古 Inner Mongolia	2346353	502553	584819	1011455	3932	2607
辽 宁 Liaoning	2814710	340513	1039308	2170704	11251	8571
吉 林 Jilin	1302085	310718	470713	710985	3028	2414
黑龙江 Heilongjiang	1744587	252357	637105	684191	3792	3094
上 海 Shanghai	903394	303584	286553	1258949	7305	6164
江 苏 Jiangsu	12195575	3439047	3332971	9271882	53381	39402
浙 江 Zhejiang	10217864	2687161	2977400	10252813	60855	53245
安 徽 Anhui	8997154	1334429	1819133	5835484	21876	18174
福 建 Fujian	4197123	911272	1168881	3270237	13256	10733
江 西 Jiangxi	6470662	1268032	1496511	3590038	13521	10750
山 东 Shandong	26420521	6036380	7924046	22968240	107469	90370
河 南 Henan	21086221	2694304	4723333	15359377	50075	42645
湖 北 Hubei	7983324	2617308	1770548	6599477	21659	19079
湖 南 Hunan	16088486	2985303	2972665	11469430	34076	28465
广 东 Guangdong	13173257	3343435	3866309	12054189	59450	51775
广 西 Guangxi	6460756	1035741	1160584	4697817	14426	11357
海 南 Hainan	879981	242447	194693	452901	2235	1745
重 庆 Chongqing	2652535	427136	749582	1515106	9320	7289
四 川 Sichuan	6734533	1311749	2078317	6483469	28798	22556
贵 州 Guizhou	5385543	1055765	1606794	5857715	17653	15826
云 南 Yunnan	5538154	1242524	1146995	4480102	16354	13620
西 藏 Tibet	377995	66285	55857	213088	1160	876
陕 西 Shaanxi	5326241	794043	1422165	5919145	21525	18514
甘 肃 Gansu	2641113	371511	762856	2323321	10473	9232
青 海 Qinghai	780718	79920	223010	961351	3493	2952
宁 夏 Ningxia	878082	219547	283933	421469	3310	2397
新 疆 Xinjiang	2390664	558347	577409	1285140	6871	5578

学条件(二)(镇乡结合区)

Junior Secondary Schools (2) (County-town Transitional Area)

(台) (set) 用计算机 Computers Instruction 其中:平板电脑 of Which: Tablet PC	教室中(间): Classroom(room) 合计 Total	其中:网络多媒体教室 of Which: Network Multimedia Classroom	教室中:普通教室(间) of Which: General Classroom 合计 Total	其中:网络多媒体教室 of Which: Network Multimedia Classroom	固定资产总值(万元) Total Volue of Fixed Asset (10,000 yuan) 合计 Total	其中:教学仪器设备资产值 of Which: Total Volue of Equip & Instru. 小计 Subtotal	其中:实验设备 of Which: for Profession
18641	**195165**	**94382**	**149904**	**81616**	**7253012.20**	**703136.53**	**261612.54**
28	950	731	545	515	55541.72	11884.85	1218.36
6	1072	365	753	303	33093.06	4449.34	1762.84
2160	20841	7929	16208	7308	568050.36	52364.74	24731.10
1256	5611	2967	4292	2543	210842.07	18917.98	8588.21
	1203	475	967	396	76245.11	4856.34	1758.16
1291	2929	950	2232	754	73149.40	9356.90	3489.90
46	982	220	770	185	21299.83	3022.37	1424.65
123	1830	360	1130	281	32224.36	2765.23	1515.81
2	1128	979	817	733	75979.27	12638.27	4048.67
652	9605	6155	6349	4888	508658.50	54558.40	17862.91
161	9922	8274	7137	6787	523527.56	56126.85	16382.19
868	7874	3286	6680	3133	305962.16	21131.37	8630.90
496	3520	1688	2472	1393	135284.60	16472.14	6453.31
833	5637	1893	4737	1735	194559.03	14679.30	6011.67
85	22684	15511	16553	12574	924784.88	96346.94	25548.30
1781	23719	9436	19818	8650	681572.82	46879.61	20651.06
1771	6846	3280	4966	2991	214730.74	26286.94	11750.59
2777	11302	3601	9122	3101	453642.21	39261.39	18317.93
2150	13197	7150	10405	6326	525967.00	57036.00	24966.00
765	4643	3131	4036	2893	172804.67	15100.82	7936.10
	504	277	451	249	38920.59	3816.95	1707.58
438	5552	2151	2251	1682	118436.83	11575.50	3204.14
1	9196	3381	7529	2975	387103.10	44847.40	13036.30
179	5712	2976	4594	2771	201414.24	17084.10	7034.42
16	4538	2342	3972	2209	233418.91	13132.62	5188.77
	298	56	199	55	18135.01	1283.33	462.38
280	6537	1804	5341	1546	204818.16	21614.11	11066.43
368	3459	1243	2671	1071	122750.57	7940.89	3041.83
48	1096	294	767	263	46693.66	5103.64	1234.94
60	683	324	450	251	23103.21	4067.75	742.68
	2095	1153	1690	1055	70298.57	8534.46	1844.41

初中办

Condition of School Buildings in

地区 Region	占地面积(平方米) Areas of School Sites (m^2)			图书(册) Books & Magazines in Libraries (volume)	计算机数 No. of Computer	
	合计 Total	其中 of Which			合计 Total	其中:教学 of Which: No. of Used for
		绿化用地面积 Green Areas	运动场地面积 Sports Areas			小计 Subtotal
总　计 Total	**409983958**	**71960198**	**102696074**	**285430035**	**1102280**	**910039**
北　京 Beijing	2161458	477995	566163	1157674	10167	8290
天　津 Tianjin	1736055	205330	686570	1328781	5749	4373
河　北 Hebei	22057260	2470579	6975454	19373416	58882	50493
山　西 Shanxi	12593825	1326368	3372459	7657625	38186	32011
内蒙古 Inner Mongolia	6019788	1003753	1480832	1600567	6418	4526
辽　宁 Liaoning	8044446	1087216	3261917	5294445	29038	22717
吉　林 Jilin	12332035	2173000	3525337	4648424	21588	17039
黑龙江 Heilongjiang	13338384	1562208	4656184	3852921	22954	18932
上　海 Shanghai	781277	290524	193336	895790	5301	4420
江　苏 Jiangsu	7743160	2136269	2043321	5356851	29588	22574
浙　江 Zhejiang	6766050	1600361	2118783	6457548	37584	32586
安　徽 Anhui	32772550	4560820	6128333	17354700	67529	55538
福　建 Fujian	11576102	2913681	2815047	7521171	34454	27178
江　西 Jiangxi	19486783	3413873	4649866	10738505	36813	29186
山　东 Shandong	21019801	4896181	6138076	14285201	70094	59191
河　南 Henan	38499723	4342430	8263617	28728080	76437	66148
湖　北 Hubei	14122691	4451810	2925343	10268816	38182	33527
湖　南 Hunan	32281715	5276737	6454726	24830734	75489	63655
广　东 Guangdong	18822927	4714854	5096959	14570381	69119	58205
广　西 Guangxi	13002769	2123731	2213526	8730172	28515	22811
海　南 Hainan	1995746	509864	329517	741620	3092	2273
重　庆 Chongqing	3425403	549856	886074	1796524	11799	9162
四　川 Sichuan	22240262	3006638	6424042	25236834	81328	63277
贵　州 Guizhou	16555104	3246238	4974573	17786747	52302	45288
云　南 Yunnan	20194474	4230004	3459412	14203867	55912	45884
西　藏 Tibet	975455	41860	133037	385053	2255	1558
陕　西 Shaanxi	6670092	941503	1667698	5369281	19967	17022
甘　肃 Gansu	15995805	2034899	4312897	12556543	51448	42679
青　海 Qinghai	2587439	256418	663745	2217512	8830	7505
宁　夏 Ningxia	2454654	510160	793571	1530283	10074	7100
新　疆 Xinjiang	21730725	5605038	5485659	8953969	43186	34891

学条件(二)(乡村)

Junior Secondary Schools (2) (Rural Area)

(台) (set)	教室(间): Classroom(room)		教室中:普通教室(间) of Which: General Classroom		固定资产总值(万元) Total Volue of Fixed Asset (10,000 yuan)		
用计算机 Computers Instruction	合计 Total	其中:网络多媒体教室 of Which: Network Multimedia Classroom	合计 Total	其中:网络多媒体教室 of Which: Network Multimedia Classroom	合计 Total	其中:教学仪器设备资产值 of Which: Total Volue of Equip & Instru.	
其中:平板电脑 of Which: Tablet PC						小计 Subtotal	其中:实验设备 of Which: for Profession
34742	**364654**	**129930**	**286896**	**113829**	**10118837. 22**	**1091823. 37**	**458476. 73**
127	1750	1209	875	756	92538. 33	24870. 99	2808. 67
14	1703	578	1087	346	44226. 21	6737. 47	3064. 08
2309	22072	6610	16804	6002	452014. 01	50906. 08	27100. 58
1200	12132	4529	8337	3818	342996. 18	29595. 83	13845. 34
	2725	637	2175	576	101836. 09	7357. 61	3370. 49
3089	8263	2699	6378	2326	189981. 91	29439. 79	12999. 01
728	7479	1483	5786	1156	177869. 75	25564. 29	11465. 54
259	11117	1864	7748	1605	185539. 04	17397. 56	9316. 94
83	862	707	576	509	44594. 63	9181. 55	2992. 92
317	6208	3223	4105	2520	254965. 23	30019. 97	11359. 84
82	6739	5382	4896	4463	283638. 82	31350. 10	8966. 96
3663	24942	11606	20265	10886	693990. 62	60078. 89	24096. 18
310	9175	3926	5680	3059	316000. 37	37335. 48	14075. 65
1933	15808	4061	12987	3604	335674. 56	35273. 67	16672. 81
340	15416	9641	11414	7879	500428. 28	50449. 81	15680. 82
1775	37441	11495	30987	10446	758854. 18	68125. 62	31599. 66
2772	11159	5095	7916	4762	400311. 31	46462. 79	19863. 59
5205	25710	5309	20473	4411	667242. 35	70597. 35	35953. 24
3367	16122	7729	12716	6912	570035. 00	67148. 00	27727. 00
1619	9094	4977	7846	4708	341424. 25	30616. 40	14763. 96
	970	326	744	281	49851. 97	5695. 21	1964. 01
564	3538	2172	2712	1856	129356. 99	13562. 37	3931. 64
544	34814	6283	30580	5641	804571. 84	93370. 11	35363. 79
1170	19582	7968	15511	7298	459462. 81	48193. 22	22519. 86
6	15327	6450	13278	5881	623745. 56	49323. 85	21480. 80
	568	100	426	95	49336. 14	1943. 73	465. 87
66	6600	1756	5016	1484	227807. 55	22093. 78	10852. 32
2032	17889	4549	14803	3916	472242. 84	47598. 57	20745. 58
696	2823	503	2230	425	111438. 68	16064. 82	11856. 70
29	2216	748	1517	582	78294. 16	12905. 81	4603. 99
443	14410	6315	11028	5626	358567. 56	52562. 65	16968. 89

小学校数、

Number of Schools, External Teaching Sites &

地　区 Region	学校数(所) Schools	教学点数(个) External Teaching Sites	班数(个) 合计 Total	 一年级 Grade 1
总　计 Total	**201377**	**88967**	**2525626**	**474884**
北　京 Beijing	1040		24207	4441
天　津 Tianjin	842		16147	3083
河　北 Hebei	12529	6274	149572	28667
山　西 Shanxi	6885	2914	71765	12275
内蒙古 Inner Mongolia	2174	470	34128	6348
辽　宁 Liaoning	4429	295	56841	9733
吉　林 Jilin	4806	108	41490	6907
黑龙江 Heilongjiang	3115	1225	44067	7731
上　海 Shanghai	757		20926	4203
江　苏 Jiangsu	4023	987	108774	20715
浙　江 Zhejiang	3344	515	88453	15493
安　徽 Anhui	10547	5468	120786	22897
福　建 Fujian	5167	2529	71556	14103
江　西 Jiangxi	9764	7144	110045	22190
山　东 Shandong	10770	2229	151495	29506
河　南 Henan	25578	8483	245046	46937
湖　北 Hubei	5513	3550	83858	16562
湖　南 Hunan	8560	7716	113937	22567
广　东 Guangdong	10731	5624	212329	40862
广　西 Guangxi	12946	8343	121768	23214
海　南 Hainan	1619	926	21288	4123
重　庆 Chongqing	4586	575	50321	9211
四　川 Sichuan	6959	8905	133022	24750
贵　州 Guizhou	9275	3581	96862	17015
云　南 Yunnan	12608	3566	109189	19169
西　藏 Tibet	829	388	8469	1646
陕　西 Shaanxi	6574	1655	64350	11747
甘　肃 Gansu	8979	3662	70971	12758
青　海 Qinghai	1114	670	12404	2510
宁　夏 Ningxia	1763	262	15435	2865
新　疆 Xinjiang	3551	903	56125	10656

教学点数及班数(总计)

Classes in Primary Schools(Total)

Classes

二年级 Grade 2	三年级 Grade 3	四年级 Grade 4	五年级 Grade 5	六年级 Grade 6	复式班 Multiple-grade Classes
459521	**432291**	**409429**	**385861**	**352172**	**11468**
4536	4199	4023	3628	3380	
3012	2881	2772	2420	1979	
27885	25931	24383	21918	20145	643
12459	12146	11528	11361	10753	1243
6045	5732	5620	5222	5110	51
9854	9568	9642	9196	8848	
7187	7210	7068	6884	6234	
8108	8090	7974	7718	4445	1
4447	4278	4146	3775	77	
19985	18677	17713	16515	15163	6
15555	15158	14979	14057	13172	39
22042	19842	19164	18394	17271	1176
13058	11978	11305	10760	10194	158
21536	19240	17109	15253	13297	1420
27550	25983	26039	24143	18274	
45417	42952	39602	36842	32921	375
15308	14334	13379	12491	11451	333
21499	19134	17690	16672	15624	751
38844	36970	33854	32056	29698	45
22159	20249	19057	17906	17229	1954
3909	3681	3348	3128	3097	2
9318	8601	8070	7676	7440	5
24232	22984	21276	20251	19289	240
16012	16251	15706	15591	15966	321
18802	18115	17981	17326	17353	443
1600	1472	1255	1238	1258	
11337	10717	10212	9876	9560	901
12701	11848	11251	10796	10354	1263
2293	2031	1892	1838	1795	45
2804	2680	2504	2340	2193	49
10027	9359	8887	8590	8602	4

小学校数、

Number of Schools, External Teaching Sites &

地　区 Region	学校数(所) Schools	教学点数(个) External Teaching Sites	班数(个) 合计 Total	 一年级 Grade 1
总　计 Total	**26260**	**1416**	**636639**	**119502**
北　京 Beijing	667		19303	3630
天　津 Tianjin	372		9501	1817
河　北 Hebei	1365	91	24307	4432
山　西 Shanxi	884	60	16967	3097
内蒙古 Inner Mongolia	483	1	11373	2070
辽　宁 Liaoning	1182	8	25143	4470
吉　林 Jilin	534	3	12300	2109
黑龙江 Heilongjiang	653	29	14014	2560
上　海 Shanghai	576		16366	3409
江　苏 Jiangsu	1337	44	46077	8690
浙　江 Zhejiang	1032	71	37350	6804
安　徽 Anhui	826	59	18397	3460
福　建 Fujian	1014	45	22121	4258
江　西 Jiangxi	672	98	15197	2751
山　东 Shandong	1886	57	44163	8860
河　南 Henan	2013	176	37863	6848
湖　北 Hubei	1061	61	24373	4430
湖　南 Hunan	1017	102	20678	3810
广　东 Guangdong	3364	166	100469	19472
广　西 Guangxi	759	85	15709	2970
海　南 Hainan	199	9	5095	971
重　庆 Chongqing	492	11	12622	2438
四　川 Sichuan	776	128	24409	4601
贵　州 Guizhou	636	16	11913	2150
云　南 Yunnan	609	44	11659	2137
西　藏 Tibet	24		650	121
陕　西 Shaanxi	861	31	14671	2787
甘　肃 Gansu	379	10	7508	1322
青　海 Qinghai	82	4	1969	340
宁　夏 Ningxia	171		3788	689
新　疆 Xinjiang	334	7	10684	1999

教学点数及班数(城区)
Classes in Primary Schools (Urban Area)

Classes

二年级 Grade 2	三年级 Grade 3	四年级 Grade 4	五年级 Grade 5	六年级 Grade 6	复式班 Multiple-grade Classes
115019	**108439**	**105378**	**100276**	**87972**	**53**
3653	3338	3192	2846	2644	
1769	1659	1597	1402	1257	
4192	4180	4112	3898	3492	1
3019	2882	2758	2701	2510	
2024	1912	1900	1753	1713	1
4520	4211	4186	4053	3703	
2218	2099	2041	2039	1794	
2670	2576	2546	2510	1152	
3498	3298	3216	2928	17	
8327	7713	7578	7146	6621	2
6663	6350	6274	5817	5441	1
3348	2965	2952	2902	2759	11
4027	3749	3586	3366	3134	1
2768	2622	2457	2357	2224	18
8298	7608	7735	7114	4548	
6676	6520	6209	5980	5630	
4224	4134	4009	3917	3658	1
3678	3519	3323	3277	3062	9
18085	17060	16218	15324	14305	5
2817	2632	2545	2434	2310	1
894	850	824	784	772	
2348	2113	2004	1910	1809	
4391	4054	3911	3846	3606	
1976	1974	1941	1923	1949	
2030	1923	1922	1842	1805	
118	108	103	100	100	
2597	2435	2349	2310	2191	2
1292	1238	1238	1224	1194	
335	323	327	314	330	
671	638	616	599	575	
1893	1756	1709	1660	1667	

小学校数、

Number of Schools, External Teaching Sites &

地区 Region	学校数(所) Schools	教学点数(个) External Teaching Sites	班数(个) 合计 Total	一年级 Grade 1
总计 Total	**8029**	**1092**	**132526**	**25217**
北京 Beijing	101		1879	350
天津 Tianjin	66		1038	199
河北 Hebei	605	84	6816	1262
山西 Shanxi	264	36	2787	498
内蒙古 Inner Mongolia	36	1	322	60
辽宁 Liaoning	224	8	2673	464
吉林 Jilin	97	3	881	150
黑龙江 Heilongjiang	82	22	1222	222
上海 Shanghai	70		1736	336
江苏 Jiangsu	219	33	5281	1040
浙江 Zhejiang	312	49	9917	1748
安徽 Anhui	266	39	3545	660
福建 Fujian	359	26	4499	900
江西 Jiangxi	252	79	2861	559
山东 Shandong	789	50	13742	2778
河南 Henan	794	127	8961	1658
湖北 Hubei	263	41	3476	644
湖南 Hunan	291	83	3915	738
广东 Guangdong	1507	144	36813	7099
广西 Guangxi	266	79	3530	690
海南 Hainan	43	7	484	93
重庆 Chongqing	89	11	1312	250
四川 Sichuan	129	92	3335	662
贵州 Guizhou	175	11	2464	443
云南 Yunnan	230	26	3032	568
西藏 Tibet				
陕西 Shaanxi	289	24	2949	538
甘肃 Gansu	78	7	871	157
青海 Qinghai	13	4	217	39
宁夏 Ningxia	29		292	51
新疆 Xinjiang	91	6	1676	361

教学点数及班数（城乡结合区）

Classes in Primary Schools（Urban-rural Transitional Area）

Classes

二年级 Grade 2	三年级 Grade 3	四年级 Grade 4	五年级 Grade 5	六年级 Grade 6	复式班 Multiple-grade Classes
23763	**22687**	**21803**	**20629**	**18395**	**32**
358	332	300	281	258	
183	173	180	154	149	
1162	1164	1145	1070	1012	1
482	478	451	446	432	
57	54	55	52	43	1
452	445	454	432	426	
154	151	142	143	141	
230	218	228	229	95	
368	367	346	305	14	
974	902	849	791	723	2
1781	1731	1670	1560	1427	
627	561	567	577	549	4
821	750	718	679	631	
547	497	457	416	373	12
2528	2368	2393	2164	1511	
1578	1545	1473	1409	1298	
607	590	569	558	507	1
690	662	624	612	580	9
6615	6363	5966	5618	5151	1
636	587	551	535	530	1
84	78	78	77	74	
243	223	204	200	192	
605	557	529	509	473	
401	407	402	398	413	
536	498	492	470	468	
511	490	482	472	456	
151	146	143	142	132	
37	35	34	34	38	
51	47	45	49	49	
294	268	256	247	250	

小学校数、

Number of Schools, External Teaching Sites &

地 区 Region	学校数(所) Schools	教学点数(个) External Teaching Sites	班数(个) 合计 Total	一年级 Grade 1
总 计 Total	**46414**	**8986**	**792263**	**140375**
北 京 Beijing	137		2545	429
天 津 Tianjin	174		3216	609
河 北 Hebei	3423	698	48853	8729
山 西 Shanxi	1665	158	23163	3904
内蒙古 Inner Mongolia	717	17	14796	2599
辽 宁 Liaoning	735	16	14370	2380
吉 林 Jilin	611	13	10830	1753
黑龙江 Heilongjiang	698	63	15069	2533
上 海 Shanghai	119		3428	605
江 苏 Jiangsu	1570	159	45723	8515
浙 江 Zhejiang	1214	89	34550	5907
安 徽 Anhui	2370	664	39064	7039
福 建 Fujian	1485	112	23564	4443
江 西 Jiangxi	2345	817	39124	6940
山 东 Shandong	2943	385	50120	9490
河 南 Henan	6023	1133	74084	13025
湖 北 Hubei	1556	369	28635	5300
湖 南 Hunan	2302	707	39404	6915
广 东 Guangdong	2444	489	53105	9375
广 西 Guangxi	2258	1091	31786	5686
海 南 Hainan	441	114	7910	1411
重 庆 Chongqing	1169	53	22085	3879
四 川 Sichuan	2129	754	49574	8999
贵 州 Guizhou	1715	284	27000	4528
云 南 Yunnan	1767	263	23934	3951
西 藏 Tibet	148	4	2228	355
陕 西 Shaanxi	2304	320	28063	4920
甘 肃 Gansu	1021	114	13801	2289
青 海 Qinghai	212	22	4073	666
宁 夏 Ningxia	231	23	3835	652
新 疆 Xinjiang	488	55	14331	2549

教学点数及班数(镇区)

Classes in Primary Schools (Counties & Towns Area)

Classes

二年级 Grade 2	三年级 Grade 3	四年级 Grade 4	五年级 Grade 5	六年级 Grade 6	复式班 Multiple-grade Classes
136779	**133867**	**130780**	**127699**	**122025**	**738**
457	444	431	405	379	
596	586	563	498	364	
8509	8574	8255	7713	7056	17
3976	3981	3836	3827	3588	51
2491	2536	2509	2349	2306	6
2371	2409	2450	2363	2397	
1814	1893	1844	1808	1718	
2642	2729	2738	2653	1774	
721	738	696	631	37	
8275	7927	7442	7028	6535	1
6020	5947	5890	5564	5218	4
6896	6323	6326	6250	6148	82
4135	3946	3788	3687	3564	1
7013	6698	6309	6104	5924	136
8748	8422	8647	8233	6580	
12656	12546	12057	11987	11800	13
4980	4923	4679	4513	4210	30
6699	6641	6400	6397	6299	53
8981	8644	8704	8612	8787	2
5482	5105	5088	5142	5182	101
1361	1335	1306	1228	1269	
3925	3765	3642	3476	3398	
8741	8457	8017	7805	7554	1
4182	4428	4443	4561	4840	18
3830	3795	3946	4089	4305	18
355	372	367	378	401	
4834	4714	4520	4491	4408	176
2319	2297	2240	2307	2324	25
649	681	670	682	725	
657	640	631	622	630	3
2464	2371	2346	2296	2305	

小学校数、

Number of Schools, External Teaching Sites &

地　区 Region	学校数(所) Schools	教学点数(个) External Teaching Sites	班数(个) 合计 Total	一年级 Grade 1
总　计 Total	**21498**	**6841**	**267725**	**49076**
北　京 Beijing	40		663	111
天　津 Tianjin	90		1362	272
河　北 Hebei	2316	615	27607	5059
山　西 Shanxi	722	107	8018	1385
内蒙古 Inner Mongolia	94	6	1678	295
辽　宁 Liaoning	243	9	2773	454
吉　林 Jilin	151	10	1386	237
黑龙江 Heilongjiang	113	32	1711	279
上　海 Shanghai	35		905	159
江　苏 Jiangsu	659	111	13463	2482
浙　江 Zhejiang	508	72	13503	2318
安　徽 Anhui	947	438	10711	2006
福　建 Fujian	664	73	7503	1412
江　西 Jiangxi	1177	619	11693	2331
山　东 Shandong	1650	295	23548	4475
河　南 Henan	3731	958	35112	6538
湖　北 Hubei	618	255	8216	1597
湖　南 Hunan	1214	584	15701	2876
广　东 Guangdong	1365	407	22239	4054
广　西 Guangxi	1159	836	11846	2230
海　南 Hainan	115	62	1397	252
重　庆 Chongqing	369	42	4398	768
四　川 Sichuan	457	635	9677	1818
贵　州 Guizhou	633	204	7112	1207
云　南 Yunnan	786	147	8204	1371
西　藏 Tibet	10	2	224	37
陕　西 Shaanxi	904	201	8706	1570
甘　肃 Gansu	442	74	4235	735
青　海 Qinghai	77	17	1080	183
宁　夏 Ningxia	82	9	841	143
新　疆 Xinjiang	127	21	2213	422

教学点数及班数(镇乡结合区)

Classes in Primary Schools (County-town Transitional Area)

Classes

二年级 Grade 2	三年级 Grade 3	四年级 Grade 4	五年级 Grade 5	六年级 Grade 6	复式班 Multiple-grade Classes
47424	**45682**	**43851**	**42054**	**39141**	**497**
120	118	112	104	98	
253	251	235	205	146	
4961	4804	4604	4286	3878	15
1403	1372	1294	1300	1226	38
277	291	275	282	258	
448	469	476	457	469	
235	234	229	232	219	
297	312	314	297	212	
192	194	186	162	12	
2405	2328	2212	2106	1929	1
2389	2368	2294	2153	1979	2
1931	1722	1695	1693	1622	42
1322	1265	1211	1173	1120	
2240	2058	1830	1672	1450	112
4114	4000	4050	3826	3083	
6244	6085	5737	5446	5051	11
1462	1419	1309	1250	1161	18
2774	2640	2486	2472	2405	48
3920	3740	3581	3519	3423	2
2139	1949	1893	1787	1777	71
244	240	227	217	217	
783	764	714	694	675	
1784	1675	1563	1456	1381	
1126	1164	1165	1190	1247	13
1343	1331	1373	1369	1412	5
35	40	33	36	43	
1542	1452	1398	1336	1314	94
729	709	684	686	670	22
178	179	178	179	183	
140	139	141	135	140	3
394	370	352	334	341	

小学校数、

Number of Schools, External Teaching Sites &

地 区 Region	学校数(所) Schools	教学点数(个) External Teaching Sites	班数(个)	
			合计 Total	一年级 Grade 1
总 计 Total	**128703**	**78565**	**1096724**	**215007**
北 京 Beijing	236		2359	382
天 津 Tianjin	296		3430	657
河 北 Hebei	7741	5485	76412	15506
山 西 Shanxi	4336	2696	31635	5274
内蒙古 Inner Mongolia	974	452	7959	1679
辽 宁 Liaoning	2512	271	17328	2883
吉 林 Jilin	3661	92	18360	3045
黑龙江 Heilongjiang	1764	1133	14984	2638
上 海 Shanghai	62		1132	189
江 苏 Jiangsu	1116	784	16974	3510
浙 江 Zhejiang	1098	355	16553	2782
安 徽 Anhui	7351	4745	63325	12398
福 建 Fujian	2668	2372	25871	5402
江 西 Jiangxi	6747	6229	55724	12499
山 东 Shandong	5941	1787	57212	11156
河 南 Henan	17542	7174	133099	27064
湖 北 Hubei	2896	3120	30850	6832
湖 南 Hunan	5241	6907	53855	11842
广 东 Guangdong	4923	4969	58755	12015
广 西 Guangxi	9929	7167	74273	14558
海 南 Hainan	979	803	8283	1741
重 庆 Chongqing	2925	511	15614	2894
四 川 Sichuan	4054	8023	59039	11150
贵 州 Guizhou	6924	3281	57949	10337
云 南 Yunnan	10232	3259	73596	13081
西 藏 Tibet	657	384	5591	1170
陕 西 Shaanxi	3409	1304	21616	4040
甘 肃 Gansu	7579	3538	49662	9147
青 海 Qinghai	820	644	6362	1504
宁 夏 Ningxia	1361	239	7812	1524
新 疆 Xinjiang	2729	841	31110	6108

教学点数及班数(农村)
Classes in Primary Schools (Rural Area)

Classes

二年级 Grade 2	三年级 Grade 3	四年级 Grade 4	五年级 Grade 5	六年级 Grade 6	复式班 Multiple-grade Classes
207723	**189985**	**173271**	**157886**	**142175**	**10677**
426	417	400	377	357	
647	636	612	520	358	
15184	13177	12016	10307	9597	625
5464	5283	4934	4833	4655	1192
1530	1284	1211	1120	1091	44
2963	2948	3006	2780	2748	
3155	3218	3183	3037	2722	
2796	2785	2690	2555	1519	1
228	242	234	216	23	
3383	3037	2693	2341	2007	3
2872	2861	2815	2676	2513	34
11798	10554	9886	9242	8364	1083
4896	4283	3931	3707	3496	156
11755	9920	8343	6792	5149	1266
10504	9953	9657	8796	7146	
26085	23886	21336	18875	15491	362
6104	5277	4691	4061	3583	302
11122	8974	7967	6998	6263	689
11778	11266	8932	8120	6606	38
13860	12512	11424	10330	9737	1852
1654	1496	1218	1116	1056	2
3045	2723	2424	2290	2233	5
11100	10473	9348	8600	8129	239
9854	9849	9322	9107	9177	303
12942	12397	12113	11395	11243	425
1127	992	785	760	757	
3906	3568	3343	3075	2961	723
9090	8313	7773	7265	6836	1238
1309	1027	895	842	740	45
1476	1402	1257	1119	988	46
5670	5232	4832	4634	4630	4

小学学生

Number of Students in Primary

地 区 Region	毕业生数 Graduates	招生数 Entrants		在校学生数	
		合计 Total	其中:受过学前教育 of Which: Those Received the Pre-school Education	合计 Total	其中:女 of Which: Female
总　计 Total	**14766280**	**16584245**	**16193765**	**94510651**	**43719566**
北　京 Beijing	112819	153249	153167	821152	379480
天　津 Tianjin	86653	110186	109638	573187	265483
河　北 Hebei	820402	989758	986135	5642864	2630721
山　西 Shanxi	388125	347419	343684	2245019	1073140
内蒙古 Inner Mongolia	221107	224453	222934	1296454	618402
辽　宁 Liaoning	357346	331754	331211	1984633	939070
吉　林 Jilin	231537	190001	187376	1268804	602983
黑龙江 Heilongjiang	267124	227120	224244	1486016	713749
上　海 Shanghai	131246	163370	162929	802960	369198
江　苏 Jiangsu	621936	888858	888345	4714813	2144332
浙　江 Zhejiang	537501	598122	597921	3545013	1630704
安　徽 Anhui	634131	730882	726511	4151398	1890664
福　建 Fujian	378923	529525	526828	2746253	1258656
江　西 Jiangxi	596483	695335	676237	4129817	1858091
山　东 Shandong	1010227	1246992	1246764	6484744	2984180
河　南 Henan	1408127	1594357	1593978	9286003	4242233
湖　北 Hubei	451925	597543	584719	3211598	1466396
湖　南 Hunan	741023	813950	808687	4738403	2176164
广　东 Guangdong	1243469	1536722	1488557	8319147	3744559
广　西 Guangxi	675366	749653	731582	4318063	2014396
海　南 Hainan	117257	135878	127632	752643	332830
重　庆 Chongqing	317132	360673	355822	2034165	958943
四　川 Sichuan	830744	929667	889375	5313193	2530725
贵　州 Guizhou	664842	554793	514631	3463056	1609910
云　南 Yunnan	692845	609347	540845	3826943	1802923
西　藏 Tibet	46306	50885	32227	295142	142778
陕　西 Shaanxi	374597	405034	400127	2264095	1051891
甘　肃 Gansu	319335	280655	244986	1802371	847783
青　海 Qinghai	78073	76276	69865	461061	222645
宁　夏 Ningxia	100594	93204	87921	588694	280220
新　疆 Xinjiang	309085	368584	338887	1942947	936317

数(总计)

Schools (Total)

单位:人
unit:person

Enrolment						预计毕业生数 Estimated Graduates for Next Year
一年级 Grade 1	二年级 Grade 2	三年级 Grade 3	四年级 Grade 4	五年级 Grade 5	六年级 Grade 6	
16597371	**16688685**	**16339517**	**15843667**	**15150683**	**13890728**	**14362151**
153400	164981	144174	137492	116926	104179	105231
110220	107460	102573	100047	83067	69820	82388
989766	1003662	1020170	975253	871972	782041	782041
347503	390016	403232	377552	384262	342454	342454
224453	225886	219993	227460	199266	199396	201168
331783	348468	333417	344407	321885	304673	307613
190005	214047	228074	226588	221709	188381	188668
227120	271722	280452	282508	273266	150948	253607
163536	178073	163893	157712	136073	3673	135666
888858	869914	815503	775172	718211	647155	647541
598127	608482	603837	618224	587319	529024	530717
731009	742430	670934	692009	671555	643461	644487
530101	496592	465152	445041	419838	389529	389529
699540	772849	734850	682574	645581	594423	594423
1246985	1161351	1103948	1140722	1056483	775255	974644
1595513	1646493	1658129	1531754	1469131	1384983	1399128
597890	566589	557765	527597	502764	458993	459995
813955	831701	821868	773676	766610	730593	730593
1536398	1484505	1425430	1360499	1295823	1216492	1216492
749559	749537	730141	713253	700570	675003	675003
137770	129799	131460	125634	115061	112919	112919
360832	372163	347537	329353	317630	306650	306650
931115	938113	923874	870417	844404	805270	805270
554804	514711	584217	579310	594778	635236	635236
609644	613260	623211	651845	656674	672309	672727
50889	51332	50553	47381	47053	47934	47934
405841	396628	384292	366984	362351	347999	347999
280793	311023	308729	299403	302616	299807	299900
77293	77106	79092	76398	74967	76205	76205
93470	100921	101869	99939	96323	96172	96172
369199	348871	321148	307463	296515	299751	299751

小学学生
Number of Students in Primary

地　区 Region	毕业生数 Graduates	招生数 Entrants		在校学生数	
		合计 Total	其中:受过学前教育 of Which: Those Received the Pre-school Education	合计 Total	其中:女 of Which: Female
总　计 Total	**4429732**	**5399507**	**5337503**	**29432481**	**13429147**
北　京 Beijing	91003	128640	128563	671843	310089
天　津 Tianjin	50321	67780	67233	346740	161793
河　北 Hebei	186336	212229	211865	1203710	557085
山　西 Shanxi	127355	130702	129317	775958	369269
内蒙古 Inner Mongolia	90012	91947	91026	523117	249582
辽　宁 Liaoning	179865	184569	184290	1044626	493913
吉　林 Jilin	96604	82137	80687	523579	246526
黑龙江 Heilongjiang	108919	100869	99366	604846	288809
上　海 Shanghai	99047	132820	132478	619252	286787
江　苏 Jiangsu	280817	384246	383888	2050223	929681
浙　江 Zhejiang	230542	275126	274998	1560754	712044
安　徽 Anhui	133412	156667	156209	874609	392120
福　建 Fujian	139206	207924	206749	1065601	481167
江　西 Jiangxi	115605	133172	129364	775530	339203
山　东 Shandong	321467	426090	425886	2126324	980435
河　南 Henan	296951	346958	346806	1975715	882977
湖　北 Hubei	162339	203429	200052	1120918	505749
湖　南 Hunan	163329	189936	187903	1092628	492617
广　东 Guangdong	638789	864268	837151	4578315	2012376
广　西 Guangxi	111730	147651	146140	796021	357417
海　南 Hainan	39741	48638	46452	261753	108142
重　庆 Chongqing	84351	112029	109851	578802	275392
四　川 Sichuan	182185	213571	213462	1166044	554412
贵　州 Guizhou	99277	101667	101018	581221	265236
云　南 Yunnan	93775	106581	105711	583597	274968
西　藏 Tibet	4448	6024	5817	32077	15634
陕　西 Shaanxi	110459	136843	134399	726167	334561
甘　肃 Gansu	64327	64978	64355	382960	177181
青　海 Qinghai	18336	17640	17282	106568	50942
宁　夏 Ningxia	32028	34811	34706	200104	93649
新　疆 Xinjiang	77156	89565	84479	482879	229391

数(城区)

Schools (Urban Area)

单位:人

unit: person

Enrolment						预计毕业生数 Estimated Graduates for Next Year
一年级 Grade 1	二年级 Grade 2	三年级 Grade 3	四年级 Grade 4	五年级 Grade 5	六年级 Grade 6	
5400833	**5327148**	**5029213**	**4938957**	**4681628**	**4054702**	**4336401**
128713	136741	116985	111658	94083	83663	84715
67797	65253	60750	59203	49507	44230	48311
212229	208423	212330	209790	194180	166758	166758
130712	139395	137433	129106	128974	110338	110338
91947	94633	87403	91898	78448	78788	80537
184574	193800	173681	177133	168186	147252	150192
82137	94388	90947	89772	90565	75770	76057
100869	116350	112779	112282	111495	51071	103977
132919	138492	123443	120365	103311	722	103322
384246	372794	341863	341983	319575	289762	290148
275129	272926	262966	269696	253241	226796	228489
156680	158047	137776	143495	143072	135539	135539
208006	194795	181550	173467	161804	145979	145979
133538	138813	133160	128598	124235	117186	117186
426091	401196	364069	379291	343192	212485	317686
346959	347868	343970	325635	315828	295455	303841
203583	193890	191073	184414	181463	166495	166495
189941	194016	187811	177317	178260	165283	165283
863893	828744	788237	749912	702805	644724	644724
147616	143084	134019	130178	124706	116418	116418
49269	44714	44114	43536	41117	39003	39003
112050	108158	96451	91499	88158	82486	82486
213594	206347	192991	188427	188250	176435	176435
101676	92497	97500	95322	96958	97268	97268
106589	99722	96028	98558	92895	89805	90223
6024	5902	5526	5132	4945	4548	4548
136909	130254	120802	117067	114728	106407	106407
65002	67201	63427	64303	63267	59760	59760
17641	17944	17488	18179	17382	17934	17934
34855	35028	33858	33202	31993	31168	31168
89645	85733	78783	78539	75005	75174	75174

小学学生

Number of Students in Primary

地 区 Region	毕业生数 Graduates	招生数 Entrants		在校学生数	
		合计 Total	其中:受过学前教育 of Which: Those Received the Pre-school Education	合计 Total	其中:女 of Which: Female
总 计 Total	**797832**	**1045819**	**1031316**	**5567273**	**2499309**
北 京 Beijing	8489	12110	12108	65814	29326
天 津 Tianjin	5241	7487	7478	37697	17328
河 北 Hebei	42794	50058	49981	276555	127788
山 西 Shanxi	14803	16504	16501	94549	45375
内蒙古 Inner Mongolia	1785	1860	1860	9374	4446
辽 宁 Liaoning	16188	16841	16824	93251	43577
吉 林 Jilin	4303	4382	4366	24832	11748
黑龙江 Heilongjiang	8775	7440	7332	45557	21830
上 海 Shanghai	12779	13932	13927	74145	32543
江 苏 Jiangsu	25339	44311	44271	224166	99584
浙 江 Zhejiang	56880	71213	71158	412523	183047
安 徽 Anhui	20636	24889	24792	136878	62430
福 建 Fujian	24163	40186	40075	191222	86927
江 西 Jiangxi	16223	21196	20548	115644	51092
山 东 Shandong	91542	125988	125787	614620	281773
河 南 Henan	49316	65591	65545	360819	160766
湖 北 Hubei	18585	25050	24307	134284	60132
湖 南 Hunan	26904	31146	30727	178276	78930
广 东 Guangdong	222722	304280	297113	1622030	704308
广 西 Guangxi	22144	30313	29700	158014	70966
海 南 Hainan	2825	3433	3258	18773	8061
重 庆 Chongqing	7886	10141	10130	52763	24536
四 川 Sichuan	20433	26458	26411	139249	65451
贵 州 Guizhou	18627	18955	18843	108358	49891
云 南 Yunnan	21658	26376	26021	139406	65890
西 藏 Tibet					
陕 西 Shaanxi	17851	21552	20425	114413	52764
甘 肃 Gansu	5303	6010	5911	34891	16284
青 海 Qinghai	1947	1680	1655	10403	4901
宁 夏 Ningxia	2143	1927	1909	12147	5765
新 疆 Xinjiang	9548	14510	12353	66620	31850

数(城乡结合区)
Schools (Urban-rural Transitional Area)

单位:人
unit: person

Enrolment						预计毕业生数 Estimated Graduates for Next Year
一年级 Grade 1	二年级 Grade 2	三年级 Grade 3	四年级 Grade 4	五年级 Grade 5	六年级 Grade 6	
1046244	**998605**	**962279**	**927856**	**870922**	**761367**	**802660**
12140	13072	12145	10876	9366	8215	8215
7492	6800	6398	6526	5442	5039	5228
50058	46053	48333	47663	44184	40264	40264
16505	16885	16863	15436	15063	13797	13797
1860	1624	1583	1654	1349	1304	1512
16841	15909	15350	15849	14683	14619	14619
4382	4342	4209	3998	4061	3840	3840
7440	8551	8419	8792	9012	3343	8428
13945	16302	15746	14952	12602	598	12581
44311	41756	38809	36671	33105	29514	29514
71213	73594	72653	70540	66742	57781	57781
24901	24085	21104	22450	22547	21791	21791
40193	35329	31964	30375	28110	25251	25251
21502	21512	20024	18880	17260	16466	16466
125988	113457	105459	108079	96227	65410	89238
65591	64058	62878	58974	56661	52657	52657
25125	23175	23077	22261	21413	19233	19233
31146	31208	30485	28992	29254	27191	27191
304089	292459	284659	267257	249303	224263	224263
30313	28436	26523	25039	24296	23407	23407
3533	3161	3174	3225	2964	2716	2716
10143	10076	8920	8118	7902	7604	7604
26461	24424	23512	22521	21898	20433	20433
18955	16635	18203	17699	18151	18715	18715
26378	23638	22775	23208	21816	21591	21591
21552	20203	18921	18360	18182	17195	17195
6029	6212	5904	5809	5769	5168	5168
1681	1674	1591	1721	1749	1987	1987
1929	2063	2040	1993	2053	2069	2069
14548	11912	10558	9938	9758	9906	9906

小学学生
Number of Students in Primary

地区 Region	毕业生数 Graduates	招生数 Entrants		在校学生数	
		合计 Total	其中:受过学前教育 of Which: Those Received the Pre-school Education	合计 Total	其中:女 of Which: Female
总 计 Total	**5593914**	**5837619**	**5758435**	**34579558**	**15878674**
北 京 Beijing	12512	14324	14322	85628	39787
天 津 Tianjin	19127	22406	22406	120573	55394
河 北 Hebei	317795	353266	351748	2111492	972438
山 西 Shanxi	159420	138054	136653	918955	435348
内蒙古 Inner Mongolia	101024	100281	99888	595467	284751
辽 宁 Liaoning	104591	87233	87155	554556	261680
吉 林 Jilin	74001	60004	59366	412575	196346
黑龙江 Heilongjiang	105533	85463	84874	596238	285375
上 海 Shanghai	24166	23523	23434	138886	62405
江 苏 Jiangsu	274684	378735	378701	2040166	923978
浙 江 Zhejiang	219594	232651	232592	1424721	657806
安 徽 Anhui	254944	279812	278538	1635152	727995
福 建 Fujian	147496	194473	193788	1027732	467666
江 西 Jiangxi	294521	296719	288674	1879599	830882
山 东 Shandong	368409	432155	432148	2308695	1048790
河 南 Henan	572155	528001	527898	3312780	1483982
湖 北 Hubei	167271	217982	214896	1209864	555706
湖 南 Hunan	328111	334295	333117	2013781	916488
广 东 Guangdong	353732	364863	353301	2112896	961158
广 西 Guangxi	230317	241565	238759	1419483	651969
海 南 Hainan	52735	56889	54133	329264	147943
重 庆 Chongqing	159383	176127	174649	1018160	477248
四 川 Sichuan	371404	414605	407248	2371235	1130475
贵 州 Guizhou	229105	198647	191825	1237110	561768
云 南 Yunnan	193471	158354	151301	1022270	483220
西 藏 Tibet	15788	14708	9714	93708	45497
陕 西 Shaanxi	187567	192015	190291	1110629	514940
甘 肃 Gansu	97711	86503	82377	561376	258230
青 海 Qinghai	34380	29202	25519	186837	90598
宁 夏 Ningxia	31995	28876	27816	183541	86404
新 疆 Xinjiang	90972	95888	91304	546189	262407

数(镇区)
Schools (Counties & Towns Area)

单位:人
unit:person

Enrolment						预计毕业生数 Estimated Graduates for Next Year
一年级 Grade 1	二年级 Grade 2	三年级 Grade 3	四年级 Grade 4	五年级 Grade 5	六年级 Grade 6	
5842559	**5879033**	**5900007**	**5807476**	**5711193**	**5439290**	**5558058**
14345	15949	15371	14869	13350	11744	11744
22408	21934	22161	21542	18123	14405	18230
353270	359247	379793	369875	342911	306396	306396
138067	156068	166164	156100	160123	142433	142433
100281	100570	102129	105587	93330	93570	93593
87242	91014	93450	97676	91606	93568	93568
60006	66977	75381	74793	73263	62155	62155
85463	104498	112185	113737	110129	70226	101107
23569	30217	30549	28077	24606	1868	24340
378735	371361	357306	333071	313171	286522	286522
232653	240508	242393	250822	240178	218167	218167
279873	284614	260732	271812	270132	267989	268108
194793	181717	173124	167455	159753	150890	150890
298239	331962	327930	312152	309137	300179	300179
432155	396629	384730	403101	387806	304274	360990
528349	544557	569088	545654	556647	568485	572215
218030	208304	210761	200851	193593	178325	179327
334295	335204	346029	332099	337073	329081	329081
364807	351407	341135	349900	346937	358710	358710
241415	239647	231961	231521	237819	237120	237120
57866	56048	57235	55992	51008	51115	51115
176176	182604	173854	166685	161768	157073	157073
414899	413263	408090	387992	380099	366892	366892
198648	181409	203985	205005	214997	233066	233066
158433	157646	160534	171148	181529	192980	192980
14708	15186	15566	15578	15630	17040	17040
192605	190596	189994	180608	180962	175864	175864
86548	95312	95150	92522	96330	95514	95514
29609	28888	31604	31137	31584	34015	34015
28995	31067	31484	30960	30122	30913	30913
96077	94630	90139	89155	87477	88711	88711

小学学生
Number of Students in Primary

地 区 Region	毕业生数 Graduates	招生数 Entrants 合计 Total	其中:受过学前教育 of Which: Those Received the Pre-school Education	在校学生数 合计 Total	其中:女 of Which: Female
总 计 Total	**1620304**	**1776367**	**1754780**	**10257679**	**4716619**
北 京 Beijing	2904	3429	3429	21062	9799
天 津 Tianjin	7121	9997	9997	49316	22687
河 北 Hebei	159983	186336	185769	1088557	502099
山 西 Shanxi	47366	42144	41939	273389	130083
内蒙古 Inner Mongolia	10125	10482	10481	61643	28792
辽 宁 Liaoning	18012	14042	14005	89504	42054
吉 林 Jilin	7553	6159	5918	42373	20132
黑龙江 Heilongjiang	11420	8623	8567	62920	30160
上 海 Shanghai	6273	6276	6202	37348	16872
江 苏 Jiangsu	76076	103355	103328	565137	256904
浙 江 Zhejiang	81482	90885	90852	554130	252693
安 徽 Anhui	57390	62083	61842	361059	163479
福 建 Fujian	39793	56115	55873	287234	132666
江 西 Jiangxi	62506	70420	68964	421422	192317
山 东 Shandong	160901	191135	191135	1013046	459933
河 南 Henan	206749	218069	218015	1288223	582530
湖 北 Hubei	42232	57742	56804	310421	143005
湖 南 Hunan	110238	116315	115758	683532	313421
广 东 Guangdong	137647	149033	145500	837869	384322
广 西 Guangxi	65900	72337	71505	415514	194677
海 南 Hainan	7698	8407	8199	47660	20732
重 庆 Chongqing	29582	31702	31556	188714	88021
四 川 Sichuan	57397	66262	64614	369477	175726
贵 州 Guizhou	52219	42796	40355	271821	124519
云 南 Yunnan	57736	47562	45521	309121	145102
西 藏 Tibet	1694	1600	1099	9950	4668
陕 西 Shaanxi	49821	54073	53565	302809	139523
甘 肃 Gansu	24365	21612	19585	136590	63625
青 海 Qinghai	8667	7007	6423	45358	21970
宁 夏 Ningxia	6721	5163	4529	34497	16415
新 疆 Xinjiang	12733	15206	13451	77983	37693

数(镇乡结合区)
Schools (County-town Transitional Area)

单位:人
unit:person

Enrolment						预计毕业生数 Estimated Graduates for Next Year
一年级 Grade 1	二年级 Grade 2	三年级 Grade 3	四年级 Grade 4	五年级 Grade 5	六年级 Grade 6	
1777430	**1766453**	**1766050**	**1716697**	**1668721**	**1562328**	**1595181**
3439	3990	3838	3750	3226	2819	2819
9997	9247	9109	8568	7005	5390	7148
186339	188776	194600	188742	175011	155089	155089
42146	47722	49588	45005	46563	42365	42365
10482	10082	10641	10800	10280	9358	9358
14042	14535	15250	15919	14590	15168	15168
6159	7032	7577	7551	7487	6567	6567
8623	11013	11630	11953	11597	8104	10746
6291	8228	8141	7639	6440	609	6377
103355	101456	98974	92859	88365	80128	80128
90887	95167	97128	97059	92008	81881	81881
62100	63656	57100	59798	59584	58821	58832
56178	51698	48228	46317	43645	41168	41168
70842	77954	75295	69366	66758	61207	61207
191135	173189	170655	177084	168556	132427	154891
218233	217875	226810	212996	208079	204230	204440
57759	54771	54382	50518	48390	44601	44601
116315	116072	116873	110744	113318	110210	110210
149013	144282	138860	136388	134374	134952	134952
72382	71556	69492	68384	67079	66621	66621
8438	8049	8317	8004	7536	7316	7316
31708	33140	32640	30597	30571	30058	30058
66287	66283	63702	59791	57829	55585	55585
42796	39166	44630	45350	47828	52051	52051
47584	47855	49932	52599	54071	57080	57080
1600	1637	1710	1538	1584	1881	1881
54241	51780	51397	49200	48770	47421	47421
21612	23269	23063	22360	23267	23019	23019
7048	7039	7577	7765	7704	8225	8225
5179	5881	5906	5893	5529	6109	6109
15220	14053	13005	12160	11677	11868	11868

小学学生

Number of Students in Primary

地 区 Region	毕业生数 Graduates	招生数 Entrants 合计 Total	其中:受过学前教育 of Which: Those Received the Pre-school Education	在校学生数 合计 Total	其中:女 of Which: Female
总 计 Total	**4742634**	**5347119**	**5097827**	**30498612**	**14411745**
北 京 Beijing	9304	10285	10282	63681	29604
天 津 Tianjin	17205	20000	19999	105874	48296
河 北 Hebei	316271	424263	422522	2327662	1101198
山 西 Shanxi	101350	78663	77714	550106	268523
内蒙古 Inner Mongolia	30071	32225	32020	177870	84069
辽 宁 Liaoning	72890	59952	59766	385451	183477
吉 林 Jilin	60932	47860	47323	332650	160111
黑龙江 Heilongjiang	52672	40788	40004	284932	139565
上 海 Shanghai	8033	7027	7017	44822	20006
江 苏 Jiangsu	66435	125877	125756	624424	290673
浙 江 Zhejiang	87365	90345	90331	559538	260854
安 徽 Anhui	245775	294403	291764	1641637	770549
福 建 Fujian	92221	127128	126291	652920	309823
江 西 Jiangxi	186357	265444	258199	1474688	688006
山 东 Shandong	320351	388747	388730	2049725	954955
河 南 Henan	539021	719398	719274	3997508	1875274
湖 北 Hubei	122315	176132	169771	880816	404941
湖 南 Hunan	249583	289719	287667	1631994	767059
广 东 Guangdong	250948	307591	298105	1627936	771025
广 西 Guangxi	333319	360437	346683	2102559	1005010
海 南 Hainan	24781	30351	27047	161626	76745
重 庆 Chongqing	73398	72517	71322	437203	206303
四 川 Sichuan	277155	301491	268665	1775914	845838
贵 州 Guizhou	336460	254479	221788	1644725	782906
云 南 Yunnan	405599	344412	283833	2221076	1044735
西 藏 Tibet	26070	30153	16696	169357	81647
陕 西 Shaanxi	76571	76176	75437	427299	202390
甘 肃 Gansu	157297	129174	98254	858035	412372
青 海 Qinghai	25357	29434	27064	167656	81105
宁 夏 Ningxia	36571	29517	25399	205049	100167
新 疆 Xinjiang	140957	183131	163104	913879	444519

数(乡村)
Schools (Rural Area)

单位:人
unit:person

Enrolment 一年级 Grade 1	二年级 Grade 2	三年级 Grade 3	四年级 Grade 4	五年级 Grade 5	六年级 Grade 6	预计毕业生数 Estimated Graduates for Next Year
5353979	**5482504**	**5410297**	**5097234**	**4757862**	**4396736**	**4467692**
10342	12291	11818	10965	9493	8772	8772
20015	20273	19662	19302	15437	11185	15847
424267	435992	428047	395588	334881	308887	308887
78724	94553	99635	92346	95165	89683	89683
32225	30683	30461	29975	27488	27038	27038
59967	63654	66286	69598	62093	63853	63853
47862	52682	61746	62023	57881	50456	50456
40788	50874	55488	56489	51642	29651	48523
7048	9364	9901	9270	8156	1083	8004
125877	125759	116334	100118	85465	70871	70871
90345	95048	98478	97706	93900	84061	84061
294456	299769	272426	276702	258351	239933	240840
127302	120080	110478	104119	98281	92660	92660
267763	302074	273760	241824	212209	177058	177058
388739	363526	355149	358330	325485	258496	295968
720205	754068	745071	660465	596656	521043	523072
176277	164395	155931	142332	127708	114173	114173
289719	302481	288028	264260	251277	236229	236229
307698	304354	296058	260687	246081	213058	213058
360528	366806	364161	351554	338045	321465	321465
30635	29037	30111	26106	22936	22801	22801
72606	81401	77232	71169	67704	67091	67091
302622	318503	322793	293998	276055	261943	261943
254480	240805	282732	278983	282823	304902	304902
344622	355892	366649	382139	382250	389524	389524
30157	30244	29461	26671	26478	26346	26346
76327	75778	73496	69309	66661	65728	65728
129243	148510	150152	142578	143019	144533	144626
30043	30274	30000	27082	26001	24256	24256
29620	34826	36527	35777	34208	34091	34091
183477	168508	152226	139769	134033	135866	135866

五年制小

Number of Students in

	招生数 Entrants		在校生数	
	合计 Total	其中:受过学前教育 of Which: Those Received the Pre-school Education	合计 Total	其中:女 of Which: Female
总　计 Total	**508499**	**507247**	**2535057**	**1189504**
北　京 Beijing	1483	1483	6596	3186
天　津 Tianjin	15795	15795	74323	34401
河　北 Hebei				
山　西 Shanxi				
内蒙古 Inner Mongolia	1867	1867	8535	4001
辽　宁 Liaoning	2921	2915	14768	7079
吉　林 Jilin	358	358	1504	703
黑龙江 Heilongjiang	93437	92752	521482	248972
上　海 Shanghai	160517	160079	777035	358077
江　苏 Jiangsu	223	223	1510	712
浙　江 Zhejiang	2362	2362	9898	4594
安　徽 Anhui	993	983	5083	2371
福　建 Fujian				
江　西 Jiangxi	8	8	13	7
山　东 Shandong	210659	210659	1030784	488274
河　南 Henan	16421	16414	75425	33210
湖　北 Hubei	981	981	5044	2448
湖　南 Hunan				
广　东 Guangdong			48	28
广　西 Guangxi				
海　南 Hainan			3	3
重　庆 Chongqing				
四　川 Sichuan				
贵　州 Guizhou				
云　南 Yunnan	357	357	2474	1182
西　藏 Tibet				
陕　西 Shaanxi				
甘　肃 Gansu	117	11	532	256
青　海 Qinghai				
宁　夏 Ningxia				
新　疆 Xinjiang				

学学生数
5-year Primary Schools

单位:人
unit: person

Enrolment

一年级 Grade 1	二年级 Grade 2	三年级 Grade 3	四年级 Grade 4	五年级 Grade 5
508659	**528287**	**504421**	**522267**	**471423**
1483	1499	1280	1282	1052
15796	15318	15543	15098	12568
1867	1465	1731	1700	1772
2921	3112	2805	2990	2940
358	239	265	355	287
93437	109543	107420	108423	102659
160665	172939	158446	152992	131993
223	253	261	387	386
2362	2107	1802	1934	1693
993	950	1042	1072	1026
8	5			
210659	203993	196800	219943	199389
16421	15179	15288	14392	14145
981	1002	1000	1059	1002
8	17	22	1	
3				
357	536	607	556	418
117	130	109	83	93

小学女
Number of Female Students

地　区 Region	毕业生数 Graduates	招生数 Entrants 合计 Total	其中:受过学前教育 of Which：Those Received the Pre-school Education	在校学生数 合　计 Total
总　计 Total	**6826458**	**7683470**	**7503358**	**43719566**
北　京 Beijing	52251	71937	71904	379480
天　津 Tianjin	40240	50851	50627	265483
河　北 Hebei	383545	460266	458576	2630721
山　西 Shanxi	186211	166210	164534	1073140
内蒙古 Inner Mongolia	105678	107177	106443	618402
辽　宁 Liaoning	169679	156054	155872	939070
吉　林 Jilin	110479	88974	87841	602983
黑龙江 Heilongjiang	127930	107361	106091	713749
上　海 Shanghai	60172	75788	75618	369198
江　苏 Jiangsu	284523	405599	405550	2144332
浙　江 Zhejiang	249311	275467	275384	1630704
安　徽 Anhui	288177	337067	334996	1890664
福　建 Fujian	172585	242104	240987	1258656
江　西 Jiangxi	268072	314972	306797	1858091
山　东 Shandong	472107	567029	566924	2984180
河　南 Henan	641592	737080	736994	4242233
湖　北 Hubei	205166	272477	267205	1466396
湖　南 Hunan	333743	376384	374076	2176164
广　东 Guangdong	548810	699135	678020	3744559
广　西 Guangxi	313458	348382	340269	2014396
海　南 Hainan	50871	61269	57663	332830
重　庆 Chongqing	149564	170042	168219	958943
四　川 Sichuan	394282	443261	423613	2530725
贵　州 Guizhou	311738	258967	239904	1609910
云　南 Yunnan	326902	287328	255024	1802923
西　藏 Tibet	22423	24645	15627	142778
陕　西 Shaanxi	172278	189514	187390	1051891
甘　肃 Gansu	150402	131021	113905	847783
青　海 Qinghai	37162	36793	33465	222645
宁　夏 Ningxia	48182	43839	41279	280220
新　疆 Xinjiang	148925	176477	162561	936317

学生数
in Primary Schools

单位:人
unit:person

Enrolment						预计毕业生数 Estimated Graduates for Next Year
一年级 Grade 1	二年级 Grade 2	三年级 Grade 3	四年级 Grade 4	五年级 Grade 5	六年级 Grade 6	
7688936	**7736495**	**7580618**	**7320300**	**7015017**	**6378200**	**6600078**
71978	76733	66005	63386	54080	47298	47806
50864	50003	47707	46224	38913	31772	37657
460271	466051	478040	456225	409690	360444	360422
166240	186223	193787	181031	183722	162137	162069
107177	107709	105204	107911	96290	94111	94985
156063	166276	158239	161776	155261	141455	142912
88976	101726	109215	107907	105734	89425	89566
107396	130372	134803	135614	133199	72365	121869
75831	81877	74898	72501	62480	1611	62325
405599	396640	370001	349139	327448	295505	295687
275469	278836	276806	284495	271171	243927	244668
337113	341170	304023	313340	303913	291105	291581
242311	226943	213739	204483	192839	178341	178341
316809	348958	332719	307461	287624	264520	264521
567029	532337	508617	526090	493379	356728	453305
737613	756779	760288	697472	666298	623783	630021
272622	257824	255341	241370	230701	208538	208999
376387	384732	381478	355567	348660	329340	329340
699042	673150	645705	610750	578562	537350	535368
348334	350417	341955	332206	326833	314651	314651
61833	57254	58348	55927	50762	48706	48706
170100	177175	164913	154990	149027	142738	142699
443997	447534	442047	414092	402167	380888	380888
258970	239072	272288	267513	276492	295575	295575
287436	290648	293729	305543	309999	315568	315754
24645	24975	24242	23015	22942	22959	22959
189867	185563	179032	170375	167645	159409	159413
131076	146017	146173	140898	142867	140752	140795
37244	37335	38269	36805	36363	36629	36626
43936	47934	48505	47757	46122	45966	45966
176708	168232	154502	148437	143834	144604	144604

小学教职工

Number of Educational Personnel

地 区 Region	教职工数 合计 Total	专任教师 Full-time Teachers	行政人员 Adm. Personnel
总 计 Total	**5488941**	**5105281**	**161805**
北 京 Beijing	58108	49434	4304
天 津 Tianjin	42301	37227	3277
河 北 Hebei	339361	316288	11391
山 西 Shanxi	177147	163198	3791
内蒙古 Inner Mongolia	122202	97546	5591
辽 宁 Liaoning	136185	117130	14732
吉 林 Jilin	117320	100146	8093
黑龙江 Heilongjiang	130444	114606	6844
上 海 Shanghai	50618	42480	3468
江 苏 Jiangsu	260548	241405	5267
浙 江 Zhejiang	181538	170077	3750
安 徽 Anhui	225127	216557	3621
福 建 Fujian	160596	152009	3941
江 西 Jiangxi	196817	192657	1747
山 东 Shandong	378886	358556	5817
河 南 Henan	496706	469945	9832
湖 北 Hubei	199033	184688	3721
湖 南 Hunan	226307	216876	3854
广 东 Guangdong	418242	387546	18319
广 西 Guangxi	229096	210666	10097
海 南 Hainan	46938	43843	782
重 庆 Chongqing	117680	110463	4157
四 川 Sichuan	260521	245977	6210
贵 州 Guizhou	194560	181412	5131
云 南 Yunnan	227876	218680	3211
西 藏 Tibet	20287	20071	45
陕 西 Shaanxi	160287	147511	6442
甘 肃 Gansu	133281	129643	1468
青 海 Qinghai	21526	20563	114
宁 夏 Ningxia	32157	31565	230
新 疆 Xinjiang	127246	116516	2558

数(总数)
in Primary Schools (Total)

单位 :人
unit: person

Educational Personnel			代课教师 Substitute Teachers	兼任教师 Part-time Teachers
教辅人员 Supporting Staff	工勤人员 Workers	校办企业职工 Employees in School-run Factories & Farms		
97930	**123404**	**521**	**151951**	**25997**
2800	1565	5		1191
1105	690	2	186	142
5341	6331	10	10981	861
4878	5215	65	13430	726
9801	9241	23	2983	59
2972	1336	15	748	16
6922	2132	27	1174	186
5074	3911	9	1076	464
2275	2367	28	512	133
8199	5562	115	6596	166
3149	4553	9		467
2097	2848	4	5772	657
2556	2084	6	5758	171
578	1825	10	8810	482
8799	5710	4	3776	480
4031	12888	10	23517	782
5324	5273	27	8026	780
2221	3355	1	7129	586
3302	8975	100	3512	1062
3392	4937	4	10532	3160
371	1922	20	570	478
976	2074	10	2610	642
1324	7006	4	15750	453
1414	6601	2	156	5549
1734	4248	3	1080	5021
34	137		399	1
2797	3535	2	2561	170
895	1275		8770	686
179	667	3	2591	136
110	250	2	1603	147
3280	4891	1	1343	143

小学教职工

Number of Educational Personnel

教职工数

地区 Region	合计 Total	专任教师 Full-time Teachers	行政人员 Adm. Personnel
总计 Total	**1480642**	**1363957**	**52105**
北京 Beijing	44665	38950	3092
天津 Tianjin	27200	23475	2227
河北 Hebei	64416	59874	2047
山西 Shanxi	45529	41813	1262
内蒙古 Inner Mongolia	32223	29025	1642
辽宁 Liaoning	66913	57281	7586
吉林 Jilin	36818	31852	2271
黑龙江 Heilongjiang	43435	37500	2823
上海 Shanghai	39370	33546	2571
江苏 Jiangsu	111101	104708	2220
浙江 Zhejiang	74963	70136	1430
安徽 Anhui	39442	38023	589
福建 Fujian	49341	46867	1030
江西 Jiangxi	30777	30080	344
山东 Shandong	109596	103084	2054
河南 Henan	91339	85147	2124
湖北 Hubei	58137	53850	1691
湖南 Hunan	48000	45837	881
广东 Guangdong	190417	175049	6493
广西 Guangxi	33238	30510	1025
海南 Hainan	11192	10065	215
重庆 Chongqing	30983	29179	834
四川 Sichuan	53791	49827	1062
贵州 Guizhou	24828	23428	699
云南 Yunnan	26224	24814	526
西藏 Tibet	2112	2057	16
陕西 Shaanxi	37949	33729	2508
甘肃 Gansu	19820	19205	281
青海 Qinghai	4058	4008	14
宁夏 Ningxia	9887	9750	40
新疆 Xinjiang	22878	21288	508

数(城区)

in Primary Schools (Urban Area)

单位：人

unit: person

Educational Personnel			代课教师 Substitute Teachers	兼任教师 Part-time Teachers
教辅人员 Supporting Staff	工勤人员 Workers	校办企业职工 Employees in School-run Factories & Farms		
27357	**37019**	**204**	**33403**	**5308**
1696	922	5		1150
925	571	2	53	142
1028	1467		1185	118
981	1467	6	2000	53
957	593	6	1037	24
1393	643	10	139	1
1964	731		300	73
1723	1387	2	251	166
1708	1524	21	374	113
2165	1961	47	2847	104
1246	2149	2		178
341	485	4	1904	191
465	974	5	2445	13
67	286		734	28
2455	1999	4	1028	191
1194	2868	6	4654	168
1265	1331		2455	107
539	743		2011	249
2179	6628	68	3211	866
505	1198		1290	687
150	761	1	309	240
406	555	9	461	165
447	2452	3	2557	45
209	492		58	64
201	683		14	71
10	29			
528	1182	2	435	31
78	256		164	37
9	27		272	
24	73		354	
499	582	1	861	33

小学教职工
Number of Educational Personnel

地 区 Region	教职工数		
	合计 Total	专任教师 Full-time Teachers	行政人员 Adm. Personnel
总 计 Total	**274732**	**252655**	**9422**
北 京 Beijing	4218	3521	358
天 津 Tianjin	2815	2403	251
河 北 Hebei	15815	14805	592
山 西 Shanxi	6925	6451	191
内蒙古 Inner Mongolia	923	825	45
辽 宁 Liaoning	6827	5915	761
吉 林 Jilin	2760	2393	183
黑龙江 Heilongjiang	4788	3983	352
上 海 Shanghai	3997	3226	263
江 苏 Jiangsu	11951	10888	296
浙 江 Zhejiang	17888	16532	396
安 徽 Anhui	7189	6834	101
福 建 Fujian	9183	8751	196
江 西 Jiangxi	5226	5128	55
山 东 Shandong	33562	31483	601
河 南 Henan	18931	17769	412
湖 北 Hubei	7838	7199	146
湖 南 Hunan	7840	7457	198
广 东 Guangdong	62726	56944	2640
广 西 Guangxi	6752	6305	222
海 南 Hainan	1130	1011	18
重 庆 Chongqing	2921	2731	98
四 川 Sichuan	6725	6065	147
贵 州 Guizhou	4413	4211	118
云 南 Yunnan	6823	6512	132
西 藏 Tibet			
陕 西 Shaanxi	7886	6986	576
甘 肃 Gansu	2159	2096	18
青 海 Qinghai	296	294	1
宁 夏 Ningxia	704	690	2
新 疆 Xinjiang	3521	3247	53

数(城乡结合区)
in Primary Schools (Urban-rural Transitional Area)

单位 :人
unit: person

Educational Personnel			代课教师 Substitute Teachers	兼任教师 Part-time Teachers
教辅人员 Supporting Staff	工勤人员 Workers	校办企业职工 Employees in School-run Factories & Farms		
4209	**8429**	**17**	**5708**	**752**
171	168			72
126	35		6	
135	283		218	23
122	161		421	10
28	25		14	
106	44	1	52	
118	66		3	
214	237	2	26	
107	401		30	2
359	406	2	490	24
331	629			95
132	122		137	
70	166		486	13
5	38		117	
883	595		537	59
145	600	5	927	50
226	267		278	22
77	108		348	44
447	2691	4	710	113
73	152		202	154
7	94		38	18
34	58		9	18
95	415	3	339	2
11	73		31	13
48	131		8	9
84	240		91	5
10	35		76	
	1		18	
10	2		48	
35	186		48	6

小学教职工
Number of Educational Personnel

地 区 Region	教职工数		
	合计 Total	专任教师 Full-time Teachers	行政人员 Adm. Personnel
总 计 Total	**1911229**	**1766964**	**54347**
北 京 Beijing	7010	5276	672
天 津 Tianjin	7547	6930	470
河 北 Hebei	116977	107711	3942
山 西 Shanxi	63970	59075	1131
内蒙古 Inner Mongolia	59439	45775	2655
辽 宁 Liaoning	34634	29495	4061
吉 林 Jilin	35928	29201	2801
黑龙江 Heilongjiang	45290	39700	2157
上 海 Shanghai	8412	6756	655
江 苏 Jiangsu	112642	102520	2420
浙 江 Zhejiang	74134	69567	1587
安 徽 Anhui	79450	75685	1542
福 建 Fujian	60748	56898	1964
江 西 Jiangxi	79731	77949	755
山 东 Shandong	132685	124789	2058
河 南 Henan	160575	149333	3501
湖 北 Hubei	71558	66631	908
湖 南 Hunan	90663	86440	1577
广 东 Guangdong	114491	106739	5460
广 西 Guangxi	74839	68125	2873
海 南 Hainan	19342	18016	303
重 庆 Chongqing	54118	50690	2085
四 川 Sichuan	112436	106869	2574
贵 州 Guizhou	64255	59946	1671
云 南 Yunnan	62411	59321	1019
西 藏 Tibet	6707	6597	21
陕 西 Shaanxi	76370	70836	2251
甘 肃 Gansu	36718	35396	478
青 海 Qinghai	8205	7862	63
宁 夏 Ningxia	9608	9292	147
新 疆 Xinjiang	30336	27544	546

数(镇区)
in Primary Schools (Counties & Towns Area)

单位 :人
unit: person

Educational Personnel			代课教师 Substitute Teachers	兼任教师 Part-time Teachers
教辅人员 Supporting Staff	工勤人员 Workers	校办企业职工 Employees in School-run Factories & Farms		
41660	**47992**	**266**	**39973**	**5803**
685	377			3
88	59		63	
2350	2969	5	2685	522
1932	1778	54	4508	282
5743	5259	7	1081	23
634	439	5	147	11
3087	814	25	264	34
1653	1773	7	390	103
433	564	4	110	14
4840	2796	66	2051	29
1236	1737	7		194
825	1398		1019	169
1272	613	1	1148	83
264	763		2677	292
3530	2308		1390	99
1712	6025	4	9218	190
1989	2003	27	1981	252
1101	1544	1	1578	237
762	1505	25	122	34
1903	1934	4	1514	545
200	805	18	103	95
378	964	1	1024	381
530	2463		3711	128
676	1962		17	1266
728	1343		104	424
9	80		36	
1608	1675		971	63
363	481		1011	157
106	171	3	643	80
61	106	2	303	72
962	1284		104	21

小学教职工

Number of Educational Personnel

地区 Region	教职工数		
	合计 Total	专任教师 Full-time Teachers	行政人员 Adm. Personnel
总　计 Total	**596349**	**558626**	**15170**
北　京 Beijing	1654	1261	171
天　津 Tianjin	3096	2845	207
河　北 Hebei	63253	58886	1943
山　西 Shanxi	19731	18389	354
内蒙古 Inner Mongolia	6280	4894	283
辽　宁 Liaoning	6368	5431	729
吉　林 Jilin	4737	3951	342
黑龙江 Heilongjiang	5915	5327	239
上　海 Shanghai	2146	1730	139
江　苏 Jiangsu	33787	30544	743
浙　江 Zhejiang	28621	26653	618
安　徽 Anhui	20177	19307	407
福　建 Fujian	16309	15506	384
江　西 Jiangxi	21183	20669	166
山　东 Shandong	59215	55967	807
河　南 Henan	69649	65941	1310
湖　北 Hubei	19996	18680	236
湖　南 Hunan	32636	31350	461
广　东 Guangdong	47644	44433	2466
广　西 Guangxi	23540	21836	921
海　南 Hainan	3273	3069	46
重　庆 Chongqing	10813	10101	449
四　川 Sichuan	19924	18915	426
贵　州 Guizhou	15099	14286	323
云　南 Yunnan	19071	18485	205
西　藏 Tibet	637	635	
陕　西 Shaanxi	22057	20994	508
甘　肃 Gansu	10415	10083	95
青　海 Qinghai	1794	1710	10
宁　夏 Ningxia	2118	1996	92
新　疆 Xinjiang	5211	4752	90

数(镇乡结合区)

in Primary Schools (County-town Transitional Area)

单位 :人
unit: person

Educational Personnel			代课教师 Substitute Teachers	兼任教师 Part-time Teachers
教辅人员 Supporting Staff	工勤人员 Workers	校办企业职工 Employees in School-run Factories & Farms		
9794	**12663**	**96**	**14985**	**1752**
136	86			
22	22		45	
955	1467	2	1465	352
507	473	8	1724	65
658	445		100	
151	56	1	49	3
343	101		15	
178	170	1	67	
96	180	1	31	4
1610	847	43	793	10
448	902			21
192	271		402	91
280	138	1	605	28
91	257		869	59
1390	1051		906	36
498	1896	4	3499	78
503	577		609	88
304	520	1	653	74
218	511	16	57	23
364	418	1	867	254
24	122	12	29	20
55	208		286	55
60	523		956	38
127	363		1	226
96	285		38	124
	2			
202	353		248	
117	120		465	32
45	26	3	139	18
8	20	2	46	53
116	253		21	

小学教职工

Number of Educational Personnel

地 区 Region	教职工数 合计 Total	专任教师 Full-time Teachers	行政人员 Adm. Personnel
总 计 Total	**2097070**	**1974360**	**55353**
北 京 Beijing	6433	5208	540
天 津 Tianjin	7554	6822	580
河 北 Hebei	157968	148703	5402
山 西 Shanxi	67648	62310	1398
内蒙古 Inner Mongolia	30540	22746	1294
辽 宁 Liaoning	34638	30354	3085
吉 林 Jilin	44574	39093	3021
黑龙江 Heilongjiang	41719	37406	1864
上 海 Shanghai	2836	2178	242
江 苏 Jiangsu	36805	34177	627
浙 江 Zhejiang	32441	30374	733
安 徽 Anhui	106235	102849	1490
福 建 Fujian	50507	48244	947
江 西 Jiangxi	86309	84628	648
山 东 Shandong	136605	130683	1705
河 南 Henan	244792	235465	4207
湖 北 Hubei	69338	64207	1122
湖 南 Hunan	87644	84599	1396
广 东 Guangdong	113334	105758	6366
广 西 Guangxi	121019	112031	6199
海 南 Hainan	16404	15762	264
重 庆 Chongqing	32579	30594	1238
四 川 Sichuan	94294	89281	2574
贵 州 Guizhou	105477	98038	2761
云 南 Yunnan	139241	134545	1666
西 藏 Tibet	11468	11417	8
陕 西 Shaanxi	45968	42946	1683
甘 肃 Gansu	76743	75042	709
青 海 Qinghai	9263	8693	37
宁 夏 Ningxia	12662	12523	43
新 疆 Xinjiang	74032	67684	1504

（乡村）
in Primary Schools（Rural Area）

单位：人
unit：person

Educational Personnel			代课教师 Substitute Teachers	兼任教师 Part-time Teachers
教辅人员 Supporting Staff	工勤人员 Workers	校办企业职工 Employees in School-run Factories & Farms		
28913	**38393**	**51**	**78575**	**14886**
419	266			38
92	60		70	
1963	1895	5	7111	221
1965	1970	5	6922	391
3101	3389	10	865	12
945	254		462	4
1871	587	2	610	79
1698	751		435	195
134	279	3	28	6
1194	805	2	1698	33
667	667			95
931	965		2849	297
819	497		2165	75
247	776	10	5399	162
2814	1403		1358	190
1125	3995		9645	424
2070	1939		3590	421
581	1068		3540	100
361	842	7	179	162
984	1805		7728	1928
21	356	1	158	143
192	555		1125	96
347	2091	1	9482	280
529	4147	2	81	4219
805	2222	3	962	4526
15	28		363	1
661	678		1155	76
454	538		7595	492
64	469		1676	56
25	71		946	75
1819	3025		378	89

小学教职工总数

Number of Primary Schools Educational

地 区 Region	教职工数		
	合计 Total	专任教师 Full-time Teachers	行政人员 Adm. Personnel
总 计 Total	**225892**	**168023**	**11816**
北 京 Beijing	3011	2254	287
天 津 Tianjin	394	284	55
河 北 Hebei	17690	12862	967
山 西 Shanxi	9042	5957	429
内蒙古 Inner Mongolia	1013	700	94
辽 宁 Liaoning	1064	910	81
吉 林 Jilin	1640	1293	110
黑龙江 Heilongjiang	455	341	36
上 海 Shanghai	8604	6516	598
江 苏 Jiangsu	9741	7524	426
浙 江 Zhejiang	13943	10881	571
安 徽 Anhui	7098	5289	314
福 建 Fujian	4437	3318	239
江 西 Jiangxi	2137	1407	105
山 东 Shandong	14082	10952	633
河 南 Henan	46789	33055	2448
湖 北 Hubei	3474	2307	139
湖 南 Hunan	5749	4345	281
广 东 Guangdong	40972	32589	1889
广 西 Guangxi	5180	3604	342
海 南 Hainan	2698	1724	152
重 庆 Chongqing	2630	2021	177
四 川 Sichuan	8492	5830	361
贵 州 Guizhou	4807	3828	271
云 南 Yunnan	2656	2101	206
西 藏 Tibet	44	23	8
陕 西 Shaanxi	6995	5380	534
甘 肃 Gansu	190	141	19
青 海 Qinghai	35	19	1
宁 夏 Ningxia	403	256	19
新 疆 Xinjiang	427	312	24

中民办教职工数

Personnel Maintained by Communities

单位 :人

unit: person

Educational Personnel			代课教师 Substitute Teachers	兼任教师 Part-time Teachers
教辅人员 Supporting Staff	工勤人员 Workers	校办企业职工 Employees in School-run Factories & Farms		
8213	**37629**	**211**	**10841**	**1414**
147	322	1		
17	38		21	96
809	3042	10		61
516	2081	59	732	150
31	188		33	12
31	42			1
55	180	2		
22	56			
313	1176	1	92	63
302	1480	9	146	41
473	2017	1		271
184	1307	4	462	41
139	738	3	2	29
111	514			
505	1992		310	64
1990	9287	9	8388	206
224	804		199	24
370	752	1	35	34
915	5497	82	83	34
211	1023		93	28
37	768	17		13
119	307	6	157	35
238	2059	4		57
153	555		17	7
54	295			87
	13			
174	907		1	34
9	21			25
	15		37	
38	88	2		
26	65		33	1

小学女教

Number of Female Educational

地　区 Region	教职工数		
	合计 Total	专任教师 Full-time Teachers	行政人员 Adm. Personnel
总　计 Total	**3287068**	**3145581**	**46418**
北　京 Beijing	44153	39607	2450
天　津 Tianjin	29505	27034	1618
河　北 Hebei	239809	231393	2981
山　西 Shanxi	128074	121764	1169
内蒙古 Inner Mongolia	72661	65124	1911
辽　宁 Liaoning	94562	85237	7189
吉　林 Jilin	76478	69642	3038
黑龙江 Heilongjiang	81769	75153	3003
上　海 Shanghai	39277	34584	2089
江　苏 Jiangsu	158982	153166	1346
浙　江 Zhejiang	125255	120410	811
安　徽 Anhui	106505	104056	527
福　建 Fujian	97882	95414	706
江　西 Jiangxi	108427	107076	349
山　东 Shandong	203480	197722	1325
河　南 Henan	304128	292548	2656
湖　北 Hubei	102400	97741	1093
湖　南 Hunan	131544	128369	894
广　东 Guangdong	275869	265849	3305
广　西 Guangxi	133930	128354	1716
海　南 Hainan	23050	21733	126
重　庆 Chongqing	64732	63021	740
四　川 Sichuan	144333	139893	1060
贵　州 Guizhou	93737	88526	780
云　南 Yunnan	116713	113437	558
西　藏 Tibet	10935	10842	16
陕　西 Shaanxi	96928	92467	1766
甘　肃 Gansu	63146	62217	190
青　海 Qinghai	11561	11116	29
宁　夏 Ningxia	19813	19540	91
新　疆 Xinjiang	87430	82546	886

职工数
Personnel in Primary Schools

单位：人
unit：person

Educational Personnel			代课教师 Substitute Teachers	兼任教师 Part-time Teachers
教辅人员 Supporting Staff	工勤人员 Workers	校办企业职工 Employees in School-run Factories & Farms		
42576	**52282**	**211**	**112710**	**16089**
1589	507			924
681	172		170	121
2491	2938	6	9702	608
2485	2633	23	11682	615
3432	2192	2	2320	33
1828	306	2	710	15
3245	538	15	915	106
2512	1096	5	760	319
1571	1018	15	381	102
2346	2081	43	5439	75
1558	2474	2		323
718	1204		3883	391
928	833	1	4843	109
250	748	4	6411	245
2581	1851	1	3073	258
2336	6582	6	19072	462
1655	1897	14	5210	537
1078	1203		5321	396
2133	4533	49	2570	771
1320	2538	2	7815	1988
174	1006	11	371	287
475	494	2	1971	325
603	2776	1	10075	310
527	3904		78	3356
511	2204	3	566	2695
14	63		167	1
1350	1343	2	1609	95
257	482		3938	370
69	345	2	1325	71
62	120		1242	84
1797	2201		1091	97

小学专任教师学历、

Number of Full-time Teacher in Primary Schools by

地 区 Region	合 计 Total	其中:女 of Which: Female	按学历分 By Educational Attainment			
			研究生毕业 Graduate	本科毕业 Under-graduate	专科毕业 Associate Bachelor	高中阶段毕业 High School Graduate
总 计 Total	**5633906**	**3500101**	**27125**	**2321118**	**2713074**	**565804**
北 京 Beijing	56870	45705	1984	47774	6454	637
天 津 Tianjin	38968	28411	745	26075	9683	2442
河 北 Hebei	333537	244966	849	134090	174009	24411
山 西 Shanxi	176840	132427	332	72987	88501	14954
内蒙古 Inner Mongolia	107262	71584	630	53931	46061	6607
辽 宁 Liaoning	141049	101785	1122	59776	68519	11397
吉 林 Jilin	112729	78433	838	58673	44568	8545
黑龙江 Heilongjiang	131577	86732	316	52254	67459	11418
上 海 Shanghai	51481	41741	1520	36279	12776	900
江 苏 Jiangsu	270190	171269	2783	176876	75758	14770
浙 江 Zhejiang	190423	135047	1407	127636	53774	7564
安 徽 Anhui	237902	116285	459	85022	121136	31276
福 建 Fujian	158698	99930	526	59546	76424	22087
江 西 Jiangxi	210329	118942	344	73370	99599	36533
山 东 Shandong	389080	218284	3548	194438	143715	47227
河 南 Henan	494031	311784	1499	172367	262643	57505
湖 北 Hubei	199172	106530	868	71791	99110	27243
湖 南 Hunan	248118	146514	906	84735	130694	30856
广 东 Guangdong	454377	315264	2629	177633	243808	30122
广 西 Guangxi	217311	133338	479	64566	122577	29386
海 南 Hainan	50222	25870	51	9990	32998	7133
重 庆 Chongqing	116360	66371	528	45446	61815	8481
四 川 Sichuan	304909	172094	807	89637	181562	32840
贵 州 Guizhou	192850	95082	169	52782	115893	22695
云 南 Yunnan	225874	118046	426	74404	123277	26475
西 藏 Tibet	20267	10978	19	6350	12848	978
陕 西 Shaanxi	159356	100232	698	75782	71192	11513
甘 肃 Gansu	140476	67872	311	60572	57846	21422
青 海 Qinghai	25224	13769	111	11944	11746	1401
宁 夏 Ningxia	33357	20581	81	14848	15681	2700
新 疆 Xinjiang	145067	104235	140	49544	80948	14286

职称情况(总计)

Educational Attainment and Professional Rank (Total)

单位:人

unit: person

	按职称分 By Professional Rank					
高中阶段毕业以下 Below High School Graduate	中学高级 Senior Secondary	小学高级 Senior Primary	小学一级 1st Grade Primary	小学二级 2nd Grade Primary	小学三级 3rd Grade Primary	未定职级 No-ranking
6785	**127396**	**2910398**	**1866363**	**178189**	**12628**	**538932**
21	710	29148	18136	788	160	7928
23	1268	29374	6541	124	24	1637
178	4869	162136	126004	7141	297	33090
66	894	67096	84929	7310	750	15861
33	23951	51608	21096	2142		8465
235	9488	102127	21672	1291	175	6296
105	2472	57320	41824	3624	198	7291
130	8546	76335	41837	1378	16	3465
6	1055	24724	18395	589	67	6651
3	12971	163541	67974	5748	8	19948
42	5716	100353	60653	1725	314	21662
9	2380	127736	78654	7664	337	21131
115	1815	95297	42637	5368	196	13385
483	4098	103913	65002	12857	1430	23029
152	9663	183786	153045	10888	648	31050
17	7931	227776	183191	19332	206	55595
160	4867	127606	47460	4839	806	13594
927	3041	148449	66173	4325	497	25633
185	2854	281141	78430	11487	3385	77080
303	1934	132002	61074	6153	742	15406
50	243	23817	20536	3160	38	2428
90	1140	52018	52436	2907	244	7615
63	6647	133677	135396	3761	296	25132
1311	516	94840	60301	14448	564	22181
1292	1283	115512	78851	13762	119	16347
72	378	6940	8199	1064	122	3564
171	1764	60253	76562	9181	117	11479
325	1495	52333	68667	5903	258	11820
22	1115	14865	6600	551	79	2014
47	525	13042	11787	1446	111	6446
149	1767	51633	62301	7233	424	21709

小学专任教师学历、

Number of Full-time Teacher in Primary Schools by

地 区 Region	合 计 Total	其中:女 of Which: Female	按学历分 By Educational Attainment			
			研究生毕业 Graduate	本科毕业 Under-graduate	专科毕业 Associate Bachelor	高中阶段毕业 High School Graduate
总 计 Total	**1559187**	**1213468**	**20119**	**937535**	**546862**	**54317**
北 京 Beijing	44904	37420	1645	38133	4735	381
天 津 Tianjin	24744	20192	681	17487	5590	966
河 北 Hebei	64826	55307	456	38220	24312	1820
山 西 Shanxi	45853	39195	199	25899	18323	1425
内蒙古 Inner Mongolia	31414	25243	374	21235	9128	677
辽 宁 Liaoning	63569	52239	973	35204	25071	2281
吉 林 Jilin	35152	29452	560	23420	10011	1149
黑龙江 Heilongjiang	41152	33434	250	23278	16121	1492
上 海 Shanghai	39980	33839	1259	29187	8934	595
江 苏 Jiangsu	117013	86932	2218	86809	23958	4025
浙 江 Zhejiang	81948	63370	1061	59154	19782	1947
安 徽 Anhui	42899	29632	235	21888	18376	2399
福 建 Fujian	50158	39681	460	29856	17420	2409
江 西 Jiangxi	35506	26738	185	20623	12805	1886
山 东 Shandong	116414	84172	2259	81723	27941	4474
河 南 Henan	93161	74672	901	51199	37796	3265
湖 北 Hubei	60085	43535	688	31087	24969	3326
湖 南 Hunan	51664	40495	612	28517	20796	1715
广 东 Guangdong	222242	171340	2482	117780	95707	6243
广 西 Guangxi	34433	27854	335	16796	15666	1623
海 南 Hainan	12245	8579	37	4293	7216	699
重 庆 Chongqing	31187	22584	416	18976	10979	810
四 川 Sichuan	60707	44865	612	29734	28293	2067
贵 州 Guizhou	26893	20542	76	11206	13774	1804
云 南 Yunnan	27701	20554	310	15340	10631	1407
西 藏 Tibet	2147	1487	10	802	1160	167
陕 西 Shaanxi	37115	29410	442	23662	12129	862
甘 肃 Gansu	21133	15703	213	11368	8564	984
青 海 Qinghai	4971	3753	39	3129	1664	136
宁 夏 Ningxia	9848	7719	46	5907	3610	285
新 疆 Xinjiang	28123	23530	85	15623	11401	998

职称情况(城区)

Educational Attainment and Professional Rank (Urban Area)

单位:人

unit: person

按职称分 By Professional Rank						
高中阶段毕业以下 Below High School Graduate	中学高级 Senior Secondary	小学高级 Senior Primary	小学一级 1st Grade Primary	小学二级 2nd Grade Primary	小学三级 3rd Grade Primary	未定职级 No-ranking
354	**46914**	**839961**	**468037**	**34699**	**4204**	**165372**
10	635	23257	14381	683	134	5814
20	623	18232	4706	101	24	1058
18	1111	34855	21720	1472	61	5607
7	205	20050	20238	1425	151	3784
	7255	14283	6038	688		3150
40	3632	48577	8550	317	87	2406
12	1322	19515	11955	688	47	1625
11	3726	24658	11182	432	2	1152
5	891	20103	14220	363	28	4375
3	6954	69455	29719	2201	5	8679
4	3379	42512	24787	724	191	10355
1	675	23860	13899	856	92	3517
13	823	25920	15296	1572	68	6479
7	1252	18390	12266	1205	123	2270
17	3320	52774	48536	2467	115	9202
	1948	46333	32520	3853	161	8346
15	2108	39188	14169	1157	149	3314
24	895	31798	13274	671	83	4943
30	1693	121168	40083	5892	2023	51383
13	414	20662	7889	958	345	4165
	120	5731	4339	907		1148
6	485	14352	14328	321	24	1677
1	1402	29349	25911	605	48	3392
33	85	11670	7838	1476	88	5736
13	147	15458	8595	579	41	2881
8	95	1005	773	30	2	242
20	467	15334	16336	1642	21	3315
4	484	10960	8363	308	12	1006
3	169	2723	1435	80	20	544
	199	4596	3384	446	30	1193
16	400	13193	11307	580	29	2614

小学专任教师学历、

Number of Full-time Teacher in Primary Schools by Educational

地 区 Region	合 计 Total	其中:女 of Which: Female	按学历分 By Educational Attainment			
			研究生毕业 Graduate	本科毕业 Under-graduate	专科毕业 Associate Bachelor	高中阶段毕业 High School Graduate
总 计 Total	**302966**	**217053**	**2362**	**152984**	**130388**	**17130**
北 京 Beijing	4149	3309	115	3090	830	112
天 津 Tianjin	2535	1819	58	1863	486	128
河 北 Hebei	17054	14000	109	8468	7689	779
山 西 Shanxi	6787	5582	11	3400	3069	307
内蒙古 Inner Mongolia	914	674	5	561	314	34
辽 宁 Liaoning	6821	5223	85	3313	2924	487
吉 林 Jilin	2642	1994	12	1616	865	149
黑龙江 Heilongjiang	4475	3533	9	2056	2094	316
上 海 Shanghai	3887	2954	70	2126	1534	157
江 苏 Jiangsu	12993	8351	153	8267	3902	671
浙 江 Zhejiang	20232	14797	133	12968	6493	636
安 徽 Anhui	7756	4474	21	3044	3945	745
福 建 Fujian	9403	6838	29	5131	3367	866
江 西 Jiangxi	5952	3942	17	2698	2559	674
山 东 Shandong	35797	22951	452	22342	10677	2312
河 南 Henan	19914	14604	139	9145	9327	1303
湖 北 Hubei	8365	5012	41	3426	4072	821
湖 南 Hunan	9144	6564	97	4261	4137	648
广 东 Guangdong	77075	57025	558	34812	39036	2661
广 西 Guangxi	7067	5269	36	2838	3673	513
海 南 Hainan	1167	696		260	731	176
重 庆 Chongqing	2848	1811	8	1175	1530	135
四 川 Sichuan	8126	5581	87	3515	4018	506
贵 州 Guizhou	5133	3608	19	1760	2808	541
云 南 Yunnan	7058	4939	10	3172	3310	556
西 藏 Tibet						
陕 西 Shaanxi	7591	5407	61	4271	2948	301
甘 肃 Gansu	2529	1805	12	1112	1214	191
青 海 Qinghai	498	315	7	270	205	16
宁 夏 Ningxia	690	475	6	341	308	35
新 疆 Xinjiang	4364	3501	2	1683	2323	354

职称情况(城乡结合区)

Attainment and Professional Rank (Urban-rural Transitional Area)

单位:人

unit: person

高中阶段毕业以下 Below High School Graduate	按职称分 By Professional Rank					
	中学高级 Senior Secondary	小学高级 Senior Primary	小学一级 1st Grade Primary	小学二级 2nd Grade Primary	小学三级 3rd Grade Primary	未定职级 No-ranking
102	**5353**	**149257**	**89758**	**8287**	**1575**	**48736**
2	15	1811	1141	123	25	1034
	24	1865	530	1		115
9	275	8283	6127	402	35	1932
	18	2766	3315	199	64	425
	194	388	209	29		94
12	443	5178	854	37	2	307
	47	1347	1094	45	1	108
	479	2692	1186	36		82
	30	1016	1129	114	8	1590
	523	7340	3311	357	1	1461
2	422	8810	6453	207	72	4268
1	103	4285	2564	138	19	647
10	74	4778	2967	367	12	1205
4	123	3019	2002	180	32	596
14	1006	16594	14293	885	71	2948
	353	9225	6892	1093	62	2289
5	202	5066	1948	319	48	782
1	108	5259	2330	116	18	1313
8	541	37047	13542	2376	1010	22559
7	51	4242	1829	172	39	734
	1	661	372	85		48
	25	1380	1294	12	1	136
	133	3554	3450	45	22	922
5	8	2283	1322	318	4	1198
10	24	4118	2258	131	7	520
10	64	2872	3605	353	1	696
	30	1156	1196	25	1	121
	17	262	169	16		34
	16	312	204	27	1	130
2	4	1648	2172	79	19	442

小学专任教师学历、

Number of Full-time Teacher in Primary Schools by

地 区 Region	合 计 Total	其中:女 of Which: Female	按学历分 By Educational Attainment			
			研究生毕业 Graduate	本科毕业 Under-graduate	专科毕业 Associate Bachelor	高中阶段毕业 High School Graduate
总 计 Total	**1958749**	**1283226**	**4077**	**771712**	**1012305**	**169280**
北 京 Beijing	6254	4565	245	5023	860	122
天 津 Tianjin	7216	4796	44	4472	2088	612
河 北 Hebei	116089	91489	196	46875	62183	6774
山 西 Shanxi	64091	52012	47	26428	33375	4221
内蒙古 Inner Mongolia	50243	33932	182	23587	23571	2882
辽 宁 Liaoning	41664	28673	73	14085	23152	4262
吉 林 Jilin	33205	23892	167	17584	13140	2289
黑龙江 Heilongjiang	47507	32238	42	17517	26249	3638
上 海 Shanghai	8854	6108	217	5485	2933	218
江 苏 Jiangsu	115744	68503	440	72852	35634	6818
浙 江 Zhejiang	75013	51157	246	48405	22868	3468
安 徽 Anhui	84391	46815	100	30546	44793	8951
福 建 Fujian	58180	37432	46	17804	32823	7481
江 西 Jiangxi	85021	54989	73	31712	42769	10376
山 东 Shandong	138232	81450	687	65750	56818	14909
河 南 Henan	161566	117017	226	55924	91557	13843
湖 北 Hubei	71378	39378	87	23874	38426	8949
湖 南 Hunan	97414	62252	207	31099	55673	10221
广 东 Guangdong	119123	81774	100	35700	73303	9940
广 西 Guangxi	69606	49290	64	22291	40781	6413
海 南 Hainan	21388	11584	9	3972	14638	2747
重 庆 Chongqing	52764	30327	81	17391	31762	3504
四 川 Sichuan	128203	75836	135	34948	80330	12774
贵 州 Guizhou	62632	37154	49	16462	39771	6188
云 南 Yunnan	61145	38280	42	20820	34541	5626
西 藏 Tibet	6703	3960	3	2194	4162	327
陕 西 Shaanxi	77584	51094	158	36747	35839	4802
甘 肃 Gansu	37886	23623	29	17856	16514	3460
青 海 Qinghai	9975	6147	31	4840	4745	357
宁 夏 Ningxia	9941	6744	20	4332	4964	615
新 疆 Xinjiang	39737	30715	31	15137	22043	2493

职称情况(镇区)

Educational Attainment and Professional Rank (Counties & Towns Area)

单位:人

unit: person

	按职称分 By Professional Rank					
高中阶段毕业以下 Below High School Graduate	中学高级 Senior Secondary	小学高级 Senior Primary	小学一级 1st Grade Primary	小学二级 2nd Grade Primary	小学三级 3rd Grade Primary	未定职级 No-ranking
1375	**49981**	**1037957**	**649029**	**56991**	**3936**	**160855**
4	52	3017	1939	53	7	1186
	428	5644	871	5		268
61	1726	55675	43264	3004	143	12277
20	327	23162	31939	2565	337	5761
21	11521	24991	9633	841		3257
92	3288	29063	6979	496	45	1793
25	661	16247	12844	1102	64	2287
61	3048	27462	15199	444	10	1344
1	137	3810	3383	168	15	1341
	5198	71395	28539	2691	1	7920
26	1875	41384	23976	627	81	7070
1	802	45503	26874	2880	176	8156
26	652	37915	14374	1694	66	3479
91	1819	42599	27012	4939	591	8061
68	3972	63180	54582	4323	308	11867
16	2553	70273	60442	7023	37	21238
42	1724	45794	17019	1800	313	4728
214	1046	58466	27242	1657	262	8741
80	555	85229	16978	2423	672	13266
57	792	47524	15883	1473	158	3776
22	88	10896	8381	1123	8	892
26	463	25119	22719	1204	91	3168
16	3380	58764	56799	1024	134	8102
162	209	35879	19204	2857	63	4420
116	499	37389	19627	2064	6	1560
17	228	2761	2579	324	52	759
38	966	28526	37964	4775	70	5283
27	436	13917	20167	1308	38	2020
2	553	5889	2687	223	18	605
10	188	3826	3627	425	33	1842
33	795	16658	16303	1456	137	4388

小学专任教师学历、

Number of Full-time Teacher in Primary Schools by Educational

地　区 Region	合　计 Total	其中:女 of Which: Female	按学历分 By Educational Attainment			
			研究生毕业 Graduate	本科毕业 Under-graduate	专科毕业 Associate Bachelor	高中阶段毕业 High School Graduate
总　计 Total	**608447**	**387795**	**1268**	**226569**	**316838**	**63253**
北　京 Beijing	1576	1109	55	1219	269	32
天　津 Tianjin	2917	1827	17	1718	880	302
河　北 Hebei	62368	48518	73	22313	35947	4010
山　西 Shanxi	20360	16460	7	8250	10524	1576
内蒙古 Inner Mongolia	5477	3825	59	2632	2481	300
辽　宁 Liaoning	7219	4946	12	2538	3933	724
吉　林 Jilin	4426	2999	17	2148	1871	390
黑龙江 Heilongjiang	5712	3581	10	1838	3249	590
上　海 Shanghai	2288	1573	46	1363	832	47
江　苏 Jiangsu	33392	19446	117	20158	11090	2027
浙　江 Zhejiang	28591	19431	86	18244	8902	1344
安　徽 Anhui	21688	10713	30	7357	11383	2918
福　建 Fujian	15984	9865	19	5015	8365	2570
江　西 Jiangxi	22382	12734	12	6711	11333	4292
山　东 Shandong	61419	34172	283	27447	25628	8017
河　南 Henan	71409	47476	106	23342	40182	7771
湖　北 Hubei	20136	9492	19	5927	11107	3069
湖　南 Hunan	35410	21253	120	10993	19575	4649
广　东 Guangdong	48324	33478	56	13267	30529	4415
广　西 Guangxi	22154	15082	8	6143	13237	2743
海　南 Hainan	3384	1685	1	659	2195	528
重　庆 Chongqing	10371	5682	28	2921	6650	766
四　川 Sichuan	23350	13361	32	6207	14424	2680
贵　州 Guizhou	15224	8351	6	3789	9547	1812
云　南 Yunnan	18847	11935	7	6220	10552	2032
西　藏 Tibet	710	454		275	397	34
陕　西 Shaanxi	22131	14538	22	9405	11180	1500
甘　肃 Gansu	10707	6352	4	4791	4660	1247
青　海 Qinghai	2436	1455	5	1103	1218	110
宁　夏 Ningxia	2085	1359	6	779	1085	205
新　疆 Xinjiang	5970	4643	5	1797	3613	553

职称情况(镇乡结合区)

Attainment and Professional Rank (County-town Transitional Area)

单位:人

unit: person

高中阶段毕业以下 Below High School Graduate	按职称分 By Professional Rank					
	中学高级 Senior Secondary	小学高级 Senior Primary	小学一级 1st Grade Primary	小学二级 2nd Grade Primary	小学三级 3rd Grade Primary	未定职级 No-ranking
519	**11040**	**316334**	**206071**	**18174**	**1302**	**55526**
1	10	712	522	33	7	292
	101	2265	423	1		127
25	825	29294	24027	1691	46	6485
3	96	7363	10394	833	74	1600
5	1378	2732	1007	70		290
12	576	4939	1144	97	5	458
	65	2090	1796	146	2	327
25	291	3257	2010	20	5	129
	40	932	738	18	11	549
	1271	20062	8716	925		2418
15	553	14663	9503	265	40	3567
	186	11561	7153	687	33	2068
15	147	9865	4364	537	16	1055
34	321	11157	6951	1430	127	2396
44	1545	28545	24073	1981	157	5118
8	1139	31524	26818	2891	2	9035
14	374	12842	4801	488	137	1494
73	361	20987	9742	579	75	3666
57	288	33073	7392	1013	313	6245
23	158	15064	5611	439	56	826
1	15	1486	1530	194	1	158
6	89	4761	4444	244	18	815
7	503	10780	9929	173	84	1881
70	52	8365	4895	735	11	1166
36	164	11458	6541	396	1	287
4	18	278	227	60	31	96
24	212	7730	11411	1467	21	1290
5	81	3794	5840	327	1	664
	99	1552	647	80		58
10	34	849	756	64	16	366
2	48	2354	2666	290	12	600

小学专任教师学历、
Number of Full-time Teacher in Primary Schools by

地 区 Region	合 计 Total	其中:女 of Which: Female	按学历分 By Educational Attainment			
			研究生毕业 Graduate	本科毕业 Under-graduate	专科毕业 Associate Bachelor	高中阶段毕业 High School Graduate
总 计 Total	**2115970**	**1003407**	**2929**	**611871**	**1153907**	**342207**
北 京 Beijing	5712	3720	94	4618	859	134
天 津 Tianjin	7008	3423	20	4116	2005	864
河 北 Hebei	152622	98170	197	48995	87514	15817
山 西 Shanxi	66896	41220	86	20660	36803	9308
内蒙古 Inner Mongolia	25605	12409	74	9109	13362	3048
辽 宁 Liaoning	35816	20873	76	10487	20296	4854
吉 林 Jilin	44372	25089	111	17669	21417	5107
黑龙江 Heilongjiang	42918	21060	24	11459	25089	6288
上 海 Shanghai	2647	1794	44	1607	909	87
江 苏 Jiangsu	37433	15834	125	17215	16166	3927
浙 江 Zhejiang	33462	20520	100	20077	11124	2149
安 徽 Anhui	110612	39838	124	32588	57967	19926
福 建 Fujian	50360	22817	20	11886	26181	12197
江 西 Jiangxi	89802	37215	86	21035	44025	24271
山 东 Shandong	134434	52662	602	46965	58956	27844
河 南 Henan	239304	120095	372	65244	133290	40397
湖 北 Hubei	67709	23617	93	16830	35715	14968
湖 南 Hunan	99040	43767	87	25119	54225	18920
广 东 Guangdong	113012	62150	47	24153	74798	13939
广 西 Guangxi	113272	56194	80	25479	66130	21350
海 南 Hainan	16589	5707	5	1725	11144	3687
重 庆 Chongqing	32409	13460	31	9079	19074	4167
四 川 Sichuan	115999	51393	60	24955	72939	17999
贵 州 Guizhou	103325	37386	44	25114	62348	14703
云 南 Yunnan	137028	59212	74	38244	78105	19442
西 藏 Tibet	11417	5531	6	3354	7526	484
陕 西 Shaanxi	44657	19728	98	15373	23224	5849
甘 肃 Gansu	81457	28546	69	31348	32768	16978
青 海 Qinghai	10278	3869	41	3975	5337	908
宁 夏 Ningxia	13568	6118	15	4609	7107	1800
新 疆 Xinjiang	77207	49990	24	18784	47504	10795

职称情况(乡村)

Educational Attainment and Professional Rank (Rural Area)

单位:人
unit: person

	按职称分 By Professional Rank					
高中阶段毕业以下 Below High School Graduate	中学高级 Senior Secondary	小学高级 Senior Primary	小学一级 1st Grade Primary	小学二级 2nd Grade Primary	小学三级 3rd Grade Primary	未定职级 No-ranking
5056	**30501**	**1032480**	**749297**	**86499**	**4488**	**212705**
7	23	2874	1816	52	19	928
3	217	5498	964	18		311
99	2032	71606	61020	2665	93	15206
39	362	23884	32752	3320	262	6316
12	5175	12334	5425	613		2058
103	2568	24487	6143	478	43	2097
68	489	21558	17025	1834	87	3379
58	1772	24215	15456	502	4	969
	27	811	792	58	24	935
	819	22691	9716	856	2	3349
12	462	16457	11890	374	42	4237
7	903	58373	37881	3928	69	9458
76	340	31462	12967	2102	62	3427
385	1027	42924	25724	6713	716	12698
67	2371	67832	49927	4098	225	9981
1	3430	111170	90229	8456	8	26011
103	1035	42624	16272	1882	344	5552
689	1100	58185	25657	1997	152	11949
75	606	74744	21369	3172	690	12431
233	728	63816	37302	3722	239	7465
28	35	7190	7816	1130	30	388
58	192	12547	15389	1382	129	2770
46	1865	45564	52686	2132	114	13638
1116	222	47291	33259	10115	413	12025
1163	637	62665	50629	11119	72	11906
47	55	3174	4847	710	68	2563
113	331	16393	22262	2764	26	2881
294	575	27456	40137	4287	208	8794
17	393	6253	2478	248	41	865
37	138	4620	4776	575	48	3411
100	572	21782	34691	5197	258	14707

小学办
Condition of School Buildings in Primary

地 区 Region	校舍建筑面积 Floor Space	教学及辅助用房 Teaching & Assistant Buildings						
		合计 Total	其中 of Which					
			教室 Classroom	实验室 Laboratory	图书室 Library	微机室 PC-room	语音室 Linguistic	体育馆 Gymnasium
总 计 Total	**646971902**	**358659222**	**299185891**	**19041501**	**16472075**	**13021434**	**3685381**	**7252940**
北 京 Beijing	6827432	3197881	2515188	207003	160792	140567	17293	157038
天 津 Tianjin	4183854	2355146	1911685	95538	104945	93992	39956	109030
河 北 Hebei	35388498	21144581	17193036	1431879	1153879	963271	277675	124841
山 西 Shanxi	17802296	8733991	7307733	449640	439750	363620	94676	78572
内蒙古 Inner Mongolia	11073829	5294664	4246435	279024	250284	200914	82223	235784
辽 宁 Liaoning	11819679	6445763	5056584	414458	330358	320881	107340	216142
吉 林 Jilin	8724170	5050268	4185462	296802	219113	205521	67128	76242
黑龙江 Heilongjiang	9247620	5446969	4467927	310244	212313	207442	94392	154651
上 海 Shanghai	5265729	2760004	1901778	265204	174366	119489	35340	263827
江 苏 Jiangsu	33761649	20616549	16068261	1245219	1091070	941566	197060	1073373
浙 江 Zhejiang	27640263	13682585	10400439	852590	683215	557816	162010	1026515
安 徽 Anhui	25664352	16393537	13762304	942354	790003	638850	140286	119740
福 建 Fujian	21347273	11347808	9225718	637702	618679	463423	95554	306732
江 西 Jiangxi	23581373	14410408	12870678	472120	485850	335229	131867	114664
山 东 Shandong	38420182	21903415	17400852	1724121	1230692	1030953	246740	270057
河 南 Henan	54811255	32260002	28025101	1399454	1503179	1037579	211151	83538
湖 北 Hubei	27523900	13696738	11053674	942067	697744	597838	184070	221345
湖 南 Hunan	32084717	17076133	14715133	871959	635804	411395	168601	273241
广 东 Guangdong	64376291	35685114	29465858	1505932	1606604	1146420	480624	1479676
广 西 Guangxi	30027609	17216536	15701354	520072	558408	276042	49792	110868
海 南 Hainan	5233381	2750930	2458065	84592	105241	66741	20635	15656
重 庆 Chongqing	18242858	9878848	8755006	377764	281607	249777	61126	153568
四 川 Sichuan	31558129	17487793	15002843	835713	711515	607235	161484	169003
贵 州 Guizhou	22473861	11836515	10180294	642888	536735	371034	59327	46237
云 南 Yunnan	27252659	13892963	12176051	643004	504210	411572	90908	67218
西 藏 Tibet	3264065	1049479	885024	39684	45166	51093	14734	13778
陕 西 Shaanxi	17594218	9173607	7317966	587201	497813	453676	253633	63318
甘 肃 Gansu	13477288	7873795	6903941	314865	326245	267600	30667	30477
青 海 Qinghai	3514558	1677542	1398497	79666	74434	72524	23401	29020
宁 夏 Ningxia	4041323	2322551	1909362	138001	112048	118522	20745	23873
新 疆 Xinjiang	10747591	5997107	4723642	434741	330013	298852	64943	144916

学条件(一)(总计)
Schools (1) (Total)

单位:平方米
unit:m²

行政办公用房 Administrative		生活用房 Residential and Welfare							其他用房 Rooms for Other Purposes	校舍面积中 of the Floor Space	
			教工宿舍 Apartments for Single								
合计 Total	其中:教师办公室 of Which: for Teachers	合计 Total	小计 Subtotal	其中:教师周转宿舍 of Which: Accommodation for Circulation of Teachers	学生宿舍 Students' Dormitories	食堂 Dining Halls	厕所 Toilet	其他 Others		危房面积 Floor Space of Dilapidated Buildings	当年新增 New Added in Current Year
61081637	**42071639**	**162993370**	**51208395**	**10336256**	**33427449**	**31356713**	**27277422**	**19723391**	**64237673**	**20312805**	**36248266**
796098	423225	1156745	120365	13733	105159	292098	305258	333865	1676708	459	486576
548731	359226	631353	28875	2890	8893	108282	210371	274932	648624		101929
3414081	2592308	6855642	1019357	172604	1859216	1073152	1596596	1307321	3974194	46509	4172960
2235538	1698565	4497331	882375	80047	1332003	804344	763375	715234	2335436	133010	523076
1332695	968438	3343783	197462	56900	1468541	690440	497906	489434	1102687		352973
1418094	918148	1915089	88586	18028	216121	475326	549448	585608	2040733	140638	300040
1093908	721133	1378891	50545	12305	162813	305955	420271	439307	1201103	83519	393602
1270779	886963	1449081	47367	14674	353090	231202	402036	415386	1080791	256992	223436
704081	370833	951323	16847	1398	13152	349614	236905	334805	850321		209250
3662393	2072048	6383128	855362	147215	668604	2405059	1259718	1194385	3099579		1720358
2699100	1574229	6900464	1652248	201773	746287	2377478	1066996	1057455	4358114		1330362
2592586	1919871	4778177	1545642	158381	532893	1024792	1173573	501277	1900052	144147	829437
1636219	964610	5038691	2322052	264350	659656	581133	879797	596053	3324555	135232	944428
1898496	1265715	5917034	2375264	330879	928084	1091095	985797	536794	1355435	2144521	2321902
4195142	2644854	6473051	1114316	202183	698240	1438950	2052862	1168683	5848574	47675	3169803
7039580	5539520	12011565	2836420	376153	2845025	2104270	3026489	1199361	3500108	1226542	2118525
2099853	1399557	9580466	4054639	593593	1993630	1740217	927482	864498	2146843	520275	714332
2706783	2026371	9578379	3252265	441226	1835128	2140720	1243859	1106407	2723422	1115311	911965
4705036	3126869	14577529	7326186	777052	1779024	1410213	2131713	1930393	9408612	72677	1631222
1821666	1441311	9048019	3904002	855055	1926432	1376476	1030587	810522	1941388	2788368	1588372
315550	225257	1871589	1210656	282783	326418	129751	145083	59681	295312	133330	192567
1495536	914613	5175348	2302247	457370	785182	923689	626614	537616	1693126	407077	529997
2334407	1570510	10152564	3692754	1211127	2521437	1840270	1362188	735915	1583365	662756	2345167
1543328	1056635	7692445	2541436	1464150	2544268	1245481	917619	443641	1401573	12329	2132947
1327338	895281	11043918	3498640	805798	3771162	2325478	984691	463947	988440	6389262	2467471
211167	163272	1926174	847588	676142	608877	311901	78101	79707	77245	65879	398210
2348148	1756071	4649103	1459387	175224	1049451	849330	801511	489424	1423360	153331	1423087
1615268	1345778	3271834	1066283	112244	510800	560704	784766	349281	716391	3435380	1145355
262976	186280	1334752	337704	162962	516058	197250	131017	152723	239288	65176	409574
454977	295050	875331	238305	69713	76168	203155	235088	122615	388464	12521	297917
1302083	749098	2534571	323220	198304	585637	748888	449705	427121	913830	119889	861426

小学办

Condition of School Buildings in Primary

地 区 Region	校舍建筑面积 Floor Space	教学及辅助用房 Teaching & Assistant Buildings						
		合计 Total	其中 of Which					
			教室 Classroom	实验室 Laboratory	图书室 Library	微机室 PC-room	语音室 Linguistic	体育馆 Gymnasium
总 计 Total	**170915431**	**95121652**	**76164665**	**5091467**	**4343013**	**3648048**	**1175278**	**4699181**
北 京 Beijing	5099675	2367542	1888213	127642	118075	100095	12196	121321
天 津 Tianjin	2471219	1331078	1065312	46562	57263	50227	19167	92547
河 北 Hebei	6223891	3646006	3017104	202646	179926	146494	48598	51238
山 西 Shanxi	4190751	2233590	1878414	93572	103235	88954	31167	38248
内蒙古 Inner Mongolia	3343523	1852794	1479082	78395	76118	66698	26286	126215
辽 宁 Liaoning	6002518	3159779	2451920	160954	160140	146400	60681	179684
吉 林 Jilin	2972836	1682293	1374128	77067	68797	69274	27049	65978
黑龙江 Heilongjiang	3300859	1818928	1440284	83661	63385	73450	42909	115239
上 海 Shanghai	4235794	2225219	1516784	218633	139700	95410	30122	224570
江 苏 Jiangsu	16004156	9437927	7191534	546587	493415	366976	72446	766969
浙 江 Zhejiang	11439491	5841347	4293735	348436	294909	214122	74941	615204
安 徽 Anhui	4823858	3074524	2531115	157332	130395	140065	31664	83953
福 建 Fujian	5822826	3081255	2414495	185283	176391	127755	33943	143388
江 西 Jiangxi	3264504	1944316	1654798	75288	73989	68751	31958	39532
山 东 Shandong	12062815	6602488	5217897	500724	339862	262978	79905	201122
河 南 Henan	9538882	5312446	4588714	224248	208042	177798	57387	56257
湖 北 Hubei	6684161	3923038	3194630	238925	172080	158390	53458	105555
湖 南 Hunan	5659551	2938440	2392827	151018	120662	91051	39274	143608
广 东 Guangdong	27911612	14976192	11939519	715761	638688	514214	186944	981066
广 西 Guangxi	3558261	2062625	1756300	90287	73386	62169	13518	66965
海 南 Hainan	1016731	597133	520369	19546	22170	18028	7901	9119
重 庆 Chongqing	4619931	2706605	2285520	113170	90608	82670	22483	112154
四 川 Sichuan	6037180	3782060	3080530	205657	171619	154946	52218	117090
贵 州 Guizhou	2333387	1301266	1069230	68014	61361	54127	15404	33130
云 南 Yunnan	2688334	1628377	1367853	75194	62172	65393	20378	37387
西 藏 Tibet	206706	106848	86938	4824	3010	3942	2220	5914
陕 西 Shaanxi	3740766	1999873	1642052	109969	92142	87054	41493	27163
甘 肃 Gansu	1699483	1083297	942982	32507	39436	43538	9114	15720
青 海 Qinghai	479504	288113	224190	20973	12727	16002	7209	7012
宁 夏 Ningxia	1168731	668755	543720	38377	32815	32766	7699	13378
新 疆 Xinjiang	2313495	1447498	1114476	80215	66495	68311	15546	102455

学条件(一)(城区)

Schools (1) (Urban Area)

单位:平方米

unit:m²

行政办公用房 Administrative		生活用房 Residential and Welfare							其他用房 Rooms for Other Purposes	校舍面积中 of the Floor Space	
合计 Total	其中:教师办公室 of Which: for Teachers	合计 Total	教工宿舍 Apartments for Single		学生宿舍 Students' Dormitories	食堂 Dining Halls	厕所 Toilet	其他 Others		危房面积 Floor Space of Dilapidated Buildings	当年新增 New Added in Current Year
			小计 Subtotal	其中:教师周转宿舍 of Which: Accommodation for Circulation of Teachers							
18614085	**11545958**	**29941266**	**6033341**	**816597**	**3731180**	**6570836**	**6925574**	**6680335**	**27238428**	**1738842**	**8307693**
601023	328320	808197	58071	8561	62571	206244	223990	257321	1322913	459	326831
337177	217318	358868	5639	449	8731	74324	121621	148553	444096		44090
717959	508119	881443	66889	6958	191384	113474	243839	265857	978483	1074	492000
587270	407465	624433	80477	5988	109979	68576	182041	183360	745458	36783	148643
453459	306347	552277	38335	10207	131024	74656	143378	164884	484993		124455
741166	434776	903832	16001	1613	72744	223493	263721	327873	1197741	11206	198538
372149	226295	393927	1807	292	14240	98734	124620	154526	524467	15767	184647
552691	341590	398091	5157	280	37525	41710	129493	184206	531149	39372	74198
563460	300319	764474	9472	740	13152	265891	190126	285833	682641		139980
1869870	993602	2785699	163380	28739	199914	1207119	596699	618587	1910660		819421
1180957	681454	2381130	301923	43477	250083	948396	444058	436670	2036057		519044
573808	383257	538074	107023	8957	67835	62566	194216	106434	637452	14663	211262
506449	278943	824937	250296	33821	27270	113799	256770	176802	1410185	21555	381332
337248	205653	548233	151025	22757	25527	92490	139787	139404	434707	80683	383142
1428102	806356	1767199	176198	38420	164619	436551	561587	428244	2265026	6418	712310
1274649	909253	1739844	388394	65976	398692	232052	411374	309332	1211943	72281	422492
695131	448013	1389183	491056	38210	173559	285116	225652	213800	676809	42814	238966
517651	362399	1312929	300548	44733	250671	299123	216003	246584	890531	100194	188631
1998156	1271242	5471541	2104729	221808	729578	745296	989906	902032	5465723	29787	712156
314884	226462	805333	297849	33522	141894	110196	145012	110382	375419	106691	175588
76040	52496	282739	172496	38048	43612	19852	37911	8868	60819	18643	31383
497395	297928	836277	144682	14197	106879	232916	167138	184662	579654	23029	170972
591102	387107	1201340	217778	33524	226371	301734	271220	184237	462678	37085	386228
254825	170031	416717	91047	34719	60611	65443	110217	89399	360579	914	259457
240310	153286	499954	160345	30029	62883	75494	104261	96971	319693	643455	237550
28463	21802	60711	32520	28820	11499	9269	6085	1338	10684		17458
484782	326521	723148	157998	16702	116516	104122	160994	183518	532963	44560	326544
219357	160671	190959	17984	2594	6758	13473	86576	66168	205870	380514	156279
62875	37165	81534	2476	60	7849	5098	23875	42236	46982	3859	34174
171494	98710	119977	10093	652	840	6118	63009	39917	208505	1498	39687
364183	203058	278266	11653	1744	16370	37511	90395	122337	223548	5538	150235

小学办

Condition of School Buildings in Primary

地 区 Region	校舍建筑面积 Floor Space	教学及辅助用房 Teaching & Assistant Buildings						
		合计 Total	其中 of Which					
			教室 Classroom	实验室 Laboratory	图书室 Library	微机室 PC-room	语音室 Linguistic	体育馆 Gymnasium
总 计 Total	**35156989**	**19294407**	**15490833**	**1135311**	**915053**	**760986**	**234344**	**757880**
北 京 Beijing	441456	236328	185435	18837	12991	12404	829	5832
天 津 Tianjin	308235	139172	108157	6576	7583	6401	2409	8046
河 北 Hebei	1657111	918154	736036	61894	53194	47622	12487	6921
山 西 Shanxi	735563	383144	321294	17827	18212	17146	4016	4649
内蒙古 Inner Mongolia	122482	64851	52924	2745	3052	2790	961	2379
辽 宁 Liaoning	739828	361544	273440	22510	18139	16996	8699	21760
吉 林 Jilin	240501	110139	83258	8476	6346	5633	2332	4094
黑龙江 Heilongjiang	355673	186918	149799	9095	7033	8105	4458	8428
上 海 Shanghai	352343	193565	141838	12714	11242	8288	2288	17195
江 苏 Jiangsu	1655792	945668	703300	75550	56367	46978	9237	54236
浙 江 Zhejiang	2715278	1428402	1096042	73546	65372	52138	16674	124630
安 徽 Anhui	871439	532943	437223	31821	26117	24205	5896	7681
福 建 Fujian	1231104	687881	539829	43696	39705	32503	8827	23321
江 西 Jiangxi	633137	413472	355547	23594	15642	12559	4553	1577
山 东 Shandong	3805063	2103295	1657619	177683	114593	92462	29974	30964
河 南 Henan	2211913	1234212	1041234	59413	56364	44740	10221	22240
湖 北 Hubei	999727	565467	471215	35554	24086	22879	8590	3143
湖 南 Hunan	1076991	550024	445393	32910	24827	16996	6360	23538
广 东 Guangdong	10063118	5389981	4294837	268315	230456	184716	68880	342777
广 西 Guangxi	823190	488703	427854	27385	15943	9361	2485	5675
海 南 Hainan	114777	61474	55797	1192	2485	870	230	900
重 庆 Chongqing	501994	282659	243187	13433	9621	9400	2074	4944
四 川 Sichuan	862227	518028	428363	26803	24704	21833	4347	11978
贵 州 Guizhou	454638	249331	200876	16730	13723	11263	1504	5235
云 南 Yunnan	740753	443360	367781	21716	19978	17200	5645	11040
西 藏 Tibet								
陕 西 Shaanxi	823137	434357	361880	23720	19773	19587	7310	2087
甘 肃 Gansu	213842	131677	116347	4427	5287	4880	568	168
青 海 Qinghai	39769	20090	16035	1349	980	1130	556	40
宁 夏 Ningxia	91060	49941	39393	4258	2597	3105	484	104
新 疆 Xinjiang	274848	169627	138900	11542	8641	6796	1450	2298

学条件(一)(城乡结合区)
Schools (1) (Urban-rural Transitional Area)

单位:平方米
unit:m^2

行政办公用房 Administrative		生活用房 Residential and Welfare							其他用房 Rooms for Other Purposes	校舍面积中 of the Floor Space	
			教工宿舍 Apartments for Single								
合计 Total	其中:教师办公室 of Which: for Teachers	合计 Total	小计 Subtotal	其中:教师周转宿舍 of Which: Accommodation for Circulation of Teachers	学生宿舍 Students' Dormitories	食堂 Dining Halls	厕所 Toilet	其他 Others		危房面积 Floor Space of Dilapidated Buildings	当年新增 New Added in Current Year
3400041	**2159960**	**7206816**	**1962339**	**245117**	**1001667**	**1487249**	**1492750**	**1262811**	**5255725**	**402297**	**1838149**
55954	27066	73979	11059	709	544	17226	20773	24377	75195		37566
37854	25051	50060	422	64		16553	14035	19050	81149		8066
173465	131768	295547	33678	2091	77497	33695	78131	72546	269945	1074	130298
117351	78196	111758	22378	1026	18517	16083	32750	22030	123310	7149	10557
14206	7662	27688	2391	116	5090	3832	4961	11414	15737		
72361	47141	123913	3547	30	6276	33546	39498	41046	182010	3062	27489
31036	18262	47724	268	20	2421	13118	10166	21751	51602	2123	17754
58677	39256	45188	986		3962	5369	13059	21812	64890	8956	4933
47400	25107	59702	3107	222		27583	15683	13329	51676		40006
175533	95271	341759	45235	4905	38337	144995	67356	45836	192832		176831
263164	139586	633616	104826	16264	63105	263962	100669	101054	390096		141592
89268	62756	138734	31021	2340	21287	21762	39672	24992	110494	3580	32300
94923	54857	224433	84999	11523	5393	26520	62533	44988	223867	1616	106008
51226	35756	112097	27412	6109	9708	24234	29114	21629	56342	14442	72875
445162	250585	635411	66424	14822	77543	144054	199141	148249	621195	6418	233474
285296	213767	440484	83462	15965	115831	67040	116557	57594	251921	17630	90039
87862	60535	275740	88356	8451	64617	57222	36700	28845	70658	18329	42275
97712	63882	299263	71043	16105	78280	73365	44024	32551	129992	50736	35218
708756	451364	2155113	973126	100136	209798	270363	355145	346681	1809268	2884	267892
54359	43288	209102	73609	8651	50406	26837	32770	25480	71026	39049	41642
7975	6506	38970	27404	8083	4704	2198	3989	675	6358	3353	5208
46508	28053	88204	14005	928	12395	31658	18743	11403	84623	1941	45196
81745	47082	215760	46319	10035	59275	59688	37458	13020	46694	2992	25798
45481	32520	99878	19384	969	21497	21000	20843	17154	59948		39287
67171	42401	170177	66052	13122	16699	32043	31204	24179	60045	146568	74174
112427	80951	193136	49990	1166	30693	28790	37326	46337	83217	19274	64309
20607	16762	37861	6671	758	5454	5492	12044	8200	23697	47612	25718
5056	3758	10818	502		1999	651	1423	6243	3805		198
11135	7066	10844	1980	110		1674	4595	2595	19140	109	6774
40371	23705	39857	2683	397	339	16696	12388	7751	24993	3400	34672

小学办

Condition of School Buildings in Primary

地区 Region	校舍建筑面积 Floor Space	教学及辅助用房 Teaching & Assistant Buildings						
		合计 Total	其中 of Which					
			教室 Classroom	实验室 Laboratory	图书室 Library	微机室 PC-room	语音室 Linguistic	体育馆 Gymnasium
总　计 Total	**210470703**	**114559733**	**95998807**	**6081540**	**4949731**	**4273603**	**1404726**	**1851326**
北　京 Beijing	878462	397869	293814	30010	21334	19412	3837	29462
天　津 Tianjin	815890	491390	409595	19977	21625	18834	8530	12829
河　北 Hebei	11594306	6778425	5523177	455533	347185	302738	106181	43611
山　西 Shanxi	5864397	2840627	2390722	147361	130326	113334	36011	22873
内蒙古 Inner Mongolia	5188159	2358653	1880544	130470	112261	93794	44317	97267
辽　宁 Liaoning	2693989	1440783	1167278	103268	61362	71145	24284	13446
吉　林 Jilin	2393233	1338050	1136783	67469	51178	53068	23419	6133
黑龙江 Heilongjiang	2971708	1708228	1436004	81679	58748	63298	34816	33683
上　海 Shanghai	777318	405638	293857	33827	26849	17132	3831	30142
江　苏 Jiangsu	13491114	8307455	6607062	506150	420065	396906	93743	283529
浙　江 Zhejiang	10887542	5386436	4137465	353037	258371	228809	63339	345415
安　徽 Anhui	8337130	5186930	4359947	307973	227973	201221	57867	31949
福　建 Fujian	7113862	3939707	3257967	194313	193739	150291	33201	110196
江　西 Jiangxi	8648759	5179490	4586092	180312	162934	134614	61022	54516
山　东 Shandong	12798504	7176027	5777298	541408	388431	321003	85800	62087
河　南 Henan	16696563	9421147	8228408	402024	400885	301341	69074	19415
湖　北 Hubei	9585847	4480152	3619863	318390	203610	190710	67181	80398
湖　南 Hunan	11155541	5832505	4968364	321423	211397	162030	75634	93657
广　东 Guangdong	16587651	9460451	8040667	339075	373869	287353	153057	266430
广　西 Guangxi	8461540	4562070	4146883	146512	140464	89286	18456	20469
海　南 Hainan	2139112	1031701	922108	32519	37133	28095	7925	3921
重　庆 Chongqing	7923410	4208568	3780090	152787	110364	103626	28050	33651
四　川 Sichuan	12199106	6744507	5781938	328442	267458	248653	70193	47823
贵　州 Guizhou	7029101	3419521	2930632	187138	143530	124050	25401	8770
云　南 Yunnan	6532625	3358658	2926719	152083	121679	114418	29939	13820
西　藏 Tibet	1012637	323327	277370	9807	11672	15133	4373	4972
陕　西 Shaanxi	7811117	3998695	3131181	273759	230264	207960	128797	26734
甘　肃 Gansu	3410128	1962451	1699202	92243	79541	74126	9971	7368
青　海 Qinghai	1397235	594337	478882	32044	29422	27107	10680	16202
宁　夏 Ningxia	1119414	668669	557334	40620	27617	31430	6904	4764
新　疆 Xinjiang	2955303	1557266	1251561	99887	78445	82686	18893	25794

学条件(一)(镇区)

Schools (1) (Counties & Towns Area)

单位:平方米

unit:m^2

行政办公用房 Administrative		生活用房 Residential and Welfare							其他用房 Rooms for Other Purposes	校舍面积中 of the Floor Space	
			教工宿舍 Apartments for Single								
合计 Total	其中:教师办公室 of Which: for Teachers	合计 Total	小计 Subtotal	其中:教师周转宿舍 of Which: Accommodation for Circulation of Teachers	学生宿舍 Students' Dormitories	食堂 Dining Halls	厕所 Toilet	其他 Others		危房面积 Floor Space of Dilapidated Buildings	当年新增 New Added in Current Year
19838936	**13463972**	**58326366**	**18525788**	**3957079**	**14449931**	**11299106**	**8008781**	**6042760**	**17745668**	**5188375**	**13223983**
92510	48176	178225	27158	1434	19880	48051	42212	40924	209858		103209
99439	69530	128882	10039	1316		24774	41422	52647	96179		37516
1106353	837545	2497667	336365	55210	820965	410539	492330	437468	1211861	11792	1548545
727849	541715	1587907	276029	27507	554931	296337	234443	226167	708014	37051	240136
581832	421397	1843468	86203	27552	935316	407497	214488	199964	404206		160585
333819	227000	518071	30084	7727	95033	148769	111568	132617	401316	43208	60242
293980	185834	476634	15444	7741	107798	131780	92009	129603	284569	34536	121091
372606	269927	587382	14276	6862	211389	118091	118209	125417	303492	82214	111187
108347	53458	139620	5414	408		62935	34863	36408	123713		65303
1406974	811091	2831603	521068	80945	410586	1008233	469012	422704	945082		697759
1084863	624315	2864130	747733	95039	300117	970579	432247	413454	1552113		635671
851917	580309	1714894	598054	69679	264037	372067	323091	157645	583389	52229	296299
575333	321108	1795534	789349	97581	361311	204790	274287	165797	803288	40657	298668
792592	498033	2206980	864128	140165	493238	377423	304071	168120	469697	575420	910302
1351733	855195	2538631	525002	89324	396890	599488	651787	365464	1732113	17350	1232068
2040274	1588416	4319687	937024	121276	1419724	811945	818916	332078	915455	330010	707731
677995	454846	3785301	1756042	263821	826153	639798	273508	289800	642399	218134	252012
903484	671720	3657877	1284231	178797	803028	821843	387863	360912	761675	388174	323620
1194727	792492	4248540	2202882	289262	758839	356612	476767	453440	1683933	19056	604218
536245	406833	2844798	1245294	290588	681249	433842	262482	221931	518427	785255	569612
131893	88268	848757	491947	137344	206907	69464	52851	27588	126761	29907	98536
624286	381580	2390053	1168192	254051	345580	394484	254406	227391	700503	165902	260440
948282	628719	3955163	1493193	488467	1043291	667141	470609	280929	551154	234965	995198
521107	331980	2592599	819402	475895	990294	375441	254042	153420	495874	1475	849440
440297	293338	2453779	822314	241735	793995	503198	208562	125710	279891	1320063	526230
66692	53675	600388	282665	215006	186413	91470	16830	23010	22230	17276	100537
998639	749632	2295349	736383	107665	628489	431635	319373	179469	518434	40212	632369
391783	310790	831352	212986	42874	195348	170674	158066	94278	224542	716524	303884
103038	70359	588583	111634	73921	275123	95209	44476	62141	111277	11660	185192
135734	97612	224945	45840	23019	33383	59159	61105	25458	90066	5420	101880
344313	199079	779567	69413	44868	290624	195838	112886	110806	274157	9885	194503

小学办

Condition of School Buildings in Primary

地　区 Region	校舍建筑面积 Floor Space	教学及辅助用房 Teaching & Assistant Buildings						
		合计 Total	其中 of Which					
			教室 Classroom	实验室 Laboratory	图书室 Library	微机室 PC-room	语音室 Linguistic	体育馆 Gymnasium
总　计 Total	**69961672**	**39684753**	**33198038**	**2158541**	**1827712**	**1496475**	**430850**	**573137**
北　京 Beijing	174902	83953	64566	8071	5915	4276	204	921
天　津 Tianjin	361131	217934	176907	10460	11371	8647	4381	6168
河　北 Hebei	6442834	3860020	3125475	262979	207949	182101	53527	27989
山　西 Shanxi	1923031	980744	818648	51301	47993	42352	12434	8016
内蒙古 Inner Mongolia	584248	274082	225780	12465	12357	9410	5349	8721
辽　宁 Liaoning	556194	298798	236919	26826	14793	14283	4554	1423
吉　林 Jilin	344557	181838	151429	10200	7370	7952	3412	1475
黑龙江 Heilongjiang	421732	235086	193118	13255	8855	9957	4617	5284
上　海 Shanghai	174598	95996	72535	8335	5692	4126	652	4656
江　苏 Jiangsu	3908853	2437066	1959200	141422	123092	122379	22410	68563
浙　江 Zhejiang	4068191	2021024	1556374	135769	98337	88763	25434	116347
安　徽 Anhui	2210734	1388623	1171023	81565	68732	52388	13167	1748
福　建 Fujian	2243020	1281173	1045043	70697	66585	51810	12112	34926
江　西 Jiangxi	2563894	1572668	1402266	58392	54828	36466	13128	7588
山　东 Shandong	5954867	3449867	2761653	270323	187056	160538	39096	31201
河　南 Henan	7816003	4616649	3989235	209490	220622	150691	30038	16573
湖　北 Hubei	2907968	1340631	1065609	107716	70263	62460	17490	17093
湖　南 Hunan	4613867	2453671	2118271	123490	91804	64489	25966	29651
广　东 Guangdong	7281926	4254550	3592639	151063	172097	132494	59284	146973
广　西 Guangxi	2818168	1719855	1586349	45025	51555	26861	5041	5024
海　南 Hainan	388669	203115	183317	6312	8031	4630	825	
重　庆 Chongqing	1690806	903524	814178	32890	24055	20082	4637	7682
四　川 Sichuan	2360208	1347582	1154447	71312	54284	50199	11075	6265
贵　州 Guizhou	1694390	910638	776021	54622	42352	30965	4714	1964
云　南 Yunnan	2051520	1155057	1011300	51638	42798	36628	9238	3455
西　藏 Tibet	94051	36228	28834	943	1875	1688	694	2194
陕　西 Shaanxi	2375172	1287979	1014363	82987	73969	71393	39427	5840
甘　肃 Gansu	1011916	558604	475419	27352	28525	23118	2788	1402
青　海 Qinghai	295102	145987	127391	5737	4998	4856	1380	1625
宁　夏 Ningxia	227394	140822	116431	7971	6511	7652	1387	870
新　疆 Xinjiang	401726	230989	183298	17933	13048	12821	2389	1500

学条件(一)(镇乡结合区)

Schools (1) (County-town Transitional Area)

单位:平方米
unit: m^2

行政办公用房 Administrative		生活用房 Residential and Welfare							其他用房 Rooms for Other Purposes	校舍面积中 of the Floor Space	
			教工宿舍 Apartments for Single								
合计 Total	其中:教师办公室 of Which: for Teachers	合计 Total	小计 Subtotal	其中:教师周转宿舍 of Which: Accommodation for Circulation of Teachers	学生宿舍 Students' Dormitories	食堂 Dining Halls	厕所 Toilet	其他 Others		危房面积 Floor Space of Dilapidated Buildings	当年新增 New Added in Current Year
6582765	**4629959**	**17603919**	**5505879**	**938342**	**3555130**	**3504062**	**2962777**	**2076071**	**6090235**	**1965419**	**4378693**
21672	10197	36009	4710	120	6234	8239	9267	7559	33268		5788
46882	32559	54592	5191	904		10595	17940	20866	41723		14220
596504	451552	1298032	175050	21274	388029	193356	292070	249527	688278	6673	930711
245796	179152	446601	90238	8044	127780	86267	77778	64538	249890	6421	57501
66247	48728	187553	13028	5264	88866	40271	28980	16408	56366		36918
62748	39840	115314	9253	2238	23497	26373	27889	28302	79334	5919	13638
46341	29486	71854	3270	258	15364	19315	14340	19565	44524	5065	4671
55582	36590	78665	1506	880	27941	13449	17534	18235	52399	12646	14931
26050	11861	31384	2294			14208	7612	7270	21168		2977
396682	241269	819078	183567	29408	63908	288684	137576	145343	256027		207500
401687	240389	1055028	276186	32547	83595	380771	157209	157267	590452		225733
231926	173151	441977	155085	18207	44401	92760	102899	46832	148208	16923	54096
168794	94953	498414	248347	24671	51401	48389	92991	57286	294639	1074	94848
215313	146990	655795	245321	37441	120596	129907	110951	49020	120118	191180	267698
617007	394945	1135892	228469	48649	161312	254952	321640	169519	752101	7451	551950
990365	799823	1796426	358064	45979	503770	331525	434660	168407	412563	188480	320273
199000	136776	1180527	521362	87999	279080	204499	93098	82488	187810	76032	91605
382222	283056	1458036	491995	78266	312965	346181	169306	137589	319938	209915	109517
535536	364083	1701120	849979	80726	225818	149695	232924	242704	790720	13763	249505
174615	142284	748346	307489	68278	143909	120473	101395	75080	175352	383227	135512
23153	16437	140761	95695	24557	21249	9037	10581	4199	21640	3109	7424
121498	77792	506536	245175	45619	71301	89612	56772	43676	159248	40292	24900
172205	116423	738474	232557	65237	197333	142839	101440	64305	101947	25736	203363
122930	79876	571709	174624	83288	189202	98315	68093	41475	89113	1475	153513
127628	92228	685048	247950	49072	152702	163974	73675	46747	83787	522551	158274
7014	6205	50477	22945	21991	15786	6028	1834	3884	332	1853	10680
313012	235653	610471	205809	24993	125104	120024	110319	49215	163710	22147	232779
117294	87981	252308	70650	13250	43517	54122	53246	30773	83710	215553	102750
19874	12268	109123	25612	15758	47808	14810	10428	10465	20118	6526	50922
27549	19735	45294	11281	2696	4585	13697	11810	3921	13729	656	14742
49639	27677	83075	3177	728	18077	31695	16520	13606	38023	752	29754

小学办

Condition of School Buildings in Primary

地区 Region	校舍建筑面积 Floor Space	教学及辅助用房 Teaching & Assistant Buildings 合计 Total	其中 of Which 教室 Classroom	实验室 Laboratory	图书室 Library	微机室 PC-room	语音室 Linguistic	体育馆 Gymnasium
总计 Total	**265585768**	**148977837**	**127022419**	**7868494**	**7179331**	**5099783**	**1105377**	**702433**
北京 Beijing	849295	432470	333161	49351	21383	21060	1260	6255
天津 Tianjin	896745	532678	436778	28999	26057	24931	12259	3654
河北 Hebei	17570301	10720150	8652755	773700	626768	514039	122896	29992
山西 Shanxi	7747148	3659774	3038597	208707	206189	161332	27498	17451
内蒙古 Inner Mongolia	2542147	1083217	886809	70159	61905	40422	11620	12302
辽宁 Liaoning	3123172	1845201	1437386	150236	108856	103336	22375	23012
吉林 Jilin	3358101	2029925	1674551	152266	99138	83179	16660	4131
黑龙江 Heilongjiang	2975053	1919813	1591639	144904	90180	70694	16667	5729
上海 Shanghai	252617	129147	91137	12744	7817	6947	1387	9115
江苏 Jiangsu	4266379	2871167	2269665	192482	177590	177684	30871	22875
浙江 Zhejiang	5313230	2454802	1969239	151117	129935	114885	23730	65896
安徽 Anhui	12503364	8132083	6871242	477049	431635	297564	50755	3838
福建 Fujian	8410585	4326846	3553256	258106	248549	185377	28410	53148
江西 Jiangxi	11668110	7286602	6629788	216520	248927	131864	38887	20616
山东 Shandong	13558863	8124900	6405657	681989	502399	446972	81035	6848
河南 Henan	28575810	17526409	15207979	773182	894252	558440	84690	7866
湖北 Hubei	11253892	5293548	4239181	384752	322054	248738	63431	35392
湖南 Hunan	15269625	8305188	7353942	399518	303745	158314	53693	35976
广东 Guangdong	19877028	11248471	9485672	451096	594047	344853	140623	232180
广西 Guangxi	18007808	10591841	9798171	283273	344558	124587	17818	23434
海南 Hainan	2077538	1122096	1015588	32527	45938	20618	4809	2616
重庆 Chongqing	5699517	2963675	2689396	111807	80635	63481	10593	7763
四川 Sichuan	13321843	6961226	6140375	301614	272438	203636	39073	4090
贵州 Guizhou	13111373	7115728	6180432	387736	331844	192857	18522	4337
云南 Yunnan	18031700	8905928	7881479	415727	320359	231761	40591	16011
西藏 Tibet	2044722	619304	520716	25053	30484	32018	8141	2892
陕西 Shaanxi	6042335	3175039	2544733	203473	175407	158662	83343	9421
甘肃 Gansu	8367677	4828047	4261757	190115	207268	149936	11582	7389
青海 Qinghai	1637819	795092	695425	26649	32285	29415	5512	5806
宁夏 Ningxia	1753178	985127	808308	59004	51616	54326	6142	5731
新疆 Xinjiang	5478793	2992343	2357605	254639	185073	147855	30504	16667

学条件(一)(乡村)

Schools (1) (Rural Area)

单位:平方米

unit: m^2

行政办公用房 Administrative		生活用房 Residential and Welfare							其他用房 Rooms for Other Purposes	校舍面积中 of the Floor Space	
			教工宿舍 Apartments for Single								
合计 Total	其中:教师办公室 of Which: for Teachers	合计 Total	小计 Subtotal	其中:教师周转宿舍 of Which: Accommodation for Circulation of Teachers	学生宿舍 Students' Dormitories	食堂 Dining Halls	厕所 Toilet	其他 Others		危房面积 Floor Space of Dilapidated Buildings	当年新增 New Added in Current Year
22628616	**17061709**	**74725738**	**26649266**	**5562580**	**15246338**	**13486771**	**12343067**	**7000296**	**19253577**	**13385588**	**14716590**
102565	46729	170323	35136	3738	22708	37803	39056	35620	143937		56536
112115	72378	143603	13197	1125	162	9184	47328	73732	108349		20323
1589769	1246644	3476532	616103	110436	846867	549139	860427	603996	1783850	33643	2132415
920419	749385	2284991	525869	46552	667093	439431	346891	305707	881964	59176	134297
297404	240694	948038	72924	19141	402201	208287	140040	124586	213488		67933
343109	256372	493186	42501	8688	48344	103064	174159	125118	441676	86224	41260
427779	309004	508330	33294	4272	40775	75441	203642	155178	392067	33216	87864
345482	275446	463608	27934	7532	104176	71401	154334	105763	246150	135406	38051
32274	17056	47229	1961	250		20788	11916	12564	43967		3967
385549	267355	765826	170914	37531	58104	189707	194007	153094	243837		203178
433280	268460	1655204	602592	63257	196087	458503	190691	207331	769944		175647
1166861	956305	2525209	840565	79745	201021	590159	656266	237198	679211	77255	321876
554437	364559	2418220	1282407	132948	271075	262544	348740	253454	1111082	73020	264428
768656	562029	3161821	1360111	167957	409319	621182	541939	229270	451031	1488418	1028458
1415307	983303	2167221	413116	74439	136731	402911	839488	374975	1851435	23907	1225425
3724657	3041851	5952034	1511002	188901	1026609	1060273	1796199	557951	1372710	824251	988302
726727	496698	4405982	1807541	291562	993918	815303	428322	360898	827635	259327	223354
1285648	992252	4607573	1667486	217696	781429	1019754	639993	498911	1071216	626943	399714
1512153	1063135	4857448	3018575	265982	290607	308305	665040	574921	2258956	23834	314848
970537	808016	5397888	2360859	530945	1103289	832438	623093	478209	1047542	1896422	843172
107617	84493	740093	546213	107391	75899	40435	54321	23225	107732	84780	62648
373855	235105	1949018	989373	189122	332723	296289	205070	125563	412969	218146	98585
795023	554684	4996061	1981783	689136	1251775	871395	620359	270749	569533	390706	963741
767396	554624	4683129	1630987	953536	1493363	804597	553360	200822	545120	9940	1024050
646731	448657	8090185	2515981	534034	2914284	1746786	671868	241266	388856	4425744	1703691
116012	87795	1265075	532403	432316	410965	211162	55186	55359	44331	48603	280215
864727	679918	1630606	565006	50857	304446	313573	321144	126437	371963	68559	464174
1004128	874317	2249523	835313	66776	308694	376557	540124	188835	285979	2338342	685192
97063	78756	664635	223594	88981	233086	96943	62666	48346	81029	49657	190208
147749	98728	530409	182372	46042	41945	137878	110974	57240	89893	5603	156350
593587	346961	1476738	242154	151692	278643	515539	246424	193978	416125	104466	516688

小学办

Condition of School Buildings in Primary

地 区 Region	占地面积(平方米) Areas of School Sites (m²) 合计 Total	其中 of Which 绿化用地面积 Green Areas	运动场地面积 Sports Areas	图书(册) Books & Magazines in Libraries (volume)	计算机数 PC 合计 Total	其中:教学 of Which: No. of Used for 小计 Subtotal
总 计 Total	**2262293479**	**377447559**	**677506045**	**1862770154**	**8466690**	**7044388**
北 京 Beijing	14169639	2238835	5506227	26737601	219446	187162
天 津 Tianjin	12135016	1349610	4780570	17942960	87139	71377
河 北 Hebei	148196095	14331583	49370389	132011139	545496	478049
山 西 Shanxi	57581831	6034014	17919441	43490690	210229	174235
内蒙古 Inner Mongolia	57401121	7373669	16165176	23414550	113510	84449
辽 宁 Liaoning	51748372	5094359	24363074	46952269	255634	202428
吉 林 Jilin	57682563	10615985	19323895	27711776	105107	81990
黑龙江 Heilongjiang	53526981	6071152	23057233	19595711	120318	96659
上 海 Shanghai	9529062	2593091	3052626	23564759	151236	124994
江 苏 Jiangsu	103652817	26300549	32891346	103802082	651577	535820
浙 江 Zhejiang	63789006	14478205	21025774	91792259	582475	531955
安 徽 Anhui	111055782	14821335	27397491	74817516	321881	269149
福 建 Fujian	51782407	10043810	19177145	64911533	313808	261457
江 西 Jiangxi	74635789	9998337	23755995	49593026	169472	125016
山 东 Shandong	161336508	31815872	59659080	156518295	855019	740205
河 南 Henan	202225643	24379424	49148487	146537916	348404	287300
湖 北 Hubei	91727261	27324364	22983626	84294058	322066	286004
湖 南 Hunan	96892836	14002779	22417377	83719365	243184	200746
广 东 Guangdong	177233266	41060763	59841161	179295079	963884	806341
广 西 Guangxi	102158472	15508784	23655403	59807365	157867	104230
海 南 Hainan	33514946	7535993	6593604	11915956	53505	42844
重 庆 Chongqing	44635720	6876096	12957473	26014507	170036	132857
四 川 Sichuan	78237491	10711624	26619559	84086020	347182	277852
贵 州 Guizhou	67575926	12033543	22138957	65542664	200162	168173
云 南 Yunnan	89190990	14266172	16780748	67244690	218387	166033
西 藏 Tibet	14704875	1695822	1922439	4662581	37379	29136
陕 西 Shaanxi	58453433	7313889	16857007	64789638	268162	231491
甘 肃 Gansu	65777492	8182258	18693230	35131261	150091	122145
青 海 Qinghai	15423021	1489188	3302569	9264951	45770	37036
宁 夏 Ningxia	20628104	3541888	6556199	10565079	73504	51701
新 疆 Xinjiang	75691014	18364566	19592744	27042858	164760	135554

学条件(二)(总计)
Schools (2) (Total)

(台) (set)	教室中: Classroom		教室中:普通教室(间) of Which: General Classroom		固定资产总值(万元) Total Value of Fixed Asset (10,000 yuan)		
用计算机 Computers Instruction	合计 Total	其中:网络多媒体教室 of Which: Network Multimedia Classroom	合计 Total	其中:网络多媒体教室 of Which: Network Multimedia Classroom	合计 Total	其中:教学仪器设备资产值 of Which: Total Value of Equip & Instru.	
其中:平板电脑 of Which:tablet PC						小计 Subtotal	其中:实验设备 for Profession
240526	**3579732**	**1253648**	**2925677**	**1089538**	**69001782.79**	**8628911.86**	**2013445.12**
10255	32522	28049	22500	20774	1446027.35	505411.83	17413.77
989	22509	11711	17090	9960	652413.58	83254.86	14440.65
21009	261867	64345	208504	58056	3251647.27	367441.50	133408.06
5130	105380	39856	80719	35820	1694226.98	187673.80	53144.88
527	49024	18155	40158	16324	1473007.77	125677.64	26783.86
14162	81232	27762	62732	23302	1176011.41	251037.01	52870.19
3665	60165	10610	48084	9067	882342.65	132571.94	35132.63
1075	66638	15999	50619	14341	884640.20	115911.84	39185.87
4297	25472	21903	18635	16920	1144763.93	229382.28	43447.40
13818	148548	95313	109234	76889	5229725.25	664601.95	132810.11
5511	110048	95178	81857	79320	3601576.83	497618.65	92743.37
15220	175471	67074	154571	64171	2780721.38	271426.13	64277.01
2993	108387	48970	76818	41948	2320240.41	342710.93	66783.76
11439	148878	31107	128681	28971	1734119.95	161252.77	45931.06
3856	221347	133827	166995	109409	4842938.22	576661.98	106250.59
18715	395813	71072	344614	64945	4027086.29	401250.81	121321.72
20379	125124	49119	98448	45744	2394273.55	329562.15	111495.40
14051	142572	29754	123198	26076	2600006.80	261545.01	88212.16
38675	266729	126191	212167	109630	7531886.00	1049188.00	254145.00
6310	162241	27986	146806	25950	2224888.37	207405.06	67246.43
15	23194	4921	19255	4258	701603.30	72639.50	16673.77
6320	67469	38053	54327	32576	1564234.39	176165.90	31384.17
2839	176491	40022	155568	35620	3723745.83	470698.48	109639.70
3104	136860	43649	111450	40250	1955052.90	187211.02	57298.18
366	142904	28797	126289	26084	2942705.11	221225.94	60247.42
215	10841	1820	9320	1603	639732.58	30086.31	5945.20
4011	103354	27037	84337	23032	1903178.98	242932.78	78185.09
7901	104746	15408	91538	13765	1323407.67	136540.49	34474.92
2360	17319	3967	14000	3271	550749.62	33609.62	6495.06
163	24341	8774	17561	7184	578504.29	101058.75	18064.63
1156	62246	27219	49602	24278	1226323.93	195156.94	27993.08

小学办

Condition of School Buildings in Primary

地区 Region	占地面积(平方米) Areas of School Sites (m^2) 合计 Total	其中 of Which 绿化用地面积 Green Areas	运动场地面积 Sports Areas	图书(册) Books & Magazines in Libraries (volume)	计算机数 PC 合计 Total	其中:教学 of Which: No. of Used for 小计 Subtotal
总 计 Total	**370350648**	**72462231**	**134960587**	**601644134**	**3304693**	**2768175**
北 京 Beijing	8516201	1206886	3395164	20707000	175226	149792
天 津 Tianjin	5171683	549254	1949989	11060937	54489	43903
河 北 Hebei	16294200	1796757	5652574	28350425	128994	113524
山 西 Shanxi	9184699	1043875	3389248	13888132	71000	60934
内蒙古 Inner Mongolia	8730241	1117582	3081172	9577701	45201	35346
辽 宁 Liaoning	15694512	1756900	8010935	28386402	163970	133461
吉 林 Jilin	7010462	932248	3320080	11894691	49647	38917
黑龙江 Heilongjiang	8517656	952561	4005469	7844580	62980	51509
上 海 Shanghai	6985522	1852691	2261807	18734257	125862	104716
江 苏 Jiangsu	35143584	9158573	12241185	46023420	298797	247302
浙 江 Zhejiang	22285726	5514323	7158615	36918791	237502	219085
安 徽 Anhui	10843694	1799854	3583432	14857251	90979	77098
福 建 Fujian	10431248	2161809	4105647	24772712	115408	97989
江 西 Jiangxi	6936067	1186980	2336132	9725926	49192	37026
山 东 Shandong	32762589	6609576	13184347	54110021	282223	239070
河 南 Henan	20961694	2672824	6471013	29880967	111625	90804
湖 北 Hubei	14986682	4449331	4521475	28295559	112951	99758
湖 南 Hunan	12128422	2384020	3402226	19390419	74925	62015
广 东 Guangdong	54085208	13749503	20149000	90021749	508359	420111
广 西 Guangxi	8040151	1356684	2448888	10705590	46334	32848
海 南 Hainan	2567365	487587	700890	3622686	17939	14632
重 庆 Chongqing	8318517	1582849	2510519	7823400	65794	53039
四 川 Sichuan	10980415	1902853	4724965	17103532	114907	97679
贵 州 Guizhou	4665810	746487	2011472	9991173	39133	34686
云 南 Yunnan	5945130	1502826	1867469	10202660	50324	41178
西 藏 Tibet	555314	88202	100353	479567	3302	2194
陕 西 Shaanxi	8483712	1207940	2868055	18109067	83918	72543
甘 肃 Gansu	3506055	493368	1451441	6243922	36794	30582
青 海 Qinghai	1104803	184677	387273	2202034	15093	11687
宁 夏 Ningxia	3667282	783329	1518632	3386176	25787	17314
新 疆 Xinjiang	5846004	1229882	2151120	7333387	46038	37433

学条件(二)(城区)

Schools (2) (Urban Area)

(台) (set)	教室中: Classroom		教室中:普通教室(间) of Which: General Classroom		固定资产总值(万元) Total Value of Fixed Asset (10,000 yuan)		
用计算机 Computers Instruction	合计 Total	其中:网络多媒体教室 of Which: Network Multimedia Classroom	合计 Total	其中:网络多媒体教室 of Which: Network Multimedia Classroom	合计 Total	其中:教学仪器设备资产值 of Which: Total Value of Equip & Instru.	
其中:平板电脑 of Which:tablet PC						小计 Subtotal	其中:实验设备 for Profession
98943	**791218**	**511757**	**613897**	**434927**	**24096562. 24**	**3923491. 27**	**694288. 16**
9716	24941	21992	17556	16505	1184613. 15	412529. 02	13030. 42
754	12394	8537	9790	7336	417757. 61	56148. 08	6388. 17
5986	36150	19785	27687	17772	640193. 67	103158. 75	28237. 38
1788	21541	12786	16699	11510	429015. 99	72004. 30	15987. 35
526	14618	8685	11453	7750	416208. 54	48842. 58	7767. 98
7964	33258	19972	25625	16902	679345. 16	178967. 03	30528. 54
1905	14224	6132	11510	5472	376383. 64	69939. 61	13104. 06
611	19760	9072	14912	8184	337600. 93	61162. 47	15663. 50
4114	20351	17831	14743	13668	944923. 47	193581. 83	33409. 65
8021	61330	48651	45013	38785	2885086. 14	360714. 20	60203. 89
3196	44378	39449	33066	32101	1614536. 81	226037. 86	38274. 79
3272	24404	12850	20043	11939	712674. 99	66341. 75	12589. 19
604	28882	20139	21713	17290	781680. 73	142410. 91	20397. 52
3332	18082	8706	15104	8000	328777. 66	41700. 77	9630. 39
1631	58662	46467	42783	37921	2005308. 76	250158. 57	37104. 21
6326	51857	22812	42785	20468	877162. 11	103337. 44	27995. 37
6643	32397	19434	24657	17707	822758. 27	133622. 08	38314. 66
2966	23914	12923	19650	11266	685754. 54	83355. 46	23176. 83
20779	104700	73879	82296	62936	3826230. 00	679179. 00	152323. 00
1359	17567	7664	14978	7102	420220. 68	48950. 03	11767. 89
4	4633	2226	3870	1991	176478. 40	26726. 84	4022. 41
1158	16691	13760	12995	11562	631781. 07	69640. 11	9368. 01
2479	29679	16078	24098	13982	906469. 58	167555. 10	27844. 09
929	13890	8127	11477	7279	297153. 62	40273. 00	6510. 20
90	13678	6720	11597	6093	326412. 91	51036. 60	8563. 44
	774	325	653	298	32543. 59	3606. 54	960. 47
966	19468	8873	14967	7725	513976. 03	86657. 26	21381. 65
826	9692	4731	7797	4289	198943. 84	38764. 25	5617. 56
500	2423	1483	1743	1172	95087. 07	9954. 38	1509. 21
123	5519	3928	4038	3331	187157. 40	39864. 57	7007. 47
375	11361	7740	8599	6591	344325. 89	57270. 89	5608. 87

小学办

Condition of School Buildings in Primary

地 区 Region	占地面积(平方米) Areas of School Sites (m^2)			图书(册) Books & Magazines in Libraries (volume)	计算机数 PC	
	合计 Total	其中 of Which			合计 Total	其中:教学 of Which: No. of Used for
		绿化用地面积 Green Areas	运动场地面积 Sports Areas			小计 Subtotal
总 计 Total	**104118962**	**21736783**	**35832361**	**108711420**	**588839**	**495138**
北 京 Beijing	1380989	198715	589401	2044323	13808	11245
天 津 Tianjin	987389	102078	364983	1365560	5975	4382
河 北 Hebei	6107470	683744	2216398	6242716	30649	26343
山 西 Shanxi	2203341	268209	771842	2139155	11003	9140
内蒙古 Inner Mongolia	534791	92755	195882	238566	1305	1080
辽 宁 Liaoning	2956477	377488	1449492	2371550	14397	11730
吉 林 Jilin	1189736	216960	478899	573651	2714	1904
黑龙江 Heilongjiang	1334517	180090	640554	687665	5870	4720
上 海 Shanghai	670403	148130	244232	1847196	8226	6668
江 苏 Jiangsu	5013342	1388496	1627089	4684879	29750	23962
浙 江 Zhejiang	6297196	1425346	2114468	8781767	56198	51604
安 徽 Anhui	3082055	498347	849895	2256320	12691	11176
福 建 Fujian	3186795	631522	1181481	4523571	23131	19434
江 西 Jiangxi	1916704	263442	681029	1479285	5726	4238
山 东 Shandong	13856529	2900401	5329714	15544913	84091	71112
河 南 Henan	7042785	965238	1994391	5615851	20428	17460
湖 北 Hubei	3453513	1111367	913043	3203736	13900	12066
湖 南 Hunan	3176850	642861	765622	2888200	11609	9676
广 东 Guangdong	25030005	6889293	8877115	29088454	169747	142441
广 西 Guangxi	2481496	387832	604328	1675410	6132	4283
海 南 Hainan	705217	119987	141684	235957	1254	950
重 庆 Chongqing	1185227	207658	346438	630127	5371	4334
四 川 Sichuan	2088310	424692	764456	1944290	13623	11593
贵 州 Guizhou	1082638	182247	461811	1649678	6559	5797
云 南 Yunnan	2127953	524718	572731	2389454	10574	8328
西 藏 Tibet						
陕 西 Shaanxi	2546365	395271	890914	2979491	13585	11663
甘 肃 Gansu	602264	100062	213877	576562	3358	2853
青 海 Qinghai	132668	21336	43848	125690	1050	674
宁 夏 Ningxia	408542	94451	176506	220302	2229	1474
新 疆 Xinjiang	1337395	294047	330238	707101	3886	2808

学条件(二)(城乡结合区)
Schools (2) (Urban-rural Transitional Area)

(台) (set)	教室中: Classroom		教室中:普通教室(间) of Which: General Classroom		固定资产总值(万元) Total Value of Fixed Asset (10,000 yuan)		
用计算机 Computers Instruction	合计 Total	其中:网络多媒体教室 of Which: Network Multimedia Classroom	合计 Total	其中:网络多媒体教室 of Which: Network Multimedia Classroom	合计 Total	其中:教学仪器设备资产值 of Which: Total Value of Equip & Instru.	
其中:平板电脑 of Which:tablet PC						小计 Subtotal	其中:实验设备 for Profession
16190	**169003**	**89290**	**129116**	**76030**	**4614928.44**	**607310.00**	**137117.95**
359	2535	1873	1792	1445	85696.59	32272.26	1673.19
69	1427	931	1138	826	70429.24	6887.39	1347.95
1451	10608	4027	8119	3604	165602.95	21237.90	7278.85
432	3983	1727	2959	1547	68513.21	8876.47	2180.29
	549	191	334	133	16056.12	823.49	318.06
766	4314	1590	3219	1321	92515.94	16967.12	3804.11
1	1275	302	941	256	28013.99	3333.27	622.44
81	2049	693	1367	623	37085.82	5071.21	1843.47
51	1924	1485	1580	1235	42210.24	10211.19	1840.94
544	6901	4225	4933	3281	281971.68	29653.00	5332.06
487	11151	9741	8305	8124	409581.45	46095.30	8521.29
407	4743	2315	4013	2201	120789.75	9693.89	1924.88
31	6776	3771	4658	3259	131641.57	24093.41	4218.58
381	4074	1103	3343	1006	56263.84	5794.44	1170.66
291	19415	14184	13946	11434	623804.33	60857.35	10903.49
945	14214	4330	11306	3891	183641.45	18996.74	5764.78
798	5059	1961	3781	1770	112978.47	14941.28	5556.03
432	4633	1751	3758	1524	152439.29	13768.85	3561.29
7692	37377	23548	28896	20104	1359338.00	205437.00	53398.00
67	4565	1081	3649	1003	82841.62	7217.05	2511.23
	488	95	423	87	11399.88	1472.10	370.79
110	1816	1352	1383	1135	54347.53	5318.59	862.27
294	4388	1570	3673	1436	131869.36	20545.39	3726.78
143	2939	1322	2351	1181	45085.69	5640.47	1405.27
1	3810	1339	3227	1225	94075.25	9540.51	1699.33
129	4245	1039	3156	838	91409.37	11181.99	2964.81
228	1364	407	1001	366	20464.31	2742.81	587.93
	210	105	140	78	5082.54	601.03	115.00
	464	298	312	230	12243.44	3185.34	570.22
	1707	934	1413	867	27535.53	4853.17	1043.96

小学办
Condition of School Buildings in Primary

地 区 Region	占地面积(平方米) Areas of School Sites (m^2) 合计 Total	其中 of Which 绿化用地面积 Green Areas	运动场地面积 Sports Areas	图书(册) Books & Magazines in Libraries (volume)	计算机数 PC 合计 Total	其中:教学 of Which: No. of Used for 小计 Subtotal
总 计 Total	**665823705**	**112432646**	**203411697**	**638083328**	**2752334**	**2299537**
北 京 Beijing	2180960	466743	865792	2892764	21771	18053
天 津 Tianjin	2877140	312965	1164929	3531774	15311	13157
河 北 Hebei	43121167	4271853	14204842	45422985	180594	159290
山 西 Shanxi	16301558	1771399	5150062	15692581	70610	59346
内蒙古 Inner Mongolia	22456739	2789543	6496142	9808782	52734	38597
辽 宁 Liaoning	12061096	1077164	5475023	10182923	50595	37668
吉 林 Jilin	10610252	1917120	3993806	7845398	29075	22113
黑龙江 Heilongjiang	12923883	1408614	5143785	6700621	35140	28844
上 海 Shanghai	1825802	543538	555411	3567014	18889	15370
江 苏 Jiangsu	44833201	11603790	13978074	43370346	265122	216223
浙 江 Zhejiang	26485661	5945571	8623501	38354713	239147	218120
安 徽 Anhui	30720251	4075333	8477826	27396291	115708	96858
福 建 Fujian	15978222	3153749	6297788	22984770	102127	82931
江 西 Jiangxi	25066088	3594216	7689290	21721692	74735	56807
山 东 Shandong	51276569	10082663	18434438	52345193	261028	227172
河 南 Henan	54198072	6190144	13237216	45890612	112312	93811
湖 北 Hubei	30303162	9258438	8103811	31197804	106649	95222
湖 南 Hunan	32418010	4743767	7580036	32556428	91336	76297
广 东 Guangdong	47692582	10466308	16997206	46138186	222427	190635
广 西 Guangxi	25001441	3598299	5877146	19668541	52342	36261
海 南 Hainan	10390836	2016566	2152043	4907844	21529	17377
重 庆 Chongqing	18924288	2835886	5450240	11595400	70850	55004
四 川 Sichuan	27927850	4123951	9857694	36803490	142572	113521
贵 州 Guizhou	20046354	3347225	6607254	22890759	73797	62876
云 南 Yunnan	19194319	3346814	3875342	18139265	60198	46084
西 藏 Tibet	3997304	457123	560668	1441344	11428	9044
陕 西 Shaanxi	23012670	2829724	6870293	30677114	128264	111927
甘 肃 Gansu	11481652	1659890	3534288	10025674	44587	36623
青 海 Qinghai	4658958	492902	1056024	3587199	16415	13644
宁 夏 Ningxia	4578560	788486	1586592	2737570	20382	14080
新 疆 Xinjiang	13279058	3262862	3515135	8008251	44660	36582

学条件（二）（镇区）
Schools (2) (Counties & Towns Area)

（台）（set）	教室中：Classroom		教室中：普通教室（间）of Which: General Classroom		固定资产总值（万元）Total Value of Fixed Asset (10,000 yuan)		
用计算机 Computers Instruction / 其中：平板电脑 of Which: tablet PC	合计 Total	其中：网络多媒体教室 of Which: Network Multimedia Classroom	合计 Total	其中：网络多媒体教室 of Which: Network Multimedia Classroom	合计 Total	其中：教学仪器设备资产值 of Which: Total Value of Equip & Instru. 小计 Subtotal	其中：实验设备 for Profession
75282	**1057546**	**429699**	**870889**	**384373**	**22763310.61**	**2545674.25**	**661094.74**
221	3555	2965	2462	2136	128877.89	46579.68	1614.45
101	4599	1740	3400	1495	111432.62	12699.96	3741.56
6690	81758	23528	64966	21534	1136108.90	118988.68	44376.37
2033	32475	15472	25284	14107	616654.61	59644.16	16658.88
1	19706	8126	16241	7418	792180.59	59675.52	13427.20
3986	18442	4912	14276	4189	266762.84	39370.24	11280.57
829	13626	3085	10893	2616	255687.56	32143.73	9334.37
368	19474	5232	15247	4728	325784.78	35767.92	15356.34
175	3740	3047	2844	2448	151627.21	27422.06	7627.59
3666	59462	36628	44765	30365	1879147.55	240712.82	54730.75
1611	43470	37854	33080	32215	1416462.78	191645.58	37587.17
5467	52313	23525	46249	22556	939453.12	93989.70	22389.86
1364	33672	16286	24725	14275	790689.61	109827.60	23408.04
5101	48503	16168	41675	15243	725189.38	66598.51	19638.12
449	69686	42499	53863	36071	1490320.09	161654.86	30648.95
6552	107967	23515	95797	22204	1385119.27	144926.81	38751.70
7251	39724	17190	32468	16372	783390.92	105365.10	38413.45
6477	44397	11497	38914	10431	972801.54	94066.88	34627.12
7655	65272	28217	53809	25706	1803764.00	196200.00	54655.00
2243	39883	13247	36312	12604	647618.45	63857.35	21248.57
5	8097	1936	6720	1663	296809.08	28490.39	7809.29
3851	26767	17204	21837	14947	609288.75	71273.32	13664.51
279	62456	17888	54328	16405	1508089.67	187316.90	45542.61
1172	36127	17453	29308	16396	707116.12	62744.51	17496.90
192	29870	9532	26246	8859	747771.04	51358.95	14108.30
83	2780	573	2408	511	198893.76	9136.49	1737.71
2627	43868	13314	36397	11594	909873.76	109216.64	38797.54
3708	20863	5861	17262	5360	406642.04	36951.99	8230.35
944	5319	1679	4132	1424	246754.52	11672.51	2431.63
38	5712	2488	4126	2110	169212.61	28918.98	4665.98
143	13963	7038	10855	6391	343785.56	47456.42	7093.85

小学办

Condition of School Buildings in Primary

地区 Region	占地面积(平方米) Areas of School Sites (m^2)			图书(册) Books & Magazines in Libraries (volume)	计算机数 PC	
	合计 Total	其中 of Which			合计 Total	其中:教学 of Which: No. of Used for
		绿化用地面积 Green Areas	运动场地面积 Sports Areas			小计 Subtotal
总　计 Total	**248176602**	**41878287**	**75188854**	**201511368**	**877649**	**744401**
北　京 Beijing	561222	126387	214648	742132	5235	4491
天　津 Tianjin	1421994	158387	555663	1404425	6667	5539
河　北 Hebei	26126139	2544130	8611657	24025028	96381	85066
山　西 Shanxi	5836336	660971	1875187	4765231	22969	19206
内蒙古 Inner Mongolia	2560190	302983	712273	1011363	5437	3615
辽　宁 Liaoning	2823739	283218	1343021	1676857	8266	6384
吉　林 Jilin	2043855	339826	727448	889428	3223	2442
黑龙江 Heilongjiang	2077228	226511	845872	742641	4605	3785
上　海 Shanghai	436737	124677	142430	843991	4291	3590
江　苏 Jiangsu	14653232	3730348	4536693	13158938	79404	65352
浙　江 Zhejiang	10515485	2306868	3467243	14294809	90613	83718
安　徽 Anhui	10152420	1544484	2559297	6096733	24968	21090
福　建 Fujian	5953632	1144234	2352878	6031178	30216	25491
江　西 Jiangxi	8520164	1227192	2779344	4690200	14369	9717
山　东 Shandong	25428736	5007274	9361427	23481885	125727	109826
河　南 Henan	29710665	3575734	7228089	20032333	42233	34630
湖　北 Hubei	10593861	3213642	2690192	8284465	29923	26774
湖　南 Hunan	14704890	2085880	3361072	12164193	32833	27844
广　东 Guangdong	21853647	4981141	7449608	19097431	101540	86766
广　西 Guangxi	10267671	1538144	2309970	5296036	11910	7594
海　南 Hainan	2603053	522172	491700	834774	3166	2630
重　庆 Chongqing	4272886	617188	1220715	2057962	12138	9254
四　川 Sichuan	6586510	1006852	2279048	6057184	26210	20544
贵　州 Guizhou	5328282	999200	1781236	4966527	16240	14007
云　南 Yunnan	6401047	1111227	1358408	5135620	17652	13112
西　藏 Tibet	328309	40315	51567	137298	1220	978
陕　西 Shaanxi	8042036	1012372	2410894	8485167	34075	29707
甘　肃 Gansu	3926105	550945	1172319	2613630	12028	9903
青　海 Qinghai	933672	60836	223664	804926	3273	2602
宁　夏 Ningxia	1050344	177750	383332	529168	4350	3281
新　疆 Xinjiang	2462515	657399	691959	1159815	6487	5463

学条件(二)(镇乡结合区)
Schools (2) (County-town Transitional Area)

(台) (set) 用计算机 Computers Instruction 其中:平板电脑 of Which:tablet PC	教室中: Classroom 合计 Total	其中:网络多媒体教室 of Which: Network Multimedia Classroom	教室中:普通教室(间) of Which: General Classroom 合计 Total	其中:网络多媒体教室 of Which: Network Multimedia Classroom	固定资产总值(万元) Total Value of Fixed Asset (10,000 yuan) 合计 Total	其中:教学仪器设备资产值 of Which: Total Value of Equip & Instru. 小计 Subtotal	其中:实验设备 for Profession
22611	**388407**	**126513**	**317334**	**110899**	**6999977. 96**	**777977. 11**	**208604. 42**
6	869	679	599	479	30487. 60	10357. 01	446. 93
6	2058	667	1454	572	46517. 29	5660. 10	1527. 06
3303	48003	10088	38848	9197	602320. 51	60289. 47	24266. 49
441	11577	5286	8548	4796	176719. 82	17084. 42	5817. 82
	2278	746	1872	702	70108. 92	5941. 37	1604. 10
536	3829	711	3029	592	51308. 09	7023. 03	1877. 73
89	2266	317	1678	244	44603. 84	3464. 35	962. 83
2	2672	601	2089	542	46033. 19	4380. 57	1767. 72
73	879	733	716	627	32954. 44	6447. 09	1391. 97
1115	18807	10116	13808	8155	501252. 18	66244. 47	16768. 75
497	16926	14801	12911	12562	529132. 27	70736. 18	13815. 94
1272	15417	5649	13445	5441	248599. 15	22412. 24	5462. 81
604	11187	4578	7891	3951	251850. 44	30596. 62	6951. 76
1028	15975	2340	13558	2165	196620. 87	12315. 02	3805. 73
97	33918	19435	26111	16076	677340. 27	74582. 43	14714. 89
2153	55297	8872	48338	8143	619129. 35	80326. 77	16714. 73
2061	12389	4107	9754	3866	227195. 10	28241. 89	10393. 43
2353	19097	3144	16614	2757	366159. 61	33394. 14	13581. 51
3675	30114	11963	24102	10748	728522. 00	83189. 00	23402. 00
667	15943	2297	14545	2111	197447. 37	17183. 26	5780. 93
1	1704	335	1370	308	46216. 00	5339. 01	1721. 30
1074	5679	2884	4529	2449	124345. 56	12695. 13	2653. 42
56	13322	2895	11613	2559	293806. 99	37350. 32	8870. 19
100	10338	3999	7984	3723	164814. 32	13096. 71	4629. 70
99	10776	2446	9348	2210	219619. 98	17197. 54	4776. 40
	243	21	217	19	14190. 26	1063. 13	242. 89
366	15208	3532	12784	3014	253393. 77	26887. 32	10296. 59
816	6492	1418	5685	1283	125279. 73	9181. 59	2084. 38
82	1373	241	1049	199	41610. 41	2000. 48	462. 10
37	1370	421	928	337	29415. 89	5229. 47	642. 70
2	2401	1191	1917	1072	42982. 75	8066. 98	1169. 62

小学办

Condition of School Buildings in Primary

地　区 Region	占地面积(平方米) Areas of School Sites (m^2)			图书(册) Books & Magazines in Libraries (volume)	计算机数 PC	
	合计 Total	其中 of Which			合计 Total	其中:教学 of Which: No. of Used for
		绿化用地面积 Green Areas	运动场地面积 Sports Areas			小计 Subtotal
总　计 Total	**1226119126**	**192552682**	**339133761**	**623042692**	**2409663**	**1976676**
北　京 Beijing	3472478	565206	1245271	3137837	22449	19317
天　津 Tianjin	4086193	487391	1665652	3350249	17339	14317
河　北 Hebei	88780728	8262973	29512973	58237729	235908	205235
山　西 Shanxi	32095574	3218740	9380131	13909977	68619	53955
内蒙古 Inner Mongolia	26214141	3466544	6587862	4028067	15575	10506
辽　宁 Liaoning	23992764	2260295	10877116	8382944	41069	31299
吉　林 Jilin	40061849	7766617	12010009	7971687	26385	20960
黑龙江 Heilongjiang	32085442	3709977	13907979	5050510	22198	16306
上　海 Shanghai	717738	196862	235408	1263488	6485	4908
江　苏 Jiangsu	23676032	5538186	6672087	14408316	87658	72295
浙　江 Zhejiang	15017619	3018311	5243658	16518755	105826	94750
安　徽 Anhui	69491837	8946148	15336233	32563974	115194	95193
福　建 Fujian	25372937	4728252	8773710	17154051	96273	80537
江　西 Jiangxi	42633634	5217141	13730573	18145408	45545	31183
山　东 Shandong	77297350	15123633	28040295	50063081	311768	273963
河　南 Henan	127065877	15516456	29440258	70766337	124467	102685
湖　北 Hubei	46437417	13616595	10358340	24800695	102466	91024
湖　南 Hunan	52346404	6874992	11435115	31772518	76923	62434
广　东 Guangdong	75455476	16844952	22694955	43135144	233098	195595
广　西 Guangxi	69116880	10553801	15329369	29433234	59191	35121
海　南 Hainan	20556745	5031840	3740671	3385426	14037	10835
重　庆 Chongqing	17392915	2457361	4996714	6595707	33392	24814
四　川 Sichuan	39329226	4684820	12036900	30178998	89703	66652
贵　州 Guizhou	42863762	7939831	13520231	32660732	87232	70611
云　南 Yunnan	64051541	9416532	11037937	38902765	107865	78771
西　藏 Tibet	10152257	1150497	1261418	2741670	22649	17898
陕　西 Shaanxi	26957051	3276225	7118659	16003457	55980	47021
甘　肃 Gansu	50789785	6029000	13707501	18861665	68710	54940
青　海 Qinghai	9659260	811609	1859272	3475718	14262	11705
宁　夏 Ningxia	12382262	1970073	3450975	4441333	27335	20307
新　疆 Xinjiang	56565952	13871822	13926489	11701220	74062	61539

学条件(二)(乡村)
Schools (2) (Rural Area)

(台) (set)	教室中: Classroom		教室中:普通教室(间) of Which: General Classroom		固定资产总值(万元) Total Value of Fixed Asset (10,000 yuan)		
用计算机 Computers Instruction	合计 Total	其中:网络多媒体教室 of Which: Network Multimedia Classroom	合计 Total	其中:网络多媒体教室 of Which: Network Multimedia Classroom	合计 Total	其中:教学仪器设备资产值 of Which: Total Value of Equip & Instru.	
其中:平板电脑 of Which:tablet PC						小计 Subtotal	其中:实验设备 for Profession
66301	**1730968**	**312192**	**1440891**	**270238**	**22141909.94**	**2159746.34**	**658062.22**
318	4026	3092	2482	2133	132536.31	46303.13	2768.90
134	5516	1434	3900	1129	123223.35	14406.82	4310.92
8333	143959	21032	115851	18750	1475344.71	145294.07	60794.30
1309	51364	11598	38736	10203	648556.38	56025.34	20498.65
	14700	1344	12464	1156	264618.64	17159.54	5588.68
2212	29532	2878	22831	2211	229903.41	32699.74	11061.08
931	32315	1393	25681	979	250271.45	30488.60	12694.20
96	27404	1695	20460	1429	221254.49	18981.45	8166.03
8	1381	1025	1048	804	48213.25	8378.39	2410.16
2131	27756	10034	19456	7739	465491.56	63174.93	17875.47
704	22200	17875	15711	15004	570577.24	79935.21	16881.41
6481	98754	30699	88279	29676	1128593.27	111094.68	29297.96
1025	45833	12545	30380	10383	747870.07	90472.42	22978.19
3006	82293	6233	71902	5728	680152.91	52953.48	16662.55
1776	92999	44861	70349	35417	1347309.37	164848.55	38497.43
5837	235989	24745	206032	22273	1764804.91	152986.56	54574.65
6485	53003	12495	41323	11665	788124.36	90574.97	34767.29
4608	74261	5334	64634	4379	941450.72	84122.68	30408.21
10241	96757	24095	76062	20988	1901892.00	173809.00	47167.00
2708	104791	7075	95516	6244	1157049.24	94597.68	34229.97
6	10464	759	8665	604	228315.82	17422.27	4842.07
1311	24011	7089	19495	6067	323164.57	35252.47	8351.65
81	84356	6056	77142	5233	1309186.58	115826.48	36253.00
1003	86843	18069	70665	16575	950783.17	84193.51	33291.08
84	99356	12545	88446	11132	1868521.16	118830.40	37575.69
132	7287	922	6259	794	408295.23	17343.28	3247.02
418	40018	4850	32973	3713	479329.19	47058.88	18005.90
3367	74191	4816	66479	4116	717821.79	60824.24	20627.02
916	9577	805	8125	675	208908.03	11982.73	2554.22
2	13110	2358	9397	1743	222134.28	32275.20	6391.18
638	36922	12441	30148	11296	538212.48	90429.63	15290.35

工读学校
Basic Statistics of Correctional

地　区 Region	学校数(所) Schools	班数(个) Classes	离校人数 Sclools Leavers
总　计 Total	**79**	**368**	**3000**
北　京 Beijing	6	40	330
天　津 Tianjin	3		
河　北 Hebei			
山　西 Shanxi	1	10	90
内蒙古 Inner Mongolia			
辽　宁 Liaoning	10	53	505
吉　林 Jilin	3	5	177
黑龙江 Heilongjiang	1	1	3
上　海 Shanghai	13	86	560
江　苏 Jiangsu			
浙　江 Zhejiang	2	18	98
安　徽 Anhui	3	3	15
福　建 Fujian			
江　西 Jiangxi	2	5	
山　东 Shandong			
河　南 Henan	3	12	13
湖　北 Hubei	2	5	18
湖　南 Hunan	1	3	22
广　东 Guangdong	2	13	51
广　西 Guangxi	3	5	9
海　南 Hainan			
重　庆 Chongqing	2	4	10
四　川 Sichuan	8	38	318
贵　州 Guizhou	7	20	178
云　南 Yunnan	1	6	56
西　藏 Tibet			
陕　西 Shaanxi	1	3	12
甘　肃 Gansu			
青　海 Qinghai			
宁　夏 Ningxia			
新　疆 Xinjiang	5	38	535

基本情况
Work-study Schools

单位:人
unit: person

入校人数 No. of Persons Enrolled	在校生数 Enrolment	教职工数 Educational Personnel	
		合计 Total	其中:专任教师 of Which: Full-time Teachers
3528	**8494**	**2820**	**1900**
316	600	286	195
		98	69
121	310	83	68
540	1286	343	233
26	137	112	63
	2	23	21
516	1368	515	399
110	321	87	68
15	20	61	31
174	174	20	18
27	183	75	58
49	69	43	33
6	54	45	41
126	225	84	66
15	28	39	28
55	80	28	24
320	1074	214	158
253	501	131	120
30	59	49	42
15	31	40	20
814	1972	444	145

特殊教育
Basic Statistics of

地 区 Region	学校数（所）Schools	班数（个）Classes	毕业生数 Graduates	招生数 Entrants	在校生数				
					合计 Total	其中:女 of Which: Female	小学阶段		
							一年级 Grade 1	二年级 Grade 2	三年级 Grade 3
总 计 Total	**2000**	**19894**	**49032**	**70713**	**394870**	**140408**	**48263**	**50288**	**50506**
北 京 Beijing	22	327	1997	1110	7742	2780	457	617	806
天 津 Tianjin	20	242	273	529	3016	1045	413	289	357
河 北 Hebei	157	1209	1203	2213	12604	4599	1756	1904	1873
山 西 Shanxi	62	568	832	1411	8165	3372	1054	1124	1000
内蒙古 Inner Mongolia	44	405	457	1200	6231	2212	970	823	916
辽 宁 Liaoning	74	770	786	971	8320	2923	986	824	992
吉 林 Jilin	47	473	643	765	5403	2033	530	756	746
黑龙江 Heilongjiang	74	795	1176	1482	9101	3323	1119	1107	1091
上 海 Shanghai	29	475	1610	1150	7917	2813	343	382	659
江 苏 Jiangsu	106	1290	3018	3403	22378	7885	2356	2437	2555
浙 江 Zhejiang	84	1007	2101	2444	15884	5695	1259	1539	2073
安 徽 Anhui	66	695	1189	2722	14304	5189	2196	2284	2026
福 建 Fujian	74	882	3346	4150	25104	8507	2499	2977	3177
江 西 Jiangxi	87	698	1638	3888	19765	6441	2777	3334	2748
山 东 Shandong	145	1653	3297	3607	21805	7586	2993	2604	2739
河 南 Henan	142	1129	1215	3556	18348	6602	3051	2872	2688
湖 北 Hubei	83	738	1218	2113	11080	4094	1804	1353	1351
湖 南 Hunan	76	607	1202	2924	15697	5645	2359	2454	2054
广 东 Guangdong	104	1330	2440	5300	28285	8499	3599	3322	3295
广 西 Guangxi	72	870	1018	2718	13187	4453	1914	1824	1909
海 南 Hainan	7	83	270	394	1872	618	233	289	264
重 庆 Chongqing	36	357	1729	2609	13893	4970	1592	1794	1601
四 川 Sichuan	122	1011	9004	8014	42289	15451	4650	5071	5552
贵 州 Guizhou	65	525	1470	2769	13535	4822	1921	1761	2074
云 南 Yunnan	59	527	2993	4175	21009	7970	2006	2635	2561
西 藏 Tibet	5	49	26	239	1226	524	182	305	154
陕 西 Shaanxi	52	439	883	1376	7852	2922	1054	1098	1093
甘 肃 Gansu	33	255	818	1285	7635	2852	722	861	912
青 海 Qinghai	14	89	197	413	2250	896	308	280	256
宁 夏 Ningxia	10	87	186	490	3058	1283	331	395	405
新 疆 Xinjiang	29	309	797	1293	5915	2404	829	973	579

基本情况
Special Education

单位:人
unit:person

Enrolment									
Primary Education			初中阶段 Junior Secondary Education				高中阶段 Senior Secondary Education		
四年级 Grade 4	五年级 Grade 5	六年级 Grade 6	一年级 Grade 1	二年级 Grade 2	三年级 Grade 3	四年级 Grade 4	一年级 Grade 1	二年级 Grade 2	三年级及以上 Over Grade 3
47313	**44670**	**42071**	**33236**	**34373**	**32485**	**1782**	**3832**	**3072**	**2979**
811	859	1021	835	987	1128	13	65	63	80
283	343	276	270	216	286	12	110	88	73
1627	1403	1350	837	744	668	10	206	111	115
1034	832	767	686	697	673		108	89	101
706	626	586	418	431	442	25	100	102	86
931	886	882	692	822	672	111	204	170	148
633	569	588	518	442	446	9	48	85	33
1101	1058	931	761	790	700	207	108	75	53
763	879	4	1020	1130	1097	1040	277	149	174
2826	2752	2707	1790	1869	1974		378	379	355
1935	1900	1830	1519	1612	1526		282	193	216
1754	1562	1240	956	911	827	8	149	157	234
3392	3298	3411	2070	2016	1846	8	125	130	155
2488	2229	1780	1449	1435	1360		75	44	46
2502	2330	1969	1880	1911	1804	275	330	250	218
2225	1952	1659	1483	1155	995	16	135	76	41
1426	1158	1100	765	952	781	40	121	114	115
1745	1675	1416	1267	1352	1346		18	1	10
3017	2912	3344	2515	2605	2713		376	294	293
1835	1752	1495	876	717	827		14	13	11
199	220	184	153	137	111		36	20	26
1565	1480	1289	1285	1838	1301		61	36	51
4990	4966	5112	3556	3961	4079		143	132	77
1658	1564	1500	955	993	775		133	132	69
2480	2371	2565	2353	2189	1800		32	10	7
130	111	85	84	76	52		14	15	18
1019	846	865	636	610	563	3	22	20	23
966	963	923	663	721	754		63	51	36
264	272	287	173	216	161		12	10	11
461	367	410	205	231	191		29	25	8
547	535	495	566	607	587	5	58	38	96

特殊教育基本

Basic Statistics of Special Education

地 区 Region	学校数（所）Schools	班数（个）Classes	毕业生数 Graduates	招生数 Entrants	在校生数				
					合计 Total	其中:女 of Which: Female	小学阶段		
							一年级 Grade 1	二年级 Grade 2	三年级 Grade 3
总 计 Total	**964**	**11658**	**21748**	**25965**	**157129**	**57168**	**18441**	**17743**	**17763**
北 京 Beijing	16	272	1582	852	6133	2154	378	492	578
天 津 Tianjin	17	211	236	429	2479	880	328	227	269
河 北 Hebei	48	523	722	911	5496	1978	614	712	742
山 西 Shanxi	27	284	475	565	3671	1629	426	430	370
内蒙古 Inner Mongolia	20	272	186	511	2815	1007	471	331	409
辽 宁 Liaoning	54	613	673	782	6483	2260	850	630	719
吉 林 Jilin	36	386	422	493	3749	1409	360	490	481
黑龙江 Heilongjiang	38	425	484	613	4076	1557	567	472	465
上 海 Shanghai	26	420	1375	936	6559	2339	310	336	512
江 苏 Jiangsu	81	972	1736	1871	12304	4491	1365	1163	1194
浙 江 Zhejiang	51	657	1037	1086	7848	2845	681	738	974
安 徽 Anhui	21	293	478	806	4099	1512	567	507	544
福 建 Fujian	38	492	1188	1256	7892	2690	746	938	951
江 西 Jiangxi	24	242	405	736	4304	1368	503	718	511
山 东 Shandong	81	946	1860	1668	11072	4003	1201	1193	1212
河 南 Henan	57	507	518	985	6052	2265	946	795	795
湖 北 Hubei	45	465	744	1382	6356	2322	1228	719	726
湖 南 Hunan	29	335	795	798	5583	2064	837	828	665
广 东 Guangdong	67	1043	1730	2655	15180	4732	1822	1734	1674
广 西 Guangxi	21	398	418	757	3897	1351	481	489	444
海 南 Hainan	3	66	177	225	908	328	100	121	113
重 庆 Chongqing	16	185	577	731	3916	1436	449	494	408
四 川 Sichuan	45	437	1429	1769	8758	3343	1092	1027	1058
贵 州 Guizhou	20	199	390	599	2914	1115	418	318	341
云 南 Yunnan	20	302	910	838	4954	2013	431	639	524
西 藏 Tibet	2	32	20	39	475	217	38	59	91
陕 西 Shaanxi	20	200	286	470	2440	1009	357	326	304
甘 肃 Gansu	14	178	414	396	2635	1131	229	304	308
青 海 Qinghai	5	45	63	145	717	299	96	75	67
宁 夏 Ningxia	5	65	82	161	975	430	120	96	72
新 疆 Xinjiang	17	193	336	500	2389	991	430	342	242

情况(城区)
(Urban Area)

单位:人
unit:person

Enrolment									
Primary Education			初中阶段 Junior Secondary Education				高中阶段 Senior Secondary Education		
四年级 Grade 4	五年级 Grade 5	六年级 Grade 6	一年级 Grade 1	二年级 Grade 2	三年级 Grade 3	四年级 Grade 4	一年级 Grade 1	二年级 Grade 2	三年级及以上 Over Grade 3
17583	**16741**	**15813**	**13911**	**14314**	**14281**	**1484**	**3475**	**2813**	**2767**
609	671	831	618	808	927	13	65	63	80
211	283	222	245	185	248	10	98	80	73
567	566	559	434	445	415	10	206	111	115
417	352	356	344	342	341		103	89	101
281	255	229	191	191	201	13	88	85	70
686	631	685	559	650	497	97	182	170	127
416	394	384	381	311	374		48	77	33
437	442	339	331	319	335	148	93	75	53
618	679		818	925	918	886	262	136	159
1418	1405	1426	1041	1063	1148		369	370	342
941	829	844	772	804	799		182	137	147
382	382	334	326	256	265	8	141	157	230
1048	924	1007	711	647	591	8	95	98	128
488	509	471	315	301	323		75	44	46
1213	1114	953	998	1079	1102	232	316	241	218
736	675	634	467	422	377	14	114	52	25
801	605	623	392	545	327	40	121	114	115
572	561	523	485	462	621		18	1	10
1600	1516	1586	1440	1413	1461		361	288	285
517	536	489	309	270	324		14	13	11
77	85	75	101	90	64		36	20	26
430	473	463	300	438	344		43	23	51
1075	976	988	742	757	805		103	80	55
326	315	242	222	255	177		112	120	68
652	569	593	521	511	465		32	10	7
71	59	30	28	30	22		14	15	18
281	240	249	214	197	207		22	20	23
308	301	318	226	227	264		63	51	36
65	79	71	101	74	56		12	10	11
129	103	130	70	106	87		29	25	8
211	212	159	209	191	196	5	58	38	96

特殊教育基本

Basic Statistics of Special Education

地　区 Region	学校数（所） Schools	班数（个） Classes	毕业生数 Graduates	招生数 Entrants	在校生数				
					合计 Total	其中:女 of Which: Female	小 学 阶 段		
							一年级 Grade 1	二年级 Grade 2	三年级 Grade 3
总　计 Total	**146**	**1674**	**2900**	**4556**	**25082**	**8935**	**3650**	**3388**	**3125**
北　京 Beijing	1	7	138	60	459	157	26	39	54
天　津 Tianjin			18	12	99	33	8	6	8
河　北 Hebei	13	126	82	150	1167	461	164	159	207
山　西 Shanxi	2	9	22	22	165	61	10	28	25
内蒙古 Inner Mongolia			1		7	1		1	1
辽　宁 Liaoning	3	56	41	45	600	208	61	41	66
吉　林 Jilin	5	64	90	87	509	177	69	72	64
黑龙江 Heilongjiang	4	41	36	60	469	198	107	76	41
上　海 Shanghai			36	31	169	63	4	3	8
江　苏 Jiangsu	5	59	105	188	969	329	145	100	112
浙　江 Zhejiang	8	88	148	196	1470	507	115	132	202
安　徽 Anhui	7	80	96	206	930	323	158	158	140
福　建 Fujian	9	84	193	235	1467	504	151	177	190
江　西 Jiangxi	2	9	7	88	384	109	71	87	59
山　东 Shandong	25	328	628	542	3727	1347	444	484	458
河　南 Henan	5	52	53	131	864	343	144	131	125
湖　北 Hubei	7	59	44	590	1224	510	602	130	123
湖　南 Hunan	6	52	64	163	991	353	175	203	109
广　东 Guangdong	16	240	337	598	3625	1054	492	669	447
广　西 Guangxi	2	35	47	128	589	194	90	106	59
海　南 Hainan				4	17	7	3	3	4
重　庆 Chongqing	3	48	101	167	886	369	106	116	79
四　川 Sichuan	6	61	217	314	1483	534	191	114	230
贵　州 Guizhou	4	26	15	69	420	149	61	50	66
云　南 Yunnan	6	75	276	264	1223	469	126	150	124
西　藏 Tibet									
陕　西 Shaanxi	5	40	23	88	526	236	67	81	49
甘　肃 Gansu			25	19	143	59	7	15	19
青　海 Qinghai			10	13	36	12	3	4	3
宁　夏 Ningxia				11	20	7	3		2
新　疆 Xinjiang	2	35	47	75	444	161	47	53	51

情况（城乡结合区）
（Urban-rural Transitional Area）

单位：人
unit：person

Enrolment									
Primary Education			初中阶段 Junior Secondary Education				高中阶段 Senior Secondary Education		
四年级 Grade 4	五年级 Grade 5	六年级 Grade 6	一年级 Grade 1	二年级 Grade 2	三年级 Grade 3	四年级 Grade 4	一年级 Grade 1	二年级 Grade 2	三年级及以上 Over Grade 3
2840	**2724**	**2444**	**2044**	**2091**	**1937**	**93**	**309**	**245**	**192**
48	57	49	45	64	77				
9	19	15	5	16	12	1			
135	162	97	106	78	50			9	
33	27	14	12	8	8				
2				1	2				
62	61	68	52	77	59		15	28	10
55	59	62	50	23	37		2	16	
39	35	43	34	35	42		8	9	
19	20		28	37	27	23			
97	140	151	77	76	71				
162	184	163	130	159	159		19	26	19
76	97	55	71	50	48	8	19	17	33
215	218	197	104	95	96	8	9		7
67	42	24	17	10	7				
431	379	347	301	336	342	53	67	57	28
114	102	72	71	41	42		13	9	
111	66	40	55	74	23				
101	123	93	93	44	45		5		
360	305	369	293	303	308		48	19	12
79	75	79	51	27	23				
2	2		1	2					
81	85	78	71	87	66		43	23	51
190	167	144	113	160	133		21	12	8
54	57	44	9	46	33				
170	132	151	144	99	97		13	10	7
65	49	40	27	64	53		10	6	15
23	16	21	12	17	13				
3	3	2	10	4	4				
	3		8		4				
37	39	26	54	58	56		17	4	2

特殊教育基本

Basic Statistics of Special Education

地 区 Region	学校数（所）Schools	班数（个）Classes	毕业生数 Graduates	招生数 Entrants	在校生数 合计 Total	其中:女 of Which: Female	小学阶段 一年级 Grade 1	二年级 Grade 2	三年级 Grade 3
总 计 Total	**920**	**7280**	**18899**	**30060**	**155784**	**55942**	**19406**	**20650**	**20330**
北 京 Beijing	3	24	248	116	861	318	31	60	158
天 津 Tianjin	3	31	33	72	425	126	63	45	68
河 北 Hebei	98	619	351	970	5367	2000	844	907	848
山 西 Shanxi	27	195	220	551	2891	1173	412	437	392
内蒙古 Inner Mongolia	22	115	235	577	2670	939	404	379	372
辽 宁 Liaoning	19	152	102	173	1678	612	126	171	245
吉 林 Jilin	9	66	201	200	1157	455	117	165	182
黑龙江 Heilongjiang	34	351	563	783	4117	1499	476	544	484
上 海 Shanghai	3	54	204	194	1198	408	32	44	122
江 苏 Jiangsu	22	286	1132	1260	8237	2804	760	978	1002
浙 江 Zhejiang	22	269	837	1077	5952	2106	426	574	794
安 徽 Anhui	41	349	491	1063	5617	2038	951	1048	711
福 建 Fujian	32	334	1374	1830	10816	3656	1117	1240	1400
江 西 Jiangxi	60	424	856	1902	9295	3118	1378	1505	1219
山 东 Shandong	63	702	1249	1611	8995	3060	1513	1122	1268
河 南 Henan	82	606	599	1772	8590	3343	1476	1334	1238
湖 北 Hubei	32	228	365	573	3505	1350	456	479	447
湖 南 Hunan	45	264	303	1406	6937	2559	1066	1170	938
广 东 Guangdong	24	155	469	1593	7912	2328	908	825	825
广 西 Guangxi	48	430	415	1408	5821	1980	972	792	854
海 南 Hainan	2	10	68	112	633	200	66	94	95
重 庆 Chongqing	19	163	970	1442	7575	2723	870	945	898
四 川 Sichuan	63	489	4900	4010	21126	7878	2077	2309	2676
贵 州 Guizhou	42	308	622	1247	5792	2150	789	768	937
云 南 Yunnan	34	195	1022	1886	7497	2909	751	942	878
西 藏 Tibet	2	14	1	114	448	176	64	208	17
陕 西 Shaanxi	27	199	486	743	4084	1465	504	581	589
甘 肃 Gansu	18	76	218	486	2496	883	263	269	246
青 海 Qinghai	8	43	110	207	1104	453	147	136	119
宁 夏 Ningxia	5	22	81	218	1186	505	118	170	144
新 疆 Xinjiang	11	107	174	464	1802	728	229	409	164

情况(镇区)
(Counties & Towns Area)

单位:人
unit:person

Enrolment									
Primary Education			初中阶段 Junior Secondary Education				高中阶段 Senior Secondary Education		
四年级 Grade 4	五年级 Grade 5	六年级 Grade 6	一年级 Grade 1	二年级 Grade 2	三年级 Grade 3	四年级 Grade 4	一年级 Grade 1	二年级 Grade 2	三年级及以上 Over Grade 3
18321	**17195**	**16109**	**14467**	**14783**	**13551**	**261**	**283**	**240**	**188**
92	85	94	108	122	111				
58	48	42	19	26	35	1	12	8	
804	653	543	328	240	200				
370	290	256	244	242	248				
317	273	258	206	220	215	12	6	4	4
231	232	179	115	164	158	14	22		21
157	112	151	111	84	61	9		8	
536	493	460	382	399	290	46	7		
128	175		182	178	154	140	15	13	15
1119	1101	1037	672	751	786		9	9	13
701	755	674	583	654	581		85	56	69
677	593	507	396	404	330				
1424	1419	1430	927	946	841		13	32	27
1162	971	816	762	770	712				
1039	954	808	821	768	642	37	14	9	
996	872	730	844	548	489	2	21	24	16
444	373	338	306	332	330				
756	759	615	518	608	507				
821	799	1052	819	915	948				
740	675	581	453	358	396				
81	81	78	49	43	46				
814	702	565	803	1138	809		18	13	
2305	2439	2451	2054	2271	2430		40	52	22
678	594	596	506	496	394		21	12	1
601	613	668	1212	957	875				
17	15	17	50	32	28				
503	455	454	365	354	279				
304	276	252	260	328	298				
143	132	157	59	123	88				
159	116	168	117	108	86				
144	140	132	196	204	184				

特殊教育基本

Basic Statistics of Special Education

地 区 Region	学校数 （所） Schools	班数 （个） Classes	毕业生数 Graduates	招生数 Entrants	在校生数				
					合计 Total	其中：女 of Which: Female	小 学 阶 段		
							一年级 Grade 1	二年级 Grade 2	三年级 Grade 3
总 计 Total	**301**	**2299**	**4650**	**8599**	**43682**	**15480**	**5933**	**6162**	**6211**
北 京 Beijing			42	33	127	40	4	12	14
天 津 Tianjin	1	9	15	33	145	50	30	17	2
河 北 Hebei	54	301	154	439	2513	944	409	457	406
山 西 Shanxi	8	54	54	203	962	346	166	142	164
内蒙古 Inner Mongolia	4	28	60	84	424	133	48	54	92
辽 宁 Liaoning	4	32	1	25	311	107	21	29	44
吉 林 Jilin		1	8	8	49	16	6	7	13
黑龙江 Heilongjiang	2	22	142	52	542	240	29	35	49
上 海 Shanghai	1	23	49	48	426	151	16	26	55
江 苏 Jiangsu	6	80	373	316	2395	784	171	330	289
浙 江 Zhejiang	10	155	490	619	2987	1020	219	302	418
安 徽 Anhui	13	101	84	301	1426	525	273	228	206
福 建 Fujian	12	121	415	478	2984	1027	324	362	414
江 西 Jiangxi	13	80	178	487	2215	705	442	363	401
山 东 Shandong	24	314	465	842	3987	1274	737	537	541
河 南 Henan	31	214	206	733	3119	1248	525	568	394
湖 北 Hubei	9	50	31	144	838	331	120	102	90
湖 南 Hunan	11	47	67	426	1750	643	331	338	207
广 东 Guangdong	9	75	139	531	2532	729	324	262	339
广 西 Guangxi	13	115	95	361	1475	523	233	196	286
海 南 Hainan	1	7	2	19	99	35	18	24	32
重 庆 Chongqing	8	64	189	358	1917	674	240	267	232
四 川 Sichuan	12	85	701	565	3331	1251	318	396	482
贵 州 Guizhou	13	106	161	369	1713	587	271	214	326
云 南 Yunnan	17	95	309	554	2531	983	264	391	380
西 藏 Tibet	1	7		1	145	60	1	139	
陕 西 Shaanxi	11	56	87	264	1171	448	197	178	146
甘 肃 Gansu	7	26	43	146	731	258	88	84	103
青 海 Qinghai	2	6	26	25	175	74	18	31	24
宁 夏 Ningxia	2	12	20	76	342	145	58	45	33
新 疆 Xinjiang	2	13	44	59	320	129	32	26	29

情况（镇乡结合区）
(County-town Transitional Area)

单位：人
unit: person

Enrolment									
Primary Education			初中阶段 Junior Secondary Education				高中阶段 Senior Secondary Education		
四年级 Grade 4	五年级 Grade 5	六年级 Grade 6	一年级 Grade 1	二年级 Grade 2	三年级 Grade 3	四年级 Grade 4	一年级 Grade 1	二年级 Grade 2	三年级及以上 Over Grade 3
5377	**4819**	**4502**	**3747**	**3458**	**3037**	**77**	**157**	**99**	**103**
10	8	9	29	18	23				
17	17	9	13	12	16		12		
349	299	294	128	98	73				
80	102	68	88	79	73				
47	36	37	50	27	21	12			
55	30	53	23	20	1		14		21
7	6	5	2	1	2				
63	80	68	70	63	85				
55	80		55	64	35	40			
339	344	339	153	198	201		9	9	13
345	340	286	321	292	254		85	56	69
196	158	120	87	97	61				
392	408	376	255	230	223				
233	231	137	142	129	137				
513	427	347	353	252	239	25	7	9	
394	337	296	365	133	107				
119	88	118	86	78	37				
183	153	138	119	155	126				
287	297	358	184	222	259				
176	180	152	86	64	102				
5	11	3	1	1	4				
211	174	149	203	294	147				
428	361	402	259	334	329		9	13	
212	144	203	99	132	79		21	12	
278	231	230	340	197	220				
3	1	1							
152	123	130	92	93	60				
111	68	90	65	73	49				
17	27	21	9	17	11				
60	33	42	32	26	13				
40	25	21	38	59	50				

特殊教育基本
Basic Statistics of Special Education

地　区 Region	学校数（所）Schools	班数（个）Classes	毕业生数 Graduates	招生数 Entrants	在校生数				
					合计 Total	其中:女 of Which: Female	小 学 阶 段		
							一年级 Grade 1	二年级 Grade 2	三年级 Grade 3
总　计 Total	**116**	**956**	**8385**	**14688**	**81957**	**27298**	**10416**	**11895**	**12413**
北　京 Beijing	3	31	167	142	748	308	48	65	70
天　津 Tianjin			4	28	112	39	22	17	20
河　北 Hebei	11	67	130	332	1741	621	298	285	283
山　西 Shanxi	8	89	137	295	1603	570	216	257	238
内蒙古 Inner Mongolia	2	18	36	112	746	266	95	113	135
辽　宁 Liaoning	1	5	11	16	159	51	10	23	28
吉　林 Jilin	2	21	20	72	497	169	53	101	83
黑龙江 Heilongjiang	2	19	129	86	908	267	76	91	142
上　海 Shanghai		1	31	20	160	66	1	2	25
江　苏 Jiangsu	3	32	150	272	1837	590	231	296	359
浙　江 Zhejiang	11	81	227	281	2084	744	152	227	305
安　徽 Anhui	4	53	220	853	4588	1639	678	729	771
福　建 Fujian	4	56	784	1064	6396	2161	636	799	826
江　西 Jiangxi	3	32	377	1250	6166	1955	896	1111	1018
山　东 Shandong	1	5	188	328	1738	523	279	289	259
河　南 Henan	3	16	98	799	3706	994	629	743	655
湖　北 Hubei	6	45	109	158	1219	422	120	155	178
湖　南 Hunan	2	8	104	720	3177	1022	456	456	451
广　东 Guangdong	13	132	241	1052	5193	1439	869	763	796
广　西 Guangxi	3	42	185	553	3469	1122	461	543	611
海　南 Hainan	2	7	25	57	331	90	67	74	56
重　庆 Chongqing	1	9	182	436	2402	811	273	355	295
四　川 Sichuan	14	85	2675	2235	12405	4230	1481	1735	1818
贵　州 Guizhou	3	18	458	923	4829	1557	714	675	796
云　南 Yunnan	5	30	1061	1451	8558	3048	824	1054	1159
西　藏 Tibet	1	3	5	86	303	131	80	38	46
陕　西 Shaanxi	5	40	111	163	1328	448	193	191	200
甘　肃 Gansu	1	1	186	403	2504	838	230	288	358
青　海 Qinghai	1	1	24	61	429	144	65	69	70
宁　夏 Ningxia			23	111	897	348	93	129	189
新　疆 Xinjiang	1	9	287	329	1724	685	170	222	173

情况(乡村)
(Rural Area)

单位:人
unit:person

Enrolment									
Primary Education			初中阶段 Junior Secondary Education				高中阶段 Senior Secondary Education		
四年级 Grade 4	五年级 Grade 5	六年级 Grade 6	一年级 Grade 1	二年级 Grade 2	三年级 Grade 3	四年级 Grade 4	一年级 Grade 1	二年级 Grade 2	三年级及以上 Over Grade 3
11409	**10734**	**10149**	**4858**	**5276**	**4653**	**37**	**74**	**19**	**24**
110	103	96	109	57	90				
14	12	12	6	5	3	1			
256	184	248	75	59	53				
247	190	155	98	113	84		5		
108	98	99	21	20	26		6	13	12
14	23	18	18	8	17				
60	63	53	26	47	11				
128	123	132	48	72	75	13	8		
17	25	4	20	27	25	14			
289	246	244	77	55	40				
293	316	312	164	154	146		15		
695	587	399	234	251	232		8		4
920	955	974	432	423	414		17		
838	749	493	372	364	325				
250	262	208	61	64	60	6			
493	405	295	172	185	129				
181	180	139	67	75	124				
417	355	278	264	282	218				
596	597	706	256	277	304		15	6	8
578	541	425	114	89	107				
41	54	31	3	4	1				
321	305	261	182	262	148				
1610	1551	1673	760	933	844				
654	655	662	227	242	204				
1227	1189	1304	620	721	460				
42	37	38	6	14	2				
235	151	162	57	59	77	3			
354	386	353	177	166	192				
56	61	59	13	19	17				
173	148	112	18	17	18				
192	183	204	161	212	207				

地区 Region	毕业生数 Graduates	招生数 Entrants	在校生数				
			合计 Total	小学阶段 Primary Education			
				一年级 Grade 1	二年级 Grade 2	三年级 Grade 3	四年级 Grade 4
合计 Total	**16889**	**25378**	**140408**	**17183**	**17845**	**17832**	**16650**
北京 Beijing	696	449	2780	178	215	289	292
天津 Tianjin	97	195	1045	152	96	121	85
河北 Hebei	463	820	4599	666	702	707	571
山西 Shanxi	324	565	3372	445	445	388	419
内蒙古 Inner Mongolia	172	469	2212	360	303	324	253
辽宁 Liaoning	259	324	2923	328	286	332	306
吉林 Jilin	235	294	2033	203	274	270	238
黑龙江 Heilongjiang	496	563	3323	421	402	374	382
上海 Shanghai	574	406	2813	116	148	255	261
江苏 Jiangsu	1033	1223	7885	837	824	900	988
浙江 Zhejiang	671	900	5695	452	547	712	710
安徽 Anhui	416	934	5189	726	866	710	632
福建 Fujian	1016	1411	8507	788	1023	1073	1153
江西 Jiangxi	532	1346	6441	972	1116	906	829
山东 Shandong	1161	1235	7586	1015	934	904	902
河南 Henan	479	1297	6602	1087	1003	932	792
湖北 Hubei	408	809	4094	682	488	495	539
湖南 Hunan	452	1023	5645	838	909	742	621
广东 Guangdong	752	1536	8499	1016	973	985	928
广西 Guangxi	357	966	4453	668	593	674	571
海南 Hainan	71	136	618	79	98	91	60
重庆 Chongqing	575	941	4970	583	608	547	523
四川 Sichuan	2995	2912	15451	1715	1857	2022	1799
贵州 Guizhou	515	1005	4822	677	595	750	603
云南 Yunnan	1091	1618	7970	809	1010	989	936
西藏 Tibet	12	103	524	82	129	57	62
陕西 Shaanxi	275	523	2922	427	376	430	368
甘肃 Gansu	279	506	2852	285	310	356	333
青海 Qinghai	66	186	896	131	125	94	91
宁夏 Ningxia	74	182	1283	122	166	174	192
新疆 Xinjiang	343	501	2404	323	424	229	211

女学生数
in Special Education

单位:人

unit: person

Enrolment

		初中阶段 Junior Secondary Education				高中阶段 Senior Secondary Education		
五年级 Grade 5	六年级 Grade 6	一年级 Grade 1	二年级 Grade 2	三年级 Grade 3	四年级 Grade 4	一年级 Grade 1	二年级 Grade 2	三年级及以上 Over Grade 3
15608	**14666**	**12059**	**12350**	**11622**	**614**	**1538**	**1236**	**1205**
299	374	309	337	386	8	32	25	36
109	107	93	79	108	3	34	36	22
513	470	297	269	265	7	55	31	46
357	332	277	276	282		51	49	51
204	201	154	144	154	7	45	33	30
305	324	263	289	255	35	74	64	62
214	223	190	162	180		26	33	20
380	375	276	290	259	66	47	32	19
287	1	371	406	383	347	101	71	66
975	897	606	667	721		172	159	139
690	657	550	565	544		101	70	97
526	476	360	332	337	3	67	65	89
1132	1167	731	684	601	3	49	45	58
679	546	485	440	413		25	18	12
776	707	667	671	605	113	123	89	80
680	586	609	412	381	4	59	37	20
423	375	265	372	281	18	59	39	58
607	476	443	498	500		7		4
870	976	777	800	801		141	120	112
575	479	324	257	292		8	8	4
72	59	57	42	32		10	9	9
487	419	478	748	512		23	17	25
1794	1846	1276	1512	1463		66	63	38
557	520	375	346	253		54	56	36
885	926	903	793	701		14	2	2
48	34	34	39	25		5	1	8
325	308	231	222	215		9	6	5
345	327	265	270	284		30	23	24
104	110	79	84	62		6	5	5
166	175	73	99	83		15	14	4
224	193	241	245	244		30	16	24

特殊教育学校教职工数(总数)
Number of Educational Personnel in Special Education Schools (Total)

单位:人
unit: person

地区 Region	教职工数 Educational Personnel					代课教师 Substitute Teachers	兼任教师 Part-time Teachers
	合计 Total	专任教师 Full-time Teachers	行政人员 Adm. Personnel	教辅人员 Supporting Staff	工勤人员 Workers		
总 计 Total	**57360**	**48125**	**3532**	**2215**	**3488**	**1279**	**239**
北 京 Beijing	1278	966	134	96	82	1	
天 津 Tianjin	781	599	95	48	39	20	
河 北 Hebei	3694	3101	264	140	189	58	
山 西 Shanxi	1679	1432	72	55	120	149	30
内蒙古 Inner Mongolia	1437	1209	93	80	55	17	
辽 宁 Liaoning	2764	2049	458	128	129		
吉 林 Jilin	1768	1418	169	90	91	8	2
黑龙江 Heilongjiang	2281	1899	176	63	143	9	6
上 海 Shanghai	1587	1228	168	86	105	7	5
江 苏 Jiangsu	3932	3242	170	216	304	43	
浙 江 Zhejiang	2422	2132	76	64	150		8
安 徽 Anhui	1529	1347	63	27	92	131	9
福 建 Fujian	2077	1825	85	48	119	83	1
江 西 Jiangxi	1245	1128	37	10	70	60	12
山 东 Shandong	5724	4797	265	284	378	142	22
河 南 Henan	3957	3466	159	140	192	30	7
湖 北 Hubei	1997	1712	108	75	102	105	13
湖 南 Hunan	1826	1527	148	73	78	11	5
广 东 Guangdong	3695	3009	209	253	224	35	29
广 西 Guangxi	1533	1221	77	88	147	41	14
海 南 Hainan	271	213	17	6	35	16	
重 庆 Chongqing	986	878	63	10	35	13	
四 川 Sichuan	2466	2211	97	24	134	149	
贵 州 Guizhou	1419	1241	88	17	73	2	5
云 南 Yunnan	1535	1315	46	29	145	7	23
西 藏 Tibet	173	146	16	3	8		
陕 西 Shaanxi	1287	1035	106	30	116	57	46
甘 肃 Gansu	755	671	21	4	59	2	
青 海 Qinghai	178	155	8	4	11	21	
宁 夏 Ningxia	273	260	6	2	5	13	
新 疆 Xinjiang	811	693	38	22	58	49	2

特殊教育学校女教职工数
Number of Female Educational Personnel in Special Education Schools

单位:人
unit: person

地 区 Region	教职工数 Educational Personnel					代课教师 Substitute Teachers	兼任教师 Part-time Teachers
	合计 Total	专任教师 Full-time Teachers	行政人员 Adm. Personnel	教辅人员 Supporting Staff	工勤人员 Workers		
总 计 Total	**39452**	**34988**	**1677**	**1388**	**1399**	**967**	**122**
北 京 Beijing	905	752	73	64	16		
天 津 Tianjin	551	452	59	33	7	18	
河 北 Hebei	2767	2472	128	86	81	38	
山 西 Shanxi	1224	1098	33	43	50	118	19
内蒙古 Inner Mongolia	949	870	30	41	8	11	
辽 宁 Liaoning	2025	1613	302	78	32		
吉 林 Jilin	1240	1087	81	48	24	6	2
黑龙江 Heilongjiang	1467	1325	88	30	24	6	5
上 海 Shanghai	1224	1013	114	63	34	6	2
江 苏 Jiangsu	2593	2295	71	120	107	35	
浙 江 Zhejiang	1766	1602	27	44	93		4
安 徽 Anhui	970	888	21	15	46	111	4
福 建 Fujian	1555	1419	34	34	68	69	
江 西 Jiangxi	890	825	18	6	41	54	6
山 东 Shandong	3416	3065	96	156	99	102	13
河 南 Henan	2773	2562	49	83	79	15	2
湖 北 Hubei	1234	1115	41	42	36	74	8
湖 南 Hunan	1185	1057	63	40	25	11	2
广 东 Guangdong	2677	2258	104	183	132	28	15
广 西 Guangxi	1167	962	38	79	88	36	5
海 南 Hainan	192	157	9	5	21	9	
重 庆 Chongqing	677	635	27	4	11	13	
四 川 Sichuan	1666	1558	41	14	53	120	
贵 州 Guizhou	979	890	39	11	39	2	4
云 南 Yunnan	1038	910	19	23	86	2	14
西 藏 Tibet	95	88	4	2	1		
陕 西 Shaanxi	846	740	44	15	47	27	17
甘 肃 Gansu	484	451	2	4	27	1	
青 海 Qinghai	115	108		3	4	17	
宁 夏 Ningxia	201	198	1	2		4	
新 疆 Xinjiang	581	523	21	17	20	34	

特殊教育学校专任教师
Number of Full-time Teachers in Special Education Schools

地 区 Region	合计 Total	其中:女 of Which: Female	按学历分 By Educational Attainment			
			研究生毕业 Graduate	本科毕业 Under-graduate	专科毕业 Associate Bachelor	高中阶段毕业 High School Graduate
总 计 Total	**48125**	**34988**	**846**	**27833**	**17473**	**1912**
北 京 Beijing	966	752	67	789	96	14
天 津 Tianjin	599	452	25	408	144	19
河 北 Hebei	3101	2472	13	1722	1264	91
山 西 Shanxi	1432	1098	5	861	491	72
内蒙古 Inner Mongolia	1209	870	15	733	400	61
辽 宁 Liaoning	2049	1613	22	1277	687	58
吉 林 Jilin	1418	1087	11	928	377	102
黑龙江 Heilongjiang	1899	1325	4	901	873	116
上 海 Shanghai	1228	1013	90	970	161	7
江 苏 Jiangsu	3242	2295	56	2212	864	110
浙 江 Zhejiang	2132	1602	67	1374	605	84
安 徽 Anhui	1347	888	12	749	529	55
福 建 Fujian	1825	1419	17	996	715	97
江 西 Jiangxi	1128	825	5	576	506	41
山 东 Shandong	4797	3065	108	3151	1320	213
河 南 henan	3466	2562	21	1615	1675	155
湖 北 Hubei	1712	1115	19	884	714	92
湖 南 Hunan	1527	1057	12	700	737	78
广 东 Guangdong	3009	2258	164	1822	900	121
广 西 Guangxi	1221	962	20	560	585	51
海 南 Hainan	213	157		96	110	4
重 庆 Chongqing	878	635	6	489	364	19
四 川 Sichuan	2211	1558	24	937	1158	92
贵 州 Guizhou	1241	890	19	608	574	37
云 南 Yunnan	1315	910	14	825	443	33
西 藏 Tibet	146	88	3	101	39	3
陕 西 Shaanxi	1035	740	13	528	451	43
甘 肃 Gansu	671	451	4	425	219	21
青 海 Qinghai	155	108	4	91	54	6
宁 夏 Ningxia	260	198	4	154	93	9
新 疆 Xinjiang	693	523	2	351	325	8

学历、职称情况
by Educational Attainment and Professional Rank

单位：人
unit：person

	按职称分 By Professional Rank					
高中阶段以下毕业 Below High School Graduate	中学高级 Senior Secondary	小学高级 Senior Primary	小学一级 1st Grade Primary	小学二级 2nd Grade Primary	小学三级 3rd Grade Primary	未定职级 No-ranking
61	**4573**	**23828**	**13873**	**1515**	**129**	**4207**
	61	462	334	3		106
3	59	366	139	1		34
11	375	1735	769	40	3	179
3	46	547	633	71		135
	296	505	245	35	3	125
5	205	1362	345	48	6	83
	151	723	445	20	3	76
5	341	1062	431	20		45
	48	672	456	17		35
	344	1869	732	82	11	204
2	190	933	641	76	2	290
2	116	657	410	66	7	91
	46	920	583	115	8	153
	128	432	349	102	19	98
5	634	2301	1361	174	9	318
	452	1669	1010	140	2	193
3	194	1039	351	42	3	83
	138	797	360	52	24	156
2	124	1404	758	82	5	636
5	27	740	261	20	6	167
3	12	64	59	21		57
	47	374	386	23	7	41
	155	986	871	26		173
3	50	519	446	87	6	133
	137	568	447	66		97
	2	61	58	1		24
	45	371	385	36	4	194
2	50	285	275	16		45
	32	79	28			16
	11	143	78	1	1	26
7	57	183	227	32		194

特殊教育学校
Condition of School Buildings

地 区 Region	校舍建筑面积 Floor Space	教学及辅助用房 Teaching & Assistant Buildings				
		合计 Total	其中 of Which			
			普通教室 General Classroom	专用教室 Special Classroom	实验室 Laboratory	微机室 PC-room
总 计 Total	**8206368**	**3730523**	**2101891**	**1180722**	**149066**	**138877**
北 京 Beijing	150174	64119	30717	26657	1072	3439
天 津 Tianjin	95874	45549	24417	16026	711	1444
河 北 Hebei	453216	226451	114439	81579	10319	9458
山 西 Shanxi	204473	70471	42117	19465	1823	3500
内蒙古 Inner Mongolia	202356	93639	54074	29513	3726	3392
辽 宁 Liaoning	231830	104604	45641	46519	3083	4469
吉 林 Jilin	190651	86890	49368	27251	2712	3467
黑龙江 Heilongjiang	217805	99480	49654	38040	3836	4249
上 海 Shanghai	167411	78014	26954	36708	4913	2740
江 苏 Jiangsu	569175	264744	133746	94708	15554	9476
浙 江 Zhejiang	401667	163340	93791	52915	5428	5326
安 徽 Anhui	331174	164288	96364	47547	6394	5557
福 建 Fujian	342487	145826	76857	54031	4504	4130
江 西 Jiangxi	298361	133852	75522	42828	4858	5148
山 东 Shandong	652380	279464	134148	102249	17530	11907
河 南 Henan	446571	202856	119308	54197	9597	9275
湖 北 Hubei	336617	155198	96470	43050	4447	5106
湖 南 Hunan	322081	144024	99036	26267	4848	6117
广 东 Guangdong	498975	233590	137947	70306	9156	8591
广 西 Guangxi	285335	132772	75928	46610	3521	3223
海 南 Hainan	48177	16826	10794	4635	548	472
重 庆 Chongqing	163794	72940	53715	11274	2301	2817
四 川 Sichuan	435719	206380	129959	55038	6816	6962
贵 州 Guizhou	246883	116733	73967	31327	3662	4150
云 南 Yunnan	304795	148909	95783	37025	5716	4856
西 藏 Tibet	39950	11307	7897	2701	167	225
陕 西 Shaanxi	179595	83685	47078	25827	3683	3111
甘 肃 Gansu	149103	75853	47854	20417	2920	2331
青 海 Qinghai	37300	15613	9757	1191	2320	1021
宁 夏 Ningxia	46312	27981	14921	10738	749	1011
新 疆 Xinjiang	156127	65125	33668	24083	2152	1907

办学条件(一)

in Special Education Schools (1)

单位：平方米

unit：m^2

图书室 Library	行政办公用房 Administrative 合计 Total	其中：教师办公室 of Which: for Teachers	生活用房 Residential and Welfare	其他用房 Rooms for Other Purposes	校舍面积中 of the Floor Space 危房面积 Floor Space of Dilapidated Buildings	当年新增 New Added in Current Year
159967	**838926**	**476394**	**2376811**	**1260108**	**81214**	**635188**
2234	15761	6855	29122	41172		514
2951	10085	5800	18849	21391		94
10656	50067	28969	117938	58760	488	48984
3566	23662	13675	69663	40677	1726	10556
2934	17627	12220	62343	28747		20697
4892	25634	15531	55415	46177	2090	9970
4092	23487	13324	43387	36887		20736
3701	28885	18748	57587	31853	15561	16327
6699	24494	10718	30033	34870		
11260	55299	29967	154060	95072		19588
5880	38862	22242	116649	82816		34726
8426	33428	20286	101046	32412		35483
6304	35019	17803	101203	60439	2390	30526
5496	25580	11984	93919	45010	5318	35540
13630	91294	40458	176967	104655	2380	48699
10479	53863	36866	125131	64721	2412	43776
6125	31359	18087	103963	46097	12571	20266
7756	32549	22071	100739	44769	1468	21976
7590	34570	20936	133930	96885	2669	32582
3490	20841	12559	90945	40777	300	29019
377	3271	2537	21740	6340		1600
2833	17257	11278	55402	18195	1046	2633
7605	35844	20448	145846	47649	1883	57275
3627	20716	12791	87033	22401		24470
5529	26936	12309	102826	26124	21481	11386
317	4314	3447	22840	1489		13993
3986	25677	13333	50957	19276	624	18924
2331	13228	8908	43514	16508	6623	5696
1324	4904	3282	8943	7840	32	4600
562	3365	2085	13274	1692		4292
3315	11048	6877	41547	38407	152	10260

特殊教育学校办学条件(二)
Condition of School Buildings in Special Education Schools (2)

地区 Region	占地面积(平方米) Areas of School Sites (m^2) 合计 Total	其中 of Which 绿化用地面积 Green Areas	运动场地面积 Sports Areas	图书(册) Books & Magazines in Libraries (volume)	数字资源(GB) Digital Resources
总　计 Total	**17987022**	**3701184**	**4287438**	**7898529**	**469308.12**
北　京 Beijing	235036	38064	57742	254450	25745.00
天　津 Tianjin	171656	16422	52398	97504	42768.10
河　北 Hebei	1156923	170305	293359	472298	11474.20
山　西 Shanxi	428886	49070	78842	157346	2510.00
内蒙古 Inner Mongolia	492381	88710	136489	105470	4075.00
辽　宁 Liaoning	573866	74513	154638	432780	37299.60
吉　林 Jilin	507908	86665	157896	158021	1947.00
黑龙江 Heilongjiang	585077	69285	172347	162163	4157.50
上　海 Shanghai	250110	70421	59551	284426	50137.38
江　苏 Jiangsu	1162013	328937	288476	862256	51973.37
浙　江 Zhejiang	809370	207683	192093	288576	21896.13
安　徽 Anhui	820400	173516	185519	303378	7452.50
福　建 Fujian	693911	181610	170727	301936	5763.50
江　西 Jiangxi	639974	150509	174179	162332	10006.00
山　东 Shandong	1762352	386901	422422	753044	17148.14
河　南 Henan	984719	150326	210915	389108	18222.00
湖　北 Hubei	688420	172059	163809	222444	9379.00
湖　南 Hunan	885668	273104	151414	367265	2273.50
广　东 Guangdong	892425	220795	209488	445431	89283.00
广　西 Guangxi	465980	88039	88392	190831	6448.40
海　南 Hainan	120950	22664	23327	23080	1.00
重　庆 Chongqing	268717	53714	52756	108383	13547.80
四　川 Sichuan	722093	131678	192049	430507	7181.20
贵　州 Guizhou	581416	125122	150677	160604	4085.60
云　南 Yunnan	691500	143177	118844	266978	4666.00
西　藏 Tibet	108680	14720	20983	6575	50.00
陕　西 Shaanxi	333691	39338	91758	205001	2829.00
甘　肃 Gansu	293719	45948	76861	131714	13688.60
青　海 Qinghai	107428	11420	23913	16778	1288.00
宁　夏 Ningxia	143760	14196	24631	54816	692.00
新　疆 Xinjiang	407993	102273	90943	83034	1319.60

学前教育基本情况(总计)
Basic Statistics of Pre-primary Education (Total)

地 区 Region	园数(所) Kindergartens 合计 Total	其中:少数民族幼儿园 of Which: Minorities	班数(个) Classes	入园(班) 人数(人) Entrants	在园(班) 人数(人) Enrolment	离园(班) 人数(人) Leavers
总 计 Total	**209881**	**4596**	**1382248**	**19877752**	**40507145**	**15271571**
北 京 Beijing	1426	9	13245	133977	364954	96478
天 津 Tianjin	1821	9	9163	99623	239848	81436
河 北 Hebei	11437	71	76804	1027082	2168486	818902
山 西 Shanxi	6183		40345	411829	968237	341184
内蒙古 Inner Mongolia	3140	301	21763	238489	559013	201007
辽 宁 Liaoning	9439	50	40226	330998	873931	287288
吉 林 Jilin	4039	89	22155	244591	462002	179451
黑龙江 Heilongjiang	5853	54	24972	273751	535854	225471
上 海 Shanghai	1462	2	16890	165862	502889	165810
江 苏 Jiangsu	5072	1	68290	852879	2340454	809772
浙 江 Zhejiang	8871	1	64112	618685	1857507	605456
安 徽 Anhui	6564	8	56240	933754	1729143	674046
福 建 Fujian	7591	14	49082	598637	1456314	517364
江 西 Jiangxi	11448	18	58293	946767	1593532	643133
山 东 Shandong	18512	42	95496	1107154	2628347	988462
河 南 Henan	15821	54	122413	2077950	3692206	1469939
湖 北 Hubei	6491	9	47409	656652	1538200	585677
湖 南 Hunan	12935	195	67672	1061997	2031687	827392
广 东 Guangdong	15416	5	128951	1846417	3793381	1142897
广 西 Guangxi	9734	13	71682	1192230	1973352	858017
海 南 Hainan	1806	26	10643	144003	313878	109790
重 庆 Chongqing	4669		29327	443489	894679	383902
四 川 Sichuan	12111	515	72393	1334504	2407717	963182
贵 州 Guizhou	4767	71	33157	763491	1198864	499442
云 南 Yunnan	6129	24	38076	736930	1245835	588209
西 藏 Tibet	722	211	2831	47367	81123	36939
陕 西 Shaanxi	6970	4	44739	682780	1327552	447848
甘 肃 Gansu	3471	108	22234	348770	620127	243948
青 海 Qinghai	1316	496	6072	95998	174980	70447
宁 夏 Ningxia	710	21	5484	87541	180871	82027
新 疆 Xinjiang	3955	2175	22089	373555	752182	326655

学前教育基本情况(城区)
Basic Statistics of Pre-primary Education (Urban Area)

地　区 Region	园数(所) Kindergartens 合计 Total	其中:少数民族幼儿园 of Which: Minorities	班数(个) Classes	入园(班)人数(人) Entrants	在园(班)人数(人) Enrolment	离园(班)人数(人) Leavers
总　计 Total	**65834**	**352**	**486994**	**5655625**	**14059534**	**4563297**
北　京 Beijing	1031	8	10887	108046	303618	78875
天　津 Tianjin	869	7	5416	58587	144554	41834
河　北 Hebei	1992	41	14780	187299	443521	149520
山　西 Shanxi	1416		10930	120855	299636	104261
内蒙古 Inner Mongolia	1135	30	8305	78682	216991	68467
辽　宁 Liaoning	4982	26	24076	156532	497911	141847
吉　林 Jilin	1994	71	11110	108872	229329	78589
黑龙江 Heilongjiang	2297	7	11421	106796	228755	95872
上　海 Shanghai	1165	2	13581	132385	401916	130443
江　苏 Jiangsu	2600	1	30567	383060	1020142	334468
浙　江 Zhejiang	3484		30282	295918	875223	275374
安　徽 Anhui	1611	2	14140	171193	422063	138969
福　建 Fujian	2659	1	18844	219931	565815	193078
江　西 Jiangxi	2137	2	13013	169753	351458	115564
山　东 Shandong	5478	18	35895	371349	1009351	345102
河　南 Henan	3699	20	30164	365664	864712	278036
湖　北 Hubei	2390	1	18258	225193	575783	196737
湖　南 Hunan	3243	5	18476	237343	518163	176644
广　东 Guangdong	8576		72893	874290	2165189	610690
广　西 Guangxi	1912	2	14828	186025	412391	142105
海　南 Hainan	701		4453	53911	127012	40550
重　庆 Chongqing	1705		10845	157692	320393	116428
四　川 Sichuan	2785	1	20132	280124	641700	211839
贵　州 Guizhou	1125	1	7099	125251	239549	81974
云　南 Yunnan	1128	6	8566	118338	283671	106672
西　藏 Tibet	52	1	405	7526	18251	6875
陕　西 Shaanxi	1669	3	13228	164896	405392	126111
甘　肃 Gansu	742	14	5254	67917	170034	61974
青　海 Qinghai	202	12	1388	18464	47018	17305
宁　夏 Ningxia	317	8	2386	28627	78040	28299
新　疆 Xinjiang	738	62	5372	75106	181953	68795

学前教育基本情况(城乡结合区)
Basic Statistics of Pre-primary Education (Urban-rural Transitional Area)

地　区 Region	园数(所) Kindergartens 合计 Total	其中:少数民族幼儿园 of Which: Minorities	班数(个) Classes	入园(班)人数(人) Entrants	在园(班)人数(人) Enrolment	离园(班)人数(人) Leavers
总　计 Total	**13042**	**65**	**86500**	**1051667**	**2483619**	**800039**
北　京 Beijing	95		814	8386	20260	5504
天　津 Tianjin	172	1	639	5108	13212	5625
河　北 Hebei	553	2	3532	47393	103288	35703
山　西 Shanxi	284		1796	19043	48905	16765
内蒙古 Inner Mongolia	63		410	3470	9583	2719
辽　宁 Liaoning	565	1	2109	14340	42675	11617
吉　林 Jilin	120	2	697	6578	12295	3358
黑龙江 Heilongjiang	139		893	7971	13761	7202
上　海 Shanghai	94		1107	11427	35664	12282
江　苏 Jiangsu	306		2886	38890	98307	30538
浙　江 Zhejiang	1068		7569	72048	219295	68889
安　徽 Anhui	262		1970	24917	56666	18864
福　建 Fujian	574		3532	38353	101337	36236
江　西 Jiangxi	393		2008	26886	48790	17780
山　东 Shandong	1960	5	10381	105045	277862	94897
河　南 Henan	740	1	5243	72727	147209	48699
湖　北 Hubei	376		2436	33222	76027	25094
湖　南 Hunan	559	2	3097	41060	88656	29265
广　东 Guangdong	2816		22891	296625	706238	201701
广　西 Guangxi	367	1	2988	32739	68016	24345
海　南 Hainan	62		367	4558	10222	2947
重　庆 Chongqing	172		852	12430	26279	9377
四　川 Sichuan	387		2365	32135	71150	23043
贵　州 Guizhou	128		740	15668	25132	9417
云　南 Yunnan	226	1	1581	27331	52000	22007
西　藏 Tibet	2		11	100	278	125
陕　西 Shaanxi	339		2261	31430	67706	20489
甘　肃 Gansu	61		362	5098	10599	3670
青　海 Qinghai	31		153	1904	4142	1639
宁　夏 Ningxia	28	2	201	2492	6184	1727
新　疆 Xinjiang	100	47	609	12293	21881	8515

学前教育基本情况(镇区)

Basic Statistics of Pre-primary Education (Counties & Towns Area)

地 区 Region	园数(所) Kindergartens		班数(个) Classes	入园(班) 人数(人) Entrants	在园(班) 人数(人) Enrolment	离园(班) 人数(人) Leavers
	合计 Total	其中:少数民族幼儿园 of Which: Minorities				
总 计 Total	**71464**	**910**	**483700**	**7799190**	**15549049**	**5888222**
北 京 Beijing	197	1	1458	16247	39862	11939
天 津 Tianjin	434		1927	21061	49917	19896
河 北 Hebei	3686	14	25455	364089	759711	294343
山 西 Shanxi	1950		14127	172688	402701	140505
内蒙古 Inner Mongolia	1347	165	9314	118540	258787	100007
辽 宁 Liaoning	2333	16	9942	106862	238765	88945
吉 林 Jilin	1336	16	6798	84571	151809	60769
黑龙江 Heilongjiang	2093	10	9190	115295	216574	88880
上 海 Shanghai	239		2792	28672	85454	29432
江 苏 Jiangsu	1812		29936	373174	1057817	377703
浙 江 Zhejiang	3095	1	23166	228391	703459	235356
安 徽 Anhui	2723	3	21964	389500	734238	280072
福 建 Fujian	2845	1	17431	230520	560574	193147
江 西 Jiangxi	4732	3	26224	467000	783782	312161
山 东 Shandong	4879	11	28989	403370	893199	342792
河 南 Henan	5223	22	40021	735224	1285313	503409
湖 北 Hubei	2299	4	16959	256253	597832	232147
湖 南 Hunan	5010	124	27553	473660	907548	369503
广 东 Guangdong	4045		32059	552957	1000977	306502
广 西 Guangxi	3996	4	25875	488950	821086	338726
海 南 Hainan	882	18	4760	68314	148756	51685
重 庆 Chongqing	1976		12737	209300	432153	194755
四 川 Sichuan	4624	66	31320	646212	1161663	452629
贵 州 Guizhou	2093	33	14000	320718	537388	203664
云 南 Yunnan	1849	1	12119	243480	443957	182778
西 藏 Tibet	131	52	709	15017	26927	10792
陕 西 Shaanxi	3305	1	20700	363241	664875	234859
甘 肃 Gansu	987	14	6905	135065	243597	87347
青 海 Qinghai	282	84	1677	35641	60922	23796
宁 夏 Ningxia	209	4	1659	31862	61172	28379
新 疆 Xinjiang	852	242	5934	103316	218234	91304

学前教育基本情况(镇乡结合区)
Basic Statistics of Pre-primary Education (County-town Transitional Area)

地　区 Region	园数(所) Kindergartens		班数(个) Classes	入园(班)人数(人) Entrants	在园(班)人数(人) Enrolment	离园(班)人数(人) Leavers
	合计 Total	其中:少数民族幼儿园 of Which: Minorities				
总　计 Total	**22512**	**207**	**143156**	**2223799**	**4355479**	**1662360**
北　京 Beijing	52		336	3767	8804	2701
天　津 Tianjin	202		866	9955	23221	9799
河　北 Hebei	2034	5	13591	187331	393590	154125
山　西 Shanxi	739		4706	51476	122208	41472
内蒙古 Inner Mongolia	151	18	1029	12446	28269	10071
辽　宁 Liaoning	452		1551	14124	33484	11821
吉　林 Jilin	143	6	671	7883	14983	6823
黑龙江 Heilongjiang	232	3	875	10455	21124	9920
上　海 Shanghai	65		671	7265	20464	6936
江　苏 Jiangsu	551		7747	93558	268560	94085
浙　江 Zhejiang	1378	1	9029	87365	273074	91997
安　徽 Anhui	533	1	4552	85216	148919	60779
福　建 Fujian	951	1	5330	69226	161824	56144
江　西 Jiangxi	1208		5788	103198	162821	68586
山　东 Shandong	2661	8	13781	186739	406678	157639
河　南 Henan	2173	7	15988	280513	479532	190943
湖　北 Hubei	643		4362	63946	145727	56709
湖　南 Hunan	1778	24	9191	166586	291499	118964
广　东 Guangdong	1459		11976	205125	356558	106566
广　西 Guangxi	880		6138	121050	178928	85673
海　南 Hainan	141		723	9657	21620	8006
重　庆 Chongqing	527		2760	39776	89500	38817
四　川 Sichuan	1106	11	6135	111692	200108	75354
贵　州 Guizhou	382	7	2538	62331	93836	38039
云　南 Yunnan	616		3840	71903	130809	55618
西　藏 Tibet	12	5	77	1654	3664	1476
陕　西 Shaanxi	947		5811	102010	172503	61088
甘　肃 Gansu	242	5	1541	29471	48571	17614
青　海 Qinghai	70	23	369	6481	12386	5481
宁　夏 Ningxia	33	1	243	5420	8835	4659
新　疆 Xinjiang	151	81	941	16180	33380	14455

学前教育基本情况(乡村)

Basic Statistics of Pre-primary Education (Rural Area)

地 区 Region	园数(所) Kindergartens		班数(个) Classes	入园(班) 人数(人) Entrants	在园(班) 人数(人) Enrolment	离园(班) 人数(人) Leavers
	合计 Total	其中:少数民族幼儿园 of Which: Minorities				
总 计 Total	**72583**	**3334**	**411554**	**6422937**	**10898562**	**4820052**
北 京 Beijing	198		900	9684	21474	5664
天 津 Tianjin	518	2	1820	19975	45377	19706
河 北 Hebei	5759	16	36569	475694	965254	375039
山 西 Shanxi	2817		15288	118286	265900	96418
内蒙古 Inner Mongolia	658	106	4144	41267	83235	32533
辽 宁 Liaoning	2124	8	6208	67604	137255	56496
吉 林 Jilin	709	2	4247	51148	80864	40093
黑龙江 Heilongjiang	1463	37	4361	51660	90525	40719
上 海 Shanghai	58		517	4805	15519	5935
江 苏 Jiangsu	660		7787	96645	262495	97601
浙 江 Zhejiang	2292		10664	94376	278825	94726
安 徽 Anhui	2230	3	20136	373061	572842	255005
福 建 Fujian	2087	12	12807	148186	329925	131139
江 西 Jiangxi	4579	13	19056	310014	458292	215408
山 东 Shandong	8155	13	30612	332435	725797	300568
河 南 Henan	6899	12	52228	977062	1542181	688494
湖 北 Hubei	1802	4	12192	175206	364585	156793
湖 南 Hunan	4682	66	21643	350994	605976	281245
广 东 Guangdong	2795	5	23999	419170	627215	225705
广 西 Guangxi	3826	7	30979	517255	739875	377186
海 南 Hainan	223	8	1430	21778	38110	17555
重 庆 Chongqing	988		5745	76497	142133	72719
四 川 Sichuan	4702	448	20941	408168	604354	298714
贵 州 Guizhou	1549	37	12058	317522	421927	213804
云 南 Yunnan	3152	17	17391	375112	518207	298759
西 藏 Tibet	539	158	1717	24824	35945	19272
陕 西 Shaanxi	1996		10811	154643	257285	86878
甘 肃 Gansu	1742	80	10075	145788	206496	94627
青 海 Qinghai	832	400	3007	41893	67040	29346
宁 夏 Ningxia	184	9	1439	27052	41659	25349
新 疆 Xinjiang	2365	1871	10783	195133	351995	166556

学前教育中女儿童数

Number of Female Children in Pre-primary Education

单位:人

unit:person

地　区 Region	入园(班)人数 Entrants	在园(班)人数 Enrolment	离园(班)人数 Leavers
总　计 Total	**9262884**	**18760898**	**7216745**
北　京 Beijing	64078	173629	46622
天　津 Tianjin	48368	113943	39159
河　北 Hebei	480151	1011352	388648
山　西 Shanxi	197513	465858	166504
内蒙古 Inner Mongolia	112384	262278	97754
辽　宁 Liaoning	156860	408700	136916
吉　林 Jilin	116026	217645	87764
黑龙江 Heilongjiang	130282	253763	108560
上　海 Shanghai	78714	237212	77614
江　苏 Jiangsu	397088	1084939	380280
浙　江 Zhejiang	286090	853635	288077
安　徽 Anhui	434986	801471	319695
福　建 Fujian	272557	660378	243424
江　西 Jiangxi	432686	721242	300247
山　东 Shandong	506718	1205042	467257
河　南 Henan	979825	1727781	699132
湖　北 Hubei	301718	704555	277242
湖　南 Hunan	492993	938277	394281
广　东 Guangdong	837763	1700569	490825
广　西 Guangxi	544895	893211	400619
海　南 Hainan	68659	140303	50138
重　庆 Chongqing	209833	421825	187925
四　川 Sichuan	636975	1148066	458925
贵　州 Guizhou	351975	547750	242409
云　南 Yunnan	347698	586563	287737
西　藏 Tibet	23101	39262	18366
陕　西 Shaanxi	321897	622719	211333
甘　肃 Gansu	163515	289010	116489
青　海 Qinghai	45684	82767	34937
宁　夏 Ningxia	41676	85648	40844
新　疆 Xinjiang	180176	361505	157022

幼儿园教职工数(总计)

Number of Educational Personnel in Kindergarten (Total)

单位:人
unit: person

地 区 Region	教职工数 Educational Personnel						代课教师 Substitute Teachers	兼任教师 Part-time Teachers
	合计 Total	园长 Kindergarten Heads	专任教师 Full-time Teachers	保健医 Health Physician	保育员 Caretaker	其他 Other		
总 计 Total	**3142226**	**236169**	**1844148**	**81006**	**550808**	**430095**	**165907**	**22272**
北 京 Beijing	57950	2179	31692	2291	9329	12459		712
天 津 Tianjin	21889	1746	13096	717	3021	3309	2717	121
河 北 Hebei	128100	11787	83885	2793	16503	13132	11108	587
山 西 Shanxi	68785	6137	44475	1597	8433	8143	13470	1183
内蒙古 Inner Mongolia	53135	3325	33244	1292	7008	8266	2465	364
辽 宁 Liaoning	88145	8549	54959	1498	10767	12372	886	1482
吉 林 Jilin	47445	4609	27381	1778	7302	6375	951	470
黑龙江 Heilongjiang	55788	6197	30865	2679	8705	7342	1729	723
上 海 Shanghai	53352	1900	34861	1788	7380	7423	1653	98
江 苏 Jiangsu	197076	8013	115900	5380	44923	22860	20421	475
浙 江 Zhejiang	200295	9398	112297	5766	39466	33368		741
安 徽 Anhui	95225	7701	58256	2606	16839	9823	7220	718
福 建 Fujian	122885	8603	70405	2921	23470	17486	6155	418
江 西 Jiangxi	111715	12520	67360	2713	17639	11483	2199	671
山 东 Shandong	212629	19550	141524	3761	23068	24726	27320	1728
河 南 Henan	237511	19196	142768	7083	40742	27722	24042	1384
湖 北 Hubei	122017	9313	63006	3391	26887	19420	9596	578
湖 南 Hunan	157461	13392	77843	4388	38578	23260	5326	706
广 东 Guangdong	387991	22037	213800	10169	79988	61997	1934	995
广 西 Guangxi	112347	11369	61256	2337	21735	15650	1936	1949
海 南 Hainan	29198	2393	14976	1033	6230	4566	232	186
重 庆 Chongqing	64693	5415	32921	1604	15649	9104	2734	831
四 川 Sichuan	148773	13516	86414	3292	25922	19629	7342	466
贵 州 Guizhou	68420	5120	43081	1592	10484	8143	1399	1086
云 南 Yunnan	74537	6369	44661	1571	11146	10790	769	2171
西 藏 Tibet	3383	223	2627	21	263	249	176	
陕 西 Shaanxi	115173	8070	68118	3387	18197	17401	3534	334
甘 肃 Gansu	36897	3092	26097	577	3260	3871	1987	785
青 海 Qinghai	9340	898	5276	109	1193	1864	2027	114
宁 夏 Ningxia	12834	881	7746	310	1563	2334	1826	29
新 疆 Xinjiang	47237	2671	33358	562	5118	5528	2753	167

幼儿园教职工数(城区)

Number of Educational Personnel in Kindergarten (Urban Area)

单位:人

unit: person

地 区 Region	教职工数 Educational Personnel						代课教师 Substitute Teachers	兼任教师 Part-time Teachers
	合计 Total	园长 Kindergarten Heads	专任教师 Full-time Teachers	保健医 Health Physician	保育员 Caretaker	其他 Other		
总 计 Total	**1578160**	**93164**	**884373**	**46413**	**300600**	**253610**	**41720**	**7602**
北 京 Beijing	49842	1752	26822	2017	8390	10861		543
天 津 Tianjin	17527	1194	10334	610	2555	2834	656	100
河 北 Hebei	45432	2983	27249	1294	7208	6698	2107	112
山 西 Shanxi	33559	2017	20229	965	4938	5410	3315	799
内蒙古 Inner Mongolia	25464	1256	15472	763	3739	4234	1200	207
辽 宁 Liaoning	64593	5475	37956	1261	9406	10495	215	549
吉 林 Jilin	29466	2528	16342	1114	5083	4399	420	254
黑龙江 Heilongjiang	29497	2694	15728	1506	4939	4630	756	209
上 海 Shanghai	43257	1512	28247	1499	5921	6078	1314	96
江 苏 Jiangsu	109223	4517	61319	3250	24843	15294	4457	216
浙 江 Zhejiang	102849	3895	57380	3136	21449	16989		318
安 徽 Anhui	38234	2472	21919	1145	7845	4853	2287	123
福 建 Fujian	61809	3730	34192	1748	13232	8907	1494	173
江 西 Jiangxi	36171	3053	20736	1069	6877	4436	353	215
山 东 Shandong	110315	7557	69092	2431	14483	16752	6054	734
河 南 Henan	93737	5521	54648	2704	17596	13268	5931	527
湖 北 Hubei	62576	4230	31507	1865	14072	10902	2939	171
湖 南 Hunan	60268	3995	28719	1890	15255	10409	1108	431
广 东 Guangdong	267781	13690	143266	7555	56386	46884	1004	462
广 西 Guangxi	38933	2883	21112	1026	8101	5811	323	379
海 南 Hainan	13933	1019	7286	586	2953	2089	105	98
重 庆 Chongqing	33942	2430	17198	1077	7995	5242	966	301
四 川 Sichuan	65817	4339	35767	1785	13432	10494	1255	77
贵 州 Guizhou	23236	1533	12393	702	4894	3714	151	82
云 南 Yunnan	29018	1639	16650	828	4934	4967	207	229
西 藏 Tibet	1213	94	689	17	204	209	8	
陕 西 Shaanxi	46283	2395	25561	1578	7919	8830	480	73
甘 肃 Gansu	15923	1001	10260	354	1967	2341	372	98
青 海 Qinghai	3689	298	1891	39	477	984	547	4
宁 夏 Ningxia	7607	463	4600	194	852	1498	1046	
新 疆 Xinjiang	16966	999	9809	405	2655	3098	650	22

幼儿园教职工数(城乡结合区)
Number of Educational Personnel in Kindergarten (Urban-rural Transitional Area)

单位:人
unit: person

地 区 Region	教职工数 Educational Personnel						代课教师 Substitute Teachers	兼任教师 Part-time Teachers
	合计 Total	园长 Kindergarten Heads	专任教师 Full-time Teachers	保健医 Health Physician	保育员 Caretaker	其他 Other		
总 计 Total	**248294**	**16436**	**138529**	**6939**	**47584**	**38806**	**7408**	**1020**
北 京 Beijing	3087	164	1698	122	507	596		52
天 津 Tianjin	1471	185	747	61	293	185	17	4
河 北 Hebei	7468	629	4631	190	1068	950	517	18
山 西 Shanxi	4092	317	2542	100	544	589	756	62
内蒙古 Inner Mongolia	909	63	518	32	135	161	110	11
辽 宁 Liaoning	4317	515	2653	65	501	583	13	17
吉 林 Jilin	1600	155	839	71	270	265	32	7
黑龙江 Heilongjiang	1551	157	850	58	216	270	98	36
上 海 Shanghai	3600	111	2122	128	679	560	105	2
江 苏 Jiangsu	9236	444	5274	269	2044	1205	586	8
浙 江 Zhejiang	23368	1158	12635	758	4819	3998		112
安 徽 Anhui	3884	326	2277	122	760	399	335	13
福 建 Fujian	9631	676	5250	259	1971	1475	194	15
江 西 Jiangxi	4362	462	2501	127	798	474	12	33
山 东 Shandong	26427	2323	17418	506	3024	3156	2407	217
河 南 Henan	13593	962	7611	434	2718	1868	589	74
湖 北 Hubei	7016	575	3401	199	1694	1147	366	18
湖 南 Hunan	9154	626	4346	311	2316	1555	500	61
广 东 Guangdong	80912	4143	43703	2149	17018	13899	269	79
广 西 Guangxi	5314	505	2929	135	1047	698	7	87
海 南 Hainan	1104	97	555	51	236	165		6
重 庆 Chongqing	2359	202	1100	57	601	399	170	16
四 川 Sichuan	7311	572	3654	255	1633	1197	88	25
贵 州 Guizhou	1960	152	1032	77	426	273	13	1
云 南 Yunnan	4434	267	2459	115	795	798	86	29
西 藏 Tibet	6	2	4					
陕 西 Shaanxi	6880	444	3601	237	1204	1394	57	15
甘 肃 Gansu	871	61	673	15	47	75	12	2
青 海 Qinghai	361	35	176	4	48	98	24	
宁 夏 Ningxia	645	41	354	16	77	157	16	
新 疆 Xinjiang	1371	67	976	16	95	217	29	

幼儿园教职工数(镇区)

Number of Educational Personnel in Kindergarten (Counties & Towns Area)

单位:人
unit: person

地 区 Region	教职工数 Educational Personnel						代课教师 Substitute Teachers	兼任教师 Part-time Teachers
	合计 Total	园长 Kindergarten Heads	专任教师 Full-time Teachers	保健医 Health Physician	保育员 Caretaker	其他 Other		
总 计 Total	**1067708**	**81409**	**659023**	**23738**	**179142**	**124396**	**83361**	**8784**
北 京 Beijing	5551	254	3275	191	700	1131		58
天 津 Tianjin	2497	297	1518	65	269	348	1241	17
河 北 Hebei	50621	4198	34063	1047	6632	4681	3549	120
山 西 Shanxi	25080	2080	17586	462	2788	2164	6529	305
内蒙古 Inner Mongolia	22319	1434	14533	461	2671	3220	1063	94
辽 宁 Liaoning	15776	1951	11406	165	930	1324	423	530
吉 林 Jilin	12718	1400	7802	467	1610	1439	332	169
黑龙江 Heilongjiang	19359	2190	11050	902	2983	2234	695	418
上 海 Shanghai	8518	323	5681	236	1182	1096	288	2
江 苏 Jiangsu	72791	2789	45614	1677	16573	6138	13382	170
浙 江 Zhejiang	70165	3382	40042	1863	13366	11512		302
安 徽 Anhui	39474	3207	25683	979	6165	3440	3433	409
福 建 Fujian	44477	3169	26581	889	7713	6125	3331	175
江 西 Jiangxi	53958	5508	33832	1220	8359	5039	1354	228
山 东 Shandong	59247	5225	42455	824	5622	5121	14339	777
河 南 Henan	78381	6380	49425	2160	12379	8037	10793	532
湖 北 Hubei	39711	3088	21624	961	8456	5582	4227	312
湖 南 Hunan	64077	5174	32788	1589	15867	8659	2768	196
广 东 Guangdong	86381	5512	50529	1919	17262	11159	692	295
广 西 Guangxi	48459	4687	27006	922	9257	6587	1073	983
海 南 Hainan	12742	1128	6432	373	2777	2032	118	56
重 庆 Chongqing	25256	2161	13201	444	6267	3183	1431	371
四 川 Sichuan	61888	5431	38432	1135	9749	7141	5242	106
贵 州 Guizhou	32804	2324	21969	657	4381	3473	829	654
云 南 Yunnan	28531	2003	18399	464	3885	3780	286	763
西 藏 Tibet	1362	98	1167	4	56	37	50	
陕 西 Shaanxi	51018	3724	32467	1248	7579	6000	2595	210
甘 肃 Gansu	13513	1031	10571	152	871	888	972	311
青 海 Qinghai	3199	283	1953	55	423	485	671	67
宁 夏 Ningxia	4030	275	2374	93	589	699	601	25
新 疆 Xinjiang	13805	703	9565	114	1781	1642	1054	129

幼儿园教职工数(镇乡结合区)
Number of Educational Personnel in Kindergarten (County-town Transitional Area)

单位:人
unit: person

地 区 Region	教职工数 Educational Personnel						代课教师 Substitute Teachers	兼任教师 Part-time Teachers
	合计 Total	园长 Kindergarten Heads	专任教师 Full-time Teachers	保健医 Health Physician	保育员 Caretaker	其他 Other		
总 计 Total	**287701**	**24259**	**173493**	**6653**	**48818**	**34478**	**21257**	**2048**
北 京 Beijing	1069	61	693	32	90	193		10
天 津 Tianjin	720	111	479	17	53	60	647	11
河 北 Hebei	23363	2134	16007	452	2863	1907	1999	69
山 西 Shanxi	7409	722	4845	148	921	773	2037	135
内蒙古 Inner Mongolia	2402	170	1575	60	288	309	124	20
辽 宁 Liaoning	2089	342	1481	18	103	145	57	73
吉 林 Jilin	1376	149	864	49	160	154	15	12
黑龙江 Heilongjiang	1676	236	1012	76	188	164	111	90
上 海 Shanghai	2224	89	1243	66	456	370	75	
江 苏 Jiangsu	19317	776	11804	489	4532	1716	2924	35
浙 江 Zhejiang	26608	1489	14838	761	4906	4614		140
安 徽 Anhui	7043	603	4559	205	1088	588	511	87
福 建 Fujian	12074	979	6849	220	2146	1880	945	44
江 西 Jiangxi	9376	1212	5739	213	1281	931	150	48
山 东 Shandong	26239	2642	18760	366	2296	2175	4209	186
河 南 Henan	26900	2541	16192	797	4430	2940	3276	156
湖 北 Hubei	9252	780	4894	224	2075	1279	975	26
湖 南 Hunan	19522	1796	9618	484	4892	2732	849	69
广 东 Guangdong	29188	1894	16998	702	5847	3747	161	116
广 西 Guangxi	8222	943	4537	171	1440	1131	102	187
海 南 Hainan	1891	172	932	57	421	309	8	13
重 庆 Chongqing	5678	564	2705	114	1486	809	170	99
四 川 Sichuan	12901	1254	7133	321	2377	1816	737	8
贵 州 Guizhou	4874	411	2963	114	780	606	163	104
云 南 Yunnan	8083	653	4824	135	1300	1171	42	134
西 藏 Tibet	161	10	124	2	22	3	11	
陕 西 Shaanxi	12628	1070	7900	304	1814	1540	565	64
甘 肃 Gansu	2415	242	1842	18	192	121	132	77
青 海 Qinghai	595	65	360	17	61	92	111	13
宁 夏 Ningxia	471	43	286	13	54	75	54	4
新 疆 Xinjiang	1935	106	1437	8	256	128	97	18

幼儿园教职工数(乡村)

Number of Educational Personnel in Kindergarten (Rural Area)

单位:人

unit: person

地 区 Region	教职工数 Educational Personnel						代课教师 Substitute Teachers	兼任教师 Part-time Teachers
	合计 Total	园长 Kindergarten Heads	专任教师 Full-time Teachers	保健医 Health Physician	保育员 Caretaker	其他 Other		
总　计 Total	**496358**	**61596**	**300752**	**10855**	**71066**	**52089**	**40826**	**5886**
北　京 Beijing	2557	173	1595	83	239	467		111
天　津 Tianjin	1865	255	1244	42	197	127	820	4
河　北 Hebei	32047	4606	22573	452	2663	1753	5452	355
山　西 Shanxi	10146	2040	6660	170	707	569	3626	79
内蒙古 Inner Mongolia	5352	635	3239	68	598	812	202	63
辽　宁 Liaoning	7776	1123	5597	72	431	553	248	403
吉　林 Jilin	5261	681	3237	197	609	537	199	47
黑龙江 Heilongjiang	6932	1313	4087	271	783	478	278	96
上　海 Shanghai	1577	65	933	53	277	249	51	
江　苏 Jiangsu	15062	707	8967	453	3507	1428	2582	89
浙　江 Zhejiang	27281	2121	14875	767	4651	4867		121
安　徽 Anhui	17517	2022	10654	482	2829	1530	1500	186
福　建 Fujian	16599	1704	9632	284	2525	2454	1330	70
江　西 Jiangxi	21586	3959	12792	424	2403	2008	492	228
山　东 Shandong	43067	6768	29977	506	2963	2853	6927	217
河　南 Henan	65393	7295	38695	2219	10767	6417	7318	325
湖　北 Hubei	19730	1995	9875	565	4359	2936	2430	95
湖　南 Hunan	33116	4223	16336	909	7456	4192	1450	79
广　东 Guangdong	33829	2835	20005	695	6340	3954	238	238
广　西 Guangxi	24955	3799	13138	389	4377	3252	540	587
海　南 Hainan	2523	246	1258	74	500	445	9	32
重　庆 Chongqing	5495	824	2522	83	1387	679	337	159
四　川 Sichuan	21068	3746	12215	372	2741	1994	845	283
贵　州 Guizhou	12380	1263	8719	233	1209	956	419	350
云　南 Yunnan	16988	2727	9612	279	2327	2043	276	1179
西　藏 Tibet	808	31	771		3	3	118	
陕　西 Shaanxi	17872	1951	10090	561	2699	2571	459	51
甘　肃 Gansu	7461	1060	5266	71	422	642	643	376
青　海 Qinghai	2452	317	1432	15	293	395	809	43
宁　夏 Ningxia	1197	143	772	23	122	137	179	4
新　疆 Xinjiang	16466	969	13984	43	682	788	1049	16

幼儿园女

Number of Female Educational

地 区 Region	合计 Total	园长 Kindergarten Heads	专任教师 Full-time Teachers
	教职工数 Educational Personnel		
总 计 Total	**2881166**	**213047**	**1806076**
北 京 Beijing	52952	2089	30945
天 津 Tianjin	19779	1608	12510
河 北 Hebei	116207	9375	80366
山 西 Shanxi	63940	5306	43796
内蒙古 Inner Mongolia	47358	2954	31698
辽 宁 Liaoning	82314	7930	54203
吉 林 Jilin	43246	4298	26895
黑龙江 Heilongjiang	50799	5596	30082
上 海 Shanghai	50705	1865	34487
江 苏 Jiangsu	185878	7719	114464
浙 江 Zhejiang	184805	9009	111220
安 徽 Anhui	88041	6869	57239
福 建 Fujian	113986	8478	69975
江 西 Jiangxi	104471	11579	66639
山 东 Shandong	193005	16571	138215
河 南 Henan	216141	16397	140561
湖 北 Hubei	109304	8188	61646
湖 南 Hunan	141034	12243	76873
广 东 Guangdong	357060	20976	210428
广 西 Guangxi	104215	10662	60529
海 南 Hainan	26853	2309	14761
重 庆 Chongqing	59943	5004	32565
四 川 Sichuan	137019	12682	84964
贵 州 Guizhou	63033	4580	41308
云 南 Yunnan	67535	5422	42980
西 藏 Tibet	2878	167	2316
陕 西 Shaanxi	102884	6750	65832
甘 肃 Gansu	33293	2588	24712
青 海 Qinghai	8088	696	4957
宁 夏 Ningxia	11638	741	7501
新 疆 Xinjiang	42762	2396	31409

教职工数
Personnel in Kindergarten

单位：人
unit: person

保健医 Health Physician	保育员 Caretaker	其他 Other	代课教师 Substitute Teachers	兼任教师 Part-time Teachers
71833	**537873**	**252337**	**151068**	**18466**
2242	9272	8404		668
664	2795	2202	2615	90
2405	15930	8131	10497	487
1402	8256	5180	12952	1107
1100	6634	4972	2256	278
1393	10686	8102	872	1281
1561	7001	3491	843	304
2434	8297	4390	1603	590
1775	7333	5245	1558	73
5240	44508	13947	19866	389
5465	39167	19944		668
2191	16348	5394	6766	542
2637	23160	9736	5855	366
2157	17098	6998	2093	542
3334	22038	12847	20235	1418
5693	39233	14257	22364	1061
2912	26288	10270	9027	450
3466	37242	11210	4997	447
9445	78917	37294	1836	793
1985	21149	9890	1793	1712
947	6099	2737	202	125
1436	15383	5555	2603	673
2911	25406	11056	6845	371
1426	10151	5568	1248	899
1405	10742	6986	736	1887
15	260	120	149	
2785	17676	9841	3331	280
506	3111	2376	1813	710
85	1126	1224	1780	76
280	1555	1561	1668	27
536	5012	3409	2665	152

幼儿园园长、专任教师

Number of Kindergarten Heads, Full-time Teachers by Educational

地　区 Region	合计 Total	按学历分 By Educational Attainment			
		研究生毕业 Graduate	本科毕业 Under-graduate	专科毕业 Associate Bachelor	高中阶段毕业 High School Graduate
总　计 Total	**2080317**	**5225**	**377392**	**1117219**	**529036**
北　京 Beijing	33871	393	11939	16694	4650
天　津 Tianjin	14842	199	6916	5537	1900
河　北 Hebei	95672	193	17107	52547	23635
山　西 Shanxi	50612	94	10190	25753	13610
内蒙古 Inner Mongolia	36569	205	11052	19328	5684
辽　宁 Liaoning	63508	300	9945	35041	15946
吉　林 Jilin	31990	256	8672	16024	6283
黑龙江 Heilongjiang	37062	108	8466	20446	6627
上　海 Shanghai	36761	245	23893	11061	1497
江　苏 Jiangsu	123913	350	46105	65876	11032
浙　江 Zhejiang	121695	214	31248	64957	24693
安　徽 Anhui	65957	70	10036	43417	11528
福　建 Fujian	79008	54	11543	37978	27355
江　西 Jiangxi	79880	110	7019	37325	30558
山　东 Shandong	161074	442	26391	83379	42866
河　南 Henan	161964	360	20265	91664	44445
湖　北 Hubei	72319	180	10092	36112	23938
湖　南 Hunan	91235	144	8317	52161	28309
广　东 Guangdong	235837	394	20974	126282	82545
广　西 Guangxi	72625	116	8031	40287	20276
海　南 Hainan	17369	20	1668	9880	5281
重　庆 Chongqing	38336	78	5395	21945	10132
四　川 Sichuan	99930	134	11851	59743	27876
贵　州 Guizhou	48201	30	7063	26113	13935
云　南 Yunnan	51030	131	10483	26376	12280
西　藏 Tibet	2850	2	580	1843	349
陕　西 Shaanxi	76188	241	14406	44068	16025
甘　肃 Gansu	29189	85	8323	14742	5676
青　海 Qinghai	6174	15	1083	3256	1553
宁　夏 Ningxia	8627	25	1423	5596	1436
新　疆 Xinjiang	36029	37	6916	21788	7116

学历、职称情况（总计）
Attainment and Professional Rank（Total）

单位：人
unit：person

高中阶段以下毕业 Below High School Graduate	中学高级 Senior Secondary	小学高级 Senior Primary	小学一级 1st Grade Primary	小学二级 2nd Grade Primary	小学三级 3rd Grade Primary	未定职级 No-ranking
	按职称分 By Professional Rank					
51445	**15197**	**219177**	**260249**	**89337**	**15988**	**1480369**
195	259	5153	6473	2469	501	19016
290	336	4736	2394	86	46	7244
2190	912	20252	16467	2586	272	55183
965	167	6377	8103	2618	238	33109
300	1861	4760	4546	1264	53	24085
2276	994	7098	4080	971	783	49582
755	389	4843	4035	989	275	21459
1415	873	5586	4616	884	260	24843
65	641	9478	13887	2220	283	10252
550	1667	19600	26001	8844	162	67639
583	779	10941	29318	7270	794	72593
906	221	7076	6744	3256	549	48111
2078	267	8240	5919	4759	452	59371
4868	450	3741	4586	2733	750	67620
7996	1151	12722	14534	6397	1314	124956
5230	824	11846	16188	6712	248	126146
1997	581	8942	8634	3368	942	49852
2304	388	4470	6025	2089	700	77563
5642	486	16638	16975	7229	2539	191970
3915	291	5499	5085	3104	1061	57585
520	34	817	1178	963	151	14226
786	193	2406	3218	835	205	31479
326	443	7884	12718	2938	398	75549
1060	72	5522	4982	3949	902	32774
1760	182	8894	6676	2618	298	32362
76	14	446	847	192	47	1304
1448	281	5488	9855	3282	825	56457
363	154	4506	7419	1491	161	15458
267	79	814	420	179	88	4594
147	65	1118	918	202	78	6246
172	143	3284	7408	2840	613	21741

幼儿园园长、专任教师

Number of Kindergarten Heads, Full-time Teachers by Educational

地区 Region	合计 Total	按学历分 By Educational Attainment			
		研究生毕业 Graduate	本科毕业 Under-graduate	专科毕业 Associate Bachelor	高中阶段毕业 High School Graduate
总计 Total	**977537**	**4243**	**220828**	**544294**	**195493**
北京 Beijing	28574	358	9792	14299	3985
天津 Tianjin	11528	192	5938	4271	1005
河北 Hebei	30232	129	6799	17503	5624
山西 Shanxi	22246	75	5236	11866	4747
内蒙古 Inner Mongolia	16728	171	5340	9086	2039
辽宁 Liaoning	43431	269	7936	25993	8623
吉林 Jilin	18870	220	5403	9791	3184
黑龙江 Heilongjiang	18422	95	5008	10447	2454
上海 Shanghai	29759	217	19233	9163	1105
江苏 Jiangsu	65836	246	29410	33407	2681
浙江 Zhejiang	61275	190	18702	32171	10035
安徽 Anhui	24391	59	4953	16527	2748
福建 Fujian	37922	47	6572	18825	12002
江西 Jiangxi	23789	68	3254	13284	6604
山东 Shandong	76649	367	15817	43807	13757
河南 Henan	60169	252	10527	37027	11612
湖北 Hubei	35737	152	6681	19143	9353
湖南 Hunan	32714	133	4556	21044	6640
广东 Guangdong	156956	343	16837	85236	51865
广西 Guangxi	23995	68	3883	14815	4778
海南 Hainan	8305	16	819	4997	2354
重庆 Chongqing	19628	69	3526	11750	4109
四川 Sichuan	40106	107	6068	26246	7627
贵州 Guizhou	13926	16	2290	7780	3673
云南 Yunnan	18289	109	4879	10145	2958
西藏 Tibet	783	2	194	368	186
陕西 Shaanxi	27956	156	4903	17678	4678
甘肃 Gansu	11261	56	2658	6078	2346
青海 Qinghai	2189	7	422	1240	485
宁夏 Ningxia	5063	23	889	3371	739
新疆 Xinjiang	10808	31	2303	6936	1497

学历、职称情况(城区)

Attainment and Professional Rank (Urban Area)

单位:人
unit:person

高中阶段以下毕业 Below High School Graduate	按职称分 By Professional Rank					
	中学高级 Senior Secondary	小学高级 Senior Primary	小学一级 1st Grade Primary	小学二级 2nd Grade Primary	小学三级 3rd Grade Primary	未定职级 No-ranking
12679	**8650**	**105035**	**125664**	**42987**	**7894**	**687307**
140	238	4276	5243	2235	452	16130
122	212	3693	2163	83	39	5338
177	336	5096	4185	764	155	19696
322	107	2898	3169	1311	147	14614
92	707	1811	1838	442	14	11916
610	627	4495	2820	588	558	34343
272	246	2245	1557	359	213	14250
418	463	2744	1678	456	168	12913
41	537	8110	10826	1903	243	8140
92	1151	11369	16086	4963	137	32130
177	547	6956	15941	3340	345	34146
104	126	2833	2523	1148	249	17512
476	174	3400	2986	2379	180	28803
579	239	1529	2251	1025	148	18597
2901	641	5584	6362	3460	760	59842
751	440	5277	6114	3081	232	45025
408	386	4510	4166	1888	484	24303
341	204	1765	2594	805	231	27115
2675	351	9523	12614	5284	1390	127794
451	185	1984	2168	1272	384	18002
119	23	399	513	413	89	6868
174	137	1207	1569	430	119	16166
58	157	3260	5789	1276	311	29313
167	30	1202	1107	580	160	10847
198	96	3147	2422	1201	95	11328
33	4	97	122	16	4	540
541	95	1687	2553	995	291	22335
123	69	1655	1918	535	75	7009
35	21	228	210	108	79	1543
41	47	570	477	145	67	3757
41	54	1485	1700	502	75	6992

幼儿园园长、专任教师

Number of Kindergarten Heads, Full-time Teachers by Educational

地 区 Region	合计 Total	按学历分 By Educational Attainment			
		研究生毕业 Graduate	本科毕业 Under-graduate	专科毕业 Associate Bachelor	高中阶段毕业 High School Graduate
总 计 Total	**154965**	**269**	**20639**	**85751**	**44847**
北 京 Beijing	1862	4	489	1050	297
天 津 Tianjin	932		127	428	325
河 北 Hebei	5260	12	1124	2911	1159
山 西 Shanxi	2859	5	634	1447	718
内蒙古 Inner Mongolia	581	3	131	313	133
辽 宁 Liaoning	3168	8	389	1625	1064
吉 林 Jilin	994	6	304	463	197
黑龙江 Heilongjiang	1007	1	303	527	135
上 海 Shanghai	2233	4	1106	847	271
江 苏 Jiangsu	5718	7	1767	3487	428
浙 江 Zhejiang	13793	16	2495	7752	3494
安 徽 Anhui	2603		371	1748	455
福 建 Fujian	5926	4	630	2822	2317
江 西 Jiangxi	2963	4	219	1545	1029
山 东 Shandong	19741	56	3056	10884	4858
河 南 Henan	8573	19	939	5183	2256
湖 北 Hubei	3976	7	497	2190	1220
湖 南 Hunan	4972	20	485	3285	1131
广 东 Guangdong	47846	59	3056	25175	18332
广 西 Guangxi	3434	5	292	1978	1039
海 南 Hainan	652	2	69	339	236
重 庆 Chongqing	1302	4	164	765	355
四 川 Sichuan	4226	3	483	2861	874
贵 州 Guizhou	1184		135	655	380
云 南 Yunnan	2726	7	514	1578	590
西 藏 Tibet	6		3	3	
陕 西 Shaanxi	4045	11	513	2552	868
甘 肃 Gansu	734	2	118	343	262
青 海 Qinghai	211		16	107	84
宁 夏 Ningxia	395		39	228	128
新 疆 Xinjiang	1043		171	660	212

学历、职称情况(城乡结合区)
Attainment and Professional Rank (Urban-rural Transitional Area)

单位:人
unit:person

	按职称分 By Professional Rank					
高中阶段以下毕业 Below High School Graduate	中学高级 Senior Secondary	小学高级 Senior Primary	小学一级 1st Grade Primary	小学二级 2nd Grade Primary	小学三级 3rd Grade Primary	未定职级 No-ranking
3459	**578**	**8263**	**12665**	**4761**	**944**	**127754**
22	8	125	167	81	39	1442
52	2	18	5		20	887
54	42	897	803	60	5	3453
55	14	304	393	164	18	1966
1	7	24	32			518
82	21	198	127	26	53	2743
24	6	112	69	16	1	790
41	41	288	134	9	2	533
5	29	313	624	62	4	1201
29	40	556	928	464	16	3714
36	33	612	2361	633	36	10118
29	3	159	146	65	4	2226
153	5	271	261	236	9	5144
166	10	52	136	90	19	2656
887	128	1147	1302	613	70	16481
176	32	321	494	324	5	7397
62	26	248	262	113	39	3288
51	18	190	332	98	45	4289
1224	53	1464	2574	1137	360	42258
120	22	107	161	135	49	2960
6		3	12	10		627
14	7	60	129	9	19	1078
5	3	103	252	71	7	3790
14	2	73	55	29	20	1005
37	11	291	267	122	13	2022
		1	2			3
101	11	142	225	110	64	3493
9	2	91	146	8	4	483
4		1	10	2	5	193
		10	7			378
	2	82	249	74	18	618

幼儿园园长、专任教师

Number of Kindergarten Heads, Full-time Teachers by Educational

地 区 Region	合计 Total	按学历分 By Educational Attainment			
		研究生毕业 Graduate	本科毕业 Under-graduate	专科毕业 Associate Bachelor	高中阶段毕业 High School Graduate
总 计 Total	**740432**	**767**	**119869**	**399065**	**200470**
北 京 Beijing	3529	29	1462	1612	406
天 津 Tianjin	1815	5	604	750	378
河 北 Hebei	38261	44	6642	21136	9474
山 西 Shanxi	19666	18	4076	10059	5254
内蒙古 Inner Mongolia	15967	29	4909	8224	2685
辽 宁 Liaoning	13357	22	1484	6220	4666
吉 林 Jilin	9202	18	2169	4532	2167
黑龙江 Heilongjiang	13240	10	2749	7224	2708
上 海 Shanghai	6004	27	4069	1575	310
江 苏 Jiangsu	48403	94	14404	26676	6878
浙 江 Zhejiang	43424	17	9541	23957	9689
安 徽 Anhui	28890	9	3820	19230	5361
福 建 Fujian	29750	3	4147	14487	10271
江 西 Jiangxi	39340	32	3174	18232	15695
山 东 Shandong	47680	52	7718	23435	13995
河 南 Henan	55805	76	6642	31779	15664
湖 北 Hubei	24712	18	2465	11888	9286
湖 南 Hunan	37962	9	2860	21502	12509
广 东 Guangdong	56041	41	3051	29933	21046
广 西 Guangxi	31693	46	3279	17338	9252
海 南 Hainan	7560	4	688	4065	2467
重 庆 Chongqing	15362	9	1661	8594	4703
四 川 Sichuan	43863	27	5049	26352	12293
贵 州 Guizhou	24293	10	3543	13354	6755
云 南 Yunnan	20402	16	4425	10626	4792
西 藏 Tibet	1265		264	877	110
陕 西 Shaanxi	36191	73	8069	20132	7378
甘 肃 Gansu	11602	18	3937	5716	1833
青 海 Qinghai	2236	6	475	1265	433
宁 夏 Ningxia	2649	1	435	1761	379
新 疆 Xinjiang	10268	4	2058	6534	1633

学历、职称情况(镇区)

Attainment and Professional Rank (Counties & Towns Area)

单位:人
unit:person

	按职称分 By Professional Rank					
高中阶段以下毕业 Below High School Graduate	中学高级 Senior Secondary	小学高级 Senior Primary	小学一级 1st Grade Primary	小学二级 2nd Grade Primary	小学三级 3rd Grade Primary	未定职级 No-ranking
20261	**4995**	**83714**	**95585**	**32081**	**5724**	**518333**
20	15	521	881	157	39	1916
78	47	465	154	3	3	1143
965	324	7389	6159	1271	84	23034
259	39	2660	3689	997	61	12220
120	936	2458	2270	560	33	9710
965	260	1819	830	226	149	10073
316	105	1758	1680	534	49	5076
549	288	1949	2008	325	73	8597
23	87	1193	2687	268	36	1733
351	483	6999	8466	3271	18	29166
220	202	3241	10101	2874	350	26656
470	69	3298	2857	1443	182	21041
842	93	4017	2349	1756	181	21354
2207	170	1842	1927	1413	447	33541
2480	367	4335	4681	1600	375	36322
1644	266	4695	6469	2196	14	42165
1055	154	3356	3339	1022	271	16570
1082	144	2059	2592	895	346	31926
1970	82	5355	3139	1453	825	45187
1778	73	2934	2189	1195	505	24797
336	11	356	565	475	56	6097
395	45	1056	1322	371	62	12506
142	247	4252	5725	1235	58	32346
631	33	3414	2817	2185	547	15297
543	73	4474	3191	890	128	11646
14	7	251	483	118	22	384
539	175	3284	6099	1856	469	24308
98	62	2004	3938	617	55	4926
57	52	481	188	62	6	1447
73	14	423	339	44	7	1822
39	72	1376	2451	769	273	5327

幼儿园园长、专任教师

Number of Kindergarten Heads, Full-time Teachers by Educational

地区 Region	合计 Total	按学历分 By Educational Attainment			
		研究生毕业 Graduate	本科毕业 Under-graduate	专科毕业 Associate Bachelor	高中阶段毕业 High School Graduate
总计 Total	**197752**	**131**	**26292**	**103312**	**61291**
北京 Beijing	754	1	298	355	89
天津 Tianjin	590	1	120	225	202
河北 Hebei	18141	8	2580	9858	5097
山西 Shanxi	5567	2	1028	2930	1500
内蒙古 Inner Mongolia	1745	2	563	884	288
辽宁 Liaoning	1823	4	147	791	750
吉林 Jilin	1013	2	347	438	181
黑龙江 Heilongjiang	1248	1	189	682	311
上海 Shanghai	1332	7	719	456	134
江苏 Jiangsu	12580	5	3644	7109	1755
浙江 Zhejiang	16327	4	2619	9067	4542
安徽 Anhui	5162	1	574	3444	1036
福建 Fujian	7828	1	940	3591	2995
江西 Jiangxi	6951	3	338	2996	3100
山东 Shandong	21402	17	2736	10124	7303
河南 Henan	18733	36	1831	10135	5994
湖北 Hubei	5674	1	463	2407	2458
湖南 Hunan	11414	1	750	6342	3977
广东 Guangdong	18892	6	937	9251	7786
广西 Guangxi	5480	3	416	2909	1779
海南 Hainan	1104		100	593	356
重庆 Chongqing	3269	1	231	1837	1109
四川 Sichuan	8387	5	742	4877	2733
贵州 Guizhou	3374	1	381	1844	1075
云南 Yunnan	5477	3	900	2769	1621
西藏 Tibet	134		27	95	11
陕西 Shaanxi	8970	11	1581	4958	2254
甘肃 Gansu	2084	4	695	983	381
青海 Qinghai	425		39	239	118
宁夏 Ningxia	329		39	193	70
新疆 Xinjiang	1543		318	930	286

学历、职称情况(镇乡结合区)

Attainment and Professional Rank (County-town Transitional Area)

单位:人
unit:person

	按职称分 By Professional Rank					
高中阶段以下毕业 Below High School Graduate	中学高级 Senior Secondary	小学高级 Senior Primary	小学一级 1st Grade Primary	小学二级 2nd Grade Primary	小学三级 3rd Grade Primary	未定职级 No-ranking
6726	**1014**	**17034**	**21867**	**7822**	**1297**	**148718**
11	1	124	197	28	20	384
42	8	121	16	1		444
598	116	3492	2920	852	50	10711
107	15	684	1033	185	18	3632
8	142	338	251	82		932
131	31	172	139	29	37	1415
45	13	233	277	24	4	462
65	22	158	155	4	7	902
16	27	172	436	59	20	618
67	108	1532	2361	1095	12	7472
95	38	704	2905	965	119	11596
107	10	400	429	237	43	4043
301	19	745	435	289	19	6321
514	17	152	215	206	52	6309
1222	139	1570	1885	677	148	16983
737	98	1042	1543	524		15526
345	27	599	645	243	85	4075
344	53	426	658	289	193	9795
912	12	1192	957	476	192	16063
373	17	270	357	226	44	4566
55		37	72	51	2	942
91	10	138	175	58	10	2878
30	30	385	570	107	26	7269
73	1	380	279	273	53	2388
184	12	796	648	151	23	3847
1		12	51	11	16	44
166	21	598	1212	389	55	6695
21	9	329	634	123	8	981
29	11	26	6	1	3	378
27	1	51	14			263
9	6	156	392	167	38	784

幼儿园园长、专任教师

Number of Kindergarten Heads, Full-time Teachers by Educational

地 区 Region	合计 Total	按学历分 By Educational Attainment			
		研究生毕业 Graduate	本科毕业 Under-graduate	专科毕业 Associate Bachelor	高中阶段毕业 High School Graduate
总 计 Total	**362348**	**215**	**36695**	**173860**	**133073**
北 京 Beijing	1768	6	685	783	259
天 津 Tianjin	1499	2	374	516	517
河 北 Hebei	27179	20	3666	13908	8537
山 西 Shanxi	8700	1	878	3828	3609
内蒙古 Inner Mongolia	3874	5	803	2018	960
辽 宁 Liaoning	6720	9	525	2828	2657
吉 林 Jilin	3918	18	1100	1701	932
黑龙江 Heilongjiang	5400	3	709	2775	1465
上 海 Shanghai	998	1	591	323	82
江 苏 Jiangsu	9674	10	2291	5793	1473
浙 江 Zhejiang	16996	7	3005	8829	4969
安 徽 Anhui	12676	2	1263	7660	3419
福 建 Fujian	11336	4	824	4666	5082
江 西 Jiangxi	16751	10	591	5809	8259
山 东 Shandong	36745	23	2856	16137	15114
河 南 Henan	45990	32	3096	22858	17169
湖 北 Hubei	11870	10	946	5081	5299
湖 南 Hunan	20559	2	901	9615	9160
广 东 Guangdong	22840	10	1086	11113	9634
广 西 Guangxi	16937	2	869	8134	6246
海 南 Hainan	1504		161	818	460
重 庆 Chongqing	3346		208	1601	1320
四 川 Sichuan	15961		734	7145	7956
贵 州 Guizhou	9982	4	1230	4979	3507
云 南 Yunnan	12339	6	1179	5605	4530
西 藏 Tibet	802		122	598	53
陕 西 Shaanxi	12041	12	1434	6258	3969
甘 肃 Gansu	6326	11	1728	2948	1497
青 海 Qinghai	1749	2	186	751	635
宁 夏 Ningxia	915	1	99	464	318
新 疆 Xinjiang	14953	2	2555	8318	3986

学历、职称情况(乡村)

Attainment and Professional Rank (Rural Area)

单位:人
unit:person

	按职称分 By Professional Rank					
高中阶段以下毕业 Below High School Graduate	中学高级 Senior Secondary	小学高级 Senior Primary	小学一级 1st Grade Primary	小学二级 2nd Grade Primary	小学三级 3rd Grade Primary	未定职级 No-ranking
18505	**1552**	**30428**	**39000**	**14269**	**2370**	**274729**
35	6	356	349	77	10	970
90	77	578	77		4	763
1048	252	7767	6123	551	33	12453
384	21	819	1245	310	30	6275
88	218	491	438	262	6	2459
701	107	784	430	157	76	5166
167	38	840	798	96	13	2133
448	122	893	930	103	19	3333
1	17	175	374	49	4	379
107	33	1232	1449	610	7	6343
186	30	744	3276	1056	99	11791
332	26	945	1364	665	118	9558
760		823	584	624	91	9214
2082	41	370	408	295	155	15482
2615	143	2803	3491	1337	179	28792
2835	118	1874	3605	1435	2	38956
534	41	1076	1129	458	187	8979
881	40	646	839	389	123	18522
997	53	1760	1222	492	324	18989
1686	33	581	728	637	172	14786
65		62	100	75	6	1261
217	11	143	327	34	24	2807
126	39	372	1204	427	29	13890
262	9	906	1058	1184	195	6630
1019	13	1273	1063	527	75	9388
29	3	98	242	58	21	380
368	11	517	1203	431	65	9814
142	23	847	1563	339	31	3523
175	6	105	22	9	3	1604
33	4	125	102	13	4	667
92	17	423	3257	1569	265	9422

幼儿园校舍及其他
Statistics of Kindergarten Buildings

地区 Region	校舍建筑面积 Floor Space	教学及辅助用房 Teaching & Assistant Buildings				
		合计 Total	其中 of Which			
			活动室 Recreational	洗手间 Toilet	睡眠室 Bed Room	保健室 Health Care
总　计 Total	**229985220**	**159150514**	**92864081**	**14766185**	**40342042**	**4901369**
北　京 Beijing	3629088	2158387	1119338	247818	671893	50583
天　津 Tianjin	1638428	1089961	648136	125133	256198	28287
河　北 Hebei	9176096	6483529	3905588	593401	1457691	236650
山　西 Shanxi	5161741	3441441	2149200	324803	708624	110495
内蒙古 Inner Mongolia	4028316	2625732	1519176	245104	699082	68426
辽　宁 Liaoning	5694450	3958857	2266832	389917	977955	145597
吉　林 Jilin	2506775	1709105	982969	155071	448273	57869
黑龙江 Heilongjiang	3722349	2492167	1372191	230286	667028	108113
上　海 Shanghai	5322746	3349552	2211114	310047	682240	71305
江　苏 Jiangsu	18559871	12849915	7765134	1210939	3121060	291825
浙　江 Zhejiang	14386654	9500698	5472994	908300	2625637	205899
安　徽 Anhui	6930471	5069724	3130790	468247	1071996	173949
福　建 Fujian	8510181	5812007	3555916	575210	1384841	132248
江　西 Jiangxi	8216906	6039632	3346853	541552	1690969	211254
山　东 Shandong	17296394	11910416	7378342	1139710	2505290	367182
河　南 henan	15794098	11567009	6806905	1131687	2683557	405723
湖　北 Hubei	8879290	6300585	3474212	623534	1698321	230666
湖　南 Hunan	11859973	8524897	4491454	810322	2444775	375669
广　东 Guangdong	26513020	17438496	10483049	1420352	4383533	434984
广　西 Guangxi	7514181	5538819	3024495	487917	1666391	161723
海　南 Hainan	1869032	1303650	711233	132885	364474	42996
重　庆 Chongqing	4195343	3110420	1821628	263397	810687	97402
四　川 Sichuan	10031580	7346598	4273702	691077	1870486	219877
贵　州 guizhou	4971237	3510912	1861030	332226	1048963	136191
云　南 Yunnan	5848481	4063100	2274111	311548	1192667	133726
西　藏 Tibet	492203	292796	165217	27968	74082	12469
陕　西 Shaanxi	7458167	5111058	2900800	493854	1316429	179128
甘　肃 Gansu	2971833	2017953	1293643	180242	403328	64080
青　海 Qinghai	913857	591723	356708	48388	148313	18155
宁　夏 Ningxia	1109141	769617	446471	79598	201857	20927
新　疆 Xinjiang	4783318	3171758	1654850	265652	1065402	107971

情况(总计)(一)

and Others (Total) (1)

单位:平方米

unit: m^2

图书室 Reading Room	行政办公用房 Administrative 合计 Total	其中:教师办公室 of Which: Office	生活用房 Residential and Welfare 合计 Total	其中:厨房 of Which: Kitchen	其他用房 for Other Purposes	校舍面积中 of the Floor Space 危房面积 Floor Space of Dilapidated Buildings	当年新增 New Added in Current Year
6276837	**16315158**	**9705477**	**24330561**	**11421888**	**30188987**	**1099679**	**13784343**
68755	302110	131976	464008	217835	704583		348481
32207	132804	69995	180810	93021	234853		61129
290199	756229	482800	846811	402906	1089527	14655	943461
148319	519119	344832	502595	221329	698586	45615	236659
93944	326046	188044	485941	227681	590597		346166
178556	405806	235343	603556	355497	726231	6919	160675
64923	163709	96957	249925	126187	384036	14508	79189
114549	282627	165120	456578	228516	490977	17915	144715
74846	401055	155830	688468	242007	883671		139744
460957	1187574	624473	1656871	842187	2865511		784851
287868	951524	513038	1500783	737380	2433649		615333
224742	526639	342132	606638	304781	727470	28826	384492
163792	549422	328018	833642	392342	1315110	11930	447494
249004	545001	329193	802093	379738	830180	44640	1267403
519892	1314678	824694	1564176	789264	2507124	1680	836557
539137	1318295	836699	1434679	750336	1474115	48806	632128
273852	610793	360167	1018841	484366	949071	34746	405824
402677	866173	566571	1270313	596688	1198590	72987	356770
716578	1438641	797382	3388640	1244214	4247243	45911	745023
198293	382613	259695	884054	473957	708695	86944	412261
52062	108921	64811	230560	104449	225901	8760	86431
117306	251713	153267	410712	197217	422498	23589	158698
291456	634968	386977	1075358	513234	974656	18627	1011051
132502	346026	216536	526747	259048	587552	3727	624856
151048	407770	242879	758499	318802	619112	466994	415359
13060	42707	30103	111152	32836	45548	3569	62549
220847	773666	478521	758575	364845	814868	10156	1058776
76660	298531	210619	297534	131025	357815	71982	523600
20159	69660	44513	120469	48437	132005	8635	73560
20764	95803	56390	107426	63176	136295	5402	121335
77883	304535	167902	494107	278587	812918	2156	299773

幼儿园校舍及其他

Statistics of Kindergarten Buildings

地区 Region	校舍建筑面积 Floor Space	教学及辅助用房 Teaching & Assistant Buildings				
		合计 Total	其中 of Which			
			活动室 Recreational	洗手间 Toilet	睡眠室 Bed Room	保健室 Health Care
总 计 Total	**104055633**	**71272482**	**41246326**	**6669840**	**19241033**	**1698547**
北 京 Beijing	2966877	1777651	914749	202412	563230	40313
天 津 Tianjin	1098111	719649	422131	81077	182377	14336
河 北 Hebei	2766983	1939181	1059230	188315	573817	50171
山 西 Shanxi	2061368	1387597	796277	138322	368724	37124
内蒙古 Inner Mongolia	1819077	1236731	716730	116123	333173	28312
辽 宁 Liaoning	3756214	2586899	1473553	260603	670878	84366
吉 林 Jilin	1475032	1003876	584354	95637	260525	29410
黑龙江 Heilongjiang	1742985	1165504	633903	109709	321623	45589
上 海 Shanghai	4228206	2703976	1796275	248518	540832	56429
江 苏 Jiangsu	9426336	6322885	3763133	600736	1650850	113084
浙 江 Zhejiang	7170388	4780903	2785938	453349	1321678	86602
安 徽 Anhui	2305279	1680245	961515	159238	460966	39979
福 建 Fujian	3935788	2690003	1636984	258619	676174	51912
江 西 Jiangxi	2352730	1759394	947594	155173	548737	46742
山 东 Shandong	7780279	5329528	3110454	527475	1340623	140056
河 南 henan	5524484	4043358	2263844	382787	1149500	105273
湖 北 Hubei	3864400	2778916	1572394	262765	766720	78223
湖 南 Hunan	3911902	2866851	1514558	275818	869294	91202
广 东 Guangdong	17867630	11613439	7080919	973719	2887184	248582
广 西 Guangxi	2326761	1724681	964251	164825	499895	39977
海 南 Hainan	815240	573782	320733	56350	159485	16013
重 庆 Chongqing	1958616	1453756	805299	130421	436190	33805
四 川 Sichuan	3823319	2806597	1576006	249072	818489	64147
贵 州 guizhou	1307317	955689	519215	84421	293104	26256
云 南 Yunnan	1995373	1361461	762280	110742	411279	33270
西 藏 Tibet	90434	57729	32248	6002	17308	1038
陕 西 Shaanxi	2539837	1796709	1023893	161920	507210	43875
甘 肃 Gansu	991423	713849	418892	65996	187475	17324
青 海 Qinghai	258584	175791	102532	15033	48473	4117
宁 夏 Ningxia	566715	390610	219948	40158	111028	8840
新 疆 Xinjiang	1327945	875242	466494	94505	264192	22180

情况(城区)(一)
and Others (Urban Area) (1)

单位：平方米
unit：m^2

图书室 Reading Room	行政办公用房 Administrative 合计 Total	行政办公用房 其中：教师办公室 of Which：Office	生活用房 Residential and Welfare 合计 Total	生活用房 其中：厨房 of Which：Kitchen	其他用房 for Other Purposes	校舍面积中 of the Floor Space 危房面积 Floor Space of Dilapidated Buildings	校舍面积中 当年新增 New Added in Current Year
2416736	**6661728**	**3402213**	**10899039**	**5167293**	**15222384**	**354677**	**4214394**
56947	240434	101574	377618	175071	571174		244659
19728	89764	43557	119375	62974	169323		41196
67648	213266	111838	251518	141811	363018	2720	195506
47150	177785	92635	214109	98896	281877	25107	75597
42393	134733	67098	199959	102867	247654		145019
97499	230555	118678	407240	237745	531520	603	97280
33950	85776	47300	146242	79873	239138	10410	19477
54680	126121	64446	212633	105082	238727	4145	53852
61922	309536	121847	555037	191643	659657		86421
195082	590662	279567	870385	433564	1642404		365354
133336	476752	238367	719497	347160	1193236		277684
58547	157123	85010	204047	113181	263864	12705	39380
66314	240152	128941	353215	176645	652418	9933	202027
61148	127510	72524	189645	97114	276181	9283	275817
210920	537750	295530	727512	402450	1185489		265000
141954	391632	208432	476954	256715	612540	19607	127297
98814	250364	130929	380560	192678	454560	15266	119390
115979	229845	127782	355340	170358	459866	35049	79869
423035	918663	469817	2284968	850808	3050560	30551	394210
55733	115326	63746	260697	130798	226057	26930	86581
21201	42439	25060	102718	44969	96301	3	28743
48041	101202	55135	180603	93400	223055	8725	40783
98883	224616	121382	381787	199071	410319	1922	308779
32693	82118	46595	120630	66064	148880	2061	73440
43890	132848	66862	256625	101170	244439	110874	106747
1133	7133	3604	11389	3833	14183		4765
59811	196346	93570	236218	118610	310564	2966	250430
24162	70507	42792	87980	51807	119087	16657	110423
5636	17465	9693	34930	13069	30398	4558	1738
10636	48739	26143	52748	34355	74618	4602	24788
27871	94566	41759	126860	73512	231277		72142

幼儿园校舍及其他
Statistics of Kindergarten Buildings

地区 Region	校舍建筑面积 Floor Space	教学及辅助用房 Teaching & Assistant Buildings				
		合计 Total	其中 of Which			
			活动室 Recreational	洗手间 Toilet	睡眠室 Bed Room	保健室 Health Care
总 计 Total	**17598511**	**11850506**	**6924190**	**1112345**	**3038386**	**321549**
北 京 Beijing	202706	120531	64228	13168	36242	3032
天 津 Tianjin	71507	51378	29010	5256	13950	1643
河 北 Hebei	506062	355653	201877	36284	91339	11815
山 西 Shanxi	289052	198273	120237	20285	45104	6079
内蒙古 Inner Mongolia	71892	52519	29944	4674	14749	1152
辽 宁 Liaoning	268947	188403	103263	17749	49814	8004
吉 林 Jilin	82461	51638	28377	5828	13798	2003
黑龙江 Heilongjiang	113970	65976	34318	7245	18035	2818
上 海 Shanghai	324574	209429	135592	19345	43529	4936
江 苏 Jiangsu	835163	537964	316689	55193	131866	14078
浙 江 Zhejiang	1635594	1108736	659050	106546	287615	23250
安 徽 Anhui	263571	199710	125760	16345	42571	6276
福 建 Fujian	619541	421799	254678	41476	104537	9981
江 西 Jiangxi	303080	223072	114703	20850	70739	7153
山 东 Shandong	2205182	1508075	904376	149379	345687	43683
河 南 henan	878358	620910	349813	65415	159111	19891
湖 北 Hubei	486063	354911	202324	33073	93267	11315
湖 南 Hunan	592248	431310	228775	42969	122899	16578
广 东 Guangdong	5760843	3659698	2208878	312502	913061	83936
广 西 Guangxi	351159	262243	139084	26107	81031	7045
海 南 Hainan	65403	48049	24209	5873	15031	1490
重 庆 Chongqing	143632	104436	56599	9465	30614	3614
四 川 Sichuan	420364	311902	167816	27740	96037	8204
贵 州 guizhou	120804	90047	50420	8719	25214	2454
云 南 Yunnan	318302	210463	113213	18744	63121	7174
西 藏 Tibet	1558	998	495	115	186	27
陕 西 Shaanxi	413071	283086	159216	26286	77847	8548
甘 肃 Gansu	72793	49060	30514	4473	11056	1277
青 海 Qinghai	19557	15919	9619	777	4476	316
宁 夏 Ningxia	40273	28026	14998	2824	8221	1014
新 疆 Xinjiang	120781	86292	46115	7640	27639	2763

情况(城乡结合区)(一)

and Others (Urban-rural Transitional Area) (1)

单位:平方米
unit: m^2

	行政办公用房 Administritive		生活用房 Residential and Welfare		其他用房 for Other Purposes	校舍面积中 of the Floor Space	
图书室 Reading Room	合计 Total	其中:教师办公室 of Which: Office	合计 Total	其中:厨房 of Which: Kitchen		危房面积 Floor Space of Dilapidated Buildings	当年新增 New Added in Current Year
454036	**1116843**	**616119**	**2023411**	**877796**	**2607751**	**36059**	**828707**
3861	17084	7482	24376	13824	40715		29655
1519	3486	2209	7777	5559	8866		2041
14338	44914	24815	45666	23876	59829	1340	43545
6568	27252	15646	23700	12209	39827	5443	23767
2000	4760	2756	6419	3708	8194		12110
9573	17134	9758	30666	17479	32744		11216
1632	5637	3216	7071	4925	18115		285
3560	8503	4814	13347	6257	26144		3852
6027	22044	8054	41328	14656	51773		5355
20138	58785	27483	85408	39644	153006		38264
32275	103561	53834	175726	84872	247571		70778
8758	17410	10760	20889	11566	25562	1507	11477
11127	33437	20638	60610	29419	103695	2301	40641
9627	17782	11298	27363	13433	34863	1014	32319
64950	158034	93056	199792	106885	339281		99785
26680	70873	41627	84088	43304	102487	4757	36358
14932	32532	18442	47635	25597	50985	2596	16369
20089	36287	21480	59918	27237	64733	2048	20421
141321	300978	162297	831667	277779	968500	2776	169944
8976	16654	10926	40630	20581	31632	5001	19033
1446	2681	1735	6273	3413	8400		5188
4144	7350	4645	18801	7937	13045		2690
12105	23089	12673	45447	24326	39926		40450
3240	7157	4378	12068	6738	11532	11	6419
8211	24880	13713	40000	15808	42959	6199	24844
175	155	110	325	215	80		
11189	38103	18106	39993	22753	51889	617	51261
1740	5653	4034	7536	3955	10544	192	8160
731	1291	818	1402	996	945	257	
969	2277	1309	4143	2509	5827		160
2135	7060	4007	13347	6336	14082		2320

幼儿园校舍及其他

Statistics of Kindergarten Buildings

地　区 Region	校舍建筑面积 Floor Space	教学及辅助用房 Teaching & Assistant Buildings				
		合计 Total	其中 of Which			
			活动室 Recreational	洗手间 Toilet	睡眠室 Bed Room	保健室 Health Care
总　计 Total	**83453917**	**58355808**	**34117254**	**5369583**	**14544125**	**1924605**
北　京 Beijing	424619	249502	133895	29596	72330	6116
天　津 Tianjin	331089	219231	126691	25695	51918	7207
河　北 Hebei	3554820	2524664	1505154	237560	582488	89526
山　西 Shanxi	2014417	1342071	865382	123651	251926	42844
内蒙古 Inner Mongolia	1795979	1129560	651335	104569	302499	31063
辽　宁 Liaoning	1231797	883345	509583	86164	200828	37239
吉　林 Jilin	721911	498499	276494	43543	138004	18744
黑龙江 Heilongjiang	1420666	947792	524758	86873	254688	41615
上　海 Shanghai	940598	559027	359445	52661	122833	12755
江　苏 Jiangsu	7628786	5442459	3349992	508090	1228636	142890
浙　江 Zhejiang	5223913	3406066	1953976	326596	944919	76891
安　徽 Anhui	3061439	2246464	1438508	201902	420180	81757
福　建 Fujian	3224236	2221601	1368352	220419	515634	50772
江　西 Jiangxi	4022529	2962857	1643619	261633	831768	104357
山　东 Shandong	5609016	3788293	2377366	357753	761871	122478
河　南 henan	5528210	4047148	2438381	392200	877489	145022
湖　北 Hubei	3329922	2346142	1281615	235958	617505	96545
湖　南 Hunan	5052887	3638948	1916812	337672	1043412	169208
广　东 Guangdong	6069721	4113882	2391434	321436	1089977	118918
广　西 Guangxi	3343127	2475507	1358324	207645	745633	74918
海　南 Hainan	850720	595131	322468	60743	165553	20986
重　庆 Chongqing	1798731	1346576	828313	105991	309654	49113
四　川 Sichuan	4548152	3338802	1983603	307426	804389	109359
贵　州 guizhou	2433145	1720139	908161	161794	523003	64998
云　南 Yunnan	2218496	1574561	863380	118441	483061	50520
西　藏 Tibet	143096	88024	48152	6533	23911	4543
陕　西 Shaanxi	3638199	2459860	1398385	246408	611259	91906
甘　肃 Gansu	1111229	746544	500677	66460	129668	22615
青　海 Qinghai	328416	218338	126213	18479	59934	6479
宁　夏 Ningxia	392482	277718	170614	28063	65212	6894
新　疆 Xinjiang	1461569	947057	496172	87629	313943	26327

情况(镇区)(一)
and Others (Counties & Towns Area) (1)

单位：平方米
unit：m^2

图书室 Reading Room	行政办公用房 Administrative		生活用房 Residential and Welfare		其他用房 for Other Purposes	校舍面积中 of the Floor Space	
	合计 Total	其中：教师办公室 of Which：Office	合计 Total	其中：厨房 of Which：Kitchen		危房面积 Floor Space of Dilapidated Buildings	当年新增 New Added in Current Year
2400241	**6166489**	**3860567**	**8613154**	**3983287**	**10318466**	**424340**	**6418697**
7565	36071	18389	52271	26516	86775		60871
7720	25284	13647	40856	20475	45718		13601
109936	283367	181980	334354	159040	412435	1440	423450
58268	201730	144029	186408	80487	284208	13028	116646
40094	154249	94784	224054	95748	288116		157056
49531	106241	71145	121190	72395	121021	3283	35323
21714	52542	32815	75036	31714	95834	1939	47887
39858	109613	66087	169382	85290	193879	12104	64913
11333	80163	30009	117907	43394	183501		50615
212851	495705	282205	647094	330284	1043528		350100
103684	333579	189362	548228	268687	936040		228094
104117	237836	160752	255614	119729	321525	14779	246101
66424	212367	133050	321162	148224	469106	1937	171331
121480	275201	160341	388805	178779	395666	23041	698760
168825	440519	282717	513633	236591	866571	888	351608
194056	483481	313797	505514	250472	492067	17515	290884
114519	232170	145745	426932	191411	324678	16176	186381
171844	381764	256292	554935	253953	477240	23693	181311
192117	355020	215292	742681	269252	858138	10309	246366
88987	166158	119160	376083	198100	325379	38392	225197
25381	54752	32015	103099	47332	97738	6278	47749
53505	117652	73717	175474	79245	159029	12834	101991
134025	291371	181719	484067	219600	433912	15823	507823
62183	166753	105402	255226	123184	291027	1076	326949
59159	160962	95919	262360	113934	220613	178774	166895
4885	12435	8708	28324	8448	14313	375	24539
111902	421933	280485	376304	174021	380102	6940	602644
27124	114907	80480	106759	41942	143019	23046	231953
7233	27198	14058	33779	16425	49101	670	50904
6935	34638	21954	37998	20990	42128		68239
22986	100828	54512	147625	77625	266059		142516

幼儿园校舍及其他
Statistics of Kindergarten Buildings

地 区 Region	校舍建筑面积 Floor Space	教学及辅助用房 Teaching & Assistant Buildings				
		合计 Total	其中 of Which			
			活动室 Recreational	洗手间 Toilet	睡眠室 Bed Room	保健室 Health Care
总 计 Total	**22727820**	**15878771**	**9315699**	**1477353**	**3837550**	**557028**
北 京 Beijing	88621	52094	26524	7021	15032	1652
天 津 Tianjin	126674	89124	54478	10392	19141	3030
河 北 Hebei	1692376	1209650	735957	110104	258279	46901
山 西 Shanxi	574930	378658	238575	36936	72270	14140
内蒙古 Inner Mongolia	167677	105784	62866	8773	27829	3214
辽 宁 Liaoning	177141	123824	68623	12946	28609	5945
吉 林 Jilin	84019	53533	27967	5129	16011	2081
黑龙江 Heilongjiang	122957	84434	46634	6945	23109	4232
上 海 Shanghai	180933	112979	71906	9639	26327	3168
江 苏 Jiangsu	2037410	1457598	889784	140467	334755	39173
浙 江 Zhejiang	1877806	1261274	719214	120572	350416	29956
安 徽 Anhui	556882	411740	265574	40025	70583	16979
福 建 Fujian	893690	610408	364940	60754	151635	14947
江 西 Jiangxi	739063	542297	308364	47603	140209	21001
山 东 Shandong	2515397	1705280	1074880	158820	335793	58102
河 南 henan	2005781	1443217	849380	142165	318950	56815
湖 北 Hubei	773505	553739	300487	58270	143805	24621
湖 南 Hunan	1630602	1157889	606031	108867	323361	59302
广 东 Guangdong	2039953	1373430	811643	113828	340069	41792
广 西 Guangxi	590933	431373	231525	36211	132206	14211
海 南 Hainan	116860	80363	43887	8622	20554	3179
重 庆 Chongqing	389145	296066	180651	23122	69821	10122
四 川 Sichuan	892408	658239	380557	62871	169448	19667
贵 州 guizhou	370036	257465	133441	24687	78622	11451
云 南 Yunnan	636156	446717	243493	32959	134118	15983
西 藏 Tibet	16470	11517	7396	611	1678	102
陕 西 Shaanxi	906823	624242	362506	60813	146605	24345
甘 肃 Gansu	214671	144148	97449	11430	26120	4137
青 海 Qinghai	56625	34888	21848	2557	7986	1199
宁 夏 Ningxia	44636	31839	18977	2074	8580	1141
新 疆 Xinjiang	207640	134962	70142	12140	45629	4440

单位：平方米
unit：m^2

图书室 Reading Room	行政办公用房 Administrative 合计 Total	行政办公用房 其中：教师办公室 of Which: Office	生活用房 Residential and Welfare 合计 Total	生活用房 其中：厨房 of Which: Kitchen	其他用房 for Other Purposes	校舍面积中 of the Floor Space 危房面积 Floor Space of Dilapidated Buildings	校舍面积中 当年新增 New Added in Current Year
691141	**1708779**	**1080580**	**2340776**	**1097414**	**2799494**	**80970**	**1650116**
1865	8041	4443	10964	6736	17522		16600
2083	9866	5811	17764	7220	9920		5251
58409	140763	94264	160004	74059	181959	1180	218029
16737	56815	41554	58790	24718	80667	3417	33386
3102	14033	8408	17661	9296	30199		3812
7701	16749	10642	17919	11697	18649		1004
2345	6204	4276	9741	3986	14541		8962
3514	8136	5609	15444	7283	14943		5927
1939	17505	5810	21793	9722	28656		5863
53419	121648	72717	178740	91734	279424		110410
41116	118619	67346	204215	99848	293698		81510
18579	40969	28650	44695	21262	59478	1837	38569
18132	58298	37487	87748	41924	137236		47277
25120	51736	32045	73509	35816	71521	4044	130679
77685	199322	128917	233301	102533	377494	503	142592
75907	184877	117136	186613	92997	191074	5628	120005
26556	52479	34636	98253	45496	69034	2854	31206
60328	132981	88568	180259	84200	159473	8716	53725
66098	129543	75682	240170	88672	296810	1968	80040
17220	29274	21764	69532	38705	60754	5342	33586
4121	8091	4002	15618	7476	12788		10911
12350	24486	16171	35157	18268	33436		19388
25696	55057	34667	96006	48583	83106		112638
9264	26823	15994	39305	20021	46443		36038
20164	48806	28928	71225	34272	69408	35008	49883
1730	1310	660	3080	1157	563		2671
29973	100818	66256	94973	45471	86790	764	171559
5012	22966	16188	23737	7819	23820	9048	46720
1298	5180	3116	6091	3381	10466	661	6052
1067	3597	1740	4676	2554	4524		15364
2611	13787	7093	23793	10508	35098		10459

幼儿园校舍及其他

Statistics of Kindergarten Buildings

地　区 Region	校舍建筑面积 Floor Space	教学及辅助用房 Teaching & Assistant Buildings				
		合计 Total	其中 of Which			
			活动室 Recreational	洗手间 Toilet	睡眠室 Bed Room	保健室 Health Care
总　计 Total	**42475670**	**29522224**	**17500501**	**2726762**	**6556884**	**1278217**
北　京 Beijing	237592	131234	70694	15810	36333	4154
天　津 Tianjin	209228	151081	99314	18361	21903	6744
河　北 Hebei	2854293	2019684	1341204	167526	301386	96953
山　西 Shanxi	1085956	711773	487541	62830	87974	30527
内蒙古 Inner Mongolia	413260	259441	151111	24412	63410	9051
辽　宁 Liaoning	706439	488613	283696	43150	106249	23992
吉　林 Jilin	309832	206730	122121	15891	49744	9715
黑龙江 Heilongjiang	558698	378871	213530	33704	90717	20909
上　海 Shanghai	153942	86549	55394	8868	18575	2121
江　苏 Jiangsu	1504749	1084571	652009	102113	241574	35851
浙　江 Zhejiang	1992353	1313729	733080	128355	359040	42406
安　徽 Anhui	1563753	1143015	730767	107107	190850	52213
福　建 Fujian	1350157	900403	550580	96172	193033	29564
江　西 Jiangxi	1841647	1317381	755640	124746	310464	60155
山　东 Shandong	3907099	2792595	1890522	254482	402796	104648
河　南 henan	4741404	3476503	2104680	356700	656568	155428
湖　北 Hubei	1684968	1175527	620203	124811	314096	55898
湖　南 Hunan	2895184	2019098	1060084	196832	532069	115259
广　东 Guangdong	2575669	1711175	1010696	125197	406372	67484
广　西 Guangxi	1844293	1338631	701920	115447	420863	46828
海　南 Hainan	203072	134737	68032	15792	39436	5997
重　庆 Chongqing	437996	310088	188016	26985	64843	14484
四　川 Sichuan	1660109	1201199	714093	134579	247608	46371
贵　州 guizhou	1230775	835084	433654	86011	232856	44937
云　南 Yunnan	1634612	1127078	648451	82365	298327	49936
西　藏 Tibet	258673	147043	84817	15433	32863	6888
陕　西 Shaanxi	1280131	854489	478522	85526	197960	43347
甘　肃 Gansu	869181	557560	374074	47786	86185	24141
青　海 Qinghai	326857	197594	127963	14876	39906	7559
宁　夏 Ningxia	149944	101289	55909	11377	25617	5193
新　疆 Xinjiang	1993804	1349459	692184	83518	487267	59464

情况(乡村)(一)
and Others (Rural Area) (1)

单位：平方米
unit：m^2

图书室 Reading Room	行政办公用房 Administrative 合计 Total	行政办公用房 其中：教师办公室 of Which：Office	生活用房 Residential and Welfare 合计 Total	生活用房 其中：厨房 of Which：Kitchen	其他用房 for Other Purposes	校舍面积中 of the Floor Space 危房面积 Floor Space of Dilapidated Buildings	校舍面积中 当年新增 New Added in Current Year
1459860	**3486941**	**2442697**	**4818368**	**2271308**	**4648137**	**320662**	**3151252**
4243	25605	12013	34119	16248	46634		42951
4759	17756	12791	20579	9572	19812		6332
112615	259596	188982	260939	102055	314074	10495	324505
42901	139604	108168	102078	41946	132501	7480	44416
11457	37064	26162	61928	29066	54827		44091
31526	69010	45520	75126	45357	73690	3033	28072
9259	25391	16842	28647	14600	49064	2159	11825
20011	46893	34587	74563	38144	58371	1666	25950
1591	11356	3974	15524	6970	40513		2708
53024	101207	62701	139392	78339	179579		69397
50848	141193	85309	233058	121533	304373		109555
62078	131680	96370	146977	71871	142081	1342	99011
31054	96903	66027	159265	67473	193586	60	74136
66376	142290	96328	223643	103845	158333	12316	292826
140147	336409	246447	323031	150223	455064	792	219949
203127	443182	314470	452211	243149	369508	11684	213947
60519	128259	83493	211349	100277	169833	3304	100053
114854	254564	182497	360038	172377	261484	14245	95590
101426	164958	112273	360991	124154	338545	5051	104447
53573	101129	76789	247274	145059	157259	21622	100483
5480	11730	7736	24743	12148	31862	2479	9939
15760	32859	24415	54635	24572	40414	2030	15924
58548	118981	83876	209504	94563	130425	882	194449
37626	97155	64539	150891	69800	147645	590	224467
47999	113960	80098	239514	103698	154060	177346	141717
7042	23139	17791	71439	20555	17052	3194	33245
49134	155387	104466	146053	72214	124202	250	205702
25374	113117	87347	102795	37276	95709	32279	181224
7290	24997	20762	51760	18943	52506	3407	20918
3193	12426	8293	16680	7831	19549	800	28308
27026	109141	71631	219622	127450	315582	2156	85115

幼儿园办学条件(总计)(二)
Statistics of Kindergarten Buildings and Others (Total)(2)

地 区 Region	占地面积(平方米) Areas of School Sites (m^2) 合计 Total	其中 of Which 绿化用地面积 Green Areas	运动场地面积 Sports Areas	图书(册) Books & Magazines in Libraries (volume)	数字资源(GB) Digital Resources
总 计 Total	**431969423**	**71841030**	**144301524**	**254067994**	**39399685.22**
北 京 Beijing	5789140	982657	2011923	4475382	766363.06
天 津 Tianjin	3128733	433791	1125207	1495154	193708.13
河 北 Hebei	26127174	3028370	9077143	13599806	1012583.11
山 西 Shanxi	10565604	1150640	3941713	5310133	352819.71
内蒙古 Inner Mongolia	9806854	1400426	3179315	2900988	261356.40
辽 宁 Liaoning	11798365	1591492	4614672	6105545	1465356.90
吉 林 Jilin	5232418	754395	2020416	3126051	798160.67
黑龙江 Heilongjiang	8235784	926387	3061937	2329524	137453.68
上 海 Shanghai	7930195	2224617	2039028	3118359	1499886.78
江 苏 Jiangsu	33405358	7551031	12754501	26706197	1105888.32
浙 江 Zhejiang	20652831	4110508	7319922	17176715	1074868.88
安 徽 Anhui	14054938	2209630	4245132	7553035	1221089.20
福 建 Fujian	11757224	1845006	4330789	5979508	871488.36
江 西 Jiangxi	13037178	1773327	3874194	6023127	814919.14
山 东 Shandong	43236753	7718564	15798741	18872236	1214451.00
河 南 henan	33363746	4829976	10673875	17255087	2819478.25
湖 北 Hubei	16132518	3264075	4670936	8876438	903623.00
湖 南 Hunan	20081428	3090716	5587654	13721437	1305555.91
广 东 Guangdong	36871963	7599719	12589358	30341044	15543342.00
广 西 Guangxi	10105908	1407071	3466358	6179081	927811.96
海 南 Hainan	3054065	593218	920206	2251989	188194.40
重 庆 Chongqing	6486007	951562	2256528	4680577	825902.90
四 川 Sichuan	16209419	2202009	5344412	14709527	1004570.68
贵 州 guizhou	8920736	1294785	3067621	4903385	379210.57
云 南 Yunnan	10525561	1764341	3202581	6811860	702776.47
西 藏 Tibet	1449163	217516	217905	223306	11553.50
陕 西 Shaanxi	15631965	2095608	4707987	11795875	1017902.92
甘 肃 Gansu	7190826	912399	2389444	3710311	384942.14
青 海 Qinghai	3698141	388606	908827	516202	90581.45
宁 夏 Ningxia	2411120	367728	850320	925641	114751.74
新 疆 Xinjiang	15078308	3160860	4052879	2394474	389093.98

幼儿园办学条件(城区)(二)
Statistics of Kindergarten Buildings and Others (Urban Area) (2)

地区 Region	占地面积(平方米) Areas of School Sites (m^2)			图书(册) Books & Magazines in Libraries (volume)	数字资源 (GB) Digital Resources
	合计 Total	其中 of Which			
		绿化用地面积 Green Areas	运动场地面积 Sports Areas		
总　计 Total	**153618199**	**27271033**	**52766949**	**116559148**	**25236355.69**
北　京 Beijing	4436265	737579	1553650	3753609	669147.66
天　津 Tianjin	1707226	235804	580103	953863	169404.84
河　北 Hebei	4961854	552952	1703020	3915832	509054.71
山　西 Shanxi	3127804	353708	1167367	2051898	194970.75
内蒙古 Inner Mongolia	2988935	416845	1064474	1337390	172963.90
辽　宁 Liaoning	6311794	923754	2280599	3873651	1146741.28
吉　林 Jilin	2426708	364735	890304	1775971	661919.37
黑龙江 Heilongjiang	3002896	335440	1054957	1014427	82408.13
上　海 Shanghai	6202404	1725260	1563088	2465138	1280508.50
江　苏 Jiangsu	15191264	3601886	5988077	13049727	745693.86
浙　江 Zhejiang	9433887	1911070	3266719	8502921	577542.63
安　徽 Anhui	3522912	603199	1075875	2704230	658186.20
福　建 Fujian	4840010	729365	1759825	2970989	599493.29
江　西 Jiangxi	3052166	451997	886026	1828710	250252.02
山　东 Shandong	14869579	2507234	5359476	9221622	753366.00
河　南 henan	8854652	1301646	3031844	6147424	1372353.92
湖　北 Hubei	5467440	1026158	1684745	3702217	559934.70
湖　南 Hunan	5348365	859537	1578244	5444058	829863.50
广　东 Guangdong	22349245	4683735	7739192	19362320	10931750.00
广　西 Guangxi	2884980	477133	1052905	2088233	408175.24
海　南 Hainan	1018514	174949	351148	1103515	83973.40
重　庆 Chongqing	2636804	397549	886530	2210891	521169.45
四　川 Sichuan	5564846	811602	1747299	5468803	536618.90
贵　州 guizhou	1645539	198132	574601	1639887	152386.70
云　南 Yunnan	2668518	536791	864708	2646937	451312.32
西　藏 Tibet	147670	24543	30725	89860	6036.00
陕　西 Shaanxi	3788304	522361	1266991	3677565	455338.75
甘　肃 Gansu	1510137	175761	524217	1681685	126552.34
青　海 Qinghai	417291	64483	119648	250096	80317.00
宁　夏 Ningxia	942820	134122	361751	496604	86162.30
新　疆 Xinjiang	2297370	431703	758841	1129075	162758.02

幼儿园办学条件(城乡结合区)(二)
Statistics of Kindergarten Buildings and Others (Urban-rural Transitional Area) (2)

地 区 Region	占地面积(平方米) Areas of School Sites (m^2)			图书(册) Books & Magazines in Libraries (volume)	数字资源 (GB) Digital Resources
	合计 Total	其中 of Which			
		绿化用地面积 Green Areas	运动场地面积 Sports Areas		
总 计 Total	**28485698**	**5201571**	**9856369**	**18570087**	**7325773.34**
北 京 Beijing	396651	72162	133889	202103	34232.00
天 津 Tianjin	102342	10257	29240	38195	5478.00
河 北 Hebei	1163167	136147	416008	778821	148055.60
山 西 Shanxi	547590	71302	201517	306298	20518.65
内蒙古 Inner Mongolia	134922	19959	53046	52709	7758.00
辽 宁 Liaoning	545371	69047	210952	267517	81231.00
吉 林 Jilin	180055	32177	70680	65324	10046.00
黑龙江 Heilongjiang	292475	51411	115922	44460	4620.00
上 海 Shanghai	528914	132449	128437	179663	77666.80
江 苏 Jiangsu	1524948	332413	581050	1156736	58195.40
浙 江 Zhejiang	2088558	397794	728439	1721419	104021.60
安 徽 Anhui	439958	63317	144077	276923	48189.50
福 建 Fujian	1006694	147118	326203	379528	48800.96
江 西 Jiangxi	406449	58885	119095	238406	31484.20
山 东 Shandong	4698927	832897	1746349	2146734	150292.00
河 南 henan	1670669	254098	565319	971612	213489.65
湖 北 Hubei	781415	160142	244052	404477	79198.50
湖 南 Hunan	920168	131188	250350	1092263	122384.50
广 东 Guangdong	7828565	1718352	2716877	6025009	5694441.00
广 西 Guangxi	396069	57704	138128	241428	71664.14
海 南 Hainan	82233	16573	31609	76182	4300.00
重 庆 Chongqing	221485	33339	70652	143539	47672.00
四 川 Sichuan	632185	96445	193056	535156	67197.54
贵 州 guizhou	190746	17849	77300	112997	10581.00
云 南 Yunnan	457185	91828	149776	425441	124929.50
西 藏 Tibet	5880	680	1096	10760	152.00
陕 西 Shaanxi	684369	108910	220174	479706	37282.00
甘 肃 Gansu	153245	19865	54787	81586	4815.00
青 海 Qinghai	36816	3278	15387	25131	3852.00
宁 夏 Ningxia	78664	9147	38331	25390	3602.30
新 疆 Xinjiang	288983	54838	84571	64574	9622.50

幼儿园办学条件(镇区)(二)

Statistics of Kindergarten Buildings and Others (Counties & Towns Area) (2)

地　区 Region	占地面积(平方米) Areas of School Sites (m^2)			图书(册) Books & Magazines in Libraries (volume)	数字资源 (GB) Digital Resources
	合计 Total	其中 of Which			
		绿化用地面积 Green Areas	运动场地面积 Sports Areas		
总　计 Total	**159769820**	**25956278**	**52601558**	**93761813**	**9700017.02**
北　京 Beijing	810777	145618	299578	508927	67428.60
天　津 Tianjin	710559	105747	258130	299928	17401.26
河　北 Hebei	8963697	1001547	2940979	4903952	331524.40
山　西 Shanxi	3927616	434522	1445086	2117533	96751.96
内蒙古 Inner Mongolia	4541473	667584	1472656	1283556	75948.00
辽　宁 Liaoning	2929742	351626	1223591	1391377	178441.52
吉　林 Jilin	1757664	239891	685024	1057687	97114.00
黑龙江 Heilongjiang	3093743	338637	1142655	988604	37170.25
上　海 Shanghai	1480165	427219	408963	555054	180875.28
江　苏 Jiangsu	14891405	3268233	5569685	11338153	299591.25
浙　江 Zhejiang	7778977	1566514	2791382	6381502	357805.17
安　徽 Anhui	6133592	938916	1888204	3185009	361264.80
福　建 Fujian	4466541	683899	1697642	2192125	207945.67
江　西 Jiangxi	6140247	799342	1782648	3046101	405126.42
山　东 Shandong	14700483	2680617	5107715	5730280	244561.00
河　南 henan	11712836	1722279	3614326	5837600	723969.16
湖　北 Hubei	6750026	1396292	1888600	3584112	249991.03
湖　南 Hunan	8672372	1293486	2366657	5552544	347055.01
广　东 Guangdong	9382286	1856155	3145289	7883599	3434947.00
广　西 Guangxi	4134887	534476	1428457	2724185	306485.92
海　南 Hainan	1525144	302324	434936	969996	95957.00
重　庆 Chongqing	2949633	428138	1028155	2016844	271874.55
四　川 Sichuan	7334149	985298	2447708	6825780	311964.89
贵　州 guizhou	4363372	614144	1501477	2352065	198056.97
云　南 Yunnan	3722393	588693	1144659	2490624	149310.04
西　藏 Tibet	397061	75637	61279	52794	1642.00
陕　西 Shaanxi	8084142	1043072	2346331	5920006	421032.47
甘　肃 Gansu	2414890	302568	812110	1366705	138958.33
青　海 Qinghai	904240	100443	228032	153304	5846.25
宁　夏 Ningxia	871908	122099	301946	347002	21656.24
新　疆 Xinjiang	4223800	941262	1137658	704865	62320.57

幼儿园办学条件(镇乡结合区)(二)
Statistics of Kindergarten Buildings and Others (County-town Transitional Area) (2)

地 区 Region	占地面积(平方米) Areas of School Sites (m^2)			图书(册) Books & Magazines in Libraries (volume)	数字资源 (GB) Digital Resources
	合计 Total	其中 of Which			
		绿化用地面积 Green Areas	运动场地面积 Sports Areas		
总 计 Total	**46761931**	**7610148**	**15587967**	**25339031**	**3419121.93**
北 京 Beijing	216978	40432	79870	106421	12725.00
天 津 Tianjin	306285	45746	119811	121907	3006.25
河 北 Hebei	4806885	532055	1569349	2401414	110814.50
山 西 Shanxi	1183597	116482	461227	618696	27550.00
内蒙古 Inner Mongolia	453177	71396	149720	105843	10187.00
辽 宁 Liaoning	460947	58619	186090	169410	26606.00
吉 林 Jilin	242273	44737	94477	223172	9436.00
黑龙江 Heilongjiang	289464	30382	103825	73437	4896.60
上 海 Shanghai	301355	77749	85759	132444	31824.18
江 苏 Jiangsu	4162644	901025	1577043	2968847	108375.10
浙 江 Zhejiang	2841532	526851	1006475	2384152	129920.72
安 徽 Anhui	1139769	165857	369151	578291	56120.40
福 建 Fujian	1300557	194749	493800	598643	76392.10
江 西 Jiangxi	1206513	143861	360249	508626	47805.00
山 东 Shandong	6858499	1255997	2427813	2413029	118289.00
河 南 henan	4582059	686197	1433499	1980902	254608.40
湖 北 Hubei	1599580	344818	442290	830963	43188.30
湖 南 Hunan	3323779	460665	841689	1494676	82669.50
广 东 Guangdong	3135947	608001	1057528	2531942	1812177.00
广 西 Guangxi	777932	95405	279718	403138	53591.00
海 南 Hainan	198899	37004	62121	115386	14799.00
重 庆 Chongqing	631226	98825	218961	396268	108191.20
四 川 Sichuan	1431420	206917	472122	1236619	57486.98
贵 州 guizhou	716241	102968	269350	388676	35480.70
云 南 Yunnan	1034652	167126	348434	801366	55570.10
西 藏 Tibet	39372	3025	5032	3161	52.00
陕 西 Shaanxi	2003012	299832	629440	1393396	104053.70
甘 肃 Gansu	466404	66233	181876	198741	12233.60
青 海 Qinghai	190870	25950	53453	33959	1245.20
宁 夏 Ningxia	120296	22483	40116	48130	1514.84
新 疆 Xinjiang	739767	178761	167679	77376	8312.56

幼儿园办学条件(乡村)(二)

Statistics of Kindergarten Buildings and Others (Rural Area) (2)

地 区 Region	占地面积(平方米) Areas of School Sites (m^2)			图书(册) Books & Magazines in Libraries (volume)	数字资源 (GB) Digital Resources
	合计 Total	其中 of Which			
		绿化用地面积 Green Areas	运动场地面积 Sports Areas		
总 计 Total	**118581404**	**18613719**	**38933017**	**43747033**	**4463312.52**
北 京 Beijing	542098	99460	158695	212846	29786.80
天 津 Tianjin	710948	92240	286974	241363	6902.03
河 北 Hebei	12201623	1473871	4433144	4780022	172004.00
山 西 Shanxi	3510184	362410	1329260	1140702	61097.00
内蒙古 Inner Mongolia	2276446	315997	642185	280042	12444.50
辽 宁 Liaoning	2556829	316112	1110482	840517	140174.10
吉 林 Jilin	1048046	149769	445088	292393	39127.30
黑龙江 Heilongjiang	2139145	252310	864325	326493	17875.30
上 海 Shanghai	247626	72138	66977	98167	38503.00
江 苏 Jiangsu	3322689	680912	1196739	2318317	60603.21
浙 江 Zhejiang	3439967	632924	1261821	2292292	139521.08
安 徽 Anhui	4398434	667515	1281053	1663796	201638.20
福 建 Fujian	2450673	431742	873322	816394	64049.40
江 西 Jiangxi	3844765	521988	1205520	1148316	159540.70
山 东 Shandong	13666691	2530713	5331550	3920334	216524.00
河 南 henan	12796258	1806051	4027705	5270063	723155.17
湖 北 Hubei	3915052	841625	1097591	1590109	93697.27
湖 南 Hunan	6060691	937693	1642753	2724835	128637.40
广 东 Guangdong	5140432	1059829	1704877	3095125	1176645.00
广 西 Guangxi	3086041	395462	984996	1366663	213150.80
海 南 Hainan	510407	115945	134122	178478	8264.00
重 庆 Chongqing	899570	125875	341843	452842	32858.90
四 川 Sichuan	3310424	405109	1149405	2414944	155986.89
贵 州 guizhou	2911825	482509	991543	911433	28766.90
云 南 Yunnan	4134650	638857	1193214	1674299	102154.11
西 藏 Tibet	904432	117336	125901	80652	3875.50
陕 西 Shaanxi	3759519	530175	1094665	2198304	141531.70
甘 肃 Gansu	3265799	434070	1053117	661921	119431.47
青 海 Qinghai	2376610	223680	561147	112802	4418.20
宁 夏 Ningxia	596392	111507	186623	82035	6933.20
新 疆 Xinjiang	8557138	1787895	2156380	560534	164015.39

第二部分
Part Ⅱ

办 学 条 件
PHYSICAL FACILITIES

一、教育经费
Public Expenditure on Education

各类学校教育经费
Sources of Educational Funds and Expenditure

学校类别 Type of Schools	合　计 Total	国家财政性教育经费 Government Appropriation for Education	#公共财政预算教育经费 Budgetary Educational Funds
全国总计 National Total	**303647181.5**	**244882177.4**	**218184642.1**
按学校类别分组 Grouped by Type of Schools			
高等学校 HEIs	81786147.5	49333906.8	45027305.6
普通高等学校 Regular HEIs	79757657.8	47968763.3	44194383.6
成人高等学校 Adult HEIs	2028489.7	1365143.5	832922.0
中等职业学校 Secondary Vocational Schools	19978691.3	17190041.8	13986206.5
普通中专 Regular Specialized Secondary Schools	9628450.3	8111465.3	6576350.8
成人中专 Adult Specialized Secondary Schools	858226.5	728341.7	664826.8
职业高中 Vocational High Schools	7333446.8	6662212.4	5291014.6
技工学校 Skilled Workers Schools	2158567.7	1688022.4	1454014.3
中 学 Secondary Schools	83905250.4	73884624.4	65040347.0
普通中学 Regular Secondary Schools	83829115.0	73819457.9	64984719.0
普通高中 Regular Senior Secondary Schools	32262683.6	24996230.8	21305062.1
普通初中 Regular Junior Secondary Schools	51566431.4	48823227.1	43679656.9
#农村 Rural	27778013.8	27154157.1	24992275.4
成人中学 Adult Secondary Schools	76135.4	65166.5	55628.0
小学 Primary Schools	79512478.6	76421986.0	69641556.6
普通小学 Regular Primary Schools	79508940.6	76418474.9	69638059.9
#农 村 Rural	49341137.7	48371531.0	45124180.4
成人小学 Adult Primary Schools	3538.0	3511.1	3496.7
特殊教育学校 Special Education Schools	961039.8	931906.1	777458.5
幼儿园 Kindergartens	17580537.0	8623715.6	7222065.0
教育行政单位 Education Administrative Department	3307529.9	3072726.0	2759280.9
教育事业单位 Education Public Institutions	8564363.5	7628810.1	6713780.5
其　它 Others	8051143.5	7794460.6	7016641.5

来源和支出情况(2013 年)
for Education in Various School (2013)

单位：万元
unit：10,000 yuan

民办学校中举办者投入 School Funding for private Schools	社会捐赠经费 Donor Funding for the Community	事业收入 Income from Teaching Research and Other Auxiliary Activity		其他教育经费 Other Educational Funds
			学杂费 Tuition	
1474088.7	**855444.5**	**49262086.8**	**37376868.6**	**7173384.1**
340322.2	435905.6	27463226.4	20483943.2	4212786.5
340322.2	433260.1	26872399.2	19999916.1	4142913.0
	2645.5	590827.2	484027.1	69873.5
88761.4	42484.0	2122209.2	1528824.7	535194.9
45555.9	26408.5	1119705.6	825628.1	325315.0
4769.4	1849.1	102990.2	46002.6	20276.1
35044.5	10516.8	513399.6	374082.2	112273.5
3391.6	3709.6	386113.8	283111.8	77330.3
357187.2	205411.6	8458221.7	6188809.9	999805.5
357187.2	205403.4	8451794.8	6187895.0	995271.7
120211.9	107278.5	6506879.0	4727607.5	532083.4
236975.3	98124.9	1944915.8	1460287.5	463188.3
87951.8	37912.5	331085.3	228060.8	166907.1
	8.2	6426.9	914.9	4533.8
287434.5	121699.3	2077415.0	1576287.0	603943.8
287434.5	121699.3	2077390.1	1576287.0	603941.8
125939.9	66983.4	516335.3	349622.3	260348.1
		24.9		2.0
177.9	3686.5	7123.0	2545.2	18146.3
400205.5	30003.4	8203057.7	7556599.6	323554.8
	8762.6	94055.3		131986.0
	6692.0	644851.0		284010.4
	799.5	191927.5	39859.0	63955.9

各地区教育经费来源

Sources of Educational Fund and Expenditure

地 区 Region	合 计 Total	国家财政性教育经费 Government Appropriation for Education	#公共财政预算教育经费 Budgetary Educational Funds
中 央 Central Government	25290117.4	16364672.5	14337971.9
地 方 Local Government	278357064.1	228517504.9	203846670.2
北 京 Beijing	9998365.9	8941898.8	7316614.4
天 津 Tianjin	5699615.1	4986020.8	4330277.1
河 北 Hebei	10298143.4	8523960.4	7674485.9
山 西 Shanxi	6918246.8	5716633.9	5172160.2
内蒙古 Inner Mongolia	6121558.7	5546839.9	4920374.1
辽 宁 Liaoning	9302062.0	7766498.5	6925441.1
吉 林 Jilin	5480347.1	4623683.5	4150996.6
黑龙江 Heilongjiang	6006257.5	5126395.1	4863448.9
上 海 Shanghai	9069715.2	7640399.5	5913682.0
江 苏 Jiangsu	19862834.7	15765569.0	13181811.7
浙 江 Zhejiang	14490439.0	10890609.9	8905180.3
安 徽 Anhui	10413042.6	8594588.7	7758010.3
福 建 Fujian	8228011.5	6514205.9	5681425.2
江 西 Jiangxi	8284995.9	6932770.4	6505854.0
山 东 Shandong	17796161.2	14995862.6	13139790.5
河 南 Henan	15577126.5	12650584.2	11917544.6
湖 北 Hubei	8972278.3	6697668.6	5996255.5
湖 南 Hunan	10784551.4	8449159.6	7889968.1
广 东 Guangdong	24775503.1	18505745.6	16380298.8
广 西 Guangxi	7794191.4	6540555.3	6077165.2
海 南 Hainan	2222867.7	1826386.0	1686797.8
重 庆 Chongqing	6565621.8	5228010.9	4806991.1
四 川 Sichuan	13805525.0	11225895.4	10244627.7
贵 州 Guizhou	6799794.5	5954133.7	5512257.9
云 南 Yunnan	9006911.7	7820920.3	7289086.5
西 藏 Tibet	1206743.6	1181999.5	1160988.3
陕 西 Shaanxi	8926920.3	7246692.5	6800732.2
甘 肃 Gansu	4811034.3	4265004.9	3924673.3
青 海 Qinghai	1569407.5	1468670.7	1360032.4
宁 夏 Ningxia	1578934.7	1385750.2	1269255.0
新 疆 Xinjiang	5989855.7	5504390.6	5090443.5

和支出情况(2013 年)

for Education by Region (2013)

单位：万元

unit：10,000 yuan

民办学校中举办者投入 School Funding for private Schools	社会捐赠经费 Donor Funding for the Community	事业收入 Income from Teaching Research and Other Auxiliary Activity	学杂费 Tuition	其他教育经费 Other Educational Funds
	247316.5	6998743.1	3381005.9	1679385.3
1474088.7	608128.0	42263343.7	33995862.7	5493998.8
3384.4	8560.1	855342.8	748212.1	189179.8
781.8	7630.5	632387.2	529024.6	72794.8
50262.2	6636.8	1606016.8	1386046.1	111267.2
48321.4	4494.4	1043346.6	811304.1	105450.5
9453.4	4016.7	515752.8	406458.3	45495.9
19214.0	2073.7	1415381.5	1170478.5	98894.3
34826.5	5859.0	750331.9	620059.5	65646.2
2379.9	1367.6	836690.2	757361.0	39424.7
734.8	6396.5	1141498.0	950523.3	280686.4
71190.9	123769.6	3168318.4	2444600.8	733986.8
35855.1	56996.7	2780301.1	2273706.9	726676.2
46869.6	14120.7	1638948.9	1276090.2	118514.7
78321.0	46842.5	1431101.8	1088792.5	157540.3
26897.0	9377.8	1214374.3	953005.7	101576.4
57610.0	27201.9	2562457.2	2023149.5	153029.5
199297.8	6492.0	2470745.3	2067431.1	250007.2
96560.6	16042.0	1811298.6	1434059.6	350708.5
63437.0	14112.8	1978319.1	1549244.2	279522.9
319136.1	108920.7	5492402.7	4589915.6	349298.0
17550.5	8997.6	1136774.3	909308.3	90313.7
25469.5	7919.9	326227.3	277104.1	36865.0
32148.1	17730.8	1088175.4	852831.4	199556.6
130006.8	33562.9	2272206.8	1568447.9	143853.1
25396.4	10603.8	678609.7	527431.2	131050.9
33144.2	25630.6	917660.2	726890.5	209556.4
3949.9	1567.1	18182.5	12441.4	1044.6
26320.7	7938.1	1474355.0	1251857.6	171614.0
4110.8	4858.1	490551.7	409776.4	46508.8
3818.9	1056.8	70330.6	54603.9	25530.5
6226.0	3663.0	145841.0	111069.5	37454.5
1413.4	13687.3	299414.0	214636.9	170950.4

二、教育基本建设投资
Capital Construction Investment in the Educational Sector

教育基本建设

Data on the Completion of Capital Construction

学校类别 Type of School	投资合计 Total Investment Completed in the Curent year (10,000 yuan)	本年完成投资按 Investment by Source of			
		国家预算内 Budgetary Allocation			
		合计 Total	中央 Central	省级 Local	合计 Total
总　计 Total	**33672286**	**24462081**	**5306530**	**19155551**	**8413964**
高等教育学校 Higher Education Schools	8607226	3024924	307582	2717342	5335005
中等职业学校 Secondary Vocational Schools	2634614	1399389	231340	1168049	1130804
普通中学 Regular Secondary Schools	10881662	9545787	2168999	7376788	1133131
职业初中 Vocational Junior Secondary Schools	38591	34854	5777	29077	671
小学 Primary Schools	8198801	7589517	1940013	5649504	483794
特殊教育学校 Special Education Schools	117592	111734	15129	96605	3288
幼儿园 Kindergartens	2237062	1941210	539115	1402096	225265
其他 Other	956738	814665	98575	716090	102006

投资完成情况(总计)

Investment in the Educational Sector(Regional Aggregates)

资金来源分(万元) Fund (10,000 yuan)			本年竣工建筑面积(平方米) Building Floor Area Completed (m^2)			
自筹资金 Self-raised Fund		其他 Other Sources	合计 Total	教学及辅助用房 Teaching and Administrative	行政办公用房 Adm. Building Rooms for Other Purpose	其他用房 Others
其中 of Which						
学校自筹 Raised by School	个人捐资 Individual Donations					
8098688	**315276**	**796241**	**136126218**	**83108482**	**4270825**	**48746911**
5099659	235346	247298	22733650	10235412	756129	11742109
1115239	15565	104421	7083919	4262435	269973	2551511
1083037	50094	202743	50863296	29407355	1536338	19919603
633	38	3066	293862	188019	10792	95051
479443	4351	125490	41566269	28143738	1282856	12139675
2460	827	2571	350913	227941	18321	104651
216210	9056	70587	10188622	8670524	285740	1232358
102006		40067	3045687	1973058	110676	961953

教育基本建设
Data on the Completion of Capital Construction

学校类别 Type of School	投资合计 Total Investment Completed in the Curent year (in 10 Thousand yuan)	本年完成投资按 Investment by Source of			
		国家预算内 Budgetary Allocation			
		计 Subtotal	中央 Central	省级 Local	计 Subtotal
合　计 Total	**33672286**	**24462081**	**5306530**	**19155551**	**8413964**
北　京 Beijing	645079	619691		619691	25389
天　津 Tianjin	419300	233690	1877	231813	185610
河　北 Hebei	476750	428198	106957	321241	32684
山　西 Shanxi	816277	170936	24499	146438	622957
内蒙古 Inner Mongolia	512854	411268	60358	350910	98830
辽　宁 Liaoning	609213	334479	45160	289318	269448
大连 Dalian	137140	137140		137140	
吉　林 Jilin	340579	244272	80025	164247	90066
黑龙江 Heilongjiang	1057263	143680	36680	107000	909015
上　海 Shanghai	959675	617585	9793	607792	304848
江　苏 Jiangsu	2822014	2217556	18806	2198750	542457
浙　江 Zhejiang	2137218	1537027	7346	1529681	519052
宁波 Ningbo	451420	435530	7933	427596	15890
安　徽 Anhui	1195862	906284	252216	654068	279589
福　建 Fujian	821808	562352	13891	548462	244065
厦门 Xiamen	188415	143920		143920	44495
江　西 Jiangxi	839577	655999	234472	421527	176843
山　东 Shandong	1873150	1438017	124109	1313907	359214
青岛 Qingdao	270070	260003		260003	9742
河　南 henan	1675149	917063	338695	578368	692518
湖　北 Hubei	887691	682628	187219	495409	129997
湖　南 Hunan	1114037	915329	332555	582773	197628
广　东 Guangdong	1644870	1174690	17287	1157403	404853
深圳 Shenzhen	427172	424846		424846	2326
广　西 Guangxi	1320889	957312	391764	565548	356531
海　南 Hainan	377642	352169	72956	279213	25474
重　庆 Chongqing	750546	497610	208147	289462	231741
四　川 Sichuan	1659391	1302345	408420	893925	328379
贵　州 guizhou	1757037	1274280	457841	816439	458931
云　南 Yunnan	1050083	793380	348155	445224	171087
西　藏 Tibet	374851	374851	348691	26160	
陕　西 Shaanxi	1250608	831693	173941	657751	391993
甘　肃 Gansu	1067708	953772	452205	501567	110848
青　海 Qinghai	413308	405564	119594	285970	7744
宁　夏 Ningxia	268259	245003	59469	185534	22869
新　疆 Xinjiang	994498	798944	320298	478646	150030
新疆生产建设兵团 The Xinjiang Producation and Construction Corps	64884	62979	45167	17812	822

投资完成情况
Investment in the Educational Sector

资金来源分(万元) Fund (10,000 yuan)			本年竣工建筑面积(平方米) Building Floor Area Completed (m^2)			
自筹资金 Self-raised Fund		其他 Other Sources	合计 Total	教学及辅助用房 Teaching and Administrative	行政办公用房 Adm. Building Rooms for Other Purpose	其他用房 Others
其中 of Which						
学校自筹 Raised by School	个人捐资 Individual Donations					
8098688	**315276**	**796241**	**136126218**	**83108482**	**4270825**	**48746911**
25389			1086040	715139	46134	324767
185610			517185	416750	25070	75365
28884	3800	15867	2641804	1816829	52734	772241
619788	3168	22384	2067906	1061794	61768	944344
98830		2757	2058711	1325564	72076	661071
269438	10	5286	2713436	1780436	82166	850834
			472478	326133	30240	116105
90066		6241	2562698	1572745	85259	904694
899015	10000	4568	958990	672355	35487	251148
304848		37242	1252807	1101784		151023
541685	772	62001	8798846	5827979	590428	2380439
519052		81140	4600614	3000120	264936	1335558
15890			1036165	674878	53334	307953
279589		9989	6078368	4062010	127124	1889234
244065		15391	3027166	2167238	74117	785811
44495			650664	493081	25923	131660
171362	5481	6735	5552811	3665405	95995	1791411
356693	2521	75919	10446546	7100227	426782	2919537
9742		325	1524601	1071386	189584	263631
645774	46743	65568	8357109	4235749	304812	3816548
129965	33	75066	4774287	2775226	141483	1857578
196658	970	1080	6511199	3469827	104461	2936911
356510	48344	65327	7792008	4969964	267602	2554442
2026	300		599371	467114	34090	98167
304114	52417	7046	6566873	3304278	151198	3111397
25384	90		1675855	1274135	27355	374365
231651	90	21195	3430794	1810433	103431	1516930
327955	425	28667	7576133	4352510	154990	3068633
457131	1800	23826	8332939	4454278	128208	3750453
171087		85616	5441356	3443596	54652	1943108
			1256617	657014	13852	585751
298947	93046	26922	6423214	3293967	196352	2932895
89879	20969	3087	3783433	2568617	92140	1122676
7744			712842	308935	32220	371687
22869		388	600749	345274	5784	249691
125733	24298	45524	3777887	2259297	118559	1400031
822		1083	465716	266415	479	198822

第三部分
Part Ⅲ

科学研究活动及其他
SCIENTIFIC RESEARCH ACTIVITES & OTHER

一、自然科学与技术
Natural Science and Technology

	教学与科研人员 Personnel Engaged in S&T Activities		研究与发展人员 R & D Personnel	
	合计 Total	其中:科学家和工程师 of Which: Scientists & Engineers	合计 Total	其中:科学家和工程师 of Which: Scientists & Engineers
总　计 Total	**920007**	**884317**	**369510**	**362272**
按学校规格分 Breakdown by Category of HEIs				
"211"及省部共建高等学校 Key HEIs	319814	304237	159286	155129
其他本科院校 Ordinary Degree Level HEIs	512679	495312	197773	194804
高等专科学校 Short - cycle HEIs	87514	84768	12451	12339
按学校隶属分 Breakdown by Control				
部委院校 HEIs under Other Central Ministries	30958	29894	19072	18635
教育部直属院校 HEIs under Ministry of Education	231296	219050	116138	113023
地方院校 HEIs under Local Govermments	657753	635373	234300	230614
按学校类型分 Breakdown by Type of HEIs				
综合大学 Comprehensive Universities	287920	273501	120208	117271
工科院校 Engineering	289727	283214	123165	121614
农林院校 Agriculture	49571	47619	22341	21896
医药院校 Medicine & Pharmacy	215391	204540	71427	69598
师范院校 Teachers Training	60492	58935	26135	25743
其他院校 Others	16906	16508	6234	6150

科技人力情况
in Regular HEIs

单位:人

unit: person

研究与发展全时人员 R & D FTEs (Full-time Equivalents)		R&D 成果应用及科技服务人员 R & D Personnel		R&D 成果应用及科技服务全时人员 R & D FTEs (Full-time Equivalents)	
合计 Total	其中:科学家和工程师 of Which: Scientists & Engineers	合计 Total	其中:科学家和工程师 of Which: Scientists & Engineers	合计 Total	其中:科学家和工程师 of Which: Scientists & Engineers
221674	**217328**	**44508**	**43706**	**26696**	**26211**
95567	93071	22566	22071	13545	13244
118641	116863	19499	19215	11691	11519
7466	7394	2443	2420	1460	1448
11440	11180	1843	1832	1107	1100
69680	67810	16231	15829	9743	9497
140554	138338	26434	26045	15846	15614
72116	70350	14608	14325	8768	8597
73890	72964	22519	22194	13502	13303
13400	13131	3563	3451	2135	2068
42853	41752	936	905	559	542
15676	15443	2272	2223	1366	1335
3739	3688	610	608	366	366

	拨 入 Revenues			
	合 计 Total	政府资金 Government Funds	企事业单位委托 Contract Research Fund	其 他 Others
总 计 Total	**124427351**	**73602114**	**42236099**	**8589138**
按学校规格分 Breakdown by Category of HEIs				
"211"及省部共建高等学校 Key HEIs	84409065	50424684	30542330	3442051
其他本科院校 Ordinary Degree Level HEIs	38950762	22620832	11398578	4931352
高等专科学校 Short－cycle HEIs	1067524	556598	295191	215735
按学校隶属分 Breakdown by Control				
部委院校 HEIs under Other Central Ministries	15235137	8286478	6283220	665439
教育部直属院校 HEIs under Ministry of Education	61170972	37233129	21730240	2207603
地方院校 HEIs under Local Govermments	48021242	28082507	14222639	5716096
按学校类型分 Breakdown by Type of HEIs				
综合大学 Comprehensive Universities	40798912	26531471	11770141	2497300
工科院校 Engineering	61953998	30592716	27748489	3612793
农林院校 Agriculture	7981706	6267820	1272324	441562
医药院校 Medicine & Pharmacy	6952191	5634169	353015	965007
师范院校 Teachers Training	5757535	3898835	925129	933571
其他院校 Others	983009	677103	167001	138905

科技经费情况
in Regular HEIs

单位:千元
unit: 1,000 yuan

支出 Expenditures				
合计 Total	劳务费 Personnel Costs	业务费 Non-Personnel Expenses	转拨外单位经费 Expenses on Extermal Services	其他 Others
115675728	**2378266**	**2658760**	**8714052**	**97043333**
78083210	1926457	1965874	6753753	64112283
36605426	441548	685166	1937647	32047029
987092	10261	7720	22652	884021
13731057	168880	349076	1080399	11222831
56790347	1609721	1547938	5374840	46051595
45154324	599665	761746	2258813	39768907
37438000	1007112	591905	2704924	31913950
58010401	923975	1776950	4404792	47691049
7323810	259001	213519	957495	5970309
6410416	116619	39895	479404	5472136
5466894	67443	34766	158935	5038445
1026207	4116	1725	8502	957444

普通高等学校研究与
Statistics of R & D Projects and

	科技课题 R & D Projects			出版科技专著(部) No. of Mono-graphs Published
	课题数(项) No. of Projects	投入人数 No. of Input of S&D Manpower	实际支出(千元) Actual Exp. (1,000 yuan)	
总　计 Total	**484196**	**275976**	**80960144**	**11804**
按学校规格分 Breakdown by Category of HEIs				
"211"及省部共建高等学校 Key HEIs	245853	121230	57573676	3006
其他本科院校 Ordinary Degree Level HEIs	224914	144809	22882712	5811
高等专科学校 Short - cycle HEIs	13429	9937	503756	2987
按学校隶属分 Breakdown by Control				
部委院校 HEIs under Other Central Ministries	30726	13944	10104603	404
教育部直属院校 HEIs under Ministry of Education	182693	88244	42178820	2034
地方院校 HEIs under Local Govermments	270777	173789	28676721	9366
按学校类型分 Breakdown by Type of HEIs				
综合大学 Comprehensive Universities	149222	89863	25416089	2327
工科院校 Engineering	200616	97127	43441648	4979
农林院校 Agriculture	36870	17263	5289629	1095
医药院校 Medicine & Pharmacy	53319	48228	3221093	2441
师范院校 Teachers Training	37350	18935	3141401	693
其他院校 Others	6819	4560	450284	269

发展课题、成果情况
Achievements in Regular HEIs

单位：千元
unit：1,000 yuan

发表学士论文（篇） No. of Papers Published	成果获奖 Achieverment Awards		技术转让 Techonlogical Transfer		知识产权授权数 No. of Awarded	专利出售 Income from License Arrangements	
	合计 Total	其中：国家奖 of Which: National Awards	合同数 No. of Contracts	收入 Actual Revenues		项数 No. of Items	实现金额（千元） Income
829873	**5123**	**275**	**10517**	**2602906**	**82369**	**2257**	**750036**
393103	2638	208	5590	1740837	39091	1213	490666
396522	2406	67	4856	855324	37507	1005	257799
40248	79		71	6745	5771	39	1571
50452	251	17	743	178098	5233	201	118395
288007	2033	174	4257	1366917	28614	806	330507
491414	2839	84	5517	1057891	48522	1250	301134
254541	1519	81	2918	568058	22685	699	180526
321087	2237	149	5472	1628342	45279	1202	430034
56567	441	24	1314	236835	5952	127	42078
124570	684	14	189	77398	2405	21	62634
59897	198	6	501	78570	4728	180	29953
13211	44	1	123	13703	1320	28	4811

二、社会科学
Social Science

普通高等学校人文、

Professional Manpower in Regular HEIs in the

		学校数（所）No. of HEIs	社科活动人员（人）Personnel Engaged in Social Science Research (person)				
			合　计 Total	高　级 Senior	中　级 Middle	初级 Junior	其他人员 Others
合　计 Total		1232	529592	203692	236689	84465	4746
按学校隶属关系分 Breakdown by Control	教育部直属院校 HEIs under Ministry of Education	73	62568	34427	24583	3334	224
	其他部委院校 HEIs under Other Central Ministries	36	17020	7603	7561	1759	97
	地方院校 HEIs under Local Govermments	1123	450004	161662	204545	79372	4425
按学校规格分 Breakdown by Category of HEIs	本科院校 Regular HEIs	850	464748	185184	207090	68649	3825
	专科院校 Short-cycle HEIs	382	64844	18508	29599	15816	921
按学校类型分 Breakdown by Type of HEIs	综合大学 Comprehensive Universities	259	150149	60802	64256	23572	1519
	理工农医院校 HEIs Science and Technology, Agriculture and Medicine	548	165209	58706	79714	25412	1377
	师范院校 Teachers Training	162	97292	38359	42358	15942	633
	语文院校 Languages	27	14726	5465	6711	2431	119
	财经院校 Finance and Economics	115	55942	21698	24352	9374	518
	政法院校 Political Science & Law	44	14806	6387	6205	2089	125
	体育院校 Physical Culture	19	6414	2544	2685	1104	81
	艺术院校 Art	43	15459	5549	6499	3184	227
	民族院校 Minorities	15	9595	4182	3909	1357	147

社会科学人力情况
Fields of the Humanities and Social Science

研究与发展人员(人) R & D Personnel (person)						研究与发展人员(人年) R & D Personnel (man/year)					
合计 Total	高级 Senior	中级 Middle	初级 Junior	其他人员 Others	研究生 Postgraduates	合计 Total	高级 Senior	中级 Middle	初级 Junior	其他人员 Others	研究生 Postgraduates
393741	**159184**	**138930**	**33314**	**5453**	**56860**	**88846. 8**	**40236. 1**	**30674. 9**	**6609. 2**	**946. 4**	**10380. 2**
86861	34695	18482	2326	2197	29161	20464. 3	10137. 8	4427. 7	477. 4	399. 7	5021. 7
16634	7306	6090	916	231	2091	3756. 8	1744. 8	1301. 1	164. 8	35. 4	510. 7
290246	117183	114358	30072	3025	25608	64625. 7	28353. 5	24946. 1	5967	511. 3	4847. 8
368082	149540	126764	29658	5274	56846	83921. 9	38248. 2	28408. 2	5972. 9	913. 8	10378. 8
25659	9644	12166	3656	179	14	4924. 9	1987. 9	2266. 7	636. 3	32. 6	1. 4
125459	50518	39402	9031	2635	23873	29095. 9	13629. 1	9000. 3	1813. 6	483	4169. 9
111821	42238	43632	9838	538	15575	25143. 8	10282. 7	9512. 4	1964	92. 5	3292. 2
71918	30452	26149	6904	1024	7389	15989. 2	7546. 8	5736. 5	1384. 6	170. 6	1150. 7
11452	4655	4448	1076	101	1172	2500. 6	1163. 2	928. 6	180. 4	14. 6	213. 8
42578	18051	14728	3503	660	5636	9317. 3	4380. 6	3233. 4	666	104. 2	933. 1
11315	5344	3864	958	186	963	2477. 6	1309. 4	816. 9	174. 1	33. 2	144
5124	1891	1555	442	84	1152	1407. 7	638. 5	450. 2	105. 4	14. 1	199. 5
5826	2221	2152	869	78	506	1527. 8	647. 8	534. 6	203. 4	13. 3	128. 7
8248	3814	3000	693	147	594	1386. 9	638	462	117. 7	20. 9	148. 3

普通高等学校人文、社会科
Humanities and Social Sciences R & D

		学校数（所）No. Of HEIs	拨　入 Revenues						
			合计 Total	科研活动经费 Funds for R&D	科技活动人员工资 Personnel Costs	科研基建费 Capital Construction Funds for R&D	企事业单位委托项目经费 Contract Research Funds Provided by Ent. & Inst.	金融机构贷款 Loans Provided by Financial Inst.	自筹经费 Self-raised Fubds
总　计 Total		**1232**	**114916478.9**	**49524328.72**	**17314538.4**	**304673.3**	**29961890.21**	**1435**	**15048922.14**
按学校隶属关系分 Breakdown by Control	教育部直属院校 HEIs under73 Ministry of Education	46038469.94	21683355.06	3711266.17	29000	14912489.53		3744124.36	
	其他部委院校 HEIs under Other Central Ministries	36	4698964.28	1838686.23	724756.14	85000	1018908.66		991631.36
	地方院校 HEIs under Local Govermments	1123	64179044.63	26002287.43	12878516.09	190673.3	14030492.02	1435	10313166.42
按学校规格分 Breakdown by Category of HEIs	本科院校 Regular HEIs	850	112114179.8	48727790.38	16277127.27	302108.3	29564696.68	1435	14516191.07
	专科院校 Short-cycle HEIs	382	2802299.07	796538.34	1037411.13	2565	397193.53		532731.07
按学校类型分 Breakdown by Type of HEIs	综合大学 Comprehensive Universities	259	43184089.63	19494748.65	5569722.32	35752.67	11224910.08	1435	5273740.53
	理工农医院校 HEIs Science and Technology, Agriculture and Medicine	548	27538893.05	10355807.47	4822478.33	13361	9181070.04		2567994.96
	师范院校 Teachers Training	162	18913712.32	7627449.19	3237728.22	834.63	4520826.14		3246273.42
	语文院校 Languages	27	2731244.14	975680.89	514546.71	18000	466486.64		726875.25
	财经院校 Finance and Economics	115	12151064.87	5799653.13	1928281.19	33000	2417204.69		1846137.82
	政法院校 Political Science & Law	44	3055966.1	1693801.37	433924.89		334764.35		502130.49
	体育院校 Physical Culture	19	1462948.46	800676.99	272576.79	93000	93715.14		198926.28
	艺术院校 Art	43	4189107.91	1842224.01	270956.95	110725	1533422.69		413027.26
	民族院校 Minorities	15	1689452.37	934287.02	264323		189490.44		273816.13

学研究与发展经费情况

Expenditure in Regular HEIs

单位：百元

unit：100 Yuan

		支出 Expenditures									
			内部支出 Intramural Expenditures								转拨给外单位经费 Extra-mural Exp.
国外资金 Foreign Funds	其他收入 Others Revenues	合计 Total	小计 Subtotal	科研人员费 Personnel Costs	业务费 Non-Personnel Expenses	科研基建费 Capital Constr-uction Funds for R&D	仪器设备费 Instruments and Equipment	图书资料费 Books and Infor-mation	管理费 Manage-ment	其他 Others	
1486215. 05	**1274476. 03**	**108012973. 5**	**106594791. 6**	**22736483. 27**	**50611079. 91**	**321082. 87**	**7976973. 32**	**13805730. 42**	**3440436. 01**	**7703005. 83**	**1418181. 85**
1338414. 22	619820. 6	41702700. 78	41039749. 78	5610590. 03	21336589	32067. 5	3094736. 3	5705074. 15	1582934. 9	3677757. 9	662951
23325. 47	16656. 42	4590610. 21	4494858. 15	802457. 33	2249919. 38	85000	328239. 77	588553. 86	100061. 27	340626. 54	95752. 06
124475. 36	637999. 01	61719662. 49	61060183. 7	16323435. 91	27024571. 53	204015. 37	4553997. 25	7512102. 41	1757439. 84	3684621. 39	659478. 79
1486215. 05	1238616. 03	105328077. 8	103930088. 4	21513462. 32	49633700. 65	314444. 87	7885548. 99	13593708. 7	3390708. 8	7598514. 08	1397989. 42
0	35860	2684895. 65	2664703. 22	1223020. 95	977379. 26	6638	91424. 33	212021. 72	49727. 21	104491. 75	20192. 43
910494. 75	673285. 63	41588692. 63	41110656. 01	7785918. 93	19842744. 89	36956. 67	3053236. 22	5343744. 63	1323080. 37	3724974. 3	478036. 62
330463. 34	267717. 91	25791601. 33	25432417. 14	5984311. 65	12896472. 06	891347559. 87	7969432. 71	2338862. 15	5268661	359184. 19	
101822. 02	178778. 7	16928812. 15	16823848. 65	4012587. 61	6162342. 16	5410	1831267. 04	11266274. 83	2795129. 99	6327792. 88	104963. 5
23664. 65	5990	2484828. 97	2473582. 09	790790. 95	1054277. 18	17023. 4	100295. 14	11528546. 27	2862986. 53	6508860. 32	11246. 88
39346. 17	87441. 87	11117634. 26	11012072. 33	2583713. 05	5544800. 28	43838. 3	681946. 41	12687603. 72	3119175. 87	7251387. 82	105561. 93
64470. 5	26874. 5	2860032. 41	2849600. 47	559966. 43	1678935. 71	12463	177871. 31	12929643. 22	3163788. 31	7385099. 9	10431. 94
1164. 26	2889	1399407. 62	1396240. 62	290457. 3	540017. 4	97700	245865. 66	13082287. 15	3198063. 16	7420381. 38	3167
0	18752	4223553. 5	3877964. 43	390621. 17	2242196. 5	88774. 5	425040. 16	13419117. 32	3402675. 57	7610270. 9	345589. 07
14789. 36	12746. 42	1618410. 61	1618409. 89	338116. 18	649293. 73		113891. 51	13805730. 42	3440436. 01	7703005. 83	0. 72

普通高等学校人文、社会科学研

Basic Statistics of Humunities and Social Sciences

		课题数（项）No. of Projects	当年投入人数(人年) Input of Man-year (man/year)	其中:研究生 of Which: Graduate Students	当年拨入经费（百元）Revenues (100 yuan)	当年支出经费（百元）Expenditures (100 yuan)
总 计 Total		**345119**	**88552. 4**	**10475. 4**	**72918957. 33**	**64061240. 02**
按学校隶属关系分 Breakdown by Control	教育部直属院校 HEIs under Ministry of Education	90961	20417. 4	5022. 2	34618006. 07	28764349. 91
	其他部委院校 HEIs under Other Central Ministries	12496	3747. 5	510. 7	3179798. 89	2988938. 17
	地方院校 HEIs under Local Govermments	241662	64387. 5	4942. 5	35121152. 37	32307951. 94
按学校规格分 Breakdown by Category of HEIs	本科院校 Regular HEIs	327219	83655. 7	10474	71676085. 19	62997517. 91
	专科院校 Short-cycle HEIs	17900	4896. 7	1. 4	1242872. 14	1063722. 11
按学校类型分 Breakdown by Type of HEIs	综合大学 Comprehensive Universities	117293	29017	4168. 2	27979360. 92	25559128. 49
	理工农医院校 HEIs Science and Technology, Agriculture and Medicine	96067	25031. 6	3292. 9	20351595. 03	17626362. 69
	师范院校 Teachers Training	61441	15963. 5	1151. 2	11087423. 62	9368452. 58
	语文院校 Languages	9641	2491. 8	213. 4	1279597. 94	1023173. 84
	财经院校 Finance and Economics	34986	9293. 1	1029. 2	6624693. 3	5427804. 42
	政法院校 Political Science & Law	10631	2475. 2	144	1687595. 59	1395235. 65
	体育院校 Physical Culture	4085	1395. 6	199. 5	693964. 24	538469. 39
	艺术院校 Art	5573	1501. 7	128. 7	2174833. 83	2262101. 38
	民族院校 Minorities	5402	1382. 9	148. 3	1039892. 86	860511. 58

究与发展课题、成果情况
R & D and Achievements in Regular HEIs

出版专著(部) Monographs Published (titles)	发表论文(篇) No. of Papers Published				研究与咨询报告(篇) Research and Consulting Report	
	合计 Total	国内学术刊物 In Domestic Journals	国外学术刊物 In Foreignal Journals	港澳台刊物 In Hong Kong and Macao Journals	合计 Total	其中：被采纳数 of Which: Accepted Number
14032	**322274**	**310651**	**10107**	**720**	**10659**	**5138**
4328	69296	63868	5074	354	3414	2183
576	12993	12273	674	46	437	98
9128	239985	234510	5155	320	6808	2857
13708	292371	280935	10727	709	9643	4665
324	29903	29716	176	11	1016	473
4984	103403	98895	4151	357	4065	2323
2928	86927	83851	2979	97	3336	1587
2837	62187	60636	1420	131	1169	531
491	9689	9138	511	40	211	83
1449	32723	31556	1136	31	1101	463
496	10772	10380	346	46	419	85
72	3601	3440	160	1	224	17
402	6540	6485	47	8	31	18
373	6432	6270	153	9	103	31

附　　表

Appendixes

（摘自国家统计局《2014 年中国统计年鉴》）

Data from "2014 China Statisical Yearbook"

国内生产总值
Gross Domestic Product

单位:亿元
unit: 100 million yuan

年份 Year	国民总收入 Gross National Income	国内生产总值 Gross Domestic Product	第一产业 Primary Industry	第二产业 Secondary Industry			第三产业 Tertiary Industry	人均国内生产总值(元) Per Capita GDP (yuan)
					工业 Industry	建筑业 Construction		
1978	3645.2	3645.2	1027.5	1745.2	1607.0	138.2	872.5	381
1979	4062.6	4062.6	1270.2	1913.5	1769.7	143.8	878.9	419
1980	4545.6	4545.6	1371.6	2192.0	1996.5	195.5	982.0	463
1981	4889.5	4891.6	1559.5	2255.5	2048.4	207.1	1076.6	492
1982	5330.5	5323.4	1777.4	2383.0	2162.3	220.7	1163.0	528
1983	5985.6	5962.7	1978.4	2646.2	2375.6	270.6	1338.1	583
1984	7243.8	7208.1	2316.1	3105.7	2789.0	316.7	1786.3	695
1985	9040.7	9016.0	2564.4	3866.6	3448.7	417.9	2585.0	858
1986	10274.4	10275.2	2788.7	4492.7	3967.0	525.7	2993.8	963
1987	12050.6	12058.6	3233.0	5251.6	4585.8	665.8	3574.0	1112
1988	15036.8	15042.8	3865.4	6587.2	5777.2	810.0	4590.3	1366
1989	17000.9	16992.3	4265.9	7278.0	6484.0	794.0	5448.4	1519
1990	18718.3	18667.8	5062.0	7717.4	6858.0	859.4	5888.4	1644
1991	21826.2	21781.5	5342.2	9102.2	8087.1	1015.1	7337.1	1893
1992	26937.3	26923.5	5866.6	11699.5	10284.5	1415.0	9357.4	2311
1993	35260.0	35333.9	6963.8	16454.4	14188.0	2266.5	11915.7	2998
1994	48108.5	48197.9	9572.7	22445.4	19480.7	2964.7	16179.8	4044
1995	59810.5	60793.7	12135.8	28679.5	24950.6	3728.8	19978.5	5046
1996	70142.5	71176.6	14015.4	33835.0	29447.6	4387.4	23326.2	5846
1997	78060.9	78973.0	14441.9	37543.0	32921.4	4621.6	26988.1	6420
1998	83024.3	84402.3	14817.6	39004.2	34018.4	4985.8	30580.5	6796
1999	88479.2	89677.1	14770.0	41033.6	35861.5	5172.1	33873.4	7159
2000	98000.5	99214.6	14944.7	45555.9	40033.6	5522.3	38714.0	7858
2001	108068.2	109655.2	15781.3	49512.3	43580.6	5931.7	44361.6	8622
2002	119095.7	120332.7	16537.0	53896.8	47431.3	6465.5	49898.9	9398
2003	134977.0	135822.8	17381.7	62436.3	54945.5	7490.8	56004.7	10542
2004	159453.6	159878.3	21412.7	73904.3	65210.0	8694.3	64561.3	12336
2005	183617.4	184937.4	22420.0	87598.1	77230.8	10367.3	74919.3	14185
2006	215904.4	216314.4	24040.0	103719.5	91310.9	12408.6	88554.9	16500
2007	266422.0	265810.3	28627.0	125831.4	110534.9	15296.5	111351.9	20169
2008	316030.3	314045.4	33702.0	149003.4	130260.2	18743.2	131340.0	23708
2009	340320.0	340902.8	35226.0	157638.8	135239.9	22398.8	148038.0	25608
2010	399759.5	401512.8	40533.6	187383.2	160722.2	26661.0	173596.0	30015
2011	468562.4	473104.0	47486.2	220412.8	188470.2	31942.7	205205.0	35198
2012	518214.7	519470.1	52373.6	235162.0	199670.7	35491.3	231934.5	38459
2013	566130.2	568845.2	56957.0	249684.4	210689.4	38995.0	262203.8	41908

注:1. 数据来源:摘自国家统计局《2014 年中国统计年鉴》。

2. 1980 年以后国民总收入(原称国民生产总值)与国内生产总值的差额为国外净要素收入。

3. 2013 年为初步核算数据(以下相关表同)。

Note:1. Data sources: National Bureau of Statistics《2014 China Statistical Yearbook》.

2. Since 1980, the difference between the Gross Domestic Product and the Gross National Income (formerly, the Gross National Product) is the net factor income from the rest of the world.

3. Data of 2013 were preliminary estimation. The same applies to the relevant tables following.

分地区国内生产总值(2013 年)

Gross Domestic Product by Region (2013)

单位:亿元

unit: 100 million yuan

地　区 Region	国内生产总值 Gross Domestic Product	第一产业 Primary Industry	第二产业 Secondary Industry			第三产业 Tertiary Industry	人均国内生产总值(元) Per Capita GDP (yuan)
				工　业 Industry	建筑业 Construction		
北　京 Beijing	19500.56	161.83	4352.30	3536.89	815.41	14986.43	93213
天　津 Tianjin	14370.16	188.45	7276.68	6678.60	598.08	6905.03	99607
河　北 Hebei	28301.41	3500.42	14762.10	13194.76	1567.34	10038.89	38716
山　西 Shanxi	12602.24	773.81	6792.68	6032.99	759.69	5035.75	34813
内蒙古 Inner Mongolia	16832.38	1599.41	9084.19	7944.40	1139.79	6148.78	67498
辽　宁 Liaoning	27077.65	2321.63	14269.46	12510.27	1759.19	10486.56	61686
吉　林 Jilin	12981.46	1509.34	6858.23	6033.35	824.88	4613.89	47191
黑龙江 Heilongjiang	14382.93	2516.79	5918.22	5090.34	827.88	5947.92	37509
上　海 Shanghai	21602.12	129.28	8027.77	7236.69	791.08	13445.07	90092
江　苏 Jiangsu	59161.75	3646.08	29094.03	25612.24	3481.79	26421.64	74607
浙　江 Zhejiang	37568.49	1784.62	18446.65	16368.43	2078.22	17337.22	68462
安　徽 Anhui	19038.87	2348.09	10403.96	8928.02	1475.94	6286.82	31684
福　建 Fujian	21759.64	1936.31	11315.30	9455.32	1859.98	8508.03	57856
江　西 Jiangxi	14338.50	1636.49	7671.38	6434.41	1236.97	5030.63	31771
山　东 Shandong	54684.33	4742.63	27422.47	24222.16	3200.31	22519.23	56323
河　南 henan	32155.86	4058.98	17806.39	15960.60	1845.79	10290.49	34174
湖　北 Hubei	24668.49	3098.16	12171.56	10531.37	1640.19	9398.77	42613
湖　南 Hunan	24501.67	3099.23	11517.35	10001.00	1516.35	9885.09	36763
广　东 Guangdong	62163.97	3047.51	29427.49	27426.26	2001.23	29688.97	58540
广　西 Guangxi	14378.00	2343.57	6863.04	5749.65	1113.39	5171.39	30588
海　南 Hainan	3146.46	756.47	871.29	551.11	320.18	1518.70	35317
重　庆 Chongqing	12656.69	1016.74	6397.92	5249.65	1148.27	5242.03	42795
四　川 Sichuan	26260.77	3425.61	13579.03	11578.55	2000.48	9256.13	32454
贵　州 guizhou	8006.79	1029.05	3243.70	2686.52	557.18	3734.04	22922
云　南 Yunnan	11720.91	1895.34	4927.82	3767.58	1160.24	4897.75	25083
西　藏 Tibet	807.67	86.82	292.92	61.16	231.76	427.93	26068
陕　西 Shaanxi	16045.21	1526.05	8911.64	7507.34	1404.30	5607.52	42692
甘　肃 Gansu	6268.01	879.37	2821.04	2225.22	595.82	2567.60	24296
青　海 Qinghai	2101.05	207.59	1204.31	970.53	233.78	689.15	36510
宁　夏 Ningxia	2565.06	222.98	1264.96	944.50	320.46	1077.12	39420
新　疆 Xinjiang	8360.24	1468.29	3765.97	3024.27	741.70	3125.98	37181

数据来源:摘自国家统计局《2014 中国统计年鉴》。

Data sources: National Bureau of Statistics《2014 China Statistical Yearbook》.

国家财政收支总额及增长速度

Total Government Revenue and Expenditures and Their Increase Rate

年　份 Year	财政收入（亿元） Revenue (100 million yuan)	财政支出（亿元） Expenditures (100 million yuan)	增长速度 Increase Rate（%）	
			财政收入 Revenue	财政支出 Expenditures
1978	1132. 26	1122. 09	29. 5	33. 0
1980	1159. 93	1228. 83	1. 2	-4. 1
1985	2004. 82	2004. 25	22. 0	17. 8
1990	2937. 10	3083. 59	10. 2	9. 2
1991	3149. 48	3386. 62	7. 2	9. 8
1992	3483. 37	3742. 20	10. 6	10. 5
1993	4348. 95	4642. 30	24. 8	24. 1
1994	5218. 10	5792. 62	20. 0	24. 8
1995	6242. 20	6823. 72	19. 6	17. 8
1996	7407. 99	7937. 55	18. 7	16. 3
1997	8651. 14	9233. 56	16. 8	16. 3
1998	9875. 95	10798. 18	14. 2	16. 9
1999	11444. 08	13187. 67	15. 9	22. 1
2000	13395. 23	15886. 50	17. 0	20. 5
2001	16386. 04	18902. 58	22. 3	19. 0
2002	18903. 64	22053. 15	15. 4	16. 7
2003	21715. 25	24649. 95	14. 9	11. 8
2004	26396. 47	28486. 89	21. 6	15. 6
2005	31649. 29	33930. 28	19. 9	19. 1
2006	38760. 20	40422. 73	22. 5	19. 1
2007	51321. 78	49781. 35	32. 4	23. 2
2008	61330. 35	62592. 66	19. 5	25. 7
2009	68518. 30	76299. 93	11. 7	21. 9
2010	83101. 51	89874. 16	21. 3	17. 8
2011	103874. 43	109247. 79	25. 0	21. 6
2012	117253. 52	125952. 97	12. 9	15. 3
2013	129209. 64	140212. 10	10. 2	11. 3

数据来源：摘自国家统计局《2014 中国统计年鉴》。

Data sources: National Bureau of Statistics《2014 China Statistical Yearbook》.

中央财政和地方财政收支总额

Total Revenue and Expenditures of Central and Local Governments

单位:亿元

unit: 100 million yuan

年 份 Year	财政收入 Revenue			财政支出 Expenditures		
	合 计 Total	中 央 Central Government	地 方 Local Government	合 计 Total	中 央 Central Government	地 方 Local Government
1978	1132.26	175.77	956.49	1122.09	532.12	589.97
1980	1159.93	284.45	875.48	1228.83	666.81	562.02
1985	2004.82	769.63	1235.19	2004.25	795.25	1209.00
1990	2937.10	992.42	1944.68	3083.59	1004.47	2079.12
1991	3149.48	938.25	2211.23	3386.62	1090.81	2295.81
1992	3483.37	979.51	2503.86	3742.20	1170.44	2571.76
1993	4348.95	957.51	3391.44	4642.30	1312.06	3330.24
1994	5218.10	2906.50	2311.60	5792.62	1754.43	4038.19
1995	6242.20	3256.62	2985.58	6823.72	1995.39	4828.33
1996	7407.99	3661.07	3746.92	7937.55	2151.27	5786.28
1997	8651.14	4226.92	4424.22	9233.56	2532.50	6701.06
1998	9875.95	4892.00	4983.95	10798.18	3125.60	7672.58
1999	11444.08	5849.21	5594.87	13187.67	4152.33	9035.34
2000	13395.23	6989.17	6406.06	15886.50	5519.85	10366.65
2001	16386.04	8582.74	7803.30	18902.58	5768.02	13134.56
2002	18903.64	10388.64	8515.00	22053.15	6771.70	15281.45
2003	21715.25	11865.27	9849.98	24649.95	7420.10	17229.85
2004	26396.47	14503.10	11893.37	28486.89	7894.08	20592.81
2005	31649.29	16548.53	15100.76	33930.28	8775.97	25154.31
2006	38760.20	20456.62	18303.58	40422.73	9991.40	30431.33
2007	51321.78	27749.16	23572.62	49781.35	11442.06	38339.29
2008	61330.35	32680.56	28649.79	62592.66	13344.17	49248.49
2009	68518.30	35915.71	32602.59	76299.93	15255.79	61044.14
2010	83101.51	42488.47	40613.04	89874.16	15989.73	73884.43
2011	103874.43	51327.32	52547.11	109247.79	16514.11	92733.68
2012	117253.52	56175.23	61078.29	125952.97	18764.63	107188.34
2013	129209.64	60198.48	69011.16	140212.10	20471.76	119740.34

数据来源:摘自国家统计局《2014 中国统计年鉴》。

Data sources: National Bureau of Statistics《2014 China Statistical Yearbook》.

人口数及构成

Population and Its Composition

单位:万人

unit:10 thousand persons

年 份 Year	年底总人口 Population (year-end)	按性别分 By Sex				按城乡分 By Residence			
		男 Male		女 Female		城镇 Urban		乡村 Rural	
		人口数 Population	比重(%) Proportion	人口数 Population	比重(%) Proportion	人口数 Population	比重(%) Proportion	人口数 Population	比重(%) Proportion
1978	96259	49567	51.49	46692	48.51	17245	17.92	79014	82.08
1979	97542	50192	51.63	47350	48.37	18495	36.22	79047	63.78
1980	98705	50785	51.45	47920	48.55	19140	19.39	79565	80.61
1981	100072	51519	51.47	48553	48.53	20171	39.09	79901	60.91
1982	101654	52352	51.50	49302	48.50	21480	40.53	80174	59.47
1983	103008	53152	51.52	49856	48.48	22274	41.76	80734	58.24
1984	104357	53848	51.53	50509	48.47	24017	42.99	80340	57.01
1985	105851	54725	51.70	51126	48.30	25094	23.71	80757	76.29
1986	107507	55581	51.50	51926	48.50	26366	45.89	81141	54.11
1987	109300	56290	51.47	53010	48.53	27674	46.99	81626	53.01
1988	111026	57201	45.89	53825	43.91	28661	48.34	82365	51.66
1989	112704	58099	46.09	54605	44.23	29540	49.95	83164	50.05
1990	114333	58904	51.52	55429	48.48	30195	26.41	84138	73.59
1991	115823	59466	51.34	56357	48.66	31203	26.94	84620	73.06
1992	117171	59811	51.05	57360	48.95	32175	27.46	84996	72.54
1993	118517	60472	51.02	58045	48.98	33173	27.99	85344	72.01
1994	119850	61246	51.10	58604	48.90	34169	28.51	85681	71.49
1995	121121	61808	51.03	59313	48.97	35174	29.04	85947	70.96
1996	122389	62200	50.82	60189	49.18	37304	30.48	85085	69.52
1997	123626	63131	51.07	60495	48.93	39449	31.91	84177	68.09
1998	124761	63940	51.25	60821	48.75	41608	33.35	83153	66.65
1999	125786	64692	51.43	61094	48.57	43748	34.78	82038	65.22
2000	126743	65437	51.63	61306	48.37	45906	36.22	80837	63.78
2001	127627	65672	51.46	61955	48.54	48064	37.66	79563	62.34
2002	128453	66115	51.47	62338	48.53	50212	39.09	78241	60.91
2003	129227	66556	51.50	62671	48.50	52376	40.53	76851	59.47
2004	129988	66976	51.52	63012	48.48	54283	41.76	75705	58.24
2005	130756	67375	51.53	63381	48.47	56212	42.99	74544	57.01
2006	131448	67728	51.52	63720	48.48	58288	44.34	73160	55.66
2007	132129	68048	51.50	64081	48.50	60633	45.89	71496	54.11
2008	132802	68357	51.47	64445	48.53	62403	46.99	70399	53.01
2009	133450	68647	51.44	64803	48.56	64512	48.34	68938	51.66
2010	134091	68748	51.27	65343	48.73	66978	49.95	67113	50.05
2011	134735	69068	51.26	65667	48.74	69079	51.27	65656	48.73
2012	135404	69395	51.25	66009	48.75	71182	52.57	64222	47.43
2013	136072	69728	51.24	66344	48.76	73111	53.73	62961	46.27

注:总人口和城镇人口中包括中国人民解放军现役军人,按城乡分人口中现役军人计入城镇人口。

Note: Urban Population include the military personnel of Chinese People's Liberation Army.

分地区按性别分的 15 岁及以上文盲人口(2013 年)

Illterate Population Aged 15 and Over by Sex and Region(2013)

本表是 2013 年全国人口变动情况抽样调查样本数据,抽样比为 0.822‰。

Data in this table are obtained from the 2013 National Sample Survey on Population Changes. The sampling fraction is 0.822‰.

地　区 Region	15 岁及以上人口(人) Population Aged 15 & Over			文盲人口(人) Illiterate			文盲人口占 15 岁及以上人口比重 Percentage to total Population Aged 15 & Over (%)		
	合计 Total	男 Male	女 Female	合计 Total	男 Male	女 Female	合计 Total	男 Male	女 Female
合　计 Total	**934935**	**474125**	**460810**	**43002**	**11997**	**31005**	**4.60**	**2.53**	**6.73**
北　京 Beijing	15722	8149	7574	239	57	182	1.52	0.70	2.41
天　津 Tianjin	10790	5315	5476	222	51	171	2.06	0.96	3.12
河　北 Hebei	49745	25174	24571	1553	432	1121	3.12	1.72	4.56
山　西 Shanxi	25247	13006	12241	529	168	361	2.09	1.29	2.95
内蒙古 Inner Mongolia	17782	9223	8560	759	238	520	4.27	2.59	6.08
辽　宁 Liaoning	32457	16354	16103	582	205	377	1.79	1.25	2.34
吉　林 Jilin	20038	10293	9744	456	143	313	2.27	1.38	3.21
黑龙江 Heilongjiang	27859	14091	13768	608	188	420	2.18	1.34	3.05
上　海 Shanghai	18065	9264	8801	658	184	474	3.64	1.99	5.39
江　苏 Jiangsu	56793	27932	28861	2148	443	1705	3.78	1.59	5.91
浙　江 Zhejiang	39959	20665	19294	2150	560	1590	5.38	2.71	8.24
安　徽 Anhui	40579	20257	20322	3014	879	2136	7.43	4.34	10.51
福　建 Fujian	25899	13292	12606	1312	241	1071	5.06	1.81	8.50
江　西 Jiangxi	29968	15317	14650	825	201	624	2.75	1.31	4.26
山　东 Shandong	67898	34119	33779	3604	834	2770	5.31	2.44	8.20
河　南 Henan	61555	29957	31597	3004	882	2122	4.88	2.94	6.72
湖　北 Hubei	40707	20446	20262	2158	589	1569	5.30	2.88	7.74
湖　南 Hunan	45131	22842	22289	1408	390	1018	3.12	1.71	4.57
广　东 Guangdong	73194	38115	35079	2051	407	1645	2.80	1.07	4.69
广　西 Guangxi	30586	15862	14724	1045	252	793	3.42	1.59	5.38
海　南 Hainan	6004	3113	2891	286	65	221	4.76	2.08	7.65
重　庆 Chongqing	20687	10448	10239	995	290	705	4.81	2.78	6.89
四　川 Sichuan	55831	28322	27510	3723	1034	2689	6.67	3.65	9.78
贵　州 Guizhou	22520	11470	11050	2350	745	1605	10.44	6.50	14.53
云　南 Yunnan	30934	15956	14978	2614	893	1720	8.45	5.60	11.49
西　藏 Tibet	1976	1004	972	814	374	440	41.18	37.23	45.26
陕　西 Shaanxi	26377	13409	12968	1132	317	815	4.29	2.37	6.29
甘　肃 Gansu	17709	9037	8672	1309	421	887	7.39	4.66	10.23
青　海 Qinghai	3821	1945	1876	517	173	345	13.53	8.87	18.37
宁　夏 Ningxia	4306	2178	2128	339	109	230	7.88	5.01	10.82
新　疆 Xinjiang	14795	7570	7225	598	234	364	4.04	3.09	5.04

注:本表"文盲人口"指 15 岁及 15 岁以上不识字及识字很少人口。

Note: Illiterate population in this table refers to the population aged 15 and over, who are unable or have difficulty in reading.

分地区按性别和受教育程度分的人口（2013 年）

Population by Sex, Educational Level and Region(2013)

本表是 2013 年全国人口变动情况抽样调查样本数据，抽样比为 0.822‰。

Data in this table are obtained from the 2013 National Sample Survey on Population Changes. The sampling fraction is 0.822‰.

单位：人　　　　unit: person

地　区 Region	6 岁及 6 岁以上人口 Population Aged 6 and Over			未上过学 Illterate			小学 Primary School			初中 Junior Secondary School			高中 Senior Secondary School			大专及以上 College and Higher Level		
	合计 Total	男 Male	女 Female	合计 Total	男 Male	女 Female	合计 Total	男 Male	女 Female	合计 Total	男 Male	女 Female	合计 Total	男 Male	女 Female	合计 Total	男 Male	女 Female
合　计 Total	**1041825**	**532072**	**509754**	**52010**	**16272**	**35738**	**274658**	**130360**	**144299**	**425144**	**225878**	**199266**	**172088**	**95972**	**76116**	**117925**	**63590**	**54336**
北　京 Beijing	16645	8622	8023	278	76	202	1692	782	910	4496	2396	2099	3321	1722	1599	6859	3645	3214
天　津 Tianjin	11582	5737	5844	292	90	202	1894	875	1020	4242	2234	2009	2483	1255	1228	2670	1285	1386
河　北 Hebei	55688	28411	27277	2177	729	1448	13798	6498	7300	26955	14337	12619	8452	4612	3840	4307	2236	2071
山　西 Shanxi	28116	14438	13677	722	263	460	6385	2988	3397	13129	6984	6145	4866	2623	2243	3013	1580	1432
内蒙古 Inner Mongolia	19503	10086	9417	962	333	629	4918	2354	2564	8374	4491	3883	3283	1838	1446	1966	1071	895
辽　宁 Liaoning	34925	17627	17298	809	307	502	6401	2938	3463	15256	8073	7183	5535	2992	2543	6924	3317	3606
吉　林 Jilin	21702	11170	10532	610	217	394	5046	2391	2655	9594	5111	4483	3942	2121	1821	2509	1331	1180
黑龙江 Heilongjiang	30284	15351	14934	818	282	535	6674	3150	3523	13761	7218	6543	5324	2783	2542	3708	1917	1791
上　海 Shanghai	19046	9804	9241	758	224	534	2654	1253	1400	7063	3762	3301	3868	2065	1804	4703	2501	2203
江　苏 Jiangsu	61632	30638	30994	2629	664	1965	14527	6411	8115	24668	12674	11994	11346	6342	5004	8462	4547	3916
浙　江 Zhejiang	43066	22279	20787	2412	683	1729	11329	5483	5846	15432	8518	6914	6428	3611	2818	7464	3985	3480
安　徽 Anhui	45731	23122	22609	3394	1055	2339	13022	6017	7005	18937	10335	8602	6191	3520	2671	4186	2194	1992
福　建 Fujian	28714	14832	13882	1679	377	1302	8746	3998	4748	11293	6475	4818	4443	2543	1900	2554	1440	1115
江　西 Jiangxi	34378	17813	16566	1081	340	741	9105	4205	4900	13419	6842	6577	7546	4490	3056	3228	1936	1292
山　东 Shandong	75252	38111	37142	4288	1196	3092	18912	8626	10286	32094	16942	15151	12514	7246	5267	7445	4100	3345
河　南 Henan	71151	35389	35762	3770	1231	2539	18142	8725	9417	32606	16375	16231	10877	5873	5003	5757	3184	2571
湖　北 Hubei	44496	22519	21976	2409	701	1708	10067	4730	5337	16684	8660	8023	10032	5478	4554	5304	2950	2354
湖　南 Hunan	51107	26154	24953	1875	620	1255	14311	6949	7362	21498	11054	10443	9080	5206	3874	4343	2324	2018
广　东 Guangdong	81324	42608	38716	2620	668	1952	18284	8503	9781	37022	19944	17078	16733	9648	7085	6665	3845	2820
广　西 Guangxi	35486	18510	16977	1447	456	991	11385	5366	6018	15385	8598	6788	4538	2612	1925	2732	1477	1254
海　南 Hainan	6755	3539	3216	328	90	238	1319	630	689	3169	1658	1511	1345	787	558	593	374	221
重　庆 Chongqing	23095	11736	11359	1199	388	811	7595	3717	3878	8486	4326	4159	3653	2049	1604	2162	1254	907
四　川 Sichuan	62617	31901	30716	4313	1311	3002	22277	11025	11252	21140	11245	9895	8290	4533	3757	6597	3786	2812
贵　州 Guizhou	26607	13673	12934	2657	893	1763	8982	4522	4460	9731	5443	4288	2818	1677	1141	2419	1137	1282
云　南 Yunnan	35624	18454	17170	2980	1072	1908	14753	7404	7350	11631	6555	5076	3497	1896	1601	2763	1527	1235
西　藏 Tibet	2300	1169	1131	955	448	507	915	478	437	279	163	115	97	53	44	55	27	28
陕　西 Shaanxi	28894	14787	14107	1356	419	937	6615	3084	3532	12128	6449	5679	5331	2940	2391	3463	1895	1568
甘　肃 Gansu	19821	10160	9661	1521	515	1006	6747	3255	3492	6945	3758	3187	2820	1624	1196	1788	1007	780
青　海 Qinghai	4398	2246	2152	597	213	384	1532	778	754	1206	681	524	511	273	237	553	299	253
宁　夏 Ningxia	4969	2524	2445	380	128	253	1427	671	757	1825	1007	818	778	420	358	559	298	258
新　疆 Xinjiang	16918	8662	8256	694	285	409	5205	2553	2653	6697	3567	3130	2147	1138	1008	2174	1118	1057

注：本表数据摘自《2014 中国统计年鉴》。

Data sources: National Bureau of Statistics《2014 China Statistical Yearbook》.